Droit naturel

Les questions du droit

THÉMIS

COLLECTION FONDÉE ET DIRIGÉE PAR MAURICE DUVERGER

THÉMIS DROIT PRIVÉ
SOUS LA DIRECTION DE CATHERINE LABRUSSE-RIOU
Professeur à l'Université de Paris I - Panthéon-Sorbonne

XAVIER DIJON

Professeur aux Facultés universitaires
Notre-Dame de la Paix, Namur (Belgique)

Droit naturel

Les questions du droit

PRESSES UNIVERSITAIRES DE FRANCE

ISBN 2 13 049250 9

Dépôt légal — 1re édition : 1998, mai

Sommaire

TITRE II

LE SUJET DE DROIT : EN QUEL CORPS ?

TITRE III

LA FAMILLE : OÙ EST PASSÉE LA NATURE ?

TITRE IV

LA NATURE APPROPRIÉE : DE QUEL DROIT ?

TITRE VI

LES DÉLITS ET LES PEINES : MIMER LA MORALE ?

TITRE VII

PLURALITÉ D'ORDRES, UNITÉ DE NATURE ?

CONCLUSION DU PREMIER VOLUME

LES QUESTIONS DU DROIT

Avant-propos

La publication d'un ouvrage consacré au droit naturel dans une collection de manuels juridiques surprendra peut-être. Pour justifier tout de même l'entreprise, on se propose d'affronter dès l'introduction les critiques que pourrait soulever un tel projet.

La suite de l'ouvrage s'étendra sur deux volumes abordant « les questions du droit » d'abord, « les réponses de l'histoire » ensuite.

Pourquoi avoir entamé ici l'exposé du droit naturel par son côté juridique alors que, dira-t-on, l'approche historique aurait permis de commencer la démarche réflexive à partir de son véritable point de départ ? Pour une double raison, de pédagogie et de fond.

Afin d'entrer plus aisément dans cette matière austère, le juriste – déjà diplômé ou encore aux études – préférera sans doute reconnaître d'emblée dans l'approche juridique du droit naturel les mots (Constitution, sujet, filiation, propriété, contrat, infraction, conflits de lois, etc.) qu'il rencontre habituellement dans l'exercice de sa discipline. Invité par la présente réflexion à apprécier en ces mots une densité qui dépasse leur pure et simple positivité, il se montrera peut-être alors – c'est en tout cas notre espoir – plus intéressé à entendre les « réponses de l'histoire » aux interrogations que ladite réflexion aura présentées comme autant de « questions du droit ».

Le droit d'un côté, l'histoire de l'autre, le découpage s'avère certes artificiel dans la mesure où l'examen jusnaturaliste du droit mobilise sans aucun doute les ressources de l'histoire et où, réciproquement, le parcours historique fait appel au droit, mais la récolte – dès ce premier volume – des « questions dernières » que le juriste contemporain se pose à l'intérieur même des branches diversifiées de sa discipline répond aussi à une option de fond : alors que le positivisme ambiant conduit nos contemporains à ne plus attribuer au droit naturel qu'un intérêt mineur, hâtivement appelé historique, il importait de rendre à l'histoire toute sa puissance de signification en cherchant à montrer, dans la présente démarche préalable, l'actualité d'un tel droit. Cette actualité, en effet, donnera tout son sens à la lecture de l'histoire qui a porté ce droit jusqu'à nos jours.

L'agencement du présent volume correspond à la distinction traditionnelle des manuels « Thémis » entre le texte et l'état des questions. Dans les autres ouvrages de la collection, le texte donne l'état du droit positif, tandis que l'état des questions ouvre à l'auteur le champ plus vaste de la confrontation pluridisciplinaire, des compléments bibliographiques, des longues controverses, des remarques personnelles, etc. Ici, on a choisi, vu la spécificité du sujet, d'exposer au *texte* en termes personnels une conviction raisonnée quant à la persistance d'une question de droit naturel en différentes branches du droit. Dans la foulée, l'« état des questions » développe plus amplement le matériau bibliographique à partir duquel s'est forgée cette conviction : on y discute les positions adoptées par les auteurs qui se sont prononcés sur la question étudiée. Nous signalons ici avec autant de sympathie que de gratitude le travail de M. Willy Cassiers, assistant à la Faculté de droit de Namur, qui a rédigé l'état des questions du titre VI (droit pénal).

Le propos général de l'ouvrage montre aisément les limites du présent volume : on n'y trouve pas la dernière actualité du droit positif puisque la réflexion ici entamée entend davantage remonter vers les questions majeures posées dans les différentes branches du droit plutôt que de descendre vers la technicité pointue de ses dispositions les plus récentes ; on n'y trouve pas davantage, vu l'option prise pour une méthode d'immanence, la pureté spéculative que les philosophes donnent habituellement aux raisonnements qu'ils ont su rendre abstraits. Plutôt que de s'enclore en un de ces deux champs disciplinaires, le présent volume se reconnaît, pour passer de l'un à l'autre champ, la liberté que lui confère son titre même : *Droit naturel.*

Une limite encore : rédigé à l'origine pour l'usage d'un public étudiant belge (en Belgique, le droit naturel fait partie du programme obligatoire des études de droit), l'ouvrage a trouvé l'heureuse occasion d'une publication en France. Même si une frontière sépare les deux ordres juridiques voisins, cette barrière ne doit tout de même pas gêner l'entrée dans la présente réflexion, non seulement parce que les deux pays ont connu une brève mais décisive histoire politique et juridique commune (1792-1815) ou encore parce que l'ouvrage appuie ses considérations sur de très larges emprunts faits au droit français, mais surtout parce que la démarche ici entamée prétend remonter à la source même qui rend les ordres proprement juridiques, si différents qu'ils se manifestent les uns par rapport aux autres.

Les imperfections du présent volume montrent assez que la matière ici étudiée reste en chantier. C'est dire que toute contribution critique à l'affinement des concepts et de la démarche sera bienvenue. C'est dire aussi quelle reconnaissance est due à M. Michel Prigent, directeur éditorial des Presses Universitaires de France, ainsi qu'à Mme Catherine Labrusse-Riou, directrice de la collection « Thémis/Droit privé », pour leur confiance manifestée dans la publication du présent manuel.

X. D.

INTRODUCTION

> « Le droit et l'ultime se rejoignent, car l'ultime se cherche en regardant l'homme, le monde et les choses. Le droit, lui aussi, se cherche, et se trouve en regardant l'homme, le monde et les choses. »
>
> H. A. Schwarz Lieberman von Wahlendorf, *Les dimensions du droit*, Paris, LGDJ, « Bibliothèque de philosophie du droit », 1978, p. 107.

Parmi les diverses objections qui fusent de toutes parts pour récuser la pertinence du droit naturel, on aimerait en retenir d'emblée cinq. Leur discussion dès la présente introduction amènera peut-être le lecteur réticent à admettre la plausibilité de l'hypothèse que nous voulons défendre, à savoir que le droit naturel *sous-tend* l'énonciation du droit positif. « Sous-tend » n'évoque d'ailleurs qu'une image parmi d'autres, car la « tension » que l'on dit « sous-jacente » au droit positif n'exclut pas d'autres représentations imaginaires, tel le droit naturel « en surplomb » du droit positif, ou « antérieur » à celui-ci, ou encore le droit naturel comme « finalité » du droit positif. Au-dessus ou en dessous, en avant ou en arrière, le droit naturel sauve en tout cas le juriste, pensons-nous, des pièges d'une lecture unidimensionnelle du droit.

Or, pour écarter toute référence de leur discipline à un ailleurs jusnaturaliste, les juristes disent volontiers

1 / que le droit naturel relève de la philosophie et qu'à ce titre, il n'intéresse pas leur travail ;
2 / que s'il existe un appareil administratif et judiciaire pour appliquer les lois positives, on ne voit pas quelles forces vont mettre en œuvre le droit pensé par les jusnaturalistes ;
3 / que le droit naturel appartient aux vieilles représentations de l'ordre social, de l'Antiquité ou de l'Ancien Régime, que donc sa mise en valeur aujourd'hui dénote un comportement réactionnaire ;

4 / que, plus précisément, le droit naturel exprime une conception du droit parmi d'autres, laquelle ne peut, pour cette raison, imposer sa prétention à la vérité sans mettre gravement en cause le nécessaire débat inhérent à nos démocraties ;

5 / qu'en toute hypothèse, les références à la nature se dispersent en tant de directions opposées – depuis la loi de la jungle jusqu'à l'état paradisiaque – qu'un unique droit naturel demeure introuvable.

Dépourvu d'effectivité autant que d'intérêt pratique, rétrograde et antidémocratique, énigmatique de surcroît, le droit naturel mérite-t-il que le juriste s'attarde à son étude ? Sans doute a-t-on parlé, au début du XXe siècle, d'un *réveil du droit naturel* (v. Jacques Leclercq, *Leçons de droit naturel* ; *infra,* État des questions, p. 38), sans doute encore des publications plus récentes portent-elles également sur ce sujet (v. Bibliographie sommaire, p. 40) attestant par là que la lampe brûle encore, mais pourquoi vouloir tirer profit aujourd'hui de cette petite flamme alors que tant de raisons poussent à l'éteindre ?

En esquissant un début de réponse à chacune des objections qui lui sont présentées, on espère aussi donner une introduction adéquate au projet général de l'ouvrage, à l'architecture de ses deux volumes, ainsi qu'à sa méthode.

Chapitre Premier

LES QUESTIONS DU DROIT

Notre premier volume entend situer la matière du Droit naturel par rapport aux deux premières objections évoquées quant à l'inutilité et à l'ineffectivité d'un droit d'allure philosophique.

1 / Le droit et la philosophie

Sans doute la tentation d'enfermer le droit dans le jeu de ses formes législatives, jurisprudentielles ou doctrinales guette-t-elle souvent le juriste, mais d'autant plus aujourd'hui que la discipline juridique a pris une ampleur considérable. Qui peut en effet se vanter, à l'heure actuelle, de maîtriser parfaitement ne serait-ce qu'une branche particulière du droit ? Dans ces conditions, le praticien préférera actualiser sa documentation (et l'étudiant, la constituer) par des références strictement juridiques plutôt que d'encombrer son esprit par d'inutiles réflexions philosophiques. Il faudra tout de même vérifier si ce choix s'impose.

Il ne le semble pas car, à la longue, cette négligence à l'égard de la philosophie finirait par retirer au spécialiste du droit la connaissance même de son objet. De quoi s'agit-il en effet dans le droit ? Risquons une réponse, elle-même sujette à critique : dans le droit, il s'agit d'instituer au bénéfice des membres d'une société déterminée les formes qui leur permettront de se reconnaître mutuellement pour ce qu'ils sont : citoyens, conjoints, cocontractants, etc. Œuvre des humains à l'intention des humains, le droit mérite que, pour le comprendre, le juriste s'arrête au moins un moment aux questions fondamentales que les humains, précisément, se posent quant à leur vivre ensemble. Sinon le savoir se disloquera en autant de disciplines scientifiques que, par exemple, l'Université compte de facultés, sans plus aucune perspective d'ensemble qui les féconderait par leur rapprochement ; le droit en particulier, ainsi privé de son environnement philosophique, multipliera alors ses productions pour combler tous les « vides juridiques » que son manque de réflexion aura créés, en une course de plus en plus essoufflante dont le spécialiste voudra tenir le rythme, courant lui aussi en un cercle (vicieux) qui l'écartera toujours davantage de la méditation sur les fondements mêmes du droit.

Déjà en 1949, Georges Ripert écrivait : « Jamais il n'y eut tant de lois et jamais l'homme n'eut autant l'impression de l'incertitude du droit » (G. Ripert, *La règle morale dans les obligations civiles*, Paris, LGDJ, 1949, préface de la 4e édition, p. VI).

Venu d'un tout autre horizon, Michel Miaille constate vingt ans plus tard : « Sous prétexte d'efficacité et de spécialisation couvertes par les nécessités immédiates de l'économie nationale, la technologie juridique ferme peu à peu les portes d'un approfondissement critique de l'étude du droit » (M. Miaille, *Une introduction critique au droit*, Paris, Maspero, 1977, p. 381).

Pour éviter les dissociations réductrices, préjudiciables à tous égards tant pour le droit que pour les autres disciplines séparées de lui, ne vaut-il pas mieux descendre en deçà d'une positivité débordante pour chercher la source d'où le droit coulerait de soi ? Au lieu que le spécialiste perde son temps en des considérations théoriques qui le détourneraient, pense-t-il, de son travail proprement juridique, ne le gagnera-t-il pas au contraire à scruter l'essence, la nature même de la relation dont il entend – comme législateur, juge, auteur, ou en n'importe quelle autre qualité – dire « le droit » ? Car s'il faut certes chercher le droit dans cet ensemble de documents législatifs et jurisprudentiels qui s'accumulent au long des références bibliographiques de la doctrine et sur les écrans des bases de données informatisées, ne convient-il pas de le lire avant tout dans la relation donnée, dans le rapport humain que le droit régit ?

En réalité, si le juriste se précipite sur son code, sa pasicrisie ou son ordinateur pour dire le droit, rejetant comme « philosophique » – et donc inutile – toute réflexion sur les liens que la nature tisse déjà entre les humains, il se montre par là, *volens nolens*, prisonnier d'une philosophie qui, pour être largement répandue, ne s'impose tout de même pas d'évidence. Le positivisme, puisqu'il faut l'appeler par son nom, appauvrit en effet le droit en croyant l'exalter. Il le dessèche dans une positivité étroite qui le prive de la respiration et du terrain dont il a besoin pour s'exercer humainement.

Ce premier volume entend établir qu'une juste compréhension du droit lui-même exige d'affranchir chacune de ses branches des limites que lui impose l'approche positiviste. En droit constitutionnel comme en droit civil, en droit pénal comme en droit international, il importe de montrer que, pour rester fidèle à son propre projet, le droit ne peut se contenter de sa seule formulation positive : il exige un dépassement inscrit dans le réel lui-même. Le paradoxe n'est qu'apparent : pour demeurer fidèle au droit, il faut investiguer au-delà de lui. Le « détour philosophique » proposé par le droit naturel s'avère sans doute le chemin le plus court pour rejoindre le droit lui-même.

D'ailleurs les réflexions menées par les juristes contemporains pour protéger la personne par le droit dans les bouleversements que provoquent les biotechnologies et autres maîtrises de la nature, d'une part, dans les mécanismes économiques subordonnés aux puissantes lois du marché, d'autre part, ne s'appuient-elles pas sur une réflexion philosophique qu'il importe de mettre au jour ? S'il faut travailler *pour un droit commun*, selon le beau titre de l'ouvrage de Mireille Delmas-Marty (Seuil, 1994), le droit naturel sera-t-il le seul à ne pas prendre part à la tâche ?

2 / L'impuissance du droit naturel

La deuxième objection adressée au droit naturel exprime, sur le plan de la volonté qui applique le droit, la difficulté que la première exposait quant à l'intelligence qui cherche à le comprendre. Alors que les textes positifs de la législation, de la jurisprudence et de la doctrine fournissent l'accès immédiat au droit, le juriste n'a pas intérêt, disait-on, à s'encombrer l'esprit d'inutiles considérations philosophiques. Poursuivons : la réflexion sur le droit naturel paraît d'autant moins intéressante que, à supposer même un enrichissement de la compréhension du droit par une meilleure connaissance de ses fondements, le droit naturel garderait encore la tare de son impuissance puisqu'il ne dispose d'aucun pouvoir. Dans nos ordres juridiques, en effet, les pouvoirs – législatif, exécutif et judiciaire – énoncent certes du droit, mais positif, pas naturel.

Tout se passe dès lors comme si le droit naturel devait rester pure spéculation intellectuelle sans effet sur l'organisation des rapports sociaux puisque, par définition, lorsque le pouvoir prête sa force au droit, il ne sanctionne rien d'autre que le droit qu'il a lui-même posé, le droit positif donc : les lois, les décrets et les jugements ne reçoivent exécution en nos pays que parce qu'ils émanent d'autorités qui détiennent le pouvoir de les mettre à exécution. Privé d'un tel pouvoir – puisque tout droit posé par le pouvoir est positif – le droit naturel ne peut, répète-t-on, qu'avouer son impuissance.

Mais la réponse donnée à la première objection commande la solution de celle-ci. Dans un cas comme dans l'autre, en effet, il s'agit de préciser la nature du droit. Sans doute le droit effectivement mis en œuvre par le pouvoir n'est-il que positif, puisque posé par lui, mais la tautologie (posé/positif) n'épuise pas pour autant le sens des mots car le droit ne se réduit précisément pas à sa sanction positive. Au contraire, il ne peut s'appeler droit que si une instance en lui se distingue de la seule positivité de la sanction. En d'autres termes, à celui qui énonce que le droit naturel ne mérite aucun intérêt puisqu'il est dépourvu d'effectivité, il faut répondre que réciproquement la seule effectivité des décisions du pouvoir se montre radicalement impuissante à se prétendre juridique tant qu'elle n'a pas inclus dans ses énoncés les exigences du droit naturel lui-même. En d'autres termes encore, la question consiste moins à savoir si le droit naturel connaîtra jamais une sanction comparable à celle que reçoit le droit positif, que, plutôt, à savoir si les sanctions positives s'appuient suffisamment sur les exigences du droit naturel pour mériter de figurer dans l'ordre du droit.

On le voit, l'affirmation du droit naturel éclaire la nature même du droit, y mettant en évidence un nécessaire surcroît par rapport à la force sanctionnatrice. Le droit naturel ne détient sans doute pas le pouvoir, mais cette impuissance entre dans la définition même du droit comme appel à la liberté.

On peut certes toujours sourire de la faiblesse du droit naturel, mais le pouvoir lui-même a besoin de ce non-pouvoir pour garder à l'intérieur du droit et non à l'extérieur, dans ce qui deviendrait alors voie de fait, l'énoncé de ses décisions législatives, exécutives et judiciaires. Comprise de la sorte, la limite devient une chance : privé de pouvoir, le droit naturel échappe au pouvoir, permettant ainsi à ce même pouvoir d'accéder au droit. Inversement, s'il se privait de cette instance naturelle, le pouvoir n'organiserait plus les rapports sociaux qu'au seul gré de ses décisions. Décisions arbitraires dont l'artifice ressemblerait autant au droit que la fleur en plastique à la rose du jardin : un droit en plastique.

Une autre manière de tenir le même propos consisterait à dire avec Jacques Leclercq que l'aveu d'impuissance du droit naturel ne vaut, évidemment, que dans l'ordre positif. Car dans l'ordre naturel le droit se sanctionne lui-même de façon immanente : « Puisque le droit naturel correspond aux exigences sociales de la nature humaine, les institutions sociales contraires à la nature ne donneront pas les fruits de développement qu'elles doivent donner. Cette formule abstraite signifie concrètement que les hommes resteront barbares et ne seront pas heureux » (J. Leclercq, *Du droit naturel à la sociologie*, Paris, SPES, 1960, p. 135).

Chapitre II

LES RÉPONSES DE L'HISTOIRE

Alors que notre premier volume aborde les questions philosophiques que pose le droit lui-même, amenant ainsi le juriste à entamer une réflexion dite de droit naturel, le second volume reprendra le parcours plus classique de l'histoire pour y développer les réponses entendues au cours du passé. Il rencontrera nécessairement la double opposition exprimée à l'égard de l'actualité de telles réponses : la régression et la prise de pouvoir.

1 / Droit naturel : le retour

La troisième objection opposée à la mise en valeur du droit naturel tient à la lecture de l'histoire : si le déroulement de vingt-quatre siècles de philosophie en Europe passe de l'*Éthique à Nicomaque* où Aristote défend contre les Sophistes l'existence d'un « juste selon la nature » à la *Reine Rechtslehre* (théorie pure du droit) dans laquelle Hans Kelsen appuie sa récusation du droit naturel sur une conception moniste de l'ordre juridique positif, faut-il contredire ce mouvement de l'histoire et, régressant en deçà des émancipations libératrices que propose la Modernité dans cette double conquête de la science et de la démocratie, retourner aux temps médiévaux où régnait l'obscurantisme des arrière-mondes ? Mieux, ne convient-il pas de prendre davantage au sérieux le caractère historique de la nature humaine, d'admettre dès lors que, désormais, la nature de l'homme s'est transformée d'elle-même en un processus historique qui ne manifeste plus la nécessité de recourir, comme dans les temps anciens, à la fixité d'une nature immuable ?

Présentée de la sorte, l'objection appelle une réponse nuancée car nul être sensé ne voudra contester l'acquis que représentent, dans l'actualité historique, les découvertes scientifiques ou les procédures démocratiques. Mais de même que, dans la réponse à la première objection, il fallait vérifier si on a bien compris le droit lorsqu'on l'a réduit à sa dimension d'énoncé positif exprimé par l'autorité, il convient, pour celle-ci, d'examiner si on a bien compris l'histoire lorsqu'on l'a comparée à une succession de périodes dont la suivante annulerait nécessairement la précédente. Ici encore, ne demeure-t-on pas prisonnier d'une conception trop étroite qui, en l'occurrence, déciderait *a priori* que le dernier moment de l'histoire n'aurait rien à apprendre des précédents ? Une telle attitude de « fuite en avant » ne peut que provoquer par une sorte de compensation – souvent aussi excessive que le mouvement auquel elle réagit – une sorte de « fuite en arrière » vers un âge d'or que l'on cherche alors du côté des philosophes grecs ou des théologiens médiévaux. Entre ces deux impasses, sommes-nous condamnés à choisir, ou pouvons-nous par une sorte de troisième voie prendre aujourd'hui la mesure de l'histoire en nous laissant mesurer par l'enseignement qu'elle porte en elle ? *Historia magistra vitæ.*

Certes, l'objectant historiciste a prétendu que si l'histoire contemporaine a évacué la référence des classiques au droit naturel, cet enseignement de la « maîtresse » *(magistra)* mérite qu'on le suive : la nature de l'homme étant elle-même historique, ainsi qu'on le découvre toujours davantage aujourd'hui, l'histoire elle-même évacue la nature ! Une analyse plus attentive des concepts de nature et d'histoire oblige tout de même à corriger un propos aussi radical. Car si, d'une part, la nature perdait sa consistance du seul fait qu'on l'a déclarée historique, c'est qu'elle n'était pas vraiment la nature, car c'est de tout temps que la nature humaine est historique. Si, d'autre part, l'histoire se croit assez certaine d'elle-même pour asseoir la validité de ses propos sur ce qu'elle pense aujourd'hui, c'est qu'elle n'est pas vraiment l'histoire, car la connaissance historique mobilise justement tout le passé. En réalité, loin que l'histoire récuse la nature comme décidément fixiste, ou que la nature récuse l'histoire comme un accident superficiel, ne vaut-il pas mieux reconnaître leur indissociable complicité ? L'une et l'autre renvoient mutuellement à ce qu'elles portent chacune en elles en fait de permanence et en fait de changement. Car la nature humaine se définit *aussi* par une tension qui permet le mouvement de l'histoire ; réciproquement, l'histoire se définit *aussi* par une permanence dans laquelle se lit la continuité de la nature.

Il conviendra donc d'éviter aussi bien la tentation progressiste de l'historicisme qui pose une histoire sans nature, que son opposée, la tentation réactionnaire du fixisme qui pose une nature sans histoire. Pour exercer convenablement cette option réconciliatrice, il importe de montrer, dans le déroulement de la pensée philosophique et juridique occidentale, les liens que noue l'histoire entre les différentes étapes de son propre parcours, en particulier entre les penseurs classiques et les auteurs modernes, pour comprendre comment le droit naturel s'enrichit de son déploiement historique.

2/ La mise en cause de la démocratie

La quatrième objection adressée à la formulation du droit naturel approfondit un point de la précédente : dans la mesure où la forme démocratique des régimes occidentaux constitue un acquis aussi décisif que fragile en notre histoire contemporaine, il importe, dit-on, d'en sauvegarder l'essence, c'est-à-dire de ne pas permettre que les décisions politiques soient prises par d'autres autorités que le peuple lui-même ou ses représentants au terme d'un débat au cours duquel chaque citoyen aura pu exprimer les raisons qui guident son choix. Or si les jusnaturalistes obligent le peuple à adopter un droit antérieur ou sous-jacent aux énoncés positifs, ils paraissent nécessairement s'arroger un privilège indu, puisqu'ils invoquent une mystérieuse nature pour imposer leur droit qui aurait réussi à se soustraire au débat démocratique.

L'objection se renforce si cette prétendue nature, non contente de vouloir s'imposer par des considérations philosophiques, s'entoure encore de références théologiques permettant ainsi à telle Église de dicter sa loi à la démocratie. Nostalgique de l'Ancien Régime, le pouvoir ecclésiastique ne se sert-il pas en effet de la nature et du droit naturel pour récupérer le pouvoir que les Lumières lui ont fait perdre ? Redoutant d'introduire en leur cité le monumental cheval qui abriterait de tels ennemis du débat démocratique, les citoyens loyaux à l'ordre constitutionnel choisissent dès lors de laisser hors de leurs murailles ce droit naturel qui abrite trop de pouvoirs occultes, préférant poursuivre à hauteur d'homme le débat qui les amènera à décider, à Troie comme ailleurs, de la loi du groupe.

On l'aura remarqué, cette quatrième objection exprime comme les autres un réflexe qui privilégie l'immédiat : pas de philosophie, mais du droit et de la sanction ! Pas de passé, mais du présent ! Ici : pas de référence *a priori*, mais du débat ! Or, de même que l'on risque de passer, à côté du droit et de son effectivité, d'une part, si l'on évacue toute analyse philosophique du rapport humain que régit le droit, à côté de l'histoire, d'autre part, si l'on veut retirer à cette « maîtresse de vie » la nature humaine dont elle constitue pourtant le déploiement, ainsi on n'aura rien gagné à faire taire dans le débat démocratique les voix qui rappellent précisément les conditions fondamentales d'un tel débat.

Sans doute, nous l'avons dit, le droit naturel ne détient-il pas la force de faire la loi à la manière d'une majorité parlementaire qui parvient à imposer sa décision comme une norme positive, mais la question se pose précisément de savoir si la force (numérique) constitue le critère dernier du droit en régime démocratique ou si, au contraire, un tel régime ne doit pas se montrer toujours vigilant – quelles que soient les procédures concrètes qu'il met en place pour parvenir à une décision – afin de ne pas donner à la force la primauté sur le droit. Sans remonter jusqu'aux cruels exemples qui continuent à blesser la mémoire occidentale d'un régime totalitaire réussissant à s'installer à la faveur de la forme démocratique, on retiendra ici, plus communément, l'existence des juridictions constitutionnelles habilitées à censurer au nom du droit des lois pourtant prises à la majorité numérique, signe que le débat démocratique ne peut réellement dire le droit que s'il accepte de s'inscrire dans un mouvement plus profond : peut-être ce mouvement par lequel les humains tentent de répondre aux exigences de leur nature ?

On peut imaginer, en effet, que la démocratie ne se résume pas seulement à consacrer la résultante géométrique du rapport de forces dans lequel chaque citoyen ne poursuivrait que son intérêt propre, mais qu'elle suscite plutôt le partage du sens sur les raisons et les manières de (bien) vivre ensemble. Dans une telle optique, la recherche du droit que commande la nature humaine elle-même, loin de perturber le débat démocratique, lui donne au contraire un fondement. Une telle recherche empêche en effet ce débat de tomber dans la seule lutte d'intérêts qui, privilégiant jusqu'à l'exclusive le rapport de forces, s'empêcherait par là de dire le droit. C'est que l'ouverture à autrui supposée dans le projet du débat démocratique suppose elle-même que, pour sortir de soi, chaque citoyen soit appelé à énoncer les exigences d'un « objet » qui le dépasse, en l'occurrence les requêtes de la nature humaine.

Puisque la mise en évidence du droit naturel n'en est plus à un paradoxe près – on se rappelle : aboutir au droit *par* la philosophie, comprendre l'histoire *par* la nature... – ajoutons encore celui-ci : lorsqu'un croyant exprime dans le débat politique la conviction que lui inspire sa foi religieuse, non certes en toute son ampleur dogmatique mais dans les points qui concernent l'organisation séculière des rapports sociaux, il permet à ce débat de se nouer à sa véritable profondeur. Étant conviction elle-même, la démocratie préfère rassembler des actes de foi que des scepticismes relativistes. Sans doute se refuse-t-elle d'imposer aux citoyens quelque croyance que ce soit car elle défend la liberté de conscience avec au moins autant de vigueur que les autres libertés publiques, mais elle n'accepte pas non plus de renvoyer les questions fondamentales de l'existence à la seule vie privée de chacun de ses membres comme si elle n'était pas elle-même, démocratie, une question fondamentale de l'existence.

En son second volume, l'ouvrage mettra en œuvre une *option réconciliatrice* en articulant la conception que les auteurs classiques se font du droit naturel, d'une part, avec l'intuition que les modernes expriment lorsqu'ils insistent sur le primat de la liberté, d'autre part. Tandis que cette intuition-ci aboutit, via la figure du contrat social, au caractère formel de la démocratie conçue comme organisation d'un libre débat, la première conception donne au droit un contenu matériel supérieur à tout arbitraire humain. Où l'on voit qu'en cette articulation se trouvera nécessairement développée la réponse à l'objection qui reproche au droit naturel sa mise en cause du débat démocratique.

Chapitre III

NATURE ET MÉTHODE

La cinquième et dernière objection opposée au jusnaturaliste, la plus fréquente sinon la plus importante, tient au caractère indéterminé du droit naturel. Déjà au temps d'Aristote, les Sophistes invoquaient l'extrême diversité des lois (civiles) pour révoquer en doute l'existence d'une justice que dicterait l'unique nature humaine. Au XXe siècle, Hans Kelsen amplifie la contestation en démontrant les origines très culturelles – et donc très particulières – de toute affirmation portant sur les exigences d'un prétendu droit naturel. Les jusnaturalistes eux-mêmes, embarrassés par ce caractère insaisissable de leur objet, y remédient comme ils peuvent, soit en inventant le droit naturel à contenu variable à la manière de R. Stammler (v. *infra*, titre VII, p. 559), soit en réduisant au strict minimum les « lois immuables » du droit naturel pour étendre d'autant le domaine des « lois arbitraires » du droit positif comme le fait Fr. Gény (v. *infra*, État des questions, p. 40, le bref historique dressé par Jacques Leclercq au début de ses *Leçons de droit naturel*).

Une telle indétermination trouve au moins une de ses causes dans la diversité sémantique du mot « nature » lui-même (sect. 1). L'option prise au sujet de cette polysémie commande la méthode suivie dans le présent volume (sect. 2).

1 / Les signifiés de la nature

La nature accueille en sa polysémie particulièrement hospitalière deux groupes de signification d'allure contradictoire. Le premier évoque le mouvement du surgissement et de la naissance, la spontanéité poursuivant d'elle-même sa propre croissance, sans l'aide d'un quelconque artifice ; le second groupe, par contre, renvoie à la régularité de l'univers, aux essences ordonnées, au déterminisme d'un monde qui se déploie selon des lois prévisibles.

Or cette déchirure interne du concept ne rend-elle pas impossible la formulation d'un droit fondé sur cette nature polymorphe ? La diversité des sens mérite en tout cas un examen attentif, entamé ici à partir de l'analyse que fait le *Vocabulaire technique et critique de la philosophie* (A. Lalande, PUF, 15e éd., 1985) du V° *Nature.*

Parmi les onze significations (de A à K) que relève le V° *Nature* du *Vocabulaire technique et critique de la philosophie* (Nature d'un être : sens A à D ; nature, en général : sens E à K), quatre d'entre elles nous paraissent rejoindre le premier groupe de signification, quatre autres le second, les trois restantes posant une difficulté sémantique qui intéressera précisément notre propos.

Au volet « spontanéité » de la nature on retient ainsi, au sujet de la nature d'un être, les sens :

A / « Principe considéré comme produisant le développement d'un être, et réalisant en lui un certain type », et

C / « tout ce qui est inné, instinctif, spontané dans une espèce d'être »,

et, au sujet de la nature en général, les sens

G / « Ce qui se produit dans l'univers ou dans l'homme sans calcul ni réflexion », et

I / « le monde visible... se dit surtout du monde végétal comme étant celui où se manifeste le mieux la puissance d'expansion et de production de la vie ».

Sur l'autre volet se rangent les définitions qui connotent l'ordre, à propos de la nature d'un être, les sens :

B / « Essence d'un genre ; ensemble des propriétés qui le définissent », et

D / « Caractères particuliers qui distinguent un individu »,

et, à propos de la nature en général, les sens

F / « L'ensemble de tout ce qui existe », et

H / « L'ensemble des êtres (...) entièrement mus par une causalité quasi mécanique ».

Le découpage du mot « nature » entre ces deux volets oblige le jusnaturaliste à poser d'emblée la question épistémologique : Comment rejoindre un ordre qui s'imposerait « de soi » dans l'organisation de la vie sociale, alors que notre nature elle-même inclut comme une part essentielle de son essence la spontanéité de la liberté ? Apparemment, la seule solution se trouve dans le dilemme.

La nature se pose-t-elle comme principe d'ordre à l'origine des « lois de la nature », lois que le juriste aurait à déchiffrer à l'égal du physicien ou du biologiste ? La nature se découvre-t-elle mieux au contraire comme spontanéité primitive en deçà de toutes les surimpressions artificielles, culturelles voire surnaturelles parmi lesquelles se rangent, précisément, les constructions juridiques ?

Dans le premier cas, le programme paraît séduisant puisqu'il s'agirait de découvrir dans la nature l'ordre unique qui s'imposerait en toutes les sociétés du passé, du présent et de l'avenir. Or, même si ce modèle universel polarise légitimement la recherche des savants en biologie ou en physique, le juriste peut-il le recevoir sans plus ample critique comme l'idéal de sa recherche du droit naturel ? La fascination des modèles scientifiques risque ici d'escamoter l'originalité de la nature spécifiquement humaine par rapport à la nature en général, spécificité qui s'appelle liberté.

Mais en invoquant cette caractéristique humaine, nous voici alors renvoyés à l'autre représentation de la nature, celle du surgissement primitif, et par là condamnés peut-être à l'incapacité de dériver quelque norme que ce soit de cette spontanéité naturelle contre laquelle précisément se gagnent les cultures, les lois, le droit.

De deux choses l'une, semble-t-il. Ou la nature dicte ses lois, reconnues par le juriste dans ses énoncés de droit naturel ; alors cette nature perd la spécificité humaine que lui confère la liberté, mais qui admettra que la liberté ne soit pas inhérente à la nature de l'homme ? Ou la nature se contente de surgir sans forme, sans langage et sans loi ; dans ce cas, elle n'a rien à dire aux humains quant à l'ajustement de leurs rapports sociaux, et il est inutile d'entamer ici un exposé de droit naturel.

A moins que le dilemme ici présenté ne fasse qu'exprimer maladroitement la nécessaire simplicité de l'inévitable complexité. Deux notations du même *Vocabulaire technique et critique de la philosophie* (V° *Nature*) nous y ramènent, chacune à sa manière.

La première retient l'opinion que donne J. Lachelier dans son commentaire du mot « nature » : « Ce qui me paraît important, pour tous les mots, mais pour celui-là peut-être plus que pour tout autre, c'est l'unité essentielle de signification, le sens que l'on fait prédominer dans un cas particulier enveloppant toujours, comme un son ses harmoniques, ceux qu'on laisse momentanément de côté » (p. 668).

Et encore :

« Faut-il proscrire si sévèrement les termes de ce genre ? L'emploi exclusif d'un mot plus précis, spécial à chaque acception, ferait évanouir ce qu'il y a de réellement un, et en même temps de profond et de philosophique, dans cette large signification » (p. 670).

La seconde trace du retour à l'unité concerne paradoxalement les trois sens que nous n'avons pas retenus dans la division bipartite de la nature selon la spontanéité et selon l'ordre et que le rédacteur du *verbo* estime « confus ou abusifs » (cf. p. 672 où la lettre H imprimée par erreur doit être remplacée par K).

Soit les sens E – « l'ensemble des choses qui présentent un ordre (...) plus spécialement le principe actif et vivant, la volonté d'ordre qui se manifeste par cette régularité », J – « (l'ordre usuel) à quoi nous sommes habitués » – et K – « principe fondamental de tout jugement normatif ». Alors que le sens E où « la Nature, ainsi comprise, est très souvent personnifiée », peut-être aussi le sens J qui « s'oppose à ce qui est surnaturel », mêlent les idées d'universalité et de spontanéité que les autres sens, nous l'avons vu, distinguent plus nettement, le sens K porte, semble-t-il, la confusion à son comble. Or il touche directement le droit naturel.

De cette dernière signification en tout cas, l'auteur envisage la disparition comme « très souhaitable » et s'en explique : « S'il y a un principe suprême des jugements normatifs, il faut l'appeler du seul nom qui lui soit propre, le Bien, et ne pas entretenir par un terme équivoque la confusion traditionnelle des jugements de fait et des jugements de valeur » (A. Lalande, *op. cit.*, p. 673).

Nous voici loin de Lachelier. Alors que, pour ce philosophe, la polysémie du mot donne à réfléchir sur l'ample unité de la nature elle-même, mettant ainsi en œuvre le célèbre « distinguer pour unir », le découpage du concept en volets séparés assure, pense-t-on, une meilleure compréhension : la spontanéité d'un côté, l'universalité de l'autre, ou encore les jugements de fait à gauche, les jugements de valeur à droite. Il s'agit cette fois, plus précautionneusement, de « distinguer pour ne pas confondre ».

Un autre recueil encyclopédique évoque d'ailleurs une distinction semblable, utile pour éviter, assure-t-on, le même écueil de la confusion. On lit en effet, au V° *Nature* du *Dictionnaire d'éthique et de philosophie morale* (Mme M. Canto-Sperber, Paris, PUF, 1996) : « Attribuer à la nature une signification morale, est-ce jouer fallacieusement avec la polysémie des termes ? C'est la thèse soutenue par la modernité, qui a séparé nature et moralité, en instrumentalisant la nature et en faisant de l'homme la seule source de valeur, renvoyant ainsi la prescription antique de “suivre la nature” à la confusion préscientifique entre causes efficientes et causes finales » (Catherine Larrère, p. 1024).

On voit dès lors comment se présente l’option quant au sens du mot : soit le souci de clarté amène l’esprit moderne à séparer la recherche des causes efficientes dans l’ordre universel de la nature par la judicature apte aux jugements de fait, d’une part, l’établissement des causes finales par la spontanéité du sujet apte à poser des jugements de valeur, d’autre part, soit l’esprit se laisse mener par l’unité large du concept qui charrie en sa sémantique la valeur autant que le fait, la cause efficiente non moins que la cause finale, la spontanéité aussi bien que l’ordre, cherchant alors à savoir au fil de sa démarche si la polysémie de la nature ne cache pas derrière elle une simplicité qui reliait déjà tous ses sens.

Nous prenons ici le risque inhérent à cette seconde branche de l’option, à cause d’une conviction nourrie quant à la simplicité du principe. Sans doute notre discipline, appelée à dire ce qui doit être (le « droit ») à partir de ce qui est (« naturel »), paraît-elle écartelée entre ces instances que les auteurs allemands appellent le *Sein* (l’être) et le *Sollen* (devoir être). Oui, toute la complexité de l’homme corps et âme, animalité et rationalité, spontanéité et universalité, être et devoir être surgit nécessairement dans la réflexion consacrée au droit naturel, rendant ainsi hésitante chacune des conclusions auxquelles cette réflexion pense devoir aboutir. Mais cette complexité ne pourrait apparaître telle sans la présence d’une simplicité qui en unifie déjà les aspects. Simplicité de la naissance qui, étymologiquement, a donné son nom à la nature (en latin : *nasci* ; en grec : *phusis*) et qui indique à quel point l’homme est précédé en sa liberté. Précédé par quoi ? Sa mère, l’animalité, l’environnement, Dieu, la société, son corps, la loi ? Tout cela à la fois, car l’homme ne sait pas à combien d’engendrements il doit d’être ce qu’il est, mais il devine que sans eux il ne serait pas libre.

2 / La méthode jusnaturaliste

Si l’option prise quant à la polysémie de la nature conduit notre projet à ne rien sacrifier des sens que l’histoire a donnés à ce mot, pas même – ou surtout pas – l’irritante liaison du fait et de la valeur, demeure-t-il encore possible de parvenir au droit qui émanerait d’une nature si éclatée dans le champ sémantique ? Quel chemin, quelle méthode y mènera ?

Car s'il fallait suivre tous les sens du mot « nature » pour en déduire au bout de chaque parcours le droit que, dès lors, on nommerait naturel, il manquerait à cette course essoufflée l'unité sémantique que nous avons précisément voulu retenir comme hypothèse de base.

Par méthode, nous préférons donc suivre en ce premier volume le mouvement inverse : au lieu de partir de la nature – nature de l'homme, nature des arbres, nature du droit, nature de l'être, etc. – pour aboutir au droit qui découlerait d'elle, nous partons du discours habituellement reconnu comme juridique par nos sociétés pour remonter de ce droit vers l'instance qui, en lui, se présente comme « nature » dans l'unité postulée de sa polysémie. De la sorte, l'option prise quant à la nature – à savoir l'ultime simplicité de ce concept qui allie fait et valeur, cause efficiente et cause finale, ordre et spontanéité – commande la méthode qui mettra en évidence le droit dit naturel. Pour offrir en effet à la tradition jusnaturaliste l'occasion de tenir son discours dans le champ contemporain du droit, il importe de vérifier si les formulations actuelles du droit positif portent en elles la nature ainsi conçue. La question revient, en d'autres termes, à se demander si le projet juridique lui-même, à quelque époque qu'on le tienne – et donc aujourd'hui encore –, n'implique pas nécessairement cette référence à la nature *une* qui donne sens et valeur, et par suite ordre, au surgissement perpétuel des faits.

Les juristes emploient souvent l'expression « sources du droit », mais en deçà des autorités positives qu'ils qualifient de cette façon – d'ailleurs avec des intensités diverses selon qu'ils parlent de la loi, de la coutume, de la jurisprudence ou de la doctrine –, il importe, nous l'avons dit, qu'ils remontent plus haut encore pour vérifier si la nature elle-même, unité du fait et de la valeur, ne se montre pas à eux comme l'ultime source du droit dont toutes les autres « sources » auraient alors à reconnaître le « flux » en leur propre « écoulement ». Une telle vérification mérite, on le voit, une exploration soutenue et attentive car si elle aboutit, elle permettra de reconnaître dans le droit – oserait-on dire sa véritable nature ? – en tout cas une perspective nouvelle, toujours déjà là pourtant, sur les champs qu'un positivisme trop pressé n'avait pas aperçus.

Pour arriver à reconnaître cette source fondamentale qui fait droit dans le droit, nous partons de sept questions choisies à titre d'exemples particulièrement significatifs de la démarche juridique. Elles concernent l'ordre constitutionnel (titre Ier), le sujet de droit (titre II), les relations familiales (titre III), l'appropriation des biens (titre IV), le respect des obligations (titre IV), la répression des infractions (titre VI) et l'aménagement de la diversité des ordres juridiques dans l'espace et dans le temps (titre VII).

La séquence de ces différents titres ne correspond pas nécessairement aux options jusnaturalistes (v. *infra,* Conclusion, p. 596), mais nous l'adoptons pour rejoindre au mieux le cadre de pensée des juristes. Les exposés traditionnels du droit, en effet, commencent généralement par la *Constitution*, présentée comme la source de toutes les autres normes juridiques. Après cet hommage rendu au droit public, les privatistes occupent la place en déployant leurs concepts fondamentaux selon l'ordre adopté par le Code civil : les personnes d'abord, livre généralement dédoublé dans la doctrine ultérieure en deux sous-ensembles : le « sujet », puis la « famille ». Viennent ensuite les « biens » suivis des « obligations ». Après la balance du droit civil, il s'opère un retour vers la puissance publique qui tient en mains le glaive du droit *pénal*. Sans doute pouvait-on allonger encore l'ouvrage en ajoutant ici tel ou tel autre domaine – fiscal, social, commercial ou judiciaire – de cette présentation traditionnelle d'un ordre juridique déterminé, mais puisque les trois premières branches évoquées – constitutionnel, civil et pénal – fournissent déjà un ample matériau à la réflexion jusnaturaliste, nous avons préféré achever le parcours en prêtant attention non plus d'abord à la partie spécialisée d'un ordre juridique mais à la pluralité de ces ordres mêmes, plus précisément à la façon dont le droit comprend cette diversité spatio-temporelle (droit comparé, histoire du droit) et dont il la régit en ses normes (droit des gens, droit transitoire, droit international privé).

En chacune de ces « branches » ainsi choisies, nous cherchons les « racines » du droit, ou encore cette « source » que la tradition jusnaturaliste reconnaît dans la nature elle-même. Non pas, on l'aura compris, pour reconstituer de toutes pièces un « ordre naturel » analogue au système autonome que forment les normes légales, les décisions judiciaires et les positions doctrinales d'un ordre juridique déterminé, ordre naturel qui perdrait d'ailleurs d'autant plus sûrement sa crédibilité qu'il prétendrait à une autorité supérieure ou à un statut prioritaire par rapport à son heureux rival qui garderait sur lui l'avantage de la positivité. Non, la quête ici entamée reste immanente au droit positif lui-même, mue seulement par la conviction que chaque ordre juridique suppose, pour rendre compte de sa propre démarche, cet ailleurs de sa positivité qui lie d'emblée « naturellement » la valeur et le sens au donné du réel et que pour cette raison on appelle droit naturel.

Puisque le présent volume constitue un long exercice de cohérence destiné à montrer que le droit ne peut se définir à partir de ses seules sources positives mais qu'en chacune de ses branches, il s'appuie sur la nécessité de reconnaître le donné naturel des libertés humaines, on en percevra vite le caractère nécessairement inconfortable. Partant des énoncés positifs du droit, notre réflexion n'y déploie cependant pas les raisonnements habituels des juristes qui invoquent tantôt la lettre, tantôt l'esprit de la loi, ou les travaux préparatoires, ou la jurisprudence des cours supérieurs contre une hardiesse toute récente d'un juge inférieur (et *vice versa*) ou encore telle autorité doctrinale contre telle pratique administrative. Si elle part du réseau des énoncés du droit, c'est pour y chercher l'issue qui permettra de les ouvrir vers leur propre fondement : dans le présent exercice, les dispositions prises par le juge et le législateur nous intéressent moins que la réalité à laquelle elles renvoient comme à leurs propres sources.

Un dernier mot sur le caractère risqué autant que gratuit de l'entreprise. Si le droit naturel introduit dans les énoncés du droit positif une certaine inquiétude concernant le sort de la nature humaine, si cette nature elle-même fait l'objet d'un débat dont on mesure sans peine les enjeux philosophiques fondamentaux, si ce débat a pu amener de bons esprits à récuser en doute l'existence même du droit naturel, on comprendra la difficulté mais aussi l'intérêt de cette discipline aussi questionnée que questionnante. Pas de code qui énoncerait en autant de livres, parties, titres, chapitres, sections, paragraphes et articles toutes les prescriptions que renferme le livre de la nature ! Et s'il arrive que certaines décisions de justice ou quelques articles de doctrine invoquent le droit naturel dans des attendus aussi précieux que rares, il reste que cette matière, largement théorique, ne bénéficie pas des supports bibliographiques couramment utilisés à titre de « sources » dans les autres branches du droit. Mais peut-être faut-il traverser cette épreuve pour mieux comprendre ce qu'est « la source » et ce qu'est « le droit ». A l'étudiant qui s'interroge en effet sur l'utilité d'apprendre un droit qui n'a son fondement dans aucun code, il faut renvoyer la question du bénéfice finalement plus incertain encore d'apprendre un code qui n'aurait son fondement dans aucun droit.

ÉTAT DES QUESTIONS : L'ÉTUDE DU DROIT NATUREL

Jacques Leclercq (1891-1971), professeur à l'Université catholique de Louvain (Belgique), a publié plusieurs ouvrages de droit naturel (v. sa bibliographie *in* P. Sauvage, *Jacques Leclercq, un arbre en plein vent*, Paris, Duculot, 1992). Le présent état des questions donne un extrait, à titre d'information historique, de son ouvrage *Leçons de droit naturel* (t. I : *Le fondement du droit et de la société*, Louvain, Société d'études morales, sociales et juridiques, 1957, 4ᵉ éd.), auquel on ajoute, pour l'actualiser, un complément bibliographique.

I. – La renaissance du droit naturel au début du XXᵉ siècle

Le positivisme n'est et ne peut être qu'une position provisoire de l'esprit.

Le début du XXᵉ siècle a marqué le *réveil du droit naturel*. A vrai dire, au milieu de l'espèce d'ivresse de droit naturel de l'époque romantique, un certain nombre d'esprits avaient toujours continué à affirmer sa vraie nature. Dans le *Discours préliminaire du Code civil*, Portalis disait déjà : « Il dirige, les lois commandent, il sert de boussole, les lois de compas. » Et Beudant qui cite ce texte écrivait en 1889, à l'occasion du centenaire de la Déclaration des droits de l'homme : « Le droit naturel... n'est pas... un ensemble de règles pouvant être traduites en dispositions de loi ; il est la manifestation d'un mouvement d'idées générales, un but où le législateur doit tendre, l'idée qui inspire et oriente : l'idée directrice » (*Le droit individuel et l'État*, p. 38).

Mais au début du XXᵉ siècle, un mouvement se dessine en France, en réaction contre le positivisme, et il est suffisamment fort en 1910 déjà, pour que Charmont publie un livre sous le titre de *La renaissance du droit naturel*. C'était une déclaration de guerre en sens inverse à celle de Taine. L'année suivante, [Georges] Platon publiait : *Pour le droit naturel*. Et en 1913, Gény commençait la publication de son grand ouvrage, *Science et technique en droit privé positif*, dont le deuxième volume porte en sous-titre : « L'irréductible droit naturel. »

En Allemagne, le même mouvement se produisait sous l'influence de philosophes plutôt que de juristes, mais les philosophes allemands se sont toujours préoccupés de la philosophie du droit plus que les français. Stammler, en ordre principal, réagissait contre le positivisme en opposant à celui-ci un néokantisme rationaliste qui fait du droit naturel une forme pure à contenu variable. Après lui, juristes et philosophes sont amenés à reconnaître des principes permanents au-dessus des prescriptions changeantes du droit positif. « En Italie, de M. Croce à M. Gentile et à leurs disciples les plus récents », les tentatives se multiplient pour construire une doctrine du droit « sur la base de l'équation entre le rationnel et le réel, que l'on se plaît à exprimer par la proposition de Vico : *verum et factum convertuntur* » (Perticone, *Le problème du droit naturel et du droit positif en Italie*, p. 236).

Une controverse extrêmement vaste engage ainsi juristes et philosophes pendant plus de trente ans. Elle aboutit vers 1930 à une sorte d'accord. Les positivistes eux-mêmes, tout en niant le fondement rationnel du droit naturel, reconnaissent que *l'idée* du droit naturel est indéracinable. Elle « subsiste et tout porte à croire qu'elle n'est pas près de s'éteindre » (De Page, *L'idée de droit naturel*, p. 47). Le droit naturel n'est pas un objet de connaissance scientifique, car ce n'est pas un fait ; mais l'idée de droit naturel est un fait, et par là objet de connaissance scientifique.

Le droit naturel « n'est pas raisonnable dans ses prémisses ; ... pourtant il vit et agit : j'en déduis qu'il se passe de raison. Je retourne donc les termes du problème : au lieu de partir de la justification, je pars de la norme. Autrement dit, et pour faire court : le droit naturel appartient, je crois, tout entier, à la sphère de la pratique, nullement à celle du savoir... Le droit naturel relève de *l'action* » (J.-P. Haesaert, *Fondement du droit naturel*, p. 215-216).

Il restera pour le positiviste à chercher les origines psychologiques et sociales de l'idée, en faisant abstraction de la question de vérité qu'il refuse de poser.

Mais les positivistes sont débordés par les idéalistes et rationalistes de toute école qui s'accordent à reconnaître la nécessité de principes rationnels au fondement du droit. *Le droit naturel renaît* donc, mais il renaît *renouvelé*. Ce n'est plus le dogmatisme romantique de 1850, c'est un droit naturel assagi que l'expérience a rendu prudent.

On revient à la conception, antérieure au XVIIIe siècle, d'un droit naturel principe général. « Sans doute, écrit M. Capitant, ce n'est plus de l'ancienne conception qu'il s'agit : sur ce point tout le monde est d'accord. Le droit naturel... n'est qu'un principe directeur... Ce principe directeur ne saurait être nié. C'est l'idéal de justice.

« Ce principe directeur ne dictera pas au législateur les solutions positives car... c'est dans l'observation des faits... que le législateur devra chercher les bases solides des lois qu'il promulguera. Mais c'est le droit naturel qui lui découvrira le but à atteindre, c'est lui qui donnera à son œuvre ce caractère d'unité, en l'absence duquel l'appareil législatif ne serait qu'une agglomération de règles sans liens entre elles » (*Introduction à l'étude du droit civil*, p. 35).

« Le concept, ainsi réduit à ses éléments essentiels, dit à son tour Gény, plonge, par des racines si profondes, dans notre mentalité juridique, qu'il reparaît en dépit de toutes les dénégations et de tous les efforts, chez les esprits qui s'en croient les plus sincèrement détachés... » (*Science et technique en droit privé positif*, t. II, p. 275).

« Sans doute, dit-il encore, le problème de sa conciliation avec les exigences de la vie pratique reste loin d'être résolu... (*ibid.*, t. I, p. 27). Au fond, le droit ne trouve son contenu, propre et spécifique, que dans la notion du juste, notion primaire et indéfinissable » (*ibid.*, t. I, p. 50).

Depuis, d'autres auteurs ont précisé. Notamment Le Fur, Renard et, en Belgique, M. Dabin. Tous limitent le droit naturel à quelques principes directeurs qui n'excluent nullement la variabilité des institutions.

Déjà vers 1900, Stammler, en Allemagne, avait essayé de concilier la permanence du droit et la variabilité de ses formes par la formule « droit naturel à contenu variable ». Pour lui, la permanence du droit naturel n'est qu'une permanence de méthode, non de fond. Reprenant la formule, M. Renard la transforme en « droit naturel à contenu progressif » (J. Leclercq, *Leçons de droit naturel, op. cit.*, p. 41).

II. – Bibliographie sommaire

Pour prolonger dans la deuxième moitié du XXe siècle le panorama esquissé par Jacques Leclercq dans la première moitié, on cite ici quelques titres d'ouvrages et articles plus récents. Une bibliographie historique moins sommaire sera donnée dans le t. 2 du *Droit naturel* : *Les réponses de l'histoire* (à paraître).

Baranès, W., Le droit naturel, in *La justice, l'obligation impossible*, Autrement, série « Morales », octobre 1994, p. 76.
Barret-Kriegel, B., *Les droits de l'homme et le droit naturel*, Paris, PUF, 1989.
Bastit, M., *Naissance de la loi moderne*, Paris, PUF, « Léviathan », 1990.

Bloch, E., *Droit naturel et dignité humaine, critique de la politique*, Paris, Payot, 1976.
Bourgeois, B., *Le droit naturel de Hegel*, Paris, Vrin, 1986.
de Béchillon, D., Retour sur la Nature ; critique d'une idée classique du Droit naturel, in *Images et usages de la nature en droit*, Bruxelles, Facultés universitaires Saint-Louis, 1993, p. 593.
Droit et nature des choses (travaux du Colloque de philosophie de droit comparé, Toulouse, 1964), Paris, Dalloz, 1965.
Dufour, A., Droit naturel / Droit positif, *Archives de philosophie du droit*, t. 35 (1990) : Vocabulaire fondamental du droit.
Dufour, A., *Droits de l'homme, droit naturel et histoire*, Paris, PUF, « Léviathan », 1992.
Edelman, B. et Hermitte, M.-A. *et al.*, *L'homme, la nature, le droit*, Paris, C. Bourgois, 1988.
Eyt, P., On n'en a pas fini avec le droit naturel, *Nouvelle revue théologique*, 1983, p. 23.
Finnis, J., *Natural Law*, vol. 1 et 2, New York, Aldershot, New York, Darthmouth Press, Univ. Press, 1991.
Gérard, Ph. *et al.* (éd.), *Images et usages de la nature en droit,* Bruxelles, Facultés universitaires Saint-Louis, 1993.
Goyard-Fabre, S., Les deux jusnaturalismes ou l'inversion des enjeux politiques, *Cahiers de philosophie politique et juridique de l'université de Caen*, 1987-11 : « Des théories du droit naturel ».
Hervada, J., *Introduction critique au droit naturel*, Bordeaux, Biere, 1991.
Kelsen, H., Justice et droit naturel, *Annales de philosophie politique*, 1959 : « Le droit naturel ».
Ladrière, J., Droit naturel, droit, éthique, *Revue interdisciplinaire d'études juridiques*, n° 13 (1984) : « Les droits de l'homme dans la crise de l'État-providence ».
Leclercq, J., *Du droit naturel à la sociologie* (2 t.), Paris, SPES, 1960.
Maritain, J., *Les droits de l'homme et la loi naturelle*, Paris, P. Hartmann, 1945.
Martin, X., Nature humaine et Code Napoléon, *Droits*, *Revue française de théorie juridique,* n° 2 (1986), p. 117.
Raynaud, Ph., Droit naturel et souveraineté nationale dans la pensée juridique française. Remarques sur la théorie de l'État chez Carré de Malberg, *Commentaires*, n° 22 (1983), p. 384.
Rigaux, Fr. *et al.* (éd.), *Droit et pouvoir ; la validité,* Bruxelles, Story-Scientia, 1987.
Rodriguez Molinero, M., *Derecho Natural e Historia en el pensamiento europeo contemporáneo*, Madrid, 1973.
Rousseau, F., *L'avenir des droits humains,* Québec, Presses de l'Université Laval, 1996.
Sériaux, A., Les sources du droit : vision jusnaturaliste, *Revue de droit prospectif*, 1990, p. 167.
Sériaux, A., *Le droit naturel*, Paris, PUF, « Que sais-je ? », 1993.
Strauss, L., *Droit naturel et histoire*, Paris, Plon, Recherche en sciences humaines n° 5, 1954.
Van Neste, F., *Hoe ethisch is het recht ? Tussen ordening en vrijheid,* Anvers, Kluwer, 1991.
Villey, M., Abrégé du droit naturel classique, *Archives de philosophie du droit*, 1961, p. 25.
Villey, M., *Le droit et les droits de l'homme*, Paris, PUF, 1983.
Villey, M., Le droit dans les choses, in *Controverses autour de l'ontologie du droit*, Paris, PUF, 1989.

TITRE PREMIER

Le droit constitutionnel : source du droit ?

La Constitution jette les bases de l'ordre juridique. Le présent titre montre l'insuffisance du texte constitutionnel à fonder à lui seul cet ordre, car la Constitution émane d'un pouvoir, le pouvoir constituant. Or la question que pose le droit naturel au droit positif en général, à l'ordre constitutionnel en particulier, vise sans cesse à mettre en doute l'identité affirmée par le positivisme entre les énoncés du droit et les affirmations du pouvoir : dès l'adoption de la Constitution (chap. Ier), et tout au long de la vérification constitutionnelle des actes des pouvoirs constitués (chap. II), la question se pose en effet de savoir d'où coule la source du droit (chap. III) : des droits naturels de l'homme (chap. IV) ou de plus loin encore (chap. V) ?

Chapitre Premier

LA PRIORITÉ RÉCIPROQUE DE LA NORME ET DU POUVOIR

1 / Le pouvoir soumis à la norme

Les juristes présentent généralement la Constitution comme la norme qui fonde l'ordre juridique d'un pays déterminé. La loi fondamentale en effet indique comment, dans ce pays, les différents pouvoirs contribuent par leurs divers actes (loi, décret, arrêté, ordonnance, arrêt, jugement) à l'instauration d'un tel ordre.

Ainsi, en France, « le Président de la République promulgue les lois dans les quinze jours qui suivent la transmission au gouvernement de la loi définitivement adoptée » (Const. fr., art. 10, al. 1er) ; en Belgique, « un projet de loi ne peut être adopté par une Chambre qu'après avoir été voté article par article » (Const. b., art. 76, § 1er) ; ou encore, en Allemagne : « Le tribunal constitutionnel fédéral statue sur l'interprétation de la présente Loi fondamentale en cas de litiges portant sur l'étendue des droits et obligations d'un organe fédéral ou d'autres intéressés dotés de droits propres par la présente Loi fondamentale ou par le règlement intérieur d'un organe fédéral suprême » (Const. all., art. 93 (1) 1).

Lors donc que le titulaire d'un pouvoir – par exemple le chef de l'État ou l'Assemblée parlementaire ou le juge – s'interroge sur l'étendue de ce pouvoir et la manière de l'exercer, il trouvera dans la Constitution de son pays les dispositions fondamentales quant aux compétences qu'il peut exercer et aux procédures qu'il doit suivre. L'État de droit se définit par cette soumission du pouvoir à la norme. Le pouvoir ne détient pas tous les pouvoirs : il doit précisément les exercer de la manière établie par la Constitution.

Lorsque le titulaire d'un pouvoir – législatif, exécutif ou juridictionnel – prend un acte qui ne respecte pas le prescrit constitutionnel, cet acte n'entre donc pas, en principe, dans l'ordre juridique du pays considéré ; cet acte ne dit pas le droit puisque la norme constitutionnelle a déterminé les formes (répartition des compétences, hiérarchie des normes, recours et procédures...) par lesquelles le pouvoir dirait le droit et qu'en l'espèce le pouvoir ne les a pas respectées.

Réservant pour le chapitre suivant l'examen de la sanction d'une telle irrégularité, nous formulons à présent la question que pose le droit naturel à l'intérieur de cet ordre constitutionnel : où gît le fondement du droit ?

2/La norme soumise au pouvoir

Car la priorité que nous venons de voir – appelons-la juridique – de la norme sur le pouvoir heurte une autre priorité – politique celle-là – du pouvoir sur la norme. En effet, le texte constitutionnel provient lui-même d'un pouvoir, celui du Constituant, qui a par exemple adopté telle organisation des pouvoirs en France, telle autre en Belgique, telle autre encore en Allemagne. Mais à quelle norme générale ce pouvoir particulier a-t-il obéi pour prescrire la loi qui allait fonder l'ordre juridique du pays considéré ?

Il faut bien, répondra-t-on, arrêter le mouvement régressif, car si le Constituant a fixé les compétences et les modes d'action du Président de la République, du Parlement, ou du tribunal fédéral, aucune norme préalable n'a pu délimiter le champ d'action du Constituant lui-même ni déterminer les procédures par lesquelles il devait passer pour énoncer la Loi fondamentale. Puisqu'il faut un commencement à tout, ne doit-on pas se résoudre à appuyer l'ordre juridique du pays sur les décisions prises par l'Assemblée constituante et coulées dans les articles de la Constitution ?

On admettra sans peine que les apparences donnent raison à cette réponse qui reconnaît l'inéluctable priorité du pouvoir sur la norme, mais on s'interrogera tout de même sur le paradoxe qu'elle fait surgir. Car au moment où le Constituant énonce – avec la solennité requise par la gravité d'un tel acte – les dispositions que tout pouvoir aurait désormais à respecter dans le pays avant de lier les citoyens par le moyen du droit, ce Constituant même ne disposerait que de sa propre décision comme source du droit qu'il pose ? Alors que tout son effort consiste précisément à limiter les pouvoirs, à les séparer selon le mot d'ordre de Montesquieu, à leur imposer les formes du droit, lui-même ne serait limité, inspiré, informé par rien qui le précédât ? De deux choses l'une : *ou* l'on admet cette irrémédiable blessure logique dans l'État de droit qu'un acte au moins du pouvoir – et le plus important – ne se soumette pas à la norme lorsque, précisément, il énonce la norme qui fondera les autres actes du pouvoir, *ou* l'on suppose que le Constituant tire d'une norme plus fondamentale encore – mais qu'il ne peut forcément formuler lui-même – la légitimité dont il a besoin pour fonder l'ordre juridique de son pays. Mais comment s'énoncerait cette norme suprême non dite par un pouvoir qui, tout de même, lui obéirait ?

La reconnaissance constitutionnelle des droits de l'homme et des libertés publiques constitue probablement une première réponse à la question, mais avant de l'étudier, on voudrait développer quelque peu le paradoxe ici reconnu en évoquant d'abord les contrôles de constitutionnalité des actes des pouvoirs constitués puis la théorie des sources du droit.

Chapitre II

LES CONTRÔLES DE CONFORMITÉ

Un des postulats fondamentaux du droit public porte, nous l'avons dit, sur la primauté exclusive de la Constitution comme règle institutrice du droit dans l'État : « Au commencement était la Constitution. » Mais nous venons de reconnaître l'impossibilité de cette fondation circulaire du droit posé par le droit posé, car au moment où il formule le texte constitutionnel qui permettra aux actes du pouvoir d'entrer dans l'ordre juridique du pays « constitué » par une telle Loi fondamentale, le pouvoir constituant s'inquiète de ne pas tomber lui-même dans l'arbitraire qu'il s'efforce justement de conjurer par l'énoncé des normes qui régiront désormais l'exercice du pouvoir.

Or cette inquiétude initiale ne se résorbe pas une fois la Constitution adoptée, car elle porte sur l'essence même du droit et perdure donc tout au long de l'existence de l'État. A chaque exercice du pouvoir en effet, la question se pose de savoir si l'acte pris par l'autorité – la norme du législateur, l'arrêté de l'exécutif, la décision du juge, etc. – entre dans l'ordre juridique déterminé par la Constitution. Or pour vérifier cette conformité, il faudra rapporter la norme législative, l'arrêté ministériel, la décision judiciaire non seulement aux mots exprimés par le Constituant dans la Loi fondamentale, mais encore au souci sous-jacent à ces dispositions constitutionnelles de refuser, au nom d'une norme plus fondamentale encore, l'arbitraire du pouvoir.

La question de la conformité des actes des pouvoirs constitués à la Loi fondamentale énoncée par le pouvoir constituant se dédouble donc lorsqu'on lui applique le paradoxe évoqué au chapitre précédent, puisqu'un double écart, rappelons-le, peut affecter l'exercice du pouvoir par rapport à l'ordre constitutionnel : le premier, très apparent, concerne la violation par un pouvoir constitué du texte constitutionnel qui a fixé le champ de ses compétences et les modes d'exercice de son pouvoir; le second, plus secret, recouvre l'atteinte que porterait un acte du pouvoir à la norme non dite qui a inspiré le Constituant lui-même lorsqu'il a arrêté la loi fondamentale du pays. Dans un cas comme dans l'autre se pose le problème de vérifier la conformité de l'acte litigieux avec l'ordre juridique constitutionnel, mais si ce contrôle peut s'arrêter à la lettre du texte dans la première hypothèse, il doit poursuivre jusqu'à son esprit dans la seconde. Examinons ce dernier point sous l'angle du droit naturel, avant de revenir au premier, conscients par ailleurs du caractère artificiel de toute séparation exagérée entre la lettre et l'esprit d'un texte.

1 / La fidélité à l'esprit de la Constitution

Le pouvoir constituant se préoccupe essentiellement de régler l'exercice des pouvoirs en vue de préserver dans l'institution de la société un certain nombre de valeurs qu'il juge essentielles. Or la formulation positive de cet objectif dans l'alignement des titres, chapitres et articles de la norme constitutionnelle reste toujours quelque peu à distance de cette préoccupation fondamentale, car le texte, élaboré par une poignée d'hommes – fût-elle appelée Assemblée constituante ou Congrès national – à un moment précis du temps – fût-il jugé « historique » –, ne peut contenir en ses formules ni l'ensemble ni le détail des valeurs que le Constituant entendait poursuivre en rédigeant cette Loi fondamentale. D'où la possibilité d'un écart entre un acte des pouvoirs constitués qui, sans nullement contredire la lettre du texte constitutionnel par hypothèse muet sur le sujet, porterait tout de même atteinte à son esprit. Mais où se cache cet esprit de la Constitution ? Il ne se réduit pas à l'ensemble des décisions explicitement ou implicitement prises par le Constituant et que détaillerait par exemple l'analyse des travaux préparatoires du texte constitutionnel ; il s'identifie précisément à cette norme fondatrice déjà évoquée, à laquelle le Constituant se soumet pour éviter lui-même l'arbitraire de son propre pouvoir.

Assurément cette référence à une norme fondatrice non dite ne simplifie-t-elle pas la tâche des autorités chargées d'en élucider les prescriptions, mais n'en va-t-il pas toujours ainsi dans la lecture du droit ? Lorsque le juge, en effet, doit appliquer aux justiciables une loi qui, selon toute apparence, n'a jamais envisagé l'hypothèse litigieuse, n'invoquera-t-il pas, au-delà des lacunes tant de la lettre du texte que de la volonté implicite ou explicite du législateur, une volonté idéale qui tranchera l'espèce soumise à son jugement ? Le législateur, dira le juge, n'a pas pu ne pas vouloir une autre solution que la règle ici appliquée. De même, lorsqu'un contrat pose une difficulté d'interprétation, le tribunal, invité à dégager la volonté réelle des parties (C. civ. fr. et C. civ. b., art. 1156) et ne la découvrant ni dans les termes de la convention ni dans son exécution postérieure, ne reconstituera-t-il pas une volonté idéale des parties, celle qu'il estime la plus sage et donc la plus apte à régler le litige ?

Ainsi en va-t-il de la loi fondamentale elle-même. Invoquant un postulat de rationalité dans le chef de l'auteur de la norme, le juge se mettra lui aussi à l'écoute de cette sagesse qui a inspiré le Constituant et formulera à sa suite les règles qu'il n'a pas explicitement posées dans la lettre de son texte ni peut-être même pas implicitement envisagées.

Jeu de dupes ? Attribution à l'auteur de la norme – constitutionnelle, légale ou conventionnelle – d'intentions qui n'existent que dans le chef du juge ? Pas nécessairement, car dans la mesure où le droit (constitutionnel, légal, contractuel) ne se réduit pas à la norme explicitement posée mais comporte aussi cette norme non dite qui a inspiré les décisions du pouvoir – y compris du pouvoir constituant –, rien n'empêche le juge de s'appuyer sur ce droit plus fondamental pour faire apparaître, dans les interstices du texte, des règles qui précisent le prescrit constitutionnel.

Lors donc qu'un pouvoir, profitant par exemple d'une majorité parlementaire ou d'une suprématie dans l'Exécutif, pratiquerait un coup de force pour insérer dans l'ordre juridique une norme qui, respectant formellement la lettre constitutionnelle des compétences et des procédures, mépriserait tout de même la norme de sagesse qui lui est sous-jacente, les autorités de contrôle n'auront-elles pas le droit – oui, le droit – d'invoquer l'esprit de la loi fondamentale pour repousser cette violation du droit ? Ce contrôle, en tout cas, nous ramène au premier point annoncé.

2 / Le contrôle du contrôle

La vérification de la conformité à la Constitution des actes des pouvoirs constitués prend, on le sait, diverses formes selon les pouvoirs et selon les pays. On ne débattra pas ici de l'opportunité, par exemple, de soumettre les décisions rendues par les instances suprêmes de l'ordre judiciaire à un tribunal constitutionnel ainsi que le prévoit la Constitution de la République fédérale d'Allemagne (cf. Const. all. art. 94, al. 2) ; ou de réserver le contrôle de constitutionnalité des décisions judiciaires à ces instances elles-mêmes comme on le fait en France ou en Belgique, ou encore d'ouvrir à de simples particuliers la possibilité de contester la conformité de la norme (loi fédérale, décret régional ou communautaire) à telle ou telle disposition de la Constitution comme le permet la Constitution belge devant la Cour d'arbitrage (Const. b. art. 142) ou de ne permettre ce recours qu'à des autorités nommément désignées comme l'indique la Constitution de la République française à propos du Conseil constitutionnel (Const. fr. art. 61, al. 2), car en deçà des recherches menées en sociologie politique ou en droit constitutionnel comparé sur des sujets aussi importants que la meilleure articulation du pouvoir législatif et du pouvoir judiciaire, le renforcement des garanties reconnues au simple citoyen ou les menaces qu'annonce le « gouvernement des juges », nous voulons attirer l'attention sur un point qui casse, ici encore, la pure circularité où d'aucuns voudraient enfermer le droit constitutionnel, à savoir l'impossibilité du contrôle régressif à l'infini.

On sait que la norme fondamentale émane du pouvoir constituant – premier scandale pour l'État de droit qui entend, lui, soumettre le pouvoir à la norme – mais ce paradoxe de l'origine non juridique de l'État de droit parcourt aussi, on l'a dit, toute la vérification du respect de cette loi fondamentale par les pouvoirs constitués. Car la norme ne peut jamais vérifier par elle-même la conformité à son prescrit des actes passés par les autorités inférieures : un pouvoir en est chargé, muni de la consigne d'exercer ce contrôle en vue du respect de l'État de droit. Mais qui va contrôler ce pouvoir de contrôle ? Un pouvoir encore supérieur ? Mais qui va garantir que ce nouveau pouvoir voudra respecter le prescrit constitutionnel pour à son tour l'imposer aux autorités contrôlées ? Puisque la norme ne s'impose pas d'elle-même, il faut que le pouvoir chargé d'en imposer le respect décide de la suivre, mais comment s'assurer de la fermeté de cette décision ?

Ici apparaît l'institution du serment que prêtent les autorités constituées, avant leur entrée en charge, de respecter l'ordre constitutionnel en chacun des actes – lois, décrets, ordonnances, jugements... – qu'ils prendront. Figure intéressante car elle symbolise l'impossibilité pour le droit posé de se fonder dans le droit posé lui-même : qu'on le prenne en son sens classique de prise à témoin de la divinité ou qu'on le réduise à son sens sécularisé d'engagement d'honneur, le serment touche en effet le sujet en son intimité, à l'endroit exact où son propre pouvoir se reconnaît soumis à une norme dont il ne dispose pas : laquelle ? La norme constitutionnelle elle-même ? Non, puisque de celle-là, œuvre du législateur positif, il pourrait, n'était le serment, précisément disposer mais cette norme plus décisive par laquelle le sujet se reconnaît lié à la parole qu'il donne. Où l'on voit la nécessaire ouverture du système juridique à une norme qui le dépasse, en l'occurrence le respect de la parole donnée : le système ne peut se fermer en son sommet qu'à la condition de ce « détour » hors de son domaine.

La vérification de la constitutionnalité des actes du pouvoir vient de le montrer tant par l'inévitable recours à la *ratio legis* du texte constitutionnel que par l'impossibilité de remonter à l'infini la procédure des contrôles. Cette ouverture se confirme au chapitre suivant qui examine d'un autre biais, plus large encore, la relation réciproque du pouvoir et du droit.

Chapitre III

LA SÉPARATION DES POUVOIRS ET LES SOURCES DU DROIT

Qui ne s'étonnera du contraste observable entre la rigidité avec laquelle la Constitution semble répartir les pouvoirs, d'une part, l'imprécision manifestée par les auteurs lorsqu'ils abordent les sources du droit, d'autre part ?

1 / Le pouvoir de la loi

D'un côté, les distinctions paraissent claires : le législateur, assemblée composée par les représentants du peuple, établit la loi, norme de portée générale ; le gouvernement dirige les affaires du pays et prend les mesures qui permettent d'exécuter la loi, mesures que l'Administration observe à l'égard des citoyens concernés ; quant au magistrat, il ne reçoit apparemment pas d'autre tâche que d'appliquer la loi aux litiges individuels qui lui sont soumis.

Pour expliciter l'entière subordination du pouvoir judiciaire au pouvoir législatif, la loi précise que le juge ne peut jamais refuser de juger car le silence, l'obscurité ou l'insuffisance de la loi qu'il invoquerait pour justifier ce déni de justice ne constitueraient en tout cas que des « prétextes » (cf. C. civ. fr., art. 4 ; C. jud. b., art. 5) ; par contre, ce même magistrat ne peut jamais non plus trancher un litige en énonçant de son propre chef une « disposition générale et réglementaire » (cf. C. civ. fr., art. 5 ; C. jud. b., art. 6).

Tout au long du XIXe siècle, l'école de l'Exégèse comprenait ces dispositions de façon rigide : puisque la loi a tout dit, le juge sera seulement

« la bouche de la loi » ainsi que le disait déjà Montesquieu. Sans entrer ici dans les développements historiques qui expliquent pourquoi les révolutionnaires français, redoutant les accommodements des juges de l'Ancien Régime et substituant le pouvoir absolu du peuple au pouvoir absolu du roi, ont entendu maintenir la suprématie totale du pouvoir législatif sur le pouvoir judiciaire, on remarquera plutôt comment, dans les temps qui ont suivi la rigidité exégétique, la réflexion a connu un assouplissement considérable au point que les auteurs se demandent parfois aujourd'hui d'où coulent les sources du droit.

Sans doute la loi reste-t-elle dans cette réflexion la référence obligée : lorsqu'une norme se trouve formulée par le législateur, elle est, dit-on, certainement « du droit » mais la réciproque n'est plus vraie, puisque, à côté (ou au-dessus ou en dessous) de la loi, on cite le traité international, les principes généraux du droit, la jurisprudence, l'équité, la doctrine, voire la *soft law* des Comités (et commissions) et autres autorités administratives indépendantes. Une telle multiplication des « sources du droit » pose à nouveau le problème soulevé aux chapitres précédents : quelle autorité a le pouvoir de désigner la source du droit ? Car l'autorité – législative, populaire, religieuse, doctrinale ou judiciaire, peu importe – qui affirme : « ici coule une source du droit » ne doit-elle pas se trouver elle-même à la source de cette source ? On ne voit pas en effet dans quelle autre source (désignée de quelle façon ?) cette autorité puiserait le droit d'indiquer le lieu de naissance du droit.

Cette coïncidence de la source du droit et de l'autorité qui la désigne explique peut-être le lien qui a uni dans l'histoire du droit le positivisme juridique et l'école de l'Exégèse. Car si le Constituant s'imagine lui-même à la source du droit qu'il énonce dans les dispositions constitutionnelles, il ne manquera pas d'induire dans l'État ainsi « constitué » l'idée qu'à son tour le pouvoir législatif se tient lui aussi à la source du droit, source dès lors captive de ce seul pouvoir devant lequel le juge n'aura plus qu'à s'incliner.

2/La loi à l'écoute du droit

Mais à cette annexion du droit par l'autorité qui l'énonce, on pourra préférer une autre perspective, déjà évoquée à propos de la préséance d'une norme non dite sur le pouvoir qui pose la Constitution ou qui en vérifie le respect. Selon cette autre façon de voir, l'autorité ne se confond jamais avec le droit qu'elle énonce ; au contraire, dans l'acte même d'énoncer ce droit, le pouvoir se subordonne à lui. Ainsi la source du droit ne s'identifie-t-elle plus au pouvoir qui dicte sa loi.

Car au chapitre des « sources du droit », l'erreur consiste à désigner (de quel droit ? en effet) telle ou telle autorité comme source, alors que celle-là reste toujours à distance de celle-ci. Pour garder l'image, ne vaut-il pas mieux dire que la source coule d'elle-même, comme toute source, et qu'au lieu que les dispositions du pouvoir (constituant ou législatif par exemple) soient la source du droit, le droit soit plutôt à la source de telles dispositions, pourvu – la condition est importante – que le pouvoir soit lui-même « disposé » à prendre le droit comme source de ce qu'il énonce.

Cette seconde perspective permet de comprendre les autres « sources du droit » que la loi comme autant d'approches d'une seule et même source par où coule le droit. Puisque le législateur – pas plus que le constituant – ne peut s'octroyer le monopole de la production du droit, le juge y tiendra lui aussi sa place, et l'auteur de doctrine, et l'équité, et les principes généraux du droit, etc. Quelle place ? En principe celle que leur assignent les dispositions constitutionnelles et les normes subséquentes dans la mesure – mais dans la mesure seulement – où ces décisions positives auront reconnu un droit plus fondamental à la source de leur énoncé.

Craint-on, ici encore, la complication, voire la mystification du recours à un droit invisible et inaudible qui pourrait dès lors se confondre sans difficulté avec n'importe quelle décision arbitraire du pouvoir législatif, exécutif ou judiciaire ?

En réalité, cette référence à une norme plus secrète rejoint probablement la sagesse du constituant qui a choisi de « séparer » les pouvoirs. Car cette distinction du législatif, de l'exécutif et du judiciaire, avec les précautions prises pour assurer leur indépendance mutuelle autant que leurs dépendances réciproques, signe peut-être l'aveu de la distance reconnue entre le droit et le pouvoir. Un seul pouvoir ne peut, à lui seul, dire le droit : le législateur n'énonce que la loi générale et le juge ne dit le droit que dans les cas particuliers ; entre les deux la doctrine noue les liens pour que les pouvoirs s'écoutent, « s'entendent », tandis que, respectivement, les principes généraux et l'équité amplifient ou corrigent le prescrit légal pour parvenir à la décision judiciaire la plus convenable. Rien donc de la rigidité fantasmée par les positivistes du pouvoir, mais plutôt la mise en convergence des pouvoirs pour parvenir à la formulation d'un droit qui les dépasse tous. A cause de la séparation des pouvoirs, aucun pouvoir ne monopolise l'énonciation du droit. Est-il mystifiant d'y voir le signe que le droit ne relève pas d'abord du pouvoir ?

Séparer le juge du législateur et du gouvernement, c'est demander au juge d'écouter la loi et ses mesures d'exécution, mais aussi, dans cette écoute, d'exercer un pouvoir « séparé » donc propre ; c'est aussi faire comprendre au législateur et au gouvernement qu'ils ne disent pas tout le droit à eux seuls, qu'ils ont donc à écouter comme le juge une norme qui ne provient pas de leur propre pouvoir, et que d'ailleurs leur propre distinction, législatif d'un côté, exécutif de l'autre, répète encore cette nécessaire distance du droit et du pouvoir.

Lorsque la Constitution « sépare » les pouvoirs les uns des autres, elle leur signifie qu'aucun d'eux n'est à la source du droit, pas plus qu'elle ne l'est elle-même, mais que le droit serait plutôt la source – et la fin – des efforts que les pouvoirs déploient pour le dire.

Le chapitre suivant du présent titre expose la formulation contemporaine de cette norme non dite évoquée aux chapitres précédents, de ce droit premier qui fonderait l'ordre constitutionnel lui-même.

Chapitre IV

LA RECONNAISSANCE DES DROITS NATURELS

1 / Les droits d'avant le pouvoir

La conjonction des déclarations de droits, d'une part, de l'organisation des pouvoirs dans l'État, d'autre part, se vérifie dans la Loi fondamentale moderne de nombreux pays. En France, par exemple, le préambule de la Constitution de 1958 rappelle l'attachement du peuple français « aux droits de l'homme et aux principes de la souveraineté nationale tels qu'ils ont été définis par la Déclaration de 1789, confirmée et complétée par le préambule de la Constitution de 1946 ». Or cette Déclaration du 26 août 1789 expose, on le sait, « les droits naturels, inaliénables et sacrés de l'homme » (...) « afin que les actes du pouvoir législatif et ceux du pouvoir exécutif, pouvant être à chaque instant comparés avec le but de toute institution politique, en soient plus respectés », affirmation liminaire à laquelle on rapportera l'article 2 de la même Déclaration selon lequel « le but de toute association politique est la conservation des droits naturels et imprescriptibles de l'homme. Ces droits sont la liberté, la propriété, la sûreté et la résistance à l'oppression ».

Est-il interdit de penser que non seulement le pouvoir législatif ou le pouvoir exécutif trouvent leur légitimité dans cette « comparaison » de leurs actes avec les droits « naturels et imprescriptibles » que toute association politique doit conserver, mais encore le pouvoir constituant lui-même au moment où il « constitue » l'institution politique du pays ? Car si l'association s'institue en vue de conserver des droits qui ne peuvent se perdre ni par aliénation, ni par prescription du fait que la nature les a rendus sacrés, le pouvoir de formuler la constitution d'une telle association pourrait-il trouver ailleurs qu'en cette finalité la légitimité de l'acte qu'il pose ?

Pour sa part, la Constitution belge du 7 février 1831 qui servit de modèle à de nombreux jeunes États du XIXe siècle énonce significativement après son bref titre Ier : « De la Belgique fédérale, de ses composantes et de son territoire », un titre II intitulé : « Des Belges et de leurs droits », avant qu'un titre III ne traite : « Des pouvoirs ». Comme si l'exercice constitutionnel des pouvoirs supposait – non seulement dans l'enchaînement des articles mais encore dans les fondements du droit – le respect des droits fondamentaux et des libertés publiques dont l'énumération précède les règles de cet exercice. La norme qui s'impose au pouvoir, et au Constituant lui-même, n'énoncerait donc rien d'autre que la liste des droits « de l'homme et du citoyen », droits où gîrait en dernière analyse la source du droit que tous les pouvoirs s'efforceraient de formuler en chacun de leurs actes.

Plus significative encore, la Constitution de la République fédérale d'Allemagne du 23 mai 1949, instruite par une effroyable expérience, commence d'emblée par l'affirmation des droits fondamentaux (1re partie) avant l'organisation de la Fédération et des *Länder* (2e partie), puis des différents organes du pouvoir (3e partie et s.). L'article 1er vaut son poids de légitimité :

1 / La dignité de l'homme est intangible. Tout pouvoir public est tenu de la respecter et de la protéger.
2 / En conséquence, le peuple allemand reconnaît à l'homme des droits inviolables et imprescriptibles comme fondement de toute communauté humaine, de la paix et de la justice dans le monde.
3 / Les droits fondamentaux énoncés ci-dessous lient le pouvoir législatif, le pouvoir exécutif et le pouvoir judiciaire à titre de droit directement applicable.

Ici encore, tout se passe comme si les droits fondamentaux (dignité de la personne, égalité devant la loi, libertés de conscience, d'expression, d'enseignement, de réunion, d'association...) ne liaient pas seulement les trois traditionnels pouvoirs constitués mais encore le pouvoir constituant lui-même, car là se trouverait la source du droit, à tel point que si, par impossible, la Constitution formulait le contraire de ce qu'elle énonce en ce chapitre des droits fondamentaux, elle se poserait elle-même hors de l'ordre du droit.

Déclarer des droits comme on le fait en France, les placer symboliquement avant les règles qui régissent l'exercice du pouvoir comme dans la Constitution belge, les reconnaître directement applicables à tout pouvoir constitué comme le veut le Constituant allemand, n'est-ce pas avouer que ces droits – littéralement – fondamentaux précèdent les décisions des Constituants eux-mêmes et jugent, à partir de cette source intangible, tout exercice du pouvoir ? que donc les décisions qui s'en écarteraient ne pourraient plus se réclamer d'un fondement juridique ? Mais, à cette étape de la réflexion sur la lecture des textes constitutionnels, la question surgit à nouveau de savoir sur quelle objectivité se fonde la conviction du pouvoir qui, constituant les pouvoirs, reconnaît préalablement le nécessaire respect des droits.

2 / Le fondement du fondement

La question de la *ratio legis* du texte constitutionnel, ou de la norme invisible et inaudible qui précède à titre de source du droit tout énoncé du pouvoir mérite une reprise car il s'agit de savoir si la déclaration de droits inhérents à la personne humaine ne relèverait pas ici encore de l'illusion ou de la mystification. Certes, tout donne à penser que les rédacteurs de nos constitutions libérales se croyaient liés eux-mêmes par cette préséance en laquelle ils voyaient la source du droit, encore faut-il vérifier la validité de cette conviction et, par là, éprouver l'objectivité du droit.

A partir du moment où le Constituant déclare des droits qu'il reconnaît au fondement de sa propre démarche d'institution des pouvoirs, un premier pas est fait : le droit ne relève pas seulement de la décision du pouvoir qui l'énonce – fût-il constituant, il se tient déjà dans la dignité même des hommes rassemblés en société. Mais pour éviter que ce progrès ne tombe dans l'illusion, il importe d'aller jusqu'au bout de l'objectivité ainsi souhaitée : non seulement le droit ne s'appuierait pas d'abord sur les décisions des détenteurs du pouvoir, mais il ne relèverait pas non plus uniquement de la conviction communément partagée selon laquelle le droit préexisterait à de telles décisions, car cette conviction trouverait son fondement dans la réalité elle-même : les textes constituants disent-ils autre chose lorsqu'ils parlent de droits *naturels* ? Mais si, en France, la Déclaration de 1789 expose les droits *naturels*, inaliénables et sacrés de l'homme, le préambule de la Constitution du 27 octobre 1946 n'évoque plus que les droits « inaliénables et sacrés » que possède tout être humain. Au passage, les droits de l'homme ont perdu leur caractère naturel : signe d'une incertitude contemporaine sur l'objectivité de l'homme ? et donc d'une préférence manifestée par le pouvoir en faveur d'une détermination par lui-même des droits reconnus à l'être humain ? Mais alors que la référence à la nature enracinait dans le réel l'irréductibilité du droit aux énoncés du pouvoir, sa suppression ne manifeste-t-elle pas symboliquement – alors même que le pouvoir s'en défend, précisément en déclarant les droits de la personne – une dangereuse reprise de l'objectivité du droit dans les convictions subjectives du pouvoir ?

Chapitre V

LA NATURE DU DROIT

Dans la mise en évidence du droit naturel à partir de l'énoncé constitutionnel, nous avons découvert que d'abord le pouvoir ne peut sans se contredire se poser à la source du droit qu'il énonce, qu'ensuite, comme pour déprendre le pouvoir de cette tentation, le texte constitutionnel reconnaît lui-même un certain nombre de prérogatives inhérentes à l'homme comme tel, et que le pouvoir se doit de respecter. Mais ces deux premières constatations ouvrent, par leur tension même, un champ de questions fondamentales qu'il importe d'approfondir si l'on veut obtenir quelque lumière sur la nature du droit.

1 / Droit objectif et droit subjectif

Le droit, en effet, risque de se désarticuler si, pour répondre au positivisme qui voudrait l'enfermer dans les énoncés du pouvoir, il n'oppose que la radicale antithèse des prétentions des sujets soucieux d'élargir au maximum l'espace de leurs libertés. Entre l'arbitraire du pouvoir qui énoncerait sa loi fondamentale d'abord, ses lois ordinaires ensuite pour constituer l'ensemble du droit dit objectif, d'une part, la volonté des humains revendiquant les diverses formes de leur épanouissement individuel comme autant de droits dits subjectifs, d'autre part, le droit lui-même va-t-il se déchirer ? Non, si l'on veut bien admettre que par sa nature même, le droit tend continûment à éviter une telle déchirure.

Mais rappelons d'abord avec plus de détail les termes du débat.

D'un côté, la règle prévoit l'action à poser par ses destinataires dans les diverses hypothèses qu'elle décrit : les pouvoirs de l'administration fiscale, ou de l'usufruitier, ou du créancier gagiste, ou du ministère public par exemple s'exerceront – et ne pourront s'exercer que – de telle et de telle façon ; de l'autre, le texte aligne une série de prérogatives que les sujets peuvent, dirait-on, s'approprier en première personne : « Tous les Allemands ont le droit de se réunir paisiblement et sans armes, sans déclaration ni autorisation préalables » (Const. all., art. 8, al. 1er), « La liberté individuelle est garantie » (Const. b., art. 7, al. 1er), « Tout homme persécuté en raison de son action en faveur de la liberté a le droit d'asile sur les territoires de la République » (Préambule de la Const. fr. de 1946).

Dans la présente réflexion entamée à propos du droit constitutionnel, on se demande comment ces libertés proclamées en faveur des Allemands, des Belges, des réfugiés, etc., composent avec l'ordonnancement normatif que la Constitution d'abord, les autres codes ensuite, énoncent pour édifier le droit.

Les réponses doctrinales traînent certes dans tous les manuels : le mot « droit » revêt deux significations : d'un côté il recouvre l'ensemble des dispositions (civiles, pénales, sociales...) applicables sur un territoire déterminé (on parle ainsi du droit français, ou du droit italien) en ce compris les normes internationales, en y ajoutant généralement la manière dont la jurisprudence comprend ces normes et éventuellement l'éclairage que leur donne la doctrine, il s'agit alors du droit objectif ; l'autre sens désigne toutes les prérogatives qu'un sujet déterminé s'est vu reconnaître tant dans la sphère publique sous la forme de droits politiques, libertés publiques et autres droits fondamentaux que dans la sphère privée où s'alignent comme autant de droits subjectifs les droits réels, les droits de créance, les droits intellectuels, voire les droits de la personnalité. « Objectif » lorsqu'il désigne un ensemble de normes aussi hiérarchisé, cohérent et complet que possible, « subjectif » quand il vise un des avantages dont le sujet bénéficie dans le cours de sa vie sociale, la distinction est classique, mais comment le même mot « droit » recouvre-t-il deux acceptions si différentes ?

Poser cette première question revient à en poser une autre, capitale – on en jugera – pour notre propos : Qu'est-ce qui fait que le droit est le droit ? On ne s'étonnera pas, en effet, de trouver, sous-jacente à la simple dualité des mots, deux philosophies qui radicalisent chacune pour leur part soit le caractère objectif, soit le caractère subjectif du droit, réglant par là, au moins apparemment, la question cruciale de la nature et donc de la source du droit. En développant la thèse subjectiviste puis la thèse objectiviste, nous nous interrogeons ici sur la nature du droit – et donc sur le droit naturel – ainsi placé au carrefour de sa double signification.

2 / La thèse subjectiviste

Dans la perspective subjectiviste, le droit rayonne du sujet lui-même : doté d'un corps et d'un esprit, le voici aussitôt titulaire de droits de la personnalité qui lui garantissent son intégrité tant physique que morale contre toute atteinte de la part des tiers, et de droits intellectuels qui protègent les œuvres de son intelligence et de son imagination ; membre de la société civile, son activité se répand dans la nature, montrant qu'en ce rayonnement de lui-même s'atteste la source tant du droit de propriété qu'il exerce sur les biens qui l'entourent que de la créance dont il dispose à l'égard des prestations d'autrui ; membre enfin de la collectivité politique, il y naît d'emblée « libre et égal », titulaire de tous les « droits de l'homme et du citoyen » qu'il pourra, du seul fait de son appartenance à la nature humaine, opposer au pouvoir tenté d'y porter atteinte.

En d'autres termes, cette première façon de voir considère les libertés dont jouit un individu comme autant de germes qui, d'eux-mêmes, vont pousser dans le terrain familial, économique, et politique pour y donner par exemple là le droit aux aliments, ici le droit au travail, ici encore le droit de réunion et d'association. La catégorie du droit subjectif, dans cette première thèse, non seulement s'avère commode pour décrire le fonctionnement du droit : les droits du vendeur, de l'acheteur, du contribuable, du prévenu, etc., mais encore indique la source profonde du droit lui-même : il provient du sujet, il *est* subjectif.

Assurément une telle présentation rejoint-elle une large part des conceptions contemporaines du droit ; elle mérite d'ailleurs l'attention, non pas tant parce qu'elle flatterait le goût d'individualisme cher à nos sociétés libérales, qu'à cause de sa pertinence pour défendre la dignité, si souvent menacée, de la personne humaine. Elle pèche cependant par excès car en appelant droits (subjectifs) tous les biens qui intéressent un sujet, toutes les prérogatives qui lui permettent d'étendre son rayonnement, elle ne dit encore rien des autres sujets qui aspirent, eux aussi, aux mêmes biens. Mais peut-on se passer de la présence d'autrui dans la définition du droit ? Et si la pluralité des sujets conditionne l'existence même du droit (renversant l'adage, on dira : *ubi jus, ibi societas*), comment assurer l'ordre entre tous ces sujets qui ne trouveraient qu'en eux-mêmes les fondements du droit, en l'occurrence de *leurs* droits ?

3 / La thèse objectiviste

A l'opposé, le point de vue objectiviste insiste sur l'extériorité du droit par rapport aux sujets qui s'y soumettent. Elle ne prend plus pour point de départ l'individu titulaire de prérogatives antécédentes mais plutôt la norme qui permet à cet individu de poser tel acte ou lui interdit de commettre tel autre. Les formulations du droit résonnent ici comme autant d'ordres auxquels les sujets se plient selon la hiérarchie soigneusement élaborée par la Constitution et les dispositions subséquentes. Les règles prévoient qu'à telle hypothèse, il faudra appliquer tel traitement, par exemple à tel vice du consentement la nullité du contrat, à telle catégorie de revenus tel taux d'imposition, à telle infraction telle peine d'amende ou de prison. A ces règles se soumettent tant les particuliers dans leurs rapports mutuels que les Administrations envers leurs administrés. Lorsque les sujets – publics ou privés – s'écartent de ces normes de conduite, la réaction administrative ou judiciaire, prévue elle aussi par les normes, les ramène dans l'ordre. Les règles se présentent ainsi comme un système où toutes les activités – y compris celle d'imposer une nouvelle règle à autrui – se voient assigner le champ de leur liberté. Pour assurer l'indispensable cohérence de ce système, l'ordre juridique a établi une hiérarchie selon laquelle le pouvoir inférieur ne peut agir – par exemple élaborer des normes – que dans le domaine délimité par l'autorité supérieure : ainsi, le vendeur ne pourra imposer la norme à l'acheteur (l'obligation de payer le prix) que si le contrat conclu respecte le droit des obligations (ordre public et bonnes mœurs, validité du consentement, etc.) ; le procureur général près la Cour de cassation ne formera un pourvoi dans l'intérêt de la loi que dans les cas prévus par les règles du droit judiciaire ; les autorités municipales n'interdiront une manifestation que dans les conditions fixées par la Constitution, etc.

Dans cette perspective objectiviste, le travail du juriste consiste à surveiller le bon écoulement de cette cascade de normes en vérifiant si les différents acteurs ont bien compris les règles substantielles et procédurales qui leur permettaient, à leur tour, d'édicter les normes qu'ils ont prises : l'administration fiscale a-t-elle interprété correctement tel règlement européen relatif à la TVA ? Le juge n'a-t-il pas pris telle circulaire ministérielle pour une interprétation authentique de la loi discutée ? Le législateur a-t-il respecté le prescrit constitutionnel ? Etc.

A la limite, les acteurs eux-mêmes perdent toute importance. Puisque le droit se résume à une pyramide normative, le sujet se réduit à ce simple canal par lequel la norme supérieure communique sa juridicité à la norme inférieure. On aura compris que dans ce système le droit subjectif n'a plus, à la surface de cet écoulement normatif, que la consistance d'un reflet ; il personnifie, pour la commodité de la présentation pédagogique toujours quelque peu tentée par les simplifications, le champ libre ouvert aux derniers sujets de la norme, mais sans aucune autre épaisseur que celle de cette norme elle-même. Car le droit n'est jamais que l'objectivité d'un ordre.

Ici encore, la théorie rejoint un bon nombre de pratiques juridiques observables dans les enceintes parlementaires, les administrations publiques, les cours et tribunaux, mais l'exclusivité qu'elle accorde au commandement du pouvoir et à la hiérarchie des contraintes dans la définition de l'ordre juridique rend-elle assez compte de toute la part humaine et personnelle que la tradition reconnaît généralement dans l'élaboration du droit ?

4 / La synthèse

Entre les deux thèses ainsi présentées, il ne conviendrait pas d'accentuer la déchirure car, bon gré mal gré, le droit positif en opère la synthèse. Ainsi en droit constitutionnel, nous l'avons vu, la loi fondamentale se présente-t-elle à la fois comme la première norme du système d'où découlent l'objectivité et la contrainte du droit positif en vigueur, et comme la charte dans laquelle les sujets trouvent la reconnaissance de leurs droits fondamentaux ainsi que la garantie du respect par le pouvoir de leurs prérogatives personnelles.

Autre exemple, la Déclaration universelle des droits de l'homme adoptée et proclamée par l'Assemblée générale des Nations Unies le 10 décembre 1948 (v. texte en annexe à l'État des questions, p. 95) énumère au fil de ses articles les droits civils et politiques d'abord (art. 3

à 21), les droits économiques et sociaux ensuite (art. 22 à 27) qu'un être humain peut faire valoir du seul fait de son appartenance à la nature humaine, mais cette perspective très subjective se clôt par trois dispositions qui rappellent chacune à leur manière la nécessaire objectivité du droit : l'ordre qui permet aux droits et libertés de trouver plein effet (art. 28), la communauté dans laquelle seule le libre et plein développement de la personnalité de l'individu est possible (art. 29), la non-contradiction interne des droits et libertés reconnus (art. 30).

Dans les autres branches du droit, on allie de même les deux thèses en un amalgame diversement dosé, à tendance plus objectiviste dans les affirmations du genre : « Le sujet trouve dans la loi le droit d'exercer telle ou telle prérogative », plus subjectiviste lorsqu'il est dit : « Les droits de tel titulaire s'exercent dans le cadre des lois et règlements en vigueur. » Mais un tel emprunt empirique aux deux thèses ne tranche pas encore la question de fond : objectif ou subjectif, de quelle nature est le droit ?

Le titre suivant aborde de plein front cette question puisqu'il s'interroge sur l'objectivité du sujet de droit. Peut-on au moins retenir du présent titre consacré au droit constitutionnel qu'en sa « constitution » même, le droit suppose nécessairement la rencontre de ces deux ordres ?

ÉTAT DES QUESTIONS : LE DROIT CONSTITUTIONNEL

Quatre questions sont reprises ici : celle du point de départ de l'ordre constitutionnel à propos de la limitation interne des formalismes appliquée à la théorie des limites matérielles à l'exercice de la fonction constituante (I), puis le contrôle de constitutionnalité lié à l'hypothèse de la supraconstitutionnalité (II), ensuite la reprise de la dialectique engagée entre la source du droit et la séparation des pouvoirs (III), enfin la question de l'accent trop subjectif donné aux droits de l'homme (IV). L'annexe du présent « État des questions » fournit le texte de la *Déclaration universelle des droits de l'homme* (1948).

I. – La limite du formalisme constitutionnel

1 / Le point de départ de l'ordre

Interrogé dans une perspective jusnaturaliste, le droit constitutionnel pose, on l'a vu, la question du point de départ. Car si le texte constitutionnel ne peut se présenter comme un commencement absolu, il faut continuer à s'interroger : qu'y avait-il *avant* ?

Les réponses données par l'histoire, nous le verrons, sont multiples mais fragiles (v. t. II, à paraître).

Ainsi, on dira avec Th. Hobbes ou J.-J. Rousseau que le contrat social a créé l'autorité souveraine compétente pour énoncer le droit :

> « Au lieu d'une société basée sur l'histoire et les traditions, l'idée se répand alors d'une société fondée par la volonté des hommes, qui décident d'établir entre eux une collectivité et définissent les principes fondamentaux auxquels celle-ci devra se conformer : le pacte social est donc la base même de l'État » (M. Duverger, *Institutions politiques et droit constitutionnel*, Paris, PUF, « Thémis », 15e éd., 1958, p. 18),

mais d'où vient la validité juridique de ce contrat lui-même ?

Ainsi encore, on dira avec H. Kelsen qu'à la source de la validité de la Constitution, première norme posée d'un ordre juridique donné, il faut supposer, à titre d'*a priori* logique, la norme fondamentale qui enjoint l'obéissance à cette première norme (on distinguera donc soigneusement la Constitution, première norme posée, d'avec la norme fondamentale supposée par Kelsen, sans tomber dans la confusion que risque d'induire le propos de M. Duverger dans l'ouvrage cité : « La Constitution, ou loi constitutionnelle, est un texte juridique supérieur à tous les autres, lesquels découlent de lui et en tirent leur validité. Les actes administratifs ne sont valables que s'ils se conforment aux lois et les lois ne sont valables que si elles se conforment à la Constitution, laquelle fait ainsi figure de norme juridique fondamentale, au sens que Kelsen donnait à ce mot », *op. cit.*, p. 18).
Mais peut-on, sans verser dans la tautologie, arguer de l'existence d'un ordre juridique donné pour conclure à l'existence de cet ordre juridique ?

La question de la « source » continue en tout cas à intriguer le jusnaturaliste, lui qui s'interroge sur les lieux de naissance *(natura, phusis)* du droit. Source, naissance, voici une autre image, tirée cette fois de l'art contemporain. Il existe des sculptures mobiles où divers axes horizontaux en rotation sur leur centre de gravité portent différentes formes qui évoluent dans l'espace. Or ce jeu du « mobile » ne s'explique pas sans un point fixe : l'ordre du mouvement s'appuie ainsi sur un élément qui, restant au repos, lui échappe nécessairement. Image grâce à laquelle on comprendrait peut-être mieux que le point de départ d'un système (sa « source ») n'appartient pas à ce système lui-même.

Or les logiciens de la connaissance scientifique étudient aussi à leur manière la question de la validité des systèmes formels. Les conclusions auxquelles ils aboutissent n'inspireraient-elles pas utilement la réflexion des constitutionnalistes ? C'est en tout cas la conviction de M.-F. Rigaux (*La théorie des limites matérielles à l'exercice de la fonction constituante*, Bruxelles, Larcier, 1985) qui fait recours au théorème de Gödel (1931) pour mieux comprendre les impasses d'un système constitutionnel qui voudrait « boucler » sur lui-même. Nous voyons d'abord comment cet auteur profite des acquis de la logique pour élaborer une axiomatique juridique de l'exode, puis nous posons en thèse que sa manière de voir le droit aurait probablement gagné en justesse si elle n'avait pas rejeté trop vite l'hypothèse du droit naturel.

2 / L'axiomatique de l'exode

Selon le théorème de Gödel, il existe, dans tous les grands systèmes utilisés pour formaliser les mathématiques, des propositions indécidables qui ne sont, en d'autres termes, ni dérivables ni réfutables en ce système. En suivant les explications données par J. Ladrière (Les limites de la formalisation, in *Logique et connaissance scientifique,* sous la direction de J. Piaget, Gallimard, « Encyclopédie de la Pléiade », 1967, p. 312), on aura compris, d'une part, que dans un système formel, « les règles de dérivation permettent d'obtenir, à partir d'une ou plusieurs propositions posées comme valables, d'autres propositions qui sont également posées comme valables » (p. 314), d'autre part, qu' « une proposition est réfutable dans un système lorsque sa négation est dérivable dans ce système » (p. 316).

On aura compris également que dans un système formel « parfait », il faudrait « que tout énoncé vrai soit représenté par une proposition dérivable et tout énoncé faux par une proposition réfutable » (p. 317). Or Gödel montre l'impossibilité de cette « perfection » et donc l'irréductibilité de l'inadéquation entre le système et ce qu'il représente. Comment ? En construisant, sur le modèle du paradoxe du menteur, une proposition non contradictoire qui, pourtant, « affirme d'elle-même qu'elle est non dérivable dans le système » (p. 316), proposition dérivable donc lorsqu'elle est réfutable (ainsi, quand le menteur dit qu'il dit faux, il dit vrai) et réfutable lorsqu'elle est dérivable (puisque le menteur dit vrai lorsqu'il dit qu'il ment, il dit faux).

J. Ladrière ajoute :

> « Le théorème de Gödel entraîne un corollaire particulièrement important, selon lequel il est impossible de représenter dans un système formel répondant aux hypothèses du théorème la démonstration de la non-contradiction de ce système. Cela signifie que, pour démontrer la non-contradiction d'un système formel, il est nécessaire de faire appel à des procédés de preuve qui sont étrangers au système et donc, en un sens, plus puissants que ceux dont il se sert » (p. 317).

Selon M.-F. Rigaux, une telle démonstration de la limitation interne des formalismes aide à comprendre la nécessité de chercher ailleurs que dans le texte constitutionnel lui-même la validité des « formes » posées par le Constituant. Dans l'ouvrage précité et dans un article subséquent (Le statut épistémologique de la théorie des limites matérielles à l'exercice de la fonction constituante et ses incidences sur la théorie de la validité des systèmes normatifs, in *Droit et pouvoir*, Centre interuniversitaire de philosophie du droit, Bruxelles, Story-Scientia, 1987, p. 277), l'auteur propose de chercher cette « source du droit » en deux directions : « la polyvalence de la temporalité juridique » et « la réticularité des systèmes normatifs » (art. p. 279). De quoi s'agit-il ?

Le propos initial de l'auteur consistait à rendre compte des restrictions qui affectent matériellement l'exercice de la fonction constituante dans un État déterminé et qui résultent soit d'une norme constitutionnelle interne (par ex., la Constitution déclare que tels de ses articles ne pourront jamais faire l'objet d'une révision), soit d'une norme provenant d'un champ normatif externe (par ex., une disposition de droit international directement applicable dans l'ordre juridique interne). S'interrogeant sur la validité de telles prescriptions, M.-F. Rigaux prend acte de l'inadéquation des rigidités qui empêchent la compréhension de telles dispositions limitantes au sein de l'ordre constitutionnel.

Ainsi, à une temporalité trop exclusivement « chronologique » conduisant inévitablement à la collision frontale entre les dispositions internes qui entendent maintenir la permanence constitutionnelle de telle ou telle institution, d'une part, les nécessités nouvellement apparues dans l'organisation des rapports sociaux, d'autre part, l'auteur estime préférable d'ajouter la compréhension « biologique » de la temporalité qui y introduit plus de souplesse :

> « Plaider pour la conjugaison de ces deux dimensions de la temporalité juridique, c'est affirmer que, comme le tissu social qui l'a engendré, le droit connaît des phénomènes de rupture, qu'il est capable de discontinuité sans pour autant perdre son statut de réalité normative » (art. p. 286).

L'autre ouverture à présent. De même que « la Constitution est en soi le fondement juridique de l'ouverture du droit à la temporalité » (art. p. 285), de la même manière, la Loi fondamentale ne se ferme-t-elle pas en elle-même lorsqu'elle ouvre le droit au réseau normatif? Ici encore, la rigidité doit battre en retraite : au normativisme pyramidal où s'affrontent perpétuellement le droit international et le droit interne dans la lutte pour la primauté hiérarchique (v. *infra*, titre VII, p. 538), il faut préférer la structure pluraliste du réseau :

> « Même si la règle constitutionnelle est souvent malencontreusement présentée comme l'acte fondateur de la juridicité d'une société, il est exact qu'elle cautionne l'appartenance d'une communauté politique à la structure – diachronique – d'une normativité réticulaire générale. Le pouvoir constituant ne peut prétendre détenir le pouvoir juridique suprême : il n'est qu'une des manifestations du processus d'auto-institution du peuple dans les organes divers du pouvoir » (art. p. 300).

Présenté trop souvent comme le point de départ absolu du droit, le texte constitutionnel doit plutôt se comprendre, selon M.-F. Rigaux, comme l'entrée formelle d'un peuple, à la fois dans une histoire imprévisible et dans le réseau des normes qui l'entourent.

Laissant ainsi refluer sur les normes constitutionnelles elles-mêmes l'indécidabilité propre aux limites matérielles (de droit interne et de droit externe) des attributions du Constituant, l'auteur poursuit :

> « Des normes constitutionnelles peuvent être valables (ou non valables) sans que cela soit démontrable dans le système normatif considéré. Cette règle épistémologique qui renvoie aux enseignements de la logique postgödélienne franchit une étape intéressante dans la voie des recherches entreprises par la science du droit sur la validité des normes. Même s'il faut manier le procédé avec prudence, on peut, par induction, formuler l'hypothèse d'une réponse négative à la question de savoir si les règles constitutionnelles se réfèrent aux mêmes critères de validité que les normes inférieures dont elles assurent la validité » (art. p. 302).

Bref, en se donnant une Constitution, un peuple se met en marche dans un temps et un espace qu'il ne maîtrise pas entièrement. Certes cette Loi fondamentale prévoit-elle la clôture de son champ juridique et la permanence de ses institutions mais, toujours selon

M.-F. Rigaux, cette loi première qui fonde les lois subséquentes reste incapable de se fonder elle-même autrement qu'en renvoyant à la suite du chemin à parcourir selon l'imprévisibilité du temps dans le réseau des normes.

La leçon tirée du théorème de la limitation interne des formalismes « est celle de l'exode, au sens où "le chemin s'écarte du chemin, où la voie prend l'extérieur de la voie" » (M. Serres, *Les Cinq sens*, Paris, Grasset, 1985).

> « L'exode tient un discours en "rupture d'épistémologie" par rapport au parcours tracé par la méthode qui va d'un point connu à un autre point connu. L'intelligence de l'ordre juridique est au prix du détour par la nécessité non linéaire et par le dépaysement. Au prix d'un désordre des explorations en pays inconnus, des circonstances imprévues et imprévisibles » (art. p. 303).

Une dernière question retient intelligemment l'auteur : comment son propre système axiologique de l' « exode » peut-il prétendre davantage à la validité que les autres systèmes, plus rigides en leurs chronologies et en leurs pyramides ? La réponse ne fait, ici également, que renvoyer au parcours : non pas à la régression infinie du modèle hiérarchique – que l'on sait périmé – où la norme supérieure cherchait chaque fois dans une norme encore supérieure le fondement de sa validité, mais à la récursion indéfinie de l'appel à un autre système axiomatique « qui ne peut assumer lui-même la question de sa propre validité » (art. p. 304).

3 / Le sens du parcours

Prenant le recul critique nécessaire à l'évaluation, on dira que la thèse proposée par M.-F. Rigaux démontre, mais *a contrario*, « en creux », l'utilité des références du droit constitutionnel au droit naturel, car dans l' « exode » proposé comme modèle de compréhension de l'ordre juridique, aucune indication ne permet de dire si l'on est parti, comme dans la Bible, d'un pays de servitude (l'Égypte) pour aboutir à une terre promise (Canaan) ou si l'on n'est pas en train de parcourir, comme on est parfois tenté de faire (cf. Nombres, chap. 14, v. 3), le chemin inverse. Or, ne revient-il pas au droit de donner l'orientation juste ? N'est-ce pas dans le désert du Sinaï, en plein exode précisément, qu'Israël a reçu la loi qui lui indiquait l'unique vrai sens de sa route, c'est-à-dire la terre de ses pères et de sa liberté ? (Cf. à ce sujet R. Draï, *La sortie d'Égypte ; l'invention de la liberté*, Paris, Fayard, 1986 et, du même R. Draï, à propos des fondements du droit constitutionnel, Constitution juridique et violence sociale ; Le Lévite d'Éphraïm de Jean-Jacques Rousseau, in *Les usages sociaux du droit*, Paris, PUF, « Centre universitaire de recherches administratives et politiques de Picardie », 1989, p. 169.)

Or, si l'exode n'apparaît plus dans la théorie du droit qu'à titre d'image dissolvante des rigidités chronologiques et normatives du passé, on ne voit plus les raisons pour lesquelles il faudrait poursuivre la traversée du désert, pas plus sans doute que Sisyphe ne sait pourquoi il remonte la pierre qui dévalera tout de même à nouveau jusqu'au bas de la montagne. En remplaçant les rigidités par l'errance, M.-F. Rigaux a certes heureusement assoupli les références épistémologiques de la compréhension du droit, mais n'a-t-elle pas privé le droit de son axe essentiel, à savoir de la direction qu'il imprime, au nom de ce qu'il est, aux sociétés humaines ?

Ici revient le droit naturel, mais « en creux » disions-nous, car notre auteur affirme d'emblée l'impossibilité de la rencontre entre le droit naturel et le droit étatique. Une longue citation de l'ouvrage montre qu'en reproduisant la dichotomie, kantienne puis kelsénienne, du *Sein* et du *Sollen*, M.-F. Rigaux s'empêche précisément de donner sens aux évolutions du droit dont, pourtant, elle cherchait à rendre compte malgré les rigidités qu'affichait le droit constitutionnel :

> « L'ordre positif constitutionnel doit-il se conformer, comme certains le préconisent, à des règles relevant du droit naturel, c'est-à-dire à un ensemble de normes dont la primauté logique, chronologique, voire qualitative, s'appuie sur le postulat suivant : la préséance de l'être sur le devoir-être ?
>
> « Plusieurs raisons justifient le rejet du théorème qui conclut à l'existence de limites matérielles hétéronomes découlant du droit naturel. L'une d'elles explique toutes les autres : elle tend à montrer l'incongruence entre l'ordre du droit naturel et celui de l'ordre juridique étatique. Pour prouver, en effet, qu'une contrainte normative s'exerce sur l'ordre de l'État par l'ordre du droit naturel, il faudrait démontrer que soient remplies les conditions générales requises par la structuration réticulaire de la normativité. L'interprétation de deux systèmes normatifs nécessite des points d'ancrage, des facteurs de congruence qui manquent incontestablement dans l'éventualité ici envisagée.
>
> « L'incongruence entre l'ordre du droit naturel et l'ordre juridique étatique décrit l'impossibilité logique pour ces deux ordres normatifs d'une interpénétration dans le contexte de la structure en réseaux qui sert de référence à notre problématique. La survalorisation faite par les jusnaturalistes du caractère ontothéologique de la nature leur fait préconiser une adéquation complète entre l'ordre de l'être et celui du devoir-être : cette symbiose devrait être réalisée par l'ordre juridique de l'État et en son sein. Comment peut-on affirmer qu'une adéquation s'opère entre deux structures totalement hétérogènes ? Quel type d'injonction peut recevoir un constituant interne, émanant d'un ordre normatif défini comme transcendant, c'est-à-dire d'essence radicalement autre ? La vocation, dit-on, de la règle de droit naturel est de refléter un état de choses ; la règle de droit constitutionnel formule, au contraire, un impératif destiné à une communauté dynamique et évolutive.
>
> « Pour identifier la règle de droit naturel à respecter, l'ordre juridique de l'État doit tester la réalité de la norme prétendue supérieure, en opérant un jugement de valeur. Ce contrôle de légitimité est indispensable et contredit le postulat initial de toute doctrine jusnaturaliste : l'appartenance de la règle de droit naturel à l'ordre de l'être (et donc la réfutation de toute conception axiologique de celle-ci). L'ontothéologie statique de la nature dont voudraient convaincre les théoriciens des diverses écoles du droit naturel est incompatible avec la temporalité conjuguée de synchronie et de diachronie qui doit présider à une appréhension correcte de la temporalité juridique. Ainsi convergent, dans le caractère hybride des limites matérielles issues du droit naturel, deux motifs péremptoires qui doivent faire conclure à l'inutilité et même au caractère privé de sens de la question de la validité posée au sujet de telles inhibitions. Aucune règle prétendue être de droit naturel ne peut valablement empê-

cher un constituant interne d'exercer ses prérogatives en raison de l'incongruence structurelle à quoi s'ajoute l'incompatibilité conjoncturelle. L'attribution d'une essence ontologique à la règle de droit naturel s'oppose à la structure déontique de la règle de droit étatique, au point d'en rendre incompatible l'insertion dans un réseau commun de normativité. L'hétéronomie de la règle de droit naturel empêche ainsi la *corporation* par le droit constitutionnel, laquelle est indispensable pour qu'on lui reconnaisse une fonction inhibitrice dans l'ordre juridique étatique. Cette raison suffit à elle seule à rejeter tous les arguments jusnaturalistes sur le rôle limitatif exercé par le droit naturel. Rappeler que les exigences liées à la temporalité juridique (conditions conjoncturelles) ne sont pas remplies est un argument superfétatoire mais il pourra convaincre de la radicalité des incompatibilités démontrées ici et qu'illustre singulièrement la figure hybride dont on vient de contester nettement la validité » (M.-F. Rigaux, *La théorie des limites matérielles...*, p. 275-276).

Tout se tient : si le devoir-être juridique ne s'appuie sur rien de ce qui est, l'exode censé décrire la nouvelle axiomatique du droit n'a plus ni point de départ, ni point d'arrivée : pensant échapper par l'errance aux rigidités du passé, elle crée la rigidité pire encore de l'errance elle-même.

M.-F. Rigaux soutient, on l'a vu, « l'incongruence entre l'ordre du droit naturel et l'ordre juridique étatique », mais notre auteur ne suggérait-elle pas elle-même l'application du théorème de Gödel au formalisme constitutionnel ? Par là, n'appelait-elle pas de ses vœux la référence à un « ailleurs » d'un autre ordre que ce formalisme incapable de se justifier par lui-même ? D'où vient qu'à présent, M.-F. Rigaux objecte l'incongruence de cet ailleurs par rapport à l'ordre formel ? L'erreur provient sans doute d'un malentendu quant aux caractères du droit naturel. Pensé comme « ontothéologique » et donc « statique », ce droit naturel ne peut apparemment entrer sans effraction dans les évaluations de la sphère déontique. Mais l'image biblique de l'exode ne pourrait-elle ici encore corriger les perspectives ? Le formidable ébranlement du peuple hors d'Égypte ne trouve-t-il pas en effet sa source dans « l'ontothéologie » du Buisson ardent où Moïse entendit : « Je suis » (Exode, chap. 3, v. 14) ? Dès lors, au couple d'une dialectique négative « rigidité-errance » dont les deux termes se repousseraient indéfiniment, il faut probablement préférer les termes « nature-histoire » où la nature de l'homme en tendance vers sa fin ouvrirait elle-même le chemin de l'histoire, quittant par là toutes les rigidités où la reléguaient nos fantasmes modernes, et où réciproquement l'histoire, déployant l'exode des humains vers leur terre promise, remplacerait l'errance par une voie de liberté.

L'être commande le devoir-être parce qu'en l'être humain gît précisément cette exigence de la liberté. Là se trouve le point de départ du droit et donc aussi – exode oblige – son point d'arrivée. Entre les deux, le droit constitutionnel élabore les formes à la fois de la répartition des pouvoirs qui vont élaborer le droit objectif et de la garantie des droits que l'on appellera subjectifs. Système formel ? Oui, certes, car il s'agit des formes du droit mais pas jusqu'au bout, puisque – M.-Fr. Rigaux a raison sur ce point – le système ne peut justifier lui-même sa propre validité.

Posons donc la question une dernière fois : Qu'y avait-il avant ? Si le théorème de Gödel est construit sur le modèle du paradoxe du menteur, il y avait, avant le système, l'acte de liberté de la personne qui, par exemple, a décidé de mentir plutôt que de dire vrai. Étrange liberté qui empêche le système de « boucler » sur lui-même puisqu'elle ne se laisse jamais entièrement formaliser en lui ! Mais pouvait-elle s'arroger le droit de mentir ? En deçà du système des formes « mobiles » qu'elle déplace dans l'espace et le temps, un « point fixe » l'en empêche, sa propre exigence intérieure quant à la vérité de la relation.

II. – Constitutionnalisme et supraconstitutionnalité : quel contrôle ?

L'existence d'un ordre naturel qui s'imposerait au Constituant lui-même ne rallie pas, on le sait, l'unanimité des juristes. Parfois, la discussion traverse la pensée d'un seul et même auteur. Signe au moins que même aujourd'hui la question n'a pas encore reçu de réponse définitive ? On voudrait, en tout cas, le suggérer en comparant deux articles rédigés par Stéphane Rials à cinq ans d'intervalle : on présentera d'abord « Supraconstitutionnalité et systématicité du droit » (*Archives de philosophie du droit*, t. 31 (1986), p. 57 à 76), puis « Entre artificialisme et idolâtrie. Sur l'hésitation du constitutionnalisme » (*Le débat*, n° 64 (mars-avril 1991), p. 163 à 181), avant de proposer une réflexion sur le contraste des deux positions prises.

La discussion tourne autour du contrôle de constitutionnalité de la loi par une instance juridictionnelle. François Rigaux (*La protection de la vie privée et des autres biens de la personnalité*, Bruxelles, Bruylant, 1990, p. 654) note à ce sujet que trois phénomènes ont contribué à ce rajustement de l'équilibre des pouvoirs : la nécessité de trancher les conflits de compétence législative dans un État fédéral ; l'expérience des régimes totalitaires qui avaient réussi à subvertir l'autonomie du législateur ; le contrôle international du respect des droits de l'homme et des libertés fondamentales. Or, dans le contrôle juridictionnel de la conformité des lois à la Constitution, que vérifie-t-on : l'adéquation du texte inférieur au texte supérieur ou la soumission du législateur à des principes généraux qui, débordant la Constitution elle-même, appartiendraient au droit naturel ?

1 / La supraconstitutionnalité

Selon S. Rials, les spécialistes du droit constitutionnel peuvent apparemment invoquer trois raisons au moins de ne pas s'intéresser au droit naturel, discipline d'ailleurs plus souvent tournée vers les questions de droit privé que de droit public :

> « La première est que les constitutionnalistes sont par vocation plongés dans un jeu de normes en principe clairement hiérarchisées (constitution, loi, règlement). La seconde, qu'ils se meuvent dans un monde de l'artifice et de la compétence. Artifice que le subtil agencement des fonctions entre des organes. Construction délibérée, volontaire, que la distribution savante des compétences entre "pouvoirs constitués". Artifice l'État lui-même – *homo artificialis* écrivait Hobbes –, dans la perspective contractualiste de l'École moderne du droit naturel et *a fortiori* dans celle du positivisme normativiste. Troisième raison enfin : l'incorporation de la Déclaration [des

droits de l'homme et du citoyen] au prétendu "bloc de constitutionnalité" et l'instauration d'un mécanisme de contrôle de la constitutionnalité des lois ont rassuré les constitutionnalistes soucieux de liberté qui ne voient guère l'utilité pratique de s'interroger sur un en-deçà ou un au-dessus de la Constitution » (S. Rials, *APD*, 1986, p. 60).

Pourtant, la question reste posée d'un possible amont de la Constitution. L'auteur voit dans les positivistes eux-mêmes des témoins, certes involontaires, de pareille ouverture. A preuve, dit-il, cette citation de Léon Duguit :

> « Dans le système de 1789, il y a trois catégories de lois se hiérarchisant, les Déclarations des droits, les lois constitutionnelles et les lois ordinaires. Le législateur constituant est soumis aux Déclarations et le législateur ordinaire au législateur constituant. *A fortiori* le législateur ordinaire est-il lié par les Déclarations des droits, et s'il n'y a pas dans la Constitution les dispositions rappelant ou garantissant les droits inscrits dans la Déclaration, le législateur ordinaire n'en reste pas moins lié par la Déclaration et il lui est toujours interdit de la violer, sous peine de faire une loi contraire au droit » (L. Duguit, *Traité de droit constitutionnel*, 1930, 3e éd., t. 3, p. 604).

Prolongeant le paradoxe du positivisme ouvert au droit naturel, S. Rials décèle, à la suite de P. Amselek, des traces de naturalisme dans le normativisme kelsénien qui pourtant s'appuie, on le sait, sur une *Grundnorm* toute formelle ainsi exprimée : il faut se conduire de la façon que la Constitution prescrit :

> « On ne voit guère en effet, dès lors que le kelsénisme entre, inévitablement, dans la logique de la fondation, ce qu'il pourrait objecter à ceux qui refuseraient de se contenter d'une norme fondamentale aussi sèche. Il faut obéir, pose celle-ci : *pourquoi et dans quelle mesure* sont des questions dont on imagine mal que cette prétendue norme ait pu faire l'économie.
>
> « Bref, l'un des intérêts majeurs, à nos yeux, du positivisme normativiste est de démontrer, avec toute sa rigueur, que la science du droit ne peut faire l'économie de la question du fondement du droit » (p. 63).

Mais le paradoxe remonte plus haut encore : lorsque les révolutionnaires de 1789 renversent l'Ancien Régime dans lequel les lois du royaume se subordonnaient aux normes divines et naturelles, et qu'ils exigent à présent une constitution écrite garantissant à la fois le pouvoir du peuple, la séparation des pouvoirs et la garantie des droits fondamentaux, rejettent-ils par là l'ancienne supraconstitutionnalité ?

> « C'est au contraire, à bon droit ou non, l'ineffectivité de la supraconstitutionnalité que les révolutionnaires reprochaient à un Ancien Régime jugé arbitraire » (p. 64).

Ayant ainsi légitimé, même aux yeux de ceux qui paraissaient les combattre le plus âprement, la recherche des principes supraconstitutionnels, S. Rials se risque à en donner un contenu :

> « Nous serions donc tenté de placer au fondement du droit un *principe de respect de la personne* dans sa vie (ce qui n'exclut pas la légitime défense au sens large) et sa dignité – cette seconde notion étant mi-immuable mi-changeante dans son contenu – tant par les pouvoirs publics que par les particuliers (lorsqu'une telle distinction a un sens).

« Une telle exigence de garantie de la personne suppose un minimum d'ordre, au sens commun, et donc la reconnaissance d'un *principe d'organisation du pouvoir*, comportant dévolution régulière de celui-ci et procédures le tempérant. Ce principe n'implique aucun type particulier d'agencement et peut être réalisé autant par les « mœurs » que par des textes. Dans cette seconde figure, le Constituant – quel qu'il soit – se trouve doté de la plus large latitude proprement *technique* en ce qui concerne l'agencement des organes et des fonctions, sous réserve de prudence dans l'exercice de sa raison pratique en vue d'assurer, au regard des conditions du milieu, la réalisation du principe » (p. 69).

Les implications d'un tel choix se poursuivent :

« Si la nature de la personne emporte sa liberté, il ne saurait s'agir que de la liberté de la personne *en tant que personne*, liberté impliquée dans et compatible avec une nature qui comporte d'une part l'exercice des facultés rationnelles – facultés que postulent, répétons-le, toutes les conceptions et toutes les démarches du droit –, d'autre part le respect par les acteurs juridiques de la dignité des autres et de la leur propre, et enfin – bien que l'individualisme moderne ait occulté cette dimension – la prise en considération, de façon générale, de l'appartenance de l'homme à un ordre d'ensemble et, de façon particulière, de son inévitable inclusion dans des sociétés *naturelles* (la famille), *autogénérées* (la Cité, l'entreprise *lato sensu*, entendue comme coopération en vue d'un objectif, et qui commence dès lors que deux chasseurs paléolithiques joignent leurs efforts, etc.) et *délibérées, i.e.* constituées par la volonté humaine (telle société ou association).

« La personne s'appréhende ainsi essentiellement *en sociétés*. Sa suprématie n'est donc pas exactement celle d'un inimaginable individu isolé : elle est inséparable du respect de certains devoirs et de certaines règles permanentes de la justice commutative. En revanche, elle emporte avec elle le nécessaire respect par la puissance publique des sociétés au sein desquelles s'épanouit la personne, naturellement, spontanément ou volontairement. C'est le *principe de subsidiarité*, traditionnellement invoqué par les textes pontificaux mais qui n'est pas étranger à la pensée libérale, en dépit de prémisses différentes. Il s'énonce sommairement ainsi : les organisations sont subsidiaires par rapport à la personne – et constitue un frein aux empiétements du tout sur les parties » (p. 70).

L'auteur clôt sa liste des principes supraconstitutionnels sur cette remarque quelque peu désabusée :

« Nous n'irons pas plus loin : nous craignons en effet d'être assez mal compris en un temps où un propos aussi simple, aussi “naïf”, ne saurait guère emporter la conviction des beaux esprits, lors même que la plus vaste et la plus immédiate adhésion du “sens commun” s'opérerait sans peine à son sujet... » (p. 71).

S. Rials articule alors les principes qu'il vient de reconnaître, d'une part, avec le sous-système de la réglementation, d'autre part, pour en tirer une triple conséquence quant à la complétude du système, quant au rôle de la doctrine et quant à l'importance du juge.

Dans la mesure où un certain nombre de principes supraconstitutionnels dominent l'ensemble des normes positives, cet ensemble positif, aussi impressionnant soit-il, ne constitue jamais qu'un sous-système – appelé de la réglementation – à l'intérieur d'un système plus large, celui du droit tout entier dont il faudra, bien sûr, assurer la non-contradiction. Ce travail de systématicité n'exclut certes ni la recherche dialectique de solutions adéquates aux espèces singulières, ni l'appréciation discrétionnaire des différents acteurs du droit, ni le pluralisme qui ébranle parfois l'échelon inférieur (muable) de la supraconstitutionnalité :

> « Quoi qu'il en soit, on comprendra mieux ainsi les implications de la systématicité du droit pour l'appréciation de la signification et de la valeur de la *réglementation* (sous-système des normes écrites). Cette dernière ne saurait bénéficier que d'une présomption de "juridicité" et n'être dotée que d'une valeur relative sous le contrôle de juges qui devraient disposer, nous allons y revenir, des pouvoirs les plus étendus pour assurer le respect par la réglementation de sa cohérence non seulement interne mais au regard du système du droit tout entier » (p. 72).

Prenant alors une position que l'on comparera utilement à celle de M.-F. Rigaux (v. *supra*, p. 69), l'auteur ajoute :

> « Un sous-système de la réglementation exhaustif du système du droit est par ailleurs inimaginable. La pyramide approximative de ce sous-système est contenue dans la pyramide plus vaste du système du droit qui la dépasse et la fonde d'une part, et la déborde latéralement, si l'on peut dire, d'autre part. La Constitution ne saurait constituer une strate exhaustive et étanche. Elle peut s'employer à déclarer le maximum de principes supraconstitutionnels : ce faisant, elle ne les crée pas, mais assure une communication plus facile entre les divers degrés du droit et de la réglementation. Si elle ne déclare pas ces principes ou en omet, cela ne change rien en théorie mais, à l'ère du positivisme étatique, soulève des difficultés pratiques : le juge parvient généralement à les tourner en partie – si pressante est l'exigence du "bon droit" – par les techniques de l'interprétation raisonnable, la mise en place de mécanismes supplétifs (ainsi les principes généraux du droit), l'utilisation de la moindre ouverture formelle, etc. » (p. 73).

Une telle intégration du sous-système de la réglementation – y compris constitutionnelle – dans le système plus vaste du droit tout entier permet à l'auteur de résoudre autrement que les positivistes la question des lacunes du droit. Puisque le droit ne se limite pas aux clôtures de la norme posée, tout silence de la réglementation sur une espèce déterminée ne signifie pas encore une lacune du droit tout court :

> « Dans notre perspective, il ne peut au contraire y avoir qu'incomplétude du sous-système de la réglementation et complétude du système de droit tout entier » (p. 74).

Dans l'articulation de non-contradiction entre la réglementation posée et le droit lui-même, la doctrine joue un rôle décisif :

> « Elle seule est en dernière analyse capable d'abord de procéder à la *systématisation* des solutions partielles, de mettre en évidence leur logique ultime, ensuite de démontrer les antinomies principielles du sous-système de la *réglementation* (comprenant la "réglementation" elle-même et ses "interprétations", voire d'éventuelles productions normatives du juge), et enfin de confronter ses systématisations au système du droit lui-même. Il appartient ainsi à la doctrine : 1 / d'appeler en permanence les

auteurs des divers actes juridiques, au premier chef le législateur et le juge, à la cohérence principielle ; 2 / de confronter la cohérence éventuelle du sous-système de la réglementation à la cohérence du système du droit ; 3 / enfin, de discerner, par l'étude raisonnée des incohérences, à quelque stade qu'elles se manifestent, les germes d'une éventuelle mutation en cours du système du droit pour ce qu'il a de muable » (p. 74-75).

Mais l'auteur, en finale de son article de 1986, ne place pas moins d'espoir dans la figure du juge :

« Dès lors, n'ayons point trop d'illusions sur le juge, mais soyons certains que tout ce qui accroîtrait son emprise sur le sous-système de la réglementation au nom du respect du système du droit irait plutôt dans le bon sens. Pratiquement, on souhaitera le renforcement du rôle d'un Conseil constitutionnel renouvelé, s'inspirant notamment de certains traits du Tribunal de Karlsruhe, et on ira même jusqu'à admettre – proposition qui apparaîtra aberrante à beaucoup – la possibilité pour le juge suprême de bloquer des lois constitutionnelles heurtant trop manifestement la supraconstitutionnalité. Là est la meilleure chance – encore ne s'agit-il que d'une chance – de l'effectivité pratique d'une systématicité du droit qui pour être bien réelle n'en demeure pas moins toujours en partie cachée » (p. 76).

2 / L'artificialisme

Cinq ans après cette contribution aux *Archives de philosophie du droit*, S. Rials reconnaît (*Le débat*, mars-avril 1992, p. 163) qu'il doit infléchir sa position quant à la dogmatique de la supraconstitutionnalité qu'il avait lui-même contribué à édifier. C'est que la relecture de l'histoire moderne tant dans le courant de Hobbes que dans celui des Lumières lui a montré à quel point la loi naturelle se dérobait à l'emprise d'une quelconque formulation :

« J'ai dû faire, en bref, de plus en plus droit aux contraintes de la finitude et à la question de l'interprétation et reconnaître, pour finir, que la politique naissait dans (et pour) les vastes clairières que notre finitude (dans le meilleur des cas) livre à l'indéterminabilité de la norme et donc, ordinairement, au déploiement institutionnel de la prudence sur fond de chaos toujours possible, extraordinairement, au vent mauvais de l'urgence et, toujours, à l'empire ultime et souverain de la pure décision » (p. 166).

Dans un tel contexte, la prétention du juge constitutionnel à faire émerger la vérité de la Loi fondamentale à propos des recours dont il connaît apparaît singulièrement peu fondée.

Que l'on conçoive cette mission juridictionnelle suprême à la manière du juge Bork qui entend mener l'impossible tâche de saisir l'intention originaire des auteurs de la Constitution ou à la manière du juge Dworkin appuyant les solutions justes de la Cour sur les principes qui sous-tendent l'ensemble prétendument unifié du droit historiquement constitué, on ne voit pas en tout cas comment l'exercice d'une telle mission susciterait davantage la confiance que les décisions positives prises au sein des organes élus démocratiquement. Pourquoi ? Parce que, selon l'auteur, la norme juridique ouvre un champ d'interprétation plus ou moins large selon sa propre écriture, et

> « cela étant admis, force est de considérer que les instruments fondamentaux de nos libertés, Déclaration des droits et préambule de 1946 (pour ne pas parler des principes non codifiés dans ces textes), comme ceux des autres démocraties libérales comparables, accueillent, pour l'essentiel, des énoncés de texture ouverte, voire très ouverte, dont l'interprétation, une fois écartées quelques éventuelles "erreurs manifestes", ne saurait aspirer à un autre statut que celui d'une "vérité" d'artifice » (p. 171).

Or le juge semble, pour une triple raison, moins adapté que le législateur à la production des vérités d'artifices suprêmes.

D'abord parce que, pour censurer la loi positive – dont on s'accorde à dire maintenant qu'elle résulte d'une pure décision, ni vraie ni fausse mais seulement (in)opportune –, les juges constitutionnels doivent se prononcer inévitablement en termes de vérité alors qu'eux aussi font œuvre de volonté (mais occultée par la fiction unanimiste) dans l'interprétation des textes fondateurs : recours au masque juridictionnel, donc, pour voiler l'artificialité des décisions prises.

Ensuite, parce que la juridiction constitutionnelle, postulant la complétude de l'ordre juridique pour faire comme si le *corpus* normatif répondait à tous les besoins de la société, n'hésite pas à étendre et créer de son propre chef toutes sortes de règles et principes, par ailleurs soigneusement attribués au texte fondateur.

Enfin, parce que les juges constitutionnels qui ne peuvent, comme le font la plupart des autres magistrats, appuyer leurs solutions juridictionnelles sur une analyse des faits, connaîtront toujours la tentation de récupérer « en haut » le champ d'argumentation qu'ils ont perdu « en bas », tentés donc de construire de toutes pièces dans le champ constitutionnel l'ordre hiérarchique de plus en plus détaillé – passant dès lors pour de plus en plus vrai – « d'une Loi naturelle qui ne dit pas son nom » (p. 176). Que signifie, demande notre auteur, ce retour des « sages » qui disent vrai, qui étendent les principes et qui les hiérarchisent selon leur ordre « naturel » ?

> « Ce qu'il faudrait possiblement se demander, c'est si, dans une réédition imprévue du combat médiéval des forces "hiérocratiques" et des forces qui ont promu l'État-nation moderne, ce dernier n'est pas aujourd'hui en péril, non seulement du fait des assauts extérieurs des divers fondamentalismes, mais par une forme de corruption de son propre programme » (p. 176).

Pour S. Rials, si l'institution appelée Conseil constitutionnel compromet le projet politique de la Modernité, il faut en contenir vigoureusement l'influence sur le régime démocratique. Certes les tentations sont grandes :

> « Je ne nierai pas que le succès – finalement récent – de l'artificialisme politique moderne a engendré une forme de trouble chez certains. Ceux-ci, sur des modes très divers, supportent mal le désenchantement du monde dont cet artificialisme est le reflet et, pour le social et le politique, la conclusion la plus cohérente. Le risque n'est

pas négligeable qu'un nombre croissant parmi eux éprouvent le besoin profond (et profondément idolâtrique) de parer la contingence des prestiges de la vérité, comme si la laïcité enfin conquise d'une partie du monde sublunaire (pourtant non exclusive, tout au contraire, de la foi intérieure la plus vive) inquiétait, par le vide qu'abandonnent tant de retraits rapides, ce qu'il faudrait alors bien considérer comme une nature religieuse (socialement religieuse) de l'homme, comme si quelques-uns, à défaut de vouloir se fixer leurs propres fins et peu désireux par ailleurs d'engagements institutionnels dans les Églises ou dans les sectes, requéraient de l'État libéral qu'il s'exhausse au-delà du socle minimal qui le fonde, inverse un mouvement séculaire de repli, ne se borne plus à fixer des procédures (fussent-elles audacieuses), mais nous assigne à nouveau des contenus de vie et de conviction (...) » (p. 177).

A la chaleur de l'idolâtrie, cependant, il faudra préférer la froideur de l'artificialisme à cause de sa portée libératrice ; il faudra tenir les termes du pacte politique moderne

> « qui tiennent en peu de choses : la possibilité pour chaque homme de développer sa liberté dans l'espace de sécurité, intérieure et extérieure, aménagé ; la limitation apportée à la poursuite des fins individuelles par un ordre public fixé en commun et muable et par l'accomplissement des obligations qui sont la contrepartie du bénéfice tiré par chacun de la protection sociale (obligations notamment fiscales et militaires) ; la possibilité pour la société des individus de construire, après délibération, un nombre – toujours accru, en général, mais le cas échéant révisable – de biens politiques collectifs compris, selon une terminologie classique, sur un mode sociétaire et non pas communautaire (...) » (p. 178).

Plus que de « l'angélisme d'un juridisme moralisateur », la République a besoin d'une reviviscence de « l'intelligence artificialiste de notre libre entente ». Une dernière citation de l'auteur explique que la dynamique proprement politique du projet moderne constitue davantage que toute institution des « sages » la défense la plus efficace de nos droits :

> « (...) l'indifférenciation croissante, au profit de la première, de la qualité d'homme et de la qualité de citoyen, encouragée par une justice constitutionnelle qui tend parfois à traiter comme des droits inhérents à l'homme des acquis de citoyenneté et par une opinion qui minore, de plus en plus, le versant pénible de l'obligation politique – une telle indifférenciation fragilise, de façon excessive, l'artifice républicain au nom d'une réalité humaine dont il est, pourtant, la meilleure garantie » (p. 179).

3 / La vérité de la finitude

Tandis que l'article de 1986 se terminait sur un appel aux bienfaits des interventions du juge constitutionnel qu'il conviendrait de multiplier et de renforcer, celui de 1991 s'achève sur une demande quant à l'encadrement strict des compétences et à la transparence des délibérations d'une telle juridiction.

Faut-il voir en un tel contraste des positions du même auteur « le seul désir de surprendre en jouant des rôles de métajuristes successifs et en prenant toujours à contre-pied l'opinion dominante » (S. Rials, *Le débat*, 1991, p. 163) ? Cette explication, en tout cas, s'impose moins que la difficulté du sujet qui nous occupe. De quoi s'agit-il, en effet ? De mettre ensemble, à propos du texte constitutionnel, l'artificiel et le naturel, le sacré et la laïcité, la finitude et la vérité.

Une réponse rapide pourra certes prétendre que le projet politique moderne, prenant acte de la finitude humaine, a renoncé à garder dans son champ les idoles du sacré, préférant donc entendre en ce même champ politique, tout artificielles qu'elles soient, les « vérités » toujours provisoires construites dans l'enceinte démocratique plutôt que les énoncés de la loi naturelle. Loi naturelle qui, toujours cachée, ne viendrait à la parole qu'au moyen de l'artifice plus insupportable encore – puisque occulté – des « sages » fermement convaincus de parler à sa place.

Mais une telle réponse n'a pas épuisé la question car on s'interroge encore sur les dichotomies qu'elle implique : si la loi naturelle se cache, doit-on pour autant renoncer à la chercher, renoncer donc à établir sur elle les dispositions constitutionnelles qui forment les fondements du régime ? D'ailleurs, si la loi naturelle se cachait entièrement, comment saurait-on qu'elle est là ?

On dira – nouvelle dichotomie – que le sacré réside dans la sphère privée de l'individu mais qu'il n'a plus le droit d'apparaître dans la construction des sociétés sécularisées. Il reste alors à constater que le sacré auquel l'homme assigne si curieusement sa place vérifie la définition de l'idole puisqu'il la fabrique selon son image et qu'il la déplace à son gré, par exemple de la forêt jusqu'à sa case, ou encore de sa vie publique jusqu'à sa vie privée. L'idolâtrie ne se trouverait donc peut-être pas là où l'on pense, c'est-à-dire dans la référence à la loi naturelle mais plutôt dans le culte de l'artificialisme. Artificialisme présenté par ailleurs comme seul compatible avec la finitude humaine alors que, tout compte fait, il ne respecte pas cette finitude.

Lorsque les humains, en effet, prétendent tirer leur loi des seules conclusions du débat qu'ils mènent, ils posent *a priori* que ce débat humain ne connaît pas de limite puisqu'il dit toute la loi valable dans le champ social. Le peuple « s'autoconstitue » ainsi dans une forme perpétuelle qui *a priori* ne rencontrera pas la finitude ; la « vérité d'artifice » qu'il énoncera au fil de ses débats successifs ne connaîtra jamais la contradiction puisque, quel que soit son contenu, les formes du droit la tiendront toujours à ce moment-là pour vraie. Par contre, la reconnaissance de la loi naturelle introduit la finitude au cœur même du débat juridique *puisqu'*elle y fait entendre les exigences de la nature humaine elle-même, finie donc.

A l'abri des dichotomies précédentes, nous devons dès lors admettre le paradoxe : la reconnaissance de notre finitude humaine entraîne l'acceptation de la loi qui tient à cette nature même. Poursuivant la réconciliation des contraires, on ajoutera que la nature ne s'oppose pas plus à l'artifice ou à la sécularisation qu'à la finitude. Peut-être S. Rials lui-même cherchait-il cette synthèse en son premier article (*APD*, 1986) lorsqu'il dégageait dans la légitime variabilité des formes que prend le droit un certain nombre de principes supraconstitutionnels qui fondent le débat démocratique lui-même : dignité de la personne, organisation du pouvoir, subsidiarité, etc. Mais fallait-il à présent évacuer de tels principes en invoquant la finitude humaine désormais mieux comprise ? Ne vaut-il pas mieux, plutôt, les maintenir au cœur du débat social comme les conditions qu'impose notre nature (finie) à la réussite du projet de la Modernité ?

Reste une dernière question, vigoureusement posée dans le deuxième article de l'auteur (*Le débat*, 1981) : Qui a le droit de formuler les principes qui « constituent » au sens fort du terme le vivre ensemble du peuple ? On sait que les cours et conseils constitutionnels en leurs décisions, positives elles aussi, ne donnent pas toujours satisfaction, mais on sait aussi que ces organes existent parce que les assemblées délibérantes ne respectent pas toujours, dit-on, le prescrit constitutionnel : alors ?

Pour échapper au piège de désigner – de quel droit ? – l'autorité – législative, juridictionnelle... – apte à formuler les exigences de la loi naturelle au cœur du débat démocratique, on se rappellera encore une fois que le texte constitutionnel ne peut se présenter comme un commencement absolu, que donc les solutions qu'il prévoit n'épuisent pas une telle formulation. Que la Constitution désigne en tel pays le législateur comme gardien dernier de la constitutionnalité de ses propres décisions ou qu'en tel autre, elle confie ce contrôle à une juridiction suprême, elle ne confère pour autant pas à ces instances dernières le droit d'enclore le système juridique dans une positivité qui n'aurait rien à recevoir d'ailleurs. Alors, qui détient le droit de formuler les exigences supraconstitutionnelles ? Sans préjudice d'une formulation ultérieure plus élaborée, on répondra sommairement ici qu'il ne s'agit pas d'un droit mais d'un *devoir* : tous les êtres humains qui participent, à quelque titre que ce soit, à l'institution du droit sont *tenus* d'énoncer cette loi qui tient à leur propre nature.

III. – Le « jeu » de la source et du pouvoir

1 / Dans l'ordre constitutionnel

La distinction entre les exigences du droit d'un côté, les ordres du pouvoir de l'autre, permet un « jeu » que certes le positiviste ignore – puisqu'il a identifié ces exigences-là à ces ordres-ci – mais qui fonde tout de même la dynamique de l'État de droit. Alors que, selon le positiviste, tout ce que dit le pouvoir (constituant, législatif, exécutif et judiciaire) est le droit puisqu'il est dit par le pouvoir, le jusnaturaliste renverse les termes : tout ce qui est « droit » doit être dit par le pouvoir (constituant, législatif, exécutif et judiciaire) puisque c'est le droit. Heureusement pour l'humanité, cette distinction des instances – droit et pouvoir – ne signifie nullement une séparation, encore moins une incompatibilité, car il arrive que le pouvoir dise le droit dans la Constitution, la loi, le décret, ou la décision judiciaire, mais il importe de ne pas les confondre. Tout se passe d'ailleurs comme si la Constitution des régimes démocratiques visait précisément le maintien du « jeu » en question, à commencer par le projet constitutionnel lui-même qui entend imposer des limites matérielles et formelles aux pouvoirs constitués (respect des libertés publiques, répartition des compétences, règles de procédure, etc.), comme pour leur signifier que le droit les précède toujours.

La séparation des pouvoirs, disions-nous, entre dans la même perspective. Sans doute ne convient-il pas de majorer jusqu'à l'exclusive cette technique constitutionnelle comme le fait quelque peu abusivement la Déclaration de 1789 (« Toute société dans laquelle la garantie des droits n'est pas assurée, *ni la séparation des pouvoirs déterminée*, n'a point de constitution », art. 16 de la Déclaration des droits de l'homme et du citoyen, *nous soulignons*), car on peut imaginer qu'une même institution (monarchique ou oligarchique, peu importe) qui cumulerait les pouvoirs de dire la loi, de gouverner le peuple et de rendre la justice se montrerait si sage et désintéressée dans l'exercice de tels pouvoirs que, chaque fois, elle y dirait le droit et s'avérerait, par là, la véritable « constitution » de ce pays. On ne peut en effet exclure l'hypothèse où droit et pouvoir coïncideraient – non pas encore une fois à la manière positiviste du pouvoir qui s'arroge le droit de dire seul le droit mais – à la manière jusnaturaliste du droit qui se dit par le pouvoir (même concentré en un seul) attentif à le dire. Quoi qu'il en soit de cette hypothèse, il reste que la séparation des pouvoirs symbolise assez bien en nos démocraties le surcroît du droit par rapport aux énoncés du pouvoir : lorsque en effet, ils sont « séparés » l'un de l'autre, réunis pourtant au sein du même ordre constitutionnel, les pouvoirs montrent avec plus de clarté qu'ils ne sont pas eux-mêmes la source du droit, tandis que leur concentration le donnerait davantage à penser.

Il reste à vérifier cependant si la distance instaurée par l'ordre constitutionnel – au moyen, par exemple, de la séparation des pouvoirs – entre les exigences du droit et les ordres du pouvoir ne signifie pas la mort de ce dernier, vérifier en d'autres termes si le « jeu », pour garder cette image, ne s'avère pas dangereux. Car le « jeu » amorcé par le Constituant se répand dans toutes les voies de l'ordre constitutionnel : entre le texte constituant et les pouvoirs constitués, nous l'avons vu, mais aussi entre les pouvoirs constitués eux-mêmes ainsi qu'au sein de chaque pouvoir. Mais si la priorité du droit sur le pouvoir s'introduit de la sorte dans l'ensemble de l'édifice constitutionnel, ne va-t-elle pas dissoudre toute l'articulation des énoncés législatifs, exécutifs et judiciaires du pouvoir visiblement explicitée dans le texte de la Loi fondamentale ? L'invocation supérieure d'un énoncé de droit ne risque-t-elle pas, en d'autres termes, de renvoyer dans le néant (la nullité) tous les « ordres » donnés par le législateur, l'administrateur et le juge, rendant ainsi inutile le projet constitutionnel lui-même ?

Un tel danger reste théorique puisque l'énoncé du droit invoqué comme dissolvant potentiel du pouvoir émane encore, ainsi que le prévoit la Constitution, des pouvoirs eux-mêmes. D'où la tension constitutive du « jeu » : *de facto*, le droit ne se dit que par le pouvoir mais *de iure*, le pouvoir n'est pas comme tel la source du droit. L'ordre constitutionnel doit donc prévoir non seulement une articulation des pouvoirs entre eux mais encore une ouverture de chacun d'eux, par cette articulation même, au droit qui les dépasse ou, pour le dire dans l'autre sens, il doit organiser la quête perpétuelle du droit par l'ensemble des pouvoirs (y compris le pouvoir constituant) et cependant arrêter cette quête de telle sorte que le droit se dise dans un énoncé du pouvoir.

On voudrait illustrer cette dialectique d'abord par trois situations qui concernent le travail du juge puis par l'examen de cette nouvelle instance qu'est l'autorité administrative indépendante.

2 / Dans le travail du juge

Le premier exemple du « jeu » inhérent à l'élaboration judiciaire du droit attire simplement l'attention sur l'existence des recours – ordinaires et extraordinaires – dans l'administration de la justice. Pourquoi ces recours sinon à cause de l'éventuelle distance reconnue entre les exigences du droit, d'une part, l'énoncé du pouvoir judiciaire – en l'occurrence des juridictions inférieures –, d'autre part ? La Constitution a certes décidé d'arrêter ce « jeu » à la Cour de cassation dans tel pays, à la Cour constitutionnelle dans tel autre, mais dans les deux cas le jeu aurait pu se poursuivre, car rien ne dit *a priori* – S. Rials ne contestera pas ce point (v. *supra*, p. 77) – que l'énoncé d'une Cour suprême corresponde nécessairement au dernier mot du droit.

Deuxième exemple, l'équité. Le juge, dit-on, applique la loi, mais si la loi – l'article 1135 du Code civil par exemple – invite le juge à se référer éventuellement à l'équité pour trancher les litiges dont il a à connaître, c'est que la loi elle-même a reconnu sa propre distance par rapport au droit. La loi, rendue incapable par la généralité de ses termes de rejoindre les circonstances particulières des espèces soumises au juge, renvoie à un ailleurs, au droit qu'en cette occasion elle ne peut dire elle-même mais que l'équité dira mieux qu'elle. Écoutons Portalis (présentation du titre préliminaire du Code civil au Corps législatif) exposer dans la langue qu'on lui connaît ce rapport entre les deux pouvoirs – législatif et judiciaire – par où coule la source du droit :

> « L'office des lois est de statuer sur les cas qui arrivent le plus fréquemment. Les accidents, les cas fortuits, les cas extraordinaires, ne sauraient être la matière d'une loi.
>
> « Dans les choses même qui méritent de fixer la sollicitude du législateur, il est impossible de tout fixer par des règles précises. C'est une sage prévoyance de penser qu'on ne peut tout prévoir.
>
> « De plus, on peut prévoir une loi à faire sans croire devoir la précipiter. Les lois doivent être préparées avec une sage lenteur. Les États ne meurent pas, et il n'est pas expédient de faire tous les jours de nouvelles lois.
>
> « Il est donc nécessairement une foule de circonstances dans lesquelles un juge se trouve sans loi. Il faut donc laisser alors au juge la faculté de suppléer à la loi par les lumières naturelles de la droiture et du bon sens. Rien ne serait plus puéril que de vouloir prendre des précautions suffisantes pour qu'un juge n'eût jamais qu'un texte précis à appliquer. Pour prévenir les jugements arbitraires, on exposerait la société à mille jugements iniques, et, ce qui est pis, on l'exposerait à ne pouvoir plus se faire rendre justice ; et avec la folle idée de décider tous les cas, on ferait de la législation un dédale immense, dans lequel la mémoire et la raison se perdraient également.
>
> « Quand la loi se tait, la raison naturelle parle encore : si la prévoyance des législateurs est limitée, la nature est infinie : elle s'applique à tout ce qui peut intéresser les hommes : pourquoi voudrait-on méconnaître les ressources qu'elle nous offre ?
>
> « Nous raisonnons comme si les législateurs étaient des dieux, et comme si les juges n'étaient pas même des hommes.
>
> « De tous les temps on a dit que l'équité était le supplément des lois. Or, qu'ont voulu dire les jurisconsultes romains, quand ils ont ainsi parlé de l'*équité* ?

> « Le mot *équité* est susceptible de diverses acceptions. Quelquefois il ne désigne que la volonté constante d'être juste, et dans ce sens il n'exprime qu'une vertu. Dans d'autres occasions, le mot *équité* désigne une certaine aptitude ou disposition d'esprit qui distingue le juge éclairé de celui qui ne l'est pas, ou qui l'est moins. Alors l'*équité* n'est, dans le magistrat, que le coup d'œil d'une raison exercée par l'observation, et dirigée par l'expérience. Mais tout cela n'est relatif qu'à l'équité morale, et non à cette équité judiciaire dont les jurisconsultes romains se sont occupés, et qui peut être définie un retour à la loi naturelle, dans le silence, l'obscurité ou l'insuffisance des lois positives.
>
> « C'est cette *équité* qui est le vrai supplément de la législation, et sans laquelle le ministère du juge, dans le plus grand nombre des cas, deviendrait impossible » (*Recueil complet des travaux préparatoires du Code civil* par A. Fenet, réimpression de l'édition de 1827, Osnabrück, Otto Zeller, 1968, t. VI, p. 359-360).

Précieux propos dans la bouche même des rédacteurs de la loi ! Le droit ne se laisse pas enfermer dans l'énoncé du pouvoir législatif ; il appelle, dans les cas singuliers, la recherche équitable du juge. Certes, dira-t-on, l'énoncé du pouvoir garde le dernier mot – on l'a vu dans l'exemple précédent en reconnaissant qu'une Cour suprême doit tout de même, quel que soit son nom, arrêter la régression à l'infini des recours ; on le voit ici encore où, d'une part, le recours à l'équité procède d'une autorisation du législateur lui-même, où, d'autre part, la décision supposée équitable émane d'une instance qui détient un pouvoir (judiciaire) ; il n'empêche qu'à l'intérieur même de l'ordre positif, un « jeu » est apparu dans l'exercice des différents pouvoirs pour exprimer d'abord, combler ensuite, la distance qui sépare les exigences du droit des énoncés du pouvoir.

Le troisième exemple, tiré des principes généraux du droit, demanderait (comme d'ailleurs les deux premiers) l'examen d'une littérature abondante. Qu'il suffise de constater comment cette figure jurisprudentielle participe du même « jeu » reconnu jusqu'ici. Lorsque les juges ne trouvent pas dans la loi positive la solution qui, satisfaisante à leurs yeux, réglerait le litige porté devant eux, ils invoquent parfois les principes généraux du droit censés leur fournir, à des titres d'ailleurs divers selon les différentes branches du droit, un arsenal de directives capables de les conduire vers la solution requise par le droit. Ici encore, l'énoncé du pouvoir (législatif), la loi, n'a pas satisfait : soit qu'elle se tienne, soit qu'on l'ait tenue (la nuance est importante) à distance du droit requis, la loi n'a pas suffi à la tâche de dire le droit. Mais le juge « joue » en cette distance comme s'il n'y jouait pas car il dira par exemple que les principes généraux qu'il applique à l'espèce soumise à son jugement élargissent seulement par un procédé inductif les solutions déjà admises en tel ou tel endroit par la législation positive.

En Allemagne, une voie semblable s'ouvre devant le juge par l'effet de l'article 20 de la Constitution (Bonn, 1949) selon lequel « le pouvoir législatif est lié à l'ordre constitutionnel ; le pouvoir exécutif et le pouvoir judiciaire sont liés à la loi et au droit ».

Si le juge est ainsi lié à la loi *et* au droit, c'est donc que la loi et le droit ne se recouvrent pas toujours :

> « Le droit n'est pas identique à la somme des lois écrites. En face des dispositions positives du pouvoir de l'État, il peut existér d'après les circonstances un surcroît de droit *(ein Mehr an Recht)* qui trouve sa source dans l'ordonnancement juridique cons-

titutionnel comme en un tout sensé *(als einem Sinnganzen)*, et qui peut se poser comme correctif en face de la loi écrite » (Bundesverfassungsgericht, 14 février 1973, *B. Verf. GE*, 34, 269 (n° 25), décision présentée *in* X. Dijon, Le surcroît du droit par rapport à la loi : une prise de position du Tribunal constitutionnel de la République fédérale d'Allemagne, *Revue de droit international et de droit comparé*, 1983, p. 201).

Dans un tel « jeu » entre la loi et le droit, on voit l'importance de la jurisprudence : « D'après la Constitution, le rôle du juge ne se réduit pas à l'application au cas concret des directives législatives dans les limites du sens possible de leurs mots. Une telle conception poserait en principe la plénitude parfaite de l'ordre juridique positif de l'État. Cette situation – qui est un postulat défendable en soi de la sécurité juridique – est irréalisable dans la pratique. Dès lors, la fonction judiciaire ne consiste pas seulement à reconnaître et exprimer les décisions du législateur. La tâche de la jurisprudence consiste parfois nécessairement dans l'élucidation et la mise en œuvre de jugements de valeurs immanents à l'ordre juridique constitutionnel mais qui ne sont pas – ou imparfaitement – parvenus à l'expression dans les textes de la loi écrite » (*ibid.*, p. 201).

« Principes généraux du droit » d'un côté, « jugements de valeurs immanents à l'ordre juridique constitutionnel de l'autre », dans les deux cas, le juge ne fait que respecter la volonté de l'auteur du texte lorsqu'il met cette volonté en œuvre dans les cas analogues à ceux que le texte a déjà réglés de la même manière. Mais où donc se trouvait ce « droit » dans lequel le juge a découvert des « principes généraux » et « autres jugements de valeur » ? Dans le texte, dans son propre chef ou, vraiment – mais comment savoir ? – dans le droit lui-même ?

Le détour opéré par les trois illustrations précédentes voulait détailler la question du « jeu dangereux » : en fin de compte, la distance reconnue entre les exigences du droit, d'une part, les énoncés du juge ou du législateur, d'autre part, n'ouvre-t-elle pas la voie à la paradoxale mise en cause du pouvoir au nom du droit ? Contestation symétriquement inverse – on le voit – du positivisme qui, lui, risque toujours d'écraser le droit en le confondant avec l'énoncé du pouvoir.

Pour échapper à ce danger d'une revendication perpétuelle dans laquelle le droit, restant toujours à distance du pouvoir, contesterait sans cesse le pouvoir dans sa capacité (dans son droit) à dire le droit, l'ordre juridique n'ouvre le « jeu » de la distance, on l'a vu, qu'à partir d'une référence à un énoncé du pouvoir : l'arrêt de la Cour suprême dans la série des recours, l'autorisation légale du recours à l'équité, la base législative apte à l'induction, les principes généraux du droit, etc.

Mais cette référence positive couvre paradoxalement la recherche d'un droit dont on sait qu'il ne s'enferme pas dans la positivité puisque celle-ci se trouve toujours à distance de celui-là, ainsi d'ailleurs que semble le reconnaître la Constitution elle-même lorsqu'elle « sépare » les pouvoirs les uns des autres.

D'où la tension : le pouvoir offre l'appui nécessaire aux énonciations du droit, c'est-à-dire à la loi et aux décisions qui maintiendront ensemble les sujets d'une même société, mais il se trouve lui-même traversé par l'exigence de se soumettre à un droit dont il ne pourrait disposer sans se contredire en tant que pouvoir exercé au sein de l'État de droit.

3 / Dans l'institution de l'autorité administrative indépendante

Pour explorer d'une autre manière encore la tension ici reconnue entre « sources » et « pouvoirs », on achève le présent chapitre par un bref examen d'une institution apparue assez récemment dans le champ constitutionnel, l'autorité administrative indépendante. Nouvelle, sa définition et son statut ne rallient pas (encore) l'unanimité (cf. Cl.-A. Colliard et G. Timsit, *Les autorités administratives indépendantes*, Paris, PUF, « Les voies du droit », 1988).

Faut-il voir en cet être hybride un « conseil de sages » qui, profitant d'une indépendance analogue à celle dont jouissent les magistrats, donnerait au pouvoir des avis qui certes pèseraient lourd – vu leur sagesse... – dans le processus décisionnel, mais si ce conseil ne prend aucune décision lui-même, comment justifie-t-on son appellation d'autorité administrative ? Faut-il alors, à l'inverse, considérer l'institution comme un nouveau moyen d'action du gouvernement, une autorité administrative qui prend de réelles décisions ? Mais alors on met en doute sa liberté par rapport au pouvoir, allant même jusqu'à redouter l'escroquerie d'une indépendance factice.

Au lieu de choisir entre ces deux positions qui ramènent l'une et l'autre la nouveauté aux schèmes rassurants du judiciaire, d'une part, de l'administratif, de l'autre, G. Timsit (*op. cit.*, conclusion, p. 315) préfère préserver l'originalité des nouvelles institutions :

> « Que l'on ne conçoive en effet les autorités indépendantes qu'absorbées ou exclues, alignées ou refoulées, signifie à la vérité que l'on pense que les administrations – et les normes qu'elles émettent – ne peuvent qu'être ou n'être pas. Autorités ou Sages. Monocentrique ou polycentrique. Dedans ou dehors. *To be or not to be*. Comme si les choses étaient toujours ainsi que l'on doive toujours choisir entre la logique de l'État et celle du non-État, entre la logique du droit et celle du non-droit. Les autorités administratives indépendantes sont au contraire le signe, la preuve de l'existence, au moins de l'émergence, d'une autre logique qui n'est pas la logique classique.
>
> « Les instances d'émission des normes ne se réduisent plus en effet aux seules instances publiques pleinement intégrées à l'appareil administratif et édictant des normes obligatoires. Elles doivent être également comprises comme englobant désormais ces institutions foisonnantes et incertaines que sont les autorités administratives indépendantes. Le caractère de ces autorités n'est pas seulement que leur statut et leurs pouvoirs ne permettent pas de les ranger clairement parmi les autorités administratives proprement dites, celles auxquelles nos manuels de droit administratif et les arrêts du Conseil d'État nous ont habitués. C'est aussi le fait que leur mode d'action dépend autant que des pouvoirs effectifs de décision qui leur sont reconnus de la manière dont elles sont perçues par les administrés et par les citoyens » (p. 315).

Développant cette « autre logique du droit » que les autorités administratives indépendantes mettent en œuvre, l'auteur poursuit :

> « Les pouvoirs de ces institutions relèvent très largement d'un autre registre, qui n'est pas celui de l'obligation au sens classique du terme. Le caractère "obligatoire" des "décisions" prises par les autorités administratives indépendantes résulte en effet largement non pas de la contrainte qui peut éventuellement s'exercer en cas de non-

respect de l'une de ces “décisions” par le destinataire auquel elle s'adresse, mais de l'ensemble des stratégies dans lesquelles s'insère l'action entreprise par les autorités dites autorités indépendantes » (p. 317).

De la logique du droit ainsi changée, G. Timsit passe à la logique de l'État :

> « L'évolution de notre droit public et de notre État amènent nécessairement en effet à penser que désormais l'État n'est plus ce qu'il était : un ensemble de trois pouvoirs nettement délimités et séparé de son environnement.
>
> « L'État est un continuum – un agrégat – d'autorités et d'instances dont la nature et la délimitation ne sont plus si claires ni si nettes qu'elles l'étaient – ou qu'on les a conçues – à l'époque classique et qu'on continue souvent encore de les vouloir maintenant. Il n'est plus possible de parler aujourd'hui de l'État comme on en parlait hier et jusqu'à présent. Nous avons souvent affaire aujourd'hui à un quasi-État ou en tout cas à un autre État que celui auquel une certaine lecture de Weber nous a habitué. Vouloir s'en tenir à cette vision originelle de l'État, ou même à sa vision légèrement amendée de l'État polycentrique, c'est en fait s'en tenir à un artefact (...), l'État n'est plus cet État ptoléméen auquel l'on a longtemps cru, autour de qui tout tourne et tout s'organise, et par rapport à quoi rien ne s'organise qui n'en soit une émanation ou une expression. Le droit n'est plus non plus ce droit aristotélicien linéaire et parfait, obligatoire, auquel nous ont habitués les théories classiques du droit. Weber lui-même le savait et l'avait affirmé il y a longtemps : « Il n'existe aucune règle ayant une importance sociale qui n'ait été au moins une fois, quelque part, une prescription de droit. » Le problème, dans un État que l'on veut maintenir comme État de droit, n'est donc pas d'absorber ou d'exclure, d'aligner ou de refouler les instances ou institutions qui y sont nouvellement apparues. Le problème est plutôt d'inventer de nouvelles techniques de contrôle sur de nouveaux types d'autorités » (p. 317-318).

Face à une telle profession de foi, la question que pose J. Rivero dans le même ouvrage mérite l'attention :

> « Il est tout de même surprenant que, à un certain moment, le législateur et le gouvernement aient cru nécessaire d'affirmer qu'il fallait, à côté des administrations traditionnelles qu'ils dirigent ou qu'ils contrôlent, des autorités administratives indépendantes. Indépendantes vis-à-vis de qui, sinon d'eux-mêmes ? C'est là qu'est le paradoxe ! Pourquoi, du jour au lendemain, le législateur, et à travers le législateur, les gouvernements, ont-ils éprouvé ce besoin d'affirmer que, dans certains domaines, il fallait assurer à des autorités une indépendance que, semble-t-il *a contrario*, les structures habituelles ne pouvaient leur procurer ? C'est tout de même quelque chose d'assez surprenant que cette espèce d'autodéfiance : “Si nous restons enfermés dans les cadres sur lesquels nous exerçons notre contrôle et notre action, alors, attention, il n'y aura pas d'indépendance, et il faut de l'indépendance pour les institutions qui ont à statuer dans ces domaines” ! Cette autodéfiance des gouvernements, du législateur, à quoi répond-elle ? Pourquoi cette volonté d'indépendance ? Peut-être ont-ils perçu que la dépendance à l'égard des partis, des attitudes politiciennes sont mal ressenties par l'ensemble de l'opinion et peuvent risquer d'aller à l'encontre de l'État de droit. Je crois que c'est sur cette notion d'indépendance qu'il faut réfléchir encore » (p. 310).

La réflexion appelée par l'éminent publiciste conduira peut-être les juristes à considérer l'autorité administrative indépendante comme le remède qui risque d'aggraver le mal.

Si l'État en effet renonce à soumettre son administration à la stimulation interne, « constituante », qui l'oblige à chercher sans cesse le droit, obéissant plutôt aux logiques partisanes qui le divisent selon les rapports de force présents sur le marché, la solution paraît s'imposer de chercher le droit ailleurs que dans les organes étatiques, par exemple dans une autorité qui, reconnue indépendante, poserait tout de même des actes d'administration. Mais le bénéfice espéré d'un tel bricolage institutionnel risque de se payer cher des deux côtés : dans l'État, la distance se sera tellement élargie entre le droit et le pouvoir que, par absence de proximité, plus aucun « jeu » ne sera possible de la part de celui-ci pour rejoindre celui-là ; dans l'autorité administrative indépendante, à l'inverse, la confusion de la source (indépendante) et du pouvoir (autorité) risque une superposition telle que le « jeu », ici encore, mais cette fois par manque de distance, deviendrait incontrôlable. Mais quels pouvoirs alors se cacheront dans cette sagesse invoquée ?

IV. – Les droits de l'homme : une vision subjectiviste ?

Alors que l'hypothèse du droit naturel suscite aujourd'hui la perplexité voire le rejet pur et simple (cf. *supra*, Introduction, p. 19), les droits de l'homme provoquent un enthousiasme multiforme puisque, d'abord, au moins depuis 1789, nos Constituants les ont inscrits en tête de leurs textes fondamentaux, qu'ensuite la doctrine en détaille minutieusement le contenu en diverses générations qui vont des droits civils et politiques aux droits de la solidarité en passant par les droits économiques, sociaux et culturels (v. *infra*, titre IV, p. 259), qu'enfin les États conviennent de leur garantir une protection internationale de plus en plus large et contraignante (v. *infra*, titre VII, p. 523 ; cf. aussi en annexe au présent chapitre la Déclaration universelle de 1948). Si, en outre, on s'aperçoit du peu de différence qui sépare les deux expressions : « droit » tiré de la « nature » (humaine) d'une part, « droits » qui tiennent à « l'homme » d'autre part, ne convient-il pas de remplacer l'expression démodée de « droit naturel » par celle, plus actuelle, des « droits de l'homme » ? On désignerait de la sorte plus adéquatement cet ordre juridique primordial qui précède les énoncés du pouvoir puisqu'il relève déjà de la nature humaine.

Le rapprochement des deux figures mérite certes l'intérêt puisque « droits de l'homme » et « droit naturel » se superposent sur plus d'un point ainsi qu'on le verra dans la suite du texte, mais leur identification dans un aphorisme tel que « le droit naturel, aujourd'hui, ce sont les droits de l'homme » risquerait de provoquer non seulement quelques courts-circuits historiques mais encore une vision trop subjectiviste de la nature du droit. Délestés de leur référence à la nature, les droits de l'homme apparaissent en effet comme une série de revendications individuelles aussi peu fondées parfois que l'arbitraire du pouvoir auquel elles s'opposent. Alors que le vocabulaire des droits de l'homme risque en effet d'induire l'image de deux subjectivités qui s'affrontent sans référence commune, de l'individu, d'une part, du pouvoir, d'autre part, cherchant l'équilibre de leur rapport de forces dans l'artificialité du contrat social, l'invocation du droit naturel pose d'emblée un droit qui va de soi au sein de la communauté politique.

Trois auteurs méritent d'être cités pour affiner par leur réflexion sur cette question notre intelligence de la nature du droit. Le premier, M. Villey, dénonce vigoureusement l'effet corrupteur de la figure des droits de l'homme dans la conception classique du droit. Pour remédier au subjectivisme ainsi dénoncé, deux voies de réflexion s'offrent à nous : celle de B. Barret-Kriegel à partir de la loi naturelle, celle de J. Renauld sur l'*a priori* de l'ordre juridique positif. La conjonction de ces réflexions constitue probablement un bon moyen de parvenir à la conception la plus féconde des droits de l'homme, c'est-à-dire celle qui se rapproche davantage du droit naturel.

1 / La décomposition du droit

M. Villey ne témoigne pas une grande affection pour les droits de l'homme, ce concept dont l'apparition atteste, à ses yeux, la décomposition du concept de droit (cf. son ouvrage *Le droit et les droits de l'homme*, Paris, PUF, « Questions », 2e éd., 1990 ; on trouvera dans *Droits, Revue française de théorie juridique*, n° 2, 1985, p. 35 sous le titre « Correspondance » une réponse de M. Villey à quelques critiques suscitées par son ouvrage). Quelle décomposition ? Par exemple, l'éclatement entre le versant objectif et le versant subjectif du droit :

> « Quant à *définir* le mot "droit", la simple lecture d'un dictionnaire permet de constater qu'il revêt les sens les plus hétéroclites : reflet de la pluralité des philosophies de l'époque moderne et contemporaine.
>
> « Sans doute le sens le plus usuel serait-il celui d' "avantage" revenant à quelque individu, que plus ou moins les pouvoirs publics garantiraient, ou qui mériteraient de lui être garantis : *droit subjectif*, en anglais *right*. Lui-même ambigu : on discute si le droit subjectif constituerait une qualité personnelle attenante au sujet. D'après l'Américain Hohfeld, il peut s'agir d'une liberté, d'une faculté d'agir en justice *(claim)*, d'un "pouvoir", d'une "immunité". Autre analyse : le droit subjectif est une *chose* à la possession de laquelle on pourrait prétendre (un droit d'usufruit, un droit de créance, une "propriété"). On discerne ici l'influence des philosophies individualistes prédominantes aux XVIIe et XVIIIe siècles. Le monde n'est fait que d'individus (c'est un legs du nominalisme), et l'objectif assigné à la politique et donc au droit son instrument, sera d'apporter aux individus des satisfactions : selon la tendance de chaque école de philosophie, la sécurité, le bien-être, des richesses matérielles, ou la liberté...
>
> « Second groupe d'acceptions, non moins habituelles : le droit serait l'ensemble des *lois* posées par l'État, garantissant aux citoyens ces libertés ou ces richesses. Ensemble de textes. *Droit objectif.* Dans le grand public l'adjectif, péjoratif, de "juridique" évoque d'ordinaire l'attachement littéral et servile aux textes. Cette idée du droit dérive en droite ligne de la philosophie hobbésienne du *Contrat social* reprise et transformée par Locke, Rousseau et Kant, et que la Révolution française avait consacrée » (p. 24-25).

Ainsi écartelée entre un pôle subjectif et un pôle objectif dans sa définition, le droit connaît un tiraillement semblable en sa finalité :

« Même impuissance à définir la *fonction* de l'art juridique. Maintiendrons-nous qu'il a pour fin de procurer aux personnes des "droits subjectifs", la sûreté de leurs possessions, le pouvoir d'exercer librement des activités ? L'École historique et surtout le sociologisme ont importé l'idée contraire. Porteur des ordres du pouvoir, ou, si l'on s'avise de chercher ses causes profondes, émanation de la volonté collective des groupements sociaux, le droit *commande* aux individus, exige leur obéissance, les oblige plus qu'il ne les libère. Il est contrainte, ordre imposé. Rouage mis au service non pas tant d'intérêts individuels, que de projets collectifs de classe, de la nation, de l'humanité » (p. 26).

A cette conception moderne d'un droit où l'excès de positivisme du pouvoir étatique provoque le choc en retour du subjectivisme démesuré des individus, M. Villey préfère la conception romaine du droit perçu comme rapport, distribution, droit d'emblée reconnu, donc, à l'intérieur d'une relation d'ordre où chacun reçoit ce qui lui revient.

Or, toujours selon notre auteur, les droits de l'homme introduisent le ver dans la pomme, plus précisément le « n'importe quoi » de telles puis telles positions partisanes dans cet ordonnancement classique des rapports sociaux. Écoutons le long réquisitoire :

« O médicament admirable ! – propre à tout guérir, jusqu'aux maladies que lui-même a produites ! Maniés par Hobbes, les droits de l'homme sont une arme contre l'anarchie, pour l'instauration de l'absolutisme ; par Locke, un remède à l'absolutisme, pour l'instauration du libéralisme ; quand se révélèrent les méfaits du libéralisme, ils furent la justification des régimes totalitaires et des hôpitaux psychiatriques. Mais en Occident, notre ultime recours contre l'État absolu ; et s'ils étaient pris au sérieux, ils nous ramèneraient l'anarchie...

« Outil à tout faire. On en fit usage au profit des classes ouvrières ou de la bourgeoisie – des malfaiteurs contre les juges – des victimes contre les malfaiteurs. Mais attention ! Il faut choisir : *ou bien* des uns *ou bien* des autres. On n'a jamais vu dans l'histoire que les droits de l'homme fussent exercés au profit de *tous*. L'ennui avec les droits de l'homme est que nul ne saurait en jouir qu'au détriment de certains hommes. A quoi tient l'énorme succès de ce lieu commun des droits de l'homme dans la rhétorique contemporaine ? A ce qu'il réussit à voiler le revers : qu'en militant pour ces droits contre le Chah d'Iran, nous aurons aidé à l'instauration du régime de Khomeiny.

« Tel est l'état de choses, sur le terrain de la politique et du droit, que le discours sur les droits de l'homme s'est donné pour tâche d'occulter. Le droit est *rapport* entre *des* hommes, multilatéral. Que vous en ayez ou non conscience, quand vous faites usage du mot "droit", il s'agit d'une relation. Comment pourrait-on inférer une *relation*, couvrant plusieurs termes, d'un terme unique : l'Homme ?

« L'apparition des droits de l'homme témoigne de la décomposition du concept du droit. Leur avènement fut le corrélat de l'éclipse ou de la perversion, dans la philosophie moderne individualiste, de l'idée de justice et de son outil, la jurisprudence. Elle avait pour fin la mesure de justes rapports. Cet art autonome remplissait un office propre, irremplaçable. Les philosophies de l'Europe moderne l'ont mis au rancart. Le souci d'une juste *répartition* a disparu de leurs ouvrages. Ces *non-juristes* que furent les inventeurs des droits de l'homme leur ont sacrifié la justice, sacrifié le droit.

« Je doute que ce fût un progrès. Je n'y vois qu'une *perte*, due à l'ignorance. Ignorance des *distinctions* que la philosophie classique avait discernées ; le *systématisme* moderne a remis le droit sous la coupe de la science de l'individu. Méconnaissance des fins du droit, non pas innocente, ni involontaire ; on a vu qu'elle fut motivée par des propos très *pragmatiques*.

« Ainsi les philosophes modernes nous gratifièrent-ils d'un langage dont le résultat le plus clair est une plongée dans le brouillard. Langage indistinct, dangereusement flou, générateur d'illusions et de fausses revendications impossibles à satisfaire. Si son triomphe est total au XXe siècle, c'est que la décadence de la culture est le contrecoup du progrès technique » (p. 153-154).

2 / La loi de l'espèce

Pour échapper au subjectivisme ainsi dénoncé, B. Barret-Kriegel relit l'histoire à grands traits (*Les droits de l'homme et le droit naturel*, Paris, PUF, « Quadrige », 1989 ; réédition de la contribution de l'auteur aux *Mélanges Maurice Duverger : Droits, institutions et systèmes politiques*, sous la direction de C. Émeri, Paris, PUF, 1987). Sans entrer ici dans le détail d'une analyse à mener plus loin, on notera la thèse principale de l'auteur, à savoir que la figure des droits de l'homme (et leur avenir) ne peut s'appuyer sur la compréhension moderne du *droit* naturel qu'à la condition d'avoir opéré en celle-ci le tri entre les auteurs qui acceptent et ceux qui refusent l'existence de la *loi* naturelle. Lorsque, en effet, les *droits* dits naturels, exaltés dans une philosophie cartésienne du sujet, ne s'appuient sur aucune *loi* propre à la nature humaine, ils encourent le reproche de subjectivisme corrupteur du droit.

Par contre, si l'on veut admettre la proposition quelque peu paradoxale selon laquelle « la philosophie du sujet n'est pas la source des droits de l'homme », alors, on se tournera vers l'espèce humaine comme telle pour découvrir en elle la véritable source des droits contestés.

« On applaudit trop souvent à une histoire discutable en croyant que l'apparition des droits de l'homme est liée au subjectivisme juridique, qu'elle nécessite la représentation d'un sujet excentré, expulsé de la nature, d'une conscience singulière qui s'est repliée en elle-même pour présenter par métamorphose un programme inédit d'action et de législation ; on imagine trop volontiers que les droits de l'homme ont nécessairement comme drapeau la découverte métaphysique du sujet, qu'ils défendent l'idée du droit comme un attribut de l'individu, la légitimité, comme une activité du jugement subjectif. Bref, on est convaincu trop vite que la notion de droit de l'homme dépend de la subjectivisation du droit. Mais si cela était vrai, il faudrait expliquer alors pourquoi les sociétés européennes qui ont adopté l'idéalisme subjectif ont été si réticentes devant les droits de l'homme, et si retardataires à les inscrire dans leurs textes, apporter une réponse à l'objection formulée par Hannah Arendt lorsqu'elle a souligné (cf. Hannah Arendt, *L'impérialisme*, Paris, trad. franç. Martine

> Censi, 1982, p. 275) que les États-nations européens ont été incapables au XIXe siècle de se défendre et de garantir les droits de l'homme pour des individus qui n'étaient pas leurs ressortissants directs, de sorte que les droits de l'homme n'ont été à peu près respectés que pour les citoyens (...) » (p. 92-93).
>
> « Peut-être est-ce que la représentation qui accouple les droits de l'homme à la théorie du sujet, à la volonté de l'individu, n'est pas tout à fait exacte, que la doctrine des droits de l'homme n'est pas d'abord liée au sujet, à la théorie du sujet, qu'elle est plutôt associée à l'idée d'*espèce*, qu'elle concerne primordialement l'homme comme membre d'une espèce, qu'elle vise en lui la dimension générique. Homme signifie membre d'un genre biologique, composante de l'humanité et homme n'est pas immédiatement lié à des sujets individués, singularisés, comme l'ont fait très justement observer, chacun de leur côté, Hannah Arendt et Michel Villey (...) » (p. 93-94).

D'où la conclusion de l'auteur :

> « De cette rapide investigation, nous voudrions tirer une leçon pour le développement même des droits de l'homme. Si ceux-ci ne puisent nullement leur origine dans l'idéalisme subjectif et le volontarisme juridique, mais, comme nous avons essayé de le montrer, dans les œuvres du droit moderne qui maintiennent la référence à la loi naturelle, cela signifie alors, pour qui croit et espère à leur avenir et à leur déploiement, que la philosophie du droit doit se réenraciner dans l'idée de loi naturelle.
>
> Ce n'est pas que, pour contrecarrer toute fuite éperdue hors de la sphère du droit, pour combattre dans une atmosphère intellectuelle dominée par le sociologisme et l'anti-juridisme, le positivisme juridique n'ait accompli un effort indispensable en rappelant que le droit a aussi son matériau, son institution et ses morphologies. Mais son dispositif est aujourd'hui moins bien ajusté à notre préoccupation de comprendre le développement politique européen. Ne chipotons pas, il faut revenir à la loi naturelle, réélargir la percée qu'elle a déjà inscrite dans nos textes. Le destin juridique des droits de l'homme passe par l'avenir d'une philosophie de la loi naturelle, et aujourd'hui, comme naguère, par une critique de la philosophie du sujet » (p. 98-99).

La mise au point opérée par B. Barret-Kriegel vient à son heure dans le débat sur la subjectivisation excessive des droits de l'homme mais elle soulève peut-être autant de questions qu'elle n'en résout. Car si l'invocation d'une loi naturelle s'imposant à tous les humains en tant que tels – par exemple l'obligation, reconnue par Th. Hobbes, de se conserver dans l'existence – si cette loi délivre les droits « naturels » et, subséquemment les droits de l'homme, d'un redoutable subjectivisme, il reste encore à comprendre comment la généralité de l'espèce ici invoquée comme bénéficiaire de tels droits s'articule avec la singularité de chacun des membres de cette espèce. Singularité qui n'est pas seulement individualité comme dans le cas des autres espèces animales, mais personnalité ainsi qu'il en va de la spécificité humaine. Il ne conviendrait pas, en tout cas que, pour le louable motif de fonder les droits de l'homme sur une base plus large que les seules prétentions du sujet, l'invocation de l'espèce comme titulaire de tels droits n'évacue le bébé avec l'eau du bain, c'est-à-dire l'homme avec le sujet (v. là-dessus A. Renaut, Penser le sujet de droit, aujourd'hui, in *Images et usages de la nature en droit*, Bruxelles, Facultés universitaires Saint-Louis, 1993, p. 541).

Avant de reprendre dès le prochain titre cette question de l'objectivité du sujet de droit, on présente en conclusion l'autre voie qui tente de donner consistance aux droits de l'homme, cette fois à partir d'une réflexion sur l'ordre juridique positif.

*3 / L'*a priori *de l'ordre positif*

En son article, Réflexion sur la nature des droits de l'homme (*Revue de droit international et de droit comparé*, t. XLV, 1968, p. 149), J. Renauld se demande, dans les termes du dilemme, d'une part si les droits de l'homme se laissent analyser sous forme de droits subjectifs, d'autre part s'ils n'existent « qu'en raison et dans la mesure des textes nationaux ou internationaux qui les consacrent » (p. 150).

La réponse à donner à la première question dépend, bien sûr, de la définition attribuée au droit subjectif. Celle de Ihering par « l'intérêt juridiquement protégé » ne nous aide guère ici, dit J. Renauld, car l'intérêt, par sa plasticité, donne peut-être une matière (multiforme) au droit, mais n'indique pas encore sa structure ; en outre, il suppose une protection positive, laissant entendre par là qu'il n'existe pas de droit subjectif – et donc pas de droits de l'homme dans l'hypothèse où on inclurait ceux-ci dans cette catégorie-là – avant la protection qu'instaure le droit positif, et l'on retrouve ici l'autre branche du dilemme annoncé par J. Renauld.

On voit l'affrontement des deux conceptions :

> « Selon l'une d'elles, on dira que le droit subjectif est une prérogative, sans doute, mais une prérogative "concédée" ou "établie" par le droit objectif. Dès lors, les droits de l'homme aussi, s'ils sont des "droits subjectifs", n'existeront que sous cette condition d'avoir été institués par l'État ou, plus exactement, par l'ordre juridique positif. Et, sans doute, il faudra tenir compte de ce que le droit objectif peut être tenu de sanctionner ce qu'exigent la justice, le respect de l'homme et l'ordre moral. Mais, ceci n'empêcherait point que ces droits n'aient qu'une existence purement morale avant leur réception par l'ordre positif, de telle sorte qu'aux yeux du juriste, ils ne relèveraient point, par eux-mêmes, du système dans lequel il se situe mais seulement au titre de leur consécration formelle par la règle positive.
>
> « Ou bien, on fera de ces droits, des droits "naturels", *antérieurs* à l'ordre juridique positif. Mais le problème n'en sera point résolu pour autant, car l'on pourra toujours se demander à quel titre et sur base de quel principe, le juriste peut, excédant les bornes de son domaine propre, se référer à cet ordre naturel, distinct de celui qui sert de cadre à ses raisonnements. »

L'une et l'autre voie s'avèrent des impasses ainsi que le précise notre auteur en développant l'antinomie déjà rencontrée de la priorité réciproque de la norme et du pouvoir :

> « (...) concevoir les droits de l'homme, dans leur principe, sur le modèle du droit subjectif classique, c'est en faire autant d'exigences qui risquent d'opposer face à face l'individu créancier et l'ordre juridique assumant ici, assez paradoxalement, figure de débiteur. Or ceci risque de conduire à des antinomies sans issue. Depuis longtemps, en effet, on a fait observer que si le droit subjectif procède de l'ordre juridique positif,

on ne voit guère comment l'individu pourrait revendiquer un droit subjectif quelconque à l'encontre de cet ordre, tout au plus pourrait-il revendiquer des agents du pouvoir, le respect des règles positives déterminant les modalités de leur action, mais à condition que l'ordre positif lui ouvre recours à cet effet et sous la réserve que ce droit et ces recours seraient toujours exposés à être modifiés par les organes compétents pour fixer la règle positive. Par ailleurs, si l'on rétorque que l'action de ces organes et même le contenu de l'ordre positif peuvent et doivent être appréciés au nom de principes supérieurs, ce qui pourrait fonder le respect des droits de l'homme sur des bases soustraites à l'arbitraire législatif, on risque de voir le problème se déplacer pour déboucher sur le plan des controverses philosophiques » (p. 159-160).

Pour sortir de l'impasse où menaient les deux branches de l'alternative, J. Renauld note le vocabulaire de « reconnaissance » et de « déclaration » des textes relatifs aux droits de l'homme, ce qui conduit l'auteur à voir en eux, d'une part, « les éléments fondamentaux d'un statut objectif d'où procéderont sans doute des recours appropriés, mais ceci à un stade ultérieur d'achèvement et de construction » (p. 161), statut que, d'autre part, il est possible de rattacher « à une nécessité inhérente à l'ordre juridique positif » (p. 162). L'auteur apporte d'une façon particulièrement convaincante la démonstration de cette nécessité en invoquant les exigences humaines de la communauté régie par le droit :

« Ce qui caractérise tout ordre juridique positif c'est qu'il ne peut se prétendre tel à l'égard de ceux qu'il régit que dans la mesure où il les intègre effectivement dans une communauté. Par rapport à ceux qu'il refuse d'intégrer, il ne peut apparaître que comme une manifestation de force, déployée sans doute selon certaines modalités préalablement réglées, mais qui n'en reste pas moins phénomène de pur fait. C'est là une idée fondamentale qui se retrouve à travers toutes les théories du droit qui se sont succédé à travers les temps. Parmi celles qui ont eu quelque retentissement et quelque influence, on n'en trouve point qui ne se rattache explicitement ou implicitement à cette idée que le droit objectif est un certain mode d'actualisation d'une communauté humaine, par voie de généralisation et d'objectivation des relations que cette communauté est apte à faire naître entre ses membres individuellement, aussi bien qu'entre chacun de ses membres et la totalité qu'elle forme. Or le sens même de toute communauté est, comme le remarquait déjà Aristote, que nul de ses membres n'est directement et essentiellement soumis à un autre, que nul de ses membres "n'appartient" à autrui, et même que nul des membres n'appartient discrétionnairement et totalement à la communauté car s'il en était autrement, il ne serait plus qu'un objet par rapport à celle-ci. Le principe même du droit est donc la reconnaissance de chacun comme situé par rapport à autrui dans une situation objectivisée par son insertion dans une structure générale valable pour tous, ce qui implique respect de la situation ainsi faite à chacun ou, si l'on préfère, respect de chacun saisi à travers la situation qui lui est ainsi faite. Le même mouvement de pensée conduit ensuite à ce que la situation ainsi faite à chacun devra avoir fondamentalement valeur pour tous, ce qu'impliquent l'idée de communauté qui définit la matière de l'ordre juridique et celle de généralité qui caractérise sa forme. La notion même d'ordre juridique implique donc sauvegarde de l'individu et exclusion de tout arbitraire puisque l'arbitraire réintroduirait nécessairement dans l'univers social une subjectivité négatrice de la juridicité » (p. 162-163).

Par ce texte, l'auteur corrige la conception subjectiviste des droits de l'homme en remontant en deçà de la dualité (sujet-objet) inhérente au droit subjectif pour interroger la pourquoi de l'ordre juridique lui-même. J. Renauld saisit là à quel point le subjectif et l'objectif se rejoignent dans ce projet qu'est la communauté organisée par le droit :

> « Dans leur structure fondamentale, les droits de l'homme ne peuvent être conçus sur le patron classique des droits subjectifs, impliquant sujet actif, sujet passif, opposés dans leur subjectivité réciproque et comportant exigence de l'un, limitant du dehors, la liberté de l'autre en vue de l'obtention d'un bien conçu comme dissocié du sujet. Ils apparaissent, au contraire, comme dessinant les traits essentiels du statut juridique de l'être humain, dans le cadre de l'ordre juridique objectif. Ils sont, en définitive, dans leur principe, l'expression de la relation fondamentale selon laquelle l'individu s'intègre dans l'ordre juridique positif conformément à la structure logique de ce dernier et aux fins qu'il poursuit en un moment donné de son développement » (p. 164).

Dire des droits de l'homme qu'ils constituent l'*a priori* des ordres juridiques positifs, c'est leur rendre tout à la fois le poids d'objectivité dont, à juste titre, M. Villey leur reprochait le manque et le poids d'humanité dont B. Barret-Kriegel entendait les lester.

Dire que, dans la communauté organisée par le droit, les humains doivent nécessairement reconnaître mutuellement leurs « droits de l'homme » comme les conditions d'existence d'une telle communauté, c'est dire dans les termes de la modernité l'exigence même du droit naturel, mais sans avoir besoin de renier le présent au bénéfice de l'âge classique, sans non plus risquer de dissoudre la personne dans la loi de l'espèce.

ANNEXE. – DÉCLARATION UNIVERSELLE DES DROITS DE L'HOMME

adoptée et proclamée par l'assemblée générale
des Nations unies le 10 décembre 1948
(résolution 217 A 3)

PRÉAMBULE

Considérant que la reconnaissance de la dignité inhérente à tous les membres de la famille humaine et de leurs droits égaux et inaliénables constitue le fondement de la liberté, de la justice et de la paix dans le monde,

Considérant que la méconnaissance et le mépris des droits de l'homme ont conduit à des actes de barbarie qui révoltent la conscience de l'humanité et que l'avènement d'un monde où les êtres humains seront libres de parler et de croire, libérés de la terreur et de la misère, a été proclamé comme la plus haute aspiration de l'homme,

Considérant qu'il est essentiel que les droits de l'homme soient protégés par un régime de droit pour que l'homme ne soit pas contraint, en suprême recours, à la révolte contre la tyrannie et l'oppression,

Considérant qu'il est essentiel d'encourager le développement de relations amicales entre nations,

Considérant que dans la Charte les peuples des Nations Unies ont proclamé à nouveau leur foi dans les droits fondamentaux de l'homme, dans la dignité et la valeur de la personne humaine, dans l'égalité des droits des hommes et des femmes, et qu'ils se sont déclarés résolus à favoriser le progrès social et à instaurer de meilleures conditions de vie dans une liberté plus grande,

Considérant que les États membres se sont engagés à assurer, en coopération avec l'Organisation des Nations Unies, le respect universel et effectif des droits de l'homme et des libertés fondamentales,

Considérant qu'une conception commune de ces droits et libertés est de la plus haute importance pour remplir pleinement cet engagement,

L'ASSEMBLÉE GÉNÉRALE

proclame

LA PRÉSENTE DÉCLARATION UNIVERSELLE DES DROITS DE L'HOMME comme l'idéal commun à atteindre par tous les peuples et toutes les nations afin que tous les individus et tous les organes de la société, ayant cette Déclaration constamment à l'esprit, s'efforcent, par l'enseignement et l'éducation, de développer le respect de ces droits et libertés et d'en assurer, par des mesures progressives d'ordre national et international, la reconnaissance et l'application universelles et effectives, tant parmi les populations des États membres eux-mêmes que parmi celles des territoires placés sous leur juridiction.

Article premier

Tous les êtres humains naissent libres et égaux en dignité et en droits. Ils sont doués de raison et de conscience et doivent agir les uns envers les autres dans un esprit de fraternité.

Article 2

Chacun peut se prévaloir de tous les droits et de toutes les libertés proclamés dans la présente Déclaration, sans distinction aucune, notamment de race, de couleur, de sexe, de langue, de religion, d'opinion politique ou de toute autre opinion, d'origine nationale ou sociale, de fortune, de naissance ou de toute autre situation.

De plus, il ne sera fait aucune distinction fondée sur le statut politique, juridique ou international du pays ou du territoire dont la personne est ressortissante, que ce pays ou territoire soit indépendant, sous tutelle, ou autonome ou soumis à une limite quelconque de souveraineté.

Article 3

Tout individu a droit à la vie, à la liberté et à la sûreté de sa personne.

Article 4

Nul ne sera tenu en esclavage ni en servitude ; l'esclavage et la traite des esclaves sont interdits sous toutes leurs formes.

Article 5

Nul ne sera soumis à la torture, ni à des peines ou traitements cruels, inhumains ou dégradants.

Article 6

Chacun a le droit à la reconnaissance en tous lieux de sa personnalité juridique.

Article 7

Tous sont égaux devant la loi et ont droit sans distinction à une égale protection de la loi. Tous ont droit à une protection égale contre toute discrimination qui violerait la présente Déclaration et contre toute provocation à une telle discrimination.

Article 8

Toute personne a droit à un recours effectif devant les juridictions nationales compétentes contre les actes violant les droits fondamentaux qui lui sont reconnus par la Constitution ou par la loi.

Article 9

Nul ne peut être arbitrairement arrêté, détenu ni exilé.

Article 10

Toute personne a droit, en pleine égalité, à ce que sa cause soit entendue équitablement et publiquement par un tribunal indépendant et impartial, qui décidera, soit de ses droits et obligations, soit du bien-fondé de toute accusation en matière pénale dirigée contre elle.

Article 11

Toute personne accusée d'un acte délictueux est présumée innocente jusqu'à ce que sa culpabilité ait été légalement établie au cours d'un procès public où toutes les garanties nécessaires à sa défense lui auront été assurées.

Nul ne sera condamné pour des actions ou omissions qui, au moment où elles ont été commises, ne constituaient pas un acte délictueux d'après le droit national ou international. De même, il ne sera infligé aucune peine plus forte que celle qui était applicable au moment où l'acte délictueux a été commis.

Article 12

Nul ne sera l'objet d'immixtions arbitraires dans sa vie privée, sa famille, son domicile ou sa correspondance, ni d'atteintes à son honneur et à sa réputation. Toute personne à droit à la protection de la loi contre de telles immixtions ou de telles atteintes.

Article 13

(1) Toute personne a le droit de circuler librement et de choisir sa résidence à l'intérieur d'un État.

(2) Toute personne a le droit de quitter tout pays, y compris le sien, et de revenir dans son pays.

Article 14

(1) Devant la persécution, toute personne a le droit de chercher asile et de bénéficier de l'asile en d'autres pays.

(2) Ce droit ne peut être invoqué dans le cas de poursuites réellement fondées sur un crime de droit commun ou sur des agissements contraires aux buts et aux principes des Nations Unies.

Article 15

(1) Tout individu a droit à une nationalité.

(2) Nul ne peut être arbitrairement privé de sa nationalité, ni du droit de changer de nationalité.

Article 16

(1) A partir de l'âge nubile, l'homme et la femme sans aucune restriction quant à la race, la nationalité ou la religion, ont le droit de se marier et de fonder une famille. Ils ont des droits égaux au regard du mariage, durant le mariage et lors de sa dissolution.

(2) Le mariage ne peut être conclu qu'avec le libre et plein consentement des futurs époux.

(3) La famille est l'élément naturel et fondamental de la société et a droit à la protection de la société et de l'État.

Article 17

(1) Toute personne, aussi bien seule qu'en collectivité, a droit à la propriété.

(2) Nul ne peut être arbitrairement privé de sa propriété.

Article 18

Toute personne a droit à la liberté de pensée, de conscience et de religion ; ce droit implique la liberté de changer de religion ou de conviction ainsi que la liberté de manifester sa religion ou sa conviction, seule ou en commun, tant en public qu'en privé, par l'enseignement, les pratiques, le culte et l'accomplissement des rites.

Article 19

Tout individu a droit à la liberté d'opinion et d'expression, ce qui implique le droit de ne pas être inquiété pour ses opinions et celui de chercher, de recevoir et de répandre, sans considérations de frontières, les informations et les idées par quelque moyen d'expression que ce soit.

Article 20

(1) Toute personne a droit à la liberté de réunion et d'association pacifiques.
(2) Nul ne peut être obligé de faire partie d'une association.

Article 21

(1) Toute personne a le droit de prendre part à la direction des affaires publiques de son pays, soit directement, soit par l'intermédiaire de représentants librement choisis.

(2) Toute personne a droit à accéder, dans des conditions d'égalité, aux fonctions publiques de son pays.

(3) La volonté du peuple est le fondement de l'autorité des pouvoirs publics ; cette volonté doit s'exprimer par des élections honnêtes qui doivent avoir lieu périodiquement, au suffrage universel égal et au vote secret ou suivant une procédure équivalente assurant la liberté du vote.

Article 22

Toute personne, en tant que membre de la société, a droit à la sécurité sociale ; elle est fondée à obtenir la satisfaction des droits économiques, sociaux et culturels indispensables à sa dignité et au libre développement de sa personnalité, grâce à l'effort national et à la coopération internationale, compte tenu de l'organisation et des ressources de chaque pays.

Article 23

(1) Toute personne a droit au travail, au libre choix de son travail, à des conditions équitables et satisfaisantes de travail et à la protection contre le chômage.

(2) Tous ont droit, sans aucune discrimination, à un salaire égal pour un travail égal.

(3) Quiconque travaille a droit à une rémunération équitable et satisfaisante lui assurant ainsi qu'à sa famille une existence conforme à la dignité humaine et complétée, s'il y a lieu, par tous autres moyens de protection sociale.

(4) Toute personne a le droit de fonder avec d'autres des syndicats et de s'affilier à des syndicats pour la défense de ses intérêts.

Article 24

Toute personne a droit au repos et aux loisirs et notamment à une limitation raisonnable de la durée du travail et à des congés payés périodiques.

Article 25

(1) Toute personne a droit à un niveau de vie suffisant pour assurer sa santé, son bien-être et ceux de sa famille, notamment pour l'alimentation, l'habillement, le logement, les soins médicaux ainsi que pour les services sociaux nécessaires ; elle a droit à la sécurité en cas de chômage, de maladie, d'invalidité, de veuvage, de vieillesse ou dans les autres cas de perte de ses moyens de subsistance par suite de circonstances indépendantes de sa volonté.

(2) La maternité et l'enfance ont droit à une aide et à une assistance spéciales. Tous les enfants, qu'ils soient nés dans le mariage ou hors mariage, jouissent de la même protection sociale.

Article 26

(1) Toute personne a droit à l'éducation. L'éducation doit être gratuite, au moins en ce qui concerne l'enseignement élémentaire et fondamental. L'enseignement élémentaire est obligatoire. L'enseignement technique et professionnel doit être généralisé ; l'accès aux études supérieures doit être ouvert en pleine égalité à tous en fonction de leur mérite.

(2) L'éducation doit viser au plein épanouissement de la personnalité humaine et au renforcement du respect des droits de l'homme et des libertés fondamentales. Elle doit favoriser la compréhension, la tolérance et l'amitié entre toutes les nations et tous les groupes raciaux ou religieux, ainsi que le développement des activités des Nations Unies pour le maintien de la paix.

(3) Les parents ont, par priorité, le droit de choisir le genre d'éducation à donner à leurs enfants.

Article 27

(1) Toute personne a le droit de prendre part librement à la vie culturelle de la communauté, de jouir des arts et de participer au progrès scientifique et aux bienfaits qui en résultent.

(2) Chacun a droit à la protection des intérêts moraux et matériels découlant de toute production scientifique, littéraire ou artistique dont il est l'auteur.

Article 28

Toute personne a droit à ce que règne, sur le plan social et sur le plan international, un ordre tel que les droits et libertés énoncés dans la présente Déclaration puissent y trouver plein effet.

Article 29

(1) L'individu a des devoirs envers la communauté dans laquelle seule le libre et plein développement de sa personnalité est possible.

(2) Dans l'exercice de ses droits et dans la jouissance de ses libertés, chacun n'est soumis qu'aux limitations établies par la loi exclusivement en vue d'assurer la reconnaissance et le respect des droits et libertés d'autrui et afin de satisfaire aux justes exigences de la morale, de l'ordre public et du bien-être général dans une société démocratique.

(3) Ces droits et libertés ne pourront, en aucun cas, s'exercer contrairement aux buts et aux principes des Nations Unies.

Article 30

Aucune disposition de la présente Déclaration ne peut être interprétée comme impliquant pour un État, un groupement ou un individu un droit quelconque de se livrer à une activité ou d'accomplir un acte visant à la destruction des droits et libertés qui y sont énoncés.

TITRE II

Le sujet de droit : en quel corps ?

Le titre premier a rencontré à la fois la différence entre le droit objectif entendu comme l'ensemble des énoncés du pouvoir, d'une part, les droits subjectifs reconnus comme prérogatives inhérentes au sujet, d'autre part, ainsi que la nécessité de sauvegarder, entre ces deux pôles, l'unité du concept. Pour répondre à un tel défi nous interrogeons à présent la figure, centrale en nos ordres juridiques, du sujet de droit. Alors que l'arbitraire positiviste attribuerait cette qualification à n'importe quels êtres, nous récusons cette indétermination en affirmant la consistance du sujet humain en son corps (chap. Ier). Étudiant à partir de là la dissociation parfois rencontrée entre le sujet de droit et la personne physique spécialement dans le cas de l'embryon (chap. II), nous achevons ce titre par un retour à l'objectivité du droit en contredisant le « droit à la mort » revendiqué dans l'euthanasie (chap. III).

Chapitre Premier

L'OBJECTIVITÉ DU SUJET

1 / Le sujet de droit : une qualification naturelle ?

Pour appréhender les situations qu'il régit, le droit positif opère leur qualification : tel comportement négligent de M. Dupont à l'égard de M. Durand s'appelle une abstention de porter secours à personne en danger ; l'enfant né de telle femme mariée porte, jusqu'à preuve du contraire, la qualité de fils (ou fille) du mari de cette femme ; la convention passée entre telles personnes doit s'appeler non pas crédit-bail comme l'avaient erronément indiqué les parties sur l'*instrumentum* mais vente à tempérament comme le montre la réalité de leur *negotium*, etc.

Le législateur déploiera donc tout son art de la formulation à préciser dans la loi les hypothèses auxquelles il souhaite voir appliquer le traitement qu'il veut : la punition, l'autorité parentale, l'obligation contractuelle... ; le juge et l'administration exerceront, quant à eux, chacun pour leur part, leur art de l'interprétation pour parvenir à la superposition aussi fine que possible entre les situations à gérer ou à trancher et les hypothèses qu'énonce la norme. Nouvelle pierre philosophale, la qualification transforme en droit tout ce qui, avant elle, ne relevait que du fait. Elle permet à la loi fiscale de taxer les revenus du contribuable, au Code civil d'imposer au responsable du dommage l'obligation de réparer, au droit social d'accorder des indemnités au travailleur abusivement licencié. Vision que le droit porte sur les choses et sur les gens, la qualification réduit nécessairement le réel aux seules catégories juridiques : voici telle tranche de vie conjugale particulièrement complexe en ses affects psychologiques ramenée à la qualification des « excès, sévices et injures graves » du divorce pour cause déterminée, ou le malheureux que le désespoir a conduit au suicide, déclaré à l'état civil « décédé de mort violente non suspecte ».

Tour à tour comique ou irritante par les réductions qu'elle opère dans le réel, la qualification permet au droit, précisément, d'opérer dans le réel en y saisissant ce qui relève de lui.

Or si, en toutes ses branches, le droit (objectif) s'applique de la sorte, il vient un moment où se pose la question de l'arbitraire des qualifications. L'autonomie dont dispose la loi pour découper le réel en catégories, pour en étiqueter les composantes afin de leur appliquer le traitement adéquat, signifie-t-elle que le législateur (ou le juge, ou l'auteur de doctrine) puisse appeler n'importe quoi n'importe comment, ou faut-il envisager que des qualifications s'imposeraient d'elles-mêmes, naturellement, dirait-on ? La question devient cruciale lorsqu'on la croise avec celle que nous avons examinée au titre précédent : le droit objectif se détache-t-il à ce point de la subjectivité des personnes qu'il pourrait sans toucher à l'essence même du droit, honorer n'importe quel être du titre de sujet de droit ?

Le « sujet de droit » apparaît bel et bien en effet comme une étiquette que le droit (objectif) utilise pour désigner la personne titulaire de tels droits (subjectifs), et « assujetti » à telles obligations : il supporte activement et passivement les droits réels, intellectuels, de créance et de la personnalité. A ce titre, le sujet entre dans l'ordre du droit comme une qualification certes importante, mais aussi comme une façon d'être parmi d'autres. Ainsi fonctionne – et c'est normal en son ordre – le système objectif du droit positif. Reste à voir si le sujet de droit ainsi dénommé se réduit à cette qualification, par hypothèse, arbitrairement choisie ou s'il présente quelque résistance à ce pouvoir discrétionnaire : est-il sujet parce que le droit objectif l'a qualifié ainsi ? Il serait alors « sujet de droit » parce que « assujetti » au droit, ou est-il déjà « de droit », sujet, de telle sorte que le droit (objectif) n'a pu le qualifier autrement que « sujet de droit » ? Mais en cette seconde hypothèse, de quel ordre relève ce droit (subjectif) ?

Pour cerner *a contrario* cette question de la source – objective, subjective ? – du droit, nous abordons la qualification « sujet de droit » que nos ordres juridiques sembleraient accorder à d'autres êtres que la personne humaine, en l'occurrence les personnes morales et les animaux, en annonçant d'emblée la thèse : il convient de réserver ce titre à la seule personne humaine.

2 / La personnalité des groupes et des animaux

On a tout dit sur l'artificialité plus ou moins grande de la construction juridique qui vise à accorder (à reconnaître ?) la personnalité (juridique ? morale ?) aux groupes humains, voire à une masse de biens déterminés. Du point de vue qui nous occupe, convenons que cette création du droit objectif ne pose pas de difficulté majeure à l'hypothèse qui voudrait réserver la qualité de sujet de droit à la personne humaine. Que l'ordre juridique ait donné, en effet, à la fondation une consistance personnelle fictive, et à la société ou à l'association une consistance autre que fictive ne signifie pas encore que la qualification de sujet de droit ait quitté le champ des humains : prêter à un groupe la qualité de sujet de droit soit pour accroître la sécurité et la rapidité de ses transactions patrimoniales, soit pour reconnaître la valeur hautement significative des liens qui unissent ses membres, n'entame pas la certitude que le droit soit affaire essentiellement humaine. Simplement, il spécifie cette conviction en soulignant, pour des raisons d'efficacité pratique ou de valorisation symbolique, l'importance des liens qui, attachant certaines personnes entre elles, les font agir sur la scène juridique comme un seul et même sujet de droit.

A l'analyse, il ne s'agirait là que du rayonnement – plus ou moins réaliste, plus ou moins fictif – de la reconnaissance de la personne humaine (physique) comme seul véritable sujet de droit. Qualifier de semblable manière un groupe d'hommes ou même, pour les besoins (humains) de la cause, une masse de biens, peut se comprendre en termes symboliques comme l'hommage rendu à la subjectivité de la personne humaine par les juristes qui ont vu en ce sujet l'*analogatum princeps* des moyens qu'ils mettaient en place pour résoudre certains problèmes pratiques.

Tout autre est la revendication de droits au bénéfice des animaux, car ici le rayonnement devient déplacement et l'hommage fait place à la caricature.

La Déclaration universelle des droits de l'animal (formulation de 1989) considère en son préambule :

— « que la vie est une, tous les êtres vivants ayant une origine commune et s'étant différenciés au cours de l'évolution des espèces ;

— que tout être vivant possède des droits naturels, et que tout animal doté d'un système nerveux possède des droits particuliers ».
(V. texte complet, en annexe à l'État des questions, p. 132.)

Quelque sympathie que l'on nourrisse à l'égard du règne animal et si généreux que paraissent les efforts des associations qui poursuivent la reconnaissance de ces « droits des animaux », la démarche mérite tout de même un regard critique. Sans doute les égards que les humains se doivent personnellement et mutuellement imposent-ils, y compris sur le terrain juridique, le respect de l'intégrité des êtres qui appartiennent au règne animal, voire végétal ou minéral, il n'en demeure pas moins que l'affirmation de droits au bénéfice de ces êtres néglige quelques conditions fondamentales. Sauf à dire précisément que l'attribution de droits subjectifs ne suppose aucune condition particulière puisque la qualification de sujet de droit relève de la discrétion du pouvoir qui en a décidé comme bon lui semblait. Mais alors il faut mesurer l'ampleur du pas philosophique ainsi franchi. La critique habituellement adressée à la récente promotion des « droits des animaux » nous y aide.

On reproche en effet à cette attribution de « droits » aux animaux de ne se fonder sur aucune construction juridique valable puisqu'elle ne correspond – et pour cause ! – à aucune imposition de devoirs dans le chef des animaux ainsi gratifiés. Que sous-entend cette critique, décisive à tous égards ? Que la qualification « sujet de droit » se fonde essentiellement sur un processus de reconnaissance où les droits et les devoirs ne peuvent que se mêler puisque cette reconnaissance s'exerce d'un sujet envers un autre sujet reconnu précisément comme personne capable de cette même reconnaissance. Rejeter la catégorie des droits subjectifs de l'animal au nom de l'absence d'obligation corrélative, c'est poser la qualité nécessairement humaine de la reconnaissance fondatrice du droit. L'animal n'a pas de droits tout simplement parce que seul l'humain s'impose à l'humain sous le mode du « devant être respecté ». Pourquoi ? A cause, précisément de sa qualité (humaine) d'être conscient du devoir de respecter lui aussi la qualité humaine d'autrui. L'animal, par contre, s'avère radicalement incapable de cette reconnaissance ; certes, il a peut-être reconnu la voix de son maître ou il s'est rappelé les coups de bâton ou les caresses du dressage, mais en ces relations avec l'homme il n'a pas pu voir autre chose qu'une maîtrise de fait. Privé de conscience morale, il n'a pu considérer les humains comme lui imposant leur droit au respect. Du même coup, il n'est pas entré lui-même comme sujet dans l'ordre du droit mais comme objet, d'ailleurs entouré – et c'est heureux – de beaucoup d'égards.

Dira-t-on que cette limitation de la reconnaissance de droits subjectifs aux seuls êtres humains fait preuve de « spécisme » (privilège arbitraire accordé à notre espèce) envers les autres espèces biologiques, comme ailleurs on peut se rendre coupable de racisme envers les autres races humaines ?

Toute la question – recoupant celle de la source du droit – consiste précisément à savoir ce qui fonde la qualification de « sujet de droit » et l'attribution, en conséquence, de droits (subjectifs) aux sujets ainsi qualifiés. Si le droit (subjectif) – et la qualification « sujet de droit » qu'il implique – ne relève que d'une décision du pouvoir, qui prendrait par exemple ses critères dans les ouvrages de biologie, tout est possible : la reconnaissance de droits subjectifs aux animaux à cause de leurs caractéristiques communes avec l'espèce humaine (organisation vitale, capacité de souffrir, etc.), mais aussi – pourquoi pas ? – le refus de droits aux humains de race noire ou de race jaune à cause de leurs caractéristiques biologiquement différentes de la race blanche. Il faut choisir. Si le droit n'est qu'objectif, si en d'autres termes la source du droit ne se trouve que dans les commandements du pouvoir d'où l'ordre juridique découlerait comme en une cascade, alors l'arbitraire peut qualifier toute réalité du titre de sujet de droit, simple reflet des ordres du législateur, appuyé ici sur les découvertes de la biologie, là-bas sur les impératifs de la religion, ailleurs encore sur les nécessités de l'économie. Mais si le droit trouve sa source dans l'exigence de la reconnaissance humaine des humains, alors il faut lester le droit de tout son poids de subjectivité, d'intersubjectivité. D'où l'importance d'aborder le sujet de droit par son corps.

3 / Le sujet de droit en son corps

Partis à la recherche de la source (objective ? subjective ?) du droit, nous nous interrogeons sur le sujet de droit en cherchant à savoir si cette qualification par laquelle le droit objectif entre dans le domaine subjectif relève de l'arbitraire du pouvoir. Nous avons préféré éliminer cette dernière hypothèse au nom de la consistance personnelle de la conscience humaine fondatrice du processus de reconnaissance juridique.

Reste alors à savoir par où le sujet offre cette résistance à l'arbitraire. Nous disons que c'est par son corps : toute personne physique, parce qu'elle est personne physique, mérite la qualification « sujet de droit ».

Contre cette proposition qui privilégie le corps humain pour reconnaître la consistance (la résistance) du sujet de droit, deux objections affirment au contraire le caractère libre, et donc spirituel du sujet.

N'avons-nous pas en effet récusé l'emploi de la qualification « sujet de droit » à propos des animaux, préférant tenir que le droit suppose un processus de reconnaissance où, pour s'imposer comme tel à une conscience, le sujet doit lui-même bénéficier – ce qui n'est pas le cas de l'animal – d'une conscience capable d'admettre l'obligation réciproque ? C'est donc – première objection – la conscience morale (spécifiquement humaine) de l'obligation de respect qui définit l'entrée du sujet dans l'ordre du droit, et non un quelconque élément corporel de sa personnalité.

La seconde critique poursuit dans la même ligne : le juriste qui voudrait arrêter la catégorie du sujet de droit aux contours physiques de la corporalité de l'individu ne tombe-t-il pas dans le piège du fétichisme qui objective la personne au moment même où il la proclame sujet ? Car le corps, poursuit-on, ne se réduit jamais à un fait de nature, repris qu'il est sans cesse par le sujet assumant en ce corps et par ce corps la culture de son temps : comment donc fixer les catégories du droit sur les repères essentiellement mouvants de l'esprit qui se donne un corps ?

En d'autres termes, et pour formuler la double objection en une seule, on ne pourrait, dit-on, voir dans l'épaisseur corporelle d'un individu humain l'obligation d'arrêter sur lui la qualification de sujet de droit car un tel matérialisme de la personnalité physique méconnaîtrait la qualité supérieure de l'esprit à la fois dans l'ordre du droit puisque la reconnaissance juridique est l'affaire de conscience, et dans l'ordre du corps puisque l'existence corporelle suppose toujours chez l'homme une dimension culturelle.

Cette double – et unique – objection semble réserver la part belle à la dignité spirituelle de la personne humaine, mais si ce souci légitime conduit le juriste à négliger le versant corporel de ce même sujet, alors le droit risque de manquer, par excès d'idéal, ses propres fondements. Car c'est précisément dans la relation de l'individu à son corps que se joue la résistance décisive du sujet à l'arbitraire de la qualification. La personne physique mérite nécessairement d'être qualifiée sujet de droit parce qu'entre elle et son corps se vit un lien, nécessaire lui aussi : le corps, matériel autant que culturel, exprime à autrui un sujet ; par le corps, culturel autant que matériel, le sujet se laisse reconnaître à autrui.

On voit ainsi comment tombe la double objection de matérialisme : nous insistons sur la consistance physique du sujet de droit, non pour nier la transfiguration culturelle de l'épaisseur naturelle des corps, encore moins pour renier la définition du sujet de droit à partir de la réciprocité de la reconnaissance – nous parlons d'ailleurs du corps *humain* –, mais nous y insistons pour souligner que cette activité spirituelle n'entre dans le rapport à autrui – dans l'ordre du droit donc – que par le corps et que, réciproquement, toute présence corporelle oblige autrui au respect de l'activité spirituelle qui s'y livre. En d'autres termes encore, la personne physique a ceci d'unique dans l'univers qu'elle exerce à l'égard de son propre corps une relation qui, parce qu'elle échappe au droit, s'impose comme fondement au droit lui-même.

Pour éclairer le propos, nous résumons deux thèses allemandes du siècle dernier qui, abordant chacune d'un point de vue différent la relation du droit subjectif et du corps humain, nous conduisent au cœur de la nature du droit.

4 / Le droit du sujet quant à son corps

L'être humain détient-il un droit sur lui-même ?

Savigny (v. *infra*, État des questions, p. 135), qui définit le droit subjectif par le pouvoir reconnu à un sujet, récuse cette possibilité : l'homme déploie ses pouvoirs dans la sphère du patrimoine car les biens et les obligations qui le composent lui sont extérieurs. L'auteur du *System des heutigen römischen Rechts* précise la double raison pour laquelle le sujet n'a aucun droit sur lui-même, d'une part – et nous y reviendrons au dernier chapitre – à cause de l'interdiction que la morale lui oppose de se suicider, d'autre part – et ce point nous importe ici – du fait de la maîtrise que le sujet exerce déjà sur son corps, maîtrise naturelle qui ne gagne rien à se doubler d'un inutile pouvoir juridique.

Pour Ihering (v. *infra*, État des questions, p. 136), par contre, les valeurs personnelles du sujet – singulièrement son corps – constituent l'objet le plus précieux du droit subjectif (sous la forme, dira-t-on plus tard, des droits de la personnalité). C'est que l'auteur du *Geist des römischen Rechts auf den verschiedene Stuffen seiner Entwicklung* comprend le droit subjectif non plus comme un pouvoir sur l'objet dont disposerait le sujet, mais comme un intérêt que le droit entend protéger en son chef (« intérêt juridiquement protégé ») contre toute atteinte extérieure.

Dans la théorie générale ultérieure, les deux auteurs virent mêler leurs définitions – par le pouvoir et par l'intérêt – en une compréhension mixte du droit subjectif; il n'empêche que, sur la relation du sujet à lui-même, leurs propos se complètent : l'homme n'a pas le droit de disposer *de* son corps, mais le droit le protège *en* son corps. Qu'est-ce à dire ? Répétons-le : la personne physique doit être protégée en tant que sujet de droit *parce que* la relation qu'elle entretient avec son propre corps échappe au droit.

A l'arbitraire du pouvoir tenté de dire que telle personne physique ne mérite pas la qualification de sujet de droit, le corps résiste en attestant une relation qui échappe à ce pouvoir, relation par laquelle le sujet se relie précisément à son propre corps : en et par son corps, le sujet adhère à lui-même. Savigny a raison : le sujet n'a pas de droit sur lui-même car cette catégorie juridique dissocierait le sujet en son intimité au point de l'obliger à se percevoir lui-même sous le mode aliéné de l'altérité objectivée. Or la spontanéité que le sujet exerce naturellement à l'égard de son propre corps exprime la liberté. Liberté telle que non seulement Savigny a raison de ne pas poser de droit (de disposition) entre le sujet et son corps mais que Ihering a raison également de protéger éminemment par le biais du droit cette qualité ontologique par laquelle l'individu se fait sujet en son corps. Ce qui rend un sujet réel, *objectif* pour autrui, n'est pas d'abord le droit mais le corps. Voilà pourquoi le droit ne peut entrer dans la relation intime du sujet à son corps : il y dissocierait selon le schéma de la disposition objectivante ces deux versants de l'individu qui ne font qu'un dans la personne. Or l'objectivité première provient du sujet qui se la donne nécessairement en son corps, *avant* même que le droit ne reconnaisse et ne protège dans la suite ce lien qui lui échappe.

Insister sur la dimension physique du sujet de droit ne signifie donc pas, encore une fois, renier le caractère spirituel ni du sujet ni du droit ; cette insistance veut plutôt montrer que l'objectivité du sujet ne commence pas dans le droit et que, précisément pour cette raison-là, le droit peut alors entrer dans le processus spirituel de la reconnaissance. Si le droit, en effet, donnait lui-même au sujet son objectivité pour autrui – ainsi qu'il serait tenté de le faire, par exemple, pour l'animal –, alors rien d'objectif n'imposerait au droit la reconnaissance que, justement, on lui demande d'instaurer. Mais parce que l'objectivité pour autrui du sujet lui est donnée d'emblée en et par son propre corps, le droit n'a plus qu'à reconnaître et protéger cette subjectivité qui l'a ainsi précédé. Dans le processus de la reconnaissance par lequel le sujet devient réel – objectif – pour autrui, le corps humain délivre le droit du risque de l'arbitraire.

En adoptant comme conclusion de notre parcours la position selon laquelle le sujet s'impose dans l'ordre du droit par son corps, que donc la qualification de sujet de droit revient essentiellement à la personne physique, nous ne sommes pas encore au bout de nos peines car il nous faut d'abord rendre compte des différences parfois constatées entre la personne physique et le sujet de droit, pour revenir ensuite à la question de départ sur la nature (objective, subjective) du droit.

Chapitre II

LE DROIT DES PERSONNES PHYSIQUES

1 / Des personnes non-sujets ?

Le droit positif d'hier et d'aujourd'hui dénie à certaines catégories de personnes physiques la jouissance ou l'exercice de certains droits subjectifs. Ainsi l'étranger ne sera-t-il généralement pas pourvu des droits politiques qui, par exemple, ouvrent l'accès à la fonction publique ou permettent la participation à la désignation des mandataires politiques ; ainsi encore le mineur et les autres incapables se verront-ils souvent empêchés de mettre en œuvre par eux-mêmes les droits dont ils jouissent : un tuteur, un curateur ou un administrateur les exercera à leur place. On comprend qu'un ordre juridique mesure ainsi, en fonction des critères raisonnables qu'il se donne et à doses d'ailleurs variables, les prérogatives dont bénéficient les sujets soumis à cet ordre. Ces limitations imposées par le droit positif à certains sujets de droit soulèvent certes de nombreux problèmes, y compris sur le terrain que l'on pourrait appeler du droit naturel (droit de vote aux étrangers installés depuis longtemps sur le territoire, consentement des incapables aux actes qui concernent leur personne, etc.), mais nous posons ici la question à un niveau plus radical : si la personne humaine se signale comme sujet de droit par son corps, se peut-il qu'un ordre juridique connaisse des personnes physiques qui ne soient pas sujets de droit ?

Cette question, on le voit, inverse les termes de l'interrogation examinée au chapitre précédent où l'on se demandait si d'autres êtres que les personnes physiques peuvent recevoir la qualification de sujets de droit.

Jusqu'à une période récente, l'histoire a connu l'institution de l'esclavage par laquelle l'être humain devenait un objet d'achat et de vente, privé donc du droit d'exercer la liberté fondamentale qui caractérise le sujet. Depuis lors, nos ordres juridiques ont affirmé, au moins dans les principes, l'incompatibilité de l'esclavage avec la dignité de la personne humaine protégée par le droit. Mais la question de la non-coïncidence possible entre la personne physique et le sujet de droit se pose aujourd'hui aux deux extrêmes de l'existence humaine : à propos de l'embryon et du mourant.

2 / Les dissociations du statut de l'embryon

Autrefois, le statut juridique de l'embryon ne posait guère de problèmes puisque, en son ordre civil comme en son ordre pénal, le droit protégeait l'être humain en devenir dans le sein de sa mère. Les diverses dépénalisations de l'avortement, d'une part, l'intérêt croissant des scientifiques pour les cellules embryonnaires, d'autre part, ont perturbé cette protection, obligeant, semble-t-il, les juristes à adopter de nouveaux raisonnements qui rendraient mieux compte de l'évolution des mœurs et des sciences. L'essentiel de ces argumentations tient dans une démarche de dissociation, au moins à trois niveaux :

1 / Entre le droit civil et le droit pénal d'abord. Tandis que le droit civil reconnaît à l'enfant dès sa naissance la personnalité juridique qui rétroagit à son bénéfice jusqu'au moment de sa conception, le droit pénal semble mettre à mal cette protection puisqu'il justifie la destruction de l'embryon par l'avortement de la mère qui s'estime en détresse dans les premières semaines de sa grossesse (ou tout au long de cette grossesse si l'enfant attendu naîtra gravement handicapé). Pour résoudre cette contradiction, dira-t-on que la condition – suspensive pour certains auteurs, résolutoire pour les autres – de la naissance de l'enfant ne s'est jamais réalisée, du fait précisément de l'avortement, et que donc l'enfant est censé n'avoir jamais eu la personnalité juridique que le Code civil ne lui reconnaît qu'à la naissance ? Comme une faute – certes dépénalisée – a tout de même été commise par le seul fait d'empêcher volontairement la survenance de la condition, il a fallu chercher une autre harmonisation du droit civil et du droit pénal. On

l'a, semble-t-il, trouvée dans la pure et simple séparation de leurs ordres.

La loi civile poursuivant par ses propres qualifications et ses propres traitements une bonne organisation des rapports patrimoniaux entre les citoyens, objectif différent de la garantie d'ordre recherchée par la répression pénale, rien n'empêche, dit-on, le législateur pénal de mettre entre parenthèses telle ou telle disposition civile pour arriver à ses propres fins. L'autonomie des deux régimes permet ainsi – pour prendre un exemple dans un tout autre domaine – de refuser la sanction civile à une dette de casino pourtant contractée en utilisant tel jeu de hasard que ne réprime pas la loi pénale, licite donc sous l'angle répressif. Puisque ainsi, le droit civil peut adopter un point de vue différent du droit pénal (ou du droit fiscal), rien n'empêchera, dit-on encore, la loi répressive d'ignorer l'adage *infans conceptus pro nato habetur* valable seulement au plan des relations patrimoniales entre les citoyens. Si l'on a compris que le droit ne saisit jamais le réel que par les étiquettes juridiques de la qualification pour y apposer un traitement approprié, on ne s'offusquera pas de dire à la fois que la détresse d'une femme enceinte lève la protection légale que la répression pénale avait dressée autour de l'embryon désormais livré à la destruction et qu'en même temps cet être bénéficie de tous les enrichissements qui lui viendraient par succession, donation ou testament. Les deux plans du droit ne se rencontrent pas.

2 / Une deuxième dissociation concerne l'embryon situé non plus *in utero* mais *in vitro*, soit comme produit d'un avortement, soit comme résultat d'une fécondation effectuée en dehors du corps de la mère pour porter remède à des stérilités ou pour procéder à des investigations scientifiques. Comme il semble difficile d'appliquer à ces cellules humaines présentes dans l'éprouvette d'un laboratoire médical l'une ou l'autre des deux catégories de la *summa divisio* juridique, la personne ou la chose, puisque, d'une part, il apparaît malaisé de reconnaître un caractère personnel à un objet si facilement manipulable mais que, d'autre part, on ne voit pas comment appeler chose un être qui provient de l'humain lui-même, il reste à dissocier encore les concepts, soit en distinguant dans le produit de la fécondation le stade « préembryon » qui relèverait de la chose (par exemple durant les *x* premières semaines de la fécondation) puis le stade embryonnaire proprement dit, davantage rattaché à la personne, soit en plaçant l'être « inqualifiable » dans la nouvelle catégorie du « patrimoine commun de l'humanité », de cet ensemble de biens trop précieux pour circuler dans le commerce.

Puisque les nécessités de la recherche biologique ou du traitement médical exigent l'étude ou la manipulation de l'embryon hors du sein de sa mère, il a fallu créer, en science ou en droit, ces nouvelles qualifications (préembryon, patrimoine commun...) qui répondent, par les dissociations qu'elles opèrent dans le temps ou dans les concepts, à la séparation radicale du lien autrefois intangible entre l'embryon et sa mère.

3 / Troisième dissociation, cette fois entre l'*in utero* et l'*in vitro*, plus précisément entre la justification de l'avortement pour raison de détresse de la femme qui porte l'enfant, d'une part, l'interdiction des manipulations génétiques à cause du respect dû à la personne, d'autre part. Les scientifiques en effet ont invoqué la dépénalisation de l'avortement pour s'octroyer le droit de poursuivre plus avant leurs investigations sur les cellules des fœtus dont désormais la loi pénale n'assurait plus la protection. Pour éviter cette conséquence redoutable, il a fallu argumenter en séparant les plans une nouvelle fois : d'un côté, la mère serait autorisée à porter atteinte à la vie de l'embryon parce que l'existence de ce petit être ne lui serait pas opposable tant qu'elle ne l'a pas ratifiée ; de l'autre côté, par contre, cette existence s'imposerait au scientifique qui devrait donc s'abstenir de tout ce qui pourrait porter atteinte à la dignité de cette personne en devenir. Droit à la vie subordonné à l'accord de la mère et droit inconditionnel à la dignité face au savant dessinent ainsi la ligne de séparation entre les justifications dont bénéficie la femme en détresse, d'une part, les interdictions qui pèsent sur les scientifiques, d'autre part.

La triple dissociation ici présentée à propos du statut juridique de l'embryon nous oblige à rappeler d'abord, à affiner ensuite, le critère corporel que nous avons retenu au chapitre précédent pour reconnaître le sujet qui s'impose au droit.

Si l'objectivité pour autrui du sujet lui est donnée d'emblée en et par son corps, alors la qualification « sujet de droit » ne peut dépendre d'une décision arbitraire du pouvoir qui, par exemple, désignerait comme sujet telle catégorie d'animaux supérieurs mais refuserait d'appeler ainsi l'embryon qui n'aurait pas atteint tel seuil de développement.

Puisqu'il est sujet précisément, le sujet résiste à cet arbitraire. Sinon il ne serait plus sujet. Le lieu de cette résistance juridique est, rappelons-le, son corps. Résistance d'un droit qu'il oppose à tous les pouvoirs, tant celui de sa mère que celui de la science, et dans toutes les branches du droit. Si un sujet n'est plus tel qu'au regard du droit civil et non du droit pénal, s'il ne bénéficie de la protection légale qu'à titre de chose respectable, s'il ne peut opposer qu'au savant son droit à la dignité mais pas son droit à la vie à la femme qui le porte, alors il n'est simplement plus sujet. Puisqu'on ne part plus de lui pour le définir, il devient la chose qualifiée à partir du projet – parental, patrimonial, scientifique, etc. – que l'on a sur lui alors que, précisément, le sujet résiste, *s'objecte* en quelque sorte lui-même à ce projet par la capacité qu'il a de se poser comme sujet « objectif », réel. Où et comment ? En son propre corps. Répétons-le : c'est par son corps que l'être humain pose son objectivité de sujet de droit.

3 / La dépendance et l'opacité

La situation spécifique de l'embryon nous invite à préciser cette thèse centrale d'une double manière, à savoir que cette position du sujet par lui-même est aussi occultée que révélée par son épaisseur corporelle, et que d'emblée elle se pose dans l'ordre du droit et non du fait puisqu'elle a besoin d'autrui.

Il peut paraître en effet surprenant d'attribuer – ne serait-ce que rétroactivement, comme le fait le droit civil – la qualité de sujet de droit à quelques cellules issues de la rencontre des gamètes masculins et féminins. Ne vaut-il pas mieux, dit-on, attendre le stade de l'indivisibilité de l'œuf, ou de la nidation, ou de la formation du système nerveux central, pour être sûr d'avoir affaire à un être humain ? Sur ce thème, on sait d'ailleurs les controverses que la question de l'animation du fœtus a suscitées chez les théologiens d'hier et les débats que l'expression contradictoire « personne humaine potentielle » a soulevés chez les philosophes d'aujourd'hui.

En réalité, n'est-il pas préférable de reconnaître que cette position du sujet nous échappe nécessairement, vu qu'elle émane du sujet lui-même – puisqu'il est sujet – mais pour nous dans l'opacité de son corps ? Certes, nous l'avons dit, le sujet pose en et par son corps l'objectivité pour autrui de sa subjectivité, mais ce corps cache autant qu'il ne révèle cet acte par lequel le sujet s'affirme. Devant l'amas de cellules qui, laissées à elles-mêmes, produiront sans discontinuité l'être humain adulte, ne devons-nous pas dès lors nous résoudre à l'indécidabilité ? Si le sujet ne peut que se poser lui-même comme sujet et si nous ne percevons cette auto-affirmation que dans l'opacité corporelle des signes qu'il nous en donne, alors il vaut mieux avouer d'abord que nous ne savons pas quand commence l'être humain. On tirera ensuite les conséquences juridiques de cette incertitude en ramenant à l'unité de la personne les dissociations qui ont pris un pouvoir indu sur elle. Car cette personne est aussi décidée en elle-même qu'indécidable pour nous.

Énigmatique en sa contingence corporelle, la personne humaine à ses débuts est aussi entièrement livrée à la dépendance d'autrui : hors du sein de sa mère, le fœtus ne peut vivre : or si les données corporelles signifient l'autonomie que le sujet tient de lui-même, n'expriment-elles pas également, ici de façon particulièrement flagrante, les liens que les sujets entretiennent mutuellement en vue de se poser dans l'existence ? Mais, dira-t-on, comment un être peut-il prétendre à l'autonomie propre au sujet s'il dépend entièrement d'une autre personne, vivant littéralement à l'intérieur d'elle ? Si l'on pouvait résoudre cette grave question par des mots, on distinguerait l'*autonomie* par laquelle un sujet s'affirme comme le sujet de ses actes, de ses pensées, de son corps, et l'*indépendance* dans laquelle il prétendrait ne devoir à personne les conditions de cette affirmation. Or l'embryon exprime d'une manière remarquable cet état que les sujets connaissent encore à l'âge adulte : assez autonomes pour manifester par eux-mêmes un développement propre, ils ne peuvent cependant jamais se dire à ce point indépendants qu'ils n'auraient besoin de rien ni de personne pour assurer leur existence. Autant que l'autonomie de la subjectivité, le corps exprime d'ailleurs par la soif et la souffrance, par la faim et le désir cette dépendance fondamentale.

Puisque l'autonomie et la dépendance vont de pair dans l'existence corporelle du sujet, le droit s'avère particulièrement important pour assurer l'une alors qu'il y a l'autre. Si, en effet, l'autonomie signifiait du même coup l'indépendance, le droit perdrait toute utilité puisque les sujets n'auraient, par hypothèse, pas besoin de la relation pour faire reconnaître (mais par qui ?) leur qualité de sujet. Par contre, le droit devient utile – tous les théoriciens du contrat social l'ont compris – lorsqu'il s'agit de garantir l'autonomie des sujets précisément dans le contexte généralisé de leur dépendance mutuelle. L'autonomie repose sur la consistance propre au sujet lui-même, mais comme ce sujet ne maîtrise jamais toutes les conditions de son affirmation, le droit doit les lui garantir. Vu son autonomie, le sujet doit être ; mais vu sa dépendance, il pourrait ne pas être. D'où l'importance du droit pour vouloir que, personne adulte ou embryon d'un jour, il soit.

4 / Le statut du mourant

Le parcours mouvementé suivi par l'embryon pour échapper aux dissociations que juristes et scientifiques lui opposent attend aussi la personne humaine au terme de son existence : est-elle encore sujet lorsque, tombée dans l'inconscience, elle ne doit sa survie qu'à divers appareils qui entretiennent à sa place ses fonctions corporelles ? L'extrême dépendance qui affecte ce grand malade conduit à penser, ici encore, que l'autonomie du sujet a disparu elle aussi. D'où la tentation de recréer en fin de parcours les catégories juridiques évoquées au début pour désigner soit des personnes qui sont déjà des choses, soit des choses qui sont encore des personnes. On ne développera pas ici les trois principes énoncés plus haut pour répondre à cette menace conceptuelle :

— d'abord que l'autonomie du sujet s'objective immédiatement dans son corps et non dans le projet qu'un quelconque tiers développerait sur lui ;
— ensuite, que l'opacité corporelle rend relativement indécidable le moment de l'apparition ou – en l'occurrence – de la disparition du sujet ;
— enfin, que le droit maintient la reconnaissance de l'autonomie des sujets au cœur de leur mutuelle dépendance.

L'application de ces principes à la situation du mourant demanderait quelques développements, par exemple sur la détermination du moment de la mort ou les limites de l'acharnement thérapeutique. Mais à ces considérations plus techniques nous préférons la question qui touche spécifiquement le mourant, l'euthanasie, car en nous introduisant à l'examen de l'indisponibilité du sujet, elle nous fera comprendre davantage en quel corps gît le sujet de droit, en quelle objectivité gît le droit lui-même.

Chapitre III

L'OBJECTIVITÉ DU DROIT

1 / Le rappel des deux thèses

Pour clore notre étude du droit constitutionnel, nous avons opposé à la thèse objectiviste qui n'attribue au sujet d'autre consistance que celle de dernier destinataire des contraintes hiérarchisées de l'ordre juridique, la thèse subjectiviste qui, au contraire, voit dans le sujet la source par laquelle se répand de proche en proche l'ensemble des droits subjectifs qui composeront également, à leur manière, un ordre juridique.

Pour montrer les limites de la thèse objectiviste selon laquelle, par exemple, la qualification « sujet de droit » relèverait d'une décision discrétionnaire, nous avons souligné l'autonomie que la personne humaine exerce en son corps, et qui par là impose à l'ordre juridique sa reconnaissance comme sujet. Cette insistance ne doit tout de même pas conduire à la conclusion excessive selon laquelle le sujet serait la seule source de son droit, car le droit compte aussi nécessairement la dimension d'objectivité inhérente au processus de la reconnaissance. Le corps humain symbolise d'ailleurs aussi cette dimension ainsi qu'on l'a aperçu en évoquant *supra* (p. 116) la nécessaire dépendance mutuelle des sujets en leur corps.

On se rappelle les deux raisons pour lesquelles Savigny n'entendait pas reconnaître l'existence d'un droit « au sens subjectif du terme » du sujet sur lui-même : l'une venait d'en deçà du droit, dirait-on, puisqu'il s'agissait de la maîtrise naturelle dont un sujet fait déjà preuve dans les expressions spontanées de lui-même et qui n'a donc nullement besoin d'une formulation juridique, l'autre, d'au-delà du droit, puisque Savigny invoque ici l'interdit moral de se supprimer soi-même.

Nous avons reconnu dans la première raison le sujet s'objectivant lui-même en son corps avant que le droit ne garantisse cette émergence du sujet contre toute atteinte de la part d'autrui. L'antériorité par rapport aux protections juridiques du sujet ainsi objectivé en son corps nous paraît fonder, nous l'avons dit, le caractère éminemment subjectif du droit. Mais la seconde raison avancée par Savigny pour récuser le droit du sujet sur lui-même en rappelle avec force le caractère tout aussi objectif. L'injonction morale qui interdit le suicide résout en effet la question juridique de savoir s'il existe un « droit à la mort », si en d'autres termes un sujet peut, dans l'ordre du droit, disposer radicalement de lui-même. Mais pour préciser la question ici posée, il convient d'en écarter deux autres qui concernent d'abord le consentement aux soins, ensuite l'impunité du suicide.

2 / La portée du « droit à la mort »

L'expression « droit à la mort » provient du refus de l'acharnement thérapeutique. En ce sens, elle recouvre le droit du patient d'accepter – et donc de refuser – les soins que le médecin entend lui prodiguer. Insérée plus ou moins convenablement par la jurisprudence dans la figure juridique du contrat, la relation thérapeutique suppose en effet un échange de consentements : certes celui du médecin de soigner le malade, mais aussi celui du malade de recevoir les traitements envisagés. Lors donc qu'un malade, sentant venir sa mort, demande au praticien de s'abstenir de toute intervention curative, il exerce, si l'on veut, son « droit à la mort » mais, plus exactement – car il n'est pas utile de rendre objet d'un droit la seule réalité qui ne pourrait pas ne pas être (puisque tout homme est mortel) –, il exerce la liberté de tout patient engagé dans le contrat médical. L'exercice de ce droit du patient pose sans doute plusieurs problèmes juridiques, de preuve tout d'abord, mais aussi de validité lorsque le refus de soins est déplacé soit dans le temps par un « testament » dans lequel un sujet en bonne santé règle d'avance son sort médical en cas de maladie sérieuse, soit dans les personnes lorsque les proches d'un malade tombé dans l'inconscience entendent exercer à la place de leur parent son droit de refuser les traitements médicaux. Il reste cependant que le « droit à la mort » n'intervient ici qu'en corrélation avec des soins plus ou moins excessifs dont le droit entend protéger le malade. Il concerne donc davantage le régime de protection du sujet que le régime de disposition dans lequel ce sujet prétendrait à la maîtrise complète de lui-même. A ce titre, il intéresse donc moins notre propos actuel.

On a parfois confondu l'impunité du suicide avec le *droit* de se donner la mort. Certes, de nos jours, l'adage selon lequel la mort du prévenu éteint l'infraction a-t-il supprimé les peines qui frappaient autrefois le corps du suicidé dans son honneur ou les membres de sa famille dans leurs biens. Mais de cette impunité factuelle ne peut se tirer aucune conséquence au plan des principes du droit. En effet, si la décision solitaire par laquelle un sujet s'évade de l'ordre social échappe aussi fatalement aux prises du droit, ce geste de suppression entre à nouveau dans l'ordre du droit lorsqu'il s'inscrit, d'une manière ou d'une autre, dans la relation à autrui. Alors que l'impunité du suicide devrait entraîner non seulement celle de la tentative (ce qui est le cas) mais encore celle de la complicité en cette matière, on a vu les cours et tribunaux réprimer l'aide au suicide sous la prévention, d'ailleurs quelque peu boiteuse, de la non-assistance à personne en danger et parfois le législateur lui-même incriminer spécialement l'aide ou la provocation au suicide. Signe que le fait suicidaire n'entre pas dans l'ordre du droit : ni sous le nom de liberté, puisque la personne qui entend mettre fin à ses jours doit le faire hors de la présence d'autrui, encore moins sous le nom de droit subjectif, puisque le sujet ne dispose là-dessus d'aucune prétention à l'égard d'autrui. En l'espèce donc, le « droit à la mort » ne convient pas.

Récusée dans le domaine du suicide où les libertés ne relèvent que du fait, limitée dans le contrat médical au droit de refuser les soins, l'expression peut-elle s'entendre comme le droit de demander à autrui de poser impunément sur soi les gestes de la mort ?

3 / La logique de l'euthanasie

Poussée dans sa logique extrême, la thèse subjectiviste considère le droit du sujet de réclamer la mort à un tiers comme la dernière prétention de cette longue série de droits subjectifs par lesquels la personne a exprimé, sa vie durant, son autonomie au sein du corps social : au nom de quoi l'empêcherait-on, à présent qu'elle va mourir, d'exercer l'ultime droit de disposer d'elle-même ? La réponse est simple : au nom de l'objectivité de la relation dans laquelle s'inscrit le droit car, en rigueur de termes, le « droit à la mort » signifie la mort du droit.

Lorsqu'on parle de droit, en effet, on évoque nécessairement la relation. Seul sur une île, un individu pourrait se poser des questions techniques, scientifiques, artistiques, morales ou religieuses ; mais il ne rencontrerait pas de problèmes politiques ni juridiques puisque – par impossible hypothèse – il vivrait seul. Or si la relation se pose comme condition d'existence du droit, il devient contradictoire d'utiliser le droit aux fins de supprimer la relation elle-même. Là se situe la faille de l'argument qui renverse les termes du droit à la vie pour justifier le « droit à la mort ». Tout droit, en effet, semble admettre son contraire : la propriété, par exemple, permet de conserver son bien mais aussi de l'aliéner, le droit de s'exprimer implique celui de se taire et la liberté de se marier, celle de ne pas se marier. Pourquoi le droit à la vie ne compterait-il donc pas comme corollaire celui de ne pas vivre, et donc le droit de recevoir la mort ? Parce que la relation, précisément, empêche ici la simple conversion logique du régime de la protection à celui de la disposition. Protéger par le droit un bien reconnu au sujet contre toute atteinte de la part d'autrui, à l'intérieur donc d'une relation, ne signifie pas encore que ce sujet dispose sans plus de ce bien car en ce renversement il faut examiner le sort de la relation elle-même. Sinon le droit se perd en même temps que la relation.

Instance : en reconnaissant un « droit à la mort » comme simple réciproque du droit à la vie, la thèse subjectiviste oublie certes que tout droit ne s'exerce jamais qu'à titre de reconnaissance des termes d'une relation mais, faisant un pas de plus, n'a-t-elle pas raison de subordonner l'existence de la relation à la seule subjectivité du sujet, justifiant ainsi, par exemple, le geste euthanasique par son enjeu suicidaire ? Par ailleurs, ne sommes-nous pas tombés pour notre part dans la pétition de principe lorsque nous n'avons pu récuser le « droit à la mort » au nom de la suppression de la relation qu'après avoir défini le droit précisément comme reconnaissance des termes de la relation ? Mais si nous voulions bien admettre la définition subjectiviste des droits comme conditions d'épanouissement du sujet, quel obstacle empêcherait alors de compter l'euthanasie comme la dernière de ces prérogatives ?

Une reprise de l'analyse du sujet en son corps nous oriente vers la réponse. Car le corps objective le sujet dans la relation à autrui par une maîtrise, avons-nous dit, qui ne relève pas du droit lui-même. Or que se passe-t-il lorsqu'un sujet se reconnaît le droit de demander à autrui le geste de lui donner la mort ? Par là, il se déprend non seulement de la relation à autrui par l'exercice d'une relation à autrui – contradiction qui ne semble pas émouvoir, nous l'avons vu, les tenants de la thèse selon laquelle chaque citoyen fonde lui-même ses propres normes –, mais le sujet se déprend aussi du rapport à son propre corps puisqu'il veut se supprimer. Or cet acte par lequel ce sujet exprimerait une dernière fois son autonomie émane, par hypothèse, d'un tiers qui envahit à ce point la subjectivité du demandeur que, littéralement, il la supprime.

Alors que le sujet exprimait en et par son corps une autonomie antécédente au droit, voici que la revendication subjectiviste de son « droit à la mort », loin de confirmer cette priorité du sujet sur tout ordre juridique, introduit au contraire cet ordre dans l'intimité qui reliait le sujet à son propre corps et que, jusqu'alors, le droit ne pouvait entamer. D'exclusivement subjectif dans sa revendication coupée de toute relation à autrui, le « droit à la mort » est, dans sa réalisation, le pur et simple remplacement du sujet par la mortelle objectivité d'autrui. Dans l'euthanasie, la pitié donne certes à penser que le tiers disparaît tout entier dans son intention de prêter ses gestes mortifères à la volonté manifestée par le sujet d'exprimer ainsi et pour la dernière fois son autonomie. L'objectivité du geste montre pourtant que le contraire s'est passé : au lieu que l'autre soit devenu soi, le soi s'est complètement perdu dans l'autre. Il est mort, et le droit avec lui.

4 / Retour à la synthèse

Nous nous interrogions sur la nature du droit : cascade de normes par lesquelles les pouvoirs décident les traitements à appliquer aux situations qu'ils qualifient discrétionnairement *ou* rayonnement de prérogatives qu'un sujet s'attribue sur le marché économique ou dans la société politique pour assurer son propre développement ? Après l'analyse ici ébauchée du sujet de droit en son corps il n'est plus possible de choisir l'une ou l'autre des thèses qui conduirait jusqu'à l'extrême une des deux branches de l'alternative.

A la thèse objectiviste, en effet, qui revendiquerait le choix discrétionnaire de la qualification « sujet de droit », il faut opposer la résistance de la personne humaine qui, en et par son corps, objective elle-même sa propre subjectivité. Il ne revient donc pas au droit (objectif) de donner réalité, objectivité, au sujet ; celui-ci, parce qu'il est sujet précisément, se la donne déjà en un acte non juridique. Ce dont les animaux par exemple sont incapables puisque cet acte suppose la conscience d'avoir à respecter les autres sujets pour cette seule qualité qu'eux-mêmes exercent de se poser comme sujet.

Ainsi, l'acte par lequel le sujet objective sa subjectivité en et par son corps ne relève-t-il que de la personne humaine, personne à reconnaître dès lors comme la figure unique du sujet de droit par rapport à laquelle les autres êtres qualifiés plus ou moins fictivement de même font figure, eux, d'analogies. Dans notre analyse, le sujet humain s'impose donc à l'ordre juridique dès le premier instant de son existence, mais avant de passer au rappel de l'autre thèse, posons ici la question cruciale : le droit objectif entendu comme ordre hiérarchisé de contrainte respectera-t-il toujours le sujet qui s'est déjà montré « de droit » en s'objectivant en son opacité corporelle ?

La thèse subjectiviste, pour sa part, refuse d'inscrire le droit dans l'objectivité de la relation. A l'extrême du « droit à la mort », elle attribue au sujet un droit qui ne proviendrait que de lui-même puisque ce droit lui servirait à se dégager de toute relation.

Nous lui avons opposé non seulement l'objectivité de la relation mais encore celle du corps que le sujet se donne nécessairement pour exprimer sa subjectivité, corps dont il ne peut se déprendre dans une dernière expression – pense-t-il – de sa pure subjectivité sans tomber dans la contradiction de la pure objectivité. Certes, en cette courte argumentation, nous n'avons pas encore déployé les raisons qui justifient l'existence d'un droit objectif comme ordre hiérarchisé de contrainte, mais nous avons posé la nécessité de concevoir la nature du droit sous un mode plus large que la seule affirmation de droits subjectifs, puisque l'objectivité de son corps affecte déjà irrémédiablement la subjectivité du sujet. Mais, ici encore, se pose la question symétrique à la précédente : le droit objectif parviendra-t-il toujours à se garder des prétentions subjectivistes qui entendent réduire le droit positif au rôle d'enregistrement des désirs du sujet ?

L'analyse du sujet de droit en son corps a ainsi montré la tension inhérente au droit : assez subjectif pour défendre contre les atteintes d'autrui cette relation intime, antérieure au droit, par laquelle le sujet exerce son autonomie en et par son corps, le droit appelle aussi l'objectivité inhérente à la relation nouée avec autrui par les sujets nécessairement objectivés en et par leur corps. Car le corps est ce lieu relativement opaque où s'exprime tout de même une irréductible position de soi. Signature de l'autonomie au bas du texte serré de la dépendance, il offre à autrui la résistance objective d'un sujet et au sujet l'inéluctable objectivité de la relation à autrui.

Mais les conséquences tirées de cette analyse s'imposent-elles au droit ? La question se pose puisque les développements ici proposés sur le terrain du droit ne bénéficient du poids d'aucune positivité. Pour cerner la nature du droit, nous avons cru devoir à la fois reconnaître l'originalité de la personne humaine comme sujet dont le droit doit protéger l'irréductibilité, rappeler en même temps la nécessaire présence du corps qui expose le sujet à l'objectivité de la relation, mais, puisque nos affirmations portent sur le droit en ce que nous pensons être sa nature, rien n'empêchera un coup de force, que nous jugerons alors arbitraire, d'en décider autrement, soit en considérant toutes sortes d'êtres réels ou fictifs comme autant de sujets de droit à part entière, soit en refusant de reconnaître tels des êtres pourtant humains, soit encore en laissant les sujets s'enfermer dans le solipsisme de leurs droits subjectifs sans considération de la relation qu'ils nouent nécessairement avec autrui.

Qui a raison ?

Si le pouvoir a toujours raison parce qu'il est le pouvoir, la cause est – hélas – entendue, mais si le droit tient de sa nature objective et subjective une consistance propre en ce que d'une part le sujet résiste comme personne humaine au projet trop arbitraire de la qualification, que d'autre part il s'inscrit nécessairement dans l'objectivité de la relation, alors le pouvoir n'aura raison que s'il se soumet à ce droit.

ÉTAT DES QUESTIONS : LE SUJET DE DROIT

Le présent État des questions approfondit quatre points majeurs du texte précédent en discutant la position de plusieurs auteurs, d'abord sur la spécificité humaine du sujet de droit(I), puis sur les rapports complexes de la propriété et du corps(II), ensuite sur la manière dont intellectuellement et physiquement la personne se conçoit(III), enfin sur le sens de l'expression « mourir dans la dignité »(IV).

I. – La spécificité humaine du sujet de droit

Lorsque le jusnaturaliste part à la recherche des « sources du droit », il remonte de norme en norme la voie du « droit objectif » pour trouver en deçà des énoncés du pouvoir constituant la norme qui délivrerait ce même pouvoir de l'arbitraire contraire au droit, mais il peut aussi emprunter le chemin du « droit subjectif » – il espère d'ailleurs, comme on l'a dit, que les deux voies procèdent de la même origine – en se demandant cette fois ce qui, dans le droit, relève du sujet comme d'une « source » ou encore ce qui, dans le sujet, autorise le juriste à parler de droit. Parti sur ce second itinéraire, le jusnaturaliste s'entend interpellé aujourd'hui par la *Deep Ecology,* ce mouvement d'origine américaine qui comprend le droit « naturel » d'une manière très particulière. Empruntant à F. Ost (*La nature hors la loi ; l'écologie à l'épreuve du droit*, Paris, Éd. La Découverte, 1995) les éclaircissements nécessaires à la compréhension de ce courant, visible en particulier dans le « contrat naturel » imaginé par M. Serres, nous cherchons ensuite la racine spirituelle d'une telle promotion juridique des êtres inférieurs à l'homme, pour conclure sur le rapport de la spécificité humaine à l'absolu.

1 / Écologie profonde et contrat naturel

F. Ost situe l' « écologie profonde » à l'ombre du dieu Pan :

« Une conscience plus aiguë de l'interdépendance entre tous les êtres vivants, ainsi qu'entre eux et la terre qui les porte, se développe (...) – une conscience qui n'est plus seulement d'ordre scientifique (le paradigme écologique "systémique"), mais aussi et surtout de l'ordre du mythe fondateur qui confine au panthéisme, certains n'hésitant plus à soutenir que la conscience n'est pas un privilège de l'humanité, mais plutôt une propriété planétaire globale. C'est effectivement la musique du dieu Pan qui se fait entendre là : une musique étrange et envoûtante de ce dieu mi-homme mi-bête, dont la mythologie nous rappelle qu'il hantait les paysages de l'antique Arcadie, se tenant de préférence à l'entrée des grottes. Tout concourt à la cohérence de cette présentation : l'Arcadie, symbole de la nature vierge ; l'ouverture de la grotte, métaphore de la matrice maternelle, et la figure du dieu lui-même dont on ne sait s'il est homme ou animal. Pan nous entraîne dans un univers prélogique : le monde de la fusion originelle d'avant la séparation des choses et des idées, des genres et des espèces. Le monde de Pan est celui d'un glissement continu des dieux aux hommes et des hommes aux animaux, un monde sans frontières où "tout est dans tout", un monde de correspondances infinies au sein de la mère nature, l'antique *Gaia genetrix*. Pan est le gardien des grottes de Gaia, l'entremetteur de la Nature inépuisable.

« Cette sacralisation de la nature nous fait renouer avec de très anciennes racines de nos civilisations, du temps où le monde n'était pas encore désenchanté et où l'Alliance entre l'homme et le cosmos n'était pas encore ébranlée » (p. 149-150).

Dans un tel contexte spirituel de fusion panthéiste, le thème de la nature « mère sacrée » aboutit au plan juridique dans la qualification de la nature elle-même comme sujet de droit : le « droit naturel » alors n'est autre que le droit de la nature désormais capable d'opposer sa dignité propre aux prétentions des humains. L'anthropocentrisme de notre classique philosophie du droit fait place à l'écocentrisme, et l'individualisme au holisme : seul le tout importe, la communauté biotique, dont l'homme ne serait qu'un élément parmi d'autres.

Après avoir exposé sur ce thème les travaux de A. Léopold (*A Sand County Almanac*, 1949) et de K. Meyer Abich (*Aufstand für die Natur*, 1990), F. Ost leur joint la pensée de M. Serres (*Le contrat naturel*, Paris, François Bourin, 1990). Car pour ce dernier auteur, une seconde révolution copernicienne s'impose : après celle qui nous a appris que la Terre n'est pas le centre du monde, voici celle qui déloge l'homme de cette même place, l'obligeant à considérer les créations naturelles comme des sujets de droit.

Étape suivante dans la pensée de M. Serres :

> « Suit alors, poursuit F. Ost, l'argument de la continuité historique : le commandement évangélique de l'amour du prochain, de même que la Déclaration des droits de l'homme ne s'adressait encore qu'aux hommes, oubliant le monde, comme s'il n'existait pas. Fort bien ; l'heure est venue maintenant de réparer cet oubli, de rétablir l'équilibre des balances et de traiter avec la nature, nouveau sujet de droit.
>
> « Comme tout contrat, celui-ci donne corps à la réciprocité : il nous faut rendre à la nature, en respect, en beauté, en modération, ce que nous recevons d'elle ; ainsi s'installera la symbiose en place du parasitisme. Ce faisant, nous aurons procédé à une "révision déchirante du droit naturel moderne» (M. Serres, p. 66) qui réservait les faveurs de son humanisme aux hommes seuls et qui, du reste – ce n'est pas un hasard –, correspondait à la révolution industrielle ; est-ce pour autant un retour au droit naturel classique ? Réponse : "C'est un peu comme à l'époque du droit naturel classique" (M. Serres, p. 67), la globalité et la symbiose en plus » (p. 169-170).

Mais, demandera-t-on, dans un tel contrat passé avec la nature, comment s'assurer des volontés du cocontractant ?

> « A cette question, à laquelle il ne peut se dérober, Serres propose deux types de réponse assez différents. Tout d'abord, il invoquera le caractère purement tacite et virtuel du contrat naturel – il ne dit pas fictif, néanmoins – qui, comme le contrat social, demeure non signé et pourtant opératoire. Nous sommes là, aurait dit Kant, dans l'ordre du transcendantal : le contrat social est condition de possibilité de l'état civil, de même le contrat naturel est condition de possibilité de l'état naturel de cohabitation avec la nature. Mais Serres ne va pas vraiment jusque-là et semble préférer, en définitive, une seconde réponse, plus naturaliste : "La Terre nous parle en termes de forces, de liens et d'interactions, et cela suffit à faire un contrat" (M. Serres, p. 69) » (p. 170).

F. Ost conclut sur ce premier type de contrat :

> « Ces forces, ces liens et ces interactions, il appartiendra à la science de les établir, à la poésie de les chanter, à l'amour de les entretenir, à la religion de les soutenir dans l'être... et à Michel Serres, expert dans l'art de la prosopopée, d'en faire la théorie, au nom de la nature elle-même, cette nature "mère, fille ou amante" » (p. 170).

Derrière ce « contrat naturel » manifestement inspiré par la *Deep Ecology* et dont le lyrisme occupe l'avant-scène de l'ouvrage se profile en effet un autre contrat dans lequel la science, « instance privilégiée de médiation avec la nature », s'allie avec les garanties du droit :

> « Le juridique a, jusqu'ici, réussi à pacifier les rapports entre les hommes ; c'est l'affaire du contrat social. La science, en revanche, n'a, quant à elle, jamais perdu le monde ; le contrat savant ou contrat scientifique sur lequel elle repose "rend raison" des choses du monde. La question aujourd'hui est de superposer les deux contrats :

de réintégrer le souci du monde dans le commerce des hommes. De cette rencontre devrait résulter quelque chose comme un “droit naturel global” qui “dépend aujourd'hui étroitement de la science” (M. Serres, p. 44). Mais la science, qui occupe ainsi toute la place tenue, hier encore, par le droit naturel, manque d'instances de décision : elle se tourne donc vers le droit. Et voilà encore un contrat, passé cette fois “entre les sciences, qui traitent avec pertinence des choses du monde et de leurs relations, et le jugement, qui décide des hommes et de leurs rapports” (M. Serres, p. 146) » (p. 171).

D'où la conclusion par F. Ost de sa lecture de M. Serres :

> « Ramener le contrat naturel à la collaboration critique entre le politique qui décide et le scientifique qui informe, telle est assurément la lecture la plus favorable qu'on puisse faire de l'ouvrage de M. Serres, à condition de ne pas verser dans le scientisme (gouvernement par la science) qu'on frôle bien des fois. Comme si, en définitive, le choix ne nous était laissé qu'entre le mysticisme lyrique de la première lecture et le scientisme (cependant tempéré par le droit) de la seconde.
>
> « Ainsi va l'écologie profonde, qui, privée d'humanité (on veut dire de référence fondatrice à l'homme), cherche sa voie entre la nostalgie de l'archaïque et la passion du futurisme, entre le langage des dieux et le gouvernement des choses » (p. 171).

Parti à la recherche du sujet situé à la « source » du droit, voici le jusnaturaliste invité par « l'écologie profonde » à prendre ses repères à la fois dans la nature qui a noué un contrat avec les humains, et dans la science qui a pénétré les secrets de cette même nature. Réservant à plus tard la référence au savoir scientifique (v. les remarques de F. Ost, *op. cit.*, p. 191-194 : « L'écosophie et la science : trop ou trop peu »), on voudrait expliciter ici les racines spirituelles du mouvement qui entend remplacer le dualisme de la nature et du sujet par le monisme qui fait de la nature un sujet. Pourquoi cette recherche ? Parce que la quête du sujet pose d'elle-même la question de l'absolu. Les juristes qui s'inspirent de la *Deep Ecology* ne furent d'ailleurs pas, on le sait, les derniers à le comprendre. En voici encore un écho, aux États-Unis, avant d'entendre les mêmes accents, en France, dans la défense du droit des animaux.

2 / La discrimination humaine

A propos de Ch. Stone qui fut, aux États-Unis, le pionnier de la personnification de la nature par son plaidoyer en faveur de la reconnaissance d'un droit d'action en justice aux arbres de la Mineral King Valley (Should Trees have Standing ? Toward Legal Rights for Natural Objects, *Southern California Law Review*, 1972), F. Ost note les conditions spirituelles nécessaires, selon l'audacieux juriste américain, à la réussite d'une telle révolution :

> « Il faudrait, explique-t-il, rejeter la doctrine hégélienne qui attribue à l'homme un droit de propriété sur toutes choses, au profit d'une attitude d'amour et de curiosité respectueuse pour les innombrables interactions dont est fait le vivant. Alors la conscience des similitudes l'emportera sur celle des différences, comme l'enseignent déjà depuis fort longtemps la sagesse du Tao et les religions panthéistes. Et Stone de conclure : c'est d'un nouveau mythe que nous avons besoin. De même que des sociétés se sont construites sur le mythe du contrat social ou sur l'image du pape comme

représentant de Dieu sur la terre, de même avons-nous besoin d'un mythe contemporain qui dirait, dans un langage scientifiquement adéquat, la solidarité de toutes choses, le caractère organique global de la planète dont l'esprit humain n'est que le point ultime d'aboutissement » (p. 176).

Dans l'article qu'elle consacre à la défense des droits des animaux (sous le titre ironique *Res nullius*, l'animal est objet d'appropriation, *Archives de philosophie du droit*, 1993), Florence Burgat conteste d'une semblable manière la vision hiérarchique que les auteurs modernes de droit naturel tirent de leur perspective théologique :

> « Pour ceux que Rousseau fustige – Pufendorf, Cumberland et Burlamaqui – à l'état de nature, l'homme est d'emblée rationnel, doué de langage, religieux et sociable ; partant, sa spécificité n'est pas à démontrer et ne fait donc l'objet d'aucune archéologie. Ce postulat métaphysique instaure une ligne de partage directrice de toute la pensée. L'homme devient à la fois le fondé et le fondant : il a la préférence de Dieu. »

Ainsi, on lit, chez Pufendorf :

> « Quoi qu'il en soit, il est du moins constant, que Dieu veut bien que l'homme se serve des autres créatures ; et cela paraît clairement par l'impossibilité où nous sommes de subsister sans le secours des créatures, dont quelques-unes s'offrent, pour ainsi dire d'elles-mêmes, à nos besoins. Car comme c'est de Dieu que nous tenons la vie, il faut croire certainement qu'il nous a aussi accordé toutes les choses sans quoi ce présent de sa libéralité infinie ne peut être conservé » (S. Pufendorf, *Le droit de la nature et des gens*, trad. J. Barbeyrac, 2e éd. revue et augmentée, Amsterdam, Pierre de Coup, 1712, l. IV, chap. III, § 2, p. 485).

F. Burgat ne se satisfait pas d'une telle explication, largement idéologique à ses yeux :

> « Ainsi, le fait fonde le droit et la croyance se substitue à une réflexion sur la légitimité de cet usage. Si Pufendorf ne précise pas jusqu'où va la mansuétude du Créateur à l'égard de l'homme, il ne clarifie pas non plus les raisons pour lesquelles le cadeau de la vie fait à l'homme justifie la destruction d'êtres ayant aussi reçu ce même présent. Tout se passe comme si celui-ci avait été fait, par animaux interposés, à l'homme seul ; la chose pourtant ne va pas de soi. Et ce qui harcèle le texte, bien que de manière implicite, est la difficulté inhérente à la définition même du droit naturel, si lourde d'enjeux. Où et comment se fait la ligne de partage entre l'homme et l'animal ? En quel sens celle-ci peut-elle tenir lieu de principe discriminant ? » (p. 284).

Pour l'auteur, comme pour les tenants déjà rencontrés de la *Deep Ecology*, les données doivent être revues à la base si l'on veut poser correctement la question des droits de l'animal :

> « La catégorie juridique de la "chose sans maître" est le résultat de la mise en place d'une ontologie dualiste et anthropocentrée, qui, en tant qu'elle fonde le droit naturel, inaugure le partage décisif qui a mené à la proclamation de l'homme comme "animal raisonnable", sujet de droit, et, pour reprendre l'injonction cartésienne, "maître et possesseur de la nature" (note X. D. : Descartes écrit en réalité "comme maître et possesseur").

> « Le texte de la *Déclaration des droits de l'animal* constitue la critique de la hiérarchie établie par l'homme dans le monde vivant. Au contraire de la position discriminante de la tradition métaphysique, ce texte se réclame de l'idée du tout, soit d'une ontologie moniste "biocentrée" qui induit le remaniement des concepts fondamentaux de l'éthique. Plaidoyer pour la chaîne des êtres, cette *Déclaration* a le souci de mettre au jour les liens de solidarité unissant hommes et animaux et, partant, de montrer que veiller aux droits des uns, c'est veiller aux droits des autres ; (...).
>
> « Dans sa mise à disposition du vivant sensible, l'homme dévoile le caractère toujours intéressé d'une conscience décidée à ne jamais suspendre sa "dignité métaphysique", son essence d'être parlant, se refusant à imaginer une autre fondation, à la fois plus englobante et plus originelle que celle de la rationalité. La nature se voit attribuer le statut d'objet, milieu indéfiniment réifiable, environnement à l'intérieur duquel aucune distinction n'est faite entre les règnes, au mépris de tout savoir sur ce qui lie hommes et animaux. Sans parler des identités physiologiques bien connues, l'éthologie et la neurophysiologie ont notamment ruiné l'opposition des concepts d'intelligence et d'instinct ; la génétique moléculaire a mis en évidence le fait qu'un code génétique universel apparentait toutes les espèces animales.
>
> Philosophiquement, la ligne de partage entre l'homme et l'animal n'est pas si claire : comment trouver un critère décisif permettant de fixer leurs définitions respectives ? Qu'est-ce que la "raison" ? Est-ce là un concept univoque et universel ? » (p. 279-280).

Lorsqu'il rencontre de telles interrogations qui mettent en question la spécificité humaine du sujet de droit au profit d'une personnification de la nature ou au moins, en celle-ci, des animaux (cf. aussi : C. Daigueperse, L'animal, sujet de droit : réalité de demain, *Gaz. Pal.*, 1981, I, p. 160 ; *contra* A.-M. Sohm-Bourgeois, La personnification de l'animal : une tentation à repousser ; et, pour l'octroi de la personnalité à certains animaux, J. Strangas, Les implications philosophiques de la notion de sujet de droit, *Archives de philosophie du droit*, t. 34, 1989, p. 123), le chercheur du « droit naturel relatif au sujet » se voit sommé de prendre parti. Sans doute tiendra-t-il une position semblable à celle que synthétise F. Ost dans son ouvrage déjà cité, mais au nom de quoi ?

3 / Le sujet et l'absolu

F. Ost résume de la manière suivante sa judicieuse position sur la spécificité humaine :

> « La différence spécifique entre l'homme et l'animal tient dans le fait que le premier peut, à la différence du second, s'arracher à sa nature ; s'en déduisent la liberté, la perfectibilité, l'histoire, la culture, la faculté d'universalisation et, finalement, la qualité de sujet éthique. Cette conclusion s'éclaire elle-même d'une conception dialectique du monde, qui distingue tout en reliant, et d'une conception instituante du droit qui, elle aussi, présuppose la possibilité de s'arracher à la détermination des "faits" et des "évidences" pour leur conférer une valeur, à l'aide de normes qui peuvent être, dans certains cas, contrefactuelles. A l'opposé, la thèse défendue par les chantres de la personnification de l'animal plaide l'analogie et la continuité. Menacée de confusionnisme, cette argumentation présente encore une autre faiblesse intrin-

sèque : elle rend difficilement pensable le ressort sur lequel pourrait s'appuyer l'homme pour respecter les obligations qu'on lui impute par ailleurs. S'il n'est pas, en effet, de différences significatives entre l'homme et l'animal, comment comprendre (au plan explicatif) et comment justifier (au plan normatif) que lui seul, de toutes les créatures, soit tenu de respecter la vie des autres êtres vivants ? Puisqu'on ne soutient plus que les animaux sont tenus de devoirs envers les hommes (l'époque des procès d'animaux est désormais révolue), encore moins qu'ils doivent respecter des obligations dans leurs rapports respectifs, d'où vient alors que seul l'homme soit chargé de telles contraintes ? En réalité, on présuppose ainsi chez l'homme ce qu'on entend par ailleurs lui dénier : une faculté éthique absolument spécifique, qui le met à part de tous les autres vivants. Le confusionnisme de la nature et de la culture, de l'homme et de l'animal, s'il devait être suivi à la lettre, rendrait impensable et impraticable un quelconque respect de l'animal. On en reviendrait sans doute à une sorte d'état de nature préhumain où l'homme serait non seulement un loup pour l'homme, mais aussi pour l'animal. S'il est vrai que, hélas ! l'homme est encore trop souvent un loup pour l'animal, comme nous l'avons rappelé, ce n'est qu'en tablant sur son humanité, et non sur son animalité, qu'on arrivera à modifier ce comportement » (*op. cit.*, p. 222).

Rétabli de la sorte, non dans l'ancienne domination qui instrumentalisait tous les êtres de la nature comme autant de « choses », mais dans une dialectique asymétrique, l'être humain, en continuité certes avec toute la chaîne biologique qui le précède, marque tout de même à son égard l'arrachement caractéristique de sa spécificité. Ainsi naissent, à la fois, le sujet et le droit. Le sujet, parce que sa loi ne se confond plus avec l'immense déterminisme de la nature vu qu'elle touche une liberté, la sienne ; le droit, parce que les choses de la nature ont ainsi trouvé dans le sujet la possibilité de devenir non plus seulement ce qu'elles sont mais ce qu'elles *doivent* être.

Alors qu'il convient – c'est même une urgence – de souligner les devoirs de l'être humain à l'égard de l'humanité (actuelle et future) à propos de tous les biens (animés et inanimés) de la nature (v. encore *infra*, titre IV, p. 323), il ne convient absolument pas d'introduire de tels biens, pas même les animaux, dans le sanctuaire du droit où ils ne pourraient que profaner cette instance par laquelle les humains, et eux seuls, se reconnaissent – et doivent se reconnaître – comme sujets. Car le droit ne naît qu'avec les sujets, c'est-à-dire avec des êtres autonomes, capables – en d'autres termes – de se déterminer par eux-mêmes et non plus, comme les animaux, selon les seules lois de la nature. Le droit, précisément, suppose cette capacité des sujets de se reconnaître mutuellement comme tels en leur humanité dans l'objectivité corporelle qu'ils se présentent les uns aux autres.

Reste une dernière question, déjà évoquée plus haut : si la personnification généralisée de tous les éléments de la nature (ou au moins des vivants supérieurs) plonge ses racines spirituelles dans le panthéisme qui confond en un même souffle divin toutes les respirations minérales, végétales, animales et humaines de la terre, en quel sacré s'enracine la conception qui, reconnaissant le seuil spécifique de la conscience, refusant donc l'assimilation de l'être humain à son monde, s'attache à la spécificité humaine du sujet de droit ?

Suffira-t-il, comme le fait F. Ost, de boucler la dialectique au moment final du « projet » qui synthétiserait le double excès de la nature « objet » foulé aux pieds par nos techniques ravageuses ou de la nature « sujet » déifiée dans les conceptions écologistes évoquées (*op. cit.*, p. 239) ? La représentation mérite l'intérêt car elle tient le « milieu » entre un être humain totalement délié de la nature (car il y a un lien) et un être humain entièrement immergé en elle (car il y a une limite), mais la dissymétrie même des partenaires n'appelle-t-elle pas, pour rester dans la tension qui ne s'écrase à aucun de ses pôles, un autre lien encore et une autre limite, une alliance ? Là le sujet rencontrerait le Sujet à travers le monde que Celui-ci donne à celui-là...

Sans cette tension constitutive, proprement créatrice, le « projet » ne risque-t-il pas de se perdre en un jeu de miroirs ? En effet, lorsque F. Ost écrit : « La nature est ce qui sans cesse advient ; elle est un donné, un don, une matrice inépuisable de vie et de sens » (p. 240), on aimerait savoir de qui vient le don, ne serait-ce que pour savoir aussi où va le sens. Surtout lorsque notre auteur ajoute : « S'il y a donc un projet de l'homme pour la nature, il est aussi un projet de la nature pour l'homme. Un projet qui a mûri pendant des millénaires et qui culmine maintenant dans le λόγος... La nature s'est dépassée elle-même en produisant l'homme » (p. 240). Dans une telle formulation, ne risquons-nous pas, en effet, de retrouver les « deux erreurs apparemment opposées et pourtant solidaires : le naturalisme et l'anthropomorphisme » (p. 183) que F. Ost dénonçait lui-même en critiquant la *Deep Ecology* ?

Pour garder l'asymétrie de la relation sujet-nature, ne fallait-il pas reconnaître au plus intime d'elle-même la présence transcendante d'un tiers, lui-même sujet ? Mais sur ce point, l'auteur nous avait prévenus au début de son ouvrage en parlant de l'allégorie bien connue tenant le glaive et la balance, et dont « les yeux bandés suscitent le regard intérieur qui se tourne vers la vérité et la justice » :

> « Producteur de fictions opératoires, le droit réfère le social à une transcendance qui s'oppose à la simple instrumentalisation de la loi, tout en se prêtant à une réinterprétation permanente sous la forme du débat argumenté : la transcendance dont il s'agit ne se ramène pas, en effet, à un absolu saturant (dans ce cas, il y aurait "évidence" de la vérité et le bandeau serait arraché), mais opère plutôt comme une case vide, un indécidable de principe qui autorise la quête permanente de sa formulation la plus juste » (p. 19).

Oui, il reste une dernière question : la case est-elle vide ?

Annexe. – Déclaration des droits de l'animal

(texte révisé par la Ligue internationale des droits de l'animal, 1989)

PRÉAMBULE

Considérant que la vie est une, tous les êtres vivants ayant une origine commune et s'étant différenciés au cours de l'évolution des espèces,

Considérant que tout être vivant possède des droits naturels, et que tout animal doté d'un système nerveux possède des droits particuliers,

Considérant que le mépris, voire la simple méconnaissance de ces droits naturels provoquent de graves atteintes à la Nature et conduisent l'homme à commettre des crimes envers les animaux,

Considérant que la coexistence des espèces dans le monde implique la reconnaissance par l'espèce humaine du droit à l'existence des autres espèces animales,

Considérant que le respect des animaux est inséparable du respect des hommes entre eux,

Il est proclamé ce qui suit :

Article premier

Tous les animaux ont des droits égaux à l'existence dans le cadre des équilibres biologiques.

Cette égalité n'occulte pas la diversité des espèces et des individus.

Article 2

Toute vie animale a droit au respect.

Article 3

(1) Aucun animal ne doit être soumis à de mauvais traitements ou des actes cruels.

(2) Si la mise à mort d'un animal est nécessaire, elle doit être instantanée, indolore et non génératrice d'angoisse.

(3) L'animal mort doit être traité avec décence.

Article 4

(1) L'animal sauvage a le droit de vivre libre dans son milieu naturel et de s'y reproduire.

(2) La privation prolongée de sa liberté, la chasse et la pêche de loisir, ainsi que toute utilisation de l'animal sauvage à d'autres fins que vitales, sont contraires à ce droit.

Article 5

(1) L'animal que l'homme tient sous sa dépendance a droit à un entretien et à des soins attentifs.

(2) Il ne doit en aucun cas être abandonné, ou mis à mort de manière injustifiée.

(3) Toutes les formes d'élevage ou d'utilisation de l'animal doivent respecter la physiologie et le comportement propres à l'espèce.

(4) Les exhibitions, les spectacles, les films utilisant des animaux doivent aussi respecter leur dignité et ne comporter aucune violence.

Article 6

(1) L'expérimentation sur l'animal impliquant une souffrance physique ou psychique viole les droits de l'animal.

(2) Les méthodes de remplacement doivent être développées et systématiquement mises en œuvre.

Article 7

Tout acte impliquant sans nécessité la mort d'un animal, et toute décision conduisant à un tel acte constituent un crime contre la vie.

Article 8

(1) Tout acte compromettant la survie d'une espèce sauvage, et toute décision conduisant à un tel acte constituent un génocide, c'est-à-dire un crime contre l'espèce.

(2) Le massacre des animaux sauvages, la pollution et la destruction des biotopes sont des génocides.

Article 9

(1) La personnalité juridique de l'animal et ses droits doivent être reconnus par la loi.

(2) La défense et la sauvegarde de l'animal doivent avoir des représentants au sein des organismes gouvernementaux.

Article 10

L'éducation et l'instruction publique doivent conduire l'homme, dès son enfance, à observer, à comprendre et à respecter les animaux.

II. – Le corps propre

Une longue tradition juridique désigne de façon toute « naturelle » le sujet de droit en assimilant le corps humain à la personne elle-même. Ainsi Jean Carbonnier exprime-t-il une conviction largement partagée lorsqu'il conclut, au terme d'une recherche « sur les traces du non-sujet de droit » (*Archives de philosophie du droit*, 1989, p. 197) :

> « L'homme, il est vrai, peut-il se définir ? Je ne sais, mais le voici. C'est un corps, une réalité visible, tangible, audible – une tête, tout particulièrement, *caput*, siège de l'intelligence et de la volonté ; mieux encore, de la parole (*l'infans*, non-sujet de droit par excellence, s'il devait y en avoir un, *is qui fari non potest*) ; de la parole, mais aussi des grimaces et des sourires, de la communication (un droit pourrait-il être incommunicable ?). *Homme* résume tout. Plutôt que *sujet de droit*, c'est *homme* qu'il faudrait dire – *être humain*, à la rigueur, si l'on ne souhaite avoir d'histoire avec aucun sexe. Le sujet de droit étant ainsi ramené à sa réalité naturelle, naturelle parce que biologique, on s'aperçoit qu'il ne peut exister de non-sujet de droit que très difficilement, par accident (l'accident fût-il millénaire) » (p. 207).

« Naturelle parce que biologique », dit J. Carbonnier : le sujet va « de soi » à cause de l'objectivité matérielle qu'il présente en son corps. C'est donc, poursuivrons-nous, que ce corps exprimait déjà la subjectivité de la personne en question : il était « propre » avant même que le droit ne reconnaisse, par le corps précisément, cette réalité du sujet. Du coup, la même tradition juridique a toujours refusé de dissocier, à l'intérieur de la personne, le sujet de droit, d'une part, son corps, d'autre part, car une telle dissociation priverait le droit de son essence même en l'empêchant de reconnaître les sujets. En d'autres termes, si le droit a pour but d'assurer la reconnaissance mutuelle des sujets au sein de la communauté politique, et si le sujet se donne à reconnaître en son corps, toute distance instaurée entre le sujet et son corps priverait le droit de l'objectivité dont il a besoin pour ne pas succomber à l'arbitraire négateur de lui-même.

Ainsi se formulait la tradition dont nous allons préciser les contours en citant encore les auteurs allemands du XIXe siècle, K. von Savigny et R. von Ihering, avant d'en évoquer quelques prolongements contemporains (v. aussi les thèses de D. Borrillo, *L'homme propriétaire de lui-même*, Strasbourg, 1991 ; I. Arnoux, *Les droits de l'être humain sur son corps*, Bordeaux, 1994, et surtout R. Andorno, *La distinction juridique entre les personnes et les choses à l'épreuve des procréations artificielles*, Paris, LGDJ, « Bibl. dr. pr. », n° 263, 1996), mais les bouleversements opérés par l'actuelle manipulation techno-médicale des corps permettent-ils de maintenir la compréhension traditionnelle des rapports du corps et du droit ?

1 / La tradition de non-dissociation

K. von Savigny récuse l'existence d'un droit originel sur soi-même parce que la conception du droit subjectif développée par cet auteur pose d'emblée, on l'a dit, une distance de sujet à objet :

> « Si nous considérons l'état du droit tel que dans la vie réelle, il nous entoure et nous pénètre de tous côtés, alors il nous paraît que s'y trouve d'abord le pouvoir qui appartient à la personne individuelle : un domaine dans lequel sa volonté règne, et règne avec notre consentement. Cette puissance, nous l'appelons un droit de cette personne, synonyme de faculté : quelques-uns l'appellent le droit au sens subjectif » (*System des heutigen römischen Rechts*, Berlin, Veit, 1840, t. I, § 4, p. 7 ; la traduction s'inspire de Guenoux, Savigny, *Traité de droit romain,* Paris, Didot, 1855).

Selon une telle conception, le sujet qui se verrait reconnaître un droit sur sa propre personne pourrait ainsi exercer son empire sur son propre corps, position condamnable, dit Savigny,

> « car elle conduit entre autres, dans son développement subséquent, à la reconnaissance d'un droit au suicide » (*op. cit.*, § 53, p. 336).

Position inutile aussi puisque

> « le pouvoir légitime de l'homme sur lui-même et sur ses facultés ne peut et ne doit pas être mis en doute ; bien plus, ce pouvoir est même le fondement et le présupposé de tout droit véritable, en ce que, par exemple, la propriété et les obligations n'ont de signification et de valeur pour nous que comme prolongement artificiel de nos propres facultés personnelles, comme de nouveaux organes qui ont été ajoutés artificiellement à notre être naturel (...) » (*ibid.*, p. 336).

Par cette deuxième objection (dont on exploitera au titre IV *infra*, p. 284, les précieuses indications quant au patrimoine), on voit en effet l'erreur qui consisterait à confondre le « fondement présupposé », d'une part, à savoir le pouvoir, d'emblée légitime, de l'homme sur lui-même, et les droits patrimoniaux qui expriment le pouvoir du sujet sur le monde extérieur, d'autre part :

> « Ce qui ne convient pas dans la conception présentée ici, c'est que cette maîtrise naturelle est mise d'une façon aussi inutile qu'erronée sur le même plan que ses prolongements artificiels et qu'elle doit être traitée de la même manière qu'eux » (*ibid.* p. 336).

Mais s'il ne convient pas de poser, de la sorte, une distance juridique entre le sujet et son propre corps, le droit s'intéresse par contre de très près à cette relation tout intime. Dans cette optique, si l'on vient à parler d'un droit (subjectif) en cette matière, ce n'est en tout cas plus à la manière de Savigny, mais de Ihering.

Ihering, on le sait (v. *supra*, titre Ier, p. 93), souligne un aspect différent du droit subjectif, non pas que, pour cet auteur, le droit ne soit *aussi* affaire de volonté mais, au moins en son versant subjectif, le droit se définit mieux par l'avantage substantiel qu'il procure que par le pouvoir qu'il met formellement en œuvre. Quel avantage ? Ihering précise : celui que la loi protège ; loi civile, pénale ou administrative, peu importe, pourvu qu'elle assure la protection d'un intérêt du sujet (cf. R. von Ihering, *Geist des römischen Rechts auf den verschiedenen Stufen seiner Entwicklung*, 1865, achte Auflage, Darmstadt, Wissenschaftliche Buchgemeinschaft, 1954, § 61, p. 352).

Sur la base d'une telle définition, Ihering prend, logiquement, le contre-pied de la position adoptée par Savigny en matière de « droit sur soi-même » :

> « Aux plus graves erreurs commises par la doctrine moderne appartient l'affirmation selon laquelle la vie et la liberté ne seraient pas des droits au sens subjectif du terme, mais qu'elles en seraient seulement les conditions. Comme si la condition d'un droit ne pouvait être un droit elle-même (à preuve : la créance pour le droit de gage) et comme si la forme de protection – le fait qu'elle relève du droit civil ou du droit criminel ou du droit de police – était déterminante » (*op. cit.*, § 60, note 447 *a,* p. 430 ; on remarquera que cette note de Ihering rédigée pour la 4e édition de l'ouvrage n'apparaît pas dans la traduction française la plus courante opérée, elle, sur la 3e édition : O. De Meulenaere, R. von Ihering, *L'esprit du droit romain dans les diverses phases de son développement*, Paris, Marescq, 1886-1888).

La dualité des conceptions mises en évidence chez nos auteurs allemands du XIXe siècle traverse toute la théorie générale du droit subjectif et du sujet de droit (v. par ex. R. Demogue, La notion de sujet de droit, *Rev. trim. dr. civ.*, 1909, p. 611). Elle parcourt également toute la matière du droit sur soi-même, en particulier du droit sur son propre corps.

On retrouve une telle dualité, par exemple, à l'article 16-1 inséré dans le Code civil français par la loi n° 94-653 du 29 juillet 1994 relative au respect du corps humain (*JO*, 30 juillet 1994 ; cf. aussi, sur cette nouvelle disposition du Code civil, D. Thouvenin, De l'éthique médicale aux lois « bioéthiques », *Rev. trim. dr. civ.*, 1994, p. 731 s.), puisqu'on y lit, au premier alinéa : « Chacun a droit au respect de son corps », sentence où se manifeste la version

« intérêt protégé » du droit subjectif, et, au troisième alinéa : « Le corps humain, ses éléments et ses produits ne peuvent faire l'objet d'un droit patrimonial » qui exprime (ici négativement) la tendance « pouvoir de disposition » du même (?) droit subjectif.

Mais par-delà les différences quant à l'acception du mot « droit », l'attitude à tenir quant au « droit sur soi-même » ne varie pas d'une conception à l'autre. Tant Savigny que Ihering auraient fait leur, l'un et l'autre, le deuxième alinéa de ce même article 16-1 du Code civil : « Le corps humain est inviolable » mais en raisonnant alors, par manière d'exercice, en deux directions différentes : « Ainsi protégé par la loi, cet intérêt devient un droit du sujet », aurait dit Ihering (retour à l'alinéa 1er) *ou* « Cette protection découle d'une appartenance naturelle du corps au sujet et n'entraîne donc aucun droit », aurait dit Savigny (cf. l'alinéa 3). Corps, sujet et droit s'attirent donc et se repoussent, mais que signifient ces mouvements ?

Pour manifester à la fois que le corps est « propre » au sujet avant même que le droit ne répartisse les pouvoirs, que donc la relation du sujet à son corps ne relève en rien du droit, manifester en même temps que, précisément, cette même relation du sujet à son corps comme au bien qui lui est le plus « propre » entre au premier chef dans les protections (d'intégrité, d'inviolabilité) que garantit le droit, voici que, sur le sujet lui-même, sur son corps, la notion de droit a dû se déchirer. Que montre donc cette déchirure ? Que le droit ne fonde pas le sujet, précédé qu'il est par cette relation au corps dans lequel le sujet s'objective lui-même.

Il reste à tirer de cet énoncé les conséquences de technique juridique adaptées à notre siècle.

Pour garder tant bien que mal l'unité de la notion de droit subjectif en tenant compte tout de même de la contradiction inhérente à ce concept, mixte d'intérêt et de pouvoir, une fois appliqué aux biens du sujet lui-même, la doctrine a inventé les droits de la personnalité (cf., sous ce même titre, l'article du pionnier en France : E. H. Perreau, *Rev. trim. dr. civ.,* 1909, p. 501, et B. Beignier, *Le droit de la personnalité*, Paris, PUF, coll. « Que sais-je ? », n° 2703, 1992). S'agit-il là d'une sage catégorie qui renforce les protections du sujet contre un monde technique très menaçant pour lui mais sans entraîner pour autant une augmentation de ses « pouvoirs de disposition » (cf. l'inaliénabilité, l'indisponibilité et l'imprescriptibilité des droits de la personnalité) pourtant inhérents à la définition désormais mixte du droit subjectif ? S'agit-il plutôt d'une nouvelle invention du système économique dominant qui a réussi à constituer en autant de « droits subjectifs » – disponibles donc, puisque la définition mixte s'impose – les valeurs personnelles que le sujet pourra ainsi monnayer sur le marché ? L'ambiguïté demeure.

Mais sans approfondir ici cette création des droits de la personnalité que le XXe siècle a insérés dans la catégorie des droits subjectifs (v. là-dessus F. Rigaux, *La vie privée, une liberté parmi les autres ?*, Bruxelles, Larcier, 1992, Cinquième leçon : La doctrine des droits de la personnalité), on voudrait discuter deux positions plus récentes qui, à propos du corps humain, entendent s'en tenir au droit subjectif le plus « réel » qui soit : la propriété. Avant la position extrême de B. Lemennicier, on aborde l'ouvrage de J.-P. Baud, *L'affaire de la main volée ; une histoire juridique du corps*, Paris, Seuil, 1993.

2 / L'inutile revendication du corps

L'intention poursuivie par J.-P. Baud mérite considération : l'auteur souhaite en effet permettre à un sujet de revendiquer comme lui appartenant tout élément qui proviendrait de son propre corps, mais le moyen choisi laisse perplexe, car il consiste rien moins qu'à briser la longue tradition juridique de non-dissociation entre la personne et son corps pour reconnaître entre celle-là et celui-ci un véritable droit de propriété. L'obtention d'un si respectable résultat commandait-elle le choix d'un tel moyen ? Dans les deux exemples qu'il cite – l'un fictif, l'autre réel –, J.-P. Baud n'en voit en tout cas pas d'autre. La fiction : soit un malheureux bricoleur qui, par accident, se coupe la main avec la scie qu'il utilise : son pire ennemi passant par là prend la main, rouge de sang, et la jette dans la chaudière. La réalité : John Moore, atteint de leucémie, développe en son corps malade des cellules à ce point étonnantes par leurs vertus curatives que ses médecins en prélèvent une grande quantité par ablation de la rate de leur patient, les monnayant ensuite sur le marché pharmaceutique (cf. J.-P. Baud, p. 23, commentant l'arrêt de la cour d'appel de Californie, 31 juillet 1988 et, p. 228, l'arrêt de la Cour suprême de Californie, 9 juillet 1990 ; sur cette affaire, v. aussi B. Edelman, L'homme aux cellules d'or, *Dalloz*, 1989, chr., p. 225, et C. Labrusse-Riou, La maîtrise du vivant : matière à procès, *Pouvoirs, Revue française d'études constitutionnelles et politiques,* n° 56 (1991), p. 98 et 99).

Dans les deux cas, dit J.-P. Baud, on commet une injustice si l'on ne reconnaît pas d'emblée le sujet comme propriétaire de lui-même et, par voie de conséquence, de la partie du corps détachée de lui. Pourquoi ? Parce qu'à partir du moment où un élément se détache du corps, la main coupée dans un cas, les cellules prélevées dans l'autre, il se présente comme une chose susceptible d'appropriation ; or si le sujet n'est pas reconnu *a priori* comme le propriétaire de cette chose détachée de lui, ladite partie du corps deviendra la propriété du premier occupant, c'est-à-dire le pire ennemi dans « l'affaire de la main volée » et les chirurgiens dans le procès mené par « l'homme aux cellules d'or ». Dans un cas comme dans l'autre, dit l'auteur, rien ne condamnera le comportement de ces tiers qui se sont emparés d'un bien sans maître. Sans maître, comme l'atteste cette tradition juridique immémoriale *(Dominus membrorum suorum nemo videtur)*, qui laisse ainsi sans défense, au nom de principes sacrés, le sujet dépouillé de lui-même :

> « Il est temps d'aborder sereinement l'insertion du corps dans le droit, d'abord en surmontant les réticences inspirées par la conscience de la sacralité corporelle et en corrigeant les incohérences dont elle est la cause. Il faut aussi trancher en donnant un statut unique au corps, quelle que soit sa situation, vivant ou mort, dans son intégralité ou dans ses éléments séparés. Compte tenu du fait que le cadavre est incontestablement une chose, qu'un élément séparé du corps est aussi une chose et que ces dons corporels, dont la médecine aura de plus en plus besoin, portent sur ce qui est approprié avant l'acte généreux, il faut pour ces diverses raisons réaliser qu'en l'absence de notion intermédiaire entre la personne et la chose on ne peut faire autrement que classer le corps dans la catégorie des choses » (p. 212-213).

Mais après avoir posé la revendication d'un droit de propriété par le sujet sur son propre corps, J.-P. Baud se voit obligé de renouer avec l'essentiel de la tradition juridique en repoussant hors du champ corporel les caractéristiques principales de cette « propriété » dont le célèbre *abusus*. Adoptée pour régir le sort particulier de la partie détachée du corps, la théorie du droit de propriété du sujet sur son corps proposée par J.-P. Baud ne constitue donc en aucune manière une doctrine qui permettrait de penser, par exemple en s'appuyant sur les caractéristiques bien connues du droit de propriété, le régime général du corps humain.

Fallait-il dès lors mettre en cause à ce point l'économie des relations entre le droit et le corps pour résoudre ces cas particuliers ? Il le semble d'autant moins que la tradition classique permettait de résoudre plus judicieusement de tels cas. La thèse de J.-P. Baud s'appuie en effet sur une sorte de monisme, en tout cas sur la continuité du régime juridique entre le corps tout entier et la partie détachée de ce corps, mais cette continuité ne s'impose en aucune manière ; la thèse s'appuie également sur l'impuissance de la position classique qui, refusant de dissocier le sujet par un droit de propriété sur lui-même, s'empêcherait de penser le droit de ce sujet sur une partie détachée de son corps, mais cette impuissance reste à vérifier.

Il importe, en effet, dans la recherche du régime juridique propre au corps humain et à ses parties, de mesurer les exigences de la position du sujet comme sujet, de voir tout ce qui relève de sa « maîtrise naturelle », pour parler comme Savigny, tout ce qui « l'intéresse », pour le dire à la manière de Ihering. A partir de ce point de vue central, on acceptera alors de « laisser tomber » hors de ces exigences de « position subjective » tous les éléments détachables du corps qui, par le fait même de leur séparation, prennent une posture d'objet, susceptibles donc de droit réel. Or, pour contredire la position traditionnelle qui se refuse à séparer le corps de la personne, J.-P. Baud prend justement prétexte des éléments détachables du corps humain pour mettre en doute leur identification à la personne et, du même coup, fortifier sa thèse du droit de propriété sur le corps tout entier :

> « Pourtant, l'assimilation du corps humain à la personne n'excluait rien de ce qui le composait. Les cheveux avant la tonte, le lait avant le prélèvement, les matières fécales avant la défécation, tout cela était, dans cette logique, partie intégrante de la personne humaine. Insistons fortement : *rien ne permet à ceux qui assimilent le corps à la personne d'exclure le contenu de la vessie et des intestins* » (p. 213-214).

Ainsi assimilé à ses excréments, le juriste classique doit-il, horrifié, se reconnaître pur sujet, non plus identifié à son corps propre comme il le pensait jusqu'ici mais propriétaire de ce corps comme l'entend J.-P. Baud ? En réalité, si le sujet élimine des éléments de son corps, on ne peut invoquer ce détachement pour objectiver le corps tout entier, car le sujet, précisément, résiste à cette objectivation. Comment ? Par son corps, mystérieusement subjectif lui aussi. Ihering, d'ailleurs, avait bien vu le problème en posant une distinction qui, pour avoir échappé au « monisme » de J.-P. Baud, n'en est pas moins décisive :

> « La propriété *(das Eigentum)* n'est pas la seule forme de "l'appartenance" *(des Gehörens)*. Mes cheveux m'appartiennent, et quand ils sont coupés, ils tombent dans ma propriété, mais il ne s'ensuit pas encore que, auparavant, ils devaient déjà m'appartenir sous cette forme » (R. von Ihering, *op. cit.*, § 61, p. 362, n. 476).

La façon dont le corps est « propre » au sujet justifie que ce même sujet revendique un lien de droit entre lui-même et l'élément détaché de ce corps, avec d'ailleurs une intensité variable – même au plan juridique – selon que cet élément représente une production éliminée par ce corps ou une partie de ce corps lui-même, mais il ne s'ensuit nullement que cet état juridique final du sujet revendiquant un droit réel sur la « chose » *(res)* détachée de lui devrait remonter en deçà de cette séparation matérielle pour imposer une dissociation complète entre le sujet et son corps entier, objet désormais – selon J.-P. Baud – de sa propriété. Au lieu que le sort de la partie séparée impose le régime juridique du corps intégral, c'est le lien du sujet à son corps « propre » qui détermine le sort juridique de la partie détachée de lui : ainsi le veut la tradition juridique qui, ayant besoin du corps pour reconnaître le sujet, se refuse à dissocier l'un de l'autre.

Faudra-t-il alors redouter l'impuissance d'une telle tradition à maintenir sous la maîtrise du sujet les parties corporelles détachées de lui ? Nullement, car la séparation, précisément, a pu provoquer, par compensation, la naissance d'un lien de droit (du type « droit réel » si l'on veut) pour réintégrer dans le corps, sous le mode juridique du « ce qui devrait être », cette partie (les cellules prélevées, la main coupée) « qui n'aurait jamais dû » s'en détacher. Mais à cette voie du droit réel, rendue possible par la séparation qui a matériellement instauré ici un rapport de sujet à objet, on préférera sans doute, pour sa portée symbolique plus respectueuse de l'unité de la personne, la voie de la responsabilité civile.

J.-P. Baud l'admettait lui-même à propos de l'affaire J. Moore :

> « Je ne dis pas que le droit français soit, dans une telle hypothèse totalement désarmé. Des angles d'attaque quelque peu hasardeux sont concevables, par exemple en mettant en cause la responsabilité civile du médecin pour atteinte à la dignité du malade » (p. 25).

Si le moyen est « quelque peu hasardeux », il faut reconnaître alors que le hasard fait bien les choses car en plaçant le litige sur le terrain de la faute à réparer, le droit situe le rapport du sujet à son propre corps dans une perspective plus exacte que celle du droit réel ; la question se pose moins, en effet, de savoir quel type de lien juridique relie le sujet à une partie détachée de lui-même que de savoir si les tiers, en traitant comme ils l'ont fait cette partie-là, ont suffisamment respecté en ce sujet la relation qu'en deçà du droit il noue avec lui-même en son corps.

3 / La dangereuse propriété de soi

Alors que la reconnaissance d'un véritable droit de propriété sur son corps visait à *protéger* davantage le sujet dans l'optique de J.-P. Baud, cette même attribution poursuit, chez Bertrand Lemennicier (Le corps humain, propriété de l'État ou propriété de soi ?, *Droits, Revue française de théorie juridique,* n° 13 (1991), p. 111), l'objectif d'accroître le pouvoir d'un sujet de *disposer* de lui-même. Où se vérifie une fois de plus la dialectique de protection/disposition inhérente à la définition mixte du droit subjectif. Où se vérifie également la nécessité de garder la vigilance dans l'emploi de l'expression « droit subjectif ». Vigilance d'autant plus grande que la revendication exprime ici le point de vue de l'économiste, « le seul à remettre en cause véritablement la valeur morale et empirique » (p. 112) de la doctrine juridique majoritaire qui consacre l'indisponibilité du corps en tant que lié à la personne.

La thèse de B. Lemennicier apparaît suffisamment dans le titre : pour éviter que le corps humain ne devienne « propriété de l'État » par l'effet des censures que prévoient les lois de bioéthique émanant plus ou moins directement du Conseil d'État et du Comité consultatif national d'éthique, il s'impose d'en faire une « propriété de soi » soumise, comme tous les autres biens, aux lois du marché. D'où, d'abord chez notre auteur, le refus de considérer l'être humain comme une personne, ensuite la dissociation radicale tant entre l'éthique et le droit qu'entre le corps et l'esprit. Alors qu'une tradition séculaire considère le droit comme la norme qui impose le respect des personnes et donc des corps que ces personnes investissent nécessairement de leur subjectivité, B. Lemennicier préfère renvoyer aux oubliettes de l'histoire le concept de personne pour que le droit se contente seulement de permettre le marché où se rencontreront les offres et demandes des êtres humains, par exemple quant à cet objet qu'est leur corps, chacun suivant sa morale propre.

L'anthropologie sous-jacente à ce schéma estime en effet « qu'il est si simple de concevoir le corps humain comme une machine biologique dans laquelle notre esprit est incorporé » (p. 116). D'où la conclusion juridique :

> « Le point essentiel ici est que l'on reconnaisse à l'esprit – parfaitement identifié par son empreinte génétique – un droit de propriété privée sur cette machine pour les simples et seules raisons : 1 / qu'il est incorporé dans cette machine, 2 / qu'il en est en général le seul occupant, 3 / qu'il ne peut en changer » (p. 116).

On déduira facilement les conséquences d'un tel droit de propriété : chacun pourra vendre, supprimer, louer, prêter, tout ou partie de son corps, gratuitement ou contre rémunération, pour quelque finalité que ce soit à la seule condition de respecter la condition même de ce marché, à savoir l'égal droit de propriété des autres humains sur leur propre « machine biologique ».

Dira-t-on qu'une telle théorie risque de conduire les pauvres gens à épuiser leur corps dans le don d'organes ou de sang ? B. Lemennicier répond qu'il ne voit pas par quelle autorité il retirerait aux pauvres le droit de gagner leur vie de cette manière-là.

Si l'on objecte au marché libre du matériel génétique l'intérêt de l'enfant à naître qui risque de devenir victime de telles manipulations, notre auteur invoque les données de la nature d'abord, puisque le mariage pratique lui aussi la sélection des gènes, les lois du marché ensuite, car les intermédiaires à la procréation artificielle, mus par leur intérêt financier, mettront leur point d'honneur à fournir des prestations de qualité.

Si enfin on trouve dégradant, par exemple, qu'une femme loue son ventre pour une maternité de substitution, l'auteur démontre le ridicule, à son estime, de l'objection en poussant le raisonnement :

> « Un chanteur d'opéra qui n'aime pas les airs qu'il chante prostitue sa voix. On admet alors qu'il est moralement noble de prostituer sa voix mais pas son ventre ou

son sexe. C'est parce que certains attachent justement une grande valeur au chant d'opéra qu'il ne peuvent produire eux-mêmes, faute de talent, qu'il existe un marché des chanteurs d'opéra. C'est parce que certains couples stériles attachent une très grande valeur aux enfants et à leur éducation qu'il y a un marché de la procréation artificielle ou un marché (noir) de l'adoption » (p. 122).

Arrêtons-là la liste des paralogismes qui manient aussi allégrement l'analogie à propos de matières qui, justement, ne se comparent pas, tels le mariage et la manipulation génétique, ou la prostitution et le chant d'opéra, mais regardons plutôt comment de telles fautes de logique n'en sont plus dans le chef de l'économiste ultralibéral qui a sacrifié toutes les symboliques relatives au corps et au droit sur l'autel du Marché et de la Science.

Tout s'équivaut, en effet, si les humains disposent comme autant de « choses » des conditions mêmes de leur humanité, par exemple de leur corps. Selon une telle conception, les sujets ne sont en principe pas plus liés à leurs propres membres qu'aux autres biens dont ils disposent ; ils ne sont pas davantage liés à autrui par d'autres liens que le seul jeu de l'offre et de la demande sur le marché.

Mais alors, dira-t-on, comment le sujet lui-même se reconnaîtra-t-il comme ce qu'il est, c'est-à-dire comme sujet, dans cet espace d'échange généralisé ? La réponse s'énonce clairement : « Un individu est parfaitement identifié avec son empreinte génétique » (p. 116 et 121). Lors donc qu'on demande au Marché de mettre les humains ensemble, il ne reste, faute d'autres relations, qu'à s'adresser à la Science pour obtenir la définition des sujets.

On n'épiloguera pas ici sur les dures revanches que prendront par rapport à l'apparente exaltation de l'autonomie du sujet les lois plus cachées soit de l'économie qui expliquera par exemple aux pauvres vendeurs de leur rein les conséquences du principe « du renard libre dans le poulailler libre », soit de la science qui démontrera sereinement à tous les humains que seule une lacune – bientôt comblée – d'objectivité scientifique leur donne l'illusion de la subjectivité, mais on reprendra une dernière fois, par l'*a contrario* de la position libertaire, la conviction du droit quant au sujet et quant au corps. Car cette conviction-là, apparemment plus contraignante que les fantasmes où le sujet se délie de toutes ses conditions d'exercice, permet à ce même sujet de *se* retrouver *en* son corps, *dans* la relation. (Pour une contestation semblable du subjectivisme exacerbé, rejoint par la logique marchande, v. B. Edelman, M.-A. Hermitte, C. Labrusse-Riou, M. Remond-Gouilloud, *L'homme, la nature et le droit,* Paris, Bourgois, 1988.)

Où commence la conviction de B. Lemennicier ? Dans la dissociation radicale du corps et de l'être humain, *ou* dans la généralisation complète des échanges sur le marché, *ou* dans la conviction que le bonheur des individus doit laisser libre cours à tout progrès scientifique ? Peut-on découper un acte de foi global où l'on se convainc de la sorte que science et marché se soutiennent en leur progrès (la science du marché, l'économie, s'avérant décisive à cet égard) et que rien ne doit rester hors de leur commerce, pas même les corps ? Tout se tient nécessairement dans une telle position qui a décidé que les choses ne seraient jamais que ce qu'elles sont, s'offrant toujours aux demandes les plus solvables.

Car si l'ultralibéral devait admettre que d'autres connaissances valables proviennent d'ailleurs que de la science, il accepterait dans son système la faille du symbole par où s'introduirait bientôt une autre perception du lien des sujets entre eux et du lien du sujet à son corps. Quelle autre perception ? Celle du *droit* qui reconnaît indissociablement dans le corps la personne elle-même et dans la société le lieu de cette reconnaissance mutuelle.

Selon la belle image employée par Aurel David (*Structure de la personne humaine ; essai sur la distinction des personnes et des choses*, Paris, PUF, 1955), le juriste est ce Christophe Colomb à qui tout l'équipage, composé de scientifiques, conseille de rebrousser chemin : après avoir parcouru toute la « machine biologique », nous sommes certains, disent-ils, qu'il n'existe pas de personne distincte des choses. Mais le capitaine leur demande encore trois jours d'espérance. Le droit se situe originairement dans cette conviction-là, exactement contraire – on le voit – à la position libertaire : le corps donne à connaître la subjectivité de la personne, la société trouve dans cette reconnaissance des personnes son lien proprement humain.

III. – Concevoir la personne

La personne apparaît à la naissance. Même si les clichés d'échographie ont pu donner auparavant à ses proches une idée de ses traits, c'est à la naissance seulement qu'elle leur offre son visage (en grec *prosôpon,* « devant le regard »), qu'elle se donne à voir « de face ». C'est aussi à ce moment qu'elle reçoit son nom, entrant par là comme sujet désigné dans la société des humains. Sans doute le nouveau-né n'exerce-t-il pas encore par lui-même dès sa naissance l'ensemble de ses droits puisqu'il en est aussi juridiquement que physiquement et intellectuellement incapable, mais ses représentants légaux lui permettent de mettre en œuvre tous ceux dont il jouit déjà : car par sa naissance il est pleinement sujet de droit, doué de la personnalité juridique.

Mais avant de venir ainsi « au monde », et donc au « commerce juridique », l'enfant fut porté par sa mère : comment définir durant ces mois-là sa situation de droit ? Et surtout : quels éléments convient-il de prendre en compte pour décider, par exemple, que l'embryon – ou le fœtus – n'est plus tout à fait une chose ou qu'il n'est pas encore exactement une personne ? Bref, comment « concevoir » la personne ?

A. Fagot-Largeault et G. Delaisi de Parseval (Les droits de l'embryon (fœtus) humain, et la notion de personne humaine potentielle, *Revue de métaphysique et de morale*, 1987, p. 361) tentent de frayer une troisième voie entre les « deux positions » qu'elles appellent « extrêmes » du critère biologique, d'une part, de l'autonomie du vouloir, d'autre part, mais cette distinction même ne provoque-t-elle pas la confusion ? Examinons en tout cas les deux voies proposées, avant de critiquer la synthèse que nos auteurs en proposent dans la notion de « personne humaine potentielle ». Forts d'une autre compréhension des rapports de l'éthique et du biologique, nous examinerons alors la portée de l'adage *Infans conceptus* à propos de la transgression du droit naturel.

1 / Les critères de la personne

« Suivons d'abord, proposent A. Fagot-Largeault et G. Delaisi de Parseval, les partisans d'un critère *biologique* de la présence, ou de l'absence, d'une personne humaine. La personne est coextensive à l'organisme qui la sous-tend et l'exprime. Elle dure autant que cet organisme vit. En conséquence, dès sa conception, et jusqu'à son dernier souffle, l'être humain est une personne à part entière. L'embryon de quelques jours, le vieillard sénile, le malade en état de coma chronique, ont la même dignité que vous et moi, et ils ont droit au même respect. Cette position, enseignée dans beaucoup de traditions religieuses ou mystiques (...) est partagée spontanément par beaucoup de gens dans la vieille Europe imprégnée de christianisme » (p. 364).

Pour nos auteurs, cette position qui identifie la personne humaine à son objectivité génétique (même réduite à une seule cellule) procède probablement d'une crainte de la « pente savonneuse » sur laquelle le pouvoir scientifique viendrait à glisser en prenant, contre tous les enseignements de la morale, un pouvoir indu sur l'être humain, alors qu'il ferait mieux d'accepter ses limites en se fiant à la sagesse plus grande de Dieu (version religieuse) ou de la Nature (version laïque).

En tout cas, les implications éthiques d'une telle position dite « biologique » sont bien connues :

« Toute vie humaine mérite le même respect que toute autre, toute vie conçue au sein de l'espèce humaine est une vie personnelle. »

D'où il suit, par exemple :

« L'interruption volontaire de grossesse n'est pas mieux admissible que l'infanticide, ou que le meurtre d'un homme adulte. On ne doit pas tuer, qu'il s'agisse de contraception, d'avortement "de convenance" (IVG), ou d'avortement "thérapeutique" (pour malformation fœtale). Lorsque la vie du fœtus met en danger celle de la mère, on peut à la rigueur invoquer la "légitime défense". Mais le fœtus n'a pas l'intention de nuire. Le droit à la vie d'un être humain *innocent* est "inviolable". »

S'ensuit également :

« Les interventions médicales (diagnostiques ou thérapeutiques) sur le fœtus ne sont légitimes que si elles sont faites à coup sûr pour son bien, et sans réel danger pour sa vie. Il est exclu d'utiliser un embryon ou fœtus vivant à des fins de recherche scientifique, même sous un prétexte humanitaire » (p. 368).

Pour conclure leur présentation de cette première thèse (présentation discutable sur un seul point : l'alignement de la contraception parmi les actes qui tuent, ce qui n'est évidemment pas le cas), A. Fagot-Largeault et G. Delaisi de Parseval invoquent, à titre d'objection, les soulagements que procure la technique du diagnostic préimplantatoire ou prénatal, et que refuse la stricte position présentée :

« Si la radicalité de cette condamnation dispense de poser des problèmes de frontières (ici, par exemple, discuter pour savoir si la recherche sur l'embryon est permissible jusqu'au 14e jour du développement, ou au 17e, ou au 25e, est jugé ridicule), cependant elle mène à de terribles *cas de conscience*. L'embryon trisomique a le même droit de vivre que l'embryon normal : si le diagnostic de la trisomie devient possible au stade embryonnaire précoce, faudra-t-il implanter sciemment l'embryon trisomique et imposer cette épreuve aux parents ? Faut-il repousser l'hypothèse que le diagnostic prénatal d'une malformation ou d'une maladie héréditaire conduise à une décision d'avortement ? Faut-il condamner les efforts faits pour éradiquer des tares génétiques (comme la thalassémie) dans les populations atteintes ? En principe on pose qu'il n'y a pas de problème de qualité de la vie, que la misérable existence d'un enfant thalassémique a autant de valeur que celle d'un enfant "normal". En pratique, on tient souvent compte de la souffrance infligée, on se sent acculé à choisir un mal pour éviter un autre mal : on détruit le fœtus thalassémique pour épargner une vie douloureuse à l'enfant qu'il deviendrait, ainsi qu'à sa famille. On en éprouve de la culpabilité, comme on en éprouverait si on le laissait vivre. A la limite, il peut y avoir une sorte de suicide moral, par refus de choisir. On ne veut pas prendre la responsabilité de faire mourir un prématuré handicapé, on "laisse choisir la nature", en espérant qu'elle le fera mourir. Derrière la rigidité des principes posés, il y a donc une vision tragique de la vie morale : quand l'homme substitue ses décisions à celles de la nature, il ne peut que faire le mal » (p. 370).

A l'opposé de cette conception où la liberté s'en remet à plus grand que soi, les auteurs situent les « néokantiens ». Pour ces derniers,

« Ce qui fait la dignité humaine, c'est l'autonomie du vouloir. Ils récusent le critère biologique, en faisant valoir que pour être une personne, il n'est ni nécessaire ni suffisant de posséder le génome humain (...). Nous accordons un statut personnel à des collectivités (les États sont des personnes morales), nous n'accordons pas de statut personnel à nos cellules somatiques (qui toutes ont le potentiel de donner, par clonage, un individu humain). Le respect pour la *personnalité*, en l'homme, est "un respect pour quelque chose qui est tout à fait autre que la vie", disait Kant (*Kritik des praktischen Vernunft*, 1788, I, 1, 3). Une personne au sens propre, *i.e.* au sens *éthique* du terme, est un être raisonnable qui s'oblige à ne s'incliner que devant la loi qu'il pose lui-même comme universalisable. C'est un *sujet* libre, à qui le Bien n'est pas dicté : il en juge par lui-même, il décide par lui-même, et reconnaît à ses semblables la même prérogative. Ainsi l'être humain qui prend ses responsabilités d'homme entre avec les autres êtres raisonnables dans un règne moral qui n'est pas le règne naturel : il transcende la nature, il lui prescrit des fins » (p. 371).

Conséquence importante d'un tel choix du critère culturel :

« On ne saurait appeler à l'autonomie un être qui n'en a pas la capacité (en anglais : *competence*). En particulier, cela n'a pas de sens de dire qu'il faut traiter l'embryon humain comme une personne. C'est la position développée récemment, avec le courage de choquer, par H. T. Engelhardt (*The Foundations of Bioethics*, Oxford, Oxford University Press, 1986, chap. 4). Même un enfant nouveau-né n'est pas encore une personne : les liens humains qu'il tisse lui permettront peu à peu de construire son autonomie, à condition qu'il soit capable de cet apprentissage. Un nouveau-né anencéphale ne sera jamais une personne. *A fortiori* un embryon humain, un fœtus, ne sont pas des personnes, juste des personnes futures, ou possibles, ou probables. La *valeur* d'un embryon n'est pas le fait d'une hypothétique dignité intrinsèque, c'est sa valeur pour les personnes qui attendent sa "venue au monde". (...) Les êtres qui sont en deçà de la capacité d'autonomie "minimale", la communauté des personnes peut décider de les protéger (comme on protège la nature), non de les respecter (comme on respecte l'autonomie des personnes) » (p. 372).

Or cette éthique de la protection, ou « principe de la bienfaisance », ne saurait prévaloir, ajoutent les « néokantiens », sur le « principe du respect des personnes ». Pour eux, la seule règle morale universelle – le respect des personnes – fonde la tolérance nécessaire à l'éthique procédurale, c'est-à-dire au succès de toutes les négociations qui permettront aux sujets autonomes « de s'accorder, par exemple, sur le degré de protection qu'ils veulent donner aux embryons humains (suivi médical gratuit de la grossesse, règlements intérieurs aux banques d'embryons, etc.) » (p. 372).

Dans un tel débat, répétons-le, l'être dépourvu d'autonomie personnelle appelle certes la bienfaisance, mais ne s'impose d'aucune manière au respect d'autrui. L'avortement est donc un choix entièrement « respectable » (au sens fort du terme). De même l'expérimentation sur l'embryon, puisqu'il s'agit là d'intervenir en connaissance de cause dans la thérapeutique humaine, etc.

Aux yeux de nos auteurs, cette position « néokantienne » garantit certes aux personnes la liberté d'assumer leurs choix, mais elle pose de redoutables problèmes de frontière :

> « Où passe au juste la limite entre personne et non-personne ? Qui est vraiment autonome, quand ? Et qui a le droit de décider que tel est, ou n'est pas, vraiment autonome ? Quand faut-il exercer à l'égard d'un mineur un paternalisme éclairé, quand faut-il le traiter en sujet libre et responsable ? » (p. 375).

Après avoir décrit ces deux positions divergentes – en gros, celle qui se fonde sur la « nature », l'autre sur la « culture » – A. Fagot-Largeault et G. Delaisi de Parseval donnent l' « intuition » qui les pousse à chercher une « troisième voie » :

> « Chacune des deux attitudes est respectable comme choix individuel, aucune n'est praticable comme choix de société, l'une parce qu'elle jette la suspicion et l'interdit sur des habitudes très largement admises (et refuse la maîtrise humaine de la procréation, qui est devenue un fait), l'autre parce qu'elle comporte le danger que les faibles, les arriérés mentaux, les laissés-pour-compte du développement soient exclus de la communauté éthique (et fait une confiance probablement excessive à la raison humaine individuelle). Mais comment fonder philosophiquement une position intermédiaire, un "juste milieu" entre dénier à l'embryon humain tout statut personnel, et conférer à une cellule la même dignité morale qu'à un être conscient et raisonnable ? » (p. 376).

Avant de soumettre ce critère de décision à la critique que permet le droit naturel, on expose brièvement l'engagement de nos deux auteurs en leur tierce voie.

Le premier moment de cet engagement souligne le pragmatisme des solutions généralement adoptées au terme d'un cheminement consensuel qui a soigneusement écarté les principes, sources de divisions. Selon les britanniques Lady M. Warnock (Do human cells have rights ?, *Bioethics*, 1, 1-14) et son commentateur R. M. Hare (An ambiguity in Warnock, *Bioethics*, 1 (2), 175-178) :

> « Nos positions philosophiques sont inconciliables : laissons-les de côté. Les critères intrinsèques de la personnalité sont incohérents, les critères relationnels sont injustes : cessons de nous demander *quand* l'embryon devient une "personne", cherchons quels droits il devrait avoir et quelles modifications il faut apporter à la loi pour qu'il les acquière. (...) Ne perdons plus notre temps (...) en discussions oiseuses sur la nature de l'être embryonnaire. Ce qui doit être ne découle pas de ce qui est. La vraie question est de savoir comment l'embryon doit être traité » (p. 376).

On admettra par exemple la recherche sur embryons humains de quatorze jours, à la fois parce qu'avant cet âge, les embryologistes ne découvrent en ces « préembryons » aucune trace de système nerveux – aucune capacité de souffrir donc puisque la « ligne primitive » n'apparaît qu'à ce moment-là sur le disque embryonnaire –, parce que aussi ce « paquet de cellules » non encore implanté supporte encore la division gémellaire (mettant donc en doute la réelle unicité du « sujet »), enfin plus pragmatiquement encore, parce que la sensibilité de nos contemporains tolère de telles pratiques. Mais au-delà de ce premier moment du pragmatisme, il faut relever la recherche d'une éthique fondée sur une ontologie que nos auteurs appellent « progressive », « en accord avec l'intuition toute simple et commune que l'être embryonnaire est un être en développement, et qu'à l'égard d'une cellule vivante, puis d'un fœtus de cinq mois, puis d'un enfant de cinq ans, nos obligations morales ne sauraient être les mêmes » (p. 377).

En ce deuxième moment, nécessairement philosophique, l'attention se concentre sur la notion de « personne humaine potentielle » qu'a utilisée, par exemple, le Comité consultatif national d'éthique pour les sciences de la vie et de la santé, en France (cf. l'Avis sur les prélèvements de tissus d'embryons ou de fœtus humains morts à des fins thérapeutiques, diagnostiques et scientifiques, Rapport 1984, Paris, La Documentation française). A. Fagot-Largeault et G. Delaisi de Parseval notent certes que les deux « partis extrêmes » présentés comme bordures de leur propre voie récusent l'un et l'autre cette notion de personne humaine potentielle puisque, dans le camp « vitaliste », on tient que l'embryon est une personne humaine actuelle, pleine et entière, même si elle doit de toute évidence se développer encore, tandis que, dans le camp « personnaliste », on dénonce la « mystification » qui consiste à considérer comme personne un être dépourvu de conscience, mais nos auteurs, fidèles à leur logique tierce, continuent à voir en cette notion une heureuse synthèse de l' « ontologie substantielle » qui reconnaît l'enracinement de la personnalité en formation dans une réalité biologique évolutive et l' « ontologie relationnelle » qui insiste sur la réalité « anthropologique et culturelle » (p. 378).

En cette zone où la personnalité du sujet demeure encore en puissance, la philosophie hésite à faire primer la singularité de l'individu sur la généralité de l'espèce, tandis que le droit, de son côté, cherchant à définir le statut de l'embryon humain, construit le concept de « patrimoine humain » pour répondre à sa propre hésitation entre la personne et la chose. D'où l'appel final de nos auteurs à une réflexion ultérieure :

> « Ce qui nous manque peut-être le plus, pour concevoir aujourd'hui le statut de l'embryon humain, est une pensée philosophique et anthropologique informée par le travail scientifique » (p. 381).

La réflexion souhaitée devrait parvenir à mettre ensemble les concepts fondamentaux de l'ontologie substantielle (acte/puissance...) avec les différents seuils que découvre l'embryologie dans les développements de la vie embryonnaire (fécondation, différenciation cellulaire, sensibilité, viabilité, etc.). Ainsi « fécondée » par l'apport de la science biologique, l'ontologie permettrait de soustraire au pragmatisme une éthique fondée désormais sur de nouvelles bases.

2 / Indécidable plutôt que potentielle

En réalité, la « troisième voie » proposée par A. Fagot-Largeault et G. Delaisi de Parseval, si intelligente et courageuse qu'elle soit, ne s'avère-t-elle pas une impasse, n'ayant pas suffisamment tenu compte de l'objectivité nécessaire à la reconnaissance des sujets de droit ?

Rappelons-nous : la première voie (dite du critère biologique) fut récusée à cause « des habitudes très largement admises » et de la maîtrise humaine de la procréation « qui est devenue un fait » (p. 376). Pour le juriste qui refuse d'identifier le droit aux pesanteurs du fait, l'argument tiré des habitudes ne vaut pas car les faits accomplis méritent un examen critique à la lumière des exigences du droit. Quelles exigences ? Celles que précisément nos auteurs souhaitaient rejoindre en écartant, cette fois, le danger inhérent à la seconde voie (dite du critère culturel), à savoir « que les faibles, les arriérés mentaux, les laissés-pour-compte du développement soient exclus de la communauté éthique » (p. 376).

De deux choses l'une, en effet : *ou* le débat humain permet de décider par lui-même, en fonction des divers intérêts qui le traversent, le commencement de la personne humaine, sujet de droit, mais alors il est à craindre que les êtres les plus faibles ne paient le coût de telles décisions, *ou* ce débat démocratique accepte la délivrance de son propre arbitraire par l'objectivité que lui offre le sujet de droit lui-même ; dans ce cas, la référence au critère biologique demeure inévitable. *Non datur tertium quid ;* quoiqu'on en veuille il n'existe pas de troisième voie, comme le montre d'ailleurs l' « hérésie » de la « personne humaine potentielle » sur laquelle il convient de mettre le doigt.

S'interrogeant sur l' « ontologie progressive » proposée à titre de « voie intermédiaire » par nos deux auteurs, M.-A. Hermitte (L'embryon aléatoire, in *Le magasin des enfants*, collectif dirigé par Jacques Testart, Paris, François Bourin, 1990) voit en cette synthèse une contradiction qu'elle explique par le « piège » de la bioéthique :

> « Associer l'idée de progressivité à l'idée d'ontologie est une entreprise qui mérite quelque explication. Par nature, l'être est antinomique de toute notion de progressivité. On peut donc se demander ce qui a pu conduire des philosophes à cette association hérétique » (p. 248).

Un début d'explication vient à la page suivante :

> « Tel est probablement le piège dans lequel est en train de s'enfermer la bioéthique : elle accompagne les productions de la technoscience pour les rendre acceptables sans révolution, mais se révèle incapable de les apprécier à leur racine » (p. 249).

Pour échapper aux dangers du discours trop complaisant dans lequel les audaces scientifiques et les désirs des citoyens se soutiennent mutuellement au détriment des êtres qui ne peuvent se défendre, il importe, disions-nous, que le juriste prenne comme point de repère l'objectivité que présente le sujet en son corps. Mais la question se lève aussitôt de savoir si le donné biologique que montre l'embryon dans les quelques jours qui suivent sa conception mérite d'être identifié au sujet humain : ne sacrifie-t-on pas trop ici au matérialisme biologique ? Ne sacralise-t-on pas une vie qui n'a rien d'humain puisqu'elle n'est pas encore fixée à la paroi de la matrice maternelle, qu'elle n'a aucune capacité de souffrir, que la femme qui le porte ne connaît pas encore son existence et que la nature elle-même évacue spontanément un grand nombre de tels « sujets » ? Le juriste doit-il vraiment considérer cet amas de cellules comme une personne humaine et donc comme un sujet de droit ?

La vraie réponse à cette perplexité consiste peut-être à opérer la distinction, non plus comme les auteurs précédents, entre le critère biologique et le critère culturel du discernement de la personne, mais entre la personne métaphysique qui échappe tant au critère biologique qu'au critère culturel, et le sujet de droit qui suppose, au contraire, leur prudentielle conjonction.

De quoi s'agit-il en effet dans le droit ? D'échapper à l'arbitraire en garantissant au sujet la reconnaissance de l'ordre social. Or l'acte par lequel le sujet se pose comme tel échappe à cet ordre social : celui-ci ne cause en aucune manière celui-là, sans quoi le sujet perdrait l'autonomie qui le caractérise précisément comme sujet. Il échappe aussi, notons-le, au déterminisme corporel, car même si le sujet ne peut apparaître hors du corps auquel il est indissociablement lié, il n'est toutefois nullement causé – sans quoi il ne serait pas sujet non plus – par ce donné corporel dans lequel il se manifeste. Loin donc que quiconque puisse maîtriser l'émergence du sujet en disant : « Il est ici, à tel stade du développement embryonnaire », ou encore : « Il est là, puisque nous avons décidé de le reconnaître tel », il faut se résoudre d'abord à ne pas savoir quand ni comment commence le sujet, se résoudre *donc* à le laisser venir.

Dira-t-on qu'il s'agit là d'une réaction obscurantiste qui discrédite la double capacité humaine d'acquérir la connaissance scientifique du monde et d'assurer l'organisation démocratique des rapports sociaux ? Le reproche, en tout cas, serait immérité car l'indécidabilité quant à la mystérieuse émergence du sujet en son corps et dans les rapports sociaux ne récuse nullement la validité du projet scientifique ou démocratique ; elle en reconnaît plutôt la limite à tous égards fondatrice. Car la connaissance scientifique des objets suppose un sujet résistant à la maîtrise qui tenterait (en vain) de l'objectiver (en vain car toute objectivation suppose encore un sujet qui l'opère) et la gestion démocratique des rapports sociaux s'appuie indubitablement sur le libre déploiement des sujets dont le caractère personnel n'aura pu qu'être reconnu – et non attribué – par le corps social.

Mais si, en son acte métaphysique, la personne échappe de la sorte aux critères qui voudraient cerner la naissance de sa subjectivité autonome, une telle indécidabilité ne laisse toutefois pas le juriste désemparé quant à l'attitude pratique à adopter à l'égard de l'embryon humain. Cette attitude se dénomme respect devant ce qui est non pas personne humaine potentielle – expression finalement contradictoire – mais donné corporel où, depuis la fécondation, tout se passe comme si un sujet commençait l'aventure de son autonomie : l'homme et la femme se sont donnés l'un à l'autre, leurs cellules reproductrices ont fusionné en une troisième qui organisera d'elle-même sa propre croissance jusqu'à l'âge adulte et à la mort.

Comprenons-nous. Une telle position ne s'est pas rangée au « critère biologique » pour décider du commencement de la personne, car la biologie – comme toute science – ne donne jamais que ce qu'elle peut, c'est-à-dire une lecture de signes sensibles ; d'emblée la position qui accorde la protection du droit à l'embryon dès sa fécondation s'est portée vers le critère « culturel » en se demandant comment le débat démocratique restera à la hauteur de son projet fondé sur la libre expression des sujets de droit considérés comme égaux. La réponse fut qu'à la base d'un tel débat, il importait que chaque sujet fût rendu capable de faire valoir son autonomie au sein du corps social où il apparaissait. Mais comment rendre cette autonomie opposable à quiconque voudrait se poser en tiers pour en décider ? La seule manière de délivrer le débat démocratique de l'arbitraire destructeur des sujets a consisté, nous l'avons dit, à accepter de lire l'objectivité corporelle que le sujet se donne, même s'il le fait dans cette opacité où il cache son acte d'être. Est-ce le retour au critère « biologique » ? Oui, si l'on veut, mais comme à la fine pointe du critère « culturel » ou « éthique ». Par là, en effet, la société consent à déchiffrer, mais toujours dans l'indécidable, les signes corporels d'une présence subjective. Présence qu'elle voudra – à peine de contradiction – accueillir dans le débat démocratique, sans prendre le risque, donc, de la supprimer.

Il ne s'agit pas, on le perçoit, de tracer une voie moyenne qui n'accepterait ni le critère biologique à cause des contrariétés qu'il oppose aux habitudes prises dans la société d'aujourd'hui ni le critère culturel à cause des dangers qu'il entraîne sur la pente glissante défavorable aux sujets les plus faibles ; il s'agit plutôt de renvoyer pleinement ces deux critères l'un à l'autre en vue de gérer l'indécidable : puisque la personne ne se laisse pas scientifiquement ou socialement déterminer en son acte de sujet, il reste à organiser la loi du débat démocratique par référence à la plus petite objectivité corporelle que ce sujet présente, la cellule issue de la fécondation de la femme par l'homme et qui, livrée à elle-même, traversant tous les accidents possibles, parviendra à notre propre taille.

*3 / La transgression du droit de l'*infans conceptus

Or si le droit, pour rester fidèle à lui-même, doit « garantir le respect de tout être humain dès le commencement de la vie » (art. 1er de la loi Veil du 17 janvier 1975), il reste que notre époque assiste à la mise en cause massive d'un tel respect soit par l'interruption volontaire de grossesse, soit par certaines procréations médicalement assistées, soit encore par des expérimentations sur embryons (v. par ex. l'article 8 de la loi française no 94-564 du 29 juillet 1994 relative au don et à l'utilisation des éléments et produits du corps humain, à l'assistance médicale à la procréation et au diagnostic prénatal, *JO*, 30 juillet 1994 insérant un chapitre II *bis* au titre Ier du livre II du Code de la santé publique, en particulier l'article L 152-8, al. 3 : « A titre exceptionnel, l'homme et la femme formant le couple peuvent accepter que soient menées des études sur leurs embryons »). La législation positive qui dépénalise ou qui autorise de telles pratiques récuse-t-elle l'existence même du droit naturel ? Oui et non. Oui dans les faits, mais non dans le droit. A moins, encore une fois, de ramener tout le droit aux prescriptions positives, mais le juriste attentif aux exigences intrinsèques du droit s'y refusera.

Certes, parce qu'il ne dispose pas de la force du pouvoir, le droit naturel ne sanctionne pas la transgression de ses préceptes par d'autres mesures que celles qui ont été effectivement prises, en l'occurrence la suppression de vies humaines et les autres dommages de tous ordres que cette violence entraîne, mais s'il n'ajoute pas de nouvelles sanctions à celles que les humains s'infligent les uns aux autres à force de méconnaître ses exigences, le droit naturel n'en garde pas moins vive sa propre tension éthique à l'égard des énoncés qui le contredisent en droit positif.

Le dernier refuge d'une telle tension se situe dans la conscience humaine, celle de tous les citoyens sans doute – en particulier, en notre espèce, du corps médical et paramédical – mais aussi des autorités situées à la source du droit positif. On connaît l'objection de conscience opposée en 1990 par le roi des Belges à sa signature du projet de loi relatif à l'interruption de grossesse (cf. en annexe la lettre adressée par le roi Baudouin au premier ministre Martens, v. *infra,* p. 153) ; on connaît aussi les efforts déployés par la doctrine pour faire entendre la voix oubliée de l'être sacrifié (cf. par ex. P. Raynaud, L'enfant peut-il être objet de droit ?, *Dalloz*, 1988, chr. XVI, p. 109, où l'auteur se prononce en finale : « C'est donc bien parce qu'il est une personne et dans la mesure où il l'est que l'enfant ne saurait être un objet de droit. Pourquoi se refuser à en tirer la conséquence logique qui devrait conduire à revenir sur la libéralisation de l'avortement et à mettre fin au massacre des innocents ? »).

Parmi de tels efforts se situe également la volonté de reconnaître à l'enfant conçu une personnalité juridique complète en affinant la compréhension du célèbre adage *infans conceptus.* G. Mémeteau donne le ton de ce mouvement qui va « de la rigueur classique à l'exaltation baroque » en son article La situation juridique de l'enfant conçu (*Rev. trim. dr. civil*, 1990, p. 611):

L'auteur développe d'abord l'intelligence classique du principe : la personnalité juridique commence à la naissance de l'enfant mais rétroagit pour les besoins de la cause, « fictivement » dit-on, afin de permettre à l'enfant de succéder (C. civ. 725) ou de recevoir une donation (C. civ. 906). Cette rétroactivité, nécessaire pour percevoir de tels avantages *quoties de eius commodis agitur*, n'a lieu, ajoute-t-on, que si l'enfant naît vivant et viable. Sages dispositions qui font sortir en pensée l'enfant du sein de sa mère pour lui permettre de recevoir tel héritage ou telle donation, à condition (suspensive ? résolutoire ?) que sa constitution physique soit assez robuste pour faire espérer que le nouveau-né profitera des biens ainsi reçus.

Le régime semble suffire puisque, pour le reste, l'enfant qui n'a encore ni nom ni visage se contente de croître dans le sein de sa mère. Le droit d'ailleurs l'y protège puisque la loi pénale à l'époque réprime tout avortement. Dans ce contexte paisible, la personnalité juridique de l'embryon se satisfait des mesures classiques de l'*infans conceptus.* Mais puisque aujourd'hui le contexte a changé et que les enfants quittent le sein de leur mère non plus seulement par fiction pour être reconnus héritiers ou donataires mais en réalité par interruption volontaire de grossesse ou par fécondation *in vitro*, ne faut-il pas, demande G. Mémeteau, passer à l'exaltation « baroque » de cette même personnalité ?

> « La théorie classique de la personnalité conditionnelle de l'*infans conceptus* répondait au double besoin, à la fois de respecter le principe d'existence du sujet considéré, et d'en limiter l'application. Il s'agissait surtout de pourvoir à des transmissions patrimoniales et l'on reconnaissait à l'enfant conçu principalement des droits patrimoniaux. En vérité, il était naturel de limiter là la réflexion, alors que les sciences biomédicales n'apprenaient pas grand-chose sur le développement du produit de la fécondation, sur les possibilités de poser sur lui des interventions thérapeutiques (...), et alors aussi que le monde scientifique, non encore enivré du vertige prométhéen, acceptait des règles communément partagées » (*Rev. tr. dr. civ.*, 1990, p. 618).

Dans le mouvement proposé par l'auteur, il s'agirait moins de passer brutalement d'une conception restrictive à une conception extensive de la personnalité juridique de l'embryon que d'énoncer en des termes plus explicites la conviction d'autrefois – mais aujourd'hui fortement menacée – quant au caractère humain et donc personnel de l'embryon. Dira-t-on que l'adage *infans conceptus* fait justement obstacle à cette reconnaissance puisqu'il opère la rétroactivité d'une personnalité qu'il ne suppose acquise qu'à la naissance ?

En s'appuyant sur la réflexion de C. Atias (*La vie prénatale, biologie, morale et droit*, Paris, Téqui, 1985, p. 622), G. Mémeteau propose la distinction entre le domaine du patrimoine où l'adage joue à plein et celui de l'existence à titre de personne humaine qui transcende ce domaine :

> « L'enfant conçu est sans doute considéré comme né, *pro nato habetur* ; mais l'adage ne connaît qu'une fiction de naissance. Il ne comporte aucune fiction de personnalité, aucune fiction d'humanité : *infans conceptus pro nato habetur, sed humanus* ou *quia humanus* » (Atias, p. 122).

Devant les menaces qui pèsent *de facto* sur l'embryon, il s'agirait donc d'expliciter la conviction que l'adage supposait déjà, à savoir l'existence humaine du produit de la conception (v. dans le même sens N. Massager, *Les droits de l'enfant à naître* (Le statut juridique de l'enfant à naître et l'influence des techniques de procréation médicalement assistée sur le droit de la filiation. Étude de droit civil, Bruxelles), Bruylant, 1997).

Une telle explicitation entraînerait l'avantage d'une meilleure protection juridique de l'embryon. Objecte-t-on que cette explicitation risque de poser problème au plan patrimonial si l'enfant se voit pourvu, dans le sein de sa mère, d'un héritage ou d'une donation et que, pour une raison quelconque, il ne parvient pas vivant et viable au terme de sa gestation ? Faudra-t-il alors ouvrir sa succession comme on le ferait pour toute personne qui a nom et visage ? Cette solution ne semble pas heureuse du fait que l'enfant non né n'a pas eu l'occasion d'entrer réellement dans le commerce juridique. Mais la difficulté ici évoquée ne met pas en cause le principe : par parallélisme avec le système qu'a mis en place l'adage *infans conceptus*, valable, on l'a dit, au plan patrimonial, il suffirait d'affecter l'héritage ou la donation en question de la condition résolutoire de disparition du fœtus ou de naissance non viable. Si un tel accident survient, il annulera rétroactivement la transmission patrimoniale mais sans remettre en cause pour autant le fait qu'il y a eu personnalité juridique. Alors que, à l'époque « classique », l'adage créait une rétroactivité de la capacité patrimoniale de l'embryon sans se départir d'une conviction, implicite mais certaine, quant au caractère continûment personnel de cet embryon, à l'époque dite « baroque » (la nôtre), l'affirmation pure et simple de la personnalité juridique de l'embryon s'accommoderait bien d'une annulation rétroactive de la capacité juridique de l'enfant qui ne naîtrait pas viable.

Une disposition qui inscrirait dans la Constitution ou dans le Code civil que « dès sa conception, l'enfant à naître jouit de la personnalité juridique » (cf. proposition Wauthy, en Belgique, *Doc. parl.*, Ch. Repr., sess. 1986-1987, n° 1355-1, Sénat, sess. 1986-1987, n° 503-1) rendrait certes inutiles les fictions de l'adage *infans conceptus* et ses conditionnalités classiques, mais cette affirmation plus appuyée ne dirait-elle pas clairement, à l'encontre des pratiques qui situent l'embryon hors du sein de sa mère – hors du droit, donc – la façon dont le droit « conçoit » la personne ?

ANNEXE. – L'OBJECTION DU ROI BAUDOUIN Ier AU PROJET DE LOI RELATIF A L'INTERRUPTION DE GROSSESSE

Le 5 avril 1990, le premier ministre W. Martens a lu aux Chambres, réunies pour constater la fin de l'impossibilité de régner du roi, la lettre que lui avait transmise le chef de l'État le 30 mars précédent :

« Monsieur le Premier Ministre,

Ces derniers mois, j'ai pu dire à de nombreux responsables politiques, ma grande préoccupation concernant le projet de loi relatif à l'interruption de grossesse.

Ce texte vient maintenant d'être voté à la Chambre après l'avoir été au Sénat. Je regrette qu'un consensus n'ait pu être dégagé entre les principales formations politiques sur un sujet aussi fondamental.

Ce projet de loi soulève en moi un grave problème de conscience. Je crains en effet qu'il ne soit compris par une grande partie de la population, comme une autorisation d'avorter durant les douze premières semaines après la conception.

J'ai de sérieuses appréhensions aussi concernant la disposition qui prévoit que l'avortement pourra être pratiqué au-delà des douze semaines si l'enfant à naître est atteint "d'une affectation d'une particulière gravité et reconnue comme incurable au moment du diagnostic". A-t-on songé comment un tel message serait perçu par les handicapés et leurs familles ?

En résumé, je crains que ce projet n'entraîne une diminution sensible du respect de la vie de ceux qui sont les plus faibles. Vous comprendrez donc pourquoi je ne veux pas être associé à cette loi.

En signant ce projet de loi et en marquant en ma qualité de troisième branche du Pouvoir législatif, mon accord avec ce projet, j'estime que j'assumerais inévitablement une certaine coresponsabilité. Cela, je ne puis le faire pour les motifs exprimés ci-dessus.

Je sais qu'en agissant de la sorte, je ne choisis pas une voie facile et que je risque de ne pas être compris par bon nombre de concitoyens. Mais c'est la seule voie qu'en conscience je puis suivre. A ceux qui s'étonneraient de ma décision, je demande : “Serait-il normal que je sois le seul citoyen belge à être forcé d'agir contre sa conscience dans un domaine essentiel ? La liberté de conscience vaut-elle pour tous sauf pour le Roi ?”

Par contre, je comprends très bien qu'il ne serait pas acceptable que par ma décision, je bloque le fonctionnement de nos institutions démocratiques. C'est pourquoi j'invite le Gouvernement et le Parlement à trouver une solution juridique qui concilie le droit du Roi de ne pas être forcé d'agir contre sa conscience et la nécessité du bon fonctionnement de la démocratie parlementaire.

Je voudrais terminer cette lettre en soulignant deux points importants sur le plan humain. Mon objection de conscience n'implique de ma part aucun jugement des personnes qui sont en faveur du projet de loi. D'autre part, mon attitude ne signifie pas que je sois insensible à la situation très difficile et parfois dramatique à laquelle certaines femmes sont confrontées.

Monsieur le Premier Ministre, puis-je vous demander de faire part de cette lettre, à votre meilleure convenance, au Gouvernement et au Parlement. »

(Chambre des Représentants de Belgique, compte rendu analytique, sess. ord. 1989-1990, séance du 5 avril 1990, p. 746.)

IV. – Mourir dans la dignité

Alors que l'interdiction de l'homicide en général représente encore pour nos contemporains un des fondements de la civilisation et de l'État de droit puisque, dans l'opinion commune, l'anarchie ou la dictature se caractérise souvent par l'impunité du meurtre, l'interdit spécifique porté sur l'euthanasie rallie un moindre consensus ; d'ailleurs des législations s'ébauchent en Europe pour disculper le geste de mort à l'égard des personnes qui le demandent (v. par ex. la proposition de résolution du Parlement européen soutenue par le Dr L. Schwartzenberg (avril 1991), commentée par P. Verspieren, L'euthanasie, une porte ouverte ?, *Études*, 1992, p. 63). Aux Pays-Bas, la loi prise le 2 décembre 1993 modifie la loi sur les funérailles *(lijkbezorging)* en autorisant un règlement général (effectivement pris quinze jours plus tard) à prévoir la rédaction par l'administration de l'état civil d'un formulaire de décès survenu à la suite d'une aide au suicide, ou d'un achèvement actif de la vie *(actieve levensbeëindiging)* par un médecin avec ou sans demande du patient (cf. *Staatsblad van het Koninkrijk der Nederlanden,* 1993, n° 643 pour la loi, n° 688 pour l'arrêté royal). En Belgique, des deux propositions les plus récentes, l'une « autorise l'euthanasie active pratiquée à la demande du patient », *Doc. parl.*, Chambre des représentants, session 1993-1994, n° 1205/1, déposée par M. Standaert), l'autre « vise à élargir le droit de choisir du patient par l'institution d'une déclaration de volonté relative au traitement » (*Documents parlementaires,* Sénat, session 1993-1994, n° 960/1, déposée par M. Cuyvers). Pour l'analyse d'une proposition plus ancienne « relative au droit à la dignité thérapeutique du patient incurable » déposée par M. D'Hose (*Doc. parl.*, Chambre, session 1984-1985, n° 1109/1) puis par M. Klein (session 1985-1986, n° 389/1), cf. X. Dijon, Entre le droit et la mort, *Journal des tribunaux*, 1985, p. 49).

Tout y pousse, en effet, dans la mesure où, dit-on, un sujet n'y joue jamais que sa propre vie et où – seconde raison – le droit à la dignité s'impose comme une valeur plus importante encore que la vie elle-même. Dans ces conditions, pourquoi refuser à la personne qui le réclame (elle seule est concernée) le bienfait d'une mort digne, estimée comme son bien suprême ?

En ce chapitre, on voudrait montrer d'abord que les arguments qui s'opposent à une telle demande s'appuient sur la réalité d'une commune nature humaine, approfondir ensuite ce point par référence au partage de la dignité, préciser enfin la tâche de non-confusion que cette dignité impose au juriste.

1 / Considérer l'humanité

Pour justifier le refus de l'euthanasie, l'argument politique de la « pente glissante » mérite certes considération, mais l'argument éthique tiré de la nécessaire distance interpersonnelle au sein de la nature humaine touche davantage le fond de la question ou, plus exactement, ce second argument donne tout son poids au premier.

A la dépénalisation partielle de l'euthanasie – partielle parce que limitée par exemple aux cas de maladie incurable, de demande écrite de la part du patient, d'acte exécuté par un médecin, etc. – on oppose généralement l'argument de la transgression incontrôlée des limites : la porte est ouverte, dit-on, à tous les excès. On lit par exemple chez P. Diener (Idée nominaliste et déconstruction du droit, *Archives de philosophie du droit*, 1983, p. 229) une mise en cause vigoureuse du droit à la mort, de ce point de vue :

> « Plus significatif encore apparaît le manifeste des prix Nobel suscité par Monod. Ce texte se prononce sans aucune ambiguïté, au-delà des interdits moraux et juridiques, tant en faveur de l'euthanasie passive par abandon des soins que pour l'euthanasie active par administration de drogues. Les auteurs du manifeste prétendent justifier l'euthanasie au nom d'une morale aristocratique qui balaie la morale traditionnelle dont les préceptes sont assimilés à des tabous.
>
> « En vérité, les certitudes dogmatiques assénées procèdent toutes d'un rationalisme abstrait, autoritaire et individualiste qui consacre une idée matérialiste absolue et témoigne d'une confiance aveugle dans la technique. Ces idées présentées abusivement comme une position éthique et philosophique assurent à n'en pas douter le triomphe de la mort.
>
> « On pressent tous les dangers d'une société qui s'achemine vers une politique plus ou moins dissimulée d'élimination physique. Le moindre fléchissement pourrait engendrer une avalanche d'actes inhumains. Où peut s'arrêter la logique de l'escalade dans la voie qui mène à l'euthanasie eugénique ?

> « La revendication, insistante, du droit à sa propre mort afin de parfaire l'accomplissement de son propre bonheur individuel n'est pas propre à rassurer. Dans une perspective utilitaire, si le critère est la satisfaction d'un bonheur confondu avec le plaisir, il n'y a pas de différence de nature entre le droit à sa propre mort et le droit d'administrer la mort à autrui » (p. 243).

Les partisans de la légalisation du geste euthanasique répondront certes qu'une société adulte maîtrise suffisamment par son arsenal législatif, exécutif et judiciaire l'évolution des comportements sociaux pour qu'il n'y ait pas à craindre les dérapages évoqués. Toute mesure, disent-ils, est susceptible d'excès ; ce risque n'empêche cependant pas qu'on prenne tout de même ladite mesure à cause des bienfaits qu'elle promet.

A cette réponse rassurante, la réplique ne se fait pas attendre, mais elle mérite d'être explicitée :

> « Avec une certaine candeur les thuriféraires d'un droit à l'euthanasie s'imaginent qu'une procédure de sauvegarde appropriée contiendrait les abus, dans le cadre d'un véritable statut juridique des mourants et des médecins. C'est la pire des illusions qui témoigne d'une déviation de la pensée. Aucune procédure juridique ne peut prétendre réglementer ce qui est illicite en soi » (P. Diener, p. 244).

L'argument politique de la « pente savonneuse » ne tire en effet sa force que de l'argument éthique qui récuse le comportement « illicite en soi ». En d'autres termes, la récusation juridique du geste euthanasique ne s'appuie pas d'abord sur la quantité de vies humaines sacrifiées – les premières, dira-t-on, de façon légitime parce que euthanasiées conformément aux prévisions de la loi, les suivantes, illégitimement parce qu'au-delà des mesures légales – mais sur la symbolique engagée dans le geste de mort, de *toute* mort donnée à un être humain par un autre être humain. Car même lorsqu'il correspond aux prévisions légales, le geste euthanasique détruit la distance interpersonnelle caractéristique de la nature humaine. Ainsi que l'énonce P. Diener :

> « La mort n'est pas réductible à la loi qui régit l'espèce ni à un concept. L'individu humain est infiniment plus qu'un atome de l'espèce "homme", il est aussi une personne et chaque personne contient la totalité de l'humanité. On peut dire de l'animal qu'il meurt comme individu alors que l'espèce lui survit, mais avec la mort de chaque personne humaine, c'est l'humanité tout entière qui meurt » (*APD*, 1983, p. 245).

Alors que la mentalité libérale sous-jacente à la revendication du droit à l'euthanasie inscrit la mort dans l'empire du seul sujet qui juge par lui-même de sa propre dignité et qui donne dès lors, par son consentement, l'autorisation à son propre *exit*, la pensée jusnaturaliste considère l'humanité présente en toute personne et donc la radicale incapacité pour celle-ci de demander à un tiers la délivrance hors de cette commune nature.

Dira-t-on qu'une telle pensée développe une conception très tyrannique de l'humanité limitant d'autant les libertés de la personne ? Il faut répondre qu'à l'inverse la personne n'est libre qu'en assumant son humanité, définie précisément par la liberté, répondre aussi que la figure du tiers exprime aux yeux du sujet, en l'espèce souffrant, cette humanité qui continue à faire de lui un sujet, c'est-à-dire, malgré sa souffrance, un être libre.

2 / Partager la dignité

La dignité humaine ne relève pas de la seule décision du sujet ; elle se partage entre les humains comme la conviction commune caractéristique de leur humanité. Cercle vicieux d'être humain parce qu'on croit être humain ? Cercle vertueux, plutôt, de la conviction qui se renforce à mesure qu'on laisse être davantage en l'autre et en soi la dignité humaine qui s'y trouve déjà. Instance : comment savoir qu'elle s'y trouve déjà ? Réponse : encore et toujours par l'objectivité, si opaque soit-elle, que chaque sujet offre en son corps. La dignité humaine ne s'accapare pas ; elle se donne à reconnaître dans la conviction commune qu'une même nature relie l'irréductibilité des personnes exposées les unes aux autres en leur fragilité corporelle. Soumettre cette dignité à la seule volonté du sujet, anxieux par exemple de l'image qu'il donne de lui-même, c'est priver ce sujet de l'objectivité dont il a besoin pour être libre, c'est-à-dire de la nature humaine que lui signifient, à ce moment-là, les humains qui l'entourent. La dignité humaine ne se distingue pas de la nature du même nom : elle indique seulement toute la part de devoir-être inhérente à ce qui est, c'est-à-dire à cette nature même.

Être humain, en effet, ne se décide pas puisque l'être humain est tel par nature ; pourtant cette nature appelle par elle-même une décision de reconnaissance hors de laquelle l'humanité déchoit d'elle-même. D'où la part du droit inhérente à la nature humaine : droit et dignité se confondent dans la même exigence de reconnaissance. Parce qu'elle n'a rien à voir avec un jeu d'images subjectives, la dignité oblige tous les partenaires de la relation.

A cet égard, la réflexion du Dr I. Marin (La dignité humaine, un consensus ?, *Esprit*, février 1991, p. 97) mérite d'être citée :

> « C'est sur cet appel à la dignité que repose l'argumentation des défenseurs de l'euthanasie : l'Association pour le droit à mourir dans la dignité ; Schwartzenberg et Caillavet y font également référence à de multiples reprises. (...) Les textes qui définissent cette bonne mort dans la dignité la définissent toujours par l'image que le mourant peut renvoyer. L'autre, médecin ou proche, se scandalise de l' “indignité” du malade, indignité attestée par l'atrocité de l'image. (...) La douleur et la souffrance sont aussi évoquées pour décrire ce qui “est pire que la mort”. Ce sont les malades le plus souvent encore bien portants qui réclament le droit à la mort dans la dignité, car ils craignent une mort dans la souffrance. Faute de pouvoir conserver la maîtrise d'un corps qui les lâche, d'une vie qui les quitte, ils revendiquent le droit à rester maîtres de leur destin, maîtrise minimale de l'heure et du mode de la mort inévitable. (...)
>
> « La dignité oscille ainsi entre ces deux pôles : la belle image et la maîtrise, parfois la toute-puissance. Quelques questions se posent alors incidemment : seules quelques maladies très symboliques, sida, cancer, démence font tout à coup surgir le débat. D'autres, tout aussi mortelles, parfois au prix de grandes souffrances, ne donnent pas lieu à ce type de revendication, bien au contraire. (...)
>
> « La dignité humaine ne permet pas non plus, ou si rarement, de juger des conditions de vie ou de travail des citoyens, ni des conditions de soins aux malades mais est introduite quand le mourant désigne l'échec de la médecine et du savoir. L'éloge de la toute-puissance médicale et la foi dans le progrès n'en sont pas ébranlés » (p. 98-99).

D'où les questions – pertinentes – que pose notre auteur quant à l'usage du concept de dignité à l'égard de la personne qui va mourir :

> « Est-ce seulement lors de l'échec de la technique que quelque chose du social, du culturel, du symbolique, bref de l'humain, peut émerger ? Cela jetterait un sérieux doute sur la pertinence du concept. Cette valeur qui, mieux que celle de la vie, permettrait de jauger les réalisations sociales et humaines, d'intervenir en ouvrant le champ des débats éthiques, ne serait convoquée qu'après coup, quand déjà la technique est insuffisante et que se fissure le consensus social. La dignité pourrait alors avoir la même fonction que la prise en charge technique et les mêmes effets pervers : trouver une solution à un problème avant que de poser les questions, empêcher que l'humain ne mette en péril le fonctionnement social.
>
> « A ce moment crucial d'une fin de vie, la revendication de la dignité prise dans ces deux acceptions, la belle image et la maîtrise, conduit à une impasse. Une position courageuse est alors de préférer la mort dans la dignité à la vie indigne. Mais serions-nous condamnés à ne pouvoir reconnaître l'humain qu'en le tuant ? » (p. 99).

I. Marin plaide alors pour une autre conception de la dignité moins soumise au jeu de l'image de soi et de la maîtrise technicienne, mais le vocabulaire utilisé par notre auteur pèche peut-être, comme dans les conceptions qu'elle combat elle-même, par excès d'activisme :

> « Si un système concentrationnaire a pu détruire la dignité de tant de gens (avant de les tuer), c'est bien que nous n'avons pas à la reconnaître seulement comme un attribut mais à la construire (ou la détruire) comme valeur. Primo Levi, en dénonçant l'humiliation et la déshumanisation, a montré "à son insu" que l'homme renaissait dans les camps grâce à la prière d'un rabbin, au sourire d'un ami, au contact chaleureux, à une révolte désespérée, et si Lorenzo, l'ouvrier italien, lui a sauvé la vie, ce n'est pas par le pain donné mais bien par la dignité retrouvée. Le regard et la parole d'autrui font revivre l'homme dans l'homme. Nous sommes loin de la dignité comme image ou maîtrise d'un destin. La dignité se comprend alors dans une relation humaine, produite par la reconnaissance de l'autre » (p. 99).

A vrai dire, chaleur et regard, sourire et parole expriment certes activement la reconnaissance de l'autre, mais c'est la reconnaissance d'une dignité qui se trouvait déjà en lui et que le tiers précisément admet de « reconnaître ». En d'autres termes, il n'y a pas lieu d'opposer, comme semble le faire I. Marin dans le passage juste cité, la dignité-attribut et la dignité-valeur. Car si la dignité représente à nos yeux une « valeur » à construire, c'est précisément parce qu'elle est déjà un « attribut » à reconnaître. Ici, l'attribut appelle de soi la reconnaissance ; *en cela* il est valeur s'imposant d'ailleurs à soi-même autant qu'à l'autre puisque la même dignité se partage entre tous les humains. L'activité de « construction » de la valeur répond à une exigence propre à la dignité elle-même.

Voit-on mieux dès lors que la dignité humaine ne peut se ramener seulement à l'orbite subjective ? En effet, elle touche intimement le droit, c'est-à-dire la justesse de la relation, et donc l'objectivité d'autrui. En subordonnant la dignité humaine au seul consentement du sujet, le droit se perd car il lui manque alors l'espace humain nécessaire à la relation. L'acte fusionnel par lequel un tiers a prêté ses gestes mortifères à la volonté du sujet qui réclamait sa mort (mais réclamait-il sa mort ?), cet acte a réduit à néant la distance interpersonnelle dans laquelle le droit garantit le respect de la dignité humaine.

Le psychologue dira en quel mixte pulsionnel de désir et de mort *(eros* et *thanatos)* cette fusion euthanasique a trouvé sa genèse. Le philosophe spéculatif, de son côté, montrera en quoi cette abolition de la distance interpersonnelle opère la fusion contradictoire de l'idéalisme qui tue le corps pour sauver l'âme et du matérialisme qui identifie sans reste la personne à son corps. Le phénoménologue montrera à son tour comment la négation de l'espace intercorporel – puisque les gestes homicides d'une personne « fusionnent » avec l'intention (supposée) suicidaire d'une autre – cette négation de l'espace entraîne aussi l'impatiente négation du temps : ainsi se comprend l'anticipation mise en œuvre par le « testament de vie » dans lequel le signataire se jugeant plus libre aujourd'hui que demain règle d'avance son sort futur, par méfiance donc à l'égard de sa propre liberté ; ainsi encore l'illusoire volonté d'anticiper la mort par l'euthanasie pour se soustraire aujourd'hui à l'inéluctable empire de la mort à venir (comp. P. Sporken, *Le droit de mourir*, Desclée de Brouwer, 1974, p. 165 : « On essaie à juste titre de combattre l'impuissance à aider les vivants sur un plan authentiquement humain, mais en concluant à l'euthanasie active de manière consciente et à mon avis trop prématurée, on choisit à tort une autre forme d'impuissance, à savoir l'impuissance à procurer de l'aide aux mourants. A mon sens, cela est moralement inacceptable car, ce faisant, on rejette un des aspects les plus fondamentaux de notre comportement de base à l'égard d'autrui, à savoir la patience de lui permettre d'être lui-même tant dans la vie que dans la mort. »)

Que dira le juriste ? Il maintiendra la non-confusion des personnes et, pour y aider, il refusera la confusion du langage.

3 / Éviter la confusion

Puisqu'elle ne se confond pas avec l'image de soi, la dignité appelle, en effet, l'impératif de la loi pour rappeler l'objectivité de ses exigences. Car si les partenaires de la relation ne conçoivent leur dignité qu'en un jeu de miroirs, ils risquent d'y manquer par absence de référence tierce.

Parenthèse. Par où la figure de l'euthanasie se superposerait peut-être à celle de l'avortement par absence, dans ce dernier cas également, d'une référence au tiers qui ferait mémoire de l'objectivité (cf. R. Théry, La condition juridique de l'embryon et du fœtus, *Dalloz-Sirey*, 1982, chr. XXXV, p 231 : « Il est vrai que depuis quelques années, une autre exploitation des données biologiques a rendu singulièrement précaire la condition juridique de l'embryon, voire du fœtus : la triade père-mère-enfant s'est estompée et l'attention accaparée par l'un de ses membres marginalise les deux autres, le père, exonéré (ou frustré ?) de sa responsabilité, l'enfant, privé de sa relation au père et "chosifié" dans sa relation à la mère » (p. 238). Fermons la parenthèse.

Quoi qu'il en soit de l'analogie, on voit à quelle radicalité se situe l'interdit : ne pas permettre que les partenaires de la relation tuent l'humanité dans la mort que l'un donnerait à l'autre. D'où l'importance du droit pour rappeler cette humanité même.

Bien sûr, comme toute injonction juridique, l'interdit reste formel puisqu'il ne donne pas les contenus des paroles que les humains s'échangeront dans l'espace interpersonnel ainsi maintenu ouvert : paroles de révolte ou de pardon, de paix ou d'absurdité, tout peut venir. D'où, parfois, l'accusation d'inhumanité portée contre un tel interdit qui se maintient dans la hauteur des principes sans oser descendre, dit-on, dans la réalité des sentiments, des pitiés et des souffrances. En réalité, une telle interdiction portée par le droit ne nie rien des débats où s'affrontent les humains quant au sens de cette existence qui n'en finit pas de s'achever, mais elle permet seulement qu'ils aient lieu jusqu'à leur terme. Parce que formel, l'interdit ne remplace pas les cheminements – de la question angoissée vers la réponse apaisante ou de la réponse trop superficielle vers la remise en question ; il les laisse simplement se dérouler dans les échanges de paroles (et de silences) entre les humains jusqu'à ce que la mort les arrête. A la fin de son article déjà cité, I. Marin dit de la dignité humaine qu'elle « nous rappelle que l'humanité n'est pas donnée à construire ; elle est le nom que nous donnons à ce qui n'existe pas autrement que comme une question : l'homme » (*Esprit*, février 1991, p. 101).

D'accord avec l'auteur pour dire que la « question » de l'homme ne s'épuisera qu'avec lui, nous voudrions ajouter que la dignité humaine donne tout de même aux humains assez de « réponse » pour exiger qu'entre eux la question reste posée jusqu'au bout. Jusqu'au bout, c'est-à-dire jusqu'à ce que la mort vienne d'elle-même comme le signe inéluctable d'une objectivité aussi transcendante aux humains que leur propre dignité.

Poser l'interdit de l'homicide comme la garantie formelle du respect de la dignité humaine inhérente à chaque personne constitue le premier devoir du droit dans la matière qui nous occupe. La non-confusion ainsi assurée quant aux êtres entraîne un autre devoir de non-confusion quant aux mots. Car si la perspective de la mort bouscule les désirs en les précipitant parfois vers le geste homicide, elle perturbe plus encore le langage par les nombreux glissements de sens qui, masquant la portée réelle des mots, autorisent alors les dérives euthanasiques. On voudrait illustrer ce point par une citation, non pour stigmatiser l'angoisse – combien compréhensible – qui affecte les humains à la pensée de leur mort, mais pour rappeler le devoir de vigilance du juriste.

Le Dr Y. Kenis présente l'Association (belge) pour le droit de mourir dans la dignité (ADMD) dans une brochure intitulée : *Choisir sa mort, une liberté, un droit* (avril 1990).

D'emblée, l'auteur situe le premier souci de l'Association dans la lutte contre l'acharnement thérapeutique.

> « Tout le monde sait qu'on peut aujourd'hui maintenir en vie, par des moyens artificiels, mécaniques et pharmacologiques, un organisme qui, sans ces moyens, cesserait quasi instantanément de vivre. Ces mesures de réanimation qui constituent un

progrès extraordinaire lorsqu'elles permettent de franchir un cap difficile, rendant possible le retour du malade ou du blessé à une vie normale, sont par contre ressenties par beaucoup comme un abus intolérable lorsqu'elles ont comme seul résultat la prolongation de l'agonie. Une telle attitude est dénoncée comme un jusqu'au-boutisme aveugle, comme une recherche de l'exploit, aux dépens de la qualité de la vie de l'être humain dans sa phase ultime. De plus en plus de gens veulent avoir le droit de refuser une telle fin, veulent pouvoir s'opposer à cet acharnement thérapeutique. C'est principalement pour cette raison que se sont créées des associations comme la nôtre » (p. 6 et 7).

On lit pourtant, au chapitre suivant, que si l'Association (ADMD)

« met l'accent sur la légalisation de l'euthanasie volontaire, plutôt que sur le refus de l'acharnement thérapeutique, c'est parce que ce dernier [= ce refus] est généralement admis et n'est interdit ni par la loi ni par le Code de déontologie médicale. Par contre, l'euthanasie volontaire – que le Code pénal ignore – peut être juridiquement assimilée à un assassinat » (p. 12).

Plus grave que les imprécisions juridiques commises à propos de la déontologie médicale (qui *prohibe* bel et bien l'acharnement thérapeutique sans espoir) ou du Code pénal (qui n'ignore pas l'euthanasie puisqu'il incrimine l'homicide), on notera le glissement qui passe du souci légitime d'arrêter la démesure des soins, présenté comme « raison principale » de l'Association à la promotion de la thèse qui revendique le bien fondé de l'homicide, sur laquelle on « met l'accent ».

Glissement encore lorsqu'on appelle « euthanasie passive » une raisonnable abstention de soins de sorte que, par réciprocité en quelque sorte, on estime raisonnable une authentique « euthanasie active » ou lorsqu'on fait émettre dans un « testament de vie » (v. en annexe les *dernières volontés relatives à ma mort,* p. 162) deux premières requêtes qui n'appellent aucune signature personnelle puisque les devoirs de mettre fin à l'acharnement thérapeutique, d'une part, de soulager la douleur, d'autre part, font partie de la déontologie imposée à tout praticien à l'égard de tout patient, mais qu'on ajoute comme troisième point la demande d'euthanasie active qui contrevient à la loi pénale.

De tels glissements dans les mots empêchent le juriste de donner aux rapports sociaux la forme qui leur convient. Sans doute n'est-ce là qu'une question de langage ? Peut-être, mais pour maintenir la distance interpersonnelle requise par la dignité humaine, le droit se bat aussi pour que les mots gardent la précision nécessaire au respect des personnes.

ANNEXE. – DOCUMENT DE L'ADMD
(Association pour le droit de mourir dans la dignité)

DERNIÈRES VOLONTÉS RELATIVES A MA MORT

S'il m'arrivait d'être dans un état de déchéance physique ou intellectuelle irréversible et dans l'impossibilité d'exprimer ma volonté, alors qu'il n'y aurait plus aucun espoir de me guérir, je demande instamment :

* 1° de ne pas être maintenu(e) en vie artificiellement ;
* 2° que l'on m'administre des médicaments aux doses utiles pour apaiser mes souffrances même si cela doit hâter ma mort ;
* 3° que l'on n'hésite pas à pratiquer sur moi l'euthanasie active ;
** 4° ...

Ce testament a été rédigé en toute liberté et en pleine possession de mes facultés. J'espère que les médecins ainsi que mes proches se sentiront tenus de le respecter.

Date : ....

Nom (en capitales) : ....

Signature,

* Barrez la(les) mention(s) que vous refusez.
** Mentionnez ici d'autres volontés s'il y a lieu.

TITRE III

La famille : où est passée la nature ?

Les relations familiales connaissent-elles un droit dont la formulation se contenterait de lire leur seule nature ? Aujourd'hui, rien n'est moins sûr puisqu'une même logique du désir bouscule d'abord le caractère naturel de l'institution matrimoniale et de la filiation légitime, demande ensuite aux techniques biomédicales l'assistance à la procréation ou la modification de l'apparence sexuelle, requiert enfin des institutions juridiques une plus grande disponibilité des enfants (chap. Ier). Pour restituer toutefois au désir sa propre générosité, le droit fonde sur le lien intime que noue la logique du don entre la procréation et l'union matrimoniale le double principe qu'il énonce quant à l'indisponibilité du corps humain et l'indisponibilité de l'état des personnes (chap. II). Par là, il reconnaît l'enfant comme sujet (chap. III).

Chapitre Premier

LE DÉSIR ET LA NATURE

1 / La vérité de la filiation au gré du désir

L'invocation du droit naturel dans la matière des relations familiales semble de nos jours de moins en moins crédible : ce droit n'apparaît-il pas le plus souvent en effet comme la mystification par laquelle un auteur prétendrait naturaliser ses préjugés personnels ? Il est loin le temps où les rédacteurs du Code Napoléon, convaincus de la préséance du mariage comme acte naturel sur toute loi positive, déduisaient de cette « véritable origine » l'ensemble des droits et des obligations que comporte l'union de l'homme et de la femme. En ce contrat, rédigé par la nature elle-même, dirait-on, s'inscrivait tout aussi naturellement la mise au monde des enfants et leur éducation. Celle-ci exigeant du temps requérait donc la durée de l'institution matrimoniale.

En dehors de cette cellule légitime fondée sur le mariage rôdaient les enfants venus eux aussi de la nature puisqu'on les disait « naturels » – mais d'une nature non réassumée dans l'engagement civil du mariage –, interdits de séjour lorsqu'ils provenaient de l'adultère ou de l'inceste, admis à une certaine reconnaissance – mais limitée en ses effets – dans les autres cas.

Aujourd'hui, cette construction juridique a perdu une très large part de son assurance. L'institution matrimoniale, boudée dans les faits, concurrencée par la reconnaissance progressive de la vie commune hors mariage ou entamée par les règles qui ont rendu le divorce de plus en plus accessible, ne constitue plus la seule pierre angulaire de la cellule familiale. Par l'égalisation juridique des enfants nés dans et hors mariage, l'union libre entre l'homme et la femme devient un fondement tout aussi légitime de la famille. Les spécialistes du droit de la famille parlent, de réforme en réforme, d'un bouleversement de la législation. Comment l'appréhender ?

Puisque notre projet porte ici sur la formulation d'un droit naturel des relations familiales, une première question se pose à propos de cette non-discrimination, exigée, semble-t-il, par la compréhension actuelle des droits de l'homme, entre tous les enfants, quelle que fût leur naissance : l'égalisation opérée par les récentes réformes du droit de la filiation a-t-elle rendu tous les enfants légitimes ou tous naturels ?

Dans l'intention, tous les enfants devaient probablement bénéficier de la légitimité qu'ils tirent de leurs droits de l'homme, mais la mise entre parenthèses à peu près complète de l'institution matrimoniale dans le domaine de la filiation – excepté, en matière de preuve, la présomption de paternité du mari de la mère – montre que, plus probablement encore, ils sont devenus tous naturels au sens où le critère physiologique de l'engendrement a pris le pas sur l'institution juridique du mariage. Les études consacrées aux évolutions actuelles du droit de la famille notent en effet dans l'établissement de la filiation les progrès du critère de la vérité biologique faisant reculer d'autant les artifices et les limitations procédurales qui protégeaient jadis la famille légitime fondée sur le mariage. Le droit naturel deviendrait-il, ici, physiologique ?

Mais un autre phénomène, également actuel, nous oblige d'emblée à corriger la réponse donnée à cette première question. Il s'agit des procréations médicalement assistées. Ici, au contraire, la vérité biologique demeure enfouie dans les dossiers médicaux des banques de sperme et autres « centres de fertilité masculine » ou *alma mater* ne laissant apparaître socialement que la réalisation du projet parental qui a recouru soit à la fécondation *in vitro* et transfert embryonnaire *(FIVETE)*, soit à l'insémination artificielle, soit encore à la maternité de substitution, opérations qui ont utilisé les gamètes des parents eux-mêmes ou ceux de tierces personnes. En toutes ces hypothèses qui s'écartent plus ou moins vivement de la vérité biologique (excepté l'insémination et la *FIVETE* homologues), la filiation retrouve les chemins de l'artifice que les récentes évolutions du droit de la filiation semblaient avoir écartés en se fiant davantage aux liens du sang. Qu'en est-il donc ?

Comment une même époque peut-elle à la fois, ne maintenant plus fermée que la seule clôture de l'inceste, lever au nom de la réalité physique de l'engendrement les barrières qui, pour protéger la famille légitime, limitaient étroitement le désaveu de paternité, interdisaient la reconnaissance de l'enfant adultérin, ou réduisaient à la portion congrue les droits de l'enfant naturel, et occulter en même temps cette réalité physiologique soit par le secret gardé sur les protagonistes, soit par les limites imposées aux possibilités de désaveu, lorsqu'une technique de procréation médicalement assistée a recouru au don de gamètes ou au don d'embryon pour permettre la naissance d'un enfant ?

La logique ici mise en œuvre ne suivrait-elle pas aujourd'hui les chemins du désir ? En effet, lorsque l'institution matrimoniale fait barrage aux élans du cœur qui souhaite situer les filiations dans la vérité de l'affection nouée par l'adultère ou l'union libre, on invoque la réalité physique de l'engendrement, pour écarter ces artifices d'autrefois qui visaient davantage, dit-on, à protéger l'institution du mariage, régulatrice de la famille et, par elle, de l'ensemble de la société, qu'à permettre aux hommes et aux femmes d'exprimer la sincérité de leurs sentiments jusques et y compris par la mise au monde d'un enfant. Par contre, lorsque les désirs du couple, voire de la personne isolée, se portent vers l'enfant qu'elles ne peuvent ou ne veulent pas engendrer par les voies naturelles, alors, cette même vérité de l'affection attestée dans le projet parental doit suffire à justifier l'artifice qui permet, grâce aux progrès de la médecine, de considérer comme sien un enfant qui ne vient pas – ou pas entièrement – de soi. Les règles contrastées de la filiation suivraient ainsi une même logique du désir affectif qui, d'un côté, invoquerait les évidences biologiques pour légitimer l'engendrement d'enfants en dehors du mariage et, de l'autre, récuserait ces mêmes évidences pour justifier les procréations médicalement assistées.

Or si la vérité de la filiation s'établit de la sorte au gré du désir, il existe encore d'autres domaines du droit des personnes où joue la même logique.

2 / Les figures de la disponibilité

Mue par son désir, la volonté veut à la fois rendre disponible à son emprise l'objet de son aspiration tandis que, pour sa part, elle se garde dégagée de toute attache pour mieux suivre au gré du temps le mouvement de ses propres affects. Faisons le point de ces diverses figures.

Du côté de l'institution matrimoniale, cette logique inspire autant l'aversion pour le mariage à cause de la renonciation qu'il implique à toutes les potentialités de la liberté, par exemple à la possibilité d'élire d'autres personnes avec lesquelles l'affection pourrait s'avérer un jour plus désirable, que la préférence correspondante pour l'union libre qui permet le dégagement sans formalité d'un lien devenu périmé. Cette première crise de la liberté confrontée à son désir et à ses craintes remet radicalement en question l'indisponibilité qu'institue ici le droit. C'est donc à l'institution matrimoniale que devra s'appliquer, nous y reviendrons, l'analyse qui voudrait mieux comprendre les principes énoncés par le droit en notre matière.

Du côté de la filiation, l'ébranlement du mariage s'accompagne, nous l'avons dit, de la volonté de transparence des origines biologiques lorsque la fiction des filiations légales pèse trop lourdement sur les sentiments des personnes, tandis que la science biomédicale multiplie à son tour par la procréation médicalisée les possibilités d'exaucer les désirs.

Au titre précédent, nous avons certes posé l'indisponibilité du corps : le sujet ne détient pas de pouvoir sur lui-même car c'est en et par son corps qu'il rend objective cette subjectivité que désormais l'ordre juridique aura à protéger depuis le premier instant de cette existence corporelle jusqu'à sa disparition dans la mort. Mais si on comprend qu'un sujet ne puisse disposer juridiquement de lui-même au point de faire disparaître en lui le sujet de droit, on se demande tout de même s'il ne peut pas exercer sa maîtrise naturelle en mettant son corps à la disposition du projet parental d'autrui ; sa subjectivité, loin de disparaître, s'épanouirait ainsi dans l'altruisme. A l'instar du don d'organes qui entame déjà le prétendu principe d'indisponibilité du corps, il faudrait donc légitimer pleinement tant les dons de gamètes masculins et féminins, voire les dons d'embryon, que la mise à la disposition par une femme de son corps en vue de porter un enfant pour autrui.

Sans entrer dans la caricature, l'image du magasin supermarché a pu être avancée pour décrire le champ de la procréatique comme étalage des possibilités techniques de répondre aux demandes des candidats à la parenté. Si l'on ajoute à ce versant positif du choix des modes de la fécondité au nom du désir d'enfant, le versant négatif du rejet de l'enfant conçu, au nom de la détresse d'avoir à le faire naître, on comprendra que la dépénalisation de l'avortement s'inscrit dans la même logique : si l'enfant désiré *doit* être, celui qui n'est pas désiré ne doit *pas* être.

Cette même logique du désir guide peut-être parfois également les réformes du droit (interne ou international privé) de l'adoption ou de la déclaration judiciaire d'abandon lorsqu'il s'agit de rendre juridiquement plus disponibles les enfants que l'on souhaite adopter. On connaît en effet la difficulté longuement éprouvée par les candidats à l'adoption de trouver dans leur propre pays ou à l'étranger des enfants qui pourraient combler leur vœu de paternité ou maternité déçu par la stérilité. Or le souhait d'élever et de rendre heureuse une postérité qui, sans l'acte d'adoption, aurait connu dans son propre milieu le malheur de l'abandon conduit parfois à des pressions qui visent plus ou moins volontairement à séparer de sa famille d'origine l'enfant que l'on désire adopter : sollicitations financières qui conduisent à parler parfois de trafic d'enfants, suggestions insistantes auprès de la jeune mère célibataire, comportements manifestés par les familles d'accueil pour écarter l'enfant accueilli du contact avec ses parents du sang, renforcement du contrôle des relations familiales des enfants placés en institution avec, en cas de carence, les déclarations judiciaires d'abandon et d'adoptabilité de l'enfant, etc. Lorsque ce mouvement du désir joue en outre sur la différence sociale qui sépare le milieu généralement aisé des candidats à l'adoption et la misère des populations du Tiers Monde ou des familles marginalisées où, souvent, l'enfant adopté a trouvé naissance, on comprend que le rapport de forces conduise nos sociétés et nos législateurs à instituer une plus grande disponibilité des enfants adoptables par rapport à leur famille d'origine pour une meilleure protection de l'intérêt, dit-on, de ces enfants eux-mêmes.

Ainsi la logique du désir veut-elle rendre disponible aux vœux des sujets concernés, tantôt le corps lui-même – procréation médicalement assistée –, tantôt l'état des personnes – mariage, filiation.

Peut-on évoquer ici une dernière disposition peut-être encore plus délicate, à la fois du corps humain et de l'état civil : l'opération chirurgicale des transsexuels ? Alors qu'elle possède dès sa naissance toutes les caractéristiques génotypiques, gonadiques et phénotypiques de tel sexe – ce qui ne se vérifie pas dans les états intersexuels où la nature elle-même a mélangé les genres pour produire un être hermaphrodite – la personne atteinte par le syndrome transsexuel vit obsessionnellement la pénible conviction d'appartenir à l'autre sexe. Les thérapies envisagées suivent soit la voie psychologique qui tâche d'amener le sujet à se réconcilier avec son évidence corporelle, soit la voie chirurgicale qui tente au contraire de faire correspondre par l'hormone et le bistouri les apparences du corps avec le sexe de l'esprit. Généralement protégées de l'inculpation de coups et blessures par l'immunité qui entoure l'art de guérir, ces interventions thérapeutiques ajoutent une lourde pièce au dossier des exceptions à l'indisponibilité du corps. La question s'est posée en justice de savoir dans quelle mesure cette pratique entraînait également une exception à l'indisponibilité de l'état des personnes : pour quel motif faudrait-il modifier la mention du sexe sur l'acte de naissance de la personne qui a demandé à la chirurgie la modification de son anatomie sexuelle ? Par humanité envers ce patient qui ne mériterait pas d'ajouter à ses malheurs celui de vivre la contradiction entre sa présentation sociale et son identité administrative, ou par respect du principe qui poserait la liberté du sujet à choisir son propre genre ?

3 / La perplexité du droit naturel

Rencontrant cette logique du désir d'abord sur le terrain de la filiation, le « droit naturel » ne peut manifester que sa perplexité. Veut-il invoquer les données de la nature, en l'occurrence l'engendrement de l'enfant par la relation sexuelle de ses parents pour contredire les transferts de cellules germinales ou d'embryons qui permettent de concevoir des enfants en dehors de la sexualité ? On lui répond que les faits biologiques ne constituent jamais aux yeux du juriste l'élément essentiel de la filiation. A preuve, précisément, l'institution matrimoniale qui couvre de la légitimité des enfants qui ne proviennent effectivement pas du mari de la mère ou qui écarte de la reconnaissance par ce même mari des enfants qui proviennent effectivement de lui, ou encore qui – autrefois – diminuait les droits des enfants naturels simples pourtant réellement engendrés par leurs auteurs. A preuve, et avec plus d'évidence encore, l'institution de l'adoption par laquelle une filiation parfaitement conforme au droit se détache entièrement de la réalité biologique vécue dans la famille d'origine. Si donc le droit n'a jamais retenu les données corporelles comme le fondement unique sur lequel il instituerait les règles de la filiation, il paraît malvenu de s'en servir pour récuser la légitimité des procréations obtenues médicalement par le recours à des cellules tierces.

Par contre, si le droit naturel, empruntant par exemple la voix des rédacteurs du Code Napoléon, inscrit la filiation dans l'engagement solennel par lequel un homme et une femme se promettent fidélité, secours et assistance pour, en conséquence, protéger spécialement les enfants nés au sein de cette cellule légitime, on invoque alors soit les distorsions que les règles de fond et de forme créent parfois entre la vérité légale de cette filiation légitime et la vérité biologique de la procréation adultère, soit les inégalités qui pèsent sur les enfants nés hors mariage par rapport aux enfants légitimes, pour mettre en cause ce « droit naturel » hypocrite et bourgeois. Ici, l'équation « un enfant égale un enfant » s'appuie sur la réalité physique de l'engendrement pour prétendre à la reconnaissance juridique de tous les enfants, quel que soit le statut de leur famille.

Puisqu'on ne voit pas quelle autre logique que celle du désir a rendu possible une telle alliance des principes contraires, on comprend la perplexité du droit naturel. Où est en effet passée la nature ? Renvoyée à ses deux contraires que semblent être la procréation médicalement assistée (opposée à la procréation naturelle) d'un côté et la légitimité (puisqu'on a distingué les enfants légitimes des enfants naturels) de l'autre, la nature se retrouve d'autant moins dans le droit de la famille que le double détachement opéré par rapport à elle en arrive, redisons-le, à se renforcer mutuellement : pourquoi ne pas autoriser, dit-on, la maternité de substitution puisque, en d'autres occasions, l'institution de l'adoption permet *aussi* à un couple sans enfant de constituer une cellule familiale avec des enfants portés à l'origine par d'autres parents ; pourquoi ne pas permettre l'insémination *post mortem* homologue d'une veuve, ou l'insémination par donneur d'une célibataire puisque tant d'enfants aujourd'hui sont élevés par une femme laissée seule après le décès de son mari, le départ de son compagnon ou le divorce ?

L'institution juridique offre ainsi des modèles (l'adoption, le divorce, la paternité légale...) qui, s'écartant parfois des données de la nature, s'avèrent précieux pour les procréations artificielles en quête de légitimité. Dans ce va-et-vient de la nature tour à tour exaltée pour contourner l'institution puis récusée (parfois par recours, précisément, aux modèles de l'institution) pour légitimer l'artifice biomédical, se joue, avons-nous dit, le mouvement de la volonté qui désire faire correspondre sa fécondité à ses affections. Puisque le droit naturel aura à se situer par rapport à cette logique du désir, on voit combien sa tâche est difficile : le désir, en effet, réclame la disponibilité de ce qui l'attire alors que le droit lui rappelle sans cesse l'indisponibilité tant du corps que de l'état personnel. Avant de voir dans les chapitres suivants comment le droit met en place les principes valables en cette matière, on voudrait prendre ici une meilleure mesure de la difficulté en évoquant encore les résistances à la doctrine de l'indisponibilité.

4 / Les résistances à l'indisponibilité

Devant la force qui semble irrésistible de la liberté libérée de ses alliances comme de ses gestations et même de son apparence sexuelle, poursuivant l'objet de son désir libéré lui aussi des contraintes juridiques (filiation) ou physiologiques (procréation), le droit trouvera-t-il en sa propre nature les ressources nécessaires pour formuler sa doctrine de l'indisponibilité ? Il ne le semble pas puisque voici son propos coincé entre l'éthique de la plus grande sincérité et la science des plus nombreux possibles, éthique et science servant l'une et l'autre la logique du désir qui n'obéit jamais qu'à sa propre loi. Pourquoi faudrait-il, en effet, étouffer la sincérité des sentiments du moment présent sous la contrainte des exigences institutionnelles, et pourquoi sacrifier les possibilités qu'offre la science biomédicale soit de réaliser les vœux les plus chers des humains, soit de leur épargner les plus lourdes détresses ? Quoi de plus « naturel », finalement, que cette spontanéité du désir qui aime quand il aime, et qui ne peut plus aimer sans hypocrisie quand il n'aime plus ? D'ailleurs, les procréations les plus artificielles ne se fondent-elles pas elles-mêmes sur le droit le plus « naturel » d'obtenir une descendance ? De même, lorsque la loi offre la possibilité de séparer plus efficacement un enfant du milieu où il ne rencontre que le malheur, n'est-il pas « naturel » de suivre son meilleur intérêt en le rendant plus disponible à son adoption par un foyer qui ne désire que son bonheur ? Et si, dans un tout autre domaine, la science médicale et la technique chirurgicale offrent au sujet obsédé par l'incongruité de son appartenance sexuelle la possibilité de récupérer la véritable identité qu'il se reconnaît à lui-même, n'est-il pas aussi « naturel » de suivre le désir profond de ce sujet, puisque ses motions psychiques relèvent tout de même davantage de la nature humaine que ses simples caractéristiques corporelles ?

Les juristes qui voudraient mieux ajuster ce mouvement du désir ne peuvent apparaître que rétrogrades puisqu'ils contredisent d'abord le progrès scientifique et technique qui a tout de même assuré le remarquable succès de la civilisation occidentale, ensuite l'éthique du bonheur dont on ne voit cependant pas quelle autre valeur lui serait préférable. Les résistances opposées à l'épanouissement du désir personnel scientifiquement servi par une maîtrise efficace de la nature humaine viennent dès lors nécessairement, ajoute-t-on, d'un autre âge, religieux ou mythique, en tout cas préscientifique, dans lequel les contraintes matérielles et morales pesaient si lourd que l'individu les supportait comme l'inéluctable loi de la nature. Mais la modernité ayant, par l'éthique individuelle et l'investigation scientifique, brisé les chaînes qui entravent le désir du sujet, tout propos juridique qui questionnerait cette avancée ne pourrait que reconduire l'humanité, – mais pour quelles obscures raisons d'arrière-monde théologique ou de frustration du pouvoir ? – en deçà de cette décisive Étape.

Sans doute les sciences humaines émettent-elles aussi quelques réserves à l'égard des évolutions en cours, mais que valent-elles ? Si les psychologues ou psychanalystes insistent sur la nécessaire triangulation des rapports père-mère-enfant pour refuser d'accorder le bénéfice des techniques de procréation médicalement assistée à toutes les autres personnes que le couple hétérosexuel, on invoquera alors soit l'extrême relativité du modèle parental de nos sociétés par rapport aux autres figures familiales étudiées par les anthropologues, soit l'incertitude actuelle des tests et analyses des corrélations possibles entre la santé psychologique de l'enfant et le statut juridique des personnes mariées, divorcées, homosexuelles, etc., qui ont l'autorité sur lui ; et si l'économiste invoque le coût des recherches en procréatique pour suggérer d'autres investissements publics dans le champ sanitaire, on lui répondra que l'enfant – comme la santé – n'a pas de prix.

La philosophie morale, pour sa part, ne semble pas apporter plus de lumière en notre domaine puisqu'on lui oppose le fait de la pluralité des points de vue érigé, à cause de l'individualisme éthique, en pluralisme social : aucun groupe, dans la société, fût-il majoritaire, ne peut imposer aux autres groupes ses convictions morales. Il y va, dit-on, du respect de la démocratie, ce régime précieux qui garantit sans cesse ses propres fondements, à savoir le respect de la liberté d'autrui, par le débat où chaque citoyen fait entendre *sa* voix. Pluralisme qui touche la façon même dont la loi devrait ou ne devrait pas intervenir en ces domaines si délicats de l'identité personnelle, de l'intimité affective et sexuelle et du rapport à l'enfant. La conjonction du progrès scientifique et du désir individuel paraît en tout cas si forte qu'il semble plus prudent de ne pas trop contrarier les évolutions en cours mais plutôt de les encadrer souplement par toutes sortes de règles déontologiques, d'avis de Comités ou de recommandations internationales pour assurer au minimum l'hygiène médicale des manipulations opérées et au maximum l'interdiction des pratiques les plus attentatoires à la dignité humaine. A l'enseigne du désir, la nature humaine ne semble plus se signaler dans le champ des relations familiales que par l'irréductibilité de la volonté personnelle. Mais le droit s'y retrouve-t-il ?

Chapitre II

L'INDISPONIBILITÉ DU DON

1 / Les conditions de la reconnaissance

On voudrait tenir ici qu'en sa nature, le droit réclame l'indisponibilité tant du corps que de l'état personnel, pour la seule raison que l'ordre juridique ne dépend pas seulement de soi puisqu'il est *aussi* reconnaissance d'autrui. Alors que la logique du désir considérée à elle seule délie les engagements du sujet et lève toutes les autres contraintes qui l'empêchent d'atteindre, aujourd'hui, son objet, celle du droit rappelle au sujet la double et unique loi de n'enfreindre ni l'objectivité d'autrui ni la sienne propre.

Si l'on ne part en effet que du désir, aucune institution du droit, ni civile ni pénale, ne pourra régir les comportements qui obéissent à son impératif à l'intérieur des hautes murailles de la vie privée ; car le sujet ne peut que s'y épanouir pourvu seulement que ses partenaires – affectifs ou « biomédicaux » – agissent de leur plein gré : seul en effet le viol mérite la répression juridique du désir comme atteinte à la liberté d'autrui. Si, au contraire, on part de la relation, il devient nécessaire d'instituer un ordre qui, ramenant le désir à lui-même, vise précisément à garder aux êtres en relation l'objectivité que leur assigne le corps en sa finitude sexuée et temporelle.

Dira-t-on qu'ici encore la doctrine qui privilégie le corps réduit le sujet à une nature fort modeste, alors que la science permet d'y échapper et qu'au lieu de prêcher la résignation aux fatalités, l'éthique invite aujourd'hui à la recherche de l'épanouissement ? Par quel étrange raisonnement veut-on alors privilégier les contraintes naturelles de la finitude corporelle au détriment des libérations que permet aujourd'hui la culture ?

Redisons-le : en sa nature, le droit tient à l'objectivité corporelle des sujets, rendant donc indisponible tant leur corps que leur état, pour permettre la reconnaissance qui fera échapper ces sujets à l'arbitraire de leurs désirs. Le droit ne pose sans doute pas lui-même l'acte éthique de la reconnaissance puisque l'ordre de contraintes communes qu'il impose à tous les sujets ne touche pas la liberté au plus intime de ses relations personnelles, mais il institue tout de même les formes qui permettent cette reconnaissance ; il en dresse, si l'on veut, les conditions sociales de possibilité. Le respect du droit ne signifie dès lors pas encore l'accueil de la personne d'autrui en sa plénitude – cette reconnaissance relève en effet de l'acte moral – mais il représente l'acceptation des règles communes qui rendent possible cette reconnaissance.

D'où la richesse en même temps que la difficulté du droit familial. Sans cesse, cette branche du droit frôle la gratuité qui lui échappe : l'échange intime entre l'homme et la femme, dont la portée éthique se joue nécessairement sur le registre du don, se formule en termes de contraintes dès lors qu'il devient, en droit, l'admission de l'adultère comme cause déterminée de divorce ou l'octroi de la pension alimentaire en cas de défaillance dans l'exécution du devoir de secours et d'assistance. On imagine d'ailleurs sans peine la pauvreté d'un mariage où les relations entre les époux ne seraient plus que juridiques. De même pour les rapports entre parents et enfants à l'égard desquels le droit ne peut formuler que des conditions communes et minimales d'établissement de filiation, de protection de la jeunesse, d'attribution de garde, mais sans jamais rejoindre pleinement les décisions intimes par lesquelles les humains se reçoivent ou se rejettent les uns les autres.

La partie la plus intérieure des relations familiales échappe donc aux expressions juridiques, mais cette salutaire limite ne signifie pas pour autant une exclusion de principe, au nom par exemple du droit à la vie privée qui protège précisément ce surcroît de l'engagement personnel par rapport aux contraintes du droit. En inscrivant ce droit à la vie privée et familiale dans la liste des droits de l'homme, nos sociétés ont certes pressenti la nécessité de protéger l'intimité des sujets dans leurs choix personnels et leurs relations affectives, mais lorsque cette liberté, fascinée en quelque sorte par l'objet de son désir et trouvant par exemple dans les techniques juridiques ou biomédicales le moyen de les exaucer, entre dans un processus qui ne permet plus une reconnaissance minimale d'autrui, alors le droit doit rappeler sa doctrine de l'indisponibilité. La « vie privée » en effet mérite le respect quand elle devient lieu de reconnaissance personnelle *au-delà* du droit ; elle ne le mérite plus lorsqu'elle descend *en deçà*.

Par rapport à l'éthique qui prône de nos jours la recherche du meilleur épanouissement dans le respect des convictions de chacun, aussi bien qu'à l'égard de la science qui étudie et manipule les tissus humains hors de leur rapport unique à la personne, la discipline juridique connaît cette spécificité de poser d'emblée la relation intersubjective comme le fondement qu'elle doit précisément garder. Or, pour éviter les caricatures dans lesquelles tant l'éthique individuelle du bonheur personnel que l'engouement pour le progrès technique et scientifique risquent de la faire tomber, la tradition juridique qui consacre l'indisponibilité à la fois du corps humain et de l'état des personnes appelle un approfondissement à partir des exigences que pose le droit en sa nature.

Le principe de l'indisponibilité du corps rappelle le lieu où se joue cette reconnaissance intersubjective : celui de l'indisponibilité de l'état, sa nécessaire référence à une parole tierce. Car les humains proviennent les uns des autres par le corps et la parole, par la parole qui reconnaît ce qui se passe dans les corps. Où l'on voit que la reconnaissance intersubjective se noue d'abord dans la gratuité des relations familiales et qu'à ce titre elle déborde par en haut, comme on l'a dit, les contraintes du droit. Il convient donc de déployer cette logique humaine de la gratuité dans la procréation et le mariage avant de voir comment le droit la garantit par les formulations de la double indisponibilité.

2 / La procréation

Le sujet de droit se montre comme sujet, avons-nous dit, en et par son corps, mais ce corps lui est donné en un acte sur lequel personne n'a la maîtrise : ni le sujet procréé bien sûr puisque cet acte l'appelle à l'existence, ni l'homme ou la femme partenaires de la procréation car précisément le nouveau sujet, se posant comme l'entre-deux de leur relation, n'appartient ni à l'un ni à l'autre. L'autonomie du sujet suppose ainsi une lecture correcte de la symbolique sexuée des corps. En se donnant l'un à l'autre, l'homme et la femme vivent leur propre corps dans la dimension extatique que leur signifie le sexe. Par là s'exprime au mieux la corrélation qui va suivre : entre la relation sexuelle et l'engendrement d'un nouveau sujet. Car le don vécu dans le lien sexuel permet de saisir le nouvel être dans cette même logique de gratuité où le voici à présent donné à lui-même en son corps ; en l'une et l'autre relation, ainsi corrélée, le corps permet le don : à l'autre entre les parents, à soi pour l'enfant.

En sa nature, le droit pose l'infrangibilité de cette séquence symbolique autant que physiologique. Hanté qu'il est par le souci de garantir les conditions de la reconnaissance intersubjective, le droit se montre en effet particulièrement attentif aux conditions d'émergence du sujet dont il doit précisément assurer la reconnaissance. Le sujet ne se crée pas lui-même dans une autoposition absolue puisqu'il dépend absolument d'autrui, or cette dépendance, nous l'avons déjà dit, ne peut tout de même pas altérer son être de sujet, c'est-à-dire sa capacité de se poser par lui-même. Mais comment résoudre cette énigme d'être soi sans rien devoir à soi ? Pas autrement qu'en lisant les rapports du corps dans la logique du don : un nouvel être est donné à lui-même parce que son père et sa mère se sont donnés l'un à l'autre. Il échappe ainsi à la sujétion de l'un comme de l'autre, en se recevant lui-même dans le corps qu'il reçoit d'eux. Parce que les corps portent en eux-mêmes, singulièrement dans la symbolique sexuée, la capacité du don mutuel, le tiers – l'enfant – peut, par son propre corps, entrer dans ce don en se recevant lui-même comme donné à lui-même.

On objectera que cette lecture de la procréation humaine, survalorisant indûment à la fois la matérialité des opérations sexuelles et la sublimité de leur générosité, ne peut prétendre à aucune évidence naturelle. Soit ! On ne s'étonnera pas en tout cas de cette contestation : la procréation médicalement assistée qui permet de faire naître des enfants hors de la rencontre sexuelle, d'une part, et, par exemple, le viol ou la prostitution dans lesquels la relation sexuelle se vit sous un mode radicalement opposé au don mutuel, d'autre part, montrent à suffisance que la lecture ici présentée s'adresse à la liberté des humains qui doivent encore accepter d'y reconnaître leur propre nature.

Les exemples qui viennent d'être évoqués montrent par quelles dissociations la liberté refuse la lecture du don de vie par le don d'amour l'un et l'autre vécus dans le don du corps. Mais comment la liberté accepte-t-elle d'entrer dans cette condition, y reconnaissant l'authenticité de ce qu'elle est ? Elle l'accepte par la parole, cette médiation spécifiquement humaine par laquelle le sujet, redoublant l'extase des corps, reconnaît la portée subjective et intersubjective de leur expression.

D'où l'institution du mariage. Par elle, en effet, l'homme et la femme se donnent leur parole que leurs échanges se vivront désormais et pour toujours sous le signe du don : mutuel d'abord, à de nouveaux êtres ensuite.

3 / L'institution du mariage

Mais, dira-t-on, cette parole qui reconnaît la portée intersubjective et donc généreuse tant de l'alliance entre l'homme et la femme que de l'engendrement des enfants a-t-elle besoin de l'institution pour se dire ? Ne peut-elle demeurer dans l'intimité de la vie privée où, justement, elle déploie toute sa vigueur éthique, sans s'encombrer des artifices d'un passage juridique à la sphère publique ?

Une première réponse consiste à dire que la personne ne s'enferme pas toute sa vie dans le cercle familial où elle a vécu la première reconnaissance éthique de son identité. Puisqu'elle agit aussi comme sujet de droit dans le champ économique, social et politique, l'ordre juridique est en droit non seulement de lui demander d'où elle vient mais encore d'instituer socialement le mariage comme ce lieu où les sujets se verront d'abord reconnaître en leur autonomie, lieu de gratuité sans doute, qui échappe par là aux pesantes nécessités du droit, mais dont le droit a besoin et qu'il institue donc pour se donner les plus grandes chances de se déployer dans les relations nouées entre sujets qui connaissent le lieu de leur autonomie. Mais cette première réponse ne s'appuie encore que sur les nécessités de l'ordre juridique, lui-même appuyé sur la continuité de la personne d'abord reconnue comme telle en son cercle familial avant de paraître comme sujet de droit dans le commerce public. Elle appelle en complément un examen plus approfondi de l'engagement que prennent l'homme et la femme lorsqu'ils s'échangent la parole de leur alliance.

L'institution matrimoniale permet aux époux d'aller aussi loin que possible dans la logique du don engagée en leur corps et reconnue en leur parole. Par sa permanence, elle intègre le temps en cette logique puisque les conjoints s'engagent à ne pas mettre par eux-mêmes un terme au processus de reconnaissance mutuelle qu'ils ont entamé. Les devoirs de fidélité et de cohabitation, de secours et d'assistance forment le versant juridique, et donc contraignant, de ce processus qui dépasse tout de même cette contrainte commune par sa nécessaire gratuité. Où l'on voit que le don mutuel conduit les conjoints à l'indisponibilité de leur corps, et donc de leur état. Ici, il ne s'agit plus seulement de la garantie que se donne la société, en instituant le mariage, de compter en son sein des sujets qui auront pu se poser tels par l'expérience continue de la gratuité partagée en leur milieu familial ; il s'agit, réciproquement dirait-on, de l'appui que prennent l'homme et la femme sur l'objectivité de la société pour instituer dans la durée l'engagement mutuel qu'ils veulent aussi « objectif » que cette société même.

Ainsi, l'articulation de l'intimité privée dont la générosité échappe nécessairement au droit, et de la juridicité publique qui énumère des contraintes, ne se comprend pas seulement sous le mode de l'intrusion du pouvoir public qui s'immiscerait dans la sphère privée pour s'assurer de la conformité de ses sujets à son ordre, mais plus profondément comme l'aboutissement de la logique dans laquelle le don mutuel de l'homme et de la femme, promis dans le privé et souhaitant ne plus se reprendre, demande au public d'assurer la double indisponibilité par laquelle le corps de l'un n'étant destiné qu'au corps de l'autre, l'un et l'autre conjoints se retrouvent mariés. L'institution matrimoniale, reconnaissant ainsi entre les époux la gratuité et la pérennité du don personnel et l'insérant du même coup au cœur de la société des sujets de droit, permet dès lors de mieux comprendre l'indisponibilité du corps et de l'état des personnes énoncée par la tradition juridique. Car pour vivre le corps selon sa nature extatique, la personne mariée en accepte l'indisponibilité à l'égard de toute autre personne que celle à laquelle il est promis, l'unique conjoint qui le reçoit dans la foi du mariage. Et pour vivre cette alliance dans la durée réclamée par la relation, les époux acceptent de ne plus disposer de leur état, c'est-à-dire précisément de leur mariage.

Du mariage, cette double indisponibilité descend tout naturellement sur la filiation. Il reste à le préciser, mais on peut dire d'emblée que l'indisponibilité inhérente à la filiation est remontée aussi jusqu'à l'état de mariage. Expliquons-nous.

L'état de la filiation, quels que soient les rêves qui hantent l'esprit des humains, ne s'invente pas ; il s'institue socialement comme une provenance dont, encore une fois, personne ne dispose : ni le sujet ne détient le pouvoir de décider qu'il n'est plus fils ou fille de son père ou de sa mère, ni les parents ne maîtrisent non plus le lien qui, pourtant, émane de leur acte. Pourquoi cette dernière indisponibilité ? Parce que l'acte procréateur était, dans leur corps, un don mutuel grâce auquel un tiers s'est reçu sujet en son corps. Ainsi, l'état de fils ou fille est indisponible parce qu'il provient d'un don mutuel des parents. Voit-on dès lors les liens à reconnaître entre l'indisponibilité inhérente à la filiation et l'indisponibilité engagée dans le mariage ? La seconde fait comprendre la première puisque l'enfant provient d'un don qui s'est voulu sans terme, sans maîtrise donc sur son objet, mais la première explique aussi la seconde dans la mesure où les parents veulent rester liés entre eux pour tenir la responsabilité qu'ils ont prise en se donnant mutuellement l'enfant qui s'est d'ailleurs posé par lui-même, grâce à eux, comme sujet.

Indisponibilité du corps et de l'état se répondent ainsi entre mariage et filiation : l'homme et la femme donnent à leur union, par l'institution du mariage, l'indisponibilité dont non seulement les deux conjoints tirent profit pour poursuivre le processus de leur reconnaissance mutuelle, mais dont les enfants bénéficient encore puisqu'ils proviennent irréversiblement de cette union-là. Le lignage qui institue les humains dans un ordre de descendance sur lequel ils n'exercent aucune maîtrise appelle une égale non-maîtrise à l'intérieur du ménage où s'est instituée cette descendance. Parce qu'ils ne disposent plus d'eux-mêmes que dans le don à l'unique conjoint, les époux correspondent au mieux à cet état dans lequel leurs enfants, toujours uniques eux aussi, seront leurs enfants pour toujours. Ce rappel de la tradition juridique quant à l'indisponibilité du corps dans l'institution matrimoniale intimement liée à l'indisponibilité de l'état dans la filiation permet d'opérer un discernement dans un certain nombre d'institutions juridiques au nom de ce que le droit exige en sa nature. (v. *infra*, État des questions, p. 197)

On pourra s'étonner de ce que les conclusions de nos analyses précédentes relatives à l'indisponibilité du corps et de l'état civil contredisent plusieurs pratiques actuellement de mise dans nos sociétés. Rappelons encore une fois à titre de transition avec le chapitre suivant que les principes ici énoncés, puisqu'ils sont juridiques et non physiques ou biologiques, ne s'adressent qu'à la liberté, laquelle peut toujours se donner le pouvoir de les enfreindre. Le pouvoir mais non le droit, car il reste qu'une multiplication de pratiques ne dit jamais que le fait, c'est-à-dire ce qui est, et non le droit, c'est-à-dire ce qui doit être.

Chapitre III

L'ENFANT SUJET

1 / Le lieu de naissance des droits

Pour éclairer d'une autre manière encore l'indisponibilité du sujet qu'est l'enfant, est-il permis de chevaucher les siècles en mettant ensemble la position des classiques sur le droit naturel commun aux hommes et aux animaux (Ulpien, IIIe s. PC) ou sur la différence entre la justice domestique et la justice politique (Aristote, IVe s. AC), d'une part, avec la Convention des Nations Unies relative aux droits de l'enfant (20 nov. 1989, vig. 2 sept. 1990), d'autre part ? Il semble que non puisque tout oppose ces deux conceptions. Dans la célèbre définition qu'il donne du droit naturel, Ulpien se réfère en effet à l'ensemble des animaux : chez eux aussi, dit-il, on trouve la conjonction du mâle et de la femelle, de même que la procréation et l'éducation des petits (cf. *Dig.* Lib. I, Tit. I, *De iustitia et iure,* I, 3) ; Aristote, quant à lui, se refuse à introduire dans la maison familiale la vertu de justice qui doit régner dans la cité puisque entre le père et son enfant, on ne trouve pas la relation de liberté et d'égalité caractéristique de la justice politique qui lie entre eux les citoyens (cf. *Éthique à Nicomaque,* n° 1134 *a*).

Or, en regard de cette non-liberté et de cette non-égalité dans la sphère domestique, le texte adopté par les Nations Unies invoque dès le premier considérant de son préambule « la reconnaissance de la dignité inhérente à tous les membres de la famille humaine ainsi que l'égalité et le caractère inaliénable de leurs droits ». La perspective ouverte par ce texte contemporain s'inspire de la conception qui place l'homme comme sujet au centre de ses droits, appelés – pour cette raison – « droits de l'homme » ; ainsi l'enfant se voit-il reconnaître par exemple la liberté d'opinion (art. 12), d'expression (art. 13), d'association (art. 15) parce que, déjà homme, la Convention le reconnaît capable d'autonomie. Même si, fatalement, des modulations s'imposent eu égard à la faiblesse de son âge, l'enfant se voit traiter ici comme un authentique sujet.

Nous voici loin, semble-t-il, du texte romain (Ulpien) qui prétend lire les prescriptions du droit applicable aux humains dans les pratiques du règne animal où l'on découvre, effectivement, comme chez l'homme, la fécondité liée à la rencontre des sexes puis le dressage de la progéniture. Loin aussi du texte grec (Aristote) qui diminue la liberté et l'égalité des enfants pour augmenter d'autant la puissance paternelle.

En réalité, cette double affirmation des Anciens peut se lire comme un rappel de l'enracinement des droits de l'homme (ici, de l'enfant) dans une « nature » qui donne « naissance » à la liberté et à l'égalité aujourd'hui proclamées.

Dire par exemple, à la suite d'Aristote, que, dans la relation domestique, l'enfant (ou l'esclave puisque, en grec, il s'agit du même mot – *paîs*) forme davantage une partie du maître de maison qu'un être qui, distinct de lui, pourrait par exemple, à son égal, prendre le pouvoir, ce n'est pas nier le droit de l'enfant mais c'est indiquer que la source de ce droit jaillit d'abord dans l'intériorité familiale avant de s'exprimer, comme justice politique cette fois, dans la convivance de citoyens égaux et libres.

Cette compréhension ancienne des liens familiaux (n'ouvrons pas ici le volumineux dossier de l'esclavage) ne récuse donc pas nécessairement les textes juridiques actuels protecteurs de l'enfance (Aide à la jeunesse, Convention des droits de l'enfant) car il reste utile de préciser les devoirs tant des parents que de l'État à l'égard des jeunes générations, mais elle met en évidence l'originalité de la relation familiale par rapport à la relation politique : dans celle-ci, les êtres sont séparés les uns des autres parce que constitués dans leur identité d'adulte ; dans celle-là, les êtres restent en quelque sorte intérieurs les uns aux autres, littéralement d'abord pour ce début de toute vie qu'est la gestation maternelle, symboliquement ensuite dans la tâche éducative où le modèle et l'injonction, l'écoute et la parole jouent tour à tour dans l'affection pour faire sortir *(e-ducere)* de soi (et de lui) l'être autonome qui jouira plus tard de l'indépendance, le citoyen « libre et égal à tout autre citoyen ».

Or si la conception aristotélicienne de la justice domestique rappelle l'irréductible lieu de naissance de la justice politique, ne peut-on remonter plus haut encore pour reconnaître avec Ulpien, non d'ailleurs sans paradoxe, l'enracinement de la dignité dans l'animalité ? A condition toutefois de lever d'emblée une équivoque. On retiendra en effet la conclusion du débat précédent relatif à la qualification de l'animal comme sujet de droit (v. *supra,* titre II, p. 106) : si le comportement humain ressemble à certains égards à celui des autres animaux, on ne peut en tout cas tirer de cette analogie aucune conclusion directe quant au contenu du droit qui lie les humains entre eux, à cause de la dignité humaine précisément. En cela, le texte des Nations Unies relatif aux droits de l'enfant convient davantage à la formulation de notre propos jusnaturaliste, parce qu'il exprime de façon plus explicite cette dignité propre à la progéniture humaine. Mais si nous ne pouvons admettre pour les raisons déjà dites la transposition *directe* des comportements animaux dans les termes de la prescription juridique, il n'est pas interdit toutefois de ressaisir cette pseudo-analogie d'une manière proprement humaine, c'est-à-dire symbolique. Selon cette nouvelle optique, les faits du règne animal (conjonction mâle/femelle, procréation, éducation) constitueraient alors, pour l'intelligence qui accepterait de les lire ainsi, le discret rappel de l'indisponibilité évoquée. Ils signifieraient en d'autres termes – mais jamais dans l'analogie immédiate, insistons-y – que le lien de procréation vient de plus loin que de la pure décision des sujets.

Lorsque la tradition romaine définit le droit naturel comme le droit commun aux hommes et aux animaux, elle se montre sans doute singulièrement maladroite, mais cette maladresse contient peut-être une précieuse part de vérité si l'homme accepte de déchiffrer « l'analogie » évoquée, non dans l'impossible sens de l'animal qui imposerait sa loi à l'humain, mais dans le possible sens du symbole, c'est-à-dire de cette lecture dans laquelle les humains, réfléchissant à la loi qui ordonne leurs relations fondamentales, se découvrent eux-mêmes objectivement précédés en leur corps. Mais quel rapport, dira-t-on, entre le corps humain et le comportement animal ? Là se situe précisément l'enjeu de la relecture.

2 / L'objectivité de l'autonomie

Le corps humain constituant, apparemment, le lieu de la ressemblance des humains avec le règne animal, il revient à ces mêmes humains de savoir comment comprendre cette étrange proximité : soit comme le donné auquel il convient de s'identifier – mais alors, pourquoi la distance qu'introduit la conscience humaine, par sa capacité réflexive, dans les processus naturels ? –, soit comme la donnée dont il faut perpétuellement s'arracher à peine d'enliser ladite conscience dans la nature – mais dans ce cas, pourquoi cette proximité dont on n'échappe tout de même pas, y compris lorsqu'on tente de la nier ?

Une troisième lecture ne s'impose-t-elle pas plutôt qui réconcilie les deux premières en les dépassant ?

Lorsque l'esprit accepte que la ressemblance avec le règne animal le touche en son propre corps, il n'admet pas pour autant comme loi qui s'imposerait à lui, humain, la norme instinctive qui régit le monde animal, mais il reconnaît qu'en son corps sa liberté se trouve déjà précédée par une objectivité qu'il ne pourrait récuser qu'en renonçant à cette liberté même.

En déplaçant de cette manière sur le corps humain, symbolique d'une ouverture de la liberté à sa propre condition d'exercice, la référence qu'Ulpien croyait trouver directement dans le monde animal, avons-nous progressé dans la compréhension de la dignité personnelle inhérente aux « petits » des humains, et sur laquelle insiste la Convention relative aux droits de l'enfant ? Probablement, parce que ce rappel des données corporelles de l'engendrement souligne l'indisponibilité symbolique du sujet. Le symbole, en effet, conjoint l'humilité de la liberté qui laisse être l'enfant, renonçant à exercer sur lui la toute-puissance, et la lecture du réel qui voit en cet enfant un être né selon la chair.

L'engendrement de l'enfant à partir du masculin et du féminin « comme » pour les autres animaux pourrait n'être jamais qu'un fait de nature ; ressaisi cependant par la liberté qui y reconnaît une donnée de son corps propre, précisons : ressaisi par les époux comme une donnée de leur échange sexuel, voici ce fait de nature élevé à la signification d'une réalité hautement humaine, l'indisponibilité de l'enfant ainsi engendré. Cohérente dans la lecture des signes, la liberté accepte à la fois d'être précédée en son exercice par la donnée corporelle qui, par certains côtés, fait songer aux humiliantes réalités du monde animal, et de ne pas disposer de l'autonomie de l'être appelé de cette manière à l'existence : la dignité humaine de l'enfant s'abrite, on le voit, dans la condition corporelle de son engendrement.

Alors que la position idéaliste oppose souvent la dignité de l'esprit aux humiliations du corps, le réalisme du droit naturel insiste sur la conjonction du corps et de la parole comme étant la condition d'exercice de la liberté, singulièrement dans les relations familiales. S'il s'agit de « produire l'homme », il importe que le droit fasse respecter l'autonomie du sujet engendré, qu'il intègre *donc* en ce respect toute la part physiologique du processus d'engendrement, reconnue comme le signe d'une heureuse soumission de la liberté à ses conditions d'exercice. La continuité de la relation sexuelle et de la fécondité indique à la liberté – aux libertés conjuguées – que, précédées en leur corps par ces faits de nature, elles sont prêtes à cet autre dépassement d'elles-mêmes qu'est l'avènement d'une autre liberté.

3 / Le fait et le droit

Répétera-t-on, pour récuser les exigences du droit naturel, ici exposées, que la réalité sociale ne correspond tout de même bien souvent pas à la situation présentée ici comme l'idéal du droit ? Un dernier coup d'œil sur la procréation médicalement assistée nous permet de répondre.

La nature, dit-on, décidément complaisante à toutes les sollicitations du raisonnement, connaît d'innombrables situations qui servent de parfaits modèles aux artifices de la procréation médicalement assistée : de nombreux enfants ne connaîtront jamais leur père ou leur mère trop tôt disparus ; les enfants nés de l'adultère voient désormais leur filiation très largement reconnue dans les formes du droit, et parfois leur non-désaveu les fait passer pour enfants d'un père qui ne les a pas engendrés ; l'égalisation juridique de la descendance naturelle et de la descendance légitime a supprimé la supériorité juridique du mariage comme lieu de naissance obligé des enfants ; rappelons encore l'artifice juridique de l'adoption qui permet, par exemple, à une personne célibataire d'exaucer une paternité ou une maternité solitaire. Si la vie et le droit déploient tant de figures où la filiation s'écarte aussi résolument du modèle matrimonial, convient-il de retenir encore l'institution du mariage comme critère de discernement dans l'évaluation des nouvelles techniques médicales de la procréation, écartant par là du bénéfice de ces techniques toutes les personnes qui n'ont pas échangé entre elles la promesse de l'alliance ?

Rappelons, ici encore, que la distinction s'impose entre le traitement aussi humain que possible d'une situation familiale perturbée par le décès, le divorce, l'adultère, l'union libre ou l'abandon, d'une part, la décision prise *a priori* de faire naître par la procréation médicalisée des enfants destinés d'emblée à vivre dans de tels cas de figure, d'autre part, car entre les deux se pose la valeur intrinsèque de l'engagement matrimonial. Reprenant les exemples donnés au début du présent titre, on dira qu'autoriser soit l'insémination artificielle d'une femme célibataire pour la raison que de nombreuses femmes sont déjà livrées, dans l'éducation de leurs enfants, à leur solitude d'épouse divorcée, de veuve ou de compagne abandonnée, soit la maternité de substitution parce qu'il arrive que la deuxième épouse d'un père adopte très légitimement l'enfant de son mari alors qu'elle ne l'a pourtant pas mis elle-même au monde, revient ici encore à confondre le fait et le droit.

La plénitude de la reconnaissance de l'enfant comme sujet appelle en effet l'indisponibilité – mise en œuvre dans et éclairée par l'institution matrimoniale – tant du corps que de l'état personnel. Que, dans la suite, le droit s'attache à trouver, pour le meilleur bénéfice des personnes, les solutions les plus adéquates aux manques que les coups du sort ou la volonté des humains ont provoqués dans cette plénitude, ne signifie pas encore qu'il reconnaisse la légitimité des attitudes qui y ont abouti. Permettre en effet à un enfant adultérin d'établir sa filiation complète pour éviter sa discrimination par rapport aux autres enfants ne signifie pas encore l'approbation de l'adultère, pas plus que l'adoption d'un enfant abandonné ne consacre un droit à l'abandon. Corriger une situation par le droit n'équivaut pas à la légitimer en droit.

Lors donc que les promoteurs des procréations médicalement assistées invoquent, pour réclamer l'institution de nouvelles normes, à la fois les règles actuelles qui s'écartent du modèle matrimonial et le vide juridique où n'apparaît pas la légitimité des pratiques qui entament la double indisponibilité du corps et de l'état, il faudra dans les cas où, effectivement, l'ordre juridique ne règle pas ces questions, invoquer précisément le vide de droit, dire en d'autres termes que le droit – même s'il cherche à en atténuer les effets les plus néfastes – ne se reconnaît pas en ces pratiques de fait.

La distinction qui opère le partage entre, d'un côté, les principes à mettre en œuvre pour donner des repères à l'évaluation des situations ici évoquées, et, de l'autre côté, le traitement adéquat des espèces dans lesquelles les requérants ont tout de même irréversiblement méconnu ces principes, mérite la plus grande attention de la part des juristes car elle touche aux limites de leur art, spécialement en notre matière. Comment accorder le sort le plus humain, par exemple, à l'enfant né par les artifices les plus tortueux des inventions médicales et juridiques sans mettre en cause la portée des principes à tenir à l'avenir ? Comment par ailleurs garder ferme la double indisponibilité du corps humain et de l'état des personnes sans condamner à un malheur supplémentaire les êtres qui ont déjà souffert de la transgression de ces principes ? Le droit, ne pouvant ni se rendre insensible au sort particulier des personnes puisqu'il a pour mission d'assurer les conditions de leur reconnaissance ni, pour la *même* raison, négliger l'enjeu social des normes qui permettent précisément cette reconnaissance, devra se montrer inventif pour repousser aussi loin que possible la limite sur laquelle se contrarient mutuellement ces deux défis, probablement en cherchant ailleurs que dans la flétrissure personnelle de la victime la sanction du comportement qui l'a affectée. L'équité peut commander en effet que tel adulte ou tel enfant suive désormais le sort juridique que la volonté humaine a imposé comme une voie de fait à l'ordre du droit, elle ne supprime pour autant ni la nécessité de réfléchir à la mise en œuvre d'autres voies de droit (responsabilité civile, répression pénale, contrôle déontologique) pour affermir l'effectivité des principes ni – encore moins – la consistance de ces principes eux-mêmes.

ÉTAT DES QUESTIONS : LES RELATIONS FAMILIALES

Après avoir rappelé les évolutions de l'institution familiale telles que les montre le droit formulé en ces dernières décennies (I), le présent état des questions tente un discernement dans plusieurs des matières évoquées : la procréation médicalement assistée (II), l'irréductible lien de filiation (III) et la condition des personnes transsexuelles (IV).

I. – L'INSTITUTION FAMILIALE

L. Roussel (*La famille incertaine*, Paris, Odile Jacob, 1989) a pu décrire l'évolution contemporaine du droit de la famille comme un mouvement de désinstitutionnalisation. Dans la foulée, J.-L. Renchon (Réflexions sur l'évolution du droit de la famille et de l'activité du juriste de la famille, *Revue interdisciplinaire d'études juridiques*, n° 22, 1989, p. 55) décrit les bouleversements opérés dans l'enseignement du droit traditionnel. Nous suivons d'abord cette description : de l'acceptation, autrefois, des « données de la légitimité », on passe aujourd'hui à la « réalisation de soi-même » confirmée par la conception autonomiste des droits de l'homme, puis nous mettons en évidence les termes du choix à opérer quant à l'avenir de l'institution familiale.

1 / Les données de la légitimité

J.-L. Renchon explique, en un premier temps, en quoi consistait, jusqu'à la fin des années 1960, l'enseignement du droit traditionnel :

> « Le droit de la famille était constitué d'un ensemble de *normes* qui régissaient obligatoirement les comportements familiaux.
>
> « Comme dans les autres branches du droit, ces normes présentaient la caractéristique d'être *générales et abstraites*, c'est-à-dire qu'elles déterminaient de manière préexistante et préventive à tout litige, pour l'ensemble des citoyens (...), les comportements uniformes qu'ils devaient adopter dans leur vie familiale, sexuelle et affective.
>
> « A la différence de la plupart des autres branches du droit, ces normes présentaient, au surplus, la caractéristique d'être *impératives*, c'est-à-dire qu'elles ne laissaient pas ou peu de place à la volonté et à la liberté des individus pour élaborer eux-mêmes d'autres règles qui auraient écarté ou remplacé les règles édictées par le législateur ou formulées par la jurisprudence.
>
> « Alors que, dans la sphère patrimoniale et économique, les relations que les citoyens nouent étaient soumises au principe libéral de l'autonomie de la volonté, c'est-à-dire étaient susceptibles d'être régies par des normes que les individus se donnent librement à eux-mêmes, les relations nouées dans la sphère de la vie sexuelle et familiale étaient, par contre, régies par des normes imposées par le législateur. C'est en ce sens qu'elles étaient dites "impératives", et les juristes précisaient même que cette impérativité était *"d'ordre public"*, c'est-à-dire qu'elle trouvait son fondement et sa justification dans la considération que l'objectif de ces règles n'était pas seulement de réglementer des relations et des intérêts privés, mais de défendre et de sauvegarder les intérêts essentiels de la collectivité et de l'État.
>
> « C'est que la stabilité des comportements familiaux participait, de manière structurale et structurante, à la stabilité de la société entière. On disait alors que *le mariage est au fondement de la famille, fondement elle-même de la société* (J. Dabin, *Le statut juridique de l'enfant naturel*, in *Travaux de la première journée d'études juridiques Jean Dabin*, Bruylant, 1965, p. 92) » (p. 57).

Un tel contexte social privilégiait la stabilité familiale tant dans l'état-civil, par l'indisponibilité, que dans la relation de couple, par le mariage, ainsi que dans la filiation, par la légitimité. Cette institutionnalisation des relations familiales exprimait par le droit un jugement de valeur.

> « Le droit de la famille était par conséquent un droit *dogmatique* », ajoute J.-L. Renchon.
>
> « Dogmatique, parce que les règles qu'il contenait définissaient de manière claire et précise le "bien" et le "mal". En d'autres termes, le droit se définissait en tant que droit, non seulement parce que l'organisation de la vie sociale exige qu'il y ait des règles obligatoires, comme, par exemple, pour l'organisation de la circulation routière, mais surtout parce que le droit était porteur d'une idéologie qui avait prétention de "vérité" et, sous le couvert de cette "vérité", prétendument inscrite dans la nature ou dans une règle morale transcendante, la règle juridique était censée définir correctement le "permis" et l' "interdit".

« Dogmatique, aussi, parce que les juristes étaient convaincus que la loi et sa rigueur constituaient une condition nécessaire et indispensable pour que les citoyens acceptent d'adopter les "bons" comportements familiaux. Sans la loi, les hommes et les femmes, livrés à leurs "passions", ne se conduiraient pas dans leur vie familiale et sexuelle comme il était "bon" qu'ils se conduisent.

« La loi familiale était, par conséquent, doublement "sacralisée" » (p. 60-61).

Avant de poursuivre cette lecture de l'évolution du droit de la famille dans le second temps que constituent les dernières décennies, nous prenons acte du contexte des normes aujourd'hui contestées en remontant plus haut dans l'histoire jusqu'en 1804, mais pour être renvoyés plus loin encore.

La sacralisation de la loi familiale plonge en effet ses racines très profondément dans le terreau de l'humanité puisque les auteurs du Code Napoléon eux-mêmes rapportent les institutions civiles de la famille à la loi de la création. Ainsi Portalis donne-t-il à voir par le contenu de son texte (Discours préliminaire de présentation du projet de Code civil arrêté par la Commission du gouvernement, le 24 thermidor an 8, *in* A. Fenet, *Recueil complet des travaux préparatoires du Code civil*, 1827, t. Ier, rééd. Osnabrück, Zeller, 1968, p. 482) et par le lyrisme de son style à quel point le législateur civil s'incline devant les sages dispositions édictées par la nature à propos du mariage et de la filiation :

> « Nous nous sommes convaincus que le mariage, qui existait avant l'établissement du christianisme, qui a précédé toute loi positive, et qui dérive de la constitution même de notre être, n'est ni un acte civil, ni un acte religieux, mais un acte naturel qui a fixé l'attention des législateurs, et que la religion a sanctifié.
>
> « Les jurisconsultes romains, en parlant du mariage, ont souvent confondu l'ordre physique de la nature, qui est commun à tous les êtres animés, avec le droit naturel, qui régit particulièrement les hommes, et qui est fondé sur les rapports que des êtres intelligents et libres ont avec leurs semblables. De là on a mis en question s'il y avait quelque caractère de moralité dans le mariage considéré dans l'ordre purement naturel.
>
> « On conçoit que les êtres dépourvus d'intelligence, qui ne cèdent qu'à un mouvement ou à un penchant aveugle, n'ont entre eux que des rencontres fortuites, ou des rapprochements périodiques, dénués de toute moralité. Mais chez les hommes, la raison se mêle toujours, plus ou moins, à tous les actes de leur vie, le sentiment est à côté de l'appétit, le droit succède à l'instinct, et tout s'épure ou s'ennoblit.
>
> « Sans doute, le désir général qui porte un sexe vers l'autre appartient uniquement à l'ordre physique de la nature : mais le choix, la préférence, l'amour, qui détermine ce désir, et le fixe sur un seul objet, ou qui, du moins, lui donne, sur l'objet préféré, un plus grand degré d'énergie ; les égards mutuels, les devoirs et les obligations réciproques qui naissent de l'union une fois formée, et qui s'établissent entre des êtres raisonnables et sensibles ; tout cela appartient au droit naturel. Dès lors, ce n'est plus une simple rencontre que nous apercevons, c'est un véritable contrat » (p. 483-484).

En unissant de la sorte l'homme et la femme par le lien de l'amour qui redouble l'instinct, la nature inaugure une histoire dont Portalis se plaît à décrire les développements, naturels eux aussi :

> « Le rapprochement de deux sexes que la nature n'a faits si différents que pour les unir, a bientôt des effets sensibles. La femme devient mère : un nouvel instinct se déve-

loppe, de nouveaux sentiments, de nouveaux devoirs fortifient les premiers. La fécondité de la femme ne tarde pas à se manifester encore. La nature étend indiscutablement la durée de l'union conjugale, en cimentant chaque année cette union par des jouissances nouvelles, et par de nouvelles obligations. Elle met à profit chaque situation, chaque événement, pour en faire sortir un nouvel ordre de plaisir et de vertus.

« L'éducation des enfants exige, pendant une longue suite d'années, les soins communs des auteurs de leurs jours. Les hommes existent longtemps avant de savoir vivre ; comme, vers la fin de leur carrière, souvent ils cessent de vivre avant de cesser d'exister. Il faut protéger le berceau de l'enfance contre les maladies et les besoins qui l'assiègent. Dans un âge plus avancé, l'esprit a besoin de culture. Il importe de veiller sur les premiers développements du cœur, de réprimer ou de diriger les premières saillies des passions, de protéger les efforts d'une raison naissante, contre toutes les espèces de séductions qui l'environnent, d'épier la nature pour n'en pas contrarier les opérations, afin d'achever avec elle le grand ouvrage auquel elle daigne nous associer.

« Pendant tout ce temps, la mari, la femme, les enfants réunis sous le même toit et par les plus chers intérêts, contractent l'habitude des plus douces affections. Les deux époux sentent le besoin de s'aimer, et la nécessité de s'aimer toujours. On voit naître et s'affermir les plus doux sentiments qui soient connus des hommes, l'amour conjugal et l'amour paternel » (p. 484-485).

On connaît les caractéristiques juridiques de la famille édifiée sur de telles données naturelles : la fidélité, le secours et l'assistance dans le mariage, la perpétuité de l'union matrimoniale sauf violation fautive des engagements qu'elle comporte, l'autorité maritale dans le couple et l'autorité paternelle sur les enfants, la légitimité de la filiation fondée sur le mariage et, corrélativement, le rejet de l'enfant naturel hors de la famille. Un modèle complet se dessine ainsi, assignant à chaque membre le rôle qu'il tiendra dans la famille conçue comme une institution. Institution au sens où le sujet ne décide pas par lui-même de la tradition dans laquelle il s'insère ; le voici en effet précédé par un ordre naturel, qu'il aura certes à ratifier par l'acte de volonté qu'est le consentement au mariage mais qu'il n'invente pas, soucieux plutôt de prolonger par la famille qu'il crée celle dont il provient.

2 / La réalisation de soi-même

En contraste avec ce monde ordonné où le sujet accepte de se laisser instituer à telle ou telle place dans le lignage comme dans le ménage, le droit contemporain opère, on l'a dit, un vaste mouvement de retrait, préférant laisser chaque sujet aussi libre que possible dans l'édification de sa « vie privée », sans chercher à lui imposer un modèle unique de comportement affectif et sexuel.

Certes la demande d'épanouissement des sujets reste-t-elle très importante à l'égard de la famille – tous les sondages et enquêtes montrent en effet la grande attente de nos contemporains quant au bonheur familial – mais les réponses à cette attente se manifestent aujourd'hui de façon si diverse que le droit semble devoir suivre ce mouvement. Comme l'indique J.-L. Renchon :

« Ce qui a changé, c'est que l'individu n'est plus prêt à sacrifier cette recherche de son sentiment de bonheur au maintien d'une vie familiale qui ne lui procurerait pas ce bonheur ; il n'est plus prêt à se satisfaire de sa situation familiale lorsqu'il l'éprouve, pour lui-même, insatisfaisante. Et il ne se sentira dès lors plus obligé, à l'égard de son partenaire ou de ses enfants, de prolonger une expérience affective et familiale qui se révèle pour lui frustrante, c'est-à-dire dont le coût qu'il paie est, pense-t-il, supérieur au bénéfice qu'il en retire.

« Ce n'est donc pas la vie familiale, en tant que telle, qui ne serait plus reconnue pour sa valeur. Mais a perdu de sa valeur la croyance qu'il y aurait une obligation morale ou sociale à se soumettre aux contraintes d'une vie familiale qui ne correspondrait plus au choix libre du désir » (*RIEJ*, n° 22, p. 68).

D'où la dilution des « normes générales et abstraites » censées régir les relations familiales d'une façon commune. C'est que le législateur hésite de plus en plus – demandant alors davantage au juge de résoudre dans ses décisions individuelles cette perplexité qui affecte l'auteur de la loi générale – il hésite à imposer ou à interdire *a priori* des comportements qui touchent d'aussi près les choix intimes du sujet.

Alors que le Code Napoléon fondait la famille sur l'engagement irréversible de l'homme et de la femme dans le lien matrimonial, condition de la légitimité de leur progéniture, un long chemin a été parcouru depuis 1804 :

« (...) à l'affirmation de la valeur, pour les époux et leurs enfants, d'un mariage stable, qui n'a évidemment pas perdu sa légitimité éthique et sociale, se sont, par la suite, opposées d'autres affirmations qui revendiquent, elles aussi, leur légitimité éthique et sociale : le droit de partager une vie de couple, dans la liberté des sentiments et dans la satisfaction des attentes réciproques, sans se lier par des obligations contraignantes ; le droit, même pour ceux qui ont fait le choix de l'engagement du mariage, de se délier de cet engagement lorsque, contrairement aux attentes, la vie conjugale se révèle insatisfaisante ; le droit des enfants de bénéficier d'un statut juridique qui ne soit pas compromis par les circonstances aléatoires de leur conception ou de leur naissance » (p. 70-71).

Sur ce dernier point par exemple – le statut de l'enfant naturel – nous voici à cent lieues du Code civil et des auteurs qui ont défendu son ordre jusqu'au milieu du XXe siècle. En 1930, par exemple, on lit, sous la plume de F. Gény (L'enfant naturel et la famille, *in* F. Senn, M. Krœll *et al., Le maintien et la défense de la famille par le droit*, Paris, Recueil Sirey, 1930) :

« Admettre les enfants naturels dans la famille, les placer au rang des enfants légitimes, serait ruiner l'institution fondamentale du mariage, puisque les mêmes avantages, les avantages familiaux, seraient obtenus sans lui par le moyen d'unions irrégulières. A quoi bon s'astreindre à des règles et à des formalités gênantes, si le même résultat peut être obtenu en s'en passant ? » (p. 120).

En 1958 encore, on trouve dans les *Leçons de droit naturel* de J. Leclercq (Louvain, Société d'études morales, sociales et juridiques, t. III : *La famille*, 4e éd.) la réflexion suivante :

« Le statut juridique de l'enfant naturel doit se déterminer en tenant compte de deux facteurs. Tout d'abord *l'enfant naturel est un être humain* ; il a les droits fondamentaux de tout être humain ; il a donc *droit à ce que ses parents*, responsables de sa venue au monde, *le nourrissent et l'élèvent*. Mais d'autre part, *il est né hors famille*. C'est *un fait :* ses parents n'étant pas mariés, il n'est pas né dans une famille, et tant qu'on admettra l'institution familiale basée sur le mariage, les enfants conçus hors mariage seront hors famille. L'enfant naturel n'a donc *pas droit au statut familial*. Et qu'on ne dise pas, comme on dit souvent, qu'il est puni sans être coupable, ou qu'il est puni pour la faute de ses parents ; son état d'enfant naturel n'est pas une punition ; c'est *un fait de nature* ; si ses parents n'étaient pas mariés, on ne peut pas faire qu'ils le fussent ; et il n'y a à cela pas plus de punition ou de tare pour l'enfant, qu'il n'y en a à être pauvre parce que ses parents sont pauvres, ou à être malade parce que ses parents étaient mal portants quand ils l'ont conçu. » (...)

« A cette conception fondée sur l'ordre familial s'oppose inévitablement *la morale du droit à l'amour*, qui exige qu'on *supprime toute différence*. Ceux qui veulent supprimer le mariage n'ont aucun motif de maintenir une différence entre les enfants.

« La littérature a beaucoup exploité, depuis un siècle, le thème de l'enfant naturel ; on nous a apitoyés sur ses malheurs. Et l'enfant naturel mérite la pitié, mais on pourrait nous apitoyer encore plus, et à plus juste titre, sur les malheurs de l'enfant de parents divorcés ou de parents vivant en union libre. On doit faire tout pour améliorer la situation de l'enfant naturel, mais on ne peut le faire au détriment de la famille » (p. 443-444).

Une conviction aussi assurée n'anime plus – loin s'en faut – le législateur d'aujourd'hui. Perte des valeurs, dira-t-on ? A moins que ce ne soit, poursuit J.-L. Renchon, le choix législatif des valeurs promues par les sujets eux-mêmes :

« Car l'évolution de notre système juridique s'accorde précisément avec l'évolution des comportements de la vie privée et familiale. Et, de la même manière que c'est au nom des valeurs liées à l'individu et à la "réalisation de soi-même" qu'un certain nombre de personnes ont adopté des attitudes nouvelles dans leur vie affective et familiale, les lois nouvelles refusent désormais d'imposer des normes générales et abstraites, parce qu'elles privilégient précisément, par rapport aux valeurs anciennes de stabilité et de cohésion de la communauté familiale, des *valeurs liées au respect de l'individualité de chaque personne* : l'autonomie et l'indépendance plutôt que la contrainte et la hiérarchie, l'égalité plutôt que l'inégalité, le droit à la différence plutôt que le conformisme ou le dogmatisme » (*RIEJ*, n° 22, p. 72).

Traversant de part en part l'institution familiale, la « réalisation de soi-même » a produit les changements législatifs et jurisprudentiels que l'on connaît dans le régime de l'état civil (v. par ex. *infra*, chap. IV sur la disponibilité du sexe, p. 226), dans la relation de couple (conventions d'union libre d'un côté, de séparation conjugale de l'autre, divorce pour cause de séparation de fait, etc.) et dans la filiation (reconnaissance de tout enfant né hors mariage, procréation médicalement assistée, etc.).

3 / La caution des droits de l'homme

Ajoutons que de tels changements s'opèrent souvent sous couvert de l'autorité des textes internationaux relatifs aux droits de l'homme, par exemple des articles 8 (vie privée, vie familiale) et 14 (non-discrimination) de la Convention européenne des droits de l'homme et des libertés fondamentales, tels qu'appliqués par la Commission et la Cour européennes de Strasbourg (pour un aperçu de cette jurisprudence européenne en droit de la famille, v. J. Velaers, Les droits de l'homme, le mariage, la famille et les autres formes de vie en commun, in *Considérations juridiques et éthiques sur la famille*, Bruxelles, Cahiers CEPESS, n° 3, 1992, p. 63).

Dans la mesure en effet où les « droits de l'homme » délimitent un espace de liberté où le sujet posera ses propres choix sans y être gêné par autrui, une telle figure confirme le législateur dans les hésitations évoquées plus haut : en quoi son ingérence en tant qu' « autorité publique » dans cet espace de liberté individuelle serait-elle nécessaire « à la sécurité nationale, à la sûreté publique, au bien-être économique du pays, à la défense de l'ordre et à la prévention des infractions pénales, à la protection de la santé ou de la morale, ou à la protection des droits et libertés d'autrui » (cf. art. 8, Conv. eur. DH) ? Ne vaut-il pas mieux, se dit-il, laisser à chaque sujet sa morale et se contenter de protéger à la fois la liberté du consentement de tous les partenaires en présence et leur égalité dans la recherche qu'ils mènent de leur plus grand bonheur ? (Sur le modèle américain d'une telle conception des droits de l'homme, v. M.-Th. Meulders-Klein, Vie privée, vie familiale et droits de l'homme, *Rev. int. dr. comp.*, 1992, p. 786 : la doctrine de l'*autonomy-based approach* de la *privacy* combat la *family-based approach* accusée d'adopter une vision instrumentale de la personne concrète au service de la famille abstraite.)

Ce subjectivisme qui irait jusqu'à délier les conjoints, au nom de leur vie privée, des obligations personnelles inhérentes à leur lien matrimonial (v. une critique de cette position dans M.-Th. Meulders-Klein, Propos sur le mariage, in *Liber Amicorum E. Krings*, Bruxelles, Story scientia, 1990, p. 247, et F. Van Neste, Individualisme et droit, érosion du droit familial, in *Considérations juridiques et éthiques sur la famille*, Bruxelles, Cahiers CEPESS, n° 3, 1992, p. 58), ce subjectivisme ne semble pas devoir s'embarrasser non plus de la contrainte que constitue la différence sexuelle elle-même. Dans l'ouvrage qu'il consacre à ce sujet (*Sexual Orientation : a Human Right*, An Essay on International Human Rights Law, Dordrecht, Martinus Nijhoff Publishers, 1995), É. Heinze se propose de dépasser les lectures positivistes – et donc limitantes – des textes relatifs aux droits de l'homme préférant y reconnaître, dans une approche davantage « naturaliste », un authentique droit à l'orientation sexuelle.

Dans le texte qu'il propose comme « Déclaration modèle » de « droits contre la discrimination opérée sur base de l'orientation sexuelle », l'auteur pose à l'article II une série de définitions (II, 1 : concepts de base : hétérosexualité, homosexualité, bisexualité, transsexualisme, hermaphrodisme, etc.), puis les principes fondamentaux (II, 2) ainsi libellés (nous traduisons) :

« 1 / L'orientation sexuelle relève fondamentalement de la personne humaine et de sa dignité.

« 2 / Chacun bénéficie de tous les droits humains, en ce compris les droits civils, politiques, sociaux, économiques et culturels, à égalité avec les autres, sans distinction fondée sur l'orientation sexuelle.

« 3 / Les États doivent, dans la mesure compatible avec le respect du droit de tous à la liberté de conscience, de croyance et d'expression, condamner la discrimination opérée sur base de l'orientation sexuelle ; ils doivent poursuivre par tous moyens appropriés et sans retard une politique qui élimine une telle discrimination sous toutes ses formes et qui favorise une meilleure connaissance de l'orientation sexuelle » (p. 295-296).

Pour spécifier ces obligations, É. Heinze évoque en ce même article II, 2 plusieurs devoirs qui incombent aux États : de s'abstenir eux-mêmes de tout comportement discriminant, de ne pas tolérer non plus de discrimination de la part de personnes privées, de réviser leur législation sur le sujet, etc.

Le dernier devoir mentionné sur cette liste mérite l'attention (II, 2, 3, *f*) :

« Les États doivent prendre toute mesure appropriée pour éradiquer les préjugés et les pratiques basés sur l'idée de la supériorité de la norme hétérosexuelle dominante » (p. 296).

4 / Les termes du choix

Parvenus à ce point de l'évolution du droit, la question se pose de savoir ce que signifie encore la famille dans les représentations sociales induites par une telle conception des droits de l'homme.

Sans doute sera-t-on alors tenté de se ranger parmi les auteurs qui regrettent les évolutions en cours et dont J.-P. Masson donne quelques citations au début de son traité de la famille (*Traité élémentaire de droit civil belge*, de Henri De Page, t. II : *Les personnes,* vol. I, 4e éd., Bruxelles, Bruylant, 1990, p. 462-463). On s'y rangerait même avec une pointe d'*a fortiori*, car si le concubinage hétérosexuel menace la cellule familiale, que dire alors de la reconnaissance du ménage homosexuel ?

J.-P. Masson rapporte ainsi les regrets évoqués :

« On parle de crise de la famille, et certains moralistes ont cru devoir jeter un cri d'alarme. La vie de famille disparaît, les mœurs dégénèrent, la famille elle-même s'atrophie... Nombre de juristes ont pris le relais et se lamentent régulièrement non seulement sur l'évolution sociale mais encore sur la loi qui, par son laxisme grandissant, saperait les bases de la famille et, par là, celles de la société : "La loi apparaît trop souvent aujourd'hui comme un dissolvant de la famille" » (E. Gaudin de Lagrange, Les droits de l'enfant, in *Mélanges offerts à Pierre Raynaud*, Paris, 1985, p. 176).

« On doit s'interroger sur l'opportunité de la consécration juridique de la famille hors mariage car la politique juridique ne saurait se borner à adapter le droit au fait » (P. Raynaud, Les deux familles. Réflexions comparatives sur la famille légitime et la famille naturelle, in *Études réunies en l'honneur de Michel de Juglart*, Paris, 1986, p. 79, n° 43.)

« Si la sagesse du Parlement ne fait pas barrage à cette réforme, notre droit connaîtra, à côté de la famille légitime, une véritable "famille" hors mariage... Il ne reste qu'à y introduire les concubines et nous retournerons à la morale du "bon sauvage" et à "l'état de nature" de Jean-Jacques Rousseau, dont les vertus familiales ne sauraient cependant être célébrées sans quelques réserves » (H. Mazeaud, Une famille "dans le vent" : la famille hors mariage, *D.*, 1971, C., 99 et s.)

« La loi permissive *contraindra*, en fait, de nombreux individus à adopter le comportement désormais légalisé » (C. Atias et D. Linotte, Le mythe de l'adaptation du droit au fait, *D.*, 1977, C., 257).

« Le "crépuscule du mariage" dénonce la ruine d'une société » (Mazeaud et De Juglart, t. Ier, vol. III, n° 706).

Pour échapper à la tentation de la lamentation, suffira-t-il de répondre par le commentaire que donne J.-P. Masson à la suite des extraits cités ?

> « On a peine à croire que certains de ces textes ont été écrits à la fin du XXe siècle. Ils démontrent qu'il existe des constantes. Ils sont, pour ne prendre qu'un exemple, dans la continuité de ce haut magistrat (qui devait appartenir à ce que François Mauriac appelait "la race aveugle, la race implacable des simples") du siècle dernier, qui avait proclamé qu'admettre les femmes au barreau signifierait la fin de l'ordre des avocats. – On sait en revanche ce qu'a donné, sur le plan moral et social, un régime qui avait pour devise "Travail – *Famille* – Patrie" ... » (p. 463, n. 3).

Ou encore, suffira-t-il d'opposer l'optimisme libéral aux contraintes jugées excessives des conceptions traditionnelles ?

> « Il ne faut rien dramatiser. D'abord, l'évolution actuelle a consacré, au point de vue des droits individuels, beaucoup de conquêtes appréciables. Le principe d'autorité (jadis la puissance maritale et, de nos jours encore, l'autorité parentale) est sagement limité, et les abus ne sont plus guère possibles. L'idée de l'égalité des sexes a contribué à ne plus faire de la femme une esclave, et à lui assigner dans la famille le rang et la place auxquels son rôle et son dévouement lui donnent droit. Le divorce a été admis pour le motif très simple que, souvent, le remède est moins grave que le mal. Enfin, la famille hors mariage a été réglementée de façon que tous les enfants, bien innocents des circonstances de leur naissance, soient mis sur le même pied, pour d'évidentes raisons d'équité. Nos idées sont plus libérales que celles d'il y a un siècle. Elles sont plus saines, parce que plus réalistes et plus vraies. Il ne faut pas s'en plaindre » (p. 463).

En réalité, il reste légitime de se demander si, pour apprécier les évolutions en cours dans le droit de la famille, le point de vue des droits individuels – valable, dans une certaine mesure, en droit public – constitue un critère adéquat, car l'individu – non divisé en lui-même comme l'indique l'étymologie – entend se distinguer adéquatement de tout autre individu alors que d'une part la famille, composée certes d'individus, insiste cependant d'emblée sur le lien qui unit tous ses membres, que d'autre part le droit, en sa nature, part de la relation, du lien.

La question radicale que pose aujourd'hui l'évolution du droit de la famille consiste à savoir si le droit va s'énoncer en acceptant de lire comme autant d'indications précieuses de son propre impératif les phénomènes de corps et de parole qui se passent déjà dans la famille elle-même ou s'il préférera partir du sujet individuel – à la limite né sans corps et surgi sans parole antécédente – pour détailler les libertés à prendre partout, y compris dans le cercle familial. il s'agit, en d'autres termes, de savoir si le droit résulte d'un certain nombre de décisions que les sujets prennent à partir de leur stricte individualité ou s'il exprime d'abord les liens qui relient *déjà* les sujets entre eux, en l'occurrence de l'enfant aux parents, et *donc* de l'homme à la femme.

Si, à la pointe actuelle de l'évolution des droits de l'homme en matière de vie privée, on trouve par exemple la revendication selon laquelle la relation hétérosexuelle ne doit plus apparaître de quelque façon que ce soit comme « supérieure » à toute autre orientation sexuelle, alors, il faut que la société s'interroge à nouveau sur ses propres fondements : d'où viennent les humains ? Si l'on répond qu'ils viennent d'un don mutuel de l'homme et de la femme, alors il devient impossible pour le droit de banaliser l'unicité de la figure matrimoniale qui assume la différence sexuelle dans la parole humaine. L'engendrement des humains par un lien, humain lui aussi, se donne à lire non pas comme une option quelconque du sujet mais comme une norme qui institue le droit.

Sans doute le nécessaire rappel de la « supériorité » du couple homme-femme ne règle-t-il pas pour autant le statut des « minorités sexuelles ».

Ni au plan pénal (cf., à propos de la qualification comme maison de débauche d'un établissement conçu pour faciliter les relations homosexuelles, les prises de position divergentes en Belgique de c. app. Bruxelles, 11 déc. 1985, *Journal des tribunaux*, 1986, p. 89 : « Que si l'homosexualité n'est pas en elle-même constitutive d'infraction, il n'en demeure pas moins qu'elle constitue une forme de dérèglement de la sexualité par cela seul qu'elle méconnaît la finalité de l'existence de deux sexes différents, finalité dont l'abandon généralisé mènerait à l'extinction de l'espèce humaine » et, après cassation, c. app. Liège, 23 avril 1987, *Journal des procès*, n° 106, mai 1987, p. 29 qui, constatant que seules sont établies des relations d'ordre sexuel entre deux personnes majeures et consentantes, dénuées d'esprit de vénalité, dans un lieu clos et en dehors de la présence de tout tiers, conclut « qu'à moins de discriminer l'homosexualité, des relations de ce genre ne peuvent être qualifiées de débauche »).

Ni au plan civil ou social (cf. X. Agostinelli, Le concubinage homosexuel dans la loi DMOS du 27 janvier 1993 : le législateur a-t-il ouvert la boîte de Pandore ?, *Revue de recherches juridiques*, 1994-I, p. 122 ; cf. aussi M.-Th. Meulders-Klein, Mariage et concubinages ou les sens et contresens de l'histoire, postface à J. Rubellin-Devichi (éd.), *Des concubinages dans le monde*, p. 280, n. 74 : « Il est par ailleurs fort peu probable que dans l'état actuel des choses, la Cour européenne des droits de l'homme fasse produire aux articles 8 et 12 de la Convention européenne des droits de l'homme des obligations positives en faveur de couples homosexuels. »).

Car les questions de la répression pénale, d'une part, de la sécurité sociale, d'autre part, appellent une appréciation d'opportunité délicate à tous égards, mais au travers d'une telle évaluation, la question reste posée de savoir comment la société maintiendra vive l'unicité du fondement auquel elle-même doit la vie.

Le corps précède le droit, disions-nous au titre précédent pour opposer l'objectivité du sujet à toute entreprise arbitraire de disqualification. Il le précède une nouvelle fois en donnant d'emblée une forme au lien fondamental qui non seulement relie les humains entre eux mais qui, encore, les suscite à l'existence. Redisons-le, une double voie s'offre alors au droit de la famille : soit de transposer dans l'intimité familiale les droits de l'homme conçus comme autant de possibilités pour un sujet de se libérer des liens de parole et de corps qu'il assume pourtant nécessairement dès sa naissance, soit d'accepter la réalité comme ce qui institue son propre discours sur la famille, à savoir la fécondité par la rencontre, en corps et en parole, de l'altérité.

II. – Les silences de la procréation médicalement assistée

La dualité, exposée au chapitre précédent, des conceptions du droit de la famille comme institution de l'engendrement des enfants par l'échange conjugal, d'une part, comme garantie de liberté individuelle et d'égalité de tous les partenaires, d'autre part, atteint une tension extrême lorsqu'elle traverse le champ des procréations médicalement assistées. Car les performances techniques accomplies par la biologie médicale en ce domaine risquent de se mettre au service de la seconde conception des liens familiaux en cassant les symboles que la première conception jugeait nécessaires pour instituer les identités.

Pour souligner les enjeux du débat, le présent chapitre commence par deux positions tirées de la tendance « subjectiviste » s'exprimant d'abord sur l'ouverture à la personne célibataire de la procréation médicalement assistée puis sur la maternité dite de substitution ; il montre ensuite en quoi la position jusnaturaliste reste insatisfaite devant de telles conceptions dans lesquelles elle aura perçu des libertés sans corps et des corps sans parole.

1 / Concevoir seule

La position prise par R. Badinter en matière de procréation artificielle au nom des « principes de notre civilisation européenne fondée sur les droits de l'homme » (R. Badinter, Les droits de l'homme face aux progrès de la médecine, de la biologie et de la biochimie, *Le débat*, n° 36, sept. 1985, p. 4) a suscité de vives critiques (cf. par ex., dans la même livraison, *Le débat*, n° 36, O. de Dinechin, Le fait et le droit, p. 24, et F. Héritier-Augé, L'individu, le biologique et le social, p. 27), mais elle compte au moins le mérite d'exprimer clairement comment la promotion de la liberté individuelle au titre de droit de l'homme finit par occuper tout le champ que le droit réservait, jusqu'ici, à la relation.

Après avoir constaté que, dans un couple, la procréation artificielle pallie seulement les effets de la stérilité sans restaurer l'homme et la femme en leur fécondité, notre auteur en vient à penser que la présence du couple lui-même ne s'impose plus en notre matière : la procréation artificielle exprime des choix qui requièrent certes le concours de volontés individuelles mais sans exiger pour autant un quelconque lien conjugal entre ces volontés.

> « Se pose alors, poursuit R. Badinter, la question majeure : convient-il de limiter le recours à la procréation artificielle aux seuls couples stériles ? Les techniques de procréation artificielle ne doivent-elles pas être mises à la disposition de tout être humain, célibataire ou marié, vivant seul ou en couple, réputé libre de son corps et de ses choix ? » (p. 7).

On mesure les conséquences de l'option favorable à cette seconde branche de l'alternative :

> « Si la procréation artificielle est laissée à la discrétion de tout adulte, elle confère à la filiation une dimension nouvelle. Cette nouveauté se mesure à l'autonomie accrue que la femme se voit reconnaître. Elle peut décider seule de porter un enfant et lui donner la vie sans qu'aucun homme, serait-il le compagnon d'un soir, soit nécessaire à la procréation. Laisser à tout être humain la liberté d'user des techniques artificielles de procréation, c'est en somme élargir les possibilités pour la femme d'engendrer. Plus encore, c'est faire apparaître que si, pour procréer, l'homme a besoin de la femme, la femme pourrait, elle, ne plus avoir besoin de l'homme ! » (p. 7).

Pour vaincre les résistances que suscite une telle perspective, R. Badinter veut réfuter l'argument tiré de l'intérêt de l'enfant, d'abord en supposant – procès d'intention ? – qu'un tel recours couvre un intérêt plus caché, en invoquant ensuite la curieuse analogie du fait accompli et du fait à accomplir :

> « A cette évocation, les résistances sont vives. Il semble bien que ce soit dans ce masculin déclinant et dans cette liberté déclinée au seul féminin que prennent racine les résistances que nos sociétés opposent à la procréation artificielle. Mais comme il n'est pas aisé de déplorer publiquement cette limitation même virtuelle du pouvoir de l'homme et cette liberté accrue de la femme, les critiques avouées avancent plutôt un autre thème, la défense de l'intérêt de l'enfant.
>
> « Certes, pour l'enfant, deux parents valent sans doute mieux qu'un. Mais que pèse cette sage observation dans nos sociétés où le divorce est commun, où la mère peut être célibataire et vouloir tout ignorer de son partenaire, où l'on ne s'émeut pas du sort des enfants à naître d'une femme hérédo épousant un homme alcoolique ? » (p. 8).

Sans nous attarder au paradoxe métaphysique que l'auteur invente (« Et il y a sans doute quelque paradoxe à invoquer l'intérêt de l'enfant pour lui interdire de naître », p. 8), consacrant curieusement de cette manière l'irresponsabilité la plus entière de la part des parents, rappelons le critère décisif :

> « Ainsi l'alternative s'éclaire : la procréation artificielle doit-elle se borner à être un remède à la stérilité du couple ou bien peut-elle offrir de nouvelles possibilités de maternité à toute femme désireuse d'avoir un enfant ? Le choix, c'est notre philosophie des droits de l'homme qui devrait nous l'inspirer » (p. 8).

En ces droits de l'homme, on retiendra surtout le droit à la vie – mais avec un glissement significatif du régime de l'intérêt à protéger au régime du pouvoir de disposer (v. *supra,* titre II, p. 109) – ainsi que le droit à la vie privée, singulièrement élargi, lui aussi, par le même glissement :

> « Or la Convention européenne de sauvegarde, en son article 2, consacre le *droit* de toute personne *à la vie*. Ce droit protège l'être humain contre autrui, contre les agressions de tous ordres qui pourraient l'atteindre dans sa vie. Mais ne faut-il pas reconnaître à ce droit à la vie une portée plus large ? Ne définit-il pas aussi un *pouvoir* reconnu à chaque personne ? Le droit à la vie paraît bien impliquer le droit de tout

être humain de donner la vie, la liberté de choisir les moyens par lesquels il pourra donner la vie.

« Cette liberté de procréer, et de faire le choix des voies nécessaires à cette fin peut, au demeurant, prendre appui sur un autre droit fondamental, affirmé par la Convention européenne, si du moins on accepte de lui attribuer toute sa portée. La Convention compte, au rang des droits de l'homme, le *droit à l'intimité* (art. 8). *A ce principe* on attache une valeur éminente parce qu'à travers lui s'affirme l'intérêt de tout être humain à voir protéger des comportements ou des sentiments qui expriment la part la plus secrète de sa personne.

« Mais le droit à l'intimité n'a-t-il pas une portée plus profonde encore : ne garantit-il pas l'intérêt de chaque être humain à prendre certaines décisions essentielles pour lui-même ? Le droit à l'intimité est-il une limite imposée à l'intrusion d'autrui ou une liberté de décision reconnue à toute personne dans la sphère limitée de son intimité ? Si cette seconde acception est retenue, en plus de la première, tout être humain dispose d'une faculté de choix et d'action dans les domaines qui affectent fondamentalement sa personne et en particulier la procréation » (p. 8 et 9).

Pour vaincre encore les réticences que rencontrera la reconnaissance du droit de la femme à recourir seule à une insémination ou à recevoir un embryon transplanté, R. Badinter conclut par deux arguments qui donnent singulièrement à réfléchir, le premier sur la puissance de la science, le second sur l'impuissance du droit.

Quand on oppose en effet, encore une fois, au projet de maternité solitaire l'intérêt primordial de l'enfant, l'auteur, escamotant toute référence symbolique, se contente d'une réponse hygiéniste :

> « Les risques, liés par exemple à la consanguinité, peuvent être facilement conjurés grâce aux règles imposées aux centres qui interviennent dans la procréation artificielle » (p. 9).

Corrélativement, dirait-on, l'argumentation se termine par un retrait total du droit hors du champ familial :

> « D'ailleurs peut-on envisager sérieusement d'interdire là où l'on sait que le respect de l'interdiction ne pourra être assuré ? Comment imaginer de traduire en justice la femme seule qui aurait voulu un enfant et aurait eu recours à une insémination artificielle, ou un transfert d'ovocyte ? Le droit pour tout être humain d'utiliser les moyens de donner la vie échappe en fait à l'investigation et à la sanction judiciaire. Et refuser un tel droit, c'est interdire à certains êtres les voies de l'épanouissement, sans qu'on perçoive l'avantage qu'en tireraient dans nos sociétés les autres humains » (p. 9).

2 / Porter l'enfant d'une autre

Comme on vient de le voir dans la position prise par R. Badinter en faveur du droit revendiqué par la femme seule de mettre au monde un enfant, l'interprétation subjectiviste des droits de l'homme sert à dissoudre la référence institutionnelle de la filiation au couple parental. On remarque la même dissolution dans une autre espèce de procréation médicalement assistée : la maternité de substitution

Alors que la cour d'appel de Paris (Paris, 15 juin 1990, *JCP*, 1991.II.21653, note B. Edelman et C. Labrusse-Riou, *Journal des tribunaux*, 1992, p. 767, note X. Dijon et J.-P. Masson ; v. également le commentaire critique de J. Rubellin-Devichi, chronique de jurisprudence, « Personnes et droit de la famille », *Rev. tr. dr. civ.*, 1990, p. 458, et C. Labrusse-Riou « Sciences de la vie et légitimité », in *Mélanges à la mémoire de Danièle Huet-Weiler : droit des personnes et de la famille*, Paris, LGDJ, 1994, spéc. p. 300) avait validé l'adoption d'un enfant conçu grâce à l'insémination d'une femme qui avait mis ses facultés reproductrices à la disposition d'un couple stérile, la Cour de cassation, statuant en assemblée plénière sur pourvoi formé dans l'intérêt de la loi (Cass. 31 mai 1991, *D.*, 1991, 417, rapp. Y. Chartier, note D. Thouvenin, *JCP*, 1991.II.21752 note Terré ; *Rev. tr. dr. civ.,* 1991, p. 517, obs. D. Huet-Weiller, *Journal des tribunaux*, 1992, p. 767), oppose, à la validité de la convention par laquelle une femme s'engage à concevoir et à porter un enfant pour l'abandonner à sa naissance, le principe d'ordre public de l'indisponibilité à la fois du corps humain et de l'état des personnes.

Dans la critique qu'elle développe contre ce dernier arrêt (Réflexions sur les sources du droit et les « principes » d'indisponibilité du corps humain et de l'état des personnes, *Rev. tr. dr. civ.*, 1992, p. 489), M. Gobert remet en question la consistance du double principe invoqué, ouvrant ainsi largement la porte à la philosophie subjectiviste.

A propos de l'indisponibilité du corps humain, premier principe étudié, M. Gobert relève plusieurs exemples de mise en commerce de produits du corps (le lait maternel, le sang...) pour conclure que

> « c'est dans l'imaginaire plutôt que dans les pratiques que s'est épanoui, comme celui de la liberté de la volonté, le principe de l'indisponibilité du corps, aussi faux que le précédent » (p. 513).

Sans entrer dans l'examen détaillé de cette question déjà étudiée (v. *supra*, titre II, p. 135) ni dans la contradiction que M. Gobert croit déceler dans la position de la Cour qui rapporte l'indisponibilité du corps à l'article 1128 du Code civil (« il n'y a que les *choses* qui sont dans le commerce qui puissent être l'objet de convention ») comme si cette référence abaissait le corps au rang des choses au moment où, paradoxalement, la Cour voulait faire échapper ce corps à la mise en commerce (mais pourquoi donc l'article 1128 imposerait-il que tout ce qui est hors commerce fût une chose ?), on notera l'argument *ab absurdo* développé ensuite par l'auteur dans les termes schématiques suivants :

> « (La reconnaissance du principe de l'indisponibilité du corps) destinée à condamner la maternité de substitution vaut, en réalité, pour toutes les procréations assistées dès qu'un tiers y est impliqué » (p. 515).

Or les Centres d'étude et de conservation du sperme (CECOS) et autres intermédiaires à la procréation médicalisée développent depuis de nombreuses années une activité remarquablement étendue, « dont la réputation de sérieux n'a jamais souffert » (p. 518).

Donc le principe général formulé par la Cour de cassation en référence à l'article 1128 du Code civil quant à l'indisponibilité du corps résulte d'une décision de sa part :

> « C'est pourquoi il est permis de se demander si la méthode choisie est la bonne. En effet, comme le principe dégagé ne correspond pas à la réalité depuis longtemps

existante, ou bien la Cour le "ressortira" dans les cas où elle aura décidé qu'elle en a besoin et il n'est jamais bon de faire apparaître *a contrario* qu'un principe n'en est pas un mais joue comme une exception, ou bien elle souhaitera que, désormais, la réalité corresponde à ce qu'elle a proclamé et alors les remises en cause tous azimuts, en vertu de la violation d'un tel principe, se succéderont en chaîne » (p. 518).

Sans adopter le paralogisme par lequel l'auteur conteste l'existence d'un principe général *de droit* au nom des pratiques *de fait*, on retiendra comme une précieuse indication de sa part la nécessité de la cohérence : le principe d'indisponibilité du corps humain rend illégitime la mise en circulation des cellules reproductrices de personnes tierces aux époux. Par là notre auteur rejoindrait, involontairement peut-être, le point de vue qui correspond davantage à la tradition juridique et qu'on trouve par exemple sous la plume de C. Labrusse-Riou (à propos de l'insémination artificielle avec donneur) :

> « A vrai dire on se demande si la somme des sophismes dont procède la pratique du don de gamètes et l'incohérence du droit qui serait conduit, soit à reconnaître deux pères, soit à couvrir le mensonge sans pouvoir garantir la présence effective d'un père, ne révèlent pas en réalité l'incohérence de la pratique elle-même ; ce peut être un argument suffisant pour ne pas légitimer par la loi des procréations en participation » (C. Labrusse-Riou, La maîtrise du vivant : matière à procès, *Pouvoirs*, n° 56 (1991), p. 105).

Quant à l'autre principe invoqué par la Cour de cassation, l'indisponibilité de l'état de personnes, Michelle Gobert ne prétend pas, comme pour le premier, que la Cour viendrait de le découvrir, mais elle soutient, à la lecture des jurisprudence et doctrine récentes relatives par exemple à l'aménagement des devoirs parentaux, au changement de sexe, à la modification du nom, etc., qu'il s'est renversé en son contraire :

> « On se convainc que le principe est plutôt de disponibilité des actions relatives à la filiation, étant entendu qu'il est assorti de traditionnelles exceptions » (p. 519).

Quoi qu'il en soit de ce débat de fond, l'auteur cherche à savoir, dans l'immédiat, en quoi la « convention » de maternité de substitution aurait contrevenu à l'indisponibilité érigée en principe par la Cour. En l'occurrence, poursuit M. Gobert, l'abandon n'apparaît pas comme une qualification pertinente des faits ni au pénal ni au civil puisque d'une part l'enfant « donné » par la mère de substitution se trouve bel et bien recueilli par un père, que d'autre part le droit n'oblige aucune mère à reconnaître son enfant. En d'autres termes, si la mère s'abstient d'un tel acte juridique, et si le géniteur reconnaît son enfant, aucune lettre de la loi ne se trouve violée.

Même conclusion du côté de l'adoption car cette dernière institution « n'est pas réservée aux enfants qui ont besoin d'une famille » (p. 523). Car, par l'effet du consentement des parents d'origine, l'adoption sert aussi de façon apparemment très légitime au passage de l'enfant d'une famille à l'autre, comme on le voit, par exemple, dans les pratiques qui encouragent la femme enceinte à garder son enfant en vue de l'adoption plutôt que de recourir à l'interruption de grossesse, ou dans les pressions financières exercées sur les pauvres parents du Tiers Monde pour qu'ils consentent à donner leur enfant à un couple qui le prendra en charge.

Poursuivant son examen, M. Gobert rencontre une dernière objection :

> « Il reste apparemment irréductible : la maternité de substitution conduit à faire venir au monde un enfant qui ne connaîtra pas sa mère et qui par conséquent va être privé de son véritable état » (p. 524).

Ici encore, la comparaison justifie le dommage par le dommage :

> « L'intolérable semblerait atteint si ce n'était déjà le cas, également, de l'enfant né d'un don de sperme ou d'un don d'ovules. A la vérité d'ailleurs la situation de ces derniers n'est pas seulement comparable, elle est, d'une certaine manière, pire puisque les règles juridiques sont telles que ces enfants-là ne pourront jamais connaître leur père ou mère génétique tandis que la mère substituée a tout à fait le temps, si elle le souhaite, de reconnaître son enfant » (p. 524-525).

Ayant ainsi achevé sa critique des principes que la Cour de cassation oppose à la nouvelle figure de procréation médicalement assistée, l'auteur peut conclure :

> « Lorsque l'on n'est ni législateur ni juge, il n'y a à être ni pour ni contre la maternité de substitution ou plutôt le pour ou le contre n'est plus qu'affaire personnelle et donc sans importance. En revanche, il convenait de faire ressortir – simple illustration supplémentaire d'une constatation qui n'est pas nouvelle – l'extrême relativité des appréciations » (p. 525).

3 / Garder l'unité du symbole

Le droit peut-il admettre de considérer comme « affaire personnelle et donc sans importance » la manière dont les humains viennent à l'existence ? Cette mise à l'écart du droit s'accompagne en tout cas d'une fracture entre le corps et la parole. Fracture telle que, d'une part, les paroles ne reçoivent plus comme contenu que l'indétermination de la liberté individuelle détachée tout ensemble des pesanteurs de son corps et des interdits du droit, que, d'autre part, les corps s'échangent dans un commerce dont aucune parole ne peut dire le sens, mais la liberté livrée à elle-même, comme on l'a dit, réussira-t-elle à meubler ce silence ?

La philosophie sous-jacente aux positions d'auteurs tels que M. Gobert ou R. Badinter s'accommode, semble-t-il, des dissociations opérées, mais à quel prix ? Dans la tentative à laquelle se risque M Gobert de justifier la convention portant sur la maternité de substitution, on aura perçu par exemple combien les significations humaines des gestes posés se sont étrangement retirées pour laisser la place à la stricte matérialité des actions comparées d'une part à la lettre des lois civiles et pénales estimée sans doute rigoureusement respectée mais en sacrifiant leur esprit (v. là-dessus B. Edelman et C. Labrusse-Riou, note sous Paris, 15 juin 1990, précitée), d'autre part à des comportements jugés matériellement analogues à l'espèce considérée mais, ici encore, abstraction faite du sens dont les acteurs les ont revêtus.

Bref, tout se passe comme si la maternité de substitution n'entrait dans le domaine de la légitimité juridique qu'en se réduisant à la positivité des gestes qui la constituent (un accouchement sous X..., une adoption) faisant fi de toutes les intentions sous-jacentes à un tel commerce (l'acceptation de l'insémination, la promesse d'abandon), mais cette occultation de l'engagement des libertés ne constitue-t-elle pas un aveu ? Ne disqualifie-t-elle pas, précisément, toute prétention d'une telle procréation à la légitimité juridique ? A moins que le droit de la famille n'ait de raison d'être que dans l'enregistrement des données corporelles engagées dans le processus de procréation – à la manière de la biologie, par exemple – sans tenir aucun compte des significations que les humains leur donnent dans leurs conventions, c'est-à-dire dans l'échange de leurs paroles.

L'occultation signalée dans la figure qui met en cause l'indisponibilité traditionnelle de l'état des personnes se laisse apercevoir également dans la contestation de l'autre indisponibilité, celle du corps. Que recouvre en effet l'argument qui invoque, pour justifier le don des cellules reproductrices de l'homme et de la femme, la mise en circulation de produits tels que les cheveux, le lait maternel ou le sang ? Ramenés à la commune dénomination « d'éléments détachables de la personne » afin de suivre le même traitement qu'eux, les gamètes n'ont-ils pas perdu en cette (dis)qualification leur densité relationnelle ? Traiter juridiquement l'ovocyte ou le sperme de la même manière que le rein à greffer ou le sang à transfuser au bénéfice de n'importe qui revient à faire d'emblée l'impasse sur la parole. Mais, en régime humain, la parole n'est-elle pas indispensable à la rencontre des personnes qui veulent amener un nouvel être à l'existence ?

Or le silence imposé aux significations humaines des échanges qui s'opèrent entre les corps par la médiation de l'artifice technique ne va-t-il pas retentir sur ce nouvel être que l'on aura mis au monde ? R. Badinter avance, on l'a vu à propos de l'ouverture de la procréation médicalisée à la femme solitaire, deux types de réponse quant à cette question importante de l'intérêt de l'enfant. La première déçoit parce qu'elle compare l'hypothèse contestée à d'autres situations de fait où les parents ne prennent pas non plus suffisamment en compte l'intérêt de l'enfant, mais on connaît la faiblesse du raisonnement qui tire argument de ce que la liberté *a* (mal) fait pour énoncer ce qu'elle *doit* (bien) faire.

La seconde réponse déçoit tout autant en limitant le souci de l'enfant à la qualité scientifique des techniques mises en œuvre, comme si l'enjeu de la procréation se réduisait seulement à produire un être biologiquement correct, alors qu'il s'agit de faire advenir un enfant au monde des humains. Le faire advenir comment ? Par le corps certes, mais aussi par la parole. Les deux ensemble, comme il en va en toute symbolique humaine : le corps « fait » des « choses », mais leur sens est dit par la parole qui entre, elle aussi, dans l'échange. Non pas la parole qui dirait n'importe quoi au nom du pouvoir – hâtivement nommé « droit de l'homme » – qu'en sa « vie privée », le sujet s'arrogerait sur la « vie » tout court, mais la parole qui, pour garder l'unité du symbole, en soi et dans l'autre et dans le tiers appelé à l'existence, admet comme humble et indépassable contenu cela même qui se signifie dans l'échange corporel des sujets qui se parlent.

Lorsqu'on invoque les droits de l'homme, il importe de lire leur portée authentiquement libératrice dans la symbolique où l'homme trouve son sens, et où le droit trouve aussi son sens : les hommes dans le droit, car le droit aura garanti socialement l'intégrité du symbole, et le droit dans les hommes, car c'est en vue de leur reconnaissance mutuelle que le droit institue ses formes. Où l'on voit que le danger à redouter dans la procréation médicalement assistée à l'aide de cellules tierces ne porte pas seulement sur les conséquences physiquement ou psychologiquement dommageables qui surviendraient dans le parcours de l'enfant conçu grâce à de telles techniques, il concerne plus profondément, dans tous les partenaires en cause, la cassure du symbole humain, fait indissociablement de corps et de parole, et que le droit se devait de garder pour protéger la dignité de tous les sujets engagés dans la procréation.

4 / Restaurer l'indisponibilité

Pour faire pièce aux lectures réductrices qui compromettent cette dignité humaine en imposant le silence aux corps sous prétexte de laisser la parole aux libertés, le juriste s'inspire utilement de l'incessante recherche des psychanalystes qui déchiffrent autant que faire se peut l'avènement de la parole dans le corps et du corps dans la parole, réalisme symbolique où les sujets se découvrent institués (sinon, par défaut, déchirés) dans les liens familiaux de leur identité.

On lit ainsi, à propos des procréations médicalisées, sous la plume de M. Vacquin (Filiation et artifice, nouvelles techniques et vieux fantasmes, *Le supplément, Revue d'éthique et de théologie morale,* 1991, p. 131), des considérations qui méritent d'être citées avant qu'on rappelle en conclusion du présent chapitre le discernement que permet l'institution matrimoniale en notre matière.

> « Que l'on me comprenne bien : je ne dis pas que des problèmes de filiation se poseront systématiquement aux enfants nés par fécondation *in vitro*, même si les jeux de gamètes laissent présager amnésies d'identité ou abcès généalogiques. Je cherche à faire apparaître comme objet fondamental de ma réflexion le sourd combat que la science fait au droit, mis en échec, débouté de sa fonction de gardien de l'indisponible, sommé non plus de penser et défendre le licite et l'illicite, mais de gérer les "découvertes" après avoir entériné leur fait accompli. Je cherche à souligner la dimension œdipienne et non prométhéenne, incestueuse parce que génératrice de magma et d'indifférenciation à l'œuvre dans une science du vivant qui ne reconnaît ni les spécificités de son objet ni l'altérité des autres disciplines, comme si elle avait le monopole de la rationalité. Considérés sous cet angle, si les nouveaux traitements de la reproduction pulvérisent le Droit de la filiation, détraquent la parenté, font éclater la maternité en fonctions morcelées, décomposent le juridique, ce ne serait nullement fait du hasard, mais visée inconsciente dissociative. Cela même que nous avons à élucider.
>
> « Paternité écartée de la sexualité, maternité morcelée, descendants-otages des containers de la science, gamètes interchangeables, télescopage des générations, quelle est la visée ultime de "ce qui règne aujourd'hui dans la science et qui n'est pas la science", sinon la destruction de la filiation ? Et quelle volonté inconsciente porte ce mouvement de destruction sinon celle de rendre caduque la notion même d'interdit, d'en liquider la catégorie ? "Tuer ce qui incarne la limite", comme l'écrit P. Legendre (*L'inestimable objet de la transmission,* Paris, Fayard, p. 100) » (p. 136-137).

Sur fond de ce combat plus « œdipien » que « prométhéen », une tâche s'impose :

> « Nous avons à réédifier une catégorie de l'indisponible, de l'intouchable, de l'inappropriable, que sais-je, fondée non pas sur une quelconque fétichisation, mais sur la nécessaire transmission des interdits différenciateurs, grâce auxquels l'humanité assure la transmission non seulement de la chair, mais aussi de la subjectivation et de la parole. Faute de quoi, le discours institué de la toute-puissance et du sans-limite continuera de tendre vers ce pourquoi il est fait : l'autofondation, la tyrannie, le magma » (p. 142-143).

Mais on sait que cette « transmission des interdits différenciateurs » est soumise aujourd'hui à rude épreuve :

> « La revendication de l'enfant objet de propriété, quelles que soient les circonstances, "parenté" homosexuelle ou incestueuse, père mort, etc., sert d'instrument idéologique visant à exprimer l'insoumission à toute tradition en tant que telle : un grief violent, explosif est adressé au passé au moyen de l'avenir (l'enfant à naître), comme une interrogation déflagratrice des fondements de l'interdit.
>
> « Que le délire, revendiqué par certains, soit légalisé, au nom des droits de l'homme de surcroît, qui nous en sortira ? Et comment ne pas sentir que la légalisation de l'instrumentalisation de l'autre ne peut que contribuer à la maladie du corps social, par atteinte profonde, pour tous, à l'estime de soi. Je ne sais ce qu'il convient de garder, d'interdire. Je sais seulement avec force, et dans l'inquiétante étrangeté, que nous sommes la première génération humaine à devoir penser ces mystérieux objets : la différence des sexes, avec son gigantesque potentiel d'amour et de conflit, serait-elle devenue un nouvel objet biomédical ? Et encore : l'engendrement dans la sexualité et la différence, de quoi était-il gardien ? » (p. 145).

Invité à répondre à de telles questions, le juriste redécouvre dans sa propre tradition l'institution matrimoniale et, par là, comme on a tenté de le montrer, la double indisponibilité qui institue l'état des personnes dans une relation de parole et de corps. Il reste à déployer cette réponse pour montrer comment elle permet d'évaluer les artifices utilisés dans le processus de la procréation.

Dans les procréations médicalement assistées, le droit en sa nature ne retiendra que les techniques qui non seulement respectent la vie des embryons (cf. *supra,* titre II sur le sujet de droit, p. 113) mais intègrent en outre l'enjeu décisif de l'institution matrimoniale, à savoir le don des corps dans le don de la parole fondant ainsi l'indisponibilité tant du corps humain que de l'état des personnes. Il faudra donc récuser comme contraires au droit les pratiques qui ne permettent plus l'échange de la parole entre les intervenants qui pourtant, d'une façon ou d'une autre, se donnent en leur corps : soit qu'elles utilisent les cellules germinales ou le corps d'une autre personne que les époux, soit qu'elles s'appliquent à des personnes qui ne sont pas engagées dans les liens du mariage.

A propos des gamètes mis à la disposition de couples candidats à la parenté, le langage actuel évoque certes le don (v. les mentions du tiers *donneur* aux articles 311-19 et 311-20 insérés dans le Code civil français, livre Ier, titre VII, chap. Ier, sect. 4 par la loi n° 94-653 du 29 juillet 1994 relative au respect du corps humain, *JO*, 30 juillet 1994) : donneur de sperme ou donneuse d'ovule, mais la générosité énoncée dans les mots ne peut précisément jamais apparaître comme telle puisque les partenaires du don ne se connaissent pas alors que l'engendrement d'un enfant appelle précisément cette connaissance. Et s'ils se connaissent, par exemple dans le cas de la maternité de substitution, ils ne peuvent redoubler par la parole le don du corps puisqu'il y a eu, justement, substitution.

Sans doute peut-on créer autour de tels gestes le contexte social et psychologique de la générosité en exigeant par exemple que le don des cellules germinales se fasse par un couple qui a déjà eu des enfants, mimant par là le don inhérent au mariage. Mais un tel hommage rendu à la vertu conjugale ne supprime pas pour autant le vice de la pratique elle-même qui, détournant cette générosité vers d'autres personnes (généralement anonymes) que les conjoints eux-mêmes, dissocie l'unité de l'acte de corps et de parole où, à l'intersection du don de l'homme à la femme et de la femme à l'homme, naissait leur don commun à l'enfant, et de l'enfant à lui-même. Dans la procréation qui recourt à des cellules tierces ou au corps d'une mère porteuse, les faits corporels ne disent plus ce don mutuel car aucune parole ne peut plus les porter comme seul pouvait le faire l'échange des époux.

Les techniques hétérologues de procréation (insémination artificielle de l'épouse par un donneur, insémination artificielle de la mère substituée par le mari) mettent d'ailleurs profondément en cause l'égalité que les époux reconnaissent pourtant au fondement de leur mariage comme condition de la réciprocité de leur don. Dira-t-on que la générosité du renoncement d'un des deux conjoints à procréer pour que l'autre connaisse sa propre fécondité pallie par la hauteur de ce sentiment la déficience de leur égalité d'aptitude physiologique à la procréation ? Quoi qu'on en veuille, il faut malheureusement penser qu'elle l'exacerbe plutôt car la générosité ainsi manifestée par l'un des deux conjoints ne peut tout de même pas être reçue par l'autre en ce lieu où ils appelaient tous deux la fécondité : leur corps.

Mais cette première cassure dans la symbolique du mariage en entraîne forcément une autre, à laquelle le droit doit se montrer encore plus attentif, au plan de la filiation. L'infraction commise à l'indisponibilité des corps engagée dans l'institution matrimoniale entraîne en effet la perturbation de l'état civil de l'enfant : né de la conjonction de cellules tierces, il ne connaîtra jamais ses origines (cf. l'article 311-19 C. civ. : « En cas de procréation médicalement assistée avec tiers donneur, aucun lien de filiation ne peut être établi entre l'auteur du don et l'enfant issu de la procréation ») et si, ici encore, l'enfant en connaît quelque chose par la levée d'une partie du secret qui entoure le donneur, que pourra-t-il lui dire à partir du moment où aura été brisée la symbolique du don des corps dans la parole ?

Personne, ici, n'a donc pu s'exprimer à la profondeur symbolique requise par le mariage : ni le donneur ou la donneuse qui ont disposé de leurs gamètes en dehors de la relation personnelle qui aurait dû être nouée aussi bien avec le partenaire de la procréation qu'avec l'enfant né de cette manipulation médicale, ni le conjoint fécond qui aura reçu sa paternité ou sa maternité d'une autre personne que celle à laquelle il avait cependant voué l'indisponibilité de son corps, ni le conjoint stérile dont la mise à l'écart de l'échange biologique fécond contredit objectivement la générosité subjective avec, paradoxalement, d'autant plus de force que sera minimisée cette intervention de cellules tierces qu'il ne possède même pas.

Si les dons se sont produits dans un tel désaccord, comment l'enfant ainsi conçu pourra-t-il recevoir du droit une généalogie aussi unique que sa propre personne ? On n'approuvera donc pas les techniques procréatrices qui brisent la symbolique matrimoniale par le recours à des cellules étrangères ou à un corps étranger aux époux eux-mêmes.

A fortiori, le droit n'approuvera pas non plus l'utilisation de ces techniques au bénéfice de personnes non liées par le mariage : la symbolique du don entre l'homme et la femme dans laquelle s'enracine la conjonction de l'indisponibilité du corps avec l'indisponibilité de la filiation écarte d'emblée les requêtes des personnes veuves, célibataires ou homosexuelles : l'enfant à naître, en effet, a le droit de se recevoir comme sujet d'un don mutuel (cf. en droit positif français l'article L 152-1 inséré dans le Code de la santé publique par la loi n° 94-654 du 29 juillet 1994 relative au don et à l'utilisation des éléments et produits du corps humain, à l'assistance médicale à la procréation et au diagnostic prénatal, *JO*, 30 juil. 1994 : l'alinéa 1er énonce que « l'assistance médicale à la procréation est destinée à répondre à la demande parentale d'un couple » ; l'alinéa 3 précise que « l'homme et la femme formant le couple doivent être vivants, en âge de procréer »).

Elle écarte aussi la demande des concubins qui souhaiteraient faire naître un enfant dans le privé d'une union qui ne s'est pas scellée publiquement par la promesse du mariage, car l'indisponibilité de la filiation appelle d'elle-même, par respect pour l'enfant à naître, l'indisponibilité de l'état où elle a pris naissance (comparer, à l'article L 152-1 précité, la suite de l'alinéa 3 : « L'homme et la femme formant le couple doivent être (...) mariés ou en mesure d'apporter la preuve d'une vie commune d'au moins deux ans »).

III. – L'irréductible lien de filiation

L'enfant surgit dans l'entre-deux d'un échange entre l'homme et la femme, échange fait indissociablement de corps et de parole selon le vœu de l'institution matrimoniale elle-même. L'exigence du droit porte, de soi, sur l'intégrité de ce réel : que l'on ne dissocie pas dans la suite de la vie de l'enfant cette synthèse proprement humaine, cette symbolique où les corps et les mots, se renvoyant mutuellement à leur signification propre, ouvrent l'espace conjugal à la présence tierce !

Dans le présent chapitre on explicite d'abord, en termes encore généraux, cette exigence fondamentale de non-dissociation inhérente au respect de l'enfant ; puis on rapporte ce devoir au « droit à la famille » reconnu par la Convention des Nations Unies relative aux droits de l'enfant (1989) déjà citée ; la réflexion entamée là permet enfin de détailler cette exigence de sauvegarde dans trois situations – la pauvreté, le placement, l'abandon – qui compromettent le lien familial.

1 / L'enfant indisponible

La double indisponibilité du corps humain et de l'état des personnes expliquée par l'institution matrimoniale comme l'exigence logique du don vécu dans les corps et exprimé par la parole commandent, disions-nous, le déroulement ultérieur du droit de la filiation pour éviter, autant que possible, l'éclatement des relations en leur part physiologique d'un premier côté, affective d'un deuxième, et sociale ou légale d'un troisième. Autant que possible car, pas plus ici qu'ailleurs, le droit ne maîtrise l'intimité des sentiments par lesquels un homme ou une femme admet ou rejette la progéniture que les normes lui attribuent.

Or les humains ne se rendent pas toujours attentifs à la symbolique engagée dans l'engendrement. On le sait déjà en ce qui concerne les procréations médicalisées ; on le voit encore dans les diverses figures où l'enfant a reçu l'existence soit hors du lien matrimonial (dissociation entre la disponibilité du lien mutuel entre concubins et l'indisponibilité de leur lien de parenté), soit en violation de la fidélité conjugale (rupture du fait adultère par rapport à la promesse de n'être père ou mère que par le lien au conjoint), soit encore par une union incestueuse (infraction à la règle fondamentale de différenciation entre la parenté et l'alliance), dans ces hypothèses également où les auteurs de l'enfant n'ont pas voulu nouer avec leur descendance le lien juridique qui consacrerait dans le droit la réalité de l'engendrement (dissociation de la parenté physique et de sa reconnaissance juridique) ou n'ont pas voulu maintenir le lien personnel avec cette descendance pourtant juridiquement reconnue (séparation de la parenté légale et de la prise en charge affective).

A l'égard de ces dissociations volontaires (on n'évoque pas ici l'hypothèse involontaire du décès que le droit pallie par l'institution de la tutelle), le droit cherche les meilleurs remèdes qui tiennent compte à la fois, comme on l'a dit, du respect des principes en cause et du meilleur bien des personnes concernées. Ainsi s'élaborent plusieurs actions en justice : recherche de paternité ou de maternité, contestation d'état, octroi d'aliments, déclaration d'abandon, etc., dont la mise en œuvre procédurale connaîtra des empêchements et délais plus ou moins importants selon la diversité des enjeux de l'action et où la vérité biologique jouera le rôle que l'on sait.

Mais, de même que le droit avoue sa limite lorsque la générosité familiale transcende par en haut les contraintes communes que le code énonce aux titres du mariage et de l'autorité parentale, il doit également la reconnaître lorsque la volonté des personnes a, pour de bonnes ou de mauvaises raisons, refusé d'assumer dans une prise en charge effective les liens qu'il supposait. Les solutions qu'il imagine pour remédier aux déficiences pécheront donc toujours par quelque endroit.

Pour choisir par exemple de confier au père ou à la mère la garde de l'enfant dans une procédure en divorce, le droit demande au juge de se guider selon l'intérêt de l'enfant. Mais le juge sait – et l'enfant aussi – que ce véritable intérêt eût été de n'avoir pas à choisir entre l'un ou l'autre des parents car le vœu du mariage appelait précisément leur entente. Mais que peut la généralité du principe de la permanence du mariage contre l'intimité personnelle des sentiments ?

Puisque donc les symboliques sont brisées, faudra-t-il, par dépit, s'abstenir de règles qui guideraient les choix du législateur ? Pas nécessairement car, encore une fois, l'institution matrimoniale reste qualifiée pour orienter les recherches dans le sens de la cohérence. Ainsi, dans les équilibres à trouver et les partages à opérer, par la loi ou par les décisions de justice, entre le « père biologique » et le « père affectif », entre la famille d'origine et la famille d'accueil, ou, plus simplement, entre l'homme et la femme, on veillera toujours à privilégier la double indisponibilité du corps et de l'état des personnes mise en jeu dans le don conjugal par rapport aux souhaits trop vifs du désir qui, recherchant la plus grande disponibilité de son « objet », en arriverait finalement à méconnaître la qualité de sujet des membres du cercle familial.

Limité aux formes, le droit ne peut certes tout régler, nous l'avons dit, mais pour accomplir sa tâche d'instituer les conditions de la reconnaissance mutuelle, il se montrera particulièrement attentif aux caractéristiques objectives par lesquelles les sujets résistent aux désirs portés sur eux. Quoi qu'en veuille son père, un enfant sera toujours aussi le fils de sa mère, et réciproquement ; quoi qu'en veuille sa famille d'accueil, l'enfant recueilli demeurera jusqu'à la fin de ses jours descendant de sa famille d'origine ; quoi qu'en veuillent ses grands-parents, le petit-enfant qu'ils voudraient adopter restera à jamais l'enfant et non le frère ou la sœur de son père et de sa mère.

Veut-on par là sacraliser les liens du sang pour rejeter tout autre aménagement juridique qui prendrait pourtant mieux en compte le développement affectif de l'enfant ? Nullement puisque, on l'a dit, le caractère toujours imparfait des solutions obtenues suscite une continuelle recherche. Par cette insistance sur l'objectivité des origines de l'enfant, on veut seulement souligner l'importance de respecter en lui – c'est le rôle du droit – sa qualité de sujet indisponible, qualité qui ne correspond jamais entièrement, puisqu'il est sujet, aux projections qui voudraient trop souvent le rendre disponible au désir.

Avant de montrer en quoi la Convention des Nations Unies relative aux droits de l'enfant rejoint une telle conclusion, on aimerait rappeler ici le travail extrêmement concret requis de tous les partenaires en présence pour faire face aux déceptions imposées par un tel réalisme.

Dans l'article déjà cité (Réflexion sur l'évolution du droit de la famille et de l'activité du juriste de la famille, *Rev. int. ét. jur.*, n° 22 (1989) p. 55), J.-L. Renchon explique le sentiment de frustration rencontré dans les procédures en divorce par la distance qui sépare, d'un côté, le vécu émotionnel des parties souvent tentées d'accroître leurs prétentions subjectives et, de l'autre côté, le règlement juridique (judiciaire) qui doit trancher le conflit familial par recours à une certaine objectivité. Le débat mené à propos de la survie des requérants eux-mêmes aide à comprendre la discussion qui concerne le sort futur des enfants :

> « Lorsqu'une femme prétend qu'il lui est impossible de subsister sans obtenir une pension alimentaire de 50 000 FB, il est très vraisemblable qu'elle confonde, dans ce qu'elle dit et exprime, ce qui relève subjectivement de ses sentiments avec ce qui relève de la nécessité de départager des intérêts contradictoires. C'est que la demande d'obtenir 50 000 FB traduit tout à la fois la volonté de faire, autant que possible, pré-

valoir ses propres intérêts, à l'occasion d'une de ces multiples oppositions d'intérêts qui se révèlent inévitablement au cours d'une existence humaine, mais aussi, et souvent à l'insu même de celui ou celle qui formule la demande, l'expression d'un sentiment éprouvé à l'égard de celui ou celle contre lequel la demande est formulée, par exemple la déception d'avoir été quitté, le besoin de maintenir un lien d'attachement avec le conjoint, la colère à l'égard d'un conjoint qui est perçu comme ayant provoqué une grande souffrance...

« Or, si l'énoncé juridique ou judiciaire qui résultera de la mise en œuvre d'un processus de négociation ou de l'introduction d'une procédure en justice met un terme au conflit d'intérêts, puisqu'il le tranche, par contre, il n'a aucune aptitude quelconque à résoudre ce qui se déroule, pour le sujet, dans l'espace de ses émotions et de ses sentiments.

« Si la femme qui a demandé 50 000 FB exprimait par là même, sans s'en rendre compte, sa colère à l'égard de son mari, elle ne se sentira pas guérie de sa colère, lorsqu'elle aura obtenu – vraisemblablement – 35 000 FB ou 40 000 FB, voire même 45 000 FB.

« Si la femme qui a demandé en justice la suspension provisoire des visites de l'enfant chez son père obtient – éventuellement – cette suspension, elle n'aura pas pour autant résolu la difficulté affective à laquelle elle était confrontée et qui provenait de ce que, quels que soient les reproches qui pouvaient être formulés à l'égard de son mari ou ex-mari, son enfant est et restera inéluctablement l'enfant de son père. Et, tôt ou tard, son enfant, à travers n'importe quel symptôme, lui remontrera sans doute que ses difficultés d'enfant par rapport au conflit de ses parents n'ont jamais été résolues » (p. 92-93).

Par sa seule existence, l'enfant rappelle l'objectivité d'un lien de corps et de parole aussi indisponible que lui-même aux volontés subjectives du désir.

Pour garder vive cette symbolique proprement humaine et la transmettre à la génération suivante, le droit, avons-nous dit, s'efforcera autant que possible de tenir ferme ce lien de corps et de parole dans lequel les enfants ont pris naissance. On voudrait le vérifier dans la manière dont le droit positif réagit lorsque l'enfant doit être séparé de sa famille d'origine. On le fait d'abord en évoquant et en discutant les principes mentionnés à ce sujet dans la Convention prérappelée relative aux droits de l'enfant (1989).

2 / Le droit à la famille

La Convention des Nations Unies relative aux droits de l'enfant (1989) insiste, nous l'avons vu, sur la réelle autonomie du petit d'homme considéré comme un véritable sujet de droit. Mais une telle insistance, nous allons le voir, ne tourne pas au solipsisme, vu la présence, en ce document international, des fondements de ce que nous pourrions appeler un « droit à la famille ». Une telle conjonction de la subjectivité et du lien n'a rien d'étrange si l'on se rappelle que le sujet est donné à lui-même par un don. Don qui vient de plus loin que lui puisqu'il remonte à ses parents. Dialectique d'autonomie et de dépendance que, par exemple, les psychologues connaissent bien.

Ainsi, dans un colloque pluridisciplinaire consacré à la Convention sur les droits de l'enfant, un psychiatre (L. Cassiers, La Convention sur les droits de l'enfant, commentaires psychologiques, *in* M.-Th. Meulders (éd.), *La Convention sur les droits de l'enfant et la Belgique*, Bruxelles, Story Scientia, 1992) a-t-il pu tenir les deux propos suivants, d'abord sur l'enfant-sujet :

> « C'est en cela que la Convention sur les droits de l'enfant représente à nos yeux le progrès le plus décisif. Non pas d'abord par le détail concret des textes proposés, mais par le principe général qui les anime. L'enfant se trouve posé explicitement comme sujet à part entière dès sa naissance et même avant celle-ci. La coupure d'altérité se veut ici totalement nette. Plus qu'un progrès d'abord juridique, mais bien grâce à celui-ci, c'est un progrès culturel que nous y lisons. Car on peut espérer, nous semble-t-il, que par la diffusion de ce texte dans les mentalités se développe une appréhension de l'enfant qui ne soit ni celle de l'enfant-objet, ni celle de l'enfant-roi (autre forme de l'objectivation), mais bien celle de l'enfant-sujet dans le plein sens du terme » (p. 504).

En même temps, l'auteur poursuit, à propos du « droit à la famille » :

> « L'affection doit d'abord se lire comme une suffisante concordance, fût-elle partiellement imaginaire, entre le désir des parents et celui de l'enfant. C'est cependant en négatif que son importance doit se comprendre : comme une garantie pour la subjectivité de l'enfant que sera respecté le tabou du meurtre. Ses parents ne le tueront pas, et particulièrement sous la forme que prend l'image de la mort pour l'enfant : l'abandon. Les contes d'enfants tout comme les rêves infantiles sont peuplés de voleurs d'enfants ou d'enfants abandonnés.
>
> « C'est là une notion un peu difficile à bien comprendre. C'est d'abord sur la stabilité de l'attachement de ses éducateurs envers lui que l'enfant construit la certitude de sa propre permanence et de celle du monde, même physique. C'est en s'appuyant sur la continuité des déterminismes qui le façonnent que le sujet-enfant construit petit à petit la certitude de sa propre permanence et identité comme sujet. C'est aussi en raison de cette permanence d'une sollicitude non violente affirmée par les éducateurs comme règle intangible de leurs rapports réciproques que l'enfant se constitue une confiance stable dans la Loi du groupe et la solidarité de ses semblables » (p. 55).

Reconnaissance de l'autonomie de l'enfant et protection de ses liens familiaux ne s'excluent donc pas ; elles s'appellent au contraire. Cette convergence se manifeste à plusieurs endroits du document des Nations Unies. Dès le préambule, les États parties à la Convention du 20 novembre 1989 entendent que soit protégée la famille, lieu d'épanouissement de l'enfant, puisque ces États se disent

> « *Convaincus* que la famille, unité fondamentale de la société et milieu naturel pour la croissance et le bien-être de tous ses membres, et en particulier des enfants, doit recevoir la protection et l'assistance dont elle a besoin pour pouvoir jouer pleinement son rôle dans la communauté,
>
> « *Reconnaissant* que l'enfant, pour l'épanouissement harmonieux de sa personnalité, doit grandir dans le milieu familial, dans un climat de bonheur, d'amour et de compréhension » (Convention, préambule).

Forts de ces principes généraux, les États parties énoncent à l'article 9, § 1er de la Convention une de leurs principales obligations :

« (de veiller) à ce que l'enfant ne soit pas séparé de ses parents contre leur gré » (cf. aussi l'article 10, § 1er sur la coopération internationale en vue de la réunification familiale).

L'obligation assumée par les États admet toutefois une exception qu'indique et précise la suite de l'art. 9, § 1er :

« ... à moins que les autorités compétentes ne décident, sous réserve de révision judiciaire et conformément aux lois et procédures applicables, que cette séparation est nécessaire dans l'intérêt supérieur de l'enfant. Une décision en ce sens peut être nécessaire dans certains cas particuliers, par exemple lorsque les parents maltraitent ou négligent l'enfant, ou lorsqu'ils vivent séparément et qu'une décision doit être prise au sujet du lieu de résidence de l'enfant. »

La suite du même article 9 montre cependant, aux deux alinéas suivants, qu'une telle séparation ne peut s'opérer sans respecter le lien qui unit l'enfant à sa propre famille :

« Al. 2. Dans tous les cas prévus au § 1er toutes les parties intéressées doivent avoir la possibilité de participer aux délibérations et de faire connaître leurs vues.

« Al. 3. Les États parties respectent le droit de l'enfant séparé de ses deux parents ou de l'un d'eux d'entretenir régulièrement des relations personnelles et des contacts directs avec ses deux parents, sauf si cela est contraire à l'intérêt supérieur de l'enfant. »

Même équilibre dans la suite du texte puisqu'on trouve à l'article 18 l'affirmation de la priorité des parents, aidés par les pouvoirs publics, dans l'éducation de l'enfant :

« 1 / Les États parties s'emploient de leur mieux à assurer la reconnaissance du principe selon lequel les deux parents ont une responsabilité commune pour ce qui est d'élever l'enfant et d'assurer son développement. La responsabilité d'élever l'enfant et d'assurer son développement incombe au premier chef aux parents ou, le cas échéant, à ses représentants légaux. Ceux-ci doivent être guidés avant tout par l'intérêt supérieur de l'enfant.

« 2 / Pour garantir et promouvoir les droits énoncés dans la présente convention, les États parties accordent l'aide appropriée aux parents et aux représentants légaux de l'enfant dans l'exercice de la responsabilité qui leur incombe d'élever l'enfant et assurent la mise en place d'institutions, d'établissements et de services chargés de veiller au bien-être des enfants (...) »,

tandis que l'article 20 prévoit les protections de remplacement :

« 1 / Tout enfant qui est temporairement ou définitivement privé de son milieu familial, ou qui dans son propre intérêt ne peut être laissé dans ce milieu, a droit à une protection et une aide spéciales de l'État.

« 2 / Les États parties prévoient pour cet enfant une protection de remplacement conforme à leur législation nationale.

« 3 / Cette protection de remplacement peut notamment avoir la forme du placement dans une famille, de la "Kafalah" de droit islamique, de l'adoption ou, en cas de nécessité, du placement dans un établissement pour enfants approprié. Dans le choix entre ces solutions, il est dûment tenu compte de la nécessité d'une certaine continuité dans l'éducation de l'enfant, ainsi que de son origine ethnique, religieuse, culturelle et linguistique. »

3 / L'objectivité de l'intérêt de l'enfant

On aura remarqué combien de telles dispositions de droit international insistent sur l'intérêt de l'enfant puisque cet intérêt, jugé prioritaire, commande à la fois le principe général du maintien de l'enfant dans sa famille et l'exception de sa séparation hors du milieu familial, ainsi que le régime général d'une telle séparation avec, ici encore, le maintien de principe de la relation à la famille d'origine et l'exception qui veut la coupure de tous les liens. On aura remarqué aussi l'*a priori* dans lequel la Convention situe d'emblée cet intérêt de l'enfant, à savoir le lien de cet enfant à son milieu familial, lien qui agit comme un principe à l'égard duquel l'exception n'admet qu'une stricte interprétation.

Mais si le « droit à la famille » trouve de la sorte une reconnaissance officielle dans un texte international qui oblige les États signataires, les objections ne manquent pas pour le contester, parfois même au nom de l'intérêt de l'enfant.

Ne convient-il pas, dit-on par exemple, d'enrayer l'engrenage de l'extrême pauvreté en retirant les enfants de leur milieu de misère de telle sorte que la nouvelle génération échappe à la transmission quasi héréditaire de tous les handicaps sociaux dont ce milieu est porteur, soit au sein des pays riches, dans ce qu'on appellera péjorativement le quart monde, soit ailleurs, au Tiers Monde ? Mieux encore : une saine gestion des deniers publics ne conduit-elle pas à réduire les défenses afférentes aux institutions d'hébergement en privilégiant les passerelles juridiques qui permettent le transfert de tels enfants dans une famille d'accueil ou une famille adoptive ? Outre l'avantage économique, cette solution emporte également, ajoute-t-on, le bénéfice d'un environnement affectif bien plus épanouissant pour l'enfant.

Mais, derrière de telles présentations, ne devine-t-on pas la présence d' « intérêts », estimés au moins aussi importants, soit de la société en général qui s'épargnerait de cette manière les remises en question qu'implique toute politique sérieuse de lutte contre la pauvreté, soit, plus particulièrement, des candidats adoptants qui voudraient reporter sur un enfant entièrement détaché de sa famille d'origine l'affection qu'ils n'ont pu donner, eux, faute de descendance ?

Entendons-nous. Tous les praticiens de l'aide à la jeunesse connaissent certes l'extrême difficulté de vérifier, dans certains cas, si le maintien d'un enfant dans son milieu familial correspond réellement à son intérêt bien compris, mais il importe de ne pas laisser se corrompre cette évaluation délicate par l'admission de motivations ambiguës qui ne respecteraient pas assez – même si elles l'invoquent en leur faveur – l'intérêt de l'enfant.

Alors que le principe à retenir en notre matière exige le maintien de l'enfant dans sa famille d'origine, pour la raison que nous avons dite, à savoir la sauvegarde autant que faire se peut du lien qui relie les faits du corps (procréation) à l'acte de la parole (éducation), les exceptions à y admettre ne peuvent émaner que de ce principe même, à titre d'exception précisément, et non d'un quelconque rapport de force où la famille d'origine, située par hypothèse au bas de l'échelle sociale, jouerait d'emblée perdante. (Dans leur article, Sociographie de mineurs et de leurs familles pour lesquels un jugement a été rendu au cours des années 1986 et 1987 par des tribunaux de la jeunesse de Belgique francophone, *Journal du droit des jeunes*, sept. 1991, p. 15, I. Dulière et I. Ravier confirment les connaissances du sens commun quant à la grande précarité du niveau socioéconomique de la population concernée par les institutions protectrices de la jeunesse). Pour purifier l'évaluation de « l'intérêt de l'enfant » de toutes les considérations trop « intéressées » de la part des partenaires en présence, il n'est, encore une fois, pas de meilleur moyen que de référer l'objectivité de cet intérêt – en deçà de toutes les images projetées sur l'enfant – au fait de l'engendrement, réassumé par la parole.

Dira-t-on que ce fait de parole manque, justement, lorsque les parents d'origine se désintéressent de leur enfant ? Formellement, la proposition est exacte mais dans la mesure où l'intérêt de l'enfant s'impose comme une norme objective dans l'organisation juridique des rapports sociaux, il importe de vérifier avant toute chose le caractère volontaire et persistant d'un tel désintérêt. Car lorsque des parents n'assument plus effectivement le lien de parenté reconnu en leur procréation, la société ne peut admettre l'exception au principe du maintien de l'enfant dans sa famille d'origine qu'après avoir tout fait, par la médiation de ses institutions sociales (allocations, logement, éducation, etc.) pour éviter soit que l'enfant ne subisse une mesure de placement (v., là-dessus, J. Fierens, Égalité et non-discrimination : pauvreté, exclusion sociale et droits de l'homme, rapport présenté au VIIe Colloque international sur la Convention européenne des droits de l'homme, Copenhague, mai-juin 1990), soit que, placé de la sorte hors de son milieu familial, cet enfant ne vienne à connaître l'abandon de la part des siens.

A la lumière d'un tel principe, on relira avec intérêt trois types de documents qui montrent comment le lien familial se trouve parfois involontairement compromis : le rapport Wresinski sur la grande pauvreté, la doctrine relative à la déclaration judiciaire d'abandon d'enfant et la jurisprudence européenne sur la protection du droit à la vie familiale.

4 / Le lien familial compromis

Le rapport présenté par J. Wresinski au nom du Conseil économique et social (français) – « Grande pauvreté et précarité économique et sociale » (séances des 10 et 11 février 1987, *JO*, avis et rapports du Conseil économique et social, 28 février 1987) – évoque le malentendu rencontré plus d'une fois dans l'histoire des familles pauvres (cf. le chap. IV : « La grande pauvreté vue à travers l'élaboration de monographies de famille », p. 50), malentendu de l'intervention administrative qui poursuit sa logique propre sans avoir pris la peine d'écouter la réelle aspiration des familles, inventant alors des remèdes – le placement des enfants par exemple – qui confirment le mal au lieu de le guérir (v. les citations de l'ouvrage de J.-P. Nicolas, *La pauvreté intolérable, biographie sociale d'une famille assistée*, Érès, 1984).

Sur le thème « principe du droit à la famille et coresponsabilité de l'État », le rapport constate :

« Notre système juridique comporte encore des dispositions entraînant, à l'encontre des familles les plus démunies, une atteinte au droit de vivre en famille ; le déni de ce droit peut être aussi provoqué par des pratiques développées à leur encontre » (p. 94).

D'où la conclusion des « lignes de conduite générales et mesures concrètes d'une politique pour enrayer la reproduction de la grande pauvreté et prévenir les précarités », à propos de « la défense de l'intégrité familiale » :

« On sait combien la cellule familiale est à protéger en tant que structure de base fondamentale pour le développement de la personnalité et de la socialisation, ainsi que comme lieu par excellence de la sécurité d'existence.

« Il convient de prendre des dispositions pour éviter dans la mesure du possible son éclatement en milieu de grande pauvreté.

« Aussi, les parents devraient pouvoir trouver auprès des instances chargées de la protection de l'enfance et de la famille le dialogue et le soutien nécessaires pour pouvoir assumer leurs responsabilités » (p. 102).

Après ce rappel nécessaire des menaces que fait peser la misère sur l'intégrité familiale, on mentionne dans le présent état des questions consacré à « l' « irréductible lien de filiation » la doctrine relative à la déclaration judiciaire d'abandon d'enfant (v. en France par ex. A.-M. Fournié, De l'abandon à l'adoption plénière, le contentieux de l'adoption, *JCP*, 1974, I, 2640 ; E. S. de La Marnierre, obs. sous Civ. 23 octobre 1973, 2 esp., *JCP*, 1974, II, 17689 ; Y. Patureau, Le désintérêt de l'enfant déclaré judiciairement abandonné, *DS*, 1978, chr. XXXIV, p. 167, et, en Belgique : M.-Th. Meulders-Klein, La déclaration d'abandon et le recueil familial en droit belge, in *Adoption et formes alternatives d'accueil*, Bruxelles, Story Scientia, 1990, p. 77, I. Lammerant, La réforme de l'adoption en droit interne, *Journal des tribunaux*, 1987, p. 509, et X. Dijon, La mise en œuvre de la loi relative à l'abandon d'enfants mineurs, *Journal des tribunaux*, 1988, p. 1), non pour décrire les détails de cette procédure qui vise à faire déclarer par le juge qu'un enfant, recueilli ailleurs qu'en son foyer et privé de marques d'intérêt pendant un an, est abandonné par ses parents, et donc adoptable sans le consentement de ceux-ci, mais pour souligner encore une fois, eu égard au « droit à la famille » développé précédemment, l'importance de constater le caractère volontaire du désintérêt manifesté par les parents d'origine avant que le juge ne prononce à leur encontre la déclaration d'abandon de leur enfant.

Sans doute l'article 350, al. 2 du Code civil (français) considérant « comme s'étant manifestement désintéressés de leur enfant » les parents « qui n'ont pas entretenu avec lui les relations nécessaires au maintien de liens affectifs » admet-il une lecture seulement objective de la situation où se trouve l'enfant « sans que l'on sache jamais exactement ce qu'elle recouvre d'inconscience, d'indifférence ou d'égoïsme, d'incapacité, de faiblesse et de honte, de la part des parents » (A.-M. Fournié, art. cité, n° 2640), « l'avenir de l'enfant ne pouvant être subordonné aux interprétations de la psychopathologie » (A.-M. Fournié, note sous Paris, 6 janv. 1977, *JCP*, 1977, II, 18762). Mais à cette lecture qui refuse d'entrer dans les sentiments des parents, on préférera – paradoxalement pour sauvegarder l'*objectivité* de l'intérêt de l'enfant – la lecture *subjective* du désintérêt manifesté à son égard comme y invitent d'ailleurs, selon Y. Patureau, la volonté du législateur et l'équilibre général du texte :

> « Le défaut d'entretien de relations nécessaires au maintien de liens affectifs (...) n'est pas d'un constat facile. Il suppose en effet que, dans chaque cas, le juge estime quelles relations, compte tenu de la situation de l'enfant, étaient nécessaires au maintien de liens affectifs avec celui-ci puis recherche si ces relations – bien particulières compte tenu du profil psychique, somatique, affectif et social de l'enfant – ont ou non été entretenues avec les parents. Ce "constat" induit une recherche du vécu de l'enfant et des parents autrement complexe que l'enregistrement neutre des défaillances sur un échéancier. Il commande, par la force des choses, l'examen de la réalité du comportement des parents – fût-il psychopathologique. » (Y. Patureau, art. cité, p. 171).

Puisque le lien de parole et de corps représente le bien qui « intéresse » au plus haut point ce sujet qu'est l'enfant, il importe de ne pas opposer l'enfant à ses auteurs mettant précipitamment en exergue l'intérêt du premier pour déprécier davantage l'attitude manifestée par les seconds. Il convient en tout cas de vérifier quelles paroles ont été dites (ou pas dites) par les parents sur ce lien de filiation, de vérifier aussi, comme on l'a vu, les conditions dans lesquelles ces familles ont été mises pour permettre une telle reconnaissance des liens familiaux.

Certes des exceptions s'imposent – on le sait – au principe du maintien de l'enfant dans sa famille d'origine, mais même s'il faut remédier aux carences des parents du sang par la solution extrême du transfert définitif de l'enfant dans une famille adoptive, l'intérêt de cet enfant commande le respect, dans le texte des lois et les formes de la procédure, de la dignité de ceux qui l'ont mis au monde.

Dans la procédure d'adoption (de droit interne ou de droit international privé), tous les regards convergent sans doute vers la double souffrance soulagée par la rencontre : des couples sans enfants, et des enfants sans parents mais justement, pour déclarer ces enfants « sans parents », n'a-t-on pas occulté la troisième souffrance, de la famille d'origine, jugée par elle-même et/ou par la société incapable d'assurer l'éducation de ses enfants ? Or l'irréductible lien de filiation commandait que la société prêtât d'abord toute son attention à cette troisième – en réalité première – souffrance. Cette attention-là requise par l'intérêt de l'enfant lui-même entendu comme une norme dont personne ne dispose à son gré constitue d'ailleurs, à cause du respect de cette objectivité, la meilleure garantie de réussite de l'éventuelle adoption ultérieure.

Dans le même ordre d'idées, mais avec une intensité moindre puisqu'il ne s'agit pas nécessairement de transférer un enfant de sa famille dans une autre, on signale enfin les décisions rendues par la Cour européenne des droits de l'homme rappelant qu'en matière de placement d'enfants, l'ingérence des autorités publiques dans l'exercice du droit à la vie privée et familiale des intéressés se trouve limitée par la Convention européenne (cf. les arrêts Olson c/ la Suède du 24 mars 1988 ; Eriksson c/ la Suède du 22 juin 1989, *Revue trimestrielle des droits de l'homme*, 1990, p. 131, obs. Chr. Panier ;

Rieme c/ la Suède, 22 avril 1992 ; Olson II c/ la Suède, 27 septembre 1992 ; Andersson c/ la Suède, 25 février 1992, *Revue trimestrielle des droits de l'homme*, 1993, p. 549, obs. Françoise Tulkens, « Le placement des mineurs et le droit au respect de la vie familiale », p. 557).

L'article 8 de la Convention prévoit en effet que l'ingérence d'une autorité publique dans l'exercice du droit à la vie privée et familiale doit, entre autres conditions, s'avérer nécessaire dans une société démocratique. Une telle nécessité s'évalue par rapport à un principe :

> « Pour un parent et son enfant, être ensemble constitue un élément fondamental de la vie familiale et la prise en charge d'un enfant par les autorités publiques ne met pas fin aux relations familiales naturelles » (cf. arrêt Eriksson, § 58, arrêt Andersson, § 72).

Plus précisément,

> « La cour rappelle que, dans de telles affaires, le droit d'un parent et d'un enfant au respect de leur vie familiale, garanti par l'article 8, implique un droit à des mesures destinées à les réunir » (arrêt Andersson, § 91, cf. arrêt Olson I, § 81 et arrêt Eriksson, § 71).

En jugeant, sur la base de ces principes, que telle ou telle restriction à l'échange (par exemple téléphonique ou épistolaire) entre un enfant placé en institution et sa famille excède « dans une société démocratique » les exigences du but légitime poursuivi, la cour de Strasbourg rappelle la philosophie fondamentale du placement : il ne s'agit pas de briser le lien qui relie l'enfant à ses auteurs, mais d'aménager ce lien de façon provisoire dans le but, prévisible à plus ou moins long terme, de le restaurer autant que possible.

IV. – La condition sexuée

Le débat auquel nous assistons au sein des relations familiales entre les exigences du désir qui toujours souhaite la disponibilité de son objet et la nature du droit qui lui oppose l'objectivité des sujets se noue de façon dramatique à l'intérieur même de la personne contrariée dans son identité sexuelle : alors que le droit lui rappelle à la fois l'indisponibilité d'un corps qu'il ne peut mutiler et d'un état civil qu'il n'a pas le droit de modifier par lui-même, cette personne, assaillie par l'obsession de ne correspondre ni en son corps ni donc en son état civil au sexe qu'elle se reconnaît à l'intime de son être, souhaite demander d'abord à la technique médicale le soulagement de cette contradiction insupportable, ensuite au droit la reconnaissance de la modification opérée.

La réponse donnée par le droit à une telle initiative prise par le sujet quant à sa propre apparence sexuée s'est montrée d'autant plus hésitante qu'elle avait à se prononcer sur la perturbation d'une classification aussi ancienne que l'humanité elle-même, celle qui distingue l'homme et la femme.

On a pu dire de la question du transsexualisme qu'elle méritait d'être traitée avec lucidité et humilité :

> « Avec *lucidité* d'abord. Comme tout ce qui touche au sexe – donc à la vie, à la mort, à la nature, à la création, au sacré... – le sujet est inquiétant, son appréhension toujours subjective, sa résonance souvent religieuse. Il faut l'aborder sans préjugés d'aucune sorte, examiner les problèmes qu'il soulève de manière aussi objective que possible, et avancer les solutions qui paraissent, en l'état, les plus réalistes.
>
> Avec *humilité* ensuite. La demande du transsexuel soulève des interrogations fondamentales sur la nature de l'homme et sur l'étendue de ses droits. Or les réponses qu'on nous propose sur le terrain de la science comme sur celui des libertés sont bien imparfaites. Savants et juristes nous disent beaucoup de choses, mais, sur l'essentiel, ils balbutient... » (Concl. pr. av. gén. M. Jéol. préc. Cass. ass. plén., 11 déc. 1992, deux arrêts, *JCP*, 1993.II.21991, p. 41, note G. Mémeteau).

Une réflexion menée en droit naturel peut-elle, sans se départir de l'humilité requise par la compassion, contribuer à la lucidité exigée ? Le rappel du débat juridique mené autour de la « conversion de sexe » devrait en tout cas montrer les enjeux des solutions choisies, permettant ainsi l'élaboration d'une réflexion critique menée à partir de la définition juridique du sexe et du principe d'indisponibilité de l'état des personnes.

1 / L'évolution jurisprudentielle

Alors que les premières réactions doctrinales et jurisprudentielles, pour éviter qu'une démarche privée ne trouble l'ordre public de la différence sexuelle, refusaient de tolérer le changement artificiel de sexe opéré à la demande du transsexuel, les réponses ultérieures admettent d'aménager la situation personnelle des requérants afin que ces transsexuels « convertis » ne subissent plus en société les inconvénients de la contradiction qu'ils éprouvent entre leur apparence actuelle et leur sexe d'autrefois. Mais les juristes continuent à s'interroger sur le point de savoir si le droit à la vie privée, invoqué pour justifier de tels aménagements, ne contient pas en puissance une définition de la sexualité radicalement détachée de son expression corporelle et donc une mutabilité de l'état civil bien plus grande qu'on ne le pensait.

L'évolution de la jurisprudence française est significative à cet égard (pour la jurisprudence belge, v. au plan pénal, Corr. Bruxelles, 27 septembre 1969, *Pas.*, 1969, III, 115, *Rev. gén. ass. rep.*, 1970, 8362 ; *Journal des tribunaux*, 1969, p. 635, *Rev. dr. pén.*, 1969-1970, p. 168 qui acquitte de la prévention de coups et blessures volontaires les médecins qui avaient opéré un transsexuel, décédé des suites de l'intervention : devant l'incertitude qui entoure la nature du syndrome et la diversité des traitements qu'on lui applique, le tribunal n'a pas pu, en effet, considérer que l'intervention pratiquée n'avait pas un caractère nécessaire ; au plan civil, cf. Civ. Bruxelles, 16 avril 1986, *Rev. gén. dr. civ. belge*, 1989, p. 47, dernière décision en date dans l'affaire D. Van Oosterwijck précédemment jugée à Strasbourg – Cour européenne des droits de l'homme, 6 nov. 1980, série A, n° 40 – et la note M.-Th. Meulders-Klein, La vérité et le sexe. A propos du transsexualisme », *Rev. gén. dr. civ. b.*, 1989, p. 5 ; Civ. Neufchâteau, 14 janv. 1987, *Rev. rég. dr.*,

1987, p. 147, note X. Dijon ; et la jurisprudence citée par J.-P. Masson, *Traité élémentaire de droit civil belge* de Henri De Page, t. II : *Les personnes,* vol. I, 4e éd., 1990, p. 148 s.).

La méfiance se marque au départ, comme l'atteste, par exemple, l'arrêt de la cour d'appel de Nancy, du 22 avril 1982 (*JCP*, 1983, IV, p. 323) :

> « L'état des personnes est une matière tellement grave et qui présente de telles incidences sur la vie des individus qu'il n'est pas possible de laisser ces derniers le modifier à leur guise.
>
> « En effet, si l'intérêt de la demanderesse, et, d'une façon plus générale, celui des transsexuels, n'est certes pas négligeable, il en est un beaucoup plus important : celui de la société dans son ensemble et celui des individus qui la composent et qui s'accommodent de leur sexe morphologique.
>
> « Par ailleurs la nécessité de recourir aux interventions chirurgicales subies pour mettre fin à un état pathologique qu'une personne déclare insoutenable n'est absolument pas établie dès lors que celle-ci a refusé toute démarche thérapeutique d'ordre psychiatrique.
>
> « Il s'ensuit qu'une telle modification ne saurait fonder une action d'état tendant à faire remplacer, dans un acte de naissance, la mention "sexe féminin" par celle de "sexe masculin". »

Le 21 mai 1990, la Cour de cassation de France (*JCP*, 1990, II, 21588, concl. de l'avocat général Flipo) témoigne de la même prudence en refusant la modification des actes de l'état civil en conséquence d'interventions hormonales et chirurgicales qui, selon la Cour, n'ont pas pu conférer au sujet un sexe nouveau « qui n'est pas en réalité le sien ». Seule la voie du changement de prénom est ouverte – et de prénoms « neutres » tels, par exemple, Claude ou Dominique – pour pallier les inconvénients de l'insoluble contradiction.

Comme cette solution minimale restait insatisfaisante aux yeux des personnes qui souhaitaient voir reconnaître d'une manière plus radicale leur changement de genre, la Cour européenne de Strasbourg fut saisie (Cour européenne des droits de l'homme, 25 mars 1992, *JCP*, 1992.II.21955, note Th. Garé, *DS*, 1993, jur., p. 101, note J.-P. Marguénaud, *Rev. trim. dr. h.*, 1993, p. 483, obs. L. E. Pettiti, « Rectification d'état civil et transsexualisme »). La requérante, invoquant les « obligations positives » dont les États se sont chargés en s'engageant à respecter le droit à la vie privée de leurs justiciables (cf. la façon dont l'arrêt Marckx comprend l'article 8 de la Convention, arrêt Marckx c/ Belgique du 13 juin 1979, série A, n° 31), estime que son pays viole ses engagements si, par son administration de l'état-civil et sa gestion des autres documents officiels, « il nie de manière générale la réalité du sexe psychosocial des transsexuels » (arrêt cité, § 45).

Sur la base d'une analyse détaillée de la situation dont se plaint la requérante, la Cour constate que celle-ci « se trouve quotidiennement placée dans une situation globale incompatible avec le respect dû à sa vie privée » (arrêt cité, § 63) et en conclut que « même eu égard à la marge nationale d'appréciation, il y a rupture du juste équilibre à ménager entre l'intérêt général et les intérêts de l'individu » et donc « infraction à l'article 8 » *(ibid.)*.

On sait que l'incidence d'un arrêt de Strasbourg sur la formulation ultérieure du droit national par le législateur ou par le juge obéit, en droit, à des règles suffisamment libérales pour respecter la souveraineté de chaque État et, en fait, à des pressions assez fortes pour maintenir la cohérence internationale de la jurisprudence européenne. Toujours est-il qu'en l'espèce, le message a été bien reçu :

> « Si l'arrêt du 25 mars 1992 implique que la vie privée du transsexuel soit mieux protégée, il n'exclut pas que la France, terre de Science et de Liberté, fasse davantage, comme le suggère d'ailleurs le rapport de la Commission » (concl. M. Jéol. préc. cass., 11 déc. 1992, précité).

Selon la Cour de cassation statuant en assemblée plénière le 11 décembre 1992 sur deux nouvelles espèces,

> « lorsque, à la suite d'un traitement médico-chirurgical, subi dans un but thérapeutique, une personne présentant le syndrome du transsexualisme ne possède plus tous les caractères de son sexe d'origine et a pris une apparence physique la rapprochant de l'autre sexe, auquel correspond son comportement social, le principe du respect dû à la vie privée justifie que son état civil indique désormais le sexe dont elle a l'apparence ; que le principe de l'indisponibilité de l'état des personnes ne fait pas obstacle à une telle modification ; (...) » (même formulation dans les deux arrêts ; sur l'amplification par ces décisions de la Cour de cassation de France de la portée réelle de l'arrêt de Strasbourg, eu égard à la modestie de sa portée virtuelle, v. la note J.-P. Marguénaud sous Cour eur. dr. h., 25 mars 1992, précitée, p. 106).

2 / De la thérapie à la science

Ce faisant, la Cour de cassation suivait l'indication de son premier avocat général M. Jéol qui lui proposait une voie moyenne entre la motivation « basse » fondée sur l'approche « thérapeutique » du transsexualisme, et la motivation « haute » appuyée sur son approche « scientifique ». Avant de porter un regard critique sur la troisième voie proposée, voyons comment se définissent ces deux approches dites « médicales » :

> « *Dans la perspective "thérapeutique"*, le transsexuel revendique d'abord le *droit* de ne pas être exposé en permanence à toutes sortes de gênes, d'humiliations, de rebuffades, de refus d'emplois..., du fait de la disparité existant entre son apparence et son "sexe d'affectation", lequel figure sur les actes d'état civil, sur les pièces d'identité et sur la plupart des documents d'usage courant. De cette protection minimale de sa vie quotidienne, il passe tout naturellement à une revendication plus large : pouvoir établir avec autrui des relations normales sur tous les plans, de manière à s'insérer pleinement dans la vie sociale, y trouver équilibre, sérénité et épanouissement.
>
> « *Suivant l'analyse scientifique* du sexe – qui admet la prévalence de son psychisme – le transsexuel demande que soit reconnu son *droit* à l'identité sexuelle, élément essentiel de sa personnalité. Cette reconnaissance, exigée par le "respect dû à sa vie privée", devrait lui ouvrir, logiquement, l'exercice de tous les droits attachés au sexe qu'il revendique, y compris ceux du mariage et de la filiation » (M. Jéol, concl. citées, p. 42).

Entre la timidité de la première approche qui se contente d'entourer de discrétion une situation personnelle exposée à l'incompréhension d'autrui, et la hardiesse de la seconde qui se prononce dogmatiquement à la fois sur le (nouveau) sexe réel du requérant et sur toutes ses conséquences civiles, la voie proposée opte pour l'apparence :

> « Ma préférence irait, dans ces conditions, à une *troisième formule*, qui se tiendrait en deçà de la seconde et s'inspirerait de l'opinion de la Commission de Strasbourg ainsi que de la pratique actuelle de certains tribunaux : plutôt que d'affirmer la *réalité* du sexe psychosocial, elle admettrait seulement que peut obtenir le changement de son état le transsexuel "vrai", auquel son "psychisme", son "comportement social" et sa "morphologie modifiée" confèrent *l'apparence* du sexe qu'il revendique – et dont il est en définitive le plus proche !
>
> « Ce fondement juridique a le mérite de correspondre à la fonction première de l'état civil, qui est de refléter *l'image sociale* de l'individu, et il pourrait aisément se prévaloir de nombreux précédents en droit des personnes, notamment dans le domaine, voisin, de la filiation, où la *vérité sociologique* l'emporte si fréquemment sur la réalité biologique » (M. Jéol, concl. préc., p. 45).

Sans épiloguer ici sur la différence radicale qui empêche de considérer comme « voisine » l'hypothèse de la filiation affective différente de la parenté biologique, d'une part, l'hypothèse du sexe transformé, d'autre part – car on règle dans la première le sort d'une relation, tandis que dans la seconde, on atteint le corps lui-même –, on notera l'avantage de la souplesse que M. Jéol croit trouver dans le fondement juridique qu'il propose :

> « Il présente également l'intérêt de ne pas trancher, sans nécessité, la question quasi métaphysique de savoir si le transsexuel a réellement "changé de sexe", et partant, outre qu'il autoriserait un retour en arrière si l'évolution de la médecine le justifiait, il permettrait au juge de "gérer" avec une certaine souplesse les effets juridiques du changement d'état de l'intéressé, qu'il s'agisse de la protection des tiers – les actions en nullité, par exemple, s'en trouveraient facilitées – ou qu'il s'agisse d'écarter les conséquences aberrantes, telles que la participation à certaines catégories d'épreuves sportives, d'une logique forcenée d'assimilation.
>
> « En ce qui concerne plus spécialement *l'exercice des droits matrimoniaux* par le transsexuel, il aurait enfin l'avantage de *ne pas l'exclure a priori...* » (M. Jéol, concl. précitées, p. 45).

En réalité, la suite de l'exposé montre que la voie moyenne, appelée troisième, se fonde sur la philosophie sous-jacente à la seconde dite « scientifique », mais avec la possibilité d'en atténuer les effets qui, d'une époque à l'autre, pourraient heurter le public.

Or si, par exemple, la participation d'un ancien homme à des compétitions sportives réservées aux femmes paraît aujourd'hui aberrante, il ne semble pas que le droit puisse s'opposer au mariage de cette personne avec un homme puisqu'elle-même est devenue apparemment femme, non seulement à cause de l'unité et de l'indivisibilité de l'état civil, mais surtout, poursuit M. Jéol, à cause des principes constitutionnels :

> « Si la loi française, en effet, n'a pas défini le sexe, laissant à la médecine et à la justice le soin d'y pourvoir, elle n'en a visiblement prévu que *deux* – masculin et féminin – à travers de multiples dispositions du Code civil, du droit social ou de la régle-

mentation de certaines activités. Décider que les transsexuels peuvent se voir attribuer juridiquement un sexe, sans leur permettre d'exercer les droits qui y sont attachés, notamment dans un domaine aussi essentiel pour l'individu que la famille, reviendrait à créer, sans texte, une troisième catégorie de personnes au sexe indéterminé et à la capacité civile réduite – ce qui ne parait guère compatible avec l'un des premiers principes de notre droit constitutionnel, l'égalité des citoyens devant la loi » (M. Jéol, concl. précitées, p. 45 ; v. à ce sujet les réserves de G. Mémeteau, note citée sous les arrêts de Cass., 11 déc. 1992).

Veut-on opposer à cette hypothèse de l'accès au mariage des transsexuels convertis les exigences de la morale, de l'ordre public, ou du respect des droits d'autrui ? M. Jéol répond sur le premier point que la morale « n'est guère concernée ici, car il serait injuste de reprocher à l'intéressé une situation qu'il n'a pas choisie », sur le deuxième, que l'ordre public se contente d'une apparence de différence sexuelle dans le mariage entendu selon sa conception aujourd'hui « désacralisée » comme « un contrat par lequel unissent leur existence, au vu et au su de tous, deux personnes de "sexe social" différent – sans que l'on se préoccupe trop de savoir si cette vérité "sociale" correspond bien à la nature de leurs chromosomes » (*ibid.*, p. 45), et sur le troisième – le respect des droits d'autrui – d'une part, que le mariage antérieur à la « conversion » du transsexuel pourrait être déclaré caduc pour identité du sexe des époux ; d'autre part, quant aux enfants nés de ce premier mariage, « on peut penser qu'ils seraient "affectés" davantage par le syndrome qui frappe leur père ou mère que par la décision du tribunal » (*ibid.*, p. 45).

On aura remarqué en cette triple réponse de M. Jéol un triple glissement qui invite à un approfondissement critique de la réflexion.

Ainsi, on se gardera certes « de reprocher à l'intéressé une situation qu'il n'a pas choisie » mais toutes les exigences de la morale sont-elles respectées dans le seul évitement de cette injustice ? Cette même morale n'interroge-t-elle pas aussi d'abord la façon dont la médecine a traité cette malheureuse victime, ensuite la légitimité que l'on donnerait à une union homosexuelle (alors que par ailleurs on éliminerait de la compétition sportive la personne sexuellement transformée) ?

On objectera précisément, reprenant en cela la réponse de M. Jéol au deuxième point, que le mariage n'est pas homosexuel puisque les apparences disent le contraire. Mais s'il est vrai que le droit se satisfait de l'apparence (v. la décision citée par M. Jéol, Cass. civ., 6 avril 1903, *Sirey*, 1904.I.273 et note A. Wahl), peut-il raisonner, ici, par simple analogie avec le cas d'une déficience naturelle des organes internes en passant sous silence la transformation artificielle opérée dans une matière qui touche tout de même de fort près l'ordre public ?

Quant à excuser la consécration judiciaire du changement de sexe par le fait que le syndrome lui-même affecte les enfants (du transsexuel transformé) davantage que la décision du tribunal, cet argument, apparemment basé sur une judicieuse observation, fait tout de même l'impasse sur la spécificité du droit. S'il est vrai qu'en l'occurrence le droit serait moins traumatisant que le fait, est-ce une raison pour se dispenser d'une réflexion sur les enjeux du droit ?

En réalité, dans le traitement de cette question délicate du sort juridique des personnes transsexuelles, le droit risque, semble-t-il, de perdre sa consistance propre en se laissant conduire d'un côté (« la France, terre de science... ») par une logique dite scientifique à propos du sexe, de l'autre (« ... et de Liberté »), par une impulsion subjective négatrice de l'indisponibilité de l'état. C'est que les données du problème n'ont plus été pensées à partir de ce lien de corps et de parole qu'implique la relation. Or nous voudrions tenir que le droit doit traiter les questions d'identité sexuelle selon les critères qu'il emploie également dans l'évaluation des relations familiales.

Le propos peut paraître étrange dans la mesure où les caractéristiques sexuelles d'une personne concernent de toute évidence, semble-t-il, sa seule individualité.

On comprend par exemple qu'un sujet ne puisse, sans autre formalité, se déclarer marié ou divorcé puisque l'institution matrimoniale requiert nécessairement deux conjoints, qu'il lui soit interdit également de se dérober par lui seul à la filiation ou à la parenté que la loi a consacrée, et corrélativement à son nom de famille, car ici encore d'autres personnes sont nécessairement engagées en cette autre marque de l'état civil, mais dans la mesure où l'identité sexuelle ne concerne tout de même que la personne elle-même, et elle seule, pourquoi n'en disposerait-elle pas ? Analogie : puisque la fixation du domicile, ne dépendant que d'une seule volonté (excepté le cas de la résidence conjugale), se modifie au seul gré de son titulaire, ne peut-on imaginer que le sujet jouisse de la même liberté lorsqu'il s'agit d' « habiter » son propre corps ?

Si le droit déclare d'ordre public le lien qui relie telle personne à son conjoint et à ses enfants, doit-il pour autant soustraire également à l'ordre privé l'identité sexuelle de chacun des sujets de droit ? La liberté de choisir son genre n'entrerait-elle pas au contraire dans cette sphère déjà évoquée où le sujet exprime l'autonomie de ses choix personnels, sa vie privée ?

D'ailleurs, ajoute-t-on pour résumer l'argumentation favorable aux évolutions en cours, l'inclusion de l'appartenance sexuelle dans le régime de l'indisponibilité connaît par deux endroits au moins un élargissement qui va lui permettre d'échapper aux rigidités que le droit décrétait autrefois : à propos du sexe, en effet, comme à propos de l'indisponibilité, il s'agirait aujourd'hui d'amplifier les concepts pour prendre davantage en considération la psychologie des sujets. Ces deux points méritent, aux sections suivantes, un examen attentif.

3 / Le sexe sans l'autre

Pour les juristes, le sexe se définit aussi simplement que possible par ce que constate l'officier de l'état civil lorsqu'on lui demande d'enregistrer la naissance d'un enfant. Mais la science médicale ne pouvant se contenter des seules données de la morphologie externe a mis en évidence un sexe gonadique (et donc hormonal) parfois distinct de ces premières apparences. Ensuite la science génétique, plus indiscrète encore, a découvert inscrite en chacune des cellules du corps humain la marque chromosomique du genre masculin ou féminin de l'organisme. Or la loi, arrêtée à la compréhension des apparences communément observables, n'a jamais précisé à quel niveau il fallait que se situe « l'état civil » pour fixer le genre d'un sujet de droit. D'où l'incertitude.

A la faveur de ce doute, on se demande si le sexe ne comporte pas aussi comme composante essentielle la façon même dont le sujet imagine sa propre sexualité. Or cette conviction intime, on le sait, ne correspond malheureusement pas toujours à ce que la physiologie (génétique, hormonale, morphologique) propose comme évidence. Incertitude pour incertitude, ne peut-on choisir cette identité imaginée par le sujet pour reconnaître en droit qu'il s'agit là bel et bien de son propre sexe ? Si la nature humaine se caractérise par sa capacité spirituelle à transcender les contingences corporelles, on ne voit pas, dit-on, ce qui l'empêcherait de mettre au jour, en deçà des expressions trop évidentes de la matière, une sexualité pensée, humaine donc.

Ainsi prononce le juge, après avoir constaté le caractère complexe et évolutif de la notion de sexe :

> « Attendu que la loi n'a pas juridiquement défini la notion de "sexe" ;
>
> « Que cette notion est une réalité complexe, mouvante et globale, d'appréhension difficile, partielle et relative ; que généticien, embryologiste, anatomiste, histologiste, endocrinologue, psychologue, juriste et sociologue l'envisagent selon leur optique et leurs critères ; que le sexe d'un individu ne peut cependant résulter que d'un bilan : il est issu de la juxtaposition d'une série d'éléments : génétique, chromosomial, chromatinien, gonadique, germinal, gamétique, gonophorique, hormonal, somatique, psychique voire social ; qu'il n'y a pas nécessairement concordance de toutes ces composantes (J. Petit, L'ambiguïté du droit face au syndrome transsexuel », *Rev. tr. dr. civ.*, 1976, p. 269 ; Civ. Anvers, 8 février 1979, *RW,* 1979-1980, 2064 et note Pauwels ; E. Vieujean, Examen de jurisprudence, « Les personnes », *Rev. crit. jur. b.*, 1985, p. 492) ;
>
> « Attendu que le sexe *évolue* et se *modifie* ; que le critère morphologique externe est incomplet, faux et artificiel (...) ; qu'on ne peut prêter aux auteurs du Code civil la volonté de figer le concept de sexe, qui n'est pas spécifiquement juridique, en lui assignant à jamais la compréhension que lui reconnaissait la science de l'époque (...) ;
>
> « Attendu que la notion de *sexe psychosocial* peut être un élément constant et prédominant de la sexualité ; que le sexe psychosocial peut venir en contredire les autres aspects ; que c'est alors que l'individu, qu'il soit intersexuel ou transsexuel, éprouve le désir de changer de sexe » (Civ. Neufchâteau, 14 janv. 1987, précité).

On aura remarqué cependant que dans les références qu'il prend au langage scientifique, le juge ne cherche pas ici une objectivité qui servirait de point d'appui, plus ou moins profondément inscrit dans la chair, à la reconnaissance mutuelle des sujets comme homme ou comme femme, il profite plutôt de la diversité des niveaux – médicalement observables – de retentissement de la sexualité dans la corporéité des sujets pour signaler de manière presque subreptice un niveau supplémentaire, mais cette fois entièrement pensé, échappant donc à la possibilité d'une reconnaissance par autrui : le « psychosocial ». A cet échelon du « sexe de l'esprit », le « psychologique » s'exprime, notons-le, au détriment du « social », puisque l'examen consiste davantage à voir comment le sujet se comporte en société qu'à savoir comment les autres peuvent le reconnaître pour ce qu'il est. Par où le « social » montre une étrange carence de droit, puisque le sexe ainsi compris n'entre finalement sous aucune autre norme que celle du sujet lui-même, isolé en son désir.

Cette conclusion semble d'autant plus inattendue qu'elle touche ce fait éminemment relationnel qu'est la sexualité, mais ce n'est pas le moindre paradoxe de notre matière : lié pourtant à l'altérité et donc à l'objectivité qui permet la reconnaissance, le sexe se trouve ici pensé hors du lien à l'autre. D'où d'ailleurs la possibilité mentale d'imaginer le passage à l'autre sexe (qui, en esprit, n'a plus rien « d'autre »), d'où aussi les lourdes menaces qui pèsent sur les processus de reconnaissance. Processus auxquels le droit aurait dû prêter une meilleure attention.

Qu'arrivera-t-il en effet, le jour où, dans une société donnée, il sera entendu que le sexe ne reçoit plus sa détermination de la nature ? Dans la mesure où l'objectivité corporelle ne s'impose plus aux humains comme une norme qui régit leur échange de paroles dans la reconnaissance du sujet, quelles prises de pouvoir vont se cacher sous cette anarchie ? L'inscription charnelle du sexe dans le corps offrait un point de repère solide – réserve faite des cas d'intersexualité, mais qui ne posent pas la question de principe examinée ici –, elle offrait une butée sociale au processus de la reconnaissance, bref elle offrait une forme indispensable à la sérénité du processus de reconnaissance. Mais si l'on dit que « la loi n'a pas juridiquement défini la notion de sexe », quel pouvoir va prendre la place de la loi pour y prétendre ?

Le droit ne peut pas, en tout cas, éluder la question lorsque son discours jurisprudentiel met en valeur, au détriment de l'objectivité corporelle, le sexe dit psychosocial.

On lit par exemple, dans une autre décision belge :

> « Malgré les progrès extrêmement importants accomplis durant les dernières années, les sciences sexologiques ne peuvent encore répondre avec précision à la question de savoir pourquoi et comment se détermine le sexe d'une personne, envisagé sous l'angle de l'identité sexuelle (sexe psychosocial).
>
> « Qu'en tout cas, de grands noms de la sexologie admettent que le sexe psychosocial résulterait de facteurs biologiques et sociaux, des influences hormonales prénatales ou néonatales déterminant des structures cérébrales aptes à recevoir les signaux d'identité sexuelle d'origine sociale (J. Money et A. Ebrhardt) ou que le sentiment d'identité sexuelle résulterait de l'anatomie des organes génitaux, de l'attitude des parents, frères et sœurs *et* d'une force biologique inconnue (Scholler) » (Civ. Bruxelles, 16 avril 1986, précité).

Or, si « l'attitude des parents, frères et sœurs » intervient dans le sentiment d'identité sexuelle (et on peut penser que la psychanalyse – tous courants confondus – ne récuserait pas une telle assertion), il importe que le droit veille à ce que cette attitude se laisse déterminer par le sexe que le sujet laisse apparaître dans l'objectivité de son corps. Car si le sujet ne découvre plus son identité, grâce à la parole des siens, dans cette facticité corporelle, devra-t-il la chercher dans leur désir ?

4 / La disponibilité subjective

Après la définition du sexe, l'autre point qui ébranle les certitudes du droit concerne l'indisponibilité.

Conçue jusqu'ici en termes moraux ou juridiques, cette indisponibilité s'entendait comme la norme qui intimait au sujet, de l'intérieur ou de l'extérieur, de ne pas disposer à sa guise ni de son corps ni des liens familiaux qui l'unissent à autrui. Mais si, à présent, on veut bien se rendre attentif ici encore au vécu psychologique de la personne, en l'occurrence du sujet affecté par le transsexualisme, on s'apercevra, dit-on à titre de premier argument, qu'en cette espèce également on peut parler d'indisponibilité puisqu'il n'est pas loisible à ce patient d'imaginer qu'il appartienne au sexe que sans doute son corps lui assigne mais qu'en tout cas son esprit rejette avec véhémence. Cette force psychique impérieuse joue donc à l'intérieur de lui le même rôle que le principe d'indisponibilité puisque, dans l'un et l'autre cas, le sujet n'a pas le choix (cf. par ex. Civ. Neufchâteau, 14 janv. 1987, précité : au moment où un sujet perçoit son sexe psychosocial en contradiction avec les autres éléments de sa sexualité, il éprouve le désir de changer de sexe, mais, poursuit le juge, « il ne s'agit plus d'un acte de volonté rationnelle, mais bien de cette *prédisposition* qu'il ne peut maîtriser ; dans cette optique, l'indisponibilité de l'état et l'ordre public ne font plus obstacle à l'opération et au changement de sexe juridique (Trib. gde inst. de Saint-Étienne, 11 juillet 1979 et 26 mars 1980, cité par L. Linossier, *Recueil Dalloz-Sirey,* 1981, p. 139 à 148 et plus spécialement p. 143) » (*Rev. rég. dr.*, 1987, p. 148).

Cette première façon – appelons-la psychologique – de concilier la transformation chirurgicale de la personne transsexuelle avec le principe de l'indisponibilité de l'état des personnes consiste à voir dans ladite indisponibilité n'importe quelle puissance qui, s'imposant comme une force majeure à un sujet déterminé, lui impose une modification de son état.

Une deuxième façon, plus juridique, invite à poser une distinction entre indisponibilité et immutabilité, comme le fait J.-P. Masson :

> « A un moment, la Cour de cassation de France a considéré que l'indisponibilité de l'état s'opposait à la prise en considération juridique du changement de sexe (Cass. fr., 16 déc. 1975, *D.,* 1976. J. 397, 1re espèce, note R. Lindon), mais elle a par la suite cessé d'invoquer cette circonstance, à juste titre, pensons-nous. En effet, si l'état est *indisponible*, il n'est pas *immuable*. Bien plus, la loi admet dans plusieurs cas que les particuliers puissent le modifier moyennant un contrôle des tribunaux portant uniquement sur la réunion des conditions requises par la loi et excluant tout pouvoir d'appréciation. Parfois, il n'y a même aucun contrôle judiciaire, comme dans le cas du mariage et de la reconnaissance d'enfant (du moins dans certains cas). Ce qui est caractéristique de l'état, ce n'est aucunement son immutabilité mais simplement l'impossibilité de le modifier selon sa fantaisie » (J.-P. Masson, *Traité cité,* p. 150-151).

Or, sur ce dernier point, on retrouve l'argumentation de type psychologique :

> « Imagine-t-on qu'une personne saine d'esprit (et si elle ne l'est pas, on peut penser que les médecins lui refuseront le traitement et l'intervention qu'elle demande !) se soumette à un traitement et surtout à une intervention irréversible par caprice, sans y être poussée par une force à laquelle elle ne peut résister ? » (*ibid.*, p. 154).

En réalité, cette double – et finalement unique – manière de présenter le principe de l'indisponibilité reproduit à propos de l'état, de façon d'ailleurs très logique, l'erreur relevée précédemment dans la compréhension du sexe, à savoir sa reprise sous le seul empire du sujet. Certes un état civil évolue ; sans compter ces mutations radicales que sont la naissance et la mort, il enregistre le mariage, le divorce, l'adoption, etc., actes où s'exprime chaque fois la manière relativement stable dont un sujet se présente dans ses relations civiles.

Mais tout muable qu'il soit, l'état reste indisponible au sens où le sujet n'en dispose pas à son gré. Suffit-il alors que ce sujet invoque une contrainte intérieure pour justifier la mutation qu'il entend imposer à cet état ? Si irrésistible qu'elle soit, une telle pulsion ne s'identifie tout de même pas à l'indisponibilité que le droit pose en principe pour stabiliser les conditions objectives de la reconnaissance mutuelle, car elle soustrait le sujet, précisément, à l'objectivité corporelle de la reconnaissance. Donner comme contenu à l'indisponibilité posée par le droit au fondement de la relation l'irrépressible sentiment subjectif de devoir modifier un élément de son état revient à réduire la relation à un seul de ses pôles.

D'ailleurs, l'évolution jurisprudentielle montre les glissements : une préoccupation centrée essentiellement sur la vie privée du sujet finit par régir l'ensemble du champ relationnel du transsexuel transformé, y compris son mariage futur. Mais, par là, le droit n'a-t-il pas suivi de trop près les douloureux errements de la personne malade ? (cf. dans le même sens, D. Salas, *Sujet de chair et sujet de droit : la justice face au transsexualisme*, Paris, PUF, « Les voies du droit », 1994).

Si donc l'on se pose la question de savoir ce qu'a gagné le sujet dans l'opération qui a transformé les expressions physiques de son genre au bénéfice de son sexe « psychosocial », on répondra qu'il a acquis la reconnaissance sociale – et donc probablement la confirmation – de son trouble personnel, mais ce qu'y a perdu le droit pèse plus lourd encore parce qu'on lui a retiré un des appuis de la reconnaissance mutuelle des sujets.

En ramenant en effet dans la seule sphère individuelle tant l'appartenance sexuelle de la personne que l'interdiction d'en disposer, la justification théorique des modifications chirurgicales de l'identité sexuelle nie objectivement la relation à autrui que, précisément, le sexe inscrit pourtant dans le corps humain comme une dimension constitutive de son être. En enfermant l'identité sexuelle en son seul vécu psychique, elle lui retire la portée essentiellement relationnelle qui fondait, on l'a vu dans l'analyse des relations familiales, la doctrine de l'indisponibilité. Car, encore une fois, l'indisponibilité ne manifeste pas autre chose que la nécessaire relation à autrui sans laquelle le droit ne serait pas. Éclairée par l'institution matrimoniale et la filiation, la double indisponibilité permet de comprendre le corps humain et l'état personnel – singulièrement la condition sexuée – comme médiation corporelle d'union et de procréation à l'intérieur d'une relation qui récuse radicalement toute tentative de ramener ce corps propre ou cet état civil sous le seul empire du sujet.

En vérité, tant que la société croira pouvoir admettre les mutilations chirurgicales comme traitement adéquat du syndrome transsexuel, la seule façon de concilier de telles pratiques avec l'indisponibilité de l'état consiste à reconnaître ce qui est, à savoir que celles-là ne touchent pas celui-ci : les traitements médicaux ont certes pu donner au sujet une apparence qui le « rapproche » du sexe opposé au sien, mais quoi qu'il en veuille – et qu'il en souffre –, son « état » au sens juridique du terme n'a pas changé.

Certes, une fois la transformation opérée, il s'imposera d'aménager, par équité, une protection suffisante de l'intimité du sujet concerné mais, comme on l'a déjà dit, on ne tirera aucune conséquence principielle des solutions accordées aux personnes qui ont cru pouvoir se départir de la double indisponibilité rappelée (sur les aménagements que pourrait créer la loi, cf., en France, conclusions M. Jéol sous Cass. 11 déc. 1992 précitées, où l'intervention du législateur est jugée non souhaitable ; en droit comparé, v. M.-Th. Meulders-Klein, La vérité et le sexe. A propos du transsexualisme, précité, p. 16 s.). On retiendra plutôt, ici encore, la leçon d'objectivité enseignée par le droit : livré à son seul désir, le sujet finit par entrer dans une logique mutilante où sa propre objectivité corporelle se sacrifie à sa seule subjectivité malade.

En sa nature, le droit ne peut que s'opposer à une telle logique : puisqu'il institue les formes de la reconnaissance mutuelle, il rappelle que la condition corporelle des hommes et des femmes constitue le nécessaire appui de cette reconnaissance. Lorsque la seule subjectivité intérieure retire cette base corporelle au droit, elle lui ôte du même coup l'objectivité dont les sujets ont besoin pour entrer dans la reconnaissance, les uns par les autres, d'eux-mêmes et d'autrui : à tant exalter le désir d'être soi hors de la relation, le sujet finit par ne plus savoir qui il est. En lui rappelant l'objectivité de la relation, la doctrine de l'indisponibilité illustrée par le droit de la famille lui offre au contraire les conditions de la reconnaissance d'identité.

TITRE IV

La nature appropriée : de quel droit ?

En cherchant « le propre de l'homme », le chapitre Ier du présent titre pose, contre les auteurs qui le récusent, le caractère naturel du droit de propriété, pourvu du moins qu'y soient reconnus non seulement le caractère d'appropriation singulière mais encore celui de destination universelle qu'indique l'analyse de la condition corporelle de l'homme. Les deux chapitres suivants déploient ensuite « la propriété comme affection » aux différents niveaux où se constitue le patrimoine : du sujet, de la famille, de l'humanité entière (chap. II) et du corps politique (chap. III). Les deux derniers chapitres montrent enfin le mouvement qui parcourt le droit de propriété depuis son origine (chap. IV : « Le travail ») jusqu'à sa fin (chap. V : « La satisfaction du besoin »).

Chapitre Premier

LE PROPRE DE L'HOMME

Chercher le rapport que noue le droit naturel entre les êtres humains, d'une part, les biens de l'univers, d'autre part, c'est d'abord rencontrer la récusation de la propriété comme droit naturel (sect. 1), c'est ensuite reconnaître dans la tradition médiévale la convenance de ce droit (sect. 2) que l'on cherche à justifier, encore une fois, par recours à la symbolique corporelle (sect. 3). La doctrine ainsi mise en place se monnaiera alors selon le plan que fournit l'analyse des causes dans la *Métaphysique* d'Aristote (sect. 4).

1 / La récusation de la propriété comme droit naturel

Les titres précédents ont cherché sous les formulations positives du droit une « nature » qui ne ressemblerait en rien à l'injonction de la force devant laquelle le droit n'aurait qu'à s'incliner, mais qui émergerait plutôt comme l'obligation hors du respect de laquelle le droit ne serait plus lui-même. Car l'ordre s'imposerait ici de l'intérieur : pour rester fidèle à sa nature, le droit aurait à admettre au cœur de son énoncé (ou au-dessus ou sous-jacent ou en avance, peu importe, encore une fois, les images liées à l'espace et au temps) l'obligation qu'il aurait à suivre tout « naturellement ».

Une telle perspective suppose, nous l'avons dit, que le droit ne se réduise pas à l'ensemble des décisions qu'il a plu au pouvoir de prendre mais qu'au contraire la résistance opposée par le droit aux actes des volontés souveraines s'appuie sur l'objectivité inhérente au droit lui-même, c'est-à-dire sur les conditions nécessaires de la reconnaissance d'autrui. Au lieu d'arrêter l'analyse du droit à la surface soit des ordres donnés par le pouvoir législatif, exécutif ou judiciaire, soit des conventions conclues par les États ou les particuliers, il s'agissait pour nous, jusqu'ici, d'ouvrir l'écorce de ces formulations positives pour toucher les conditions nécessaires de ces formulations mêmes. Si, en d'autres termes, le projet juridique est ce qu'il est, cette nature lui impose un ordre fondamental dont il ne pourrait se départir sans renoncer *ipso jure* à ce projet même.

Pourquoi ce rappel de l'*a priori* inhérent au projet juridique, sous-jacent aux formulations positives décidées par le pouvoir ? Parce qu'au présent titre du rapport aux biens cette norme tirée de la nature même du droit paraît moins que jamais crédible : toutes les dispositions juridiques, civiles ou commerciales, sociales ou internationales, concourent en effet à soutenir la thèse selon laquelle le rapport de l'homme à la nature relève exclusivement du pouvoir. Dans ce rapport de forces où la propriété se justifie par la mainmise et où les déséquilibres se corrigent par la lutte, il ne semble pas que les droits s'appuient sur un autre *a priori* que la force de leur titulaire à les faire respecter. La propriété des biens se coulerait ainsi en formulation du droit par la seule décision des sujets qui se seraient révélés assez forts pour se les approprier. Rien à voir donc avec une quelconque nature – nature de l'homme ou nature des choses –, car la nature, dit-on, n'impose aucune norme quant à la propriété. Une telle récusation de la présentation du droit de propriété comme « naturel et sacré » se laisse lire chez des auteurs aussi différents que Karl Marx ou Hans Kelsen.

Pour le premier, en effet, l'appropriation privée des moyens de production ne s'explique que par une violence primitive opérant un coup de force pour bouleverser la destination universelle des biens. A partir de ce fait originel, on le sait, la classe des détenteurs du capital s'est employée tout au long de l'histoire à produire un appareil idéologique qui tout ensemble couvrirait et justifierait l'intolérable aliénation qui s'ensuivit au détriment des travailleurs. La naturalisation du droit de propriété au titre d'institution inquestionnable puisque inhérente à la nature humaine entre évidemment dans cet arsenal justificateur, mais le soupçon marxiste s'exerce sans relâche à l'endroit de ce discours pour y dénoncer la mystification du peuple : la propriété privée n'a rien de naturel, elle relève de la stratégie déployée par les capitalistes pour maintenir leurs intérêts de classe.

Chez le positiviste Kelsen, la dénonciation de la propriété jusnaturaliste ne garde sans doute rien de la militance précédente, mais, par son scepticisme, ne s'en montre pas moins radicale. Pour mettre en évidence l'inanité des propos que tiennent les partisans du droit naturel sur le droit de propriété, il suffit à l'auteur de la *Théorie pure du droit* de confronter comme autant de témoins qui se contredisent les diverses positions tenues dans l'histoire : pour telle école de droit naturel, la propriété ne peut être qu'individuelle, pour telle autre au contraire, la nature humaine exige qu'elle soit collective, chacune se montrant ainsi victime de l'illusion d'optique qui attribue à une nature hypostasiée les choix tout contingents que pose le législateur à un moment de l'histoire. Puisque la perspective kelsénienne arrête la définition du droit à de tels choix positifs subsumés par une norme fondamentale qui les suppose juridiques, la conclusion s'impose : aucun *a priori* tiré de la nature humaine ne permet de porter un jugement sur les régimes successifs de propriété qu'instaure tel puis tel ordre positif dans l'histoire.

Ainsi malmenée par le soupçon marxiste puis par l'ironie kelsénienne, la position qui range la propriété dans le droit naturel garde-t-elle quelque chance de se maintenir dans le champ de la raison ? Elle ne se maintiendra en tout cas que si elle reprend sur nouveaux frais la réflexion quant à la convenance des êtres humains et des choses de ce monde dans l'ordre symbolique. Tirons au clair cette notion de convenance d'abord, de symbole ensuite.

2 / La convenance du droit de propriété

Pour éviter à la fois de sacraliser trop vite à titre de « droit naturel » un état des propriétés donné à tel moment de l'histoire comme aussi de désigner trop précipitamment soit la propriété individuelle, soit la propriété collective comme celle que la nature impose, pour accueillir donc les objections qu'un Marx ou qu'un Kelsen adressent au droit naturel de propriété, il s'avère utile de rappeler la tradition scolastique qui introduit dans la matière du droit de propriété la distinction fondamentale du bénéfice et du pouvoir : alors que de soi, les bienfaits de la nature visent tous les humains, il convient par ailleurs que la maîtrise de tels biens revienne aux personnes singulières.

Thomas d'Aquin (*Somme théologique*, IIa IIæ, qu. 57, art. 3) explique qu'en regardant la nature, rien ne permet de dire *a priori* que tel champ doit appartenir à un quelconque individu, du moins il ne se prononcera pas sur ce sujet avec la même nécessité que lorsqu'il considère le lien de l'homme à la femme pour la procréation ou le lien du père à l'enfant pour l'éducation. La propriété privée ne s'impose pas en effet de façon aussi immédiate que dans ces institutions de droit naturel *stricto sensu* ou de première manière. Une telle indétermination originaire dans le rapport de l'homme aux biens ouvre deux possibilités. La première, de n'exclure personne des bienfaits qu'offre la nature aux humains : *a priori*, aucun être humain ne peut priver un autre être humain de l'accès aux biens, car aucune propriété ne se fonde sur un donné originaire qui justifierait d'emblée une telle appropriation privative. La seconde possibilité ici ouverte consiste à justifier ladite propriété privée par la convenance que la raison découvre dans les conséquences de cette institution. Sur fond de l'indétermination originaire de son rapport à la nature, l'être humain mène en effet une réflexion qui le conduit à adopter la propriété privée à cause du triple avantage qui en découle (cf. *Somme théologique*, IIa IIæ, qu. 66, art. 2), le premier, au plan économique, car le travail fourni par le sujet produira un meilleur fruit si le travailleur sait que, par sa peine, il met en valeur son propre bien, les deux autres au plan politique : l'ordre proviendra de la répartition des propriétés puisque, d'une part, chaque propriétaire n'interviendra que dans son domaine, et que, d'autre part, il ne jouira que de son domaine, évitant ainsi les confusions et les troubles préjudiciables à la vie en commun.

L'appréciation de ce triple avantage s'impose d'ailleurs à la raison humaine avec une telle force que saint Thomas range encore dans le droit naturel mais cette fois de « seconde manière » l'institution ici étudiée. De la sorte, la propriété privée ne relève pas d'abord du droit positif, comme si l'arbitraire du législateur humain pouvait se permettre de ne pas l'instituer, elle relève du droit que toutes les nations connaissent comme le fruit de leur simple réflexion humaine et que Thomas d'Aquin appelle *ius gentium*, droit des gens (cf. J.-M. Aubert : « Ce qui est ajouté au droit naturel, par mode de conclusions rationnelles, n'est pas autre chose que le *ius gentium*, auquel saint Thomas attribue explicitement la propriété privée », *Le droit romain dans l'œuvre de saint Thomas*, Paris, Vrin, 1955, p. 116).

Mais droit naturel de seconde manière ou encore institution du droit des gens, comment cette propriété privée s'articule-t-elle avec la destination commune de la nature spontanément offerte, en tous ses bienfaits (ses biens), à l'ensemble des humains ?

Thomas d'Aquin répond par la distinction qui traverse notre matière : la propriété privée ne concerne que la maîtrise du bien, car le propriétaire ne peut en épuiser comme « propre » le bienfait qu'il procure : les biens appartenant à tous, il devra les partager avec les nécessiteux. Ainsi, pour l'auteur de la *Somme théologique*, la tension qu'introduit la nature dans le rapport de l'homme aux choses entre la disponibilité de tous les biens à l'égard de tous les humains, d'une part, la convenance rationnelle de l'appropriation privée, d'autre part, se résout dans l'acte par lequel le gestionnaire-propriétaire donne aux pauvres les biens qui – de droit – leur reviennent.

Résumée de la sorte à la suite des thèses de Karl Marx et de Hans Kelsen, la position de Thomas d'Aquin montre une pensée de la complexité et soulève une question.

La pensée thomiste de la complexité consiste à mettre ensemble dans le droit que requiert une nature décryptée avec discernement tant la destination universelle que l'appropriation singulière des biens de la nature, alors que, premier exemple, dans l'analyse marxiste, ces deux notes apparaissent incompatibles puisque l'appropriation capitaliste nie la destination universelle et qu'en retour le communisme nie la propriété privée, et que, second exemple, dans la confrontation kelsénienne, l'invocation successive de ces deux modes d'appropriation au cours de l'histoire dévalorise toute possibilité d'un appel au droit naturel. D'où la question : faudra-t-il regretter la disparition de la synthèse médiévale dont la puissance équilibrée se serait perdue dans les apparentes étroitesses de la pensée moderne ? Pas nécessairement, car c'est dans l'actualité de l'histoire et non dans un quelconque âge d'or que se jouent les enjeux de la nature humaine. Or aujourd'hui l'équilibre reconnu dans la pensée thomiste se dit peut-être encore dans les termes du symbole.

3 / Le don du symbole

Dans la chrétienté médiévale que connaît Thomas d'Aquin, l'aumône que le riche fait au pauvre correspond, telle une « image et ressemblance », au don que Dieu lui-même fait de toutes ses créatures à la plus noble d'entre elles, l'homme. A la gratuité initiale du Créateur qui destine l'ensemble des biens créés à tous et chacun des humains répond la générosité du propriétaire qui, gérant ses biens comme le ferait un intendant bien informé des intentions de son maître, se fait la providence des malheureux. Dans une telle structure sociale transie de christianisme, la pensée jusnaturaliste comprend le droit de propriété à partir de la générosité créatrice qui confère aux choses de ce monde leur qualité fondamentale de don à l'intention de tous les humains et qui, du même coup, instaure la générosité mutuelle entre les humains comme l'indispensable complément des appropriations privées.

En quittant le Moyen Age et l'Ancien Régime, la philosophie du droit ne doit pas se sentir obligée, du seul fait de sa sécularisation, d'abandonner cette perspective de gratuité, condamnée qu'elle serait à ne plus réfléchir le droit de propriété qu'en considérant les choses seulement « pour ce qu'elles sont », car le symbole permet de lire « les choses » à une autre profondeur.

Peut-être le juriste positiviste manifestera-t-il, ici encore, son irritation puisque, à ses yeux, une chose n'est jamais qu'une chose, appropriable donc selon les modes déterminés par la loi. « Certes, dira-t-il, dans les temps reculés de l'animisme, l'esprit humain reconnaissait la présence de diverses âmes dans les choses de ce monde et même l'existence d'un droit – le droit naturel – dans l'ordre théologico-cosmique. Dans une perspective holiste, cet univers sacralisé commandait la subtilité des usages politiques et l'invariabilité des règles économiques, mais la modernité a appris aux hommes à saisir désormais le réel dans son objectivité : la nature désenchantée ne compte qu'un univers neutre rempli d'objets ; quant à la loi, elle ne provient jamais que des hommes. » Une telle représentation du monde ne s'impose cependant pas plus aujourd'hui que dans le passé, ni quant à la conception de la nature, ni quant à la conception du droit. Car la démarche qui s'approprie rapidement les choses de ce monde sans marquer un arrêt sur l'existence même de ces choses qui s'avèrent être bonnes pour l'homme – on les appelle d'ailleurs des *biens* – reste en manque d'un regard qui donnerait au droit toute sa profondeur. La trop rapide séparation des sujets, d'un côté, des objets, de l'autre, empêche en effet l'esprit humain de concevoir la propriété comme l'en-deçà de cette séparation au sens où, précisément, un objet est reconnu *propre* à un sujet.

Dans la synthèse thomiste, un don originaire, littéralement créateur, établit d'emblée la correspondance entre les choses de ce monde et les sujets qui s'en assurent la maîtrise (particulière) en vue d'un bienfait (universel), mais en abandonnant cet horizon théologique, répétons-le, la pensée moderne ne se condamne pas pour autant à tenir les objets à distance respectueuse du sujet, lequel sujet s'interrogerait alors sur la manière de les rejoindre pour les considérer comme propres. Car en deçà de cette interrogation, un objet de ce monde plusieurs fois rencontré aux titres précédents apparaît déjà comme donné au sujet lui-même, le *corps* précisément appelé *propre,* et qui, pour cette raison, permet de comprendre le droit de propriété sous le signe du symbole. Avant même que les humains ne mettent en œuvre le lien de sujet à objet que constitue la propriété, une convenance extrême se donne déjà de l'un à l'autre dans l'indissolubilité du corps, tout ensemble sujet et objet. Fait singulier autant que commun, le corps dit déjà par lui-même la générosité de la nature envers chaque être humain en particulier non moins qu'à l'égard de leur ensemble.

Car si le corps donne l'idée même de propriété en ce que chaque sujet perçoit d'emblée le sien comme propre – phénomène aussi singulier et aussi universel que l'humanité elle-même –, ce même corps livre aussi d'emblée une matière, une « chose » déjà transie par le sens, c'est-à-dire par l'humanité qu'il exprime. Or si cette première « matière » du droit de propriété se révèle irréductiblement porteuse d'une intention supérieure à son simple état de « chose », n'agit-elle pas alors comme paradigme pour toutes les « choses » qui, dans la suite, tomberont dans le jeu des appropriations ? En d'autres termes, si l'homme découvre d'emblée son corps comme la médiation du sujet et de la nature – sujet immédiatement appropriant, nature immédiatement sensée –, il n'apparaît pas déraisonnable de chercher dans les autres objets de la nature les traces de la symbolique que ce corps exerce en tant que tel. Médiation du sujet et de la nature, le corps exprime certes, dans le chef du sujet, l'essence de l'appropriation ainsi qu'on l'expliquera davantage au chapitre suivant mais peut-être révèle-t-il aussi, du seul fait de se trouver déjà transi de sens, les « intentions » qui animent la nature elle-même. Ainsi la condition corporelle déprend-elle les sujets d'une perception trop « objective » des choses, car en chaque corps, la nature a déjà pris son sens de subordination à l'humain, à tous les humains.

Qu'une telle lecture de la nature s'appuie dans la foi sur l'Intention créatrice prolongée en Providence à l'égard de la créature image et ressemblance de son auteur ou qu'elle arrête son déchiffrement à la simple générosité de la nature elle-même, elle invite en tout cas le jusnaturaliste à ne pas séparer, d'un côté, le fait matériel de l'appropriation privative, et de l'autre, le principe de la destination universelle des biens. La nature en effet ne se réduit pas à son statut neutre de matière dont l'indéfinie divisibilité se soumettrait d'avance à toutes les mainmises que les sujets les plus puissants voudraient exercer sur elle, car cette nature, déjà rendue sensée et ordonnée dans les corps, s'est de la sorte symbolisée elle-même comme la matière d'un droit destiné à tous.

En reconnaissant la condition corporelle de l'être humain comme le symbole qui permet la reconnaissance du droit de propriété, nous retenons donc la double dimension du droit ici considéré : d'une part, cette condition renvoie à la singularité caractéristique de l'appropriation elle-même, au sens où le corps, nécessairement propre, récuse de soi son appartenance à tout autre sujet que l'individu singulier qui s'y livre, d'autre part, cette condition corporelle exprime tout aussi nécessairement la dimension commune du droit puisque chaque corps humain rend objective la présence d'un sujet. Or la propriété n'entre dans l'ordre du droit – puisqu'on parle de « droit de propriété » – que si la première dimension, la singularité, s'inscrit dans la seconde, l'universalité. Où l'on voit que l'attention accordée à la condition corporelle de l'homme donne toute sa crédibilité à la double affirmation jusnaturaliste tenue plus haut : à celle qui, par souci d'ordre et d'efficacité, confie la gestion séparée des biens à différents titulaires, prolongeant par là l'affection pour soi qu'emporte le corps, à celle aussi qui rappelle la destination universelle des biens dans la mesure où chaque corps livre à autrui l'objectivité d'un sujet.

4 / Les causes de la propriété

Puisque la condition corporelle des humains apparaît de la sorte comme un critère très sûr pour fonder dans la nature même de l'homme le droit que l'on appellera de propriété, il reste à démontrer comment on passe de l'irréductible corps propre à la légitime propriété des choses.

Pour parvenir à formuler un tel droit, la démarche réflexive remontera, on s'en doute, en deçà des présentations positives qui régissent aujourd'hui par exemple les propriétés immobilières ou les empires commerciaux, les transactions boursières ou les allocations sociales, pour s'attacher à des faits fondamentaux qui serviront à vérifier la juridicité de telles prescriptions.

Or le regard porté de façon aussi simple que possible sur la relation de l'homme à la nature relève trois faits fondamentaux : l'homme connaît des *besoins* auxquels il doit, à peine de déchéance et de mort, donner satisfaction ; la *nature* contient des possibilités d'assouvir ces besoins en offrant nourriture et boisson, vêtements, abri et remèdes ; pour tirer de la nature la satisfaction de ses besoins, l'homme se met au *travail.* Travail, nature et besoin apparaissent ainsi comme les matériaux indispensables à la formulation d'un droit qui régirait les relations des humains aux biens. Si l'on ajoute à ces trois premières données l'idée de la *propriété* elle-même, examinée dans le présent titre sous forme de question – la nature appropriée, de quel droit ? –, on obtient une figure quadriforme qui rappelle à la mémoire des philosophes la célèbre distinction des quatre causes développée par Aristote.

Pour l'auteur de la *Métaphysique*, on le sait, le philosophe cherche le savoir ultime, et « nous disons que nous savons une chose chaque fois que nous croyons connaître la cause première ». « Or, poursuit Aristote, on parle de causes en quatre sens. Nous disons qu'une des causes, c'est l'essence et le <quel était l'être> (car la question <pourquoi> aboutit à la définition, or le premier pourquoi est cause et principe) ; et nous disons qu'une deuxième cause c'est la matière et le sujet ; une troisième celle d'où vient l'origine du mouvement, et une quatrième cause, celle qui se trouve à l'opposé de cette dernière, le <en vue de quoi> et le bien (car cela est la fin de toute production et de tout mouvement) » (Aristote, *Métaphysique*, livre Ier, trad. et comm. par G. Colle, Paris, Alcan, 1912, chap. III, no 983 *a*)

Nous tenons que chacune de ces causes jette un éclairage particulier sur le rapport de l'homme aux biens puisque la condition corporelle des humains donne la cause *formelle* de l'appropriation comme nous allons le rappeler (chap. II), tandis que la nature, lue à travers le fait corporel comme nous venons de le voir, se présente comme sa cause *matérielle ;* de son côté, le travail exprime la cause *efficiente* de la propriété (chap. III), et la satisfaction du besoin sa cause *finale* (chap. IV). En tant que matière de toujours déjà informée par l'esprit, le corps humain fournit ainsi la clé de la propriété comme symbole toujours déjà présent tant de l'appropriation de la nature exercée dans le travail de chacun que de la nature appropriée dans la satisfaction du besoin de tous.

Chapitre II

LA PROPRIÉTÉ COMME AFFECTION

Lorsque le métaphysicien s'interroge sur la cause formelle des choses, il en cherche l'idée, l'essence : « Quel était l'être » de ces choses-là ? Dans le célèbre paradigme de la statue, la cause formelle ne désigne ni le bloc de marbre (cause matérielle), ni le labeur du sculpteur (cause efficiente), ni la décoration du stade (cause finale), mais la forme même de la statue, ses contours, sa « dé-finition » dans la pensée de l'artiste d'abord, dans la masse de pierre ensuite. Une réflexion de droit naturel attelée à l'examen des légitimités qu'invoquent les humains pour s'approprier les biens de la nature rencontre nécessairement cette question de l'essence. Comment concevoir cette « idée » qui donne aux rapports des hommes à la nature la forme du droit de propriété ? Cette idée se conçoit par le corps propre lui-même.

Retenir la condition corporelle de l'homme comme « cause formelle » du droit de propriété, c'est reconnaître en cette condition une affection de soi qui explique la diversité des patrimoines ici explorés. Dans le sujet tout d'abord, en rappelant la nécessaire différence entre le corps et les autres biens (sect. 1), dans la famille ensuite en désignant le don comme titre à la succession patrimoniale (sect. 2), plus largement dans l'humanité en montrant que l'élaboration d'un « patrimoine commun » correspond à la constitution d'un sujet universel (sect. 3). Le chapitre suivant montrera au croisement des deux dimensions – singulière et universelle – du droit de propriété l'affection engagée dans l'entité politique.

1 / La symbolique corporelle

Les articles 711 et 712 du Code Napoléon valident les diverses manières d'acquérir la propriété: succession, donation, obligations, accession et prescription rendent ainsi tel ou tel sujet titulaire de ce droit dont l'article 544 du même Code détaille par ailleurs le triple attribut classique de l'*usus*, du *fructus* et de l'*abusus*, mais de telles dispositions qui spécifient la définition et les moyens d'acquisition de la propriété, si précieuses soient-elles, restent tout de même en défaut d'expliquer en quoi elles formulent le droit autrement que comme discours tenu par le pouvoir. Où se cache une telle norme qui jugerait de toutes les appropriations positives?, répète l'objectant si incrédule qu'il a confié à la seule loi humaine le soin de définir et de répartir les droits des sujets sur les biens de ce monde.

Cette norme se cache, avons-nous dit, dans la condition corporelle des humains. L'appropriation des biens de la nature ne commence pas par la *tabula rasa* sur laquelle la loi positive déposerait, au fil des articles du Code, les parts respectives des commensaux qui inaugureraient à cette « table » même le régime de la propriété. Cette appropriation commence par un lien qui précède toute énonciation positive pour relier chaque sujet à son corps, son *propre* corps. La cause qu'Aristote appelle formelle, en d'autres termes l'idée ou l'essence que nous cherchons de la propriété, se découvre en ce lien tout intime, éminemment propre et éminemment commun, de chaque sujet à son corps. A cette racine-là s'évaluent toutes les appropriations subséquentes distribuées par le droit positif, car tous les titres de propriété puisent à cette profondeur-là la sève de leur légitimité.

Par la médiation du corps, en effet, les *choses* de ce monde apparaissent comme des *biens*. Le sujet connaissant par son propre corps l'affection de soi accepte de sortir de soi pour recueillir comme « propre » la chose qui ne lui apparaît déjà plus comme extérieure puisque, par la symbolique corporelle qui fait habiter le sujet dans l'extériorité de son corps comme en sa demeure la plus intérieure, l'extériorité du monde lui apparaît déjà comme un bien, un bien propre. Parce que le corps manifeste au sujet une extériorité que celui-ci considère pourtant déjà « propre » dans un nécessaire mouvement d'affection à l'égard de lui-même, il fournit la cause première de tous les mouvements par lesquels, sortant de soi pour rentrer en soi, le sujet tient pour propres également les choses devenues pour lui des biens (comp. J.-L. Vullierme, La chose (le bien) et la métaphysique, *Archives de philosophie du droit*, t. 24 (1979), p. 31). Le centre de la propriété gît ainsi au cœur de la singularité corporelle. Une telle affirmation n'enlève rien, nous le répéterons, à la destination universelle des biens puisque *tous* les humains connaissent cette singularité corporelle mais elle explique à quel point une telle universalité ne se satisfait pas d'une indifférenciation qui négligerait la singularité de l'affection qu'en son corps chaque sujet se porte à lui-même.

Dans son exposé sur le droit de propriété, Thomas d'Aquin évoquait l'argumentation rationnelle développée chez tous les peuples qui reconnaissent les avantages de l'attribution d'un bien à une personne déterminée. En réalité, ce calcul rationnel lui-même ne suppose-t-il pas cette affection pour soi dont nous parlons ici, symbolisée par la condition corporelle ? Si les biens connaissent une meilleure mise en valeur lorsqu'ils appartiennent en propre à des personnes désignées et si l'ordre règne mieux lorsque ces biens propres délimitent le champ de l'activité et de la jouissance des propriétaires respectifs, ces avantages ne proviennent-ils pas de leur correspondance à une source plus fondamentale du droit de propriété ? Le mouvement qui sort de soi pour s'approprier le monde ramené à soi trouve en effet sa cause formelle dans le corps qui symbolise l'affection singulière du sujet pour lui-même.

Avant d'expliciter davantage dans les chapitres suivants les voies par lesquelles l'appropriation inhérente au fait corporel se prolonge dans la propriété des biens de la nature, il importe de répondre d'abord à l'objection qui dénonce l'équivocité de ces deux modes d'appartenance.

Car le lien naturel qui rend le corps « propre » au sujet diffère à ce point du lien juridique par lequel ce même sujet se proclame titulaire d'un droit réel sur tel meuble ou tel immeuble qu'on se demande comment le premier lien servirait jamais de critère pour évaluer la légitimité du second : une si grande distance sépare les deux ordres qu'il vaut mieux, dit-on, à peine de confusion, respecter leur hétérogénéité. D'ailleurs, en étudiant le corps propre (v. *supra*, titre II, p. 135), n'avons-nous pas nous-même reconnu la nécessité de maintenir, contre toutes les tentatives d'imaginer une revendication dédoublante du corps ou d'instaurer une propriété de soi, la tradition juridique de non-dissociation entre un sujet et son propre corps, soulignant par là l'incompatibilité qui sépare le droit des biens, d'un côté, le lien naturel du sujet à son corps, de l'autre ? Comment donc celui-ci servirait-il jamais à mesurer celui-là ?

En réalité, l'objection tombe si l'on voit que, au contraire, l'hétérogénéité des ordres – naturel d'un côté, positif de l'autre – *permet* au lieu d'empêcher l'évaluation ici recherchée. Parce qu'elle ne relève pas des attributions de la loi positive, l'appropriation par un sujet de son propre corps se voit habilitée à les juger toutes. Par contre, si elle relevait, elle aussi, d'un droit réel comparable aux autres propriétés revendiquées sur les objets, – « propriétaire de soi *comme* du reste » –, cette appropriation entrerait dans un jeu qu'elle ne pourrait dès lors plus juger.

C'est donc par un même mouvement qu'on a voulu garder, par exemple à titre d' « intérêt » chez Ihering ou de « non-pouvoir » dans la doctrine de Savigny, l'irréductible originalité du corps propre manifestant d'emblée – en deçà de toute objectivation – l'émergence d'un sujet à reconnaître, afin de fonder sur cette condition hors jeu – et *parce que* hors jeu – la symbolique des appropriations subséquentes. Symbolique puisque désormais, grâce au corps qui donne le premier l'idée de la propriété, les biens de la nature gardent toujours la trace de ce rapport étroit, « propre », à la personne. En d'autres termes, si la nature humaine offre d'emblée dans la condition corporelle la cause formelle la plus singulière et la plus répandue qui soit – puisque tous et chacun considèrent nécessairement propre leur corps –, il convient que les appropriations qui se rangent à cette idée première obéissent, dans la répartition des biens de la nature, à cette singularité et à cette universalité que leur montre l'essence corporelle de la propriété.

Ne découvrons-nous d'ailleurs pas en cette indication que fournit la nature la justification fondamentale de l'affirmation juridique selon laquelle tous les humains disposent d'un patrimoine et d'un seul ? Sans entrer ici dans le débat tenu tout au long de l'histoire sur cette institution, on retiendra au moins l'intérêt que représente la considération du corps humain, « cause formelle » du droit de propriété, pour la compréhension de ce concept clé du rapport de l'homme à la nature. Si, en effet, par la médiation du corps, la nature se trouve déjà appropriée en tous comme en chacun, cette inéluctable donnée première pourrait aider à l'intelligence du patrimoine compris comme l'ensemble des biens reconnus propres à la personne. Mais on sait que le mot entretient aussi un rapport étroit avec la famille.

2 / Le patrimoine familial

Les faits charnels du mariage d'abord, de la génération humaine ensuite connaissent nécessairement un retentissement en droit patrimonial. Le mariage, en effet, institue la communauté de vie de deux êtres tandis que l'engendrement prolonge la personne des père et mère dans celle de leurs descendants ; or si la propriété des choses se rapporte essentiellement, ainsi que nous le soutenons, à la symbolique indiquée par l'existence corporelle elle-même, il paraîtrait au moins étrange que la constitution de la famille et l'appropriation des biens n'eussent rien à voir entre elles. Pour comprendre de quel droit relève cette relation pressentie entre les liens familiaux, d'une part, les biens patrimoniaux, d'autre part, on aborde en cette section l'institution des successions.

En suivant les indications que donne la nature à propos de l'institution du droit de propriété, il vient un moment où l'homme rencontre en son existence corporelle l'événement naturel le plus singulier et le plus commun qui soit : la mort. Détaché par elle de toute « propriété » de lui-même puisque plus aucun sujet n'habite ce qui est devenu sa « dépouille mortelle », le défunt lâche du même coup la propriété de tous ses biens, ouvrant ainsi à nouveau, pense-t-on, cette indétermination originaire que Thomas d'Aquin reconnaissait déjà lorsqu'il affirmait que le droit de propriété n'appartient pas au droit naturel de première manière. En frappant les humains de mort, la nature confirme en effet qu'il n'existe aucun lien *a priori* entre tel bien extérieur et telle personne : malgré les affirmations solennellement tenues sur le caractère « perpétuel » du droit de propriété, le lâcher-prise final rend le bien sans maître.

Mais deux institutions se présentent aussitôt, en se bousculant d'ailleurs quelque peu au cours de l'histoire, pour assurer la continuité de la propriété : la disposition testamentaire et la succession *ab intestat*. De la sorte, la nature ne parvient jamais à remettre « dans leur pristin état » les choses que la mort rendait apparemment vierges de toute mainmise et donc disponibles pour une nouvelle appropriation, puisque soit le *de cuius* s'est exprimé dans un acte de dernière volonté pour disposer de ses biens au-delà de sa propre mort, soit la loi a appelé la famille du défunt à recueillir aussitôt (« le mort saisit le vif ») les biens ainsi laissés sans maître. La nature ne prend donc pas les humains au dépourvu puisque les biens, jamais rendus à leur indétermination première, connaissent littéralement un régime de « succession ».

Faut-il en conclure pour autant que, la nature ne s'exprimant que par la mort et donc par la dissolution de la propriété, le droit qui contredit par la succession (légale ou testamentaire) l'indétermination ainsi causée relèverait seulement de l'ordre civil et non plus naturel ? Certains auteurs inclinent à le penser. Ainsi Montesquieu : « La loi naturelle ordonne aux pères de nourrir leurs enfants, mais elle n'oblige pas de les faire héritiers. Le partage des biens, les lois sur ce partage, les successions après la mort de celui qui a eu ce partage : tout cela ne peut avoir été réglé que par la société, et par conséquent par des lois politiques ou civiles » (*De l'esprit des lois*, liv. XXVI, chap. VI : « Que l'ordre des successions dépend des principes du droit politique ou civil et non pas des principes du droit naturel », *Œuvres complètes de Montesquieu*, Paris, Garnier, 1877, t. V, p. 197-198). Ou encore Pothier : « Le droit de succession, tant active que passive, est du droit civil, car c'est la loi civile qui défère la succession des défunts et qui appelle les personnes qui doivent la recueillir. De là il suit qu'il n'y a que les citoyens qui jouissent de la vie civile qui aient le droit de transmettre leur succession » (*Œuvres posthumes de M. Pothier*, t. IV contenant le traité *Des successions*, Paris, Barrois, 1778, chap. Ier, sect. 1, p. 3).

Or la question ainsi tranchée en faveur du droit « politique ou civil » ne se présente peut-être pas nécessairement sous les allures du dilemme, car entre le droit naturel de première manière, moins que jamais applicable en l'espèce puisque le fait naturel de la mort a rompu tout lien entre les biens et leur propriétaire, et le droit civil ou politique qui s'appuie sur la seule volonté du pouvoir pour régler le sort de tels biens, se glisse, nous l'avons vu, un droit naturel dit « de seconde manière » selon les termes thomistes, et dont la raison humaine saisit si bien la convenance qu'il traverse l'ensemble des nations : *ius gentium.*

Ainsi se justifiait, dans la scolastique médiévale, l'institution même de la propriété, à cause des avantages qu'elle entraîne au plan politique et économique, ainsi se justifie aujourd'hui l'institution particulière de la succession : supprimer l'institution des successions et donc restituer les biens de tout défunt à l'indétermination originaire n'engendrerait, dit-on, que des troubles sociaux, sans compter la diminution de rendement du travail de chacun (cf. H. De Page, *Traité élémentaire de droit civil belge*, t. 9 : *Les successions,* Bruxelles, Bruylant, 1946, p. 9-10).

A sept siècles de distance, on voit donc se justifier l'institution de la succession par les mêmes avantages politiques et économiques que la propriété elle-même : l'une comme l'autre assurent tant un meilleur ordre social qu'une utilisation plus rentable du bien. Après avoir constaté qu'un même raisonnement traverse les espaces et les temps pour remplacer par l'idée de succession l'indétermination qu'aurait imposée la mort, il reste encore à voir si la nature intervient pour désigner les personnes appelées à cette succession.

Dans l'histoire, on l'a dit, le testament a rivalisé avec la loi pour opérer cette désignation. Faut-il entendre par là que, volonté individuelle d'un côté, volonté collective de l'autre, l'opération ne relève plus d'un ordre qu'indiquerait, en deçà des volontés, la nature elle-même ? Pas nécessairement. Car si l'on revient à la condition corporelle reconnue comme cause formelle du droit de propriété, on sera attentif ici à l'aspect fondamental d'*affection* que connote la symbolique du corps à l'égard du monde. Les biens extérieurs, nous l'avons dit, se comprennent comme bénéfiques dans la mesure où ils expriment l'affection que chaque sujet exerce nécessairement envers lui-même en son corps. En d'autres termes, le corps, en tant que propre, donne l'idée première de l'appropriation des biens comme prolongement d'une telle affection que le sujet exerce nécessairement envers lui-même. Dans ces conditions, il devient possible de comprendre la succession aux biens à partir de cette affection originaire. Derrière la rationalité économique et politique qui conclut au bien-fondé de la répartition des biens entre les personnes privées tant à l'origine de l'humanité qu'à chaque décès d'un propriétaire s'exprime en effet plus profondément l'affection pour soi qu'emporte le corps.

Lors donc que se pose, au décès du propriétaire, la question du sort de ses biens devenus sans maître, et que la rationalité humaine opte, comme nous l'avons vu, pour une dévolution par succession, l'attention portée au fait primitif de la condition corporelle invite à prendre l'affection comme le guide naturel de cette dévolution. La succession d'une personne à la propriété des biens d'une autre personne touche par quelque endroit l'affection que cette autre personne vivait, puisqu'il s'agit de propriété, à l'égard d'elle-même. Mais comment cette affection passe-t-elle de la personne décédée à la personne qui lui succède dans la propriété de ses biens ? Pas autrement, sans doute, que par le don, don d'affection d'abord, de biens ensuite. Cet appel au don, corollaire de l'affection impliquée dans la condition corporelle, rend d'ailleurs un compte exact de la position des successeurs.

On connaît certes les questions posées dans l'histoire, d'abord par l'apparition de la succession testamentaire à l'intérieur de la propriété familiale, puis par l'institution de la réserve légale limitant la liberté du testateur au profit de sa famille, puis encore par la succession *ab intestat* présentée comme l'ordre présumé des affections du *de cuius*. En tous ces points, il s'agit de cerner à propos de la propriété des biens – y compris les aspects économiques et politiques que cette propriété comporte – le titre qui habilite telles ou telles personnes à succéder à leur auteur. Mais plutôt que par un droit strict que les héritiers détiendraient – *quod non* – sur le patrimoine de leur auteur, il vaut mieux expliquer la succession, du côté de l'auteur, par la convenance du don, car cette catégorie évoque davantage la gratuité de l'héritage. Gratuité livrée à la liberté du *de cuius* qui exprime son affection dans la dévolution testamentaire extra-familiale, gratuité déjà exercée par ce même propriétaire par le seul fait de ses relations familiales lorsque la succession obéit aux règles légales de l'*ab intestat* ou de la réserve. On ne s'étonnera pas, en effet, de trouver dans l'histoire du droit de succession une importance particulière accordée à la famille : dans la mesure où la succession opère le passage de l'affection de soi corporellement symbolisée dans l'institution de la propriété à l'affection d'autrui bénéficiaire de la gratuité du don, une convenance supplémentaire s'imposait ici : celle qui privilégie les êtres avec lesquels le don même de la vie fut partagé : les parents, les enfants.

Reprenons le raisonnement : si la propriété privée trouve sa cause formelle dans l'affection singulière de soi que symbolise le corps, sa dévolution obéira à la même loi. Loi qui ne connaît, certes, aucune nécessité – puisque la seule nécessité apparue ici s'appelle la mort – mais qui s'exprime dans la convenance inhérente à la gratuité : la succession s'opère par un don. Or en ce domaine, la convenance qui s'impose avec la plus grande force concerne les membres les plus proches de la famille puisque c'est dans la famille que s'exerce, nous l'avons vu au titre précédent, la gratuité de la reconnaissance qui dépasse – et qui fonde – le droit.

Le droit de propriété connaît, nous l'avons dit, une nécessaire tension. La présente section rappelait, pour la prolonger dans la famille, la dimension d'affection de soi engagée dans la symbolique corporelle. La section suivante met l'accent sur l'autre pôle de la tension, la destination universelle des biens.

3 / Le patrimoine commun de l'humanité

De nos jours, l'idée d'un patrimoine commun à l'humanité fait son chemin (cf. par ex. : A.-Ch. Kiss, La notion de patrimoine commun de l'humanité, *Rec. cours acad. dr. internat.*, La Haye, 1982, II, t. 175, p. 99), mettant toujours davantage en évidence la nécessité de considérer les biens de l'univers non pas seulement sous l'angle de leur appropriation individuelle par chaque sujet, mais aussi dans la perspective de leur finalité commune. Certes, le régime juridique d'une telle institution connaît encore de nombreuses incertitudes, à la fois quant aux objets qui appartiennent à ce patrimoine, quant aux entités qui en exercent la gestion au nom de l'humanité et quant aux pouvoirs que comporte une telle gestion ; l'élargissement des horizons qu'elle permet n'en présente pas moins le plus vif intérêt pour une meilleure compréhension de l'institution du droit de propriété. Ici, en effet, l'humanité comme telle prend conscience de l'univers comme d'un patrimoine, c'est-à-dire d'un ensemble de biens qui doivent rester tels non seulement pour la génération présente mais encore pour les générations futures. En posant la question de son avenir dans les termes de la survie (cf. par ex. : B. Ward et R. Dubos, *Nous n'avons qu'une terre*, Paris, Denoël, 1972), l'humanité se sent chaque jour davantage affectée par les conséquences de l'interdépendance qui la caractérise toujours plus. Ses capacités techniciennes décuplent ses possibilités d'invention mais aussi d'écrasement de la matière : d'où son réflexe de reconnaître comme « propre » à elle-même les biens qui vont permettre sa survie.

Dans ce patrimoine commun de l'humanité, on a pu distinguer (cf. Kiss, art. cité, p. 227), d'une part, le patrimoine « par nature », c'est-à-dire les espaces non autrement appropriés tels l'Antarctique ou les fonds marins ou encore la lune et les autres corps célestes, d'autre part, des biens sans doute déjà appropriés par ailleurs dans le domaine naturel (espèces animales et végétales, sites exceptionnels à protéger) ou dans le domaine culturel (œuvres à conserver) mais devenus également, « par affectation » en quelque sorte, patrimoine commun de l'humanité au sens où les personnes (quelquefois privées, mais le plus souvent publiques) qui détiennent de tels biens en apparaissent moins comme les maîtres que comme les dépositaires chargés d'en conserver la substance pour le bien de l'humanité présente et future.

On laissera aux ouvrages de droit international le soin d'exposer le détail des dispositions qui, pour protéger les différents éléments, « par nature » ou « par affectation », « naturels » ou « culturels », de ce patrimoine commun de l'humanité, énumèrent les pouvoirs reconnus et les devoirs imposés à ce sujet aux divers acteurs en présence sur la scène internationale : organisations internationales, États, personnes privées, ou mettent en place les instances de contrôle des normes qu'elles édictent. En droit naturel, on soulignera plutôt l'étrange parenté du concept mis en évidence dans le dernier quart du XXe siècle avec la tradition jusnaturaliste tenue à propos du droit de propriété, car celle-ci aide à mieux comprendre celui-là.

A première vue cependant, l'expression paraît contradictoire : puisque le patrimoine désigne un ensemble de biens *propres* à une personne déterminée, il semble impossible de les tenir pour *communs* surtout si la « communauté » titulaire d'un tel patrimoine s'étend jusqu'à l'humanité entière. En réalité, la contradiction n'apparaît telle qu'à celui qui néglige la seconde dimension du droit de propriété, car à côté de l'appropriation singulière commandée par la rationalité politique et économique qui a su déchiffrer comme affection de soi la condition corporelle des humains, se profile, nous l'avons dit, la destination universelle des biens – universelle, c'est-à-dire destinée à l'humanité entière.

Tout se passe donc comme si les potentialités destructives que recèle leur savoir technique acculaient les humains à réfléchir d'une nouvelle manière sur leur propre lien à la nature pour découvrir en celle-ci un bien global que, en son temps déjà, la tradition jusnaturaliste reconnaissait également destinée à tous. Le droit naturel aide dès lors le droit international public à penser la nouvelle catégorie du patrimoine commun de l'humanité, car il connaît depuis longtemps la superposition de la propriété privée, patrimoine appartenant à une personne déterminée, et de la destination commune dont on peut dire qu'elle crée une sorte de patrimoine d'affectation au bénéfice de tous. La conviction du droit naturel se trouve ainsi confirmée par le temps d'arrêt que le droit international public contemporain a marqué dans le mouvement quasi effréné des appropriations purement tournées vers l'intérêt de leurs titulaires, temps d'arrêt pour reconnaître, d'une part, un certain nombre d'espaces (maritimes ou célestes) soustraits « par nature » à l'appropriation particulière, pour assigner, d'autre part, aux titulaires de biens précieux déjà appropriés dans le monde naturel ou culturel une mission de *trustee,* c'est-à-dire de dépositaire chargé de gérer et de conserver de tels biens au bénéfice de l'humanité entière.

Certes, la figure du « patrimoine commun de l'humanité » continue à poser, nous l'avons dit, de délicats problèmes d'application tant pour le patrimoine par nature (comment passer de la *res nullius* appropriable par le premier occupant, au patrimoine géré en commun – mais par qui ? – pour le bien de l'ensemble ?) qu'à l'égard du patrimoine d'affectation (comment réaliser le « dédoublement fonctionnel » par lequel l'État maître d'un bien gère ce bien au profit d'un intérêt commun plus large que le sien ? Et comment assurer le contrôle de cette gestion par la communauté internationale ?) ; il n'empêche que, tout problématique qu'il soit, l'apparition de ce concept dans les conventions internationales et dans la théorie du droit oriente les esprits vers la finalité naturelle du droit de propriété. Pour le droit naturel en effet, la prise en considération de l'intérêt commun de l'humanité ne corrige pas les excès du droit de propriété en restant à l'extérieur de celui-ci, comme si cette considération restait étrangère à cette institution. Au contraire, puisque cet intérêt commun fonde l'institution de la propriété en tant que droit, tout rappel de cette finalité restitue au droit de propriété sa véritable nature :

d'une certaine manière, tous les biens, quels qu'ils soient, forment le « patrimoine commun de l'humanité ».

Pour aboutir à une telle affirmation, la raison a travaillé. Alors qu'autrefois l'humanité dispersée en ses diverses zones géographiques et pourvue de faibles instruments de transformation du monde se satisfaisait raisonnablement d'une catégorie limitée de titulaires de patrimoine : l'individu, la famille (v. *supra*, sect. 1, p. 241, et 2, p. 243) ou le pays (v. *infra*, chap. III, p. 252), elle reconnaît toujours davantage aujourd'hui l'interdépendance qu'elle met en œuvre à l'échelle mondiale par ses puissants moyens techniques de transformation de l'univers. D'où le calcul de la raison : pour que tous les humains vivent dans un ordre paisible et qu'ils continuent à jouir des fruits du monde, il importe qu'ils se perçoivent eux-mêmes comme un seul sujet – l'humanité – responsable de l'univers comme d'un patrimoine à gérer rationnellement. Ainsi l'humanité évitera-t-elle les catastrophes écologiques ou les naufrages culturels qui la conduiraient à plus ou moins long terme vers sa disparition. En travaillant de la sorte pour sauvegarder la paix politique et la prospérité économique par la reconnaissance du patrimoine commun de l'humanité, la raison contemporaine ne prolonge-t-elle pas, mais par une voie inattendue, la tradition scolastique qui justifiait, elle, l'institution de la propriété privée par le même ordre politique et la même rentabilité économique ? L'échelle certes a changé – d'où la reconnaissance de l'humanité entière comme sujet de droit – mais la propriété ne se fonde-t-elle pas sur la même nature ?

En d'autres termes, tout se passe comme si la catégorie actuelle de « patrimoine commun de l'humanité », dont les contours théoriques paraissent si ouverts qu'ils englobent l'ensemble des biens nécessaires à la survie de l'humanité sur le « vaisseau spatial » *Terre,* unissait dans un même concept la double dimension reconnue au droit de propriété par la tradition jusnaturaliste. Destinés à tous par nature, dit cette tradition, les biens connaissent une meilleure gestion lorsqu'ils sont appropriés. A présent que l'ensemble de la Terre forme un « village global », il devient possible de rapprocher dans un même « patrimoine commun » l'idée de nécessaire appropriation (patrimoine) et l'idée de finalité (commun). Vu l'évolution des techniques et des mentalités, la finalité universelle assignée aux biens par le droit naturel a retenti de cette manière-là sur la figure de l'appropriation. Désormais l'humanité est devenue assez « sujet » pour prendre la responsabilité d'un « patrimoine ».

Or, si, à propos du patrimoine individuel, l'opération de la raison humaine s'est trouvée précédée par l'affection de soi reconnue dans la condition corporelle comme cause formelle du droit de propriété, et si, à propos du patrimoine familial, cette affection, apparemment dissoute par la mort, s'est transmise par un don aux proches appelés à succéder au *de cuius*, ne peut-on découvrir de même, en deçà du calcul rationnel qui conduit les humains à élaborer le concept d'un patrimoine commun, une autre affection encore : de l'humanité pour elle-même ? Parce qu'elle s'aime elle-même, l'humanité aménage pour sa propre descendance ce « patrimoine commun » qui lui permettra de se prolonger dans l'avenir.

L'échelle du droit de propriété connaît une géométrie variable. Entre le patrimoine individuel qui reconnaît à la propriété la singularité corporelle de chaque personne (v. *supra*, sect. 1, p. 241), prolongée dans l'affection familiale (v. *supra*, sect. 2, p. 243), d'une part, le patrimoine commun de l'humanité qui rappelle l'autre caractéristique de la propriété qu'est la destination universelle des biens (v. *supra*, sect. 3, p. 247), d'autre part. Un échelon intermédiaire reste à exposer qui relie un peuple à ses propres ressources.

Chapitre III

LA DIMENSION POLITIQUE DU PATRIMOINE

1 / L'affection politique

Pourtant, l'affection sous-jacente à une telle appropriation n'apparaît pas avec évidence. Si l'affection pour soi qu'exprime le corps comme tel et l'affection pour les proches qu'impliquent le mariage et l'engendrement s'inscrivent lisiblement, au registre de la singularité, dans le livre de la nature, si par ailleurs l'affection de l'humanité pour elle-même se laisse lire également, cette fois au registre de l'universalité où une même nature relie l'ensemble des humains, la particularité politique d'un pays ou d'un peuple reste plus difficile à déchiffrer : entre-t-elle vraiment dans les données de la nature ? Égarée au domaine de la rationalité qui fonde le regroupement politique sur une base conventionnelle, la nation reste en peine d'expliquer pourquoi un *contrat social*, pourtant censé introduire dans l'insuffisant état de nature l'ordre nécessaire à la vie en commun, s'est noué seulement au sein d'une entité – d'une nation – particulière : l'ambition de paix qui animait la construction rationnelle de l'état social ne devait-elle pas logiquement transcender les frontières ? Faut-il alors justifier par les contraintes soit du temps (la particularité politique comme étape provisoire appelée à disparaître dans la constitution de l'humanité socialisée), soit de l'espace (la particularité politique comme résultat factuel de la géographie qui sépare les pays par les mers et les montagnes) cette étrange restriction imposée à la rationalité de soi universelle ? Mais l'espace et le temps se distinguent-ils si aisément de l'humaine nature ? Ne forment-ils pas plutôt son étoffe concrète, indépassable ?

On le voit, la question ici posée semble sans fond puisqu'elle interroge le caractère naturel de la particularité politique : s'agit-il là d'une contradiction dans les termes dans la mesure où la nature humaine concrétisée dans la singularité de l'individu et de sa nécessaire famille en même temps qu'universalisée dans le genre humain ne pourrait intégrer cette scandaleuse particularité comme une de ses dimensions constitutives ? Ou faut-il admettre au contraire que l'être humain n'est humain que dans la mesure où il vit la particularité politique (française, espagnole, indienne...) comme une dimension de son être même ? Cette question fondamentale de philosophie politique déborde de beaucoup le cadre d'un exposé de droit naturel sur l'institution de la propriété, mais il convenait au moins de la poser pour chercher à savoir avec quelle rigueur s'impose le lien ici décrit entre un peuple et ses ressources.

Puisqu'il faut se décider, nous optons ici au nom de l'affection évoquée dans le présent titre pour le caractère naturel de la particularité politique : l'homme ne serait plus l'homme s'il ne s'enracinait pas dans une communauté politique particulière, indispensable relais entre la rencontre singulière inhérente à la relation familiale et la participation générale à l'universalité du genre humain (v. là-dessus, par ex., J. Freund, *L'essence du politique*, Paris, Sirey, 1965 ; v. aussi *infra*, titre VII, Les rapports entre droit international et droit interne, p. 538). Car il s'agit précisément d'opérer la synthèse dynamique de ces deux expressions d'humanité : entre l'affection de soi charnellement partagée dans la relation familiale et l'affection de l'humanité à l'égard d'elle-même, la particularité politique se présente comme la communauté (la cité) qui, d'une part, déborde le cercle des proches pour annoncer le rassemblement plus large de l'humanité comme telle, qui, d'autre part, concrétise ce rassemblement même dans un corps politique particulier. Pour que l'intimité familiale consente à s'élargir à l'universalité du genre humain ou, réciproquement, pour que la participation de l'être humain à son genre assume jusqu'au bout la condition corporelle qui exprime l'affection de soi et de ses proches, il convenait qu'au croisement de ces deux mouvements la communauté politique offrît, d'une part, à chaque sujet la médiation nécessaire pour que, sortant du cercle de ses familiers, ce sujet reconnaisse sa participation au même genre que tous les autres humains, et qu'elle offrît, d'autre part, à l'humanité entière l'accès à l'amour de soi qui se vit toujours, ainsi que le montre la condition corporelle, dans l'assomption de la particularité.

Pas assez intime pour se confondre avec la famille, pas non plus assez universelle pour recouvrir le genre humain, l'entité politique se distingue radicalement de ces deux rassemblements pour permettre à ses membres de les vivre l'un et l'autre sans confusion certes mais aussi sans séparation : particulière, elle se place en relais réciproque de l'un vers l'autre.

Ainsi, il devient possible, ici également, de parler de corps. Non pas que la nation se présenterait comme un corps purement organique (l'expression ne porte-t-elle d'ailleurs pas en elle la contradiction ?) qui prendrait appui sur son sang ou son sol pour sombrer dans le nationalisme, mais au sens où cette nation, reconnue comme relais de l'affection entre le « cœur à cœur » de la famille et le « tous à tous » de l'humanité, exprime l'affection pour soi caractéristique du corps (cf. le chapitre « Famille, patrie, humanité », *in* Maurice Blondel, *L'action* (1893), Paris, coll. « Bibliothèque de philosophie contemporaine », 3e éd., 1973, p. 263).

A partir de cette qualification de la nation comme le corps qui tout ensemble transcende l'affection de la famille et concrétise l'affection de l'humanité, se dessinent les grandes lignes du rapport politique de l'homme aux biens. Pour les indiquer schématiquement, on croise ici les deux dimensions du droit de propriété, l'appropriation privée comme principe d'ordre des moyens (sect. 2) et la destination universelle des biens comme fin (sect. 3), avec les deux mouvements que connaît l'organisation de la cité, *ad intra* (1) et *ad extra* .(2)

2 / L'appropriation

1 | L'APPROPRIATION *AD INTRA*

L'affinité de la propriété privée avec l'organisation politique *ad intra* se reconnaît dans la proposition suivante : l'ordre qu'instaure la communauté politique inclut la protection du droit de propriété. La tradition jusnaturaliste médiévale appelait déjà une telle protection lorsque, justifiant l'institution de la propriété privée par la réflexion de la raison, elle mettait en évidence l'avantage politique de l'ordre ainsi obtenu. Puisque les humains vivent plus paisiblement ensemble lorsque leurs propres biens déterminent pour chacun l'espace de leur intervention et de leur consommation, il faut que l'entité politique comme telle prenne à son compte ce principe d'ordre en garantissant par son propre pouvoir la paix qu'il permet.

Certes ce principe ne peut s'imposer seul au détriment de la destination universelle des biens (cf. *infra*, sect. 3, p. 257), car il conduirait alors à l'état d'aliénation que dénonçait par exemple Karl Marx. Récusant, on le sait, l'existence de l'État autant que l'appropriation privée des moyens de production (« pour une société sans classes et sans États »), l'auteur du *Capital* avait en effet perçu clairement le lien qui unissait « pour le pire » l'appropriation capitaliste et l'État bourgeois, mais l'Internationale s'imposait-elle comme seule issue possible ? Pas nécessairement, car la liaison de l'entité politique et de l'appropriation privée peut aussi se nouer « pour le meilleur » : si l'on considère, d'une part, que l'ordre permis par l'appropriation privée repose sur l'affection de soi qu'indique la condition corporelle, d'autre part, que la communauté politique représente le corps qui particularise, à titre de relais spécifique, l'affection de l'humanité pour elle-même, on perçoit les correspondances qui relient cette double estime de soi à titre de « propre » : en protégeant la propriété privée, la communauté politique donne raison à la figure qui la confirme elle-même comme affection pour soi ; réciproquement, en se reconnaissant membre de sa communauté politique, le propriétaire adhère au principe d'ordre qui impose la particularité comme accès à l'universalité, propriété privée et cité publique consacrant ainsi chacune pour leur part, et mutuellement, un « mien » qui s'ordonne à la finalité d'un « tout ».

2 | L'APPROPRIATION *AD EXTRA*

Alors que, à l'intérieur d'elle-même, la communauté politique doit assurer l'ordre en garantissant le respect des propriétés privées, la même communauté doit, *ad extra*, c'est-à-dire par rapport aux autres entités politiques, se voir reconnaître la maîtrise de son patrimoine. Car avant qu'un sujet ne prétende s'approprier certains biens en son patrimoine privé, il faut encore que s'établisse un rapport public entre l'ordre juridique qui va reconnaître telle ou telle répartition des biens parmi les sujets, d'une part, cette portion de l'univers terrestre sur laquelle vont s'exercer les droits, d'autre part. Mais quel critère *a priori* attribuera tel espace à telle collectivité ? Devrons-nous nous résoudre à accepter comme juridique la raison du plus fort ? Ou faut-il tenir que des principes originaires font échapper la reconnaissance du droit à la contrainte du fait accompli ? En droit positif, les deux pactes internationaux de 1966 relatifs l'un aux droits économiques, sociaux et culturels, l'autre aux droits civils et politiques (résolution 2200 A (XXI) de l'Assemblée générale des Nations Unies du 16 décembre 1966) consacrent en un identique article premier le droit des peuples à disposer d'eux-mêmes, d'où suit un principe qui mérite considération : « Pour atteindre leurs fins, tous les peuples peuvent disposer librement de leurs richesses et de leurs ressources naturelles, sans préjudice des obligations qui découlent de la coopération économique internationale, fondée sur le principe de l'intérêt mutuel et du droit international. En aucun cas, un peuple ne pourra être privé de ses propres moyens de subsistance » (pactes cités, art. 1er, al. 2).

Une telle disposition pose probablement plus de problèmes qu'elle n'en résout, car l'identité juridique de l'*État* et la singularité ethnique du *peuple* ne se départagent pas toujours aisément, cette confusion rendant délicates des questions telles que la définition juridique du peuple, la protection des minorités ou le droit à la sécession ; en outre, l'intérêt mutuel censé fonder la coopération économique internationale se confond parfois trop facilement avec le bénéfice prépondérant que retire la puissance ex- ou néocolonisatrice placée en position de force dans de tels échanges avec les pays techniquement sous-développés (v. là-dessus G. Elian, Le principe de la souveraineté sur les ressources nationales et ses incidences juridiques sur le commerce international, *Rec. cours ac. dr. int.*, La Haye, t. 149, 1976, I, p. 1-86). Il n'empêche qu'une formulation actuelle du droit international reconnaît un lien de libre disposition entre les peuples, d'une part, les « richesses » et « ressources naturelles » présentées comme étant « leurs », d'autre part. Quelles que soient les difficultés de l'application d'un tel lien, il mérite en tout cas la réflexion des auteurs qui cherchent, pour établir une juste répartition des biens, un critère qui échappe au pouvoir des pays dominants.

Par son affirmation plus tranchée (« en aucun cas »), la dernière phrase de l'alinéa cité mérite, pour notre propos, une attention accrue car elle pose elle aussi un lien entre le peuple et, cette fois, des moyens de subsistance reconnus à ce point comme « propres » qu'ils ne peuvent être soustraits à ce peuple même. Tout se passe donc comme si un peuple disposait d'emblée d'un titre non seulement à disposer librement de ses richesses et ressources dans le contexte de la coopération internationale mais aussi, inconditionnellement dirait-on, à ne pas se voir retirer les moyens qui lui permettent de subsister.

Dans la mesure où la nation se présente comme l'indispensable corps qui permet aux humains d'exprimer dans le concret de l'espace et du temps l'affection que l'humanité se porte à elle-même, l'appropriation ici rappelée va de soi. Car ici également, le corps s'institue comme cause formelle de la propriété : *ad extra*, la nation ne se présente pas aux autres entités politiques sans ses biens.

3 / La finalité

1 | LA FINALITÉ *AD INTRA*

La rationalité politique pose une étroite correspondance entre l'appropriation privée des biens et la garantie qu'accorde la cité à une telle appropriation, mais la tradition jusnaturaliste n'envisage la répartition des biens entre les différents propriétaires qu'à titre de moyen en vue d'une fin que la nature elle-même assigne à tous les biens : leur destination à tous les humains. Or, si on se rappelle que l'entité politique se forme comme corps non seulement pour permettre à l'humanité d'exercer, par un mouvement de systole en quelque sorte, l'affection pour soi, mais encore pour permettre à chaque sujet et chaque famille d'entrer précisément, cette fois par un mouvement de diastole, dans cette affection que l'humanité se porte, on saisit alors l'autre correspondance en jeu : gardienne du mode paisible d'appropriation des biens, la communauté politique veille aussi à la destination commune de ces mêmes biens.

Cette tâche politique se traduit par une infinité d'expressions, depuis les dispositions législatives et judiciaires prises en droit civil, pénal ou commercial pour ordonner l'exercice de la propriété privée à la considération du bien d'autrui au sein de la même communauté politique, jusqu'à la constitution du domaine public qui soustraira à l'appropriation privée (au besoin par la nationalisation) les biens qui paraissent d'utilité générale, en passant par la gestion du Trésor, essentiellement alimenté par les contributions des habitants, pour faire face à toutes les obligations que l'État estime siennes.

A propos de chacune des dispositions ici évoquées, le débat se nouera *ad intra* pour savoir si la considération de la destination commune des biens n'a pas tué l'indispensable appropriation privée reconnue pourtant comme facteur d'ordre et de rentabilité, si au contraire l'accent placé sur la gestion privée n'a pas occulté la finalité qui ne se réalise que dans le bien de tous, mais le discours jusnaturaliste ne prétend pas opérer une fois pour toutes le partage entre l'affirmation libérale et la revendication socialiste ; il les invite plutôt à se considérer l'une et l'autre comme les deux dimensions inhérentes au « droit naturel et sacré » de la propriété. A l'une comme à l'autre il rappelle aussi comme dernière exigence la finalité *ad extra* de la propriété.

2 | LA FINALITÉ *AD EXTRA*

Le service de la destination universelle des biens ne s'arrête pas aux frontières de la communauté politique car si la nation offre le relais nécessaire pour que chaque citoyen partage le bien qui est encore « sien » à l'intérieur de la solidarité nationale – et qu'en retour, il reconnaisse déjà comme sien le bien ainsi partagé –, le mouvement qu'elle relaie s'étend de soi à l'humanité entière. L'exigence ici reconnue se confond d'ailleurs pour une large part avec les nouveaux venus parmi les droits de l'homme : les droits de la solidarité, dits de la troisième génération (v. *infra*, p. 260). En énonçant la destination universelle des biens, la nature introduit ainsi en chaque entité politique la considération *ad extra* du sort de tous les humains car la solidarité humaine exercée à l'intérieur des frontières ne peut s'y restreindre. De la sorte, l'attention que les États portent au développement des peuples ou au patrimoine commun de l'humanité (v. *supra*, chap. II, p. 247) donne son sens ultime à la tâche que ces États remplissent *ad intra*. Car finalement, les biens sont pour tous.

Chapitre IV

LE TRAVAIL

Alors que, par son essence même d'irréductible incarnation du sujet, le corps donne sa cause formelle à l'appropriation des biens, tandis que la nature, lue au travers de cette même symbolique corporelle, fournit la cause matérielle d'une telle appropriation, une troisième cause – le travail – opère la synthèse des deux premières en appliquant la forme du corps à la matière de la nature. Ainsi le travail fait-il œuvre de cause efficiente du droit de propriété.

En préalable général à la réflexion, la première section évoque d'abord « l'indivisibilité des droits de l'homme » pour situer les droits économiques, sociaux et culturels dans leur rapport à la première et à la troisième génération des droits de l'homme, puis la section 2 met en évidence le droit au travail comme la voie la plus humaine de la réponse au besoin ; la section 3 explique la manière dont le travail aboutit à la propriété dont il est cause efficiente.

1 / L'indivisibilité des droits de l'homme

L'histoire des droits de l'homme se concentre dans la succession de trois générations inspirées de trois philosophies différentes. Le libéralisme a mis en avant les droits civils et politiques comme autant de barrières qui délimitent un espace de liberté hors duquel les individus sont en droit de repousser la mainmise de l'État qui les empêcherait d'aller et de venir, de penser, de s'exprimer, de célébrer, de s'associer, d'enseigner, de communiquer, etc. (v. *supra*, titre Ier, p. 63). Mais à cette perspective politique qui insiste sur la liberté de l'individu à l'égard du pouvoir, en s'appuyant – avec plus ou moins de bonheur, nous le verrons – sur la figure du contrat social, se juxtapose l'optique plus économique qui met en évidence les conditions matérielles dont la liberté ne peut se passer. Poussée sur le devant de l'histoire par les mouvements socialistes, cette deuxième génération des droits de l'homme insiste sur le nécessaire rapport de l'homme à la nature dans la production de son existence : travail, sécurité sociale, niveau de vie, santé, éducation, instruction.

Cette différence entre les deux première philosophies se manifeste d'ailleurs, nous l'avons vu, dans la conception du droit de propriété. Alors que la position libérale range la propriété dans la défense que les droits civils et politiques opposent aux interventions étatiques, privilégiant ainsi la liberté du propriétaire, la position socialiste met l'accent sur la destination universelle des biens et donc sur l'égalité qui doit régner entre tous les sujets quant à la satisfaction de leurs besoins.

Sans entrer ici dans le débat déjà évoqué où les partisans de la liberté, craignant que la reconnaissance des nouveaux droits économiques, sociaux et culturels n'entraîne une plus grande intrusion des pouvoirs publics dans la vie des citoyens, en particulier dans l'exercice de leur droit de propriété, contestent en conséquence la juridicité de cette deuxième génération des droits de l'homme et où, en retour, les partisans de l'égalité, soulignant l'inanité des espaces où la liberté théoriquement proclamée se retrouve chômeuse, ignorante, affamée et sans abri, réclament la priorité de la deuxième génération sur la première, on relèvera plutôt l'émergence d'une troisième génération dite des droits de la solidarité qui, déplaçant l'axe des réflexions centrées jusqu'ici sur la liberté et l'égalité, attirent l'attention sur leurs conditions communes : la paix, l'autodétermination des peuples, le développement, l'environnement et le patrimoine commun de l'humanité, comme fruits de la solidarité (v. D. Uribe Vargas, La troisième génération des droits de l'homme, *Rec. cours acad. dr. intern.*, La Haye, t. 184, 1984, I, p. 355).

Sans doute la généralité des objectifs des droits de l'homme de la deuxième ou *a fortiori* de la troisième génération déroute-t-elle le juriste habitué à opérer des partages plus précis, par exemple en droit civil entre les cohéritiers d'une même succession ou, en droit international, entre les prétentions des États qui bordent la même mer. Il n'empêche qu'on ne voit pas de quel droit il faudrait limiter l'échelle de l'interrogation juridique à ce seul type de préoccupations ainsi délimitées. Contester la juridicité des droits économiques, sociaux et culturels au nom de leur inadéquation à l'idée du droit conçu seulement comme défense d'un espace d'autonomie, ou celle des droits de la solidarité à cause de leur imprécision quant aux débiteurs ou à l'exigibilité des droits proclamés relève d'une certaine conception du droit qui ne s'impose pas *a priori*.

La succession dans l'histoire des trois générations des droits de l'homme, de même que la contestation de leur juridicité, comptent ainsi le mérite de poser la question de fond, déjà ancienne et toujours nouvelle : qu'est-ce qui fait l'essence du droit ? Si le droit tient, par nature, un rapport essentiel à la reconnaissance d'autrui, on ne sait pas quelles limites pourraient d'emblée rétrécir l'échelle des interrogations soulevées ici quant aux liens de l'homme à l'univers. Or si les conditions de cette reconnaissance, partant de la liberté civile et politique minimale à l'égard des emprises du pouvoir (1re génération), descendent d'abord vers la libération socioéconomique qui veut donner à chaque humain les moyens de sa liberté (2e génération), ensuite et plus bas encore, vers les conditions communes d'un ordre mondial qui permettrait une telle liberté et une telle libération (3e génération), au nom de quoi devrait-on arrêter les frontières du droit aux premières de ces conditions ?

Écartant cette tentation, la logique descendante mise en œuvre dans les droits de l'homme signifie, au contraire, un approfondissement de l'*a priori* inhérent à l'ordre juridique : si l'homme importe de façon essentielle dans la formulation du droit, toute initiative qui descend toujours plus concrètement vers la reconnaissance mutuelle des humains approfondit en réalité la démarche juridique elle-même. L'analyse de la condition corporelle des humains permet, ici encore, de vérifier ce propos, au moins quant aux deux premières générations citées (pour les droits de la solidarité, cf. par ex. *supra*, Le patrimoine commun de l'humanité, p. 247).

Le corps, en effet, manifeste un sujet qui se pose à la fois dans la société des humains comme une individualité originale par rapport à tout autre sujet et dans le monde de la nature comme un organisme soumis aux mêmes échanges de nutrition, respiration, locomotion, reproduction, etc., que les autres vivants. Cette conjonction irréductible, en deçà de laquelle nul être humain ne peut tenter de revenir sans la poser encore, mérite une attention particulière de la part des juristes qui entendent fonder le droit sur l'analyse de l'*a priori* que les humains exercent nécessairement en leurs relations. Car le rapport à la nature que le sujet noue de soi en son corps appelle un prolongement juridique. Si en effet le droit n'a échappé à la violence de la méconnaissance d'autrui qu'en reconnaissant d'emblée la présence d'un sujet de droit dans l'opacité de chaque corps humain, cette reconnaissance en appelle une autre, savoir le lien intrinsèque que ce sujet noue par cette condition corporelle avec la nature : il dépend d'elle pour sa subsistance la plus élémentaire ; sans elle, il déchoit et il meurt.

Lors donc que le droit, par fidélité à l'essence de son projet, reconnaît chaque individu humain comme sujet autonome, peut-il sans renier cette fidélité se désintéresser désormais du sort corporel de ce sujet ? L'affirmation de son autonomie n'exige-t-elle pas, au contraire, de se prolonger dans la reconnaissance de droits qui lui garantiront sa subsistance ? Pour rester cohérent avec lui-même, le droit doit garantir au sein de la dépendance corporelle du sujet à l'égard de la nature les conditions, corporelles elles aussi, de l'autonomie qu'il vient de reconnaître. A quoi servirait-il, en effet, de déclarer l'autonomie qui se signale à autrui par son corps sans permettre au sujet qui l'exerce de subsister encore, à l'intérieur même de la soumission que son corps lui assigne à l'égard de la nature ?

Il convient dès lors de conclure à l'indivisibilité des droits en cause. Alors que l'affirmation des droits civils et politiques protège contre l'arbitraire du pouvoir, l'autonomie du sujet en sa vie et en son intégrité personnelle, en son espace, en ses liens et en sa propriété, celle des droits économiques, sociaux et culturels assure cette autonomie contre les pénuries que risque de lui infliger sa dépendance envers la nature. Ici, le sujet a le droit de jouir des moyens d'existence suffisants pour mener une vie conforme à la dignité humaine tandis que là il détient le droit d'opposer cette dignité aux manifestations excessives du pouvoir. La thèse qui contredit l'une par l'autre ces deux générations des droits de l'homme ne relève-t-elle pas dès lors d'un manque d'analyse de la condition corporelle du sujet de droit ?

Entendons-nous. Les contraintes physiologiques qui imposent à un organisme, à peine de déchéance et de mort, de se garder de la faim, de la soif, du froid, de la maladie, etc., ne contiennent par elles-mêmes, puisqu'elles sont organiques, rien de juridique. Mais dès lors que les liens noués entre eux par les humains reposent sur la reconnaissance de l'autonomie que chacun d'eux exprime en son état corporel, il devient impossible d'exclure de cette reconnaissance les conditions de subsistance de cet état même. Si l'individu a droit à la vie (*right of life*, première génération des droits de l'homme), peut-il ne pas jouir d'un droit égal aux moyens qui le font vivre (*right of living*, deuxième génération) ? La nécessité physiologique, naturelle, mute ici en créance juridique, non certes par le seul fait de cette contrainte corporelle, mais par cohérence avec la reconnaissance personnelle inhérente au droit : le sujet reconnu libre en son corps a droit, répétons-le, aux conditions corporelles de cette liberté.

2 / Le droit au travail

La logique inhérente à cette indivisibilité des droits de l'homme nous oblige à avancer d'un pas encore dans la réflexion : non seulement cette logique force nos sociétés à accorder aux droits économiques et sociaux une attention au moins égale à celle qu'elles consacrent généralement aux droits civils et politiques mais, parmi ces droits de l'homme de la deuxième génération, elle invite à privilégier le droit au travail comme la voie qui promeut au mieux la liberté du sujet appelé à couvrir ses besoins.

En effet, les deux rapports, actif (le travail) et passif (le besoin), de l'homme à la nature ne se nouent pas entre eux dans les termes de la subordination qui abaisserait le travail au rang de pur instrument en vue de satisfaire le besoin, jugé primordial, mais dans les termes de la réciprocité où le besoin impose certes l'obligation au travail mais où, en retour, le travail, par son efficience propre, arrache le besoin à sa condition trop naturelle. Alors que la société voyait dans les besoins naturels d'un sujet par ailleurs libre la contrainte qui l'obligeait à reconnaître les droits économiques, sociaux et culturels de la personne (droit au niveau de vie suffisant, aux soins de santé, au logement, etc.), voici que le travail permet à la liberté de transir d'humanité ces besoins mêmes puisqu'en son ouvrage elle les assume comme sa propre responsabilité. Faut-il s'étonner, dès lors, si le premier de ces droits se nomme droit au travail ?

De même que la société, entrant dans la reconnaissance politique des libertés, doit garder dans sa visée économique la satisfaction des besoins fondamentaux de chaque sujet (v. *supra*, chap. III, La dimension politique du patrimoine, p. 257), de même et davantage encore, elle doit organiser cet espace économique pour permettre à chaque sujet de pourvoir à ses besoins par son travail. Davantage, parce que si, dans le rapport de l'homme à la nature, le besoin exprime passivement l'insertion du sujet dans une corporéité qui lui impose ses pénuries, le travail par contre révèle l'emprise que ce sujet exerce activement sur la nature pour en faire le lieu de son humanité et répondre ainsi humainement à ses besoins.

Lors donc que, par les choix qu'elle pose dans le domaine économique et social, la société permet au sujet de satisfaire ses besoins fondamentaux, elle exerce une première reconnaissance des libertés – celle, minimale, de la survie. Lorsque, en outre, elle opère les partages dans le souci de distribuer à chaque sujet qui en est capable la possibilité d'y subvenir par son propre travail, elle manifeste une reconnaissance plus plénière puisque alors la liberté a pu s'exprimer davantage en s'assumant elle-même.

Comment se monnaiera au cours des âges ce principe selon lequel chaque sujet doit recevoir la part de travail qui lui permettra d'endosser en sa liberté les besoins de sa condition corporelle ? Par quels plans de lutte contre le chômage un État y parviendra-t-il, par quels mécanismes d'équilibre de la Sécurité sociale, par quelle promotion de l'enseignement et de la formation ? Il revient aux décisions positives d'aménager ces choix sociaux, mais, en deçà de la diversité des textes et des institutions qui le mettront en œuvre, il importait de rappeler comme allant de soi le droit de toute personne de pourvoir à ses besoins par son travail.

La réflexion ainsi entamée sur l'indivisibilité des droits de l'homme peut alors faire retour à son point de départ, car le travail clé de voûte des droits économiques et sociaux s'exerce, avons-nous dit, comme la cause efficiente du droit de propriété, garant éminent des droits civils et politiques.

3 / La propriété par le travail

Au début du présent titre, nous avons rappelé la récusation que Karl Marx opposait à la reconnaissance de la propriété comme « droit naturel ». Alors que la Déclaration française des droits de l'homme et du citoyen (26 août 1789) range dans les « droits naturels et imprescriptibles de l'homme » – que « toute association politique » a pour but de conserver – « la liberté, la propriété, la sûreté et la résistance à l'oppression » (art. 2), droit de propriété que la Déclaration reconnaît d'ailleurs si « inviolable et sacré » que « nul ne peut en être privé » (art. 17), Marx a sous les yeux les masses prolétariennes d'Europe empêchées d'accéder à quelque forme de propriété que ce soit, propriété jugée pourtant ici comme un des droits essentiels de l'homme. Dans la nouvelle féodalité du XIXe siècle, le domaine éminent détenu par les bourgeois exploite le domaine utile du travail servile. En confisquant à son profit la nature travaillée par les prolétaires asservis à son entreprise, le capitaliste a retiré aux travailleurs l'accès à leur propre nature humaine. Naturaliser comme autant d'évidences les diverses appropriations privées du capital apparaît dès lors comme le comble de l'idéologie qui pervertit à la fois le sens de l'homme et de la nature.

L'histoire a certes donné tort aux constructions politiques qui se sont réclamées du marxisme mais a-t-elle récusé pour autant l'analyse du *Capital* ? En dénonçant l'aliénation du travail par la propriété privée, K. Marx a indiqué au contraire une voie intéressante à la formulation d'un droit qui s'imposerait par sa propre nature, car, au lieu de soumettre le travail à la propriété, il a subordonné la propriété au travail. Or le travail, nous l'avons vu, exprime précisément la liberté du sujet aux prises avec la nature. En deçà donc des coups de force par lesquels certains sujets se sont emparés des biens de la nature en les considérant comme leurs pour exploiter le travail d'autrui, il importe de retrouver, par le travail précisément, le sens humain de la propriété, c'est-à-dire le sens de ce qui est *propre* à l'homme dans la nature. En dénonçant la naturalisation d'une propriété qui, historiquement, a détourné le travail de sa fin, Marx oblige à penser une autre articulation où, au lieu de s'opposer, la propriété et le travail se donneraient mutuellement appui. Sans aboutir pour autant à la collectivisation des moyens de production. Certes, la confiscation révolutionnaire poursuit le but louable de donner à chaque être humain les moyens de réaliser sa liberté dans l'affrontement à la nature qu'exerce le travail, mais en fournissant ainsi à chaque travailleur la faucille de l'agriculture ou le marteau de l'industrie, elle lui enjoint d'œuvrer pour un bien qui ne lui deviendra pas propre non plus puisqu'il restera collectif lui aussi. Or le travail – que Marx a voulu désaliéner des asservissements que lui imposait la propriété – ne trouve-t-il pas son accomplissement, précisément, dans cette propriété même ?

Deux siècles avant Marx, John Locke proposait une justification du droit de propriété par le travail : le citoyen qui applique son labeur à une part de la nature peut la dire sienne sans même attendre le consentement de ses congénères. D'où ce citoyen tire-t-il la légitimité de cette appropriation ? De l'investissement corporel qu'il a consenti en ce travail. La nature qui assigne à chaque sujet son corps propre peut-elle en effet lui refuser l'appropriation des biens auxquels son corps s'est appliqué en ce labeur ?

On notera l'habile prolongement de la « propriété » incontestée – puisque donnée par la nature elle-même – qu'un sujet exerce en son corps propre : par le travail, elle entre dans le reste de la nature. Le corps laborieux devient ainsi la médiation qui permet au sujet de s'attribuer immédiatement la propriété des fruits de sa peine.

Sans doute Locke ne pouvant dirimer par ce seul critère toutes les contestations que les sujets connaîtraient quant à la juste répartition des biens entre eux a-t-il aussitôt joint au travail l'autre mesure qui s'appuie sur le besoin pour récuser toute forme de gaspillage (v. *infra*, État des questions, p. 315). Il reste qu'en son principe, la thèse de l'appropriation par le travail mérite l'intérêt car elle pourrait donner un sens acceptable aux affirmations qui naturalisent le droit de propriété. Puisque sa condition corporelle assigne à l'être humain une donnée en deçà de laquelle il ne peut revenir, naturelle donc, il paraît convenable d'étendre cette propriété originaire à tous les objets sur lesquels, en sa peine corporelle, le sujet aura imprimé la marque de son humanité. Au lieu de passer pour une décision toujours plus ou moins arbitraire, la propriété rayonnant par le travail du corps nécessairement propre s'imposerait comme propre par ce labeur même.

Il n'empêche que, dans l'histoire, la propriété et le travail n'ont pas vécu – Marx le rappelait – l'harmonie ici suggérée, car si les théories philosophiques – toutes tendances confondues – admettent la légitimité de l'appropriation des fruits du travail, la dispute s'élève de façon parfois très vive lorsqu'il s'agit de justifier l'appropriation privée du capital lui-même, la terre et les autres moyens de production. On peut supposer, certes – mais sous réserve de vérification – que la mainmise exercée sur le capital résulte d'un travail antérieur accompli par son propriétaire, mais que devient alors le droit du travailleur actuel qui applique son labeur au capital d'autrui ? Si la cause (efficiente) entraîne toujours son effet, pourquoi ce travailleur serait-il privé, lui, du droit de propriété qu'en principe le travail emporte ? La question se pose pour le travail salarié aussi bien que pour le travail indépendant.

Du côté de l'entreprise, il faut rappeler les mots d'ordre de participation, d'intéressement et de cogestion, parfois passionnément débattus, qui visent à associer les travailleurs salariés aux bénéfices, voire au fonctionnement de l'entreprise, application tâtonnante du principe selon lequel, littéralement, le travail rend « propres » les choses. Du côté des travailleurs indépendants obligés de louer à des propriétaires les immeubles nécessaires à l'exercice de leur profession, on a vu émerger, d'ailleurs difficilement, des concepts tels que « propriété commerciale » ou « propriété agricole » pour reconnaître au commerçant dans le premier cas, au fermier dans l'autre, la part d'appropriation inhérente à tout travail, quel qu'il soit, même exercé à l'aide du bien d'autrui. Quoi qu'il en soit du succès (relatif) de ces institutions, on notera qu'elles cherchent à faire respecter par les propriétaires le principe sur lequel eux-mêmes, bien souvent, se fondent pour justifier leur droit de propriété : l'appropriation par le travail. La propriété, fruit du travail d'hier, peut-elle empêcher le travail d'aujourd'hui d'acquérir la propriété de demain ? Plus radicalement encore, peut-elle faire obstacle à l'accomplissement du travail même ?

La thèse qui lie la propriété d'un bien au travail appliqué sur lui présente en effet une conséquence importante. Elle dénonce les appropriations qui empêchent autrui d'exercer son droit au travail dans des conditions dignes de son humanité. Car la reconnaissance politique des sujets libres et égaux donne, ici comme ailleurs, le critère des formulations du droit : la possibilité de donner à chaque sujet l'occasion d'exprimer sa liberté par son travail doit déterminer la répartition des propriétés, et non l'inverse. A cet égard, on se demande si le régime capitaliste qui donne au capital la priorité sur le travail respectera jamais les exigences du droit en sa nature. Car si le capital, fruit du travail, ne s'ordonne qu'à son propre accroissement au détriment du travail, le droit qui régit le rapport de l'homme à la nature s'en trouve perverti puisque les libertés n'y sont pas reconnues en leur capacité d'assumer humainement leurs besoins.

On objectera que la tradition libérale a toujours considéré au contraire la propriété privée comme le rempart des libertés contre les arbitraires du pouvoir ; on invoquera même à titre de contre-exemple l'expérience marxiste où la suppression de cette propriété privée a coïncidé avec la confiscation des libertés publiques. Il reste cependant à préciser la portée de cette objection, car si la liberté économique des propriétaires a supprimé la liberté économique des travailleurs, on ne voit pas l'avantage que ce remplacement d'un arbitraire par un autre aurait procuré au chapitre de la défense politique des libertés. Plus grave peut-être : si la propriété privée du capital se pense en dehors du droit des humains au travail pour poursuivre seule sa croissance, elle asservit non seulement le travail mais encore le lien politique lui-même : le capital transnational traverse ainsi les frontières sans souci du retentissement de ses décisions sur le sort des sujets, manipulés ici et ailleurs.

Le libéralisme avait vu juste en exigeant de la part des pouvoirs publics un respect des libertés individuelles. Mais ne s'est-il pas trompé en plaçant dans la propriété privée comme telle la garantie de ce respect ? Ne devait-il pas plutôt remonter en deçà des appropriations, jusqu'au travail qui en fonde la légitimité ? Car le sujet exerce d'abord dans le travail la liberté de son rapport à la nature. Lors donc qu'un régime veut fonder dans le domaine économique la garantie politique du respect des libertés, il doit privilégier le « droit naturel » au travail sur le droit de propriété. Car la propriété n'est que la conséquence du travail.

Par où se montre, une fois de plus, la nécessaire indivisibilité des droits de l'homme : la propriété qui figure en bonne place dans les droits civils et politiques ne peut empêcher le travail qui conduit la liste des droits économiques et sociaux, car celle-là provient de celui-ci. Par ailleurs la propriété ainsi acquise ne peut méconnaître, rappelons-le, la destination universelle des biens. D'où le passage de la cause efficiente à la cause finale de la propriété, du travail à la satisfaction du besoin.

Chapitre V

LA SATISFACTION DU BESOIN

Le droit de propriété ne s'explique pas seulement à partir de son origine. L'analyse de la cause finale – la quatrième et dernière retenue par Aristote – montre la nécessité d'une autre synthèse encore de la matière et de la forme pour comprendre l'institution étudiée : le droit reconnaît la propriété en vue du bien commun, c'est-à-dire de la satisfaction du besoin de tous et de chacun.

En posant un lien juridique entre chaque sujet de droit (toute personne) et les biens (le revenu, le logement, les soins de santé) qui permettent à ce sujet de persévérer dans l'autonomie, les droits de l'homme de la deuxième génération ont, du même coup, rappelé que le rapport de l'homme aux biens ne s'arrête pas à l'appropriation privée : pour mériter le nom de « droit », la « propriété » dont jouissent les titulaires du « droit de propriété » doit supporter l'hypothèque de la destination commune des biens ; l'une ne va pas sans l'autre. On voudrait illustrer ici cette nécessité en rappelant que la famille d'un côté (sect. 1), l'État de l'autre (sect. 2) disposent d'un patrimoine pour mettre en œuvre la solidarité qui les requiert. Une dernière section généralise le propos en rappelant cette finalité universelle.

1 / La solidarité de la famille

S'étonnera-t-on d'aborder à nouveau les relations familiales au présent titre des rapports patrimoniaux envisagés ici sous l'angle du besoin ? Le titre précédent analysait les relations personnelles nouées au sein de la famille : mariage, filiation. Nous y avons détaillé le statut personnel déterminé par le double principe de l'indisponibilité du corps humain et de l'état civil. Ces relations de personne à personne impliquent-elles, de soi, un prolongement dans le domaine patrimonial ? Nous en avons en tout cas reconnu un exemple dans les successions (v. *supra*, chap. II, p. 243) : l'affection pour soi inhérente à l'appropriation des biens se prolonge dans le don aux personnes qui ont partagé le don plus substantiel de la vie même. Posée en d'autres termes, la même question revient ici à se demander si la dépendance corporelle de l'homme à la nature se médiatise nécessairement dans le cercle familial. La symbolique corporelle plaide en faveur d'un tel prolongement même si les évolutions actuelles de l'État-providence penchent peut-être pour la thèse contraire.

Parce qu'ils s'expriment dans la radicalité de l'engagement corporel, l'union sexuelle instituée dans le mariage et l'engendrement reconnu dans la filiation appellent une responsabilité économique. Imaginerait-on qu'un législateur organisât l'union matrimoniale comme prise en charge morale des époux l'un par l'autre sans y inclure la part matérielle des « secours et assistance » inhérents au mariage ? De même la filiation, sans obliger les parents à assurer l'entretien de leur progéniture ?

Une fois de plus, le corps donne ici matière à penser aux juristes en quête d'un droit qui irait de soi. Car l'enfant blotti dans le sein de sa mère reçoit d'elle tous les moyens nécessaires à sa subsistance : abri, nourriture, chaleur, etc. Par sa mère, il vit son rapport à la nature de la façon la plus personnalisée qui soit, au point que si la mère représentera toujours pour lui le don personnel de la nature qui pourvoit à la satisfaction de ses besoins, en retour cette nature gardera dans les arrière-mondes de son esprit l'image maternelle de la sollicitude (comp. de D. Béchillon, Retour sur la Nature, critique d'une idée classique du Droit naturel, in *Images et usages de la nature en droit*, Bruxelles, Facultés universitaires Saint-Louis, 1993, p. 563).

Le corps humain, disions-nous, permet l'articulation des deux premières générations des droits de l'homme puisqu'il exprime à la fois, à l'égard d'autrui, l'autonomie d'un sujet dont le droit objectif doit garantir l'espace de liberté et, à l'égard de la nature, une dépendance que le droit devra prendre en compte pour assurer la satisfaction des besoins du sujet. Mais cette liaison affirmée dans les principes trouve son lieu immédiat dans le cercle familial : là l'individu reçoit, par les corps eux-mêmes, les moyens de sa subsistance, de même que là il jouit de la première reconnaissance de sa personnalité. La symbolique maternelle montre d'emblée que l'être humain ne vit pas seulement son nécessaire rapport à la nature par son propre corps mais aussi par le corps d'un(e) autre. Est-ce à dire que tout lien personnel noué à l'intérieur de la famille comporte *ipso jure* un lien économique ?

Plusieurs dispositions prolongent en tout cas tout au long de l'enfance les évidences de la gestation : les père et mère pourvoient à l'entretien de leur enfant. L'obligation positive s'exerce avec tant de force qu'elle ne s'embarrasse pas de la distinction posée autrefois par nos ordres juridiques entre l'enfant légitime et l'enfant naturel. Qu'il soit né du ou hors du mariage, l'enfant doit recevoir de ses auteurs au moins les moyens de sa subsistance : « Qui fait l'enfant le doit nourrir. »

Une telle obligation ne se limite d'ailleurs pas à l'enfance puisque les adultes jouissent aussi d'une créance alimentaire qui circule entre les générations. Le droit positif modulera certes diversement l'obligation d'entretenir qui ses parents, qui ses petits-enfants, mais cette obligation alimentaire qui descend et remonte le lignage n'exprime-t-elle pas, comme dimension essentielle du rapport de l'homme à la nature, la médiation familiale ?

En outre, la symbolique conjugale de l'égalité complète ici la figure filiale de la dépendance. Alors que l'enfant, conçu d'abord, né ensuite, exprime par son manque sa subordination économique à l'égard des personnes qui ont noué avec lui dans la chair le lien personnel de la filiation, les époux vivent la même cohérence sur le registre de la parité : l'engagement de la prise en charge personnelle comporte, quel que soit d'ailleurs le régime matrimonial adopté par eux pour régir l'ensemble des biens du ménage, l'obligation d'assurer l'entretien matériel du conjoint.

Au sein du ménage comme à l'intérieur du lignage, les liens personnels traversent ainsi le rapport à la nature : les sujets trouvent d'abord dans leur famille le droit d'obtenir la satisfaction de leurs besoins. Vue du côté du droit de propriété, la disposition qui fait de l'ayant besoin un créancier du membre de sa famille pourvu de biens rappelle que le droit de propriété ne s'arrête pas à l'appropriation privée : sa cause finale vise la satisfaction du besoin de tous. En l'occurrence, cette destination commune concerne les proches. Mais la solidarité déborde le cercle familial, ainsi qu'on va le voir.

2 / La solidarité de l'État

Deux principes semblent pourtant cerner entièrement la question de la subsistance : ainsi qu'on l'a vu, l'être humain doit attendre de son propre travail la satisfaction de ses besoins ; sinon, ainsi qu'on vient de le voir, il doit se tourner vers ceux qui l'ont mis au monde. Sans doute une partie de la population qui n'aurait ni travail rémunérateur ni ressources familiales gît-elle en dehors de cette limite, mais à première vue on ne voit pas quelles dispositions s'imposeraient pour élargir au nom du droit le champ ainsi clôturé. L'histoire, ajoute-t-on, a d'ailleurs proposé des réponses précises au problème : les nécessiteux ont trouvé en dehors du domaine juridique, dans les champs libres de la générosité privée ou publique, les aumônes et secours nécessaires à leur subsistance, tandis que l'ordre juridique, pour sa part, se contentait de protéger les patrimoines et de garantir la sécurité des échanges au bénéfice des citoyens qui n'avaient pas connu, eux, la disgrâce de la pénurie. Pensée en termes de destinée providentielle, de fatalité accidentelle ou d'immoralité individuelle, la pauvreté ne pouvait en tout cas pas se dire dans les termes du droit. La société d'alors assumait certes la population pauvre dans les liens juridiques de la répression ou extrajuridiques de la bienfaisance, mais, à la seule exception de l'obligation alimentaire intrafamiliale, elle ne prenait pas comme telle, dans son ordre juridique, la responsabilité de la pauvreté.

Depuis lors, nos droits positifs ont d'abord instauré – nous y reviendrons – divers régimes de sécurité sociale qui ont permis aux travailleurs salariés d'échapper quelque peu aux dures contraintes de ce marché libéral où l'employeur rentabilisait le travail lui-même comme toute autre marchandise ; la législation positive a ensuite élargi le bénéfice de ces allocations aux travailleurs indépendants d'abord, à l'ensemble des citoyens enfin, de telle sorte que les régimes résiduaires de sécurité sociale récupèrent en principe dans les filets protecteurs du revenu minimum, de l'allocation garantie ou de l'aide sociale toute personne touchée ou menacée par l'état de pauvreté.

A quelle logique a obéi cette progression de l'État-providence ? On dira qu'il s'agit de la force : sans les coalitions ouvrières, les prises de pouvoir – réformistes ou révolutionnaires –, les grèves et l'utilisation des rapports de force, le droit social ne serait pas né pour corriger les inégalités que le droit civil consacrait au triple titre de la propriété, du contrat et de la responsabilité.

Sans nier l'évidence historique, on se demande tout de même si cette mention suffit, et s'il ne faut pas compléter cette invocation de la force par une référence au droit qui, précisément, légitimerait cette force en invoquant tantôt la dignité humaine des personnes concernées, tantôt leurs droits de l'homme, en tout cas une justice plus originaire. Justice qui, en deçà de l'actuelle inégalité manifestée dans la répartition des biens, exigerait que tous les sujets obtiennent au moins la satisfaction de leurs besoins humains fondamentaux. Car à elle seule, encore une fois, la force – pas plus la contrainte rendue possible par la coalition ouvrière que la puissance procurée par l'appropriation privée des moyens de production – ne crée le droit ; elle appelle plutôt le droit pour juger son exercice. Mais où est-il ? Et où se déterminent les solidarités qui honorent le droit de tout sujet à la satisfaction de ses besoins ?

Aucune réponse décisive, on le sait, n'arrêtera le cheminement de cette question ouverte à toutes les prises de conscience de l'histoire, mais ne peut-on proposer une nouvelle fois, comme principe directeur du chemin à parcourir, l'indivisibilité évoquée plus haut entre les générations des droits de l'homme ou, si l'on veut, l'indissociabilité de l'organisation politique des libertés, d'une part, de la satisfaction économique des besoins, d'autre part ? Non pas que les humains noueraient le lien politique dans le seul but de produire leurs conditions matérielles d'existence – nous tenons, au contraire, la thèse inverse en soulignant la priorité du lien politique de l'homme à l'homme sur le lien économique de l'homme à la nature – mais cette priorité, requise par le droit conçu comme condition de la reconnaissance mutuelle des humains, impose elle-même le prolongement de l'indivisibilité : dans la société politique des hommes qui s'estiment mutuellement libres et égaux, aucun sujet ne manquera des conditions matérielles (nourriture, soins, logement, culture) nécessaires à la poursuite d'une existence conforme à la dignité humaine. Il en va de *son* droit, et donc *du* droit lui-même.

A quelle politique économique et à quels mécanismes compensateurs – de droit social ou de droit fiscal – mènera l'affirmation d'un tel principe ? Il revient ici encore à la sagesse politique des nations – peut-être aussi, pour nous, de l'Europe – de le déterminer au fil de l'histoire. Cette sagesse comporte en tout cas la considération de la visée ultime, savoir cette dignité humaine de la personne reconnue sujet de droit. Le regard fixé sur cet objectif éminent amènera nécessairement les pouvoirs publics à ordonner les moyens matériels à la fin humaine du rapport de l'homme à la nature, alors que les logiques exclusivement économiques induisent plus souvent le mouvement qui, au contraire, subordonne les moyens humains à la poursuite d'un accroissement désordonné des richesses. En deçà des exigences de la justice commutative (v. *infra*, titre V, p. 338) qui impose la réciprocité des prestations synallagmatiques entre les sujets déjà pourvus de biens, le pouvoir rappellera dès lors les impératifs de la justice distributive qui oblige la société à rendre possible l'entrée de chacun de ses membres dans de tels échanges, à égalité avec ses concitoyens.

Livrée à elle-même, la logique du marché – supposant l'égalité économique d'agents pourtant effectivement inégaux – conduit à enrichir les patrimoines déjà nantis au détriment des sujets qui, plus démunis, s'y appauvriront plus encore : « A celui qui a on donnera, à celui qui n'a pas, on retirera même ce qu'il a. » Il importe donc que les pouvoirs publics gardent dans leur perspective à court, moyen et long terme l'objectif du respect de la dignité humaine de tous les citoyens, qu'ils déploient dès lors leur politique du logement, de l'éducation, des finances, etc., dans cette visée d'assurer à chacun d'entre eux les moyens de cette existence digne.

De même que la créance alimentaire au sein de la famille exprime à sa manière la finalité qui traverse toute appropriation, ainsi la politique sociale menée par les pouvoirs publics exprime-t-elle, mais à une autre échelle, la destination commune des biens qui affecte toute propriété. Instituée pour assurer le respect du droit de propriété, « l'association politique » se doit d'en garantir, nous l'avons dit, non seulement la cause efficiente mais également la cause finale (v. *supra*, chap. III, p. 257). Les citoyens ne se reconnaîtront libres et égaux que s'ils jouissent des biens nécessaires à la vie.

3 / La propriété par le besoin

La reconnaissance politique de l'égalité des libertés implique l'évaluation de la répartition des propriétés non seulement selon le paramètre du travail (l'actuelle distribution provient-elle d'un travail des propriétaires ? Permet-elle l'exercice par autrui de son droit au travail ?), mais encore, comme on l'a dit, selon le critère du besoin. J. Locke le précisait lui-même en situant la limite des appropriations par un sujet des fruits de son travail à la satisfaction des besoins personnels, seuil au-delà duquel l'accumulation deviendrait gaspillage. Peut-on généraliser le principe en affirmant que le propriétaire d'un bien ne pourrait invoquer légitimement son droit tant qu'un tiers manquerait de ce bien pour assurer ses besoins fondamentaux ?

On mesure à la fois la naïveté autant que la difficulté d'application de ce critère qui donne la priorité au manque sur le pouvoir. Difficulté d'application puisque, d'une part, les études économiques ont montré l'extrême variation de la notion de besoin selon les individus et selon les cultures, que, d'autre part, on ne sait pas toujours à quel niveau (familial, étatique, mondial...) du rapport de l'homme à la nature devrait jouer le principe ici énoncé. A qui prendrait le risque de déterminer quels droits de propriété perdraient leur légitimité du seul fait de l'inassouvissement de tels ou tels besoins dans l'univers, il faudrait donc prédire les pires embarras. Ces difficultés d'application du critère semblent d'ailleurs n'avoir d'égal que la naïveté du principe : comment prétendre que le manque ressenti par un sujet priverait un autre sujet du droit d'invoquer une propriété légitime ?

Suggérons comme réponse que le droit positif lui-même consacre quelquefois ce principe lorsqu'il justifie au nom de l'état de nécessité par exemple le vol du pain que le pauvre a dérobé pour calmer sa faim ou l'occupation illégale d'immeubles vides par des personnes sans-abri. Exceptions ? Peut-être mais plus profondément se découvre, par la figure exceptionnelle de l'état de nécessité, le principe qui traverse toute la matière du droit de propriété : de soi, les biens sont destinés à tous les humains. La rationalité politique et économique commande certes leur appropriation privée mais lorsque cette appropriation, quittant la rationalité qui la fonde, méconnaît cette destination naturelle, le droit déserte alors le patrimoine du propriétaire pour se placer aux côtés de l'indigent : il donne raison au geste qui rend à la propriété sa finalité sociale.

La réponse ici suggérée soulève, on s'en doute, de nombreuses questions pratiques (qui peut se faire justice à soi-même ? et envers qui ? et pour quels biens ?...). Faute de rencontrer les difficultés d'application que seule l'action politique (nationale et internationale) et le discours juridique affrontent et résolvent au fil de l'histoire, on voudrait au moins justifier ici le principe, malgré sa naïveté, en rappelant tant le caractère nécessairement social du droit que la générosité de la nature.

Lorsqu'on s'interroge sur le caractère juridique du pouvoir que détient une personne sur une chose, il importe d'examiner, puisque la question porte sur le *droit,* la relation de ce titulaire avec les tiers : ceux-ci ont-ils reconnu ce pouvoir ? Ont-ils au contraire contesté ce pouvoir au nom, par exemple, de leur propre droit né de leur indigence ? A cet égard, la définition classique du *droit réel* comme rapport noué par une personne envers une chose occulte la dimension nécessairement sociale du droit, de tout droit. En l'occurrence le droit réel – singulièrement la propriété – se définit comme rapport de personne à personne à propos d'une chose. Sans doute la répartition actuelle des biens entre leurs différents titulaires impose-t-elle par tout le poids de sa positivité le sens par lequel la propriété se comprendrait seulement comme « privée », « privant » ainsi de ses avantages toute autre personne que son propriétaire. Il n'empêche que si cette conception peut certes se réclamer de la force, elle n'entraîne pas nécessairement pour autant le droit de son côté, car il lui manque la reconnaissance sociale, à commencer par celle des sujets qui vivent dans le besoin.

La naïveté regardée comme faiblesse devient une force lorsqu'elle permet de retourner, en deçà des actuelles répartitions positives, aux origines du lien des humains à la nature. Origines du droit conçu essentiellement comme rapport mutuel de reconnaissance des libertés, et donc au minimum comme possibilité donnée à autrui d'assurer sa survie ; origines de la nature reçue en sa générosité première puisque, disent les économistes, les ressources actuelles de la terre permettent d'assurer plus que largement la subsistance de tous les hommes. Peut-être faut-il précisément exercer le regard naïf pour dégager, en deçà des actuelles appropriations qui ont réparti les richesses selon leurs régimes juridiques respectifs, une source plus fondamentale sans laquelle ni le besoin lui-même ne trouverait à s'assouvir, ni le travail à s'appliquer. Répondant à tous les travaux comme à tous les besoins, la nature ne serait-elle pas ce signe muet qui, par sa générosité même, inviterait les humains à penser leur appropriation des biens selon le seul droit « naturel, inviolable et sacré » qui se conçoive ? C'est-à-dire le droit qui reconnaît en propre à chaque sujet cette part de la nature grâce à laquelle, par son travail, il donnera satisfaction à ses besoins.

ÉTAT DES QUESTIONS : LA NATURE APPROPRIÉE

Reprenant le plan fourni par la distinction des quatre causes aristotéliciennes, le présent état des questions rapporte quelques débats fondamentaux concernant d'abord « le commencement corporel de l'appropriation », explorant ainsi la cause formelle du droit de propriété (I), puis « la transcendance inhérente à la nature » pour y reconnaître les enjeux de la cause matérielle (II), ensuite « le capital en face du droit au travail » afin de saisir le cheminement de la cause efficiente (III), enfin « le bien commun » pour voir comment la cause finale attire à elle ces trois premières causes du droit de propriété (IV).

I. – Le commencement corporel de l'appropriation

Pour confirmer l'intuition exposée quant à l'enracinement personnel du droit de propriété qui trouve sa cause formelle dans le corps du sujet, le chapitre rend compte d'abord du débat mené autour de l'appropriation originaire (sect. 1) ; il évoque ensuite cette notion clé du droit des biens qu'est le patrimoine (sect. 2) ; il s'attarde enfin sur le prolongement que trouve le corps – et donc la propriété – dans le lien familial par l'institution des successions et testaments (sect. 3).

1 / Le débat sur l'appropriation originaire

John Locke apparaît en chacun des chapitres du présent état des questions car sa position couvre explicitement le champ des quatre causes mises en évidence au fondement du droit de propriété. En outre, les distances que prennent les auteurs dans la suite à l'égard de cette position lockienne donnent le recul nécessaire à son appréciation critique. D'où l'intérêt de la recevoir pour elle-même d'abord, ici en sa première composante qu'est l'appropriation corporelle. A la suite de cette présentation, on reprend la doctrine du comte Destutt de Tracy qui fut en France, près de deux siècles plus tard, un relais du philosophe anglais, puis celle de P. J. Proudhon qui l'a combattue vigoureusement. On achève la section en interrogeant avec A. Sériaux l'articulation que pose John Locke entre le droit individuel et l'état social.

Comme l'écrit É. Durkheim (*Leçons de sociologie*, physique des mœurs et du droit, Paris, PUF, 1950) : « C'est seulement avec Locke qu'apparaît la théorie d'après laquelle la propriété n'est légitime qu'à condition d'être fondée sur le travail. Au commencement du siècle, Grotius paraît encore l'ignorer » (É. Durkheim, *op. cit.*, p. 200). Or à la racine du travail (v. *infra*, III, p. 302) le philosophe anglais met en évidence la propriété naturelle de soi-même. Dans son *Deuxième traité du gouvernement civil* (chap. V : « De la propriété ») cherchant à légitimer, à partir de l'universalité d'un don fait en commun à tous (v. *infra*, II, « La transcendance inhérente à la nature », p. 293), l'appropriation exclusive d'un bien au profit de tel particulier « même sans l'accord exprès de tous les copropriétaires », John Locke croit trouver cette légitimité en suivant l'indication qu'offre cette remarquable exception à l'appropriation commune qu'est le corps propre.

> « Bien que la terre et toutes les créatures inférieures appartiennent en commun à tous les hommes, chacun garde la propriété de sa propre personne. Sur celle-ci, nul n'a droit que lui-même » (*op. cit.*, § 27, trad. B. Gilson, in *Bibliothèque des textes philosophiques*, Paris, Vrin, 1977, p. 91).

Ce point de départ, en effet, se prolonge aussitôt en appropriation des biens de la nature par le travail :

> « Le travail de son corps et l'ouvrage de ses mains, pouvons-nous dire, sont vraiment à lui. Toutes les fois qu'il fait sortir un objet de l'état où la Nature l'a mis et l'a laissé, il y mêle son travail, il y joint quelque chose qui lui appartient et de ce fait, il se l'approprie. Cet objet, soustrait par lui à l'état commun dans lequel la Nature l'avait placé, se voit adjoindre par ce travail quelque chose qui exclut le droit commun des autres hommes » (*ibid.*, § 27).

Pour Locke, le mélange *(to mix, to join)* d'une « chose » propre – le fait corporel inhérent au travail – et d'une chose commune – la nature donnée à tous – rend l'ensemble propre car si « sans aucun doute ce travail appartient à l'ouvrier », il faut en conclure : « Nul autre que l'ouvrier ne saurait avoir de droit sur ce à quoi le travail s'attache... » L'auteur précise aussitôt, sauvant par là la destination commune des biens que sa théorie de l'appropriation du « mélange » risquait de remettre en cause : « Dès lors que ce qui reste suffit aux autres, en quantité et en qualité » (*ibid.*, § 27).

Nous reviendrons sur cette dernière condition en évoquant plus loin la satisfaction du besoin (v. *infra*, IV, p. 315) ; pour l'heure, notons que, sur fond d'abondance, le sujet applique son activité corporelle aux biens de la nature. Ainsi, à suivre les exemples de J. Locke, il cueille les glands sur le chêne (§ 28), il puise l'eau à la fontaine (§ 29), il tue le cerf, il attrape les poissons (§ 30). Par là, ce sujet se rend aussitôt propriétaire des biens ainsi recueillis :

> « Ce travail les a mis à part des biens communs. Il leur a adjoint quelque chose qui s'ajoutait à ce qu'avait fait la nature, la mère de tous les hommes, et par là ils sont devenus son bien propre » (*ibid.*, § 28, p. 91).

Sans anticiper non plus sur les développements consacrés au travail comme cause efficiente (v. *infra*, III, p. 302), on souligne ici la présence de la cause formelle du droit de propriété dans la pensée lockienne : l'essence, l'idée de propriété se laisse découvrir dans le fait corporel qui, par contagion en quelque sorte, étend sur les biens travaillés par le sujet le régime d'appropriation inhérent à ce fait même. La propriété que la nature assigne à tous et à chacun d'un corps – précisément dit « propre » – fournit immédiatement le paradigme, la forme des appropriations qui s'opéreront alors dans le prolongement de cette immédiateté, sans l'accord, donc, des autres humains.

Cette thèse libérale qui fonde le droit de propriété dans la nature même de l'individu, abstraction faite d'autrui, n'a pas plu aux auteurs qui entendent souligner davantage la portée sociale d'un tel droit. Ainsi de l'anarchiste-socialiste Proudhon. Mais comme le philosophe français attaque le libéralisme (v. *infra*, III, p. 305) en citant, sur la thèse précise de l'appropriation corporelle, non l'œuvre de J. Locke mais celle de son émule français, le comte A. Destutt de Tracy, on expose ici la doctrine de ce dernier auteur, puis sa critique par Proudhon.

En isolant parmi ses *Éléments d'idéologie* un *Traité d'économie politique* (Paris, Bouguet et Lévi, 1823) conçu comme la première partie d'un Traité de la volonté, A. Destutt de Tracy entend « remonter jusqu'à l'origine de nos besoins et de nos moyens », nés « de notre faculté de vouloir » (*op. cit.*, p. 323-324) plutôt que d'entrer dans les détails de la discipline exposée. Cette approche quasi métaphysique de l'économie politique invite notre auteur à fonder l'idée de *propriété* sur celle de *personnalité*.

> « Car si un individu n'avait pas la conscience de son existence distincte et séparée de toute autre, il ne pourrait rien posséder, il ne saurait avoir rien qui lui fût propre. Il faut donc, avant tout, examiner et déterminer l'idée de personnalité » (*op. cit.*, p. 4).

Pour permettre à cette idée de personnalité de fonder ce concept clé de l'économie politique qu'est la propriété, Destutt de Tracy découvre en celle-là le dédoublement caractéristique de celle-ci, à propos du corps d'abord, de ses fonctions particulières ensuite.

Qu'est notre moi ? « Ce n'est pas notre corps tel qu'il est pour les autres, et tel qu'il leur apparaît. » Il existe en effet une distinction entre les deux êtres : « Nous savons fort bien dire comment sera notre corps quand nous n'existerons plus, c'est-à-dire quand notre *moi* ne sera plus », distinction aussi entre le moi et les facultés corporelles possédées par le moi, « car nous disons : j'ai la faculté de marcher, j'ai celle de manger, de dormir, de respirer » (*op. cit.*, p. 11). En deçà du corps et de ses fonctions, notre moi s'identifie plutôt à la faculté plus globale de sentir, qui fait notre « personne morale » et dont un des modes s'appelle faculté de vouloir, celle-là même qui éprouve les besoins et qui dispose des moyens, pièces essentielles de la réflexion économique. La faculté de vouloir apparaît ainsi comme la condition nécessaire mais aussi suffisante de l'idée de propriété dans un être doué de volonté

> « car dès que cet individu connaît nettement son *moi* ou sa personne morale, et sa capacité de jouir ou de souffrir et d'agir, nécessairement il voit nettement aussi que ce *moi* est propriétaire exclusif du corps qu'il anime, des organes qu'il meut, de toutes leurs facultés, de toutes leurs forces, de tous les effets qu'ils produisent, de toutes leurs passions et leurs actions, car tout cela commence et finit avec ce *moi*, n'existe que par lui, n'est mu que par ses actes, et nulle autre personne morale ne peut employer ces mêmes instruments, ni être affectée de même de leurs effets » (*op. cit.*, p. 16).

Corrigeant le dualisme qui menaçait sa distinction du moi conçu comme faculté de sentir et de vouloir d'un côté, du corps et de ses diverses fonctions possédées par ce moi de l'autre, notre auteur lie « ces deux êtres » par un lien naturel qui s'exerce dans la passion et dans l'action : l'idée de propriété naît nécessairement dans l'être sensible « parce que la nature l'a doué d'une propriété inévitable et inaliénable, celle de son individu » (*op. cit.*, p. 17). Destutt de Tracy voit dans cette propriété originaire, un peu à la manière de son prédécesseur J. Locke, le fondement des appropriations subséquentes :

> « Il fallait bien qu'il y eût ainsi une propriété naturelle et nécessaire, puisqu'il en existe d'artificielles et conventionnelles ; car il ne peut jamais y avoir rien dans l'art qui n'ait pas son principe radical dans la nature » (*op. cit.*, p. 17).

Selon sa profession de foi sensualiste, en effet, le philosophe français tient que

> « l'homme ne crée rien, il ne fait rien d'absolument nouveau et d'extra-naturel, si l'on peut s'exprimer ainsi ; il ne fait jamais que tirer des conséquences et faire des combi-

naisons de ce qui est ; il lui est aussi impossible de créer une idée ou une relation qui n'ait pas sa source dans la nature, que de se donner un sens qui n'ait aucun rapport avec ses sens naturels » (*op. cit.*, p. 17).

Voilà la raison pour laquelle l'idée de propriété s'impose par la nature même de l'existence humaine : le moi et l'autre que moi déterminent nécessairement le mien et le tien :

> « Il ne s'agissait donc pas de discuter d'abord s'il est bon ou mauvais qu'il existe telle ou telle espèce de propriété, dont nous verrons par la suite les avantages et les inconvénients ; mais il fallait, avant tout, reconnaître qu'il y a une propriété fondamentale, antérieure et supérieure à toute institution, de laquelle naîtront toujours tous les sentiments et les dissentiments qui dérivent de toutes les autres ; car il y a propriété, sinon précisément partout où il y a individu sentant, du moins partout où il y a individu voulant en conséquence de son sentiment, et agissant en conséquence de sa volonté » (*op. cit*, p. 19).

En suivant le cheminement méthodique de son « Idéologie », Destutt de Tracy a ainsi fondé dans l'immédiate perception du sujet qui sent de l'intérieur l'irréductibilité de sa personnalité par rapport à tout autre objet extérieur, l'inévitable nécessité de la propriété :

> « Il demeure constant que le *tien* et le *mien* sont établis nécessairement entre les hommes, par cela seul qu'ils sont des individus sentant, voulant et agissant distinctement les uns des autres, qu'ils ont chacun la propriété inaliénable, incommutable et inévitable de leur individu et de ses facultés » (*op. cit.*, p. 23).

Fort de cette vérité d'évidence, notre auteur développe à partir d'elle sa vision libérale de l'économie politique : « Notre devoir unique est d'augmenter notre liberté et sa valeur. Le but de la société n'est jamais que de remplir ce devoir » (*op. cit.*, p. 335). Destutt de Tracy emprunte d'ailleurs à Locke lui-même sa définition de la liberté : « Avec Locke, j'entends, par liberté, la puissance d'exécuter sa volonté, d'agir conformément à son désir » (*op. cit.*, p. 42).

La doctrine libérale de J. Locke en Angleterre et de A. Destutt de Tracy en France justifie – on le voit – l'appropriation « artificielle » des biens de ce monde par une propriété « naturelle » qui, tenant à l'individu lui-même, fournit l'essence, – la cause formelle, disions-nous – du droit de propriété. Mais un tel enracinement de l'institution juridique dans une donnée aussi irréductiblement individuelle ne satisfait pas, nous l'avons dit, les auteurs qui veulent plutôt insister d'emblée sur la dimension sociale de la propriété des biens, leur destination universelle.

Un des plus célèbres opposants à l'institution de la propriété en France, Pierre-Joseph Proudhon, dénonce la confusion qui affecte la pensée de Destutt de Tracy et, par-delà ce dernier auteur, de tous les philosophes libéraux qui tirent prétexte de l'individualité propre des sujets pour justifier l'appropriation individuelle que ces mêmes sujets revendiquent dans la suite quant aux biens. En avant-propos à l'exposé des thèses proudhoniennes qui critiquent les justifications du droit de propriété par le travail (v. *infra*, III, p. 305), l'exposé de celles qui s'en prennent à la thèse libérale de l'appropriation originaire de soi ne peut qu'enrichir la compréhension de la cause formelle du droit de propriété.

Proudhon (*Qu'est-ce que la propriété ?* Premier mémoire, in *Œuvres complètes de P. J. Proudhon*, nouv. éd., Paris, Librairie des sciences politiques et sociales, 1926, p. 169) reproche à Destutt de Tracy d'avoir rangé la propriété parmi les nécessités de la nature humaine, comme si *tien* et *mien* dérivaient de chaque personnalité (*toi* et *moi*) pour désigner une appropriation des choses extérieures alors que ces termes n'indiquent qu'un simple rapport : « Ton tailleur, ta laitière, ma chambre d'hôtel, ma place au spectacle » (*op. cit.*, p. 169). « Appliqués aux choses hors de nous » (le champ, la maison, la vigne, les capitaux), *tien* et *mien* indiquent possession, fonction, usage (« comme un commis de banquier dit, *ma* caisse ») et non pas propriété (*op. cit.*, p. 170).

Proudhon dénonce l'équivoque :

> « Le mot de propriété a deux sens : 1 / Il désigne la qualité par laquelle une chose est ce qu'elle est, la vertu qui lui est propre, qui la distingue spécialement : c'est en ce sens que l'on dit, *les propriétés du triangle* ou *des nombres, la propriété de l'aimant*, etc. ; 2 / Il explique le droit dominant d'un être intelligent et libre sur une chose ; c'est en ce sens que le prennent les jurisconsultes. »

Deux exemples illustrent la différence :

> « Ainsi, dans cette phrase : *le fer acquiert la propriété de l'aimant*, le mot *propriété* ne réveille pas la même idée que dans cette autre phrase : *J'ai acquis la propriété de cet aimant.* »

Ou encore :

> « Dire à un malheureux qu'il A des propriétés parce qu'il A des bras et des jambes ; que la faim qui le presse et la faculté de coucher en plein air sont des propriétés, c'est jouer sur les mots et joindre la dérision à l'inhumanité » (*op. cit.*, p. 171).

D'où l'importance, aux yeux de Proudhon, de ne pas glisser trop vite d'un plan à l'autre : au lieu de justifier l'appropriation des choses extérieures dont le propriétaire détiendrait le domaine – donnée de l'artifice – par la propriété des avantages du corps et de l'esprit – donnée de la nature –, il importe de dénoncer la confusion opérée depuis le début du genre humain car en passant de l'une à l'autre donnée, le mot a changé de sens.

Pour confirmer sa réfutation de la misérable justification du droit de propriété sur les choses par la propriété individuelle des sujets sur eux-mêmes, Proudhon démontre contre Destutt de Tracy l'impossibilité d'appliquer à l'appartenance de soi la maîtrise inhérente à l'appropriation de choses. Par là Proudhon coupe court à tout enracinement du droit de propriété dans une quelconque appropriation originaire de soi ; plutôt que la souveraineté du domaine s'impose ici la figure de l'usufruit :

> « L'homme a des puissances, des vertus, des capacités ; elles lui ont été confiées par la nature pour vivre, connaître, aimer ; il n'en a pas le domaine absolu, il n'en est que l'usufruitier ; et cet usufruit, il ne peut l'exercer qu'en se conformant aux prescriptions de la nature. S'il était maître souverain de ses facultés, il s'empêcherait d'avoir faim et froid ; il mangerait sans mesure et marcherait dans les flammes ; il soulèverait des montagnes, ferait cent lieues en une minute, guérirait sans remède et

par la seule force de sa volonté, et se ferait immortel. Il dirait : Je veux produire, et ses ouvrages, égaux à son idéal, seraient parfaits ; il dirait : Je veux savoir, et il saurait ; j'aime et il jouirait. »

S'il en va ainsi de « l'appropriation » originaire de soi, la conclusion s'impose quant à la propriété des choses extérieures :

> « Quoi donc ! l'homme n'est point maître de lui-même, et il le serait de ce qui n'est pas à lui ! Qu'il use des choses de la nature, puisqu'il ne vit qu'à la condition d'en user : mais qu'il perde ses prétentions de propriétaire, et qu'il se souvienne que ce nom ne lui est donné que par métaphore » (*op. cit.*, p. 172).

Dans la pensée de Proudhon, la confusion dénoncée chez Destutt de Tracy se dissipe – on le voit – par le recours à la métaphore : au lieu que la prétendue propriété de soi justifierait la toute puissante appropriation de la nature extérieure à soi sous le triple mode de l'*usus*, du *fructus* et de l'*abusus*, l'élucidation du rapport à soi dans les seuls termes de l'usufruit, sans *abusus* donc, jette sa lumière métaphorique sur l'appropriation des biens extérieurs : d'eux non plus aucun sujet ne peut se dire propriétaire parce que chacun d'entre eux n'en détient jamais que la possession.

Pour clore la discussion avec « cet idéologue si subtil » qu'est Destutt de Tracy, Proudhon rappelle encore une fois l'exigence d'égalité qui inspire son combat. Car si les libéraux individualistes légitiment les propriétés acquises (« comme les champs, les eaux, les forêts ») par les propriétés innées (« comme la mémoire, l'imagination, la force, la beauté »), ils reproduiront nécessairement en ces propriétés acquises, dans l'état d'étrangeté c'est-à-dire de non-socialité, les inégalités inhérentes aux propriétés innées :

> « Dans l'état de nature ou d'étrangeté, les hommes les plus adroits et les plus forts, c'est-à-dire les mieux avantagés du côté des propriétés innées, ont le plus de chances d'obtenir exclusivement les propriétés acquises » (*op. cit.*, p. 173).

Or les humains ont précisément quitté cet « état d'étrangeté » à cause de la guerre qu'engendrait leur inégalité naturelle ; ils ont convenu d'un état social où, par ajustements continuels, ils s'accordent sur un partage toujours plus égal, renonçant par là à l'inégalité de leurs propriétés innées.

On voit dès lors où se situe le choix chez Proudhon : se fonder sur l'appropriation de soi pour étendre agressivement son empire sur les choses de la nature ou percevoir la nature métaphorique de toute propriété pour se décider à conférer à tous l'usage d'une part égale de biens. L'auteur conclut :

> « Ainsi, d'une part, étrangeté, inégalité, antagonisme, guerre, pillage, massacre, de l'autre société, égalité, fraternité, paix et amour : choisissons » (*op. cit.*, p. 173).

Comment comprendre finalement le critère corporel retenu comme cause formelle du droit de propriété ? Pas autrement sans doute qu'en retenant sa double dimension, propre et commune. J. Locke insiste sur la première d'entre elles, Destutt de Tracy également : l'irréductibilité corporelle de chaque sujet donne l'idée première de la propriété. Mais tout indéniable qu'il soit, ce fait ne fournit pas encore le paradigme complet du droit car il y manque la relation à autrui.

C'est d'ailleurs, d'une manière générale, le reproche qu'adresse A. Sériaux (*Le droit naturel*, PUF, 1993, p. 106-114) à la doctrine lockienne du droit de propriété présentée sous forme de dilemme : *ou* le droit de propriété tient à la nature même de l'homme (« sans l'accord des coïndivisaires » disait Locke) mais alors, transporté tel quel dans la positivation juridique de l'état social, ce droit rend impossible la constitution d'une telle société car il n'est pas question d'aliéner cette prérogative naturelle en la cédant au gouvernement déterminé par le contrat social, *ou* le droit de propriété se perd dans la protection qu'il réclame à l'état social car en un tel état n'émerge plus aucun critère capable de légitimer par une quelconque référence objective l'appropriation des parts attribuées à chacun. Entre l'anarchie d'un côté, la dictature de l'autre, aucune troisième voie ne s'ouvre car, si l'on en croit A. Sériaux, J. Locke n'a pas pensé la relation politique elle-même dans la nature originaire de l'être humain :

> « Ainsi passe-t-on d'un extrême à l'autre : ou il n'y a que des individus avec leurs droits naturels et jamais une société ne pourra s'instaurer, ou il y a une société, mais alors il ne saurait être question de droits naturels à respecter. Dans un cas comme dans l'autre, c'est le règne de la force » (A. Sériaux, *op. cit.*, p. 114).

D'une façon globale, le reproche adressé par A. Sériaux au libéralisme lockien comme à tous les artificialismes du contrat social s'avère exact : s'il n'est pas reconnu politique « dès le départ » c'est-à-dire en sa nature, on ne voit pas par quelle magie contractuelle (contrat qui postule d'ailleurs cette socialité même), l'homme le deviendrait davantage dans la suite. Sur l'analyse lockienne du droit de propriété, cependant, la condamnation d'A. Sériaux paraît trop sévère, car elle passe sous silence la référence du philosophe anglais à la satisfaction du besoin d'autrui. Lorsque le critique interroge :

> « Qui ne voit que ces lois naturelles ne commandent au fond que de respecter et de faire respecter les propriétés d'autrui ? Or, rien, absolument rien, ne permet de dire si ces propriétés sont justes ou pas » (A. Sériaux, *op. cit.*, p. 112),

il faut tout de même répondre que, en l'état de nature déjà, J. Locke ne reconnaissait la légitimité de l'appropriation individuelle des biens inoccupés qu'à la condition de la surabondance : les autres « coïndivisaires » devaient en effet bénéficier des mêmes possibilités que ce propriétaire originaire, sans quoi l'appropriation de la chose primitivement commune tournait à l'usurpation. Une telle considération du besoin d'autrui (v. *infra*, IV, p. 316) permettait ainsi à la doctrine du philosophe anglais d'échapper d'emblée au reproche de solipsisme qu'on lui adresse aujourd'hui : pour être reconnue comme un droit, toute propriété doit nécessairement s'insérer dans le réseau des relations humaines.

Or cette attention portée aux autres présences humaines incite précisément les auteurs tels que P.-J. Proudhon à remettre en question l'institution de la propriété. La forme d'un tel droit ne se laisse pas saisir, sinon par une regrettable confusion, dans la considération des seules données corporelles et donc individuelles du sujet car la société comme telle doit figurer d'emblée dans la reconnaissance des droits. – ne considérer que soi et ses « propriétés naturelles » à la manière de Locke ou de Destutt de Tracy, la philosophie se lance sur la fausse piste libérale pour justifier un droit essentiellement social (v. encore la même critique, *infra*, IV, p. 317).

Mais ce vigoureux rappel du socialisme à l'encontre des replis théoriques du libéralisme sur les propriétés du sujet ne nie pas pour autant la validité globale du critère ici retenu. Car si le corps humain manifeste l'irréductibilité « propre » à chaque individu, il signifie aussi la condition la plus commune qui soit puisque nul n'est sans corps. N'est-ce pas à l'intersection de ces deux dimensions – propre et commune – qu'il faut comprendre l'essence du droit de propriété ?

2 / Le patrimoine

Le patrimoine éclaire d'un jour particulier le débat ici engagé sur la genèse de la propriété juridique, car il met en évidence tantôt l'extériorité des biens, tantôt l'intimité du sujet. Or ce passage d'un domaine à l'autre rend précisément un compte exact de l'appropriation.

Dans les théories développées sur le patrimoine, une partie de la doctrine penche pour le caractère strictement objectivable des éléments qui composent cette universalité de fait : biens et obligations constituent la sphère matérielle sur laquelle le sujet exerce pleinement son pouvoir. Dans la langue de Savigny, les richesses concrètes du *Vermögen* (patrimoine) renvoient au pouvoir *(mogen)* que l'on exerce sur elles. Dans cette ligne, les droits patrimoniaux désignent les droits réels et de créance que leur titulaire négocie sur le marché comme autant de valeurs qui se détachent de lui, car il en dispose par opposition aux droits extra-patrimoniaux qui, davantage liés à sa personne, supportent mal les régimes de cession, prescription et autres aliénations applicables aux choses. Selon cette première conception, le patrimoine se présente donc dans l'extériorité de l'objectivation par rapport au sujet. Mais la seconde conception complète la perspective en insistant sur le caractère personnel de l'universalité que constitue le patrimoine.

Dans la théorie du droit, Aubry et Rau ont particulièrement mis en valeur, on le sait, cette approche centrée sur la personne (cf. C. Aubry et C. Rau, *Cours de droit civil français* d'après la méthode de Zachariae, 4e éd., t. VI, Paris, Imprimerie et librairie générale de jurisprudence, 1873). Le rappel de l'essentiel de leur position sur ce sujet aidera sans doute à mieux cerner les enjeux philosophiques de notre question.

Pour Aubry et Rau, « Le patrimoine est l'ensemble des biens d'une personne, envisagé comme formant une universalité de droit » (*op. cit.*, § 573, p. 229). Déduite directement de l'idée de personnalité, cette notion ne se modifie donc pas au gré des variations dans la quantité des biens qui le composent, car elle reste intellectuellement égale à cette personnalité même. Conséquence importante pour notre propos :

> « En pure théorie, le patrimoine comprend tous les biens indistinctement, et notamment les biens innés, et les biens à venir » (*op. cit.*, § 573, p. 230).

Si le droit positif a confirmé la « pure théorie » à propos des « biens à venir » en empêchant le débiteur de déterminer aucune limite de temps ni d'espace sur le gage commun de ses créanciers, il s'en est écarté en ce qui touche les biens innés :

« Tout en considérant, comme des parties intégrantes du patrimoine, les actions auxquelles peuvent donner ouverture les lésions causées à de pareils biens, notre Droit n'y comprend pas ces biens eux-mêmes, tant qu'ils n'ont pas éprouvé quelque lésion. » (*op. cit.*, § 573, p. 230).

Ces biens qui touchent la personne elle-même en son intégrité physique et morale « et qu'on nomme plus volontiers aujourd'hui droits de la personnalité » (P. Esmein, réédition du *Cours* d'Aubry et Rau, Paris, Librairies techniques, Librairie de la Cour de cassation, t. IX, 6e éd., 1953, § 573) « doivent être exclus du patrimoine, comme n'étant pas, en eux-mêmes et *a priori*, susceptibles d'appréciation pécuniaire » (Aubry et Rau, *op. cit.*, § 573, n. 7).

Partis de l'idée selon laquelle le patrimoine dérive directement de la personnalité, nos auteurs corrigent ainsi la « théorie pure » en reconnaissant que les droits inhérents au sujet lui-même « d'un prix inestimable », n'entrent pas sur le marché des valeurs négociables, en admettant donc par là que le patrimoine reste extérieur à la personnalité du sujet. Concession à la première thèse qui insistait sur l'objectivation des choses ? Peut-être, mais l'insistance que mettent Aubry et Rau sur l'unicité, la permanence et l'indivisibilité de l'universalité juridique montre que leur reconnaissance de l'extra-patrimonialité des biens innés n'entame en rien leur conviction selon laquelle le patrimoine reste bel et bien une émanation de la personnalité. Émanation mais non identité :

« Le patrimoine qui, comme universalité de biens, prend son fondement dans la personnalité se distingue cependant de la personne elle-même : on peut donc concevoir l'existence d'un rapport entre la personne et le patrimoine. »

Comment s'appelle ce rapport ? La réponse vient d'évidence :

« Ce rapport est celui qui s'établit entre une personne et tout objet à elle appartenant ; c'est un droit de propriété. Le droit de propriété est le seul droit réel dont le patrimoine soit susceptible de former l'objet, durant la vie de celui auquel il appartient » (*op. cit.*, § 576, p. 240).

En exposant leur théorie générale du patrimoine pour combler « une regrettable lacune qui se rencontre dans les autres ouvrages de Droit civil français » (Aubry et Rau, *Cours* cité, t. 1er, 1869, préface p. VII), ces auteurs entendaient sans doute moins faire œuvre de philosophie du droit qu'apporter un peu plus de cohérence intellectuelle dans la disparité des solutions retenues en droit des biens et des successions ; il n'empêche que leur synthèse mérite d'être retenue ici pour reconnaître qu'en se confondant avec le patrimoine, lui-même émanation de la personnalité, la propriété ne se défait jamais de sa double acception : maîtrise de choses extérieures à soi, elle naît tout de même dans le soi de la personne à qui ces choses reviennent « en propre ». Signe que les fondements de l'institution ne se laisseront sans doute découvrir que dans l'articulation du mouvement intime par lequel le sujet de droit se pose comme irréductible à tout autre et de l'orientation qui tourne ce même sujet vers les objets extérieurs donnés là (comp. R. Sève, Déterminations philosophiques d'une théorie juridique : la théorie du patrimoine d'Aubry et Rau, *Archives de philosophie du droit,* t. 24, 1979, p. 247, où l'auteur complète le schéma métaphysique de la pluralité – des attributs et des modes – ordonnée *ad ducem*, c'est-à-dire à la personne qui les maîtrise par les figures de l'ordination *ad finem, i.e.* aux personnes qui bénéficient du patrimoine, ou *ad invicem* dans l'exemple de la cogestion ouvrière).

Au vif de cette articulation de l'intime et de l'extérieur se manifeste, nous l'avons dit, la corporéité humaine, cause formelle du droit ici étudié : toujours déjà extérieur dans le monde des objets, pourtant toujours encore sujet en sa subsistance, le corps donne l'idée la plus personnelle en même temps que la plus commune de la propriété. Il reste à voir comment cette intime liaison du corps et de la propriété affronte le temps : quand l'individu disparaît en sa mort corporelle, que deviennent ses biens ?

3 / La dimension familiale du patrimoine

A quel titre la descendance familiale succède-t-elle aux biens de son auteur ? En cherchant une réponse dans l'œuvre des jusnaturalistes du XVIIe siècle, Grotius, Pufendorf et Domat, on ne prétend pas négliger les apports de la doctrine élaborée dans la suite sur la dimension familiale du patrimoine mais on entend stimuler la réflexion sur la cause formelle du droit de propriété en suivant chez les auteurs retenus, les sinuosités qu'emprunte la loi de la nature avant d'aboutir à la transmission familiale des biens.

Dans son traité *Le droit de la guerre et de la paix* (trad. J. Barbeyrac, Amsterdam, P. de Coup, 1724), Hugo Grotius développe, au livre second, "la nature et l'étendue des droits (...) dont la violation autorise à prendre les armes ». Rangeant l'aliénation (chap. VI) et la succession *ab intestat* (chap. VII) parmi les modes d'acquisition dérivée de tels droits, l'auteur classe le testament dans le premier mode :

> « Une autre chose qu'il faut savoir, c'est que l'aliénation, dont nous traitons dans ce chapitre, renferme le pouvoir de tester. Car quoique le droit civil puisse régler la manière et les formalités des testaments, aussi bien que de tous les autres actes, le fond même du testament tient beaucoup du droit de propriété et, la propriété une fois établie, il est de droit naturel » (*op. cit.*, liv. II, chap. VI, § XIV).

Confirmant par une triple citation de Plutarque, de Quintilien et la Bible « que cette sorte d'aliénation révocable soit de droit naturel », l'auteur conclut en considérant comme disposition (critiquable) de droit civil de tel ou tel État et non comme injonction du droit des gens l'interdiction faite en certains endroits aux étrangers de tester : « Aussi voyons nous qu'elle a été abolie avec raison parmi les peuples civilisés » (*ibid.*, § XIV).

Si le testament se comprend de la sorte comme une suite naturelle du droit de propriété, la succession *ab intestat* doit s'entendre à son tour comme la « conjecture naturelle de la volonté du défunt » :

> « Lorsque quelqu'un n'a pas déclaré sa volonté par testament, il n'y a pourtant aucune apparence qu'il ait prétendu laisser ses biens, après sa mort, au premier occupant. D'où il s'ensuit qu'on doit regarder les biens d'une telle personne comme revenant à celui à qui il y a le plus d'apparence qu'elle voulait qu'ils appartinssent après sa mort » (*op. cit.*, liv. II, chap. VII, § III).

Passant ensuite en revue les différents degrés de successibles, Grotius fournit plusieurs indications précieuses sur les liens du patrimoine et de la famille, en premier lieu à propos des enfants. A la question classique des jurisconsultes « Si un père et une mère doivent à leurs enfants la nourriture et l'entretien ? », l'auteur répond par une distinction :

> « Quand on dit qu'une chose est *due*, cela emporte quelquefois une obligation fondée sur la justice explétrice ou rigoureuse, quelquefois aussi cette expression a un sens plus étendu qui marque ce dont on ne peut se dispenser sans pécher contre les règles de l'honnête, quoique cette honnêteté vienne de quelque autre source que du droit rigoureux et proprement ainsi nommé. C'est dans ce dernier sens qu'un père et une mère doivent fournir à leurs enfants la nourriture et l'entretien » (liv. II, chap. VII, § IV).

Pour expliciter les fondements de cette obligation parentale, Grotius précise le minimum exigible :

> « Sur ce pied-là donc, comme, selon la maxime d'Aristote, *celui qui donne la forme donne aussi les choses nécessaires pour la produire*, de même celui qui est cause de l'existence d'un homme doit, en tant qu'en lui est, et autant qu'il est nécessaire, pourvoir aux choses dont il a besoin pour la vie humaine, c'est-à-dire et pour la conservation de son être naturel et pour la société avec ses semblables, car l'homme est né pour cette société » (liv. II, chap. VII, § IV).

Sitôt après avoir mentionné ce commerce social (« la société avec ses semblables ») contredistingué de la survie physique (« la conservation de son être naturel »), Grotius cherche pourtant du côté des animaux une autre justification que la maxime aristotélicienne à l'obligation d'entretien qui pèse sur les père et mère. Sans examiner ici les précautions épistémologiques à prendre dans l'usage d'une telle référence, on notera que, pour notre auteur, l'exemple des animaux, attentifs à nourrir leur progéniture, exprime un droit de nature que sans doute les bêtes suivent par instinct mais qui s'impose aux hommes par la raison. Grotius en tire aussitôt une conclusion sur ce point particulier qu'est le sort des enfants nés hors mariage :

> « Ce devoir étant un devoir naturel, il s'ensuit de là que les enfants même nés d'un commerce vague, et dont le père par conséquent n'est point connu, doivent être nourris et entretenus par la mère. »

De la sorte, tous les enfants – quelles que soient les circonstances de leur naissance – sont reconnus créanciers de leurs auteurs mais seulement de la portion de biens nécessaire à leur entretien. « Tout ce qui est au-delà peut être ôté aux enfants, sans préjudice du droit de nature » (liv. II, chap. VII, § IV). La « justice rigoureuse » n'a pas ici voix au chapitre, seules les « règles de l'honnête » s'imposent.

En évoquant au paragraphe suivant le deuxième degré de successibles, à savoir des parents sur les biens de leurs enfants prédécédés, Grotius souligne le caractère anormal de cette transmission ascendante :

> « Car les enfants, en venant au monde, n'y apportent rien d'où ils puissent subsister et ils ont plus longtemps à vivre que leurs père et mère » (liv. II, chap. VII, § V).

Du coup, notre auteur, revenant par comparaison sur le premier degré de successibles, donne à l'héritage des enfants un caractère plus naturel que ne le laissait entendre le paragraphe précédent où la nature ne semblait exiger des parents que de pourvoir au seul entretien de leur descendance. Ainsi, les jurisconsultes Paul et Papinien, l'apôtre St Paul et l'historien Valère Maxime sont-ils tous appelés en renfort pour donner voix à la nature :

> « Sans le secours même des lois civiles, les enfants doivent hériter des biens de leurs père et mère, préférablement à toute autre personne, parce qu'il y a lieu de présumer qu'un père et une mère regardant leurs enfants comme autant de parties de leur propre corps, ont voulu les pourvoir, aussi largement qu'il serait possible non seulement du nécessaire, mais encore de ce qui sert à faire vivre agréablement et honnêtement, surtout après qu'ils ne seraient plus en état de jouir eux-mêmes de leurs biens » (liv. II, chap. VII, § V).

A propos des autres degrés de successibles, Grotius évoque ensuite quelques dispositions techniques comme le droit de représentation (« succession par tiges ») ou la règle *paterna paternis*, avant de conclure les paragraphes consacrés à la succession aux biens par une citation de Quintilien :

> « Ce n'est pas que la justice demande absolument que les parents héritent : mais les biens du défunt étant abandonnés et comme au premier occupant, il n'y a personne qui soit plus près et plus à portée de les recueillir » (liv. II, chap. VII, § X).

Voit-on le balancement dont use Grotius pour cerner la complexité de la transmission familiale du patrimoine ? D'un côté, cette transmission se joue sur la proximité (« il n'y a personne qui soit plus près ») : d'où l'ensemble des présomptions retenues par la succession *ab intestat* pour déterminer, sur la carte des affections, les personnes les plus « proches », en particulier les enfants, « autant de parties du propre corps » de leurs parents : ici, la voix de la nature – la voix du sang – se fait impérieuse pour souligner la proximité charnelle, et donc la nécessité de la continuité patrimoniale. De l'autre côté, la dévolution successorale apparaît comme un surcroît gratuit, une fois réglée du moins la question de droit strict du simple entretien des enfants. Tout se passe, en effet, comme si, pour le reste, l'attribution des biens aux proches du défunt n'avait lieu qu'en vue d'éviter le retour à la situation plus désordonnée qui consacrait le droit du premier occupant.

Grotius tient les deux positions ensemble : la nature n'oblige en rien les parents à transmettre leurs biens (précisons : la part qui excède le strict entretien) à leurs enfants mais lorsqu'il le font, ils n'obéissent pas à une autre loi que, précisément, de la nature. Ainsi l'auteur parvient-il à rejoindre en notre matière la complexité du droit naturel qui ne consiste rien moins qu'à rendre paradoxalement la gratuité obligatoire ou, si l'on veut, qu'à soumettre l'obligation aux « règles de l'honnête » plutôt qu'à la « justice rigoureuse ».

L'opinion de Samuel Pufendorf (*Le droit de la nature et des gens* ou *système général des principes les plus importants de la morale, de la jurisprudence et de la politique*, trad. J. Barbeyrac, tome second, Londres, J. Nours, 1740) rejoint globalement la position de Hugo Grotius, comme nous allons le voir, sur les fondements de la succession *ab intestat*.

Par contre, le disciple prend distance par rapport au maître sur la question du testament. Distance instructive pour notre propos.

Alors que Grotius rangeait le droit de tester dans le droit des gens « primitif », Pufendorf conteste ce caractère naturel du droit au nom de l'évidence de la mort :

> « Ce sentiment de Grotius n'est pas sans difficulté ; car les choses qui entrent en propriété ne servant aux hommes que pendant qu'ils sont en vie, et les morts n'ayant plus de part aux affaires de ce monde, il n'était pas nécessaire que l'établissement de la propriété s'étendît jusqu'à donner au propriétaire le pouvoir de choisir qui bon lui semble pour succéder aux biens qu'il laisse en mourant : il suffisait que chacun disposât de ses biens pendant sa vie, laissant à ceux qui suivraient le soin d'en faire ce qu'ils jugeraient à propos quand il ne serait plus » (Pufendorf, *op. cit.*, liv. IV, chap. X (testaments), § IV).

Pufendorf ne livre-t-il pas ici un critère important pour évaluer l'institution de la propriété ? Liée à l'individualité corporelle de la personne, la propriété s'éteint en même temps qu'elle, posant alors sans cesse, au décès de chaque propriétaire, la question de son propre fondement. N'est-ce pas là reconnaître le caractère irrémédiable, naturel en quelque sorte, de la mort ? Pourquoi faudrait-il, en effet, que la maîtrise du propriétaire sur sa chose s'étendît au-delà de cette heure fatale ?

Au plan technique, Pufendorf attribue à une « Convention générale des Hommes » et non au droit naturel le droit du propriétaire « de transférer ses biens à qui il veut en cas de mort » car les trois traits spécifiques d'une telle dévolution ne ressortissent qu'au droit positif :

> « que la volonté du testateur soit révocable et pour ainsi dire ambulatoire jusqu'à sa mort ; que l'héritier ne commence d'acquérir quelque droit qu'après le décès du testateur, et que jusqu'alors il ne sache pas même s'il est nommé pour succéder à ses biens »

Pourquoi Pufendorf attribue-t-il de telles caractéristiques au seul droit positif ? Parce que

> « dans tout autre cas il faut régulièrement que le consentement de celui qui transfert un droit et le consentement de celui à qui le droit passe, soient produits en même temps et forment par leur union ce transport qui se fait de l'un à l'autre ».

Pour cet auteur donc, le hiatus reconnu entre les deux volontés montre le caractère artificiel – non naturel –, de la dévolution testamentaire des biens.

Jean Barbeyrac, traducteur tant du *De iure belli ac pacis* de Grotius que du *Jus naturae et gentium* de Pufendorf prend ici à sa manière la défense du maître contre le disciple en imaginant – en note du deuxième auteur traduit – l'hypothèse étonnante de l'immortalité :

> « Supposé que les hommes fussent immortels, un propriétaire conserverait éternellement son droit sur ce qu'il a une fois acquis : la nécessité de mourir à laquelle tous les hommes sont sujets, ne lui permettant de jouir de ses biens que pendant quelques années, il est naturel qu'il s'en dédommage et qu'il perpétue en tant qu'en lui

est, son droit de propriété jusqu'après sa mort, en déclarant à qui il veut le faire passer ; en sorte que l'héritier prenant la place du défunt, et le représentant en quelque manière, nul autre n'ait plus à prétendre aux biens de celui-ci que s'il les possédait encore lui-même » (Barbeyrac, *note* à Pufendorf, liv. IV, chap. X, § IV, n. 2.).

Pour justifier le droit naturel de tester, le traducteur Barbeyrac suppose donc une espèce de droit virtuel à l'immortalité dont la non-réalisation effective se compenserait par une sorte d'immortalité de remplacement, à savoir la détermination par le sujet lui-même de ses héritiers : vaste échange métaphysique où, ici encore, le corps et la propriété se répondent.

Laissant à Barbeyrac la responsabilité de justifier son hypothèse aussi instructive qu'imaginaire, nous revenons à Pufendorf, cette fois sur la question des successions *ab intestat*. En cette matière comme en tant d'autres se mêlent les lois civiles et le droit naturel puisqu'on part non pas de la nature – nous avons vu en effet que la nature promulgue la loi de la mort qui arrête toute propriété – mais de la volonté humaine :

> « Les hommes ayant attaché au droit de propriété le pouvoir de disposer non seulement de ses biens pendant qu'on serait en vie, mais encore de les transférer valablement à autrui en cas de mort... »,

cette décision-là étant prise, la nature réapparaît pour prendre le relais en des termes qui étaient déjà ceux de Grotius :

> « ... si quelqu'un vient à mourir sans avoir déclaré là-dessus sa dernière volonté, il n'y a nulle apparence qu'il ait prétendu abandonner ses biens au premier occupant, et les laisser pour ainsi dire, au pillage. En ce cas-là, donc, le droit naturel ordonne de suivre les présomptions les plus vraisemblables que l'on peut avoir de la volonté du défunt » (Pufendorf, *op. cit.*, liv. IV, chap. XI, § 1er).

Mais alors que la nature arrive en second, c'est-à-dire après la volonté, pour fonder le principe même de la dévolution successorale, l'ordre se renverse lorsqu'il s'agit de régler l'application d'un tel principe. Car la dévolution *ab intestat* consiste moins à présumer la volonté du défunt « telle qu'elle a été » que « telle qu'elle devait être ». La nature s'engouffre alors dans cette présomption supérieure selon laquelle « chacun est censé avoir voulu ce qui était le plus conforme et à son inclination naturelle, et à ses devoirs » (liv. IV, chap. XI, § I). Du côté du premier critère, la voie est claire :

> « l'inclination naturelle des hommes les porte ordinairement à tâcher de pourvoir, aussi largement qu'il leur est possible, aux besoins et aux intérêts, premièrement de leurs descendants, et ensuite des autres personnes qui sont unies avec eux par les liens de la consanguinité, car on voit que le plus souvent la proximité du sang produit l'union des cœurs et il n'y a presque personne qui ne souhaite naturellement de laisser sa famille et sa parenté dans un état florissant ».

Du côté du second, la loi retentit de la même façon :

> « A l'égard des devoirs, c'est un des principaux de procurer, autant qu'il nous est possible, l'avantage des personnes dont la nature nous ordonne d'avoir un soin tout particulier, et ensuite de témoigner notre reconnaissance à nos bienfaiteurs » (liv. IV, chap. XI, § II).

En déroulant l'ordre des degrés appelés de la sorte à la succession par présomption de proximité à l'égard du défunt, Pufendorf fait, comme Grotius, la part des choses : la nature se retrouve certes dans la dévolution proposée

> « parce qu'il n'y a rien de plus conforme à la raison et à l'ordre de la nature, ni de plus propre à éviter les contestations lorsque le défunt n'a pas expressément déclaré sa volonté ou au défaut des règlements des lois civiles »

mais pas à la manière d'une loi qui dicterait le détail de ses préférences :

> « non pas qu'il y ait quelque loi naturelle qui détermine positivement sur ce pied-là l'ordre des successions *ab intestat*, en sorte qu'on ne puisse en disposer autrement » (liv. IV, chap. XI, § XVII).

D'où la grande diversité des dispositions civiles, prises d'une société à l'autre pour établir un ordre dans lequel la nature ne s'exprimera que pour reconnaître, muette, en de telles dispositions un caractère rationnel et pacificateur.

De Grotius à Pufendorf, le balancement de la pensée jusnaturaliste ne s'est donc pas atténué, au contraire. Non seulement rien n'est dû aux enfants (sauf les aliments) si l'on suit le droit rigoureux délimité par Grotius, mais encore il s'avère naturel de ne rien leur léguer puisque la mort, selon Pufendorf, arrête tout acte de disposition du propriétaire. Mais passé ce premier cap de la négation radicale qu'impose la mort aux appropriations, naît une sorte de nécessité seconde : à partir du moment où les hommes décident de ne pas laisser la mort dire le dernier mot sur le lien du propriétaire à sa propriété, alors la nature impose sa loi pour ordonner la dévolution des biens aux personnes proches par le sang et, de façon toute particulière, aux enfants.

Tout se passe donc comme si la nature tenait sur notre sujet un double langage entre lequel le droit civil de la propriété aurait à choisir : d'une part l'homme lâche toute maîtrise lors de sa mort, car sa dure loi de nature délie, entre autres, le lien que le *de cuius* nouait avec ses biens, par ailleurs l'homme se prolonge en sa descendance en qui il reconnaît « une partie de son propre corps ». Peut-être faut-il précisément le balancement de la pensée d'un Grotius ou d'un Pufendorf pour rendre compte alors du choix qu'opère le droit : rien ne passe sur le mode de l'exigence stricte dont la logique prétentieuse irait jusqu'à refuser la loi pourtant inexorable de la mort, tout se donne sur le mode de la convenance dont la gratuité s'accorde avec l'affection.

Pour illustrer d'une troisième manière la dialectique adoptée par la pensée jusnaturaliste dans la transmission familiale du patrimoine, on évoque, après Hugo Grotius et Samuel Pufendorf, la pensée de Jean Domat.

Ici encore, la dévolution des biens à la famille n'apparaît comme naturelle qu'après une sorte d'hésitation sur un autre régime possible.

J. Domat consacre aux successions toute la seconde partie de son ouvrage *Les lois civiles dans leur ordre naturel* (nouvelle édition, revue, corrigée et augmentée des troisième et quatrième livres du droit public par M. de Héricourt, Paris, Knapen, 1777). Cherchant dès la préface à cette seconde partie, jusqu'où s'étendent les exigences de la nature dans ces « manières dont les biens, les droits et les charges des personnes qui meurent, passent à d'autres personnes qui entrent en leur place » (Domat, *op. cit.*, IIe partie, préface, § II), l'auteur opte résolument pour la conformité à la nature de la transmission elle-même « de la génération qui passe à celle qui suit » mais l'hésitation reste permise sur la manière dont s'opère ce passage.

Domat n'établit le caractère naturel du principe de la transmission qu'au terme d'un argument *ab absurdo*. Supposons, dit-il, que « dans le commencement de la société des hommes, les premiers qui l'ont composée eussent délibéré sur les manières de faire passer l'usage des biens d'une génération à l'autre » et qu'ils eussent retenu comme première solution « la communauté de tout avec tous » de sorte qu'il n'y aurait eu « ni héritiers ni successeurs », cette première manière « qui rendrait toutes choses communes à tous » serait, estime Domat, « si pleine d'inconvénients qu'on voit bien qu'elle est impossible ». Certes, les ordres religieux pratiquent, à leur échelle, une telle communauté, mais ce modèle ne se généralise pas :

> « ... l'amour de la justice et de l'équité n'étant pas un bien commun, et qui soit le seul principe de la conduite de chaque particulier, la communauté universelle de tous les biens serait un système dont l'exécution ne conviendrait pas à un si grand nombre d'associés si pleins d'amour-propre. Et il serait également injuste et impossible que toutes choses fussent toujours en commun et aux bons et aux méchants, et à ceux qui travailleraient et à ceux qui ne feraient rien, et à ceux qui sauraient faire un bon usage et une dispensation des biens et à ceux qui n'auraient pas la fidélité nécessaire pour les conserver à la société, ni la prudence pour en disposer et qui ne feraient que les consumer et les dissiper » (*op. cit.*, *ibid.*, § II).

Où l'on voit, dans l'argumentation de Domat, une sorte de dépit. Alors que la nature aurait peut-être suggéré comme premier choix, dans un monde idéal, la mise en commun de tous les biens, elle doit se rabattre sur le second, la transmission des propriétés :

> « De sorte que l'état d'une communauté universelle qui aurait pu être juste et d'usage entre les hommes parfaitement équitables, et qui eussent été dans l'innocence et sans passion, ne saurait être qu'injuste, chimérique et plein d'inconvénients entre des hommes faits comme nous sommes » (*op. cit.*, *ibid.*, § II).

Puisque la nature humaine s'est vue déchoir de son innocence, les hommes doivent abandonner la première solution – la communauté universelle – pour adopter une des deux autres, la succession *ab intestat* ou le testament. Ces deux manières de succession ayant leur fondement « dans l'ordre de la société », « on les a reçues partout », en les conciliant d'ailleurs diversement puisque « elles dérogent l'une à l'autre réciproquement ».

Sans entrer ici dans l'analyse des façons dont la succession *ab intestat* et le testament se partagent chez Domat la dévolution des biens dans un pays lui-même découpé entre le droit romain et les coutumes, on retiendra de l'auteur des *Lois civiles dans leur ordre naturel*, ici encore, le double discours que tient la nature dans la matière qui nous occupe : déchue de l'état d'innocence, nous l'avons vu, la nature ne peut faire admettre aux égoïsmes humains la communauté universelle des biens, mais guidée par Dieu dans le champ de la génération humaine, elle impose que le don de la vie – en particulier lorsqu'elle « descend » – s'accompagne, tel un second bienfait, de la dévolution des biens.

> « Car comme la vie est un don qui rend nécessaire l'usage des biens temporels, et que Dieu les donne par un second bienfait qui est une suite de ce premier, il est naturel que les biens étant un accessoire de la vie, ceux des parents passent aux enfants comme un bienfait qui doive suivre celui de la vie. Et cette règle, qui est également de la loi divine et des lois humaines, est si juste et si naturelle, qu'elle est gravée dans le fond de tous les esprits » (*op. cit.*, § IV).

Les jusnaturalistes du XVIIe tels Grotius, Pufendorf et Domat ont rendu compte de la dimension familiale du patrimoine en montrant, chacun à sa manière, combien le choix de la dévolution successorale des biens aux proches parents du défunt s'inscrit, tout naturel qu'il soit, sur fond d'une option contraire prise pourtant, elle aussi, par la nature qui signe l'arrêt de mort de tout être humain. Tout se passe dès lors comme si la mort donnait à la transmission héréditaire des biens son aspect de surcroît gratuit sur lequel le droit n'exerce pas de prise. Indice, peut être, que la propriété doit se lire, encore une fois, en rapport avec la vie de son titulaire. Arrêtée par la mort, la propriété resurgit tout de même, inespérée en quelque sorte, par le choix du législateur civil qui a suivi l'autre indication que lui donne encore la nature, cette fois dans la génération : la survie.

Alors qu'aucun droit strict ne peut conduire les membres de la famille à réclamer le patrimoine de leur auteur à titre rigoureux de propriété (v. là-dessus également le discours préliminaire de Portalis sur le projet de la Commission, *in* A. Fenet, *Recueil complet des travaux préparatoires du Code civil*, réimpression de l'édition 1827, Osnabrück, Otto Zeller, t. 1er, p. 518), l'attribution de ce patrimoine aux proches parents s'impose comme la solution qui convient.

Parce qu'il prolonge la personne à laquelle se rattachait le patrimoine, l'héritier rejoue dans la symbolique des biens la logique du don qui l'a amené lui-même à l'existence. Nécessité donc, mais transie de gratuité. Nécessité de convenance. Comme la propriété elle-même ? Après tout, le corps, reconnu comme cause formelle du droit de propriété, n'est-il pas, lui aussi, donné ?

II. – La transcendance inhérente a la nature

Comment découvrir dans la nature elle-même la « matière » – cause matérielle, disions-nous – d'un droit propre à chacun et pourtant disponible à tous ? Pour établir la correspondance que reconnaît le droit entre un bien de ce monde d'une part, un sujet déclaré propriétaire d'autre part, peut-on faire l'économie d'une transcendance qui se dirait dans les choses elles-mêmes ?

Pour étudier cette question, on recourt d'abord à un auteur peu suspect de mysticisme, Émile Durkheim (sect. 1 : « Le décryptage sociologique de la transcendance »).

Ainsi, par une sorte d'argument *a fortiori,* on reconnaîtra que si même la lecture positiviste du réel avoue l'action d'un au-delà des choses pour justifier le droit de propriété exercé sur les choses elles-mêmes, alors il ne sera plus permis de négliger cette dimension dans l'examen de la « cause matérielle » du droit de propriété. Dans un deuxième temps, on évoque deux autres auteurs, le premier du Moyen Age, Thomas d'Aquin, le second, déjà rencontré, des Temps modernes, John Locke, qui reconnaissent tous deux une intention providentielle à l'œuvre dans le surgissement de la création pour le bien des humains (sect. 2 : « Le don originaire »). La troisième section (« L'ordre muet de la nature ») tire la conclusion des considérations précédentes en ramenant la réflexion, encore une fois, au fait corporel.

1 / Le décryptage sociologique de la transcendance

Dans ses *Leçons de sociologie ; Physique des mœurs et du droit* (PUF, « Bibliothèque de philosophie contemporaine », 1950). É. Durkheim entend rendre compte, par le moyen de la science humaine qu'il fonde, de diverses normes adoptées tant en droit public qu'en droit privé. Parmi ces dernières, il traite de « la règle prohibitive des attentats contre la propriété » (onzième leçon) ou, plus simplement, du « droit de propriété » (douzième, treizième et quatorzième leçons) :

> « D'où vient, demande le père de la sociologie, le respect qu'inspire la propriété d'autrui, respect que la loi consacre par des sanctions pénales ? D'où vient que des choses sont ainsi rattachées si étroitement à la personne qu'elles participent à son inviolabilité ? » (Durkheim, *op. cit.*, p. 144).

En formulant plus précisément son interrogation, Durkheim donne, notons-le, une référence analogique à ce que nous avons appelé la cause formelle du droit de propriété :

> « D'où vient que l'homme peut disposer de certaines choses comme il dispose de son corps, c'est-à-dire à l'exclusion de tout autre, car c'est la légitimité de cette exclusion qui fait le caractère illégitime des empiétements d'autrui ? » (*op. cit.*, p. 144).

Mais si par là se confirme une nouvelle fois l'importance décisive du fait corporel dans la genèse du droit de propriété (v. *supra*, I, p. 277), faut-il dire pour autant que « la propriété pourrait être déduite de la notion même de l'activité humaine » et qu' « il n'y aurait qu'à analyser cette dernière pour y découvrir pourquoi l'homme est et doit être propriétaire » (*op. cit.*, p. 144) ?

Dans la littérature, l'idée de travail se présente pour remplir cette condition mais Durkheim rejette une telle justification à cause, d'abord, du préjugé individualiste qu'il recèle – comme si l'individu n'appartenait jamais qu'à lui-même (v. *infra*, chap. IV, p. 317) – à cause ensuite de son impuissance à rendre compte d'autres modes d'acquisition de la propriété tels l'échange ou la dévolution successorale (v. sur ce dernier point, *supra*, I, p. 286), à cause, enfin, de sa subordination aux goûts de l'opinion publique qui, à travail égal, donne pourtant à tel objet soudain convoité un extraordinaire accroissement de valeur tandis qu'il déprécie au même gré de la mode tel autre objet devenu obsolète.

Durkheim conclut :

> « C'est donc en vain qu'on veut déduire la chose de la personne. Ces deux termes sont hétérogènes. La loi qui les unit est synthétique. Il y a une cause qui leur est extérieure et qui fait l'union » (*op. cit.*, p. 150-151).

Poursuivant la recherche de cette « cause extérieure », Durkheim explore alors l'explication kantienne : la volonté collective du genre humain titulaire originaire de toute propriété se concrétise par la volonté particulière de tel sujet de prendre possession de telle portion encore inoccupée du sol. Mais ce droit de premier occupant, opposable à quiconque à cause des nécessités de rendre effective – et donc particulière – la propriété originaire globale de l'humanité voit sa justification glisser sans cesse du registre immatériel de la volonté – qui, pour Kant, définit seul le champ nouménal du droit – au registre matériel de l'occupation – où le règne de la force détermine les parts soustraites à toute prétention d'autrui. D'où la contradiction : si fin qu'il se montre dans l'argumentation, Kant n'a tout de même pas réussi à justifier en droit le fait de l'appropriation privée.

Reprenant alors sur nouveaux frais l'analyse du droit de propriété, Durkheim ne découvre l'essence d'un tel droit ni dans les caractéristiques de l'objet possédé, ni dans celles du sujet possédant, ni non plus dans les pouvoirs exercés par celui-ci sur celui-là (cf. les traditionnels *uti, frui et abuti*), mais plutôt dans le droit de retirer une chose de l'usage commun : « Le droit de propriété se définit beaucoup plus par un côté négatif que par un contenu positif, par les exclusives qu'il implique que par les attributions qu'il confère » (*op. cit.*, p. 169). Or l'auteur retrouve dans le domaine sacré des religions cette caractéristique de la propriété comme « chose séparée » : *tabou* des Polynésiens et *sacer* des Romains fournissent ainsi de précieuses indications sur la genèse du droit de propriété.

> « Comme autour de la chose sacrée, autour de la chose appropriée il se faisait un vide ; en quelque sorte, tous les individus doivent se tenir à l'écart, excepté celui ou ceux qui ont la qualité nécessaire pour y toucher et s'en servir. (...) Par conséquent, on est en droit de supposer que c'est dans la nature de certaines croyances religieuses que doit se trouver l'origine de la propriété » (*op. cit.*, p. 170).

L'auteur illustre l'analogie par un exemple : tandis que le personnage sacré rend *tabou* tous les objets qu'il touche, la chose appropriée tire à elle par le mécanisme juridique de l'accession toutes les choses qui la touchent. La consécration religieuse explique de la sorte la contagion de l'appropriation.

Reste alors à faire comprendre la genèse concrète d'une telle analogie. « Pour cela, poursuit Durkheim, il nous faut observer la forme de la propriété la plus ancienne que nous puissions observer, c'est-à-dire la propriété foncière » (p. 177). Première caractéristique d'une telle propriété observée dans les sociétés antiques de Rome, de la Grèce ou des Indes : l'inaliénabilité. Alors que l'époque moderne envisage paradoxalement comme une caractéristique essentielle du lien d'un sujet à sa chose « propre » le droit de ce propriétaire d'en disposer *(abuti)* matériellement ou juridiquement de telle sorte qu'au terme de l'opération, cette chose ne lui soit plus « propre », l'inverse semble plus exact :

> « On remarquera que, à certains égards, le droit d'aliéner ou de vendre est loin de représenter le point le plus élevé que puisse atteindre le droit de propriété ; l'inaliénabilité a plutôt ce caractère. Car nulle part l'appropriation n'est aussi complète et

aussi définitive. C'est là que le lien entre la chose et le sujet qui possède atteint son maximum de force, là aussi que l'exclusion du reste de la société est la plus rigoureuse » (*op. cit.*, p. 178).

Retenant comme un précieux enseignement de l'histoire – lue par Durkheim – cette coïncidence originaire de l'inaliénabilité et de la propriété (car elle donne encore à réfléchir sur la cause formelle du droit de propriété reconnue dans le fait corporel, v. *supra*, I, p. 277), nous lisons dans la suite des développements de l'auteur « les raisons religieuses qui font que la propriété est la propriété » (*op. cit.*, p. 180) : la bande sacrée marquant les limites de chaque champ, les bornes dressées à ces endroits, les sacrifices qu'on y renouvelait chaque année, la purification du seuil des maisons constituent autant d'expressions religieuses de la séparation caractéristique du droit de propriété. Mais pourquoi les propriétaires recouraient-ils à de telles manifestations sacrées ?

Récusant successivement la thèse matérialiste qui verrait dans la pratique religieuse l'habillage astucieux de la simple défense d'un intérêt privé puis l'hypothèse émise par Fustel de Coulanges expliquant le caractère sacré des champs par le culte des morts que la famille y enterrait, Durkheim retient la perspective plus générale selon laquelle « la nature tout entière (ayant) pris un caractère religieux » (*op. cit.*, p. 183), l'appropriation profane de ses biens suppose un rite, religieux lui aussi.Ainsi puisque tout appartient aux dieux, le sacrifice des prémices s'impose afin de reconnaître la puissance secrète – divine – mise en œuvre dans la germination du grain jeté en terre avant que les cultivateurs ne consomment de façon profane le reste de la récolte ; de même faut-il présenter une offrande aux limites du champ (ou de la maison) avant de considérer comme sien ce bien qui, en réalité, relève de la propriété des dieux. Ce rite sacrificiel tout ensemble concentre à la périphérie le caractère sacré, donc intouchable, du champ entier, rachète la faute commise par l'homme d'utiliser à son propre avantage le reste du fonds, et attire sur les récoltes la bénédiction qui les rendra prospères.

Ainsi s'explique, pour Durkheim, le droit de propriété des sujets qui ont accompli les sacrifices requis :

> « Le droit de propriété des hommes n'est qu'un succédané du droit de propriété des dieux » (*op. cit.*, p. 186).
>
> « Les choses étaient inviolables par elles-mêmes, en vertu d'idées religieuses, et c'est secondairement que cette inviolabilité, préalablement atténuée, modérée, canalisée est passée entre les mains des hommes. Le respect de la propriété n'est donc pas, comme on le dit souvent, une extension aux choses du respect qu'impose la personnalité humaine, soit individuelle, soit collective. Il a une tout autre source, extérieure à la personne » (*op. cit.*, p. 187).

Pour le paysan romain, grec ou indien du monde antique, cette « source extérieure » réside – Durkheim vient de le démontrer – en ce monde de la divinité auquel l'homme primitif croit dur comme fer. Pour le sociologue français contemporain, cependant, il n'en va évidemment pas de même ; un décryptage s'impose : « Il faut chercher comment les choses ou les hommes acquièrent un caractère sacré » (*op. cit.*, p. 187). En sa quatorzième et dernière leçon sur le droit de propriété, Durkheim propose dès lors sa méta-explication. Alors que la transcendance des dieux propriétaires de la nature explique au premier degré les mécanismes sacrificiels d'appropriation exclusive des biens, l'élucidation sociologique rend compte, dans un second temps, de cette transcendance originaire non pas, notons-le déjà, pour la supprimer, mais pour la replacer en son vrai lieu.

Pour le fondateur de la sociologie, les explications religieuses mises au jour dans la « source externe » du droit de propriété traduisent, en effet, tout illusoires qu'elles soient, des intérêts collectifs bien réels :

> « Les religions sont la manière primitive dont les sociétés prennent conscience d'elles-mêmes et de leur histoire (...). On peut donc être assuré que les croyances religieuses que nous avons trouvées à la base du droit de propriété recouvrent des réalités sociales qu'elles expriment métaphoriquement » (*op. cit.*, p. 189-190).

Si donc on admet comme clé de lecture que « la supériorité des dieux sur les hommes, c'est celle du groupe sur ses membres » (*op. cit.*, p. 190-191), on reconnaît facilement que toutes les choses qui font vivre le groupe participent au caractère sacré dudit groupe, d'où leur mise à part, hors de toute appropriation privée : à l'origine, la propriété est collective. Le décodage se poursuit en ces termes :

> « La propriété privée est née parce que l'individu a fait tourner à son profit, à son usage, ce respect que la société inspire, cette dignité supérieure dont elle est revêtue et qu'elle avait communiquée aux choses. » (*op. cit.*, p. 192).

Les rites propitiatoires qui permettent annuellement ce passage quelque peu sacrilège du collectif à l'individuel forment alors – on le comprend – le germe de ce qui deviendra l'impôt prélevé par la collectivité sur les individus.

Dans la suite de sa dernière leçon consacrée à la propriété, Durkheim explique l'importance, du patriarcat d'une part, des biens mobiliers d'autre part, pour rendre compte des formes modernes de l'appropriation privée. Sans entrer dans ces ultimes évolutions, on retiendra ici la thèse centrale de l'auteur quant à l'origine du droit de propriété : la « cause » de la propriété ne se laisse pas réduire à la subjectivité de la personne, car une transcendance, matérialisée dans la nature elle-même, entre en compte dans la justification de la propriété. Mais quelle réalité se cache derrière cette cause matérielle ?

Suffit-il de dire, avec Durkheim, que la société exerce sur les biens de ce monde la maîtrise transcendante que le paysan primitif, prisonnier d'un monde mythique, attribuait illusoirement aux dieux ? Mais une telle explication ne montre pas encore la raison dernière du passage de la transcendance originaire (religieuse dans la croyance antique, sociale dans la science contemporaine) à l'appropriation privée ; ce transfert lui-même reste impensé. Si, en effet, la propriété se définit par l'exclusivité – individuelle, familiale ou clanique, peu importe ici – dans l'utilisation d'un bien, il ne suffit pas de dire qu'une telle singularité s'est gagnée par empiétement sur un domaine soit sacré, soit collectif, tandis qu'un sacrifice ou un impôt compensait cette « profanation » de la nature, il faut encore montrer pourquoi l'idée de cette exclusivité s'est imposée alors qu'apparemment, aux dires de Durkheim lui-même, le domaine originaire – des dieux ou de la société – ne comprenait pas une telle évolution.

En d'autres termes, si elles présentent la propriété privée comme antagonique par rapport à une transcendance originaire, les *Leçons de sociologie* ne peuvent se contenter d'invoquer celle-ci – ni dans sa version mythique, ni dans sa lecture démythologisée – pour rendre compte de celle-là car la possibilité d'allier ces deux contraires n'y apparaît nulle part. Si Durkheim a eu raison d'invoquer une transcendance dans la justification du droit de propriété, montrant que pour l'homme, les choses de ce monde ne se réduisent jamais à leur immanence – il reste en défaut d'articuler les deux pôles de la relation d'exclusivité : refluée entièrement du côté de la chose, l'appropriation durkheimienne perd le sujet comme source – « cause formelle » disions-nous – du droit de propriété ; corrélativement, le lecteur des « Leçons » n'aperçoit dans la transcendance invoquée aucune raison de transformer la maîtrise originaire exercée par ce pouvoir supérieur en ladite appropriation privée. D'où l'intérêt d'explorer ailleurs une autre articulation de la singularité du sujet et de la transcendance de l'objet.

2 / Le don originaire

Le rappel de deux auteurs, Thomas d'Aquin au Moyen Age, John Locke aux Temps modernes, permet de donner à la transcendance de la nature une autre signification que celle du tabou durkheimien.

Dans le second volume de la deuxième partie *(secunda secundae)* de sa *Somme théologique*, Thomas d'Aquin analyse les différentes vertus. Au chapitre des vices opposés à la justice, l'auteur étudie (question 66) le vol et la rapine. Les deux premiers articles de cette question (1 / La possession de biens extérieurs est-elle naturelle à l'homme ? 2 / Est-il licite de posséder en propre un de ces biens ?) donnent l'articulation thomiste de la communauté naturelle avec l'appropriation positive des biens.

L'appropriation privée concerne la gestion des biens comme l'explique l'article 2 car la raison humaine perçoit, nous l'avons vu, trois motifs d'exercer la communauté naturelle des biens par le biais de cette disposition privée : d'abord chacun donne à sa propre chose plus de soins qu'à l'œuvre commune, ensuite on évite la confusion des situations où chacun s'occupe de tout, enfin la satisfaction que chacun retire de son bien garantit mieux la paix que dans les indivisions, sources de disputes (cf. Q. 66, art. 2 C).

Mais cette « précision » que donne la raison humaine quant à la division des possessions s'ajoute seulement à la communauté que prescrit le droit naturel à propos de l'usage de tels biens. Car,

> « l'homme ne doit pas posséder ces biens comme s'ils lui étaient propres, mais comme étant à tous, en ce sens qu'il doit les partager volontiers avec les nécessiteux » (cf. Q. 66, art. 2 C).

Or comment tenir à la fois l'exigence rationnelle, en l'état actuel des choses, de l'appropriation privée des « biens extérieurs » en même temps que la norme toute naturelle de leur destination commune, sinon en reconnaissant entre ces biens de la nature et l'homme qui se les approprie cette tierce Volonté ordonnatrice ? Celle-là même dont parle le Docteur angélique à l'article 1er de sa question :

« Dieu a la maîtrise de tous les êtres, étant leur principe. Et c'est lui qui, selon l'ordre de sa providence, a ordonné certaines choses à sustenter la vie corporelle de l'homme. C'est pour cela que l'homme a la possession naturelle de ces choses, en ce qu'il a le pouvoir d'en faire usage » (cf. Q. 66, art. 1er, ad. 1).

L'appropriation trouve ainsi sa mesure dans le don ; mesure positive puisque le don, réel, rend « naturellement » l'homme possesseur « de ces choses », mesure négative aussi car son titulaire les possède non pas « à titre principal comme s'il ne les avait pas reçus d'un autre » (cf. Q. 66, art. 1er, ad. 2) mais à titre d'intendant qui, créature raisonnable et par là image de Dieu, entend symboliser dans l'exercice même de cette possession les traits de la divine maîtrise, généreuse et providentielle. Le surcroît de sens qui confère à la chose son « aptitude » à l'appropriation gît donc, selon le point de vue du théologien médiéval, dans la geste créatrice qui lie le sujet à la nature selon un rapport précis : les choses sont pour l'homme – d'où la possibilité voire la nécessité de leur appropriation positive – mais à la manière d'un don destiné à l'ensemble des humains : la communauté de biens est de droit naturel.

La dialectique du don et de l'appropriation se retrouve, quatre siècles plus tard, dans la manière dont John Locke explique l'origine de la propriété. De cet auteur, nous connaissons déjà la position quant à la source *subjective* du droit de propriété à savoir l'appartenance du corps propre (v. *supra*, I, p. 277), il convient à présent de compléter cette première perspective par le pôle *objectif* de sa réflexion développée dans le même ouvrage.

Au chapitre V du *Deuxième traité du gouvernement civil* (cf. l'original anglais ici utilisé *Two Treatises of government. In the former, the false principles and foundation of Sir Robert Filmer, and his follower are detected and overthrown ; the latter, is an essay concerning the true original, extent, and end of civil government, in The Works of John Locke*, in ten volumes, London, printed for Thomas Tegg *et al.*, 1823, vol. V, p. 352) l'auteur commence par poser, lui aussi, à partir d'une double source – raison et révélation – le don providentiel :

> « Que nous considérions la raison naturelle qui nous enseigne que les hommes, une fois nés, ont un droit à leur conservation et donc à la nourriture, à la boisson et à toutes les autres choses que fournit la nature pour leur subsistance, ou la révélation qui nous rend compte de tous ces dons que Dieu fit du monde à Adam, à Noé et à ses fils, il est tout à fait clair que Dieu, comme le dit le roi David (Ps. CXV, 16) "a donné la terre aux enfants des hommes", qu'il l'a donnée à l'humanité en commun. »

Mais après cette affirmation aussi principielle que classique à l'époque, Locke lève l'objection :

> « Mais ceci étant supposé, certains semblent éprouver une très grande difficulté à comprendre comment qui que ce soit aurait jamais pu parvenir à la propriété de quoi que ce soit. »

L'auteur entre dans cette difficulté de penser à la fois la destination commune des biens et leur appropriation personnelle, en rejetant d'abord les solutions insatisfaisantes :

> « Je ne veux pas me contenter de répondre que s'il est difficile de rendre compte de la propriété en supposant que Dieu ait donné le monde à Adam et à sa postérité

en commun, il est impossible à quiconque, sinon à un unique souverain universel, d'acquérir une quelconque propriété si l'on suppose que Dieu a donné le monde à Adam et à ses héritiers dans l'ordre de la succession, en excluant tout le reste de sa postérité. »

Refusant ainsi le dilemme tant du don indivis qui ne fournit pas le principe de sa propre répartition en parts appropriables que du legs transmis au seul aîné, empêchant donc toute division des parts, Locke entend expliquer comment le don unique parvient à se diviser :

> « Mais je m'efforcerai de montrer comment les hommes peuvent parvenir à la propriété qui distribue en plusieurs parts ce que Dieu a donné en commun à l'humanité, et cela sans aucun accord explicite de tous les copropriétaires » (*op. cit*, chap. V, § 25).

On sait déjà que John Locke a découvert cette « clé de répartition » dans le travail (v. aussi *infra*, III, p. 302). Mais avant de déployer cette réponse, l'auteur insiste sur la nécessité de trouver une médiation rationnelle entre l'universalité du don et la particularité de la consommation :

> « Dieu, qui a donné aux hommes le monde en commun leur a aussi donné la raison afin qu'ils en usent pour le meilleur avantage de la vie et de tout ce qui lui convient. La terre, et tout ce qu'elle contient, est donnée aux hommes pour le soutien et la commodité de leur existence. Et quoique tous les fruits qu'elle produit naturellement et les animaux qu'elle nourrit appartiennent en commun à l'humanité en tant qu'ils sont produits par la main spontanée de la nature, et que personne ne détient à l'origine sur aucun d'eux, tels qu'ils sont donc dans leur état naturel, une maîtrise privative qui exclurait le reste de l'humanité, il n'empêche qu'il doit de toute nécessité exister un moyen ou l'autre de se les approprier afin que, donnés pour l'usage des hommes, ils puissent être utiles ou au moins bénéfiques à un homme particulier. Le fruit ou le gibier, nourriture de l'indien sauvage qui, restant encore tenancier en commun, ne connaît pas de clôture, doit être sien et tellement sien, c'est-à-dire une part de lui-même, que personne d'autre ne peut désormais détenir aucun droit sur lui, pour que cette nourriture puisse lui faire du bien dans l'entretien de son existence » (*op. cit*, chap. V, § 26).

Entre Thomas d'Aquin et John Locke, les perspectives se dessinent certes différemment puisque, pour le théologien médiéval, l'appropriation privée – limitée au droit de disposition – apparaît comme une exigence rationnelle de meilleure gestion des richesses et de plus grande paix des propriétaires, au service en tout cas d'une finalité déterminée, la destination universelle des biens, tandis que le philosophe moderne laisse percer une plus grande impatience à trouver le critère qui répartira en parts finalement individuelles, pour la satisfaction de chaque sujet, les biens reçus à l'origine en commun, il reste que l'une et l'autre doctrine s'appuient sur un don initial – la première pour y revenir comme à sa finalité naturelle, la seconde pour le distribuer le plus tôt possible entre les sujets libres – don par lequel la Providence divine inscrit dans les choses elles-mêmes le sens précis de leur ordination à l'ensemble des humains. Ni saint Thomas, ni John Locke ne réfléchissent l'appropriation privée hors de cette paradoxale générosité voulue, à l'origine, comme universelle et qui, par là, semblait pourtant contredire une telle appropriation.

3 / L'ordre muet de la nature

En période sécularisée, faudra-t-il sourire du surcroît de sens que les croyants attribuent aux choses elles-mêmes, y lisant le don de l'acte créateur ? Certes, il reste toujours possible de jeter un regard entendu non seulement sur la croyance du paysan animiste qui sacrifie un poulet afin de voir si ses ancêtres acceptent la cession d'une partie de sa terre – plus exactement de *leur* terre – à l'étranger qui souhaite s'installer au village, mais plus généralement encore sur toute lecture théologique qui déchiffre dans les biens visibles de la nature l'expression d'une générosité invisible. Il n'empêche que la question demeure de savoir si la nature comme telle ne contient pas en son sein un ordre qui imposerait sa transcendance à tout sujet en mal d'appropriation.

Durkheim, d'ailleurs, a perçu le problème puisque sa lecture sociologique des origines du droit de propriété n'efface pas mais déplace seulement l'au-delà qui explique un tel droit (v. *supra* 1, p. 297). Si insatisfaisant qu'il soit, le décryptage opéré par les *Leçons de sociologie* montre au moins la nécessité de prendre en compte une transcendance associée aux choses de ce monde pour expliquer l'appropriation qu'exerce un quelconque sujet sur ces choses mêmes. Propriété des dieux dans la mentalité primitive, la terre qui nourrit le groupe participe en fait, selon Durkheim, à la transcendance de ce groupe sur chacun des individus qui le composent.

Par ailleurs, nous avons mentionné, en critiquant la thèse durkheimienne, la difficulté rencontrée par la sociologie positiviste d'expliquer le passage de la chose appropriée par les dieux (ou par la société) à la position antithétique de l'appropriation privée. Mais que révèle cette difficulté ? Elle montre que l'erreur d'une telle approche ne porte pas sur l'existence d'un au-delà des choses mais sur ses caractéristiques. Si cet au-delà se laisse représenter seulement, comme dans les décodages durkheimiens, sur le mode du *sacer* ou du *tabou* intouchable, alors rien n'explique le passage de la transcendance originaire aux appropriations subséquentes, mais si la transcendance invoquée prend, comme chez Thomas d'Aquin ou John Locke, l'allure d'une providence dispensatrice de ses dons, alors les deux registres deviennent compatibles, de la transcendance associée à la nature et de l'immanence effectuée par l'appropriation.

Or à cet endroit de la réflexion, la pensée contemporaine, largement sécularisée, hésite à s'engager en une telle conviction, trop liée semble-t-il à la confession surnaturelle de la foi en un Dieu providence. Faudra-t-il alors rester en arrêt devant le dilemme où, d'un côté, la Révélation fournirait aux seuls croyants l'articulation convenable entre l'objet et le sujet du droit de propriété, reliés qu'ils seraient l'un à l'autre par une générosité bienfaitrice, où de l'autre côté la position agnostique – rejetant même la transcendance sociale chère à Durkheim – se contenterait des choses elles-mêmes sans chercher à reconnaître en elles l'expression d'un quelconque au-delà ? Mais cette seconde solution, nous le savons, reste insatisfaisante : en conférant aux choses un statut d'objets sans intentions et sans mystères, la sécularisation a certes ouvert dans les sciences ou dans le droit la voie du positivisme triomphant, mais elle n'a pas nécessairement mieux expliqué les fondements du droit de propriété.

Car si les choses elles-mêmes ne manifestent jamais que le sens voulu pour elles par les hommes, il est à craindre que leur réduction à l'état d'objets dépourvus de toute transcendance ne serve trop bien les intérêts des puissants qui disposent d'assez de force pour se les approprier. Si aucune correspondance ne lie plus *a priori* à l'ensemble des humains la nature « cause matérielle du droit de propriété », ce droit risque de dégénérer en pouvoir de fait alors qu'elle appartient – de droit – au domaine du droit, c'est-à-dire aux formes de la reconnaissance que se doivent les humains. Mais pour échapper à un tel danger, le droit doit-il nécessairement appuyer son argumentation sur l'autre branche du dilemme, à savoir la révélation reçue par une confession religieuse particulière ?

On notera en tout cas une coïncidence digne d'intérêt : à l'époque où la sécularisation refuse les arrière-mondes qui prédéterminaient le rapport des choses à l'homme, leur préférant l'attribution par l'homme seul des sens – scientifique, technique, juridique, etc. – au monde des objets, les animismes primitifs et les prosopopées romantiques se réveillent plus vigoureux que jamais dans des courants tels que la *Deep Ecology*. Comme l'ont évoqué nos considérations précédentes sur « la spécificité humaine du sujet de droit » (*supra*, titre II, p. 126), les mouvements actuels de « l'écologie profonde » et du « contrat naturel », réagissent en effet contre l'excès d'objectivation propre à la Modernité, d'ailleurs par l'excès inverse qui fusionne en les personnifiant toutes les forces – y compris humaines – de la nature. Si contestables qu'ils soient, de tels courants montrent au moins que la question se pose encore d'une transcendance propre à la nature elle-même, ou pour reprendre les termes de F. Ost d'un « projet » de la nature, sorte de « milieu » entre la nature-sujet et la nature-objet.

Oui la question de la « chose » reste ouverte à sa propre transcendance, comme si la nature elle-même réclamait avant d'être légitimement appropriée, un surcroît de sens par rapport à son statut de simple objet d'appropriation. Mais comment la nature formule-t-elle d'elle-même – par une autre voie donc que celle des Livres sacrés – cette transcendance qui l'habite ? Nous avons tenu qu'elle le fait en construisant son propre sommet qu'est le corps des sujets.

III. – Le capital en face du droit au travail

Précieuse pour la mise en évidence de la cause formelle et de la cause matérielle du droit de propriété, la condition corporelle des sujets de droits ne l'est pas moins lorsqu'il s'agit d'analyser sa cause efficiente puisque la propriété s'origine dans le fait éminemment corporel du travail. Le débat mené entre les libéraux (sect. 1), les socialistes (sect. 2) et les chrétiens (sect. 3) sur le travail comme fondement du droit de propriété – des seuls revenus du capital ou de ce capital même ? – éclaire le parcours des divers chemins qu'emprunte cette « cause efficiente » pour aboutir à la légitimité.

1 / La position libérale

En cherchant dans l'indéniable lien du sujet à ses propres facultés la racine du droit de propriété (cf. *supra*, I, p. 277) et en découvrant dans la nature le don d'une providence généreuse envers tous (cf. *supra*, II, p. 299), John Locke n'a de cesse de trouver le critère qui permettra de conjoindre, de la façon aussi immédiate que possible, le sujet et l'objet de l'appropriation privée. On sait déjà que, pour l'auteur du *Deuxième traité du gouvernement civil* (*op. cit.*, Paris, Vrin, 1977), ce critère réside dans le travail qui met à part les biens de la nature (les glands, les fruits...) et qui, par là, en confère la propriété au sujet travailleur sans qu'aucun accord de la part d'autrui ne s'avère nécessaire pour faire naître ou reconnaître un tel droit. John Locke demande à propos de ce travailleur :

> « Quelqu'un viendra-t-il prétendre qu'il n'avait aucun droit sur les glands ou les fruits qu'il s'est appropriés de la sorte, faute du consentement de l'humanité entière pour les rendre siens ? Était-ce voler que prendre ainsi pour lui ce qui appartenait en commun à tous ? »

Mais l'auteur répond lui-même :

> « S'il avait fallu obtenir un consentement de ce genre, les hommes seraient morts de faim malgré l'abondance que Dieu leur avait donnée. Sur les terres communes, qui restent telles par convention, nous voyons que le fait générateur du droit de propriété, sans lequel ces terres ne servent à rien, c'est l'acte de prendre une partie quelconque des biens communs à tous et de la retirer de l'état où la Nature la laisse. »

Ayant ainsi circonscrit la propriété entre sa cause finale (« ne pas mourir de faim », « ne pas servir à rien ») et sa cause matérielle (« l'abondance que Dieu avait donnée »), Locke ne voit pas d'autre effectivité au droit que l'acte même du recueillement, sans qu'autrui donc ait à y donner un quelconque accord :

> « Le fait qu'on se saisisse de ceci ou de cela ne dépend pas du consentement exprès de tous » (J. Locke, *op. cit.*, § 28, p. 91).

Pour éclairer la suite de l'histoire, notons les trois illustrations que J. Locke donne aussitôt de cette genèse immédiate du droit de propriété sur les biens retirés hors du statut commun que leur assigne la Nature :

> « L'herbe qu'a mangée mon cheval, la tourbe qu'a fendue mon serviteur et le minerai que j'ai extrait, partout où j'y avais droit en commun avec d'autres, deviennent ma propriété sans la cession ni l'accord de quiconque. Le travail, qui m'appartenait, y a fixé mon droit de propriété, en retirant ces objets de l'état commun où ils se trouvaient » (§ 28, p. 91-92).

Si, d'après le troisième exemple cité, le travailleur a fixé « son » droit de propriété sur le minerai qu'il a lui-même extrait de la terre, peut-on transposer pour autant cette légitimité aux deux premières figures avancées par le philosophe ? En quoi l'alimentation du cheval relève-t-elle d'un travail qui justifierait l'appropriation de l'herbe par son maître ? Plus encore, en quoi le travail du serviteur autorise-t-il le maître à s'emparer de la tourbe fendue ? Les ombres de Pierre-Joseph Proudhon et de Karl Marx ne planent-elles pas sur cette dernière extension des légitimités de l'appropriation personnelle ?

En réservant à la section suivante l'examen de cette question aux enjeux historiques fondamentaux, il reste à approfondir la pensée lockienne sur l'objet d'un tel droit puis sur la satisfaction du besoin qui, cause finale du droit de propriété, en signifie aussi la limite.

Ces deux thèmes se rejoignent d'ailleurs car si le besoin se laisse aisément reconnaître à propos des fruits et produits de la terre qui, retirés de la nature par le travail, permettent l'alimentation, l'abri, la médication, bref l'entretien de la vie, ce même besoin se fait sentir de façon beaucoup moins immédiate à l'égard de cet autre objet de droit qu'est la terre elle-même puisque les moyens de production – en tant que moyens précisément – ne satisfont pas directement un besoin. Mais Locke ne s'embarrasse guère de cette distinction : le titre qui valide l'appropriation du revenu confère aussi, dans son esprit la légitimité à l'appropriation du capital :

> « A présent que la propriété ne porte plus, au premier chef, sur les fruits de la terre et les bêtes qui y vivent, mais sur la terre elle-même, en tant que celle-ci inclut et comporte tout le reste, il me paraît clair que cette propriété, elle aussi, s'acquiert comme la précédente. La superficie de terre qu'un homme travaille, plante, améliore, cultive et dont il peut utiliser les produits, voilà sa propriété. Par son travail, peut-on dire, il l'enclôt et la sépare des terres communes » (*ibid.*, § 32, p. 93).

Reproche-t-on à l'auteur de justifier de telles appropriations sans le consentement des coïndivisaires, titulaires pourtant d'un droit égal sur l'ensemble des biens de la nature, il répond à la fois par le commandement divin et la pénurie humaine. L'homme doit travailler :

> « Dieu et la raison lui commandaient de venir à bout de la terre, c'est-à-dire de l'améliorer dans l'intérêt de la vie et, ce faisant, d'y investir quelque chose qui était à lui : son travail » (*ibid.*, § 32, p. 93).

Ayant appliqué au capital le principe – c'est-à-dire l'appropriation par le travail – qu'il avait mis en œuvre à propos des fruits, J. Locke établit dans ce second cas également la limite qu'il avait reconnue dans le premier, à savoir l'égale potentialité d'acquisition dans les mains d'autrui, ainsi qu'on l'exposera au chapitre suivant. Car il reste entendu que l'appropriation privative ne peut jamais léser l'égal droit d'autrui, ni quant aux fruits ni quant à la terre.

> « Vraiment, c'était une sottise, autant qu'une malhonnêteté, de thésauriser plus qu'il ne pouvait utiliser » (*ibid.*, § 46, p. 101).

On n'entre pas ici dans les développements que John Locke consacre à la corruption de ce bel équilibre par la monnaie qui change « la valeur intrinsèque des choses », valeur

> « que seule détermine leur utilité pour la vie humaine, avant qu'on n'eût convenu de reconnaître à un petit morceau de métal jaune, capable de se conserver sans usure, ni détérioration, plus de valeur qu'à une grosse pièce de viande ou à un tas de blé entier » (*ibid.*, § 37, p. 96).

On retiendra plutôt du *Deuxième traité du gouvernement civil*, cet équilibre même : dans la générosité de la nature lue comme un don divin, l'homme « propriétaire de sa personne, de ce qu'elle fait et du travail qu'elle accomplit » (§ 44, p. 100), trouve en lui-même l'origine spontanée (hors convention) de son appropriation des biens. A la condition cependant qu'il reconnaisse dans la satisfaction de son propre besoin la limite au-delà de laquelle s'éteint son droit individuel parce que là aussi commence celui des autres coïndivisaires. Tandis que le prochain chapitre examinera plus attentivement le besoin ainsi rapporté au droit de propriété, on voudrait évoquer ici la postérité du principe lockien de l'appropriation par le travail. Et d'abord sa contestation socialiste.

2 / La position socialiste

Lorsque Proudhon lance son célèbre aphorisme : « La propriété, c'est le vol ! » (P.-J. Proudhon, *Qu'est-ce que la propriété ? ou Recherches sur le principe du droit et du gouvernement, premier mémoire* (1840) in *Œuvres complètes de P.-J. Proudhon*, Paris, Librairie des sciences politiques et sociales, 1926, p. 132), le bouillant auteur entend faire sauter les chaînes qui entravent la liberté et l'égalité des êtres humains. Dans la mesure en effet où la propriété confère à son titulaire son *aubaine*, c'est-à-dire le droit de faire payer le tiers qui s'en sert, elle vole à ce tiers l'appropriation du bien ainsi utilisé.

Car Locke n'a pas tort lorsqu'il situe dans le travail humain la légitimité des appropriations humaines, mais il se trompe quand il abandonne la rigueur d'un tel critère pour justifier les situations établies, par exemple l'appropriation par le maître des biens travaillés par l'ouvrier (cf. *supra,* « La tourbe fendue par le serviteur », p. 303), ou la rente que paiera l'agriculteur au propriétaire de la terre. Parce que Locke a raison, il a tort. Dans la mesure en effet où le travail de tous les sujets autorise chacun d'eux à posséder la part de nature à laquelle il applique son ouvrage, le renversement de perspective s'impose : il faut partir désormais de chaque « sujet travaillant » pour parcourir le processus d'appropriation jusqu'à conclure à l'impossibilité du droit de propriété plutôt que de raisonner à partir des propriétés existantes pour justifier l'asservissement d'autrui.

Mais pourquoi, demandera-t-on, cette propriété impossible ? Parce que, précisément, autrui doit toujours garder la possibilité de s'approprier les fruits de son travail, et qu'il ne convient donc pas qu'avant cette appropriation un tiers se soit rendu maître du capital frugifère. Car une telle confiscation porte gravement atteinte à l'égalité qui préside aux rapports entre les humains, tous les humains présents et à venir :

> « Non seulement l'occupation conduit à l'égalité ; elle *empêche* la propriété. Car, puisque tout homme a droit d'occuper par cela seul qu'il existe, et qu'il ne peut se passer pour vivre d'une matière d'exploitation et de travail ; et puisque, d'autre part, le nombre des occupants varie continuellement par les naissances et les décès, il s'ensuit que la quotité de matière à laquelle chaque travailleur peut prétendre est variable comme le nombre des occupants ; par conséquent, que l'occupation est toujours subordonnée à la population ; enfin, que la possession, en droit, ne pouvant jamais demeurer fixe, il est impossible, en fait, qu'elle devienne propriété » (P.-J. Proudhon, premier mémoire, *op. cit.*, p. 188).

Locke, nous l'avons vu, justifiait l'appropriation de la terre de la même manière que celle des fruits, par le travail. Dans la légitimation d'un tel droit de propriété, la considération d'autrui inhérente au droit ne se manifestait pas sous la forme d'un consentement des coïndivisaires mais, nous l'avons dit, dans le présupposé de la surabondance qui permettait aux tiers d'exercer matériellement, par leur propre travail, les prérogatives que revendiquait immédiatement chaque travailleur devenu propriétaire : il y en avait assez pour tout le monde. En un siècle et demi, de Locke (1690) à Proudhon (1840), le capital a pris d'autres formes que celle de la grande étendue de terre appropriable par quiconque, forçant ainsi la réflexion philosophique à tirer de ses prémisses anciennes une conclusion mieux adaptée aux circonstances nouvelles. S'il n'existe plus de capital vierge offert à l'appropriation de toute personne qui voudrait y appliquer son labeur, mais seulement un capital déjà approprié permettant à son titulaire de voler le fruit de leur peine à ceux qui travaillent pour lui, alors il convient de rappeler avec force la priorité du travail et, dans ce but, de remplacer cette propriété asservissante par un pouvoir de fait toujours précaire, la possession. Le travailleur tirera alors ses revenus du labeur qu'il applique à un bien dont il ne détient pas lui-même la propriété, mais dont la société lui attribue la possession comme d'un instrument qui reste commun à tous.

Pour détailler cette philosophie proudhonienne du rapport juridique des hommes à la nature, nous citons les objections qu'oppose le philosophe dans son *Deuxième mémoire sur la propriété* à la doctrine du juriste Troplong. (L'ouvrage que Proudhon cite sans référence comme *Traité de la prescription* du jurisconsulte Troplong s'intitule en réalité *Le droit civil expliqué suivant l'ordre du Code* ; De la prescription, ou commentaires du tit. XX du liv. III du Code civil ; dans l'édition de Wahlen (Bruxelles, 1836), les passages analysés par Proudhon commencent à la page 3.) Car dans son *Traité de la prescription*, R. Troplong rejoint, en partie au moins, les justifications que donne Locke du droit de propriété. Dès lors, en attaquant ce juriste dans son *Deuxième mémoire*, Proudhon s'explique par le fait même sur la justification lockienne de la propriété par le travail, de même que, nous l'avons vu au premier chapitre, il conteste l'origine de la propriété que Locke croit trouver plus profondément encore dans l'appropriation du sujet par lui-même lorsque dans son *Premier mémoire* il ironise sur l'émule français de Locke, Destutt de Tracy (v. *supra*, I, p. 281).

Le traité du jurisconsulte Troplong sur la prescription convient à Proudhon pour montrer

> « les embarras inextricables, les contradictions, les absurdités, l'incroyable déraison, où se jettent de gaieté de cœur les téméraires défenseurs du droit de propriété » (Proudhon, *Deuxième mémoire*, p. 81-82).

Sa témérité, Troplong la manifeste en invoquant l'occupation d'abord, le travail ensuite pour justifier l'acquisition de la propriété, la volonté enfin pour légitimer la conservation de cette propriété dans les mains de celui qui l'a acquise. L'occupation :

> « Quand l'homme porte pour la première fois la main sur un objet sans maître, il s'opère un fait qui, d'individu à individu, a la plus grande portée. La chose ainsi saisie et occupée participe, pour ainsi dire, de la personnalité de celui qui la tient ; elle devient sacrée comme lui-même ; on ne peut la lui arracher sans faire violence à sa liberté, et la déplacer sans toucher témérairement à sa personne. Diogène ne faisait qu'exprimer cette vérité d'intuition, quand il disait : "Ôte-toi de *mon* soleil" » (Troplong, *Traité de la prescription, op. cit.*, § 3, p. 3).

Réponse de Proudhon :

> « Fort bien ; mais le prince des cyniques, le très – personnel et très – orgueilleux Diogène aurait-il eu droit d'imposer à un autre cynique, pour cette même place au

soleil, un as de loyer par vingt-quatre heures de possession ? C'est ce que fait le propriétaire, et ce que vous ne justifiez pas » (Proudhon, *Deuxième mémoire, op. cit.*, p. 83).

Des prémisses de l'individualité, Troplong ne pouvait en effet conclure qu'à la *possession* individuelle qui, détruisant l'hypothèse de la possession collective *(communio)*, s'appelle sans doute propriété *(proprietas)* si l'on veut puisqu'elle donne naissance à la distinction du tien et du mien mais sans aucune « subalternisation » de ce tien et de ce mien. C'est que la possession n'engendre nullement la prérogative foncièrement inégalitaire qu'est le « domaine », prérogative en vertu de laquelle

« le détenteur d'une chose exige de celui qui le remplace un droit de prestation et de suzeraineté, que l'on a toujours confondu avec la propriété elle-même » (Proudhon, *ibid.*, p. 84).

Mais davantage encore que l'occupation, le travail justifie, dans le chef de Troplong, la propriété privée :

« (...) combien le droit exclusif produit par la seule occupation ne devient-il pas plus respectable encore, quand l'homme a façonné la matière par son travail ; quand il a déposé en elle une partie de lui-même, en la recréant par son industrie, en la marquant du sceau de son intelligence et de son activité ! De toutes les conquêtes, celle-là est la plus légitime, car elle est le prix du travail » (Troplong, *Traité de la prescription*, § 3, p. 3).

A ce pathos du juriste, le philosophe oppose l'identité d'effet du travail et de l'occupation puisque celle-ci recouvre celui-là : la possession « commence, se maintient, et finit avec le travail de l'occupant » (Proudhon, *Deuxième mémoire*, p. 85).

Reste alors à examiner la raison qui justifie le maintien de la propriété ainsi acquise. Alors que le souci constant d'égalité conduit Proudhon à maintenir la précarité de toute possession, la doctrine que Troplong lit dans le Code donne à la propriété une pérennité proche de l'éternité divine :

« Une fois la propriété acquise par l'occupation et le travail, elle s'est naturellement conservée, non seulement par les mêmes moyens, mais encore par la volonté seule de ne pas l'abdiquer ; car, par cela seul qu'elle s'élève jusqu'à la hauteur d'un droit, il est de son essence de se perpétuer et d'avoir une durée indéfinie... Les droits, considérés dans leur idéal, sont impérissables et éternels, et le temps, qui n'a de prise que sur ce qui est contingent, ne peut pas plus les ébranler qu'il ne lui est donné de porter atteinte à Dieu même » (Troplong, *Traité de la prescription*, Proudhon cite ici le § 6 puis le § 1er de l'ouvrage).

Pour répondre au « mensonge » et à « l'amphigouri » d'un tel idéalisme, Proudhon recourt à un double argument par l'absurde. La propriété relève de l'éternel ? Mais alors d'où vient la prescription acquisitive au profit du tiers qui possède le bien durant assez de temps pour évincer le véritable propriétaire de son titre censé perpétuel ? Troplong répondra sans doute qu'il convient d'accorder la préférence aux apparences données par le possesseur actif plutôt qu'à l'incurie du propriétaire absent. Soit, mais il faut alors non seulement récuser le caractère perpétuel du droit de propriété mais encore tirer jusqu'à ses ultimes conséquences l'enseignement que délivre l'institution ici étudiée. Car si la prescription acquisitive donne raison au possesseur qui occupe et travaille le bien contre le propriétaire dont l'absence fait présumer l'insouciance, combien plus donnera-t-on la priorité au travailleur qui occupe un bien en le louant au personnage qui s'en prétend le propriétaire alors que, de son aveu même, cet heureux bénéficiaire ne lui applique plus sa peine !

> « Quand le propriétaire ose dire : je cesse de travailler, mais je reste pour partager le produit, alors la propriété est maintenue à l'absent, l'usurpation du possesseur serait criminelle, le fermage est la récompense de l'oisiveté. Où est, je ne dis pas la raison, mais la probité de la loi ? » (Proudhon, *Deuxième mémoire*, p. 87).

Poursuivant sa déconstruction du droit de propriété à l'aide même de la prescription instaurée pour l'établir, Proudhon enchaîne par un deuxième argument *ab absurbo* :

> « La prescription est un effet de la loi civile, une création du législateur : pourquoi le législateur n'a-t-il pas autrement réglé les conditions ? pourquoi, au lieu de vingt et trente ans, ne suffit-il pas d'une seule année pour prescrire ? pourquoi l'absence volontaire et la fainéantise avouée ne sont-elles pas, aussi bien que l'absence involontaire, l'ignorance et l'apathie, des causes suffisantes de dépossession ? » (*Deuxième mémoire*, p. 87-88).

Mais comme Troplong ne peut opposer que la lettre du Code à cette généreuse suggestion, le voici bientôt rangé parmi « cette masse de commentateurs insipides, presque aussi dépourvus de raison et de sens moral que le Code » (*Deuxième mémoire*, p. 92). La propriété que consacre la loi civile porte atteinte en effet à la seule vraie raison qui, aux yeux de Proudhon, légitime la répartition des biens, c'est-à-dire le droit pour tous et pour chacun de s'appliquer à un travail qui le fasse vivre et donc le droit d'entrer en possession – mais non en propriété, insistons sur la différence – de la matière sur laquelle s'applique ce travail.

Faut-il donc conclure à l'erreur de la thèse libérale, de Locke par exemple ou de Troplong, qui voyait dans le travail la justification du droit de propriété ? En réalité, Proudhon entend moins contester ici une quelconque erreur de principe que corriger les infidélités commises dans son application.

Le détour par une page célèbre d'un autre socialiste, Louis Blanc (*Droit au travail*, réponse à M. Thiers, Le socialisme, Bruxelles, Kiessling, 1848) l'expliquera davantage.

Certes, le socialisme de Blanc, promoteur des Ateliers nationaux ne ressemble guère à celui de Proudhon, rédacteur du *Représentant du Peuple,* mais on décèle entre les deux auteurs des accents communs quant au sort de la propriété. Revendiquant contre l'opposition de Thiers l'inscription du droit au travail dans la Constitution de la République, Blanc appuie habilement sa position sur le droit de propriété, cher à son adversaire :

> « Maintenant, je me demande, comme M. Thiers, quel est, ou plutôt, quel doit être le principe de la propriété ? Et, comme M. Thiers, je réponds : c'est le travail. Mais de là dérivent deux conséquences, qu'il faut absolument que M. Thiers accepte : La première, c'est que toute propriété qui ne vient pas du travail est sans

fondement, c'est-à-dire illégitime ; la seconde, c'est que tout travail qui ne conduit pas à la propriété est sans dédommagement, c'est-à-dire oppressif » (L. Blanc, *Droit au travail*, *op. cit.*, p. 10).

Or la triste réalité montre la violation de la cohérence attendue :

« Jugerons-nous, d'après ces règles, la société actuelle ? Ce qu'elle nous offre, tout d'abord, c'est l'affligeant spectacle d'une foule immense d'hommes dont chacun peut dire : "J'ai travaillé à nourrir mes semblables, et je ne suis pas sûr d'avoir toujours du pain. J'ai travaillé à la confection de ces étoffes précieuses, et voyez mes haillons. J'ai travaillé à la construction de ce palais, et je suis en peine de mon gîte !" Encore, si c'était là un fait particulier, accidentel, résultant de causes purement personnelles ! Mais non : le fait est général, il est permanent ; il tient aux vices intrinsèques de la constitution sociale actuelle. En vertu de cette constitution sociale, la somme des instruments de travail, terres, subsistances, matières premières de toute sorte, se trouve concentrée aux mains d'une portion déterminée de la société. Or, comme pour travailler il faut des instruments de travail, ceux qui ne les possèdent pas sont naturellement soumis à ceux qui les possèdent. De là la nécessité pour les premiers de subir les conditions que les seconds stipulent, et de consentir à ce que le bénéfice obtenu, au lieu de devenir la propriété du travailleur, ne serve qu'à payer le loyer des instruments de travail. Ainsi, quand M. Thiers déclare, en droit, que "le principe de la propriété c'est le travail", la société actuelle lui répond en fait : La source de la propriété des uns, c'est le travail des autres" » (L. Blanc, *op. cit.*, p. 10 et 11).

D'où l'urgence de rétablir la cohérence en reconnaissant dans les faits – et pas seulement dans les théories – le caractère naturel du droit de propriété :

« Qu'après cela, M. Thiers appelle la propriété un *droit*, et qu'il le déclare essentiel à la société, inhérent à la nature humaine, je n'aurai garde d'y contredire. Il est certain que l'homme ne peut vivre qu'en s'appropriant les objets extérieurs. Mais c'est précisément parce que la propriété est un *droit*, qu'il ne faut pas la rabaisser jusqu'à en faire un *privilège*. C'est précisément parce que le droit de propriété est inhérent à la nature humaine, que tous ceux qui appartiennent à la nature humaine sont appelés à jouir des avantages du droit de propriété. Il ne s'agit pas de le nier, au détriment de quelques-uns ; il s'agit de le confirmer, au profit de tous. La question se réduit donc à savoir si la société actuelle, qui nous montre tant de milliers d'hommes gagnant 30 ou 40 sous par jour, moyennant 12, 13 et quelquefois 14 heures de travail, donne à chacun la propriété pour but et pour stimulant. La question est de savoir si la société actuelle, qui n'ose même pas s'engager à fournir des moyens de travail à tant de malheureux qu'attendent des chômages meurtriers, respecte bien véritablement dans chacun les droits *essentiels à la nature humaine*. Car enfin, si la qualification donnée par M. Thiers au droit de propriété est exacte – et c'est notre avis – il est clair que tout homme sans propriété se trouve en dehors de sa condition d'homme, puisqu'il manque de ce qui est *essentiel à sa nature* » (L. Blanc, *op. cit.*, p. 11).

Croire au caractère naturel du droit de propriété suppose que chaque travailleur s'approprie le fruit de son labeur et donc, pour Blanc, que l'État organise les conditions économiques du droit au travail pour tous. Chez Proudhon par contre, la même exigence d'accès du travailleur à la matière de son travail supprime toute médiation politique entre les individus et leurs produits pour installer dans toute la vie économique une circulation illimitée qui suppose précisément le remplacement du droit perpétuel de propriété par une possession toujours précaire (v. là-dessus F. Tanghe, *Le droit au travail entre histoire et utopie ; 1789-1848-1989 : de la répression de la mendicité à l'allocation universelle*, Institut universitaire européen de Florence, Bruxelles, publications des Facultés universitaires Saint-Louis, p. 133 à 186). Quoi qu'il en soit des divergences ainsi reconnues entre les socialismes, étatique d'un côté anarchique de l'autre, on retiendra leur commune leçon quant aux rapports du travail et de la propriété : la justification libérale de la propriété par le travail ne sera que mystificatrice si elle ne correspond pas aux faits. La reconnaissance du travail comme source de légitimité de la propriété oblige en effet la doctrine juridique à « socialiser » sans cesse cette « cause efficiente » du droit.

Avant de se prétendre rapport aux choses, encore une fois, tout droit, même dit « réel », s'exerce comme rapport aux personnes. Or si le droit de propriété trouve sa cause formelle dans le fait corporel de la personne elle-même et sa cause efficiente dans le travail, il pose en sa nature même à la constitution de la société la double question de savoir si le travail permet réellement au travailleur d'acquérir une propriété et si la propriété acquise permet réellement aux tiers d'exercer un travail.

3 / *La doctrine sociale-chrétienne*

Dans le débat poursuivi entre le libéralisme et le socialisme à propos des rapports qu'entretiennent la propriété et le travail, la doctrine sociale de l'Église, a tenté de tracer une troisième voie au fil d'encycliques régulièrement millésimées : *Rerum Novarum* (1891) de Léon XIII, *Quadragesimo Anno* (1931) de Pie XI, *Laborem Exercens* (1981) et *Centesimus Annus* (1991) de Jean-Paul II. La succession de ces encycliques pontificales montre que les convictions les plus assurées de la foi ne font pas l'économie de la recherche d'équilibre. Équilibre particulièrement difficile à trouver en notre matière où il s'agit de justifier à la fois l'appropriation privée et la destination universelle des biens.

Dans l'œuvre de Thomas d'Aquin, les deux dimensions du droit de propriété occupent, on l'a vu, deux champs normatifs différents : la destination commune des biens relève directement du droit naturel puisque la nature tout entière apparaît comme un don du Créateur à sa créature intelligente et libre, l'homme, tandis que l'appropriation privée appartient au droit des gens – sorte de droit naturel second ou de droit positif immédiatement soumis au droit naturel – parce que la raison humaine la recommande au nom des avantages évidents de rentabilité économique et de pacification sociale qu'emporte ce mode de gestion des biens de la création. Pour l'auteur de la *Somme théologique*,

> « la communauté des biens est dite de droit naturel, non parce que le droit naturel prescrit que tout soit possédé en commun et rien en propre, mais parce que la division des possessions est étrangère au droit naturel ; elle dépend plutôt des conven-

tions humaines et relèvera par là du droit positif (...). Ainsi la propriété n'est pas contraire au droit naturel mais elle s'y surajoute par une précision due à la raison humaine » (*Summa theologica*, IIa IIae, q. 66).

Oubliée quelque peu dans les siècles postérieurs, la doctrine thomiste se voit affinée et confirmée dans l'enseignement ecclésial contemporain. Empruntant à Locke des raisons plus décisives de hisser le régime d'appropriation privée au rang du droit naturel proprement dit, comme obligation de nécessité donc, et plus seulement de convenance (v. là-dessus L. de Sousberghe (SJ), Propriété « de droit naturel », thèse néo-scolastique et tradition scolastique, *Nouvelle Revue théologique*, 1950, p. 580), cet enseignement entend toutefois rappeler la destination universelle du don originaire, rencontrant ainsi – mais d'une tout autre manière qu'eux – l'aspiration des socialistes.

En effet, pour Léon XIII (encyclique *Rerum Novarum « sur la condition des ouvriers »*, 1891), ce pape très soucieux de dénoncer le socialisme comme « faux remède » au « mal social », la jouissance commune de la terre ne suppose en tout cas pas l'abolition de la propriété privée. Celle-ci, en effet, s'avère « pleinement conforme à la nature » comme le démontre le raisonnement suivant, issu de la plus pure tradition lockienne :

> « La terre, sans doute, fournit à l'homme avec abondance les choses nécessaires à la conservation de sa vie et plus encore à son perfectionnement, mais elle ne le pourrait d'elle-même sans la culture et les soins de l'homme.
>
> « Or, celui-ci, en consumant les ressources de son esprit et les forces de son corps pour se procurer ces biens de la nature, s'applique pour ainsi dire à lui-même la portion de la nature matérielle qu'il cultive. Il y laisse comme une certaine empreinte de sa personne, au point qu'en toute justice ce bien sera possédé dorénavant comme sien, et qu'il ne sera licite à personne de violer son droit de n'importe quelle manière » (*Rerum Novarum*, § 7).

Quarante ans plus tard, le pape Pie XI (encyclique *Quadragesimo Anno, sur la restauration de l'ordre social*, 1931) met les choses au point. Pour répondre aux « calomniateurs » qui font à son prédécesseur et à l'Église « l'intolérable injure de leur reprocher d'avoir pris, et de prendre encore contre les prolétaires le parti des riches » (*Quadragesimo Anno*, § 49), Pie XI dénonce

> « un double écueil contre lequel il importe de se garder soigneusement. De même, en effet, que nier ou atténuer à l'excès l'aspect social et public du droit de propriété, c'est verser dans l'individualisme ou le côtoyer, de même à contester ou à voiler son aspect individuel, on tomberait infailliblement dans le collectivisme ou tout au moins on risquerait d'en partager l'erreur » (*op. cit.*, § 51).

D'où les encouragements du pape à

> « mettre en lumière la nature des charges qui grèvent la propriété et à définir les limites que tracent, tant à ce droit même qu'à son exercice, les nécessités de la vie sociale » (*op. cit.*, § 53)

sans pour autant tomber dans l'erreur

> « d'affirmer que le droit de propriété est périmé et disparaît par l'abus qu'on en fait ou parce qu'on laisse sans usage les choses possédées » (*op. cit.*, § 54).

Les titres qui justifient l'acquisition d'une telle propriété n'ont pas varié d'une encyclique à l'autre :

> « La tradition universelle, non moins que les enseignements de notre Prédécesseur, font de l'occupation d'un bien sans maître et du travail qui transforme une matière, les titres originaires de la propriété. »

Mais, alors que le premier titre originaire se voit simplement confirmé en son principe :

> « De fait, contrairement à certaines opinions, il n'y a aucune injustice à occuper un bien vacant qui n'appartient à personne »,

le second titre a droit à une précision :

> « D'un autre côté le travail que l'homme exécute en son propre nom et par lequel il confère à un objet une forme nouvelle ou un accroissement de valeur, est le seul qui lui donne un droit sur le produit » (*Quadragesimo Anno,* § 57).

Pour Pie XI, en effet, une différence s'impose entre le travail « que l'homme exécute en son propre nom » et le travail « loué à autrui et appliqué à la chose d'autrui », car s'il ne convient certes pas de méconnaître l'importance décisive du travail dans la création des richesses, il n'est pas permis non plus de tant exalter cette importance qu'on en oublierait la part du capital, objet d'une légitime appropriation privée. Légitime puisque

> « la loi naturelle, c'est-à-dire la volonté divine manifestée par elle, exige que les ressources de la nature soient mises au service des besoins humains d'une manière parfaitement ordonnée, ce qui n'est possible que si l'on reconnaît à chaque chose un maître ».

D'où la conclusion :

> « hors le cas où quelqu'un appliquerait son effort à un objet qui lui appartient, le travail de l'un et le capital de l'autre doivent s'associer entre eux puisque l'un ne peut rien sans le concours de l'autre » (*Quadragesimo Anno,* § 58).

Dans les termes aristotéliciens adoptés pour exposer le présent état des questions, on traduirait : la cause efficiente du droit de propriété – le travail – ne peut écarter l'action de la cause matérielle, – la nature, en l'occurrence le capital. Mais si la propriété se justifie essentiellement par le travail, comme l'indiquait déjà quarante plus tôt *Rerum Novarum*, peut-on maintenir jusqu'au bout le parallélisme capital/travail ici revendiqué ? (v. là-dessus, R. Antoncich et J.-M. Munárriz, *La doctrine sociale de l'Église*, Paris, Cerf, 1992, en particulier le chapitre 5 : « La propriété, conséquence du droit au travail »).

En tout cas, s'il faut, dans la pensée de Pie XI, s'opposer aux prétentions injustifiées des capitalistes (§ 60), il s'impose pareillement de contredire les prétentions injustifiées des travailleurs (§ 61) : seul l'accord des deux forces produit la richesse.

A l'objectant qui invoquerait le témoignage de saint Paul lui-même (« Si quelqu'un ne veut pas travailler, qu'il ne mange pas non plus » 2 Thess., 3, 10) pour privilégier jusqu'à l'exclusive le critère du travail et donc écarter la part du capital dans la légitimité de l'appropriation, il est répondu qu'il s'agit là d'un argument hors de propos et sans fondement :

> « L'Apôtre, en effet, condamne par ces paroles ceux qui se dérobent au travail qu'ils peuvent et doivent fournir ; il nous presse de mettre soigneusement à profit notre temps et nos forces d'esprit et de corps, et de ne pas nous rendre à charge à autrui, alors qu'il nous est loisible de pourvoir nous-mêmes à nos propres nécessités. En aucune manière il ne présente ici le travail comme l'unique titre à recevoir notre subsistance » (*Quadragesimo Anno,* § 63).

Alors que les méfaits du capitalisme inclinent les travailleurs à remettre en cause toute propriété qui ne se fonderait pas sur un travail actuel, l'enseignement pontifical cherche au contraire à répandre la propriété parmi les travailleurs :

> « Il faut donc tout mettre en œuvre afin que, dans l'avenir du moins, la part des biens qui s'accumule aux mains des capitalistes soit réduite à une plus équitable mesure et qu'il s'en répande une suffisante abondance parmi les ouvriers, non certes pour que ceux-ci relâchent leur labeur – l'homme est fait pour travailler comme l'oiseau pour voler – mais pour qu'ils accroissent par l'épargne un patrimoine qui, sagement administré, les mettra à même de faire face plus aisément et plus sûrement à leurs charges de famille » (*Quadragesimo Anno,* § 68).

Difficile équilibre ! L'oiseau vole, mais le rentier ne travaille pas : comment donc justifier son appropriation paresseuse des revenus du capital ? Par ailleurs, si le travail produit la richesse, comment empêcher le travailleur de profiter aujourd'hui du fruit de son travail d'hier ? Bref, comment concilier les deux titres – du capital et du travail – à l'appropriation ?

Parue cinquante ans après *Quadragesimo anno*, l'encyclique *Laborem Exercens* (Jean-Paul II, *Le travail humain,* 1981) consacre précisément son chapitre central au « conflit entre le travail et le capital dans la phase actuelle de son histoire », pour consacrer cette fois sans ambages la priorité du travail. Pour une double raison : d'une part le capital n'est jamais qu'une chose tandis que le travail a pour sujet la personne elle-même, d'autre part le capital représente le don de la nature sur lequel s'est appliqué tout le travail humain antérieur.

> « Ainsi, tout ce qui sert au travail, tout ce qui constitue, dans l'état actuel de la technique, son "instrument" toujours plus perfectionné, est le fruit du travail » (*Laborem Exercens*, § 12).

On voit le changement d'insistance : alors que l'enseignement magistériel précédent soulignait la légitimité de la propriété privée des moyens de production – du capital, opposé au travail – Jean-Paul II, sans désavouer cette légitimité traditionnelle, met l'accent sur la dialectique que mène de bout en bout le travail en produisant des choses qui, elles-mêmes, serviront au travail. Il convient donc, pour comprendre les enjeux du droit de propriété, de rester dans la perspective de « l'homme au travail » :

> « La propriété s'acquiert avant tout par le travail et pour servir au travail. Cela concerne de façon particulière la propriété des moyens de production. Les considérer séparément comme un ensemble de propriétés à part dans le but de les opposer, sous

forme de "capital", au "travail" et, qui plus est, dans le but d'exploiter ce travail, est contraire à la nature de ces moyens et à celle de leur possession. Ils ne sauraient être *possédés contre le travail*, et ne peuvent être non plus *possédés pour posséder*, parce que l'unique titre légitime à leur possession – et cela aussi bien sous la forme de la propriété privée que sous celle de la propriété publique ou collective – *est qu'ils servent au travail* et qu'en conséquence, en servant au travail, ils rendent possible la réalisation du premier principe de cet ordre qu'est la destination universelle des biens et le droit à leur usage commun » (*Laborem Exercens,* § 14).

Alors que la perspective libérale invoque le travail originaire pour justifier toutes les appropriations subséquentes, et qu'en retour, la réaction socialiste conteste l'institution de la propriété privée qui conduit les travailleurs à la misère, la doctrine sociale de l'Église envisage la propriété comme l'inaliénable exercice de la liberté du sujet manifestée d'abord dans le travail, puis dans la gestion responsable qui permettra aux biens d'aboutir à leur destination commune.

La chute du communisme en Europe (1989) n'a pas modifié – au contraire – cette ligne de l'enseignement catholique. On lit en effet sous la plume du même Jean-Paul II, dans l'Encyclique *Centesimus Annus* (1991) destinée à célébrer le centenaire de *Rerum Novarum* :

> « En raison de sa fécondité même et de ses possibilités de satisfaire les besoins de l'homme, la terre est le premier don de Dieu pour la subsistance humaine. Or, elle ne produit pas ses fruits sans une réponse spécifique de l'homme au don de Dieu, c'est-à-dire sans le travail. Grâce à son travail, l'homme, utilisant son intelligence et sa liberté, parvient à la dominer et il en fait la demeure qui lui convient. Il s'approprie ainsi une partie de la terre, celle qu'il s'est acquise par son travail. C'est là *l'origine de la propriété individuelle.* Évidemment, il a aussi la responsabilité de ne pas empêcher que d'autres hommes disposent de leur part du don de Dieu ; au contraire, il doit collaborer avec eux pour dominer ensemble toute la terre. » (Centesimus annus, § 31. *La documentation catholique*, 1991, p. 533)

La perspective catholique énoncée sur un siècle de documents magistériels entend faire ainsi la part des choses entre le travail et la propriété, avec des insistances diverses selon les nécessités de l'heure.

Alors qu'en 1891, le socialisme se présente comme la réponse adéquate au mal social qu'est la misère ouvrière, victime d'un libéralisme effréné, le Pape refuse ce faux remède qui consiste à rejeter la propriété privée à cause des abus du capitalisme : il faut plutôt corriger de tels abus en prenant davantage en compte la dignité des travailleurs. Le travail, d'ailleurs, se présente comme la justification de l'appropriation privée. Quarante ans plus tard *(Quadragesimo anno),* tandis que le marxisme impose la dictature du prolétariat à l'Est et que les luttes ouvrières corrigent à l'Ouest les excès de la loi du marché, l'enseignement de l'Église insiste sur la reconnaissance du capital et du travail comme les deux sources indispensables de la richesse, sans que l'une puisse exercer d'injustes prétentions contre l'autre. A la fin du XXe siècle, la hiérarchisation dynamique de ces sources apparaît plus nettement que dans leur présentation quelque peu statique du texte précédent : le capital doit se subordonner au travail puisqu'il vient de lui et qu'en principe il retourne à lui. Dans la pensée de l'Église, en effet, les choses ne sont jamais qu'au service des personnes.

Troisième voie ? Dans la doctrine sociale de l'Église, les libéraux en tout cas ne trouvent pas exactement leur compte puisqu'elle leur rappelle la dimension sociale du droit de propriété ; les socialistes non plus, car elle légitime l'appropriation personnelle des biens, y compris des moyens de production. Refusant de sacrifier l'institution de la propriété à ses mauvais usages, cette voie tierce, en revanche, subordonne sans cesse cette institution ainsi âprement défendue à la finalité qui la détermine.

Par là se prolonge l'équilibre que déjà Thomas d'Aquin mettait au jour entre la destination commune qu'impose le droit naturel et l'appropriation privée que commande la raison humaine. Ainsi aucune structure unilatéralement comprise – ni du marché ni du dirigisme – ne dispense l'être humain, irréductiblement propriétaire des biens de son travail, de l'acte éthique par lequel il décide de leur usage. D'où l'intérêt d'aborder à présent la propriété par sa cause finale. La dernière des quatre causes aristotéliciennes, visant la satisfaction du besoin de tous, s'identifie au bien commun.

IV. – Le bien commun

Dans la mesure où la cause finale d'un être habite, pour les mobiliser, tant les causes matérielle et formelle que la cause efficiente de cet être, le présent chapitre n'apporte pas de doctrine nouvelle sur la question de la propriété, mais il reprend chacune des causes précédentes par le biais de leur finalité en traitant successivement de la forme du bien commun (sect. 1), puis de sa matière (sect. 2), puis de sa réalisation (sect. 3).

1 / La forme du bien commun

La considération du besoin d'autrui comme celui du sujet lui-même entre à titre de finalité dans la définition du droit de propriété. On voudrait établir cette proposition en reprenant les termes du débat engagé au premier chapitre dans l'établissement du fait corporel comme cause formelle du droit de propriété. L'individualisme lockien doit être rappelé en premier lieu comme le modèle suivi par les auteurs libéraux (A. R. J. Turgot, A. Destutt de Tracy, J. S. Mill) mais corrigé ensuite par d'autres doctrines (P.-J. Proudhon, É. Durkheim, F. Tanghe) plus sensibles à l'aspect social de l'identité personnelle.

Comme pour les trois premières, le nom de John Locke apparaît également dans l'histoire de la quatrième cause du droit de propriété. On sait déjà qu'aux yeux du philosophe anglais, l'évidence fondatrice du travail (v. *supra*, III, p. 302), appliquant au don providentiel de la nature (v. *supra*, II, p. 299) l'immédiate propriété de soi que constitue le fait corporel (v. *supra*, I, p. 277) justifie l'appropriation privée des biens ainsi travaillés. Mais on sait aussi que Locke place la limite d'une telle justification dans la possibilité laissée à autrui d'exercer la même appropriation aux mêmes conditions.

D'où la nécessité de poser, comme le fait le *Deuxième traité du gouvernement civil*, l'hypothèse de la surabondance :

> « Nul autre ne pouvait être lésé par celui qui s'appropriait ainsi une parcelle quelconque de terre en l'améliorant, car il en restait assez, d'une qualité aussi bonne, et même plus que ne pouvaient utiliser les individus qui n'étaient pas encore pourvus. Si bien, qu'en réalité, le bornage que l'un effectuait à son profit ne réduisait jamais la part des autres. Laisser aux autres une quantité égale à ce qu'ils sont capables d'utiliser, cela équivaut à ne rien prendre du tout. Nul ne pouvait s'estimer lésé de voir une autre personne boire, même à pleine rasade, s'il lui restait toute une rivière de la même eau pour étancher sa soif. Ce qui vaut pour l'eau vaut identiquement pour la terre, s'il y a suffisamment des deux » (*op. cit.*, trad. B. Gilson, § 33, p. 93-94).

On voit dès lors comment la philosophie lockienne résout la question du droit de propriété : alors que le travail fait rayonner sur la nature la propriété de soi, comment cette appropriation factuelle entre-t-elle dans le domaine du droit ? Elle y entre par la considération de l'égale liberté laissée à autrui d'opérer le même rayonnement de soi sur le reste des biens que la nature laisse à sa disposition. Le critère du travail individuel – lui-même fondé sur l'appartenance du corps propre – ne se présente de la sorte comme décisif que dans la mesure où chacun garde la liberté de le mettre en œuvre :

> « Il était donc impossible à tout homme d'empiéter sur les droits d'autrui, ou de devenir propriétaire pour son compte au préjudice du voisin ; car après comme avant que le premier ait pris sa part il restait au suivant la place de s'emparer d'un domaine aussi vaste et aussi bon » (J. Locke, *op. cit.*, § 36, p. 95).

Tandis que, pour Locke, le droit, dans son état de nature, s'établit par le laisser-être du déploiement que chaque sujet met en œuvre à partir de lui-même sur fond d'abondance hors du consentement d'autrui, d'autres philosophies invitent à considérer la relation à autrui – constitutive du droit – comme plus intime au sujet lui-même. Selon cette nouvelle perspective, il n'apparaît pas juste, en effet, de prendre les sujets de droit comme autant d'autonomies individuelles qui, grâce à leur autosuffisance corporelle, déploieraient en lignes rigoureusement parallèles les uns à l'égard des autres les potentialités d'appropriation privée que recèle, en chacun d'eux, leur propre corps ; il s'avère plus exact de souligner d'emblée le lien à autrui que manifeste le fait corporel lui-même.

Au lieu de prétendre que d'abord le sujet se possède lui-même, qu'ensuite il peut librement se prolonger dans les appropriations privées, qu'enfin il doit laisser la même liberté aux autres sujets, il s'agit ici de remettre en question le principe fondateur, au nom de la fragilité corporelle elle-même.

Nous avons déjà assisté à cette contestation lorsque Proudhon dénonçait dans l'œuvre de Destutt de Tracy l'ambiguïté de la propriété – corporelle au départ, puis matérielle dans la suite – pour lui préférer la notion d'usufruit exercé sur les biens comme il l'est sur le corps (v. *supra*, I, p. 281). Deux autres auteurs déjà cités indiquent la même direction : Fernand Tanghe dans son analyse de la pensée de Turgot (F. Tanghe, *Le droit au travail entre histoire et utopie*, Bruxelles, Facultés universitaires Saint Louis, 1989) et

Émile Durkheim dans sa critique de la justification du droit de propriété par le travail (É. Durkheim, *Leçons de sociologie, op. cit.*).

Turgot répète la doctrine de Locke – mais dans un autre contexte que lui – lorsqu'il écrit :

> « Nous devons à tous nos sujets de leur assurer la jouissance pleine et entière de leurs droits ; nous devons surtout cette protection à cette classe d'hommes qui, n'ayant de propriété que leur travail et leur industrie, ont d'autant plus le besoin et le droit d'employer, dans toute leur étendue, les seules ressources qu'ils aient pour subsister » (Turgot, *in* A. Franklin, *Dictionnaire des arts, métiers et professions*, Paris, Welter, 1906, p. 293).

F. Tanghe analyse en ces termes le présupposé lockien d'une telle position :

> « Dans le raisonnement de Turgot, le droit à la vie est lui-même conçu en termes de propriété : il se concrétise par un rapport de propriété entre l'individu, son corps, les talents et les capacités que ce corps recèle et ce qu'il produit par son travail. Il implique donc une relation possessive et instrumentale du sujet à l'égard du corps, c'est-à-dire soi-même comme objet. D'une part, ce corps est la propriété la plus intime, la plus « propre », la plus exclusive ; elle est même, de par sa nature, strictement exclusive, à la différence de la propriété des choses. D'autre part, si par le travail il produit des biens qui sont comme son propre prolongement, du coup il confère un statut subordonné aux propriétés objectives, qui ne sont que des moyens de conserver le corps et d'en disposer librement. La propriété du corps jouit donc d'une priorité logique – et qui doit devenir réelle – sur les autres formes de propriété, puisqu'à travers le travail elle constitue le fondement de celles-ci. La primauté du droit à la vie découle d'une objectivation qui se loge au cœur de l'imaginaire libéral : celle qui consiste à projeter le schème de la propriété sur le rapport individu-corps » (F. Tanghe, *op. cit.*, p. 48-49).

Sans revenir ici sur les analyses menées à propos du corps comme « cause formelle du droit de propriété » (v. *supra*, I, p. 241), on notera « l'imaginaire utopique » lié au phénomène que le commentateur appelle « fantasme du corps propriété » :

> « Projeter l'individualisme possessif sur le corps, en effet, ne va pas sans problèmes, car si le corps est pour l'individu la donnée la plus intime, c'est aussi une donnée qui lui échappe, en dernière instance mais fondamentalement. A l'encontre d'un patrimoine objectif, dont il est parfaitement concevable qu'il survive à ses titulaires, la "propriété" la plus intime s'évanouit à l'instant même où disparaît son "ayant-droit", irremplaçable en ceci qu'il la rend tout entière à la nature lorsqu'il meurt. Enraciner l'individualisme possessif dans ce qui se soustrait par définition à l'arrogance possessive, la vie, suppose des mécanismes de refoulement propres à la modernité, en ce sens, plus précisément, qu'ils caractérisent ses tendances utopiques-prométhéennes » (F. Tanghe, *op. cit.*, p. 49).

Si donc la mort signifie la désappropriation radicale du sujet à l'égard de lui-même, comment fonder sans plus sur l'appropriation de soi les acquisitions ultérieures des biens que le travail soustrait à l'état naturel ? demande notre auteur. Nous répondons que si la mort relativise à l'extrême toute appropriation justifiée par le fait corporel, elle n'en supprime pas pour autant la consistance de la personne, précaire certes mais subsistante tout de même tant qu'elle est en vie. Le « fantasme » – pour reprendre le mot de F. Tanghe – ne commence à jouer qu'au moment où la propriété, oubliant le fragilité du corps, sa « cause formelle », se prétendrait absolue, c'est-à-dire sans relation à autre chose qu'elle-même.

Tandis que F. Tanghe souligne la précarité de la référence au corps et au travail dans la justification du droit de propriété à cause de la limite radicale de la mort, É. Durkheim oppose à la même thèse libérale, défendue ici non plus par Locke ou Turgot mais par John Stuart Mill, l'évidence du fait social. Double limite ?

Mill souligne la continuité, maintenant bien connue, de la propriété de soi à l'appropriation des choses :

« La propriété n'implique rien autre chose que le droit de chacun sur ses talents personnels, sur ce qu'il peut produire en les appliquant » (John Stuart Mill, *Économie politique*, I, 256, cité par É. Durkheim, *Leçons de sociologie*, *op. cit.*, onzième leçon, p. 145).

Mais le sociologue français renverse l'argument du philosophe anglais :

« On dit que nous devons avoir la libre disposition des produits de notre travail parce que nous avons la libre disposition des talents et des énergies qui sont impliquées dans ce travail. Mais pouvons-nous disposer avec une telle liberté de nos facultés ? Rien n'est plus contestable. Nous ne nous appartenons pas tout entiers ; nous nous devons à autrui, aux groupes divers dont nous faisons partie. Nous leur donnons et nous sommes tenus de leur donner le meilleur de nous-mêmes ; pourquoi ne serions-nous pas tenus également et même à plus forte raison de leur donner les produits matériels de notre activité ? La société nous prend des années de notre existence, à l'occasion, elle nous demande notre vie. Pourquoi ne serait-elle pas fondée à nous demander ces dépendances extérieures de notre personne ? Le culte de la personne humaine n'exclut aucunement la possibilité d'une telle obligation. Car la personne humaine à laquelle est dû ce culte, c'est la personne humaine en général ; et si, pour réaliser cet idéal, il était nécessaire que l'individu se dessaisît en totalité ou en partie des œuvres auxquelles il a travaillé, ce dessaisissement serait de devoir strict. Ainsi, pour que la propriété soit justifiée, il ne suffit pas d'invoquer les droits que l'homme a sur lui-même ; car ces droits ne sont pas absolus, ils sont limités par l'intérêt de la fin morale à laquelle l'homme doit collaborer » (É. Durkheim, *op. cit.*, p. 145-146).

Au prix d'une étrange distinction opérée entre l'individu particulier et la personne « en général », Durkheim entend donc subordonner l'institution de la propriété privée aux fins de la société ; on sait en effet que pour le père de la sociologie, la « fin morale à laquelle l'homme doit collaborer » se confond avec la transcendance des exigences et l'immanence de l'idéal du groupe par rapport à chacun de ses membres. D'où le souci de l'auteur de chercher ailleurs que dans l'exercice des talents personnels – en l'occurrence ainsi qu'on l'a vu (v. *supra*, II, p. 294) dans le décryptage des rites religieux – la justification du droit de propriété. Mais l'enracinement du droit de propriété dans sa « cause formelle » qu'est le fait corporel dépérit-il pour autant ? Pas nécessairement, car le défaut reconnu (v. *supra*, II, p. 297) dans la démonstration durkheimienne du passage de l'appropriation transcendante à la propriété privée mérite d'être rappelé ici : en privilégiant une propriété supérieure des dieux ou de la société, les *Leçons de sociologie* n'ont-elles pas occulté le principe d'appropriation même que constitue le corps humain ?

Certes, l'individu ne s'appartient pas seul à lui-même – É. Durkheim a raison de souligner sa nécessaire insertion de dépendance dans le tissu social, tout comme F. Tanghe évoque judicieusement la limite radicale de la mort pour déprendre le sujet de la fantasmatique appropriation de soi –, il reste que, tout soumis qu'il soit tant au rapport d'altérité qu'à l'altération dernière, l'individu se pose lui-même comme personne en son corps, son propre corps. La double dépendance que le sujet ressent à l'égard de sa propre mort d'une part, du lien social d'autre part, double dépendance que le corps exprime en son irrécusable facticité n'évacue en rien l'autonomie que ce même sujet exerce dans la même identité corporelle.

Voit-on dès lors à quel point il ne convient pas d'opposer les deux versants du droit de propriété ? En tant que « propriété », ce droit souligne l'irréductibilité du sujet que le corps exprime à sa manière comme le disent des auteurs tels que J. Locke, A. R. J. Turgot, J. S. Mill ou A. Destutt de Tracy, mais en tant que droit, cette même propriété se trouve affectée d'emblée par autre chose qu'elle-même ainsi que l'indique également le corps humain qui livre le sujet à la relation et à la mort, comme l'ont judicieusement rappelé les pages citées de P.-J. Proudhon, É. Durkheim et F. Tanghe.

Dès lors, en reconnaissant le fait corporel comme cause formelle du droit de propriété, nous avons obtenu une position d'équilibre qui admet à la fois la légitimité des appropriations particulières en exigeant d'emblée leur nécessaire ouverture.

Cause formelle de la propriété, le corps indique sa direction à la cause finale du droit. Car si l'horizon de la mort et la dépendance à l'égard d'autrui imposent au sujet la reconnaissance, en son propre corps, d'une autre réalité que sa seule existence individuelle, il faudra que cette « forme » donnée d'emblée dans le fait corporel se prolonge dans la « fin » que poursuivra le droit justifié par un tel fait : de droit naturel, le titulaire ne pourra pas user de sa propriété pour le profit de sa seule existence individuelle. Sinon, faisant comme si la maîtrise qu'il exerce à l'égard de son propre corps ne connaissait ni origine dans le don d'autrui ni fin dans le lâcher-prise de la mort, il se rendrait coupable d'abus de droit. L'abus en effet consiste ici à ne considérer que le versant individuel de la cause du droit de propriété : l'appropriation des biens permise, dit-on, par l'appropriation de soi ne sort pas de soi. Or l'ouverture manifestée par le corps à l'autre que soi indique à suffisance l'obligation de prendre en compte le bien d'autrui dans la reconnaissance de la propriété comme droit.

Réciproquement, la prise en compte des dépendances que le corps assigne comme autant de limites au fantasme libéral de disposer absolument de soi ne peut conduire à l'excès inverse qui nierait le droit lui-même au nom de l'abus. Car l'insistance mise sur le versant social de la cause du droit de propriété deviendrait abusive, elle aussi, si elle méconnaissait sur le plan des biens l'irréductibilité personnelle que chaque sujet manifeste en son corps propre.

Formelle, la cause du droit de propriété rappelle que le fait corporel s'avère la réalité la plus commune à tous les humains en même temps que la plus propre à chacun d'eux. Finale, elle attire le droit dans la direction ainsi annoncée : le bien commun, c'est-à-dire le bien de tous et de chacun.

L'équilibre reconnu en ces considérations générales sur l'aspect individuel et l'aspect social des causes finale et formelle du droit de propriété inspire probablement toutes les réflexions menées en droit positif sur le contrôle étatique de l'exercice du droit de propriété, la sanction de l'abus de droit, la théorie des droits-fonctions, etc. A défaut d'entrer dans l'examen détaillé de ces questions, on retiendra au moins leur enjeu, en conclusion de la présente section. Poser le bien commun comme cause finale du droit de propriété et donc limiter le double abus tant de la propriété solipsiste qui ignore la dimension radicale du droit comme ouverture à l'altérité, que de l'appropriation collectiviste qui fait fi de l'irréductible autonomie des sujets revient non seulement à souligner la double dimension de la cause formelle du même droit, la singularité et l'universalité du fait corporel, mais encore à situer le droit réel en son véritable rapport : non de la personne à la chose, mais de la personne à la personne à propos de la chose.

2 / La matière du bien commun

Par sa forme aussi singulièrement unique en chacun des individus humains que communément partagée par leur ensemble, le corps offre au droit de propriété comme nous venons de le voir l'idée d'une fin qui toucherait tous et chacun des humains. Si la cause finale épouse ainsi la cause formelle, trouvera-t-on le même support dans la cause matérielle du droit de propriété ? La nature porte-t-elle en elle un principe de répartition qui imposerait non seulement l'appropriation privée de ses biens mais encore leur destination commune ?

L'examen de la cause matérielle du droit de propriété pose, on l'a vu, la question de la transcendance supérieure aux objets appropriés. Ne convient-il pas dès lors d'interroger cette autorité suprême pour connaître la destination des biens livrés à l'appropriation des humains ? Le rappel de la lecture théologique d'une telle transcendance puis de sa contestation oblige à poursuivre plus avant la réflexion sur la finalité qui traverse la matière du bien commun. Constatant alors la volonté de déposer aujourd'hui plus fermement que jamais le souci écologique dans la balance du rapport juridique des humains à la nature, on se demandera – au fil des auteurs cités – aussi divers que R. J. Pothier, P.-J. Proudhon, F. Ost ou H. Jonas – comment la fin de la nature se laisse lire dans la nature elle-même.

Selon l'approche chrétienne, la finalité inhérente à la nature s'énonce par exemple dans la mise en garde que Jean-Paul II formule en son encyclique *Centesimus Annus* (1991) à propos de la nécessité de l'écologie :

> « L'homme, saisi par le désir d'avoir et de jouir plus que par celui d'être et de croître, consomme d'une manière excessive et désordonnée les ressources de la terre et sa vie même. A l'origine de la destruction insensée du milieu naturel, il y a une

erreur anthropologique, malheureusement répandue à notre époque. L'homme, qui découvre sa capacité de transformer et en un sens de créer le monde par son travail, oublie que cela s'accomplit toujours à partir du premier don originel des choses fait par Dieu. Il croit pouvoir disposer arbitrairement de la terre, en la soumettant sans mesure à sa volonté, comme si elle n'avait pas une forme et une destination antérieures que Dieu lui a données, que l'homme peut développer mais qu'il ne doit pas trahir. Au lieu de remplir son rôle de collaborateur de Dieu dans l'œuvre de la création, l'homme se substitue à Dieu et, ainsi, finit par provoquer la révolte de la nature, plus tyrannisée que gouvernée par lui » (*Centesimus Annus*, § 37).

Une telle lecture théologique qui conjoint la « forme » et la « destination » des biens de ce monde dans la réalité d'un don du Créateur à toutes et chacune de ses créatures intelligentes et libres, si évidente qu'elle fût dans le Moyen Age de Thomas d'Aquin ou l'Ancien Régime des jurisconsultes chrétiens, ne s'impose plus dans un monde sécularisé qui a renvoyé les convictions de foi au domaine de la conscience privée, mais la finalité n'a pas disparu pour autant des biens de la nature.

Ainsi, lorsque le socialisme du XIXe siècle remet en question les fondements confessionnels du droit de l'Ancien Régime, il s'emploie moins à contester l'exactitude théorique des positions anciennes que, plutôt, leur incohérence pratique. La brève polémique qu'engagent deux auteurs déjà rencontrés, P.-J. Proudhon contre R.-J. Pothier, s'avère instructive à cet égard.

Dans son traité de la propriété (*Traité du droit du domaine de propriété*, par l'auteur du *Traité des Obligations,* t. Ier, Paris, Debure, 1772), Pothier explique « quelles sont les choses qui n'appartiennent à personne, dont le domaine de propriété peut être acquis à titre d'occupation » (part. I, chap. II, sect. 1, art. 1er, § 21). L'éminent jurisconsulte entend donner un fondement théologique à la « communauté négative » originaire sur laquelle s'est gagné dans la suite le droit de propriété, et qui consistait

> « en ce que ces choses qui étaient communes à tous n'appartenaient pas plus à chacun d'eux qu'aux autres et qu'aucun ne pouvait empêcher un autre de prendre dans ces choses communes ce qu'il jugeait à propos d'y prendre, pour s'en servir dans ses besoins : pendant qu'il s'en servait, les autres devaient la lui laisser, mais après qu'il avait cessé de s'en servir, si la chose n'était pas de celles qui se consument par l'usage qu'on en fait, cette chose rentrait dans la communauté négative, et un autre pouvait s'en servir de même » (p. 23-24).

Pour établir ce fondement surnaturel, Pothier cite les Psaumes (Ps. 24, v. 1, et 8, v. 6 et 7), comme déjà Locke en son temps, avec le commentaire suivant :

> « Dieu a le souverain domaine de l'Univers et de toutes les choses qu'il renferme (...) C'est pour le genre humain qu'il a créé la terre et toutes les créatures qu'elle renferme, et il lui en a accordé un domaine subordonné au sien »,

le livre de la Genèse fournissant d'emblée la clé de cette transmission :

> « Dieu fit cette donation au genre humain par ces paroles qu'il adressa à nos premiers parents après leur création : multipliez-vous, remplissez la terre et soumettez-la... » (Gen. chap. 1, v. 28).

Puis vient, toujours dans le traité de Pothier, la constatation de la communauté primitive, négative en l'occurrence.

> « Les premiers hommes eurent d'abord en commun toutes les choses que Dieu avait données au genre humain » (Pothier, *op. cit.*, p. 23).

En leur état de naissance (de nature), les choses profitent à tous, selon l'intention de leur Créateur, sans que personne ne songe à se les approprier ; la propriété n'apparaît que dans la suite de l'histoire.

Quelque soixante-dix ans plus tard, P.-J. Proudhon (*Qu'est-ce que la propriété ? Premier mémoire,* 1840, in *Œuvres complètes de P.-J. Proudhon*, t. 12, Paris, Librairie des sciences politiques et sociales de Marcel Rivière) croit trouver dans ces lignes de Pothier l'origine divine *(Ab Jove principium)* non pas de la communauté des biens à laquelle il adhère lui-même, mais de la propriété privée qu'il repousse avec force. Proudhon ironise :

> « Après ce magnifique exorde, qui ne croirait que le genre humain est comme une grande famille, vivant dans une fraternelle union sous la garde d'un vénérable père ? Mais Dieu ! que de frères ennemis ! que de pères dénaturés et d'enfants prodigues ! *Dieu a fait donation de la terre au genre humain* : pourquoi donc n'ai-je rien reçu ? *Il a mis la nature sous mes pieds*, et je n'ai pas où poser ma tête ! *Multipliez*, nous dit-il par l'organe de son interprète Pothier. Ah ! savant Pothier, cela est aussi aisé à faire qu'à dire ; mais donnez donc à l'oiseau de la mousse pour son nid » (Proudhon, *op. cit.*, p. 178-179).

En réalité, le reproche que Proudhon adresse à l'auteur du *Traité de la propriété* ne porte pas d'abord sur la source divine du droit car, pour Pothier lui-même, cette source attestée dans la Bible commande au départ une communauté (négative) où tous les biens servent à l'usage de chacun, figure juridique qui, encore une fois, rencontrait nécessairement l'adhésion du socialiste Proudhon, la critique proudhonienne vise davantage le passage de cet état originaire de la communauté à la situation actuelle de l'appropriation, passage ainsi décrit par Pothier d'ailleurs sans justification particulière :

> « Le genre humain s'étant multiplié, les hommes partagèrent entre eux la terre et la plupart des choses qui étaient sur sa surface : ce qui échut à chacun d'entre eux commença à lui appartenir privativement à tous autres : c'est l'origine du droit de propriété » (R. J. Pothier, *op. cit.*, p. 24).

Aussitôt, Proudhon corrige ici son prédécesseur : « Dites, dites du droit de possession » (Proudhon, *Premier mémoire, op. cit.*, p. 179). L'exigence d'égalité oblige en effet les humains à disposer chacun des mêmes moyens de travailler et donc à renoncer à toute propriété qui priverait autrui de ces moyens-là. « L'égalité étant alors l'expression du droit, quiconque attentait à l'égalité était injuste » (p. 179).

Alors que pour Pothier, l'acte créateur livre la nature en commun à l'ensemble du genre humain, lequel finit par partager ce don en diverses appropriations privées, Proudhon conteste de telles privatisations qui méconnaissent l'exigence fondamentale d'égalité, d'où sa préférence pour la possession, toujours précaire, très proche, finalement de la « communauté négative » que Pothier déduisait immédiatement des textes bibliques.

La querelle ici rapportée entre ces deux conceptions héritées du passé, – l'Ancien Régime du XVIIIe, le socialisme du XIXe – ne revêtirait qu'un intérêt historique si elle n'illustrait la question fondamentale portant sur la finalité de la nature elle-même : les biens se prêtent-ils à n'importe quelle forme de rapport à l'homme ou contiennent-ils en eux-mêmes une exigence qui s'imposerait comme une transcendance à l'égard des humains ? Comment faire parler cette nature qui donne certes tout ce qu'elle a, mais en gardant le silence ?

Dans la quête d'une réponse valable, la recherche contemporaine a connu, on le sait, un mouvement de balancier : vidée de toute transcendance jugée trop animiste, la nature-objet considérée en suite de cette évacuation comme le champ neutre sur lequel l'homme imprimerait désormais seul ses volontés de puissance a dérivé à 180° vers la nature-sujet, renversement complet mais symétrique de la tendance antérieure où, cette fois, les forces telluriques et biologiques poursuivent leur avancée naturelle en s'appuyant certes sur la conscience humaine mais comme sur une étape parmi d'autres de leur progrès inébranlablement déterminé. Alors que, selon la première voie, le sujet humain, libéré de toute « substance étendue » par sa propre « substance pensante », fixait à lui seul l'ordre des fins en exerçant sur la nature la maîtrise caractéristique du droit de propriété, la seconde voie concentre les fins dans la nature elle-même pour imposer à l'homme l'obligation suprême de conserver ce dynamisme vital qui le déborde de toutes parts.

Dans l'examen de la cause matérielle du droit de propriété (v. *supra*, II, p. 301), nous n'avons pu nous résoudre à ce dilemme qui sacrifie en chacune de ses branches un des deux pôles de la relation homme-nature. A l'instar de François Ost (v. Le juste milieu. Pour une approche dialectique du rapport homme-nature, in *Images et usages de la nature en droit,* sous la direction de Ph. Gérard, F. Ost et M. van de Kerckove, Bruxelles, Facultés universitaires Saint-Louis, 1993, p. 13), nous avons préféré qu'émerge la complexité :

> « Aussi bien faut-il s'opposer au radicalisme réducteur de ceux qui prétendraient ramener la nature à l'idée que nous nous en forgeons ou à l'usage que nous en faisons, même si on peut relever à leur décharge le fait que bien souvent ils entendent ainsi réagir contre les tenants de la position inverse, également réductrice, pour laquelle s'imposerait une nature *a priori* et toute puissante qui ne nous devrait rien » (F. Ost, *op. cit.*, p. 43).

Pour faire droit à la complexité ainsi reconnue, nous sommes revenus, une fois encore, au fait corporel lu comme « médiation immédiate » de l'homme et de la nature. Ne trouverions-nous pas là, en effet, cette transcendance que nous cherchions, immanente cette fois à la nature elle-même ? Que la « substance pensante » soit, par toutes les fibres de son corps, emmembrée de la « substance étendue » donne à la dialectique homme-nature l'axe de son déploiement car elle offre à la nature sa finalité de « matière du bien commun ». La forme corporelle, répétée en autant d'uniques exemplaires que de milliards d'êtres humains, montre que la nature entière trouve sa fin dans la persistance de cette forme-là. Le corps en effet se laisse lire comme ce lieu, lui-même naturel, où la nature rencontre d'emblée la fin qui la transcende, à savoir cette conscience humaine, seule capable de lire cette fin

Une telle lecture de la cause finale inscrite dans la nature se traduit nécessairement dans le rapport juridique de l'homme aux biens. Rapport que l'on appellera de droit naturel, si du moins on accepte de comprendre ce droit selon la perspective ouverte par la dialectique évoquée qui refuse la simplification tant de la nature-objet soumise au pur caprice de l'homme que de la nature-sujet qui lui ravit sa liberté. Le droit naturel comporte en effet une double exigence : il s'adresse à la liberté, il n'admet pourtant pas l'arbitraire. Or, le droit qui lit le corps humain comme fin de la nature s'adresse à la liberté puisque la formulation de cette finalité n'appartient qu'à la conscience humaine et non à un quelconque projet de la nature infra humaine ; il n'admet cependant pas l'arbitraire car l'acte par lequel le sujet humain se perçoit comme fin de cette nature déployée en amont de lui assume précisément cette antériorité qui le détermine. Sur la chaîne de l'évolution, la continuité ne se lit, en effet, qu'à partir de la rupture : avant l'apparition de la conscience humaine, cette continuité demeurait illisible, mais la conscience n'a pu lire sa propre et surprenante rupture que dans la continuité avec la nature qui l'a *de facto* conduite jusqu'à cette conscience même.

Oui, le fait corporel rejoint, ici encore, le droit naturel car il se propose à la liberté comme la fin qui traversait déjà la nature pour aboutir jusqu'à lui, transi d'humanité. Aux prémisses menées *de facto*, c'est-à-dire l'évolution de la nature jusqu'à l'être qui seul lit les fins, le corps offre l'appui qui permet la conclusion formulée *de jure*, en droit naturel. Ici, la cause matérielle rejoint tant la cause formelle que la cause finale du droit de propriété, droit exclusif dans son essence et commun dans sa destination. Car si la nature a abouti à la constitution corporelle des sujets humains capables de lire les fins de cette même nature, alors le droit s'énonce comme la poursuite de cette même finalité.

Dans une telle perspective, le droit de propriété exercé par l'homme sur la nature doit donc s'entendre comme l'institution qui rapporte les biens de la nature à tous et chacun des humains. *Chacun*, puisque cette même nature aboutit à autant de singularités que d'humains, mais aussi *tous* car cette singularité apparaît corporellement comme le caractère le plus communément partagé par l'ensemble des sujets.

Selon les mots de W. Baranès (« Le droit naturel », *in* La justice. L'obligation impossible, *Autrement*, série « Morales », 1994) :

> « C'est parce qu'il représente, face à l'élaboration humaine des choses, le droit vital des choses, c'est à ce titre que le droit naturel constitue à la fois le support et la limite du droit positif, son en-deçà et son au-delà. Et c'est parce que le corps est le support de la vie que le droit naturel apparaît essentiellement, en tant qu'il s'applique à l'homme, comme un droit du corps » (W. Baranès, *op. cit.*, p. 88).

La lecture jusnaturaliste du réel recevant le fait corporel humain comme la finalité à la fois singulière et plurielle qui transit la nature voudra que le droit fasse de cette même nature, par exemple dans l'institution du droit de propriété, la *matière* du bien de tous et de chacun, du bien commun.

Soulignons, pour clore la présente section, l'enjeu fondamental d'une telle lecture quant à l'ouverture de l'humanité sur son avenir.

Reprenant le dilemme évoqué plus haut, on dira d'un côté que si les choses « ne sont jamais que ce qu'elles sont », figées dans une neutralité disponible à toutes les mainmises, elles se prêtent alors aux gaspillages et aux destructions que leur impose la puissance industrielle des esprits maîtres de leurs fins, sans pouvoir opposer aucune résistance à ces forces qui ferment l'avenir ; si de l'autre côté, la nature nourrit elle-même un projet de *Deep Ecology* qui poursuit sa course inéluctable sans prendre garde aux ruptures qu'y instaure la conscience, on ne voit pas ici pourquoi l'homme devrait se soucier d'une quelconque façon de cet avenir qui se déroulera tout de même sans lui. Mais si, à la médiane de ces deux pôles extrêmes, les sujets humains apparaissent en leur corps comme la finalité qui transcende la nature à l'intime d'elle-même, alors il devient possible de placer l'avenir de l'humanité dans le champ de la liberté humaine, en l'occurrence sous le signe de la responsabilité à l'égard, également, de la nature.

En effet, si l'homme se perçoit lui-même, par « l'immédiate médiation » de son corps, comme la fin en soi qui met en tension tout le reste de la nature, il voudra prendre garde à ce que cette finalité se prolonge en tout homme non seulement présent mais encore à venir. D'où son souci de veiller à ce que la nature reste la « matière du bien commun » pour les générations qui le suivent.

Certes les juristes éprouvent toujours quelque peine à penser des dettes à l'égard de personnes à venir, habitués qu'ils sont à équilibrer droits et devoirs entre sujets strictement contemporains, mais s'ils veulent faire attention à la finalité que la nature trouve en l'homme, ils accepteront que cette transcendance immanente aux choses elles-mêmes donne une impulsion dynamique à leurs concepts jusqu'ici trop statiques. D'ailleurs la notion de patrimoine – utilisée dans l'expression « patrimoine commun de l'humanité » (v. *supra* au texte, II, p. 247) – ne provient-elle pas du langage juridique le plus classique connotant, au moins dans son acception romaine (v. là-dessus F. Ost, Le juste milieu, *op. cit.*, p. 59), l'idée d'un ensemble de biens à protéger pour qu'ils soient transmis à la génération suivante ?

Pour fonder en éthique une telle responsabilité à l'égard de la nature perçue comme patrimoine à préserver en vue de l'avenir, on ne peut que citer ici le célèbre ouvrage de H. Jonas, (*Le principe responsabilité*, une éthique pour la civilisation technologique, Cerf, passages, 1990) où l'auteur cite l'obligation alimentaire à l'égard des enfants comme un cas de responsabilité inconditionnelle non réciproque :

> « C'est là l'unique classe que nous fournit la *nature* d'un comportement parfaitement désintéressé et de fait ce rapport à une *progéniture* non autonome, donné avec le fait biologique de la procréation lui-même, et *non* le rapport entre adultes autonomes (dont procède certes l'idée de droits et d'obligations mutuelles) est l'origine de l'idée de responsabilité en tant que telle et sa sphère d'agir qui nous sollicite en permanence est le lieu le plus originaire de son exercice. Sans ce fait et la relation sexuelle qui en est inséparable, ni la genèse d'une prévision regardant loin dans l'avenir, ni celle d'une assistance désintéressée entre être raisonnables, quelque sociaux qu'ils puissent être, ne pourrait être comprise » (H. Jonas, *op. cit.*, p. 65).

Cette évocation de l'enfant comme paradigme de l'avenir dont l'homme assume la responsabilité ramène paradoxalement la réflexion à son point de départ, la transcendance supérieure aux objets appropriés. Perçue dans la lecture théologique comme une Providence divine dispensatrice des biens de la nature à la créature raisonnable, cette transcendance se laisse découvrir, avons-nous dit, dans l'immanence de la nature comme le corps humain lui-même en qui se vit la conscience. Or la façon dont se manifeste concrètement cette transcendance qui donne sa finalité au monde apparaît précisément dans la responsabilité des humains à l'égard de l'avenir. L'enfant devient, en quelque sorte, cette transcendance mobilisatrice qui montre l'affection de l'humanité pour elle-même. Engendré de la chair, il concrétise, pour plus longtemps encore que ses auteurs, la finalité qui traverse la nature. Appelant de la sorte les sujets d'aujourd'hui à la responsabilité qui ménagera son avenir, il permet à ces mêmes sujets de percevoir à leur tour cette même nature comme le patrimoine qui leur vient, tel un don, de plus loin qu'eux.

Fruit de la sollicitude antérieure des générations précédentes, la nature, cause matérielle du droit de propriété, découvre sa fin, disions-nous, dans le corps. Précisons davantage : cette fin défie la mort dans la puissance corporelle de l'engendrement avec la conséquence que nous avons vue quant à l'institution de la succession (v. *supra*, I, p. 286). La cause finale qui fait de la nature la matière du bien commun est déjà là mais toujours à venir.

3 / La réalisation du bien commun

Après avoir vu comment la satisfaction du besoin de tous – cause finale – s'articule à la lecture sociale du fait corporel humain, cause formelle de la propriété d'une part, du don de la nature, sa cause matérielle d'autre part, il reste à étudier cette finalité dans son rapport avec la cause efficiente, le travail.

Pour ce faire, l'attention se concentre ici sur les personnes qui ne peuvent satisfaire aux exigences minimales de la participation à la vie sociale en matière de niveau de vie, logement, santé, culture, etc. parce qu'elles ne disposent pas des ressources nécessaires à une telle participation. Un regard encore superficiel s'étonnera peut-être d'une évocation de la pauvreté et des pauvres dans un titre de droit naturel consacré à la propriété privée. Mais si la question de départ s'énonce : « La nature appropriée, de quel droit ? », la situation des personnes marginalisées mérite au contraire la plus grande attention puisque, dépourvues des biens nécessaires à l'existence digne, ces personnes remettent radicalement en question, par là même, la prétention des propriétaires à invoquer sur le fait de leurs possessions la protection du droit. Pauvreté et propriété se rencontrent au moins en ceci qu'elles constituent l'une et l'autre un rapport social : d'où vient en effet que les uns *ont* alors que les autres *n'ont pas* ? Plus précisément : que les uns ont *ce que* les autres n'ont pas, alors que, de soi, l'appropriation des biens ne peut faire obstacle à leur destination universelle ?

Pour spécifier, en fonction de la population ici considérée, la question théorique du lien entre la cause efficiente et la cause finale, on s'interroge sur la place du travail dans la couverture des besoins des pauvres. Les pouvoirs publics doivent-ils chercher d'emblée à combler de tels besoins par l'octroi d'une assistance appropriée, ou convient-il plutôt qu'ils prennent en considération leur capacité de travailler ? Le débat ne date pas d'hier puisque, en 1848 déjà, dans une polémique évoquée plus haut (*supra*, III, p. 308), Louis Blanc (*Droit au travail*, réponse à M. Thiers, Bruxelles, Kiessling 1848) optait résolument pour la seconde réponse à l'encontre de Louis-Adolphe Thiers qui avait choisi la première :

> « M. Thiers nie résolument le droit au travail. Toutefois, il daigne admettre le droit à l'assistance. Eh bien ! à vrai dire, nous ne pensons pas que jamais on se soit permis une contradiction plus étonnante. Sur quoi peut reposer, en effet, le droit à l'assistance ? Évidemment, sur ce principe que tout homme, en naissant, a reçu de Dieu le droit de vivre. Or, voilà le principe qui, justement, fonde le droit au travail. Si l'homme a droit à la vie, il faut bien qu'il ait droit au moyen de la conserver. Ce moyen, quel est-il ? Le travail. Admettre le droit à l'assistance et nier le droit au travail, c'est reconnaître à l'homme le droit de vivre improductivement, quand on ne lui reconnaît pas celui de vivre productivement ; c'est consacrer son existence comme charge, quand on refuse de la consacrer comme emploi, ce qui est d'une remarquable absurdité. De deux choses l'une, ou le droit à l'assistance est un mot vide de sens, ou le droit au travail est incontestable. Nous mettons au défi qu'on sorte de ce dilemme. Rien de plus creux que le raisonnement de M. Thiers au sujet de cette question, si grave pourtant et si solennelle » (L. Blanc, *op. cit.*, p. 45).

La question « si grave et si solennelle » des rapports du travail et du besoin ne se pose sans doute plus aujourd'hui dans le même contexte que celui des Ateliers nationaux mais elle continue à sous-tendre un certain nombre d'interrogations contemporaines.

Ainsi on se demande si la sécurité sociale conçue selon l'optique « bismarckienne » d'assurance des travailleurs contre les risques du chômage ou de la maladie fait bon ménage avec la conception « beveridgienne » qui entend fournir la sécurité d'existence à tous les citoyens, même ceux qui ne disposent pas d'un contrat de travail en bonne et due forme ? (cf. par ex. J. Fierens, *Droit et pauvreté, Droits de l'homme, sécurité sociale, aide sociale,* Bruxelles, Bruylant, 1992). Élargissant son propos primitif du type « assurance », la Sécurité sociale a créé des régimes résiduaires non contributifs qui visent à couvrir les besoins de l'ensemble de la population pauvre, sans quitter pour autant la sphère du travail puisque la disponibilité au travail y apparaît, au moins lorsqu'elle est possible, comme une des conditions d'octroi.

Couvrir les besoins de la personne qui a travaillé et cotisé à un organisme de Sécurité sociale, sinon couvrir les besoins de la personne prête à s'insérer – ne serait-ce qu'inchoativement – sur le marché du travail, faut-il faire un pas de plus en dissociant *a priori* de toute prestation de travail l'octroi d'un « revenu de citoyenneté » qui remplacerait désormais toute allocation accordée jusqu'ici à titre de Sécurité sociale ou d'aide sociale ?

Les partisans de *l'allocation universelle* vantent les mérites de l'institution proposée : elle prend acte du déclin d'importance du travail humain dans nos sociétés hautement technicisées, elle ouvre à tous les citoyens l'espace de l'activité librement choisie y compris dans le domaine économique (le secteur dit quaternaire, centré sur les personnes) sans pénaliser l'allocataire, aujourd'hui obligé de déduire de l'assistance qu'il reçoit le revenu qu'il a gagné par ailleurs *(poverty trap),* elle protège la vie privée de ses bénéficiaires contre les indiscrétions de l'enquête sur les ressources, elle simplifie les formalités, etc. Mais une telle dissociation ne s'impose pas. Les adversaires de l'allocation universelle préfèrent maintenir le lien du revenu au travail en proposant plutôt la réduction du temps de travail : puisque la productivité rendue possible par la technologie a desserré les contraintes du travail, il s'agit de permettre à l'ensemble de la population de participer au tissu de la vie sociale tant par le travail ainsi réduit que par le temps libre ainsi augmenté.

D'un côté donc, chez J.-M. Ferry par exemple, on insiste sur la liberté que permet le droit au revenu, y compris dans le développement de nouvelles activités puisqu'il s'agit

> « de *dissocier le droit au revenu de la contrainte du travail* et, ce faisant, de *mieux penser le droit au travail comme tel*, c'est-à-dire comme un droit et non pas comme un devoir imposé de l'extérieur par la nécessité de gagner un revenu, lequel ne fait toujours pas l'objet d'un droit indépendant. En effet, le droit au revenu, loin d'être inconditionnel, reste plus ou moins implicitement fondé par référence à un principe de contributivité, c'est-à-dire de proportionnalité entre le revenu que l'on reçoit et la contribution productive que l'on apporte. S'il était rendu inconditionnel, le droit au revenu, loin d'attenter au droit au travail, l'émanciperait, au contraire, puisqu'il cesserait de faire du travail une obligation de survie alimentaire » (J.-M. Ferry, *L'allocation universelle, Pour un revenu de citoyenneté,* Paris, Cerf, 1995, p. 46-47).

L'auteur poursuit en exposant la philosophie sous-jacente à son choix :

> « Tant que le travail est une contrainte, il n'est pas un droit. Et, si le droit au travail était ainsi émancipé, non seulement il supprimerait son hypocrisie, mais la morale du travail, qui, dans la rhétorique politique, frise parfois le ridicule, pourrait plus clairement devenir une morale autonome, c'est-à-dire une vraie morale. L'attachement au droit au travail, ainsi qu'à la forme d'intégration sociale par le travail n'est pas répressif par lui-même. Il le devient, lorsqu'il entre en réaction contre un droit au revenu rendu indépendant du travail » (*ibid.*, p. 47).

De l'autre côté, un auteur tel que A. Gorz souligne les dangers du découplage *a priori* entre revenu et travail. D'une part parce que le travail reste la porte d'entrée royale dans la prise de décision politique :

> « Le droit au travail doit être compris dans ce contexte : comme un droit *politique* d'accéder à ce qui est actuellement l'activité principale de la sphère publique et aux pouvoirs que confère cet accès : en particulier au pouvoir de participer aux décisions concernant l'organisation de l'activité économique et sa place dans la société. »

Or en ouvrant le droit à la non-participation à l'activité économique,

> « l'allocation universelle crée en fait deux catégories de citoyens et donne à la société le droit de pérenniser des formes d'exclusion sociale » (A. Gorz, *Capitalisme, Socialisme, Écologie, Désorientations, Orientations,* Paris, Galilée, 1991, p. 175).

Ce découplage, d'autre part, méconnaît les nécessités de la nature elle-même :

> « Une certaine quantité de travail est indispensable à l'existence de la société et des individus sociaux. Cette nécessité est imposée par la nature des choses, et non par une obligation sociale. »

Depuis la suppression de l'esclavage,

« nul ne doit porter le fardeau de la nécessité pour le compte des autres et nul, donc, ne doit être dispensé d'en porter sa part. Or l'allocation universelle ouvre le droit à la dispense. Elle permet à la société de ne pas s'occuper de la répartition équitable du fardeau. En cela, elle fait, par idéalisme, le jeu de l'idéologie du travail : elle paraît considérer le travail comme une activité choisie, facultative, qui peut être réservée à celles et à ceux qui aiment le faire. Or le travail est d'abord à faire, qu'on l'aime ou non, et c'est seulement en partant de la reconnaissance de sa nécessité qu'on peut chercher à le rendre aussi plaisant et épanouissant que possible, à en alléger le poids et la durée » (A. Gorz, *op. cit.*, p. 175-176).

En réalité, les deux arguments ici proposés contre l'allocation universelle convergent vers la même reconnaissance : puisque le travailleur exprime, par sa peine, sa soumission responsable à la loi de la pénurie qui affecte tous les humains (« il faut travailler pour gagner sa vie »), le voici mieux habilité à entrer avec le sérieux qui convient dans le débat politique qui déterminera la loi de la cité. Pour donner raison à ce réalisme contre les démantèlements idéalistes inhérents au système de l'allocation universelle, il suffit d'écouter les personnes que nous voulons considérer ici.

Les pauvres en effet ne s'y trompent pas. Lorsque, à de trop rares moments, ils ont l'occasion de se faire entendre, ils se définissent eux-mêmes non d'abord comme des êtres en état de besoin, mais comme des citoyens à qui la citoyenneté est déniée :

« Qu'est-ce qu'être citoyen quand la dignité d'une personne ne peut plus ni s'exprimer ni être reconnue par les autres ; qu'est-ce qu'être citoyen quand on ne dispose pas d'un logement décent, pas de travail, pas de protection sociale, ni plus généralement d'aucun outil de reconnaissance sociale à sa disposition ? » (Fondation roi Baudouin, *Rapport général sur la pauvreté* réalisé à la demande du ministre de l'Intégration sociale, Bruxelles, 1994, p. 394).

Or le non-travail s'avère décisif dans cette non-citoyenneté :

« Le Rapport montre-t-il à suffisance les effets ravageurs de la pauvreté, de l'absence d'emploi, de l'inutilité contrainte, sur la conscience qu'un individu peut avoir et de sa dignité, et de ses droits, du lien civique, d'un contrat social ? » (Rapport cité, p. 397).

La « contributivité », considérée par les promoteurs de l'allocation universelle comme une notion devenue facultative en ce temps de haute technicité productive engendrant un large temps libre, constitue en réalité le souhait le plus cher des personnes qui, reléguées aux marges de la société, voudraient au contraire exercer leur citoyenneté en y apportant leur capacité de se mettre à l'œuvre. Or, en dissociant le revenu et le travail, l'allocation universelle fait l'impasse sur la cause efficiente de l'appropriation ; en se polarisant de la sorte sur la satisfaction du besoin, cause finale de l'appropriation, elle ne rencontre pas l'aspiration des pauvres qui considèrent précisément le travail comme un lieu important de reconnaissance sociale.

Dès lors, aux dissociations ici proposées, il vaut mieux, encore une fois, répondre par l'indivisibilité des droits de l'homme, que rappellent les pauvres non seulement pour eux-mêmes *(a policy for the poor is a poor policy)* mais au bénéfice de la société entière :

> « Penser que la pauvreté est violation des droits de l'homme, c'est proposer une définition de l'intérêt général : celui-ci serait de s'engager à ce que les droits civils, politiques, économiques, sociaux et culturels soient réaffirmés comme droits cadres, légitimant des négociations pour les rendre effectifs. (...) La paix civile, le contrat social qui permet une sécurité d'existence, est celui qui permet aux membres d'une société de se prendre en charge, de se loger, se former, ... à partir du produit de son travail » (Rapport cité, p. 397).

En quoi donc ce rappel de l'indivisibilité des droits de l'homme éclaire-t-il la question du rapport du besoin au travail qui nous occupe ici ? Il l'éclaire en décloisonnant les plans qu'une même logique interne relie nécessairement. Si l'enjeu de l'ordre juridique – dont les droits de l'homme énoncent l'*a priori* (v. *supra*, titre 1er, p. 93) – consiste à construire une communauté politique où les sujets se reconnaissent libres et égaux, alors il faut penser ensemble des domaines où les distinctions – qui restent nécessaires – se sont sclérosées en séparations.

Nous l'avons vu pour le droit de propriété : garant traditionnel de la liberté individuelle (1re génération des droits de l'homme), il ne peut pourtant pas se dissocier du droit des autres citoyens à bénéficier des biens de la nature et de la culture (2e génération), ni même du droit des autres peuples à connaître le développement ou du droit de l'humanité à protéger son patrimoine commun (3e génération) : tout se tient puisqu'il s'agit des mêmes humains. Or si l'ordre juridique inhérent aux droits de l'homme déloge la propriété de sa trop confortable position traditionnelle, il permet aussi au travail de remonter vers l'appropriation des biens selon un chemin, un « ordre » précis.

Reprenons le raisonnement : deux voies se présentent pour légitimer l'attribution : l'une qui part du travail comme cause efficiente (à chacun selon ses prestations), l'autre du besoin comme cause finale (à chacun selon ses besoins). L'une et l'autre voie figurent d'ailleurs dans les droits économiques et sociaux puisqu'on y range tant le droit au travail que « le droit de toute personne à un niveau de vie suffisant pour elle-même et sa famille, y compris une nourriture, un vêtement et un logement suffisant, ainsi qu'à une amélioration constante de ses conditions d'existence » (art. 11 du pacte international de 1966 relatif aux droits économiques, sociaux et culturels). Faut-il s'affliger de ce que la nature ne fournisse pas d'elle-même un critère unique qui permettrait aux humains de répartir entre eux les biens de ce monde, qu'il faille donc choisir encore entre le versant passif du lien que le besoin noue entre l'homme et la nature, et le versant actif posé par le travail ? La nécessité d'un tel choix indique plutôt que l'*a priori* recherché ne s'impose pas comme un impératif qui obligerait quasi mécaniquement le sujet en quête de droit, mais comme une invitation à ne pas découper l'ordre juridique en plans séparés.

Si, en effet, un seul paramètre suffisait pour évaluer l'attribution de tels et tels biens à tels et tels sujets, la légitimité de cette répartition ne poserait plus question, réduite qu'elle serait à l'application pure et simple d'un seul critère économique, soit du travail, soit du besoin. Mais ces solutions unilatérales pèchent par quelque endroit. Par exemple, le critère qui légitime toutes les appropriations pourvu qu'elles résultent du travail de leur titulaire méconnaît les conditions personnelles et sociales de l'activité laborieuse, laissant ainsi sans réponse la question du chômage : le sujet jouissait-il de la capacité physique et psychique d'entreprendre un travail ? La société a-t-elle distribué les biens culturels et matériels de telle sorte que chaque sujet ait pu exercer par le travail sa maîtrise sur la nature ? Si l'on tient par contre que les attributions de biens se règlent seulement selon les besoins des sujets, comment assurera-t-on l'effectivité de cette répartition qui, de soi, impose une limite alors que les besoins, hâtivement confondus avec le désir, connaissent une extension indéfinie ? Comment savoir que tel bien de la nature doit satisfaire le besoin de telle personne et non de telle autre ? N'est-ce donc pas dans la tension de ces deux critères que se joue la reconnaissance inhérente au droit ?

Car le lien économique que l'homme noue avec la nature (cf. la 2e génération des droits de l'homme), soit par le besoin (il est en manque d'elle pour assurer sa subsistance) soit par le travail (il œuvre en elle précisément pour assurer cette subsistance), se double nécessairement du lien politique (cf. la 1re génération des droits de l'homme) où les humains, reconnaissant mutuellement l'importance tant de leurs besoins que de leur travail, se répartissent entre eux les biens de la nature. Là se joue une décision qui engage la liberté. Car ni le travail comme tel ni le besoin, déroulant leur stricte logique économique du rapport à la nature, ne suffisent à trancher les questions que les sujets de droit doivent se poser sur les propres rapports qu'ils nouent entre eux à propos de leur répartition des biens de la nature, et d'abord sur l'articulation du double critère du travail et du besoin à utiliser en cette répartition.

En d'autres termes : le droit qui, de soi, devrait régir « naturellement » l'attribution aux humains des biens de la nature ne se laissera pas découvrir – contrairement à la compréhension trop immédiate que le vocabulaire du « du droit naturel » aurait pu induire – par la seule considération du rapport économique de l'homme à la nature. Puisqu'il s'agit de droit, et donc de reconnaissance intersubjective, l'évaluation politique doit apprécier le rapport économique à la nature : seuls les humains diront la justesse de ce rapport, en se reconnaissant mutuellement dans leur besoin et dans leur travail.

Mais cette première réponse en appelle une autre : si la dualité du critère « naturel » de la répartition des biens entre les humains appelle une évaluation politique des seules logiques économiques, la nécessité de cette évaluation rappelle à son tour l'éminence du critère tiré du travail. Car, encore une fois, si la satisfaction des besoins assure la survie du sujet malgré les contraintes que lui impose la nature, le travail illustre davantage la liberté de ce sujet nécessairement engagé dans l'objectivité de la nature puisque, par son ouvrage, la liberté donne à cette nature l'empreinte de son humanité. Or que vise la société politique sinon, précisément, la reconnaissance des sujets en leur liberté ?

K. Marx tenait que la réintégration du travail en sa vérité désaliénée éliminerait de soi la superstructure politique de l'État puisque la reconnaissance mutuelle des sujets se jouerait désormais dans la production commune de leurs conditions d'existence. La proposition inverse semble plus exacte : au lieu que le travail rende périmé le jeu politique de la reconnaissance humaine, la reconnaissance politique donne au travail son sens d'humanité. Par le travail, en effet, les hommes engagent dans la nature la liberté qu'ils se sont reconnue en leurs rapports mutuels. D'où l'éminence – tout se tient – du droit au travail. Nier ce droit, c'est dénier à l'être humain l'épanouissement de cette liberté par laquelle il aurait assumé humainement dans la nature le besoin que lui impose cette même nature. Reconnaître ce droit, c'est tirer jusque dans les liens du rapport de l'homme à la nature les conséquences de la reconnaissance des libertés engagée dans la société politique.

TITRE V

L'« a priori » des obligations : quelle justice ?

La matière des obligations succède classiquement à celle des biens. De même qu'à propos des biens nous avons cherché à savoir comment les critères originaires du besoin et du travail permettaient l'évaluation de l'état actuel des appropriations, nous analysons à présent les obligations pour déceler l'*a priori* des dispositions que nos codes énoncent au chapitre des conventions et des responsabilités. Certes la récusation d'un tel *a priori* dans les droits de créance comme dans les droits réels simplifie radicalement la recherche car alors il suffit de justifier d'une part les propriétés par le pouvoir du titulaire qui a réussi à s'en emparer, d'autre part les obligations – contractuelles ou délictuelles – par la force du sujet qui est parvenu à les faire respecter.

Mais cette hypothèse positiviste ne discerne pas le fait du droit puisqu'elle revient à légitimer ce qui *devrait* être uniquement par ce qui *est*. On voudrait montrer ici que ce choix réducteur ne s'impose pas plus en matière d'obligations qu'en matière de biens puisqu'une autre thèse situe le lien obligatoire dans l'objectivité même de la relation nouée par les sujets ainsi reliés. Objectivité qui emporterait, d'elle-même dirait-on, sa propre justesse. On voudrait vérifier ici cette hypothèse à propos de l'obligation contractuelle (chap. II) puis de l'obligation délictuelle (chap. III). Mais on aborde la matière par son cœur même, la justice (chap. Ier) sur laquelle on revient, en finale, à propos du droit naturel (chap. IV).

Chapitre Premier

LA JUSTICE

Dans l'*Éthique à Nicomaque*, cours qu'il donne à Athènes aux environs de 335 AC, Aristote de Stagire (384-322 AC) enseigne la triple forme que prend le bonheur : vertu dans la vie politique, plaisir dans la vie de jouissance, contemplation dans la vie d'étude. Au livre V, s'achève le parcours des vertus morales par les célèbres pages que l'*Éthique* consacre à la justice. En suivant par un résumé les sinuosités de ce passage (dans la traduction de R. A. Gauthier et J.-Y. Jolif aux éditions B. Nauwelaerts, 1958), nous cherchons à saisir la complexité de cette notion qui distingue la *légalité* d'abord, l'*égalité* ensuite et, en celle-ci, l'exigence de la justice distributive puis de la justice corrective (sect. 1). La réflexion menée sur ces distinctions (sect. 2) permet de découvrir l'*a priori* sous-jacent au droit des obligations (sect. 3) déployé dans la suite aux chapitres du contrat et de la responsabilité.

1 / Les distinctions aristotéliciennes

On sait qu'un même mot, la « clé » *(clavis)* par exemple, désigne parfois des choses différentes : ici, soit l'instrument qui ferme une porte, soit l'os – clavicule – à la base du cou. Ainsi de la notion d'injuste : elle désigne à la fois l'illégal, l'homme qui viole la loi, *et* l'homme cupide, c'est-à-dire qui prend plus que sa part de biens ou moins que sa part de maux.

Dans un premier sens très général, la justice se confond donc avec la légalité. Or, à condition d'avoir été correctement prise, la loi garde le bonheur de la communauté politique en prescrivant le courage (par ex.

ne pas abandonner son poste), la tempérance (ne commettre ni adultère, ni viol) et toutes les autres vertus. Achevons la boucle : puisque la justice pousse au respect de la loi, et que les lois déterminent l'intérêt commun en prescrivant les vertus, alors la justice est vertu parfaite, d'autant plus parfaite qu'elle ne s'arrête pas au vertueux lui-même mais qu'elle s'exerce à l'égard d'autrui. « La justice accomplit en effet ce qui est utile à un autre, que ce soit un chef ou un partenaire à l'intérieur de la communauté » (*Éthique à Nicomaque, op. cit.*, n° 1130 *a*).

Mais à côté de ce premier sens où le juste se confond avec le légal prescrivant toutes les vertus favorables au bien de la cité, le juste recouvre en un second sens une vertu particulière, celle qui vise l'égalité. Par opposition ou plutôt par précision de la partie à l'égard du tout, l'injuste ne désigne plus ici l'homme qui manque de courage, de magnanimité ou d'une autre vertu en général, mais celui qui met en œuvre le vice précis de la cupidité, cette méchanceté spécifique qui consiste à chercher un gain dans le domaine des honneurs, de la richesse ou de la sécurité.

Cette justice particulière qui recouvre strictement l'égalité se divise elle-même en deux espèces : la première s'exerce dans les distributions d'honneurs, d'argent ou de tout ce qui peut être réparti entre les membres de la communauté politique lesquels – notons-le déjà – peuvent recevoir l'un par rapport à l'autre une part inégale *ou* une part égale ; la seconde établit l'ordre dans les rapports entre individus comme on l'expliquera plus loin.

La première espèce de justice particulière, appelée distributive, place l'égalité non pas dans l'identité arithmétique des parts mais dans la proportion établie entre les objets à distribuer d'une part, les personnes qui reçoivent ces objets d'autre part. Car si, sous tel ou tel rapport, les personnes ne sont pas égales entre elles, la justice distributive interdit de leur octroyer la même quantité de biens mais impose plutôt de traiter inégalement les personnes inégales en sorte que les proportions des biens aux personnes soient, elles, égales.

En s'aidant des mathématiques, on rappellera que la proportion est ici géométrique : l'égalité ne joue pas entre les termes eux-mêmes, par exemple entre les personnes A et C ou entre les biens B et D. Puisque les personnes sont, par hypothèse, inégales, l'égalité devra se chercher dans le rapport :

$$\frac{A}{B}=\frac{C}{D}.$$

La personne A recevra le bien B, certes de quantité inégale au bien D, mais dans l'exacte proportion commandée par sa propre inégalité envers la personne C. Au total, l'égalité est assurée puisqu'on sait que les deux fractions jugées égales entre elles sont encore égales à leur sommation.

$$\text{Si } \frac{A}{B} = \frac{C}{D}, \text{ alors } \frac{A}{B} = \frac{A+C}{B+D} \text{ et } \frac{C}{D} = \frac{A+C}{B+D}.$$

Aristote précise que la proportion à prendre en compte pour assurer la justice distributive repose sur le mérite mais – remarque capitale – « tous ne définissent pas de la même façon ce mérite ». Dans l'aristocratie (gouvernement par les meilleurs), le critère de distribution est la vertu ; dans l'oligarchie (gouvernement par le petit nombre), c'est la richesse ou la noble naissance ; dans la démocratie (gouvernement par le peuple), c'est la condition libre elle-même (n° 1131 *a*).

Quel que soit le critère, « le juste qui préside à la distribution des biens communs est toujours conforme à la proportion susdite » (n° 1131 *b*) et Aristote d'ajouter un dernier exemple : « A supposer même que la distribution porte sur les bénéfices d'une société commerciale, elle se fera encore selon le rapport des capitaux engagés. »

La seconde espèce de justice particulière – appelée par Aristote corrective mais plus fréquemment ensuite commutative – se subdivise à son tour en deux parties selon qu'elle concerne soit des rapports établis *de plein gré* (les contrats : vente, prêt, caution), soit des rapports *contraints*, lesquels sont clandestins (vol, adultère, faux témoignage...) ou violents (meurtre, mutilation, outrage...). Ici, les rapports – spontanés ou contraints – sont déterminés par une proportion arithmétique : quel que soit son mérite, une personne est égale à une autre personne. Honnête ou coquin, chaque sujet doit être restitué dans son bien s'il a été lésé. Dans la disproportion, le juge doit alors rétablir la proportion intermédiaire, c'est-à-dire prendre au « gagnant » ce qui dépasse le milieu de la somme des deux biens considérés pour le rendre au « perdant ». De là vient que le juge lui-même est parfois appelé intermédiaire.

Ayant décrit ce travail de diviseur en deux (en grec : *dikastès*) accompli par le juge, Aristote évalue alors l'opinion des Pythagoriciens pour qui le juste se définit par le réciproque, c'est-à-dire par « le fait de subir en retour ce que l'on a fait subir » (n° 1132 *b*). D'emblée, cette opinion ne semble pas exacte puisqu'elle méconnaît les proportions inhérentes d'abord à la justice distributive (proportion géométrique) mais peut-être aussi à la justice corrective si l'on veut bien considérer les deux hypothèses suivantes de désaccord entre le juste et le réciproque :

— un magistrat qui donne des coups ne doit pas être frappé en retour, mais celui qui frappe un magistrat doit non seulement être frappé mais encore recevoir une punition ;

— qu'on considère aussi la grande différence entre celui qui agit de son plein gré et celui qui ne le fait que malgré soi. Faut-il rendre « réciproquement » au second ce que l'on rendrait au premier ?

Ces précisions apportées, il n'en reste pas moins vrai que la réciprocité – dans le mal comme dans le bien – fait subsister la Cité : « Celui qui ne peut pas rendre le mal qu'on lui a fait se sent dans la situation d'un esclave » ; « c'est l'échange qui nous lie inébranlablement les uns aux autres » (n° 1132 *b*). D'où l'importance accordée au temple des Grâces dans l'architecture de la cité : il faut rendre les bienfaits reçus et prendre soi-même l'initiative d'un geste gracieux. Dans cet échange réciproque, les partenaires vont rechercher, ici encore, la proportion en établissant une équivalence entre leurs produits : combien vaut la paire de chaussures (D) fabriquées par le cordonnier (B) par rapport à la maison (C) construite par l'architecte (A) ? La question est vitale car la cité repose sur des échanges égaux d'individus inégaux : « Ce ne sont pas deux médecins qui constituent une communauté, mais un médecin et un cultivateur » (n° 1132 *b*).

Pour réaliser la comparaison souhaitée, la monnaie sert de moyen terme : « Elle permet d'établir combien de paires de chaussures sont nécessaires pour faire l'équivalent d'une maison ou d'une quantité donnée de nourriture » (n° 1132 *b*), car elle remplace conventionnellement cette commune mesure qui préside aux échanges de toutes les communautés et qui a pour nom le besoin. La monnaie – *alias* le besoin – permet la comparaison des prestations (la paire de chaussures, la maison, la quantité donnée de nourriture...) et donc les échanges à égalité.

Retenons ces réflexions tenues sur le juste légal, égal et comparé au réciproque, en laissant Aristote poursuivre de son côté le fil de sa recherche sur la justice réalisée dans la cité (cf. t. II : *Droit naturel, les réponses de l'histoire*). Car les distinctions ici posées nous conduisent déjà à l'essentiel du droit des obligations.

2 / Les deux faces de la justice

Les réponses données par Aristote aux questions posées sur la réciprocité montrent avec quelle délicatesse la justice doit procéder pour obtenir l'égalité qu'elle vise à partir des différences présentes dans la société : un magistrat mérite, vu sa formation, plus d'honneur qu'un simple citoyen, un coup donné involontairement n'équivaut pas au coup donné volontairement, la maison conçue par l'architecte vaut plus que la chaussure fabriquée par le cordonnier. Or, à partir de ces différences, les humains entrent, tant par leurs « actes juridiques » que par leurs « faits juridiques », dans les échanges – volontaires dans le premier cas, contraints dans le second – qui font leur lien à l'intérieur de la cité. Comment vont-ils y entendre les exigences de la justice qui coule en de tels échange comme l'unique source de leurs obligations ?

Apparemment, l'égalité qui tient d'emblée les citoyens sous son exigence morale se résume à l'équilibre qui détermine la stricte verticale du fléau de la balance juridique. Pour ce faire, la justice exige de poser sur le second plateau une charge équivalente à celle qui contient le premier : égalité arithmétique, 1 = 1.

Ainsi se présente généralement le droit des obligations en son double volet, contractuel et délictuel – ou « volontaire » et « contraint », dans le vocabulaire d'Aristote. Lorsque deux parties passent un contrat, en effet, chacune entend obtenir de l'autre une prestation (donner, faire, ne pas faire) équivalente à celle qu'elle fournit à l'autre, l'équivalence se mesurant le plus souvent par référence à la valeur tierce de la monnaie. De cette manière, le cordonnier par exemple finira par acquérir une maison, tandis que l'architecte parviendra à se chausser. Sur l'autre volet du droit des obligations, lorsqu'une personne entame l'intégrité physique, morale ou patrimoniale d'un tiers, la même justice – qu'Aristote appelle corrective – commande le retour du fléau à la verticale et donc, cette fois, l'imposition d'un échange sous forme de réparation ou *restitutio in integrum*: restitution de la chose volée, reconnaissance de l'honneur bafoué par le paiement du franc symbolique, prise en charge des frais médicaux et des autres inconvénients causés à la personne agressée, etc. Alors que le cupide prend « plus que sa part de biens et moins que sa part de maux », le juste, considéré en cette face-ci de la justice, veille d'une part à l'équivalence des « biens » dans les conventions qu'il noue, reconstitue d'autre part l'intégrité antérieure (le pristin état) auquel il aurait infligé des « maux ». Cette balance, on le voit, porte son attention sur le contenu des plateaux, abstraction faite de la qualité des personnes engagées dans l'échange. Un égale un, tel objet égale tel prix de vente, telle indemnité équivaut à tel dommage puisque aussi bien, dans la société politique, tout sujet se trouve à égalité avec tout autre sujet.

Ainsi cette face de la justice, dite corrective ou commutative, s'attache-t-elle, au nom de l'égalité formelle des citoyens, à la forme équilibrée de leurs échanges. Comme si chacun des sujets constituait à lui seul un monde (un « plateau ») dont il faudrait, au moyen de la balance du droit, assurer l'intégrité. L'égalité ici mise en évidence porte finalement sur la liberté des personnes concernées, irréductible et par là égale à toute autre. Chacune, isolée des autres comme le premier plateau de l'autre plateau, voit son intégrité protégée dans les échanges noués avec autrui. Quels échanges ? ceux précisément que noue la liberté, soit quand elle décide de passer convention avec un tiers, soit lorsqu'elle faillit, intentionnellement ou par négligence, à son devoir de respecter « le monde » d'autrui. La commutative exprime ainsi la face volontaire de la justice, assumant soit l'obligation contractuelle comme une loi que les parties se donnent pourvu que leur liberté n'ait pas subi la corruption d'un vice du consentement, soit l'obligation délictuelle comme le devoir de réparation que la liberté se reconnaît lorsqu'elle a, par sa propre faute, manqué au respect de l'intégrité d'autrui. Tout se passe donc comme si la justice commutative commandait un régime où les sujets déjà établis sur les biens qui leur sont propres nouaient leurs relations sociales par les seuls actes de leur liberté. Liberté décidée à contracter d'un côté, s'obligeant à réparer sa faute de l'autre, par là égale en tout point à toute autre liberté.

La tradition morale reconnaît cependant dans la justice une autre face que la commutative. Aristote l'appelle distributive en la plaçant d'ailleurs au premier rang de sa division. A son sujet le vocabulaire a subi quelques variations : les scolastiques lui ont adjoint la justice *générale* ou *légale* pour désigner la vertu qui préside aux contributions des membres à l'égard du bien commun (v. déjà *supra* le propos d'Aristote sur la justice comme légalité, p. 335), tandis que la distributive, suivant le chemin inverse au premier, régit – comme son nom l'indique – les distributions du bien commun aux membres de la communauté. De nos jours, les auteurs parlent plus souvent de justice *sociale* pour désigner soit la distributive seule, soit la distributive jointe à la générale. Quelle que soit sa dénomination, on voit en tout cas comment se dessine cette autre face de la justice. Aristote, on l'a vu, note la différence dans le caractère proportionnel de l'égalité recherchée. Or si les biens, en ce régime distributif, suivent la proportion qu'indiquent les rapports respectifs de chaque membre à l'égard des autres au sein de la société, on mesure quelle importance le lien social a prise ici par rapport à l'autre régime.

Tandis que la justice commutative considère les sujets comme les titulaires isolés de différents biens dont elle garde l'intégrité par la vérification ou le rétablissement des équilibres volontairement décidés ou fautivement rompus, la justice distributive porte tout de suite son attention sur les relations des personnes au sein de la société afin de déterminer à partir d'elles – en « proportion » – la part qui revient à chacune. Au lieu que les biens apparaissent d'emblée comme attribués aux sujets qui les possèdent, la justice distributive les considère comme communs à tous avant de procéder, précisément, à leur distribution. Placée en amont de la commutative (d'où peut-être sa place dans l'exposé d'Aristote), la distributive pose une question plus concrète puisqu'elle cherche à savoir selon quelle légitimité les biens reviennent en propre aux personnes.

Du même coup, on mesure toute la part d'involontaire présente en ce nouveau régime. Car l'obligation ici étudiée ne procède pas seulement de la décision volontaire des sujets comme dans l'échange commutatif de la faute ou du contrat, elle provient de leur association même nouée en un lien qu'ils n'ont pas forcément voulu, lien du corps social qui s'impose à eux, *mutatis mutandis*, à la manière de leur corps propre lui-même, corps sans lequel ils ne seraient pas libres mais dont ils n'ont tout de même pas décidé l'appropriation, ainsi qu'on le rappellera encore (v. *infra*, chap. IV, p. 378 du présent titre). En cette face-ci, le point de départ de la justice ne se situe donc pas d'abord dans les sujets entourés de leurs biens, monades considérées comme autant de plateaux qu'il s'agirait d'équilibrer terme à terme par l'analyse de leurs faits et actes juridiques, il gît plutôt dans le lien qui relie d'emblée ces sujets entre eux avant même qu'ils n'aient pris une quelconque décision à cet égard. Cette sorte de justice ne dispose donc plus du point de repère de la décision libre pour opérer l'équilibre de sa balance : pas de parole à tenir, pas de faute à réparer ; devant elle s'étend seulement une masse de biens communs à répartir entre des sujets groupés au sein d'une même cité. D'où la difficulté de la tâche car le critère qui sert à répartir ces biens diffère, dit Aristote, d'un régime à l'autre. Faut-il donner davantage aux riches ou davantage aux vertueux ? ou la même chose à tous ? Comment échapper ici à l'arbitraire qui nierait l'essence même de la justice ?

Dans la mesure où la répartition des biens s'opère en proportion du plus ou moins grand volume social que les citoyens occupent les uns à l'égard des autres dans la société, il importe de déterminer d'une manière juste quelles relations personnelles viendront en considération pour fixer le critère répartiteur. Encore une fois, la justice – ici distributive ou sociale – se contredirait si elle se contentait de la rigueur formelle d'un partage sans doute proportionnel mais effectué sur base d'un critère entièrement arbitraire. D'où la question qui hante, depuis deux mille cinq cents ans, toutes les théories de la justice : comment la relation politique entre les personnes échappera-t-elle à son propre arbitraire en fixant le critère qui permettra d'assurer la juste répartition des biens ? Sans doute le Sophiste, s'appuyant sur la diversité factuelle des réponses données à cette question perpétuelle, conclura-t-il une fois de plus au relativisme intégral des règles de justice qui dépendent seulement du bon vouloir des hommes (traduisons : des plus forts et des plus habiles d'entre eux) et non d'une quelconque nature humaine. Il reste tout de même à vérifier si la justice n'introduit pas dans le corps social une tension vers une répartition proportionnelle des biens qui corresponde à l'être même des citoyens, et que l'on appellerait le bien commun.

3 / L'équilibre des deux thèses

La distinction qu'Aristote a reconnue entre la justice corrective (ou commutative) et la justice distributive (ou sociale) s'éclaire par la comparaison qu'elle permet avec d'autres équilibres précédemment exposés, par exemple entre le travail et le besoin dans la justification de l'appropriation privée des biens, entre les générations successives des droits de l'homme, ou encore entre les thèses objectiviste et subjectiviste tenues sur le droit. Deux tendances en effet se partagent notre matière. D'un côté, le droit se perçoit d'emblée comme le rayonnement des sujets dont la personnalité s'avère irréductible à toute autre ainsi que le manifeste la singularité corporelle de chacun d'entre eux. Ce rayonnement part du sujet pour investir d'abord son propre corps puis tous les objets que ce corps aura « travaillés » comme autant de « propriétés » qui prolongent l'indissociable appropriation corporelle originaire. Le travail ainsi reconnu comme cause efficiente de la propriété exprime sur le terrain économique, au bénéfice de son titulaire, cette liberté que les droits de l'homme de la première génération garantissent par ailleurs dans le domaine civil et politique. Selon cette même perspective, le droit des obligations se détermine, on le comprend sans peine, selon les exigences de la justice commutative qui veut que les libertés s'ordonnent les unes aux autres dans le maintien de leur équilibre : parole tenue par les partenaires du contrat, dommage réparé par l'auteur du délit. La philosophie inspiratrice d'une telle représentation où le droit règle les rapports sociaux à partir des décisions prises par les personnes en leur singulière liberté se nourrit de l'image mythique du contrat social : la société provient de la décision libre des sujets qui la composent, la loi qui la régit émane de l'accord de leurs volontés.

L'autre tendance traverse notre matière en soulignant la part de passivité inhérente au fait social. Par sa naissance, en effet, un sujet ne décide pas plus de son corps social que de son corps propre car sa liberté s'inscrit d'emblée dans la dépendance à l'égard de telles conditions d'exercice. Ainsi, au plan économique, le besoin corporel présente le bien commun, dans la question de la légitimité de l'appropriation des biens, comme la cause finale de la propriété, tandis que les droits économiques, sociaux et culturels tiennent la même exigence dans l'approche de la vie politique selon les droits de l'homme. En droit des obligations, l'accent ne porte plus comme précédemment sur les actes posés par la liberté individuelle, mais sur les rapports respectifs même involontaires déjà noués par les sujets au sein du corps social afin que la justice, distributive cette fois, opère à partir d'eux les répartitions proportionnelles à la place qu'y tient chacun d'eux. A la limite, une telle perspective, prenant la direction exactement opposée à celle qu'indique le contrat social, tiendrait la société pour un fait purement donné, et le droit pour la structure d'ordre qui régit objectivement un tel fait.

En réalité, si nous avons tenu, spécialement en regardant la condition corporelle de l'homme – manifestation irréductible d'un sujet pourtant livré d'emblée à la dépendance de la relation –, que les thèses subjectiviste et objectiviste restent abstraites tant qu'elles ne corrigent pas l'une par l'autre leurs propres excès, si dans la même foulée nous avons opté pour l'indivisibilité des diverses générations des droits de l'homme et, par exemple, pour la nécessaire articulation de la prestation du travail comme cause efficiente, avec la satisfaction du besoin comme cause finale du droit de propriété, la même logique conduit à penser dans l'unité les deux faces de la justice. Commutative, elle insiste sur l'équilibre où chaque sujet, à égalité avec tout autre, voit peser le poids de ses actes de liberté, des conventions qu'il a conclues ou des fautes qu'il a commises. Distributive, elle considère l'*a priori* de cette égalité formelle en portant son attention sur les caractéristiques concrètes des sujets au sein du corps social de telle sorte que les répartitions qu'elle opère s'ajustent aux différences rencontrées. L'une ne va pas sans l'autre car toutes deux expriment la garantie de la *liberté*, la première en son surgissement même, la seconde en ses conditions d'exercice ; toutes deux cherchent aussi à protéger l'*égalité*, mais chacune d'une manière irréductible à l'autre, la première dans l'égalité arithmétique où un sujet égale tout autre sujet, la seconde dans la proportion géométrique où les sujets manifestent et corrigent leur inégalité effective. Tension de ce couple de la justice dont la face commutative envisage l'égalité à partir de la liberté tandis que sa face distributive considère la liberté par ses conditions d'égalité.

On dit de la première forme, la commutative, qu'elle constitue le corps de la justice car elle règle quasi mécaniquement les échanges du donnant-donnant ou de la réintégration dans le pristin état, tandis que l'autre forme, la distributive, lui conférerait son âme, cherchant sans cesse la véritable égalité qui veut la justice sous toutes les scléroses dans lesquelles risquerait de l'enfermer le formalisme commutatif. Selon Ph.-D. Dognin,

> « la distributive grave en quelque sorte un dessin dans les choses, mais quand son modèle change, elle a le souci constant de faire changer en même temps ce dessin. Or ce n'est pas la commutative en tant que telle qui peut l'aider dans cette tâche et partager ce souci. Son rôle n'est que d'entretenir le dessin et non pas de le changer. Elle est au service de l'ordre mais ne fait pas cet ordre et ne peut pas le juger. C'est la distributive qui le fait et qui s'efforce de le refaire sans cesse quand il est perturbé. C'est elle qui est vraiment l'âme de la vertu de justice. C'est elle qui donne une valeur humaine aux échanges matériels » (Ph.-D. Dognin, La justice distributive, *Revue des sciences philosophiques et théologiques*, t. XXXIX, 1955, p. 29).

Sans contester la répartition des rôles ici décrite, on pourra cependant, sur la base des mêmes constatations, renverser les appellations en appelant *âme* cette commutative qui apparaît comme l'idéal de la justice, et *corps* la distributive qui cherche sans cesse à l'incarner. L'équilibre formel de l'égalité arithmétique se montre en effet, sous un certain jour, comme la simplicité à laquelle tend toute forme de justice (1 = 1), tandis que le laborieux calcul de la distribution des biens en rapport proportionnel avec les caractéristiques des membres du groupe évoque le concret corporel des sujets et de leur lien. Mais si interchangeables que semblent ici les images, par exemple du corps et de l'âme, les rapports restent irréductibles l'un à l'autre des sujets considérés pour eux-mêmes d'une part, envisagés dans leur lien social d'autre part. Signe qu'entre la liberté toujours à distance de l'égalité – et réciproquement –, un troisième terme s'imposerait entre eux comme leur médiation ?

Le défi – qu'il s'appelle fraternité selon la trilogie républicaine, ou de toute autre manière qu'on voudra – attire en tout cas la pensée jusnaturaliste qui, cherchant le droit du droit, s'interroge ici sur la balance qui équilibrera les deux formes de la justice. Cette pensée trouvera-t-elle un jour la justesse régulatrice qui permettra tant à la justice commutative de déployer ses équivalences formelles sans entamer la nécessaire prise en considération des inégalités matérielles qu'à la justice distributive de répartir diversement ses biens sans porter atteinte à la rigoureuse égalité de droit ? L'examen de deux grands domaines du droit des obligations, la loi du contrat, d'une part (chap. II), la relation endommagée, d'autre part (chap. III), montre en tout cas la recherche d'un tel équilibre. La fin du présent titre (chap. IV) ouvre la conclusion du parcours sur la considération de l'histoire dans son rapport avec le droit naturel.

Chapitre II

LA LOI DU CONTRAT

Constatant dans l'application de la loi du contrat l'apparition de diverses « figures de la raison » (sect. 1) qui cherchent un *a priori* de justice sous-jacent aux consentements volontaires, la pensée jusnaturaliste appuie sur ce juste fondement la confiance nécessaire aux cocontractants (sect. 2), prenant par là ses distances à l'égard de la justification positiviste proposée par H. Kelsen (sect. 3). L'égalité ici visée garde dans le droit des contrats la complexité reconnue au chapitre précédent à propos des deux faces de la justice (sect. 4) comme le montre l'examen des critères de l'égalité (sect. 5).

1 / Les figures de la raison

Selon le célèbre article 1134 du Code civil, « les conventions légalement formées tiennent lieu de loi à ceux qui les ont faites ». Il reste cependant à voir dans quelle mesure le droit s'épuise dans cette « loi » ainsi formée. Encore une fois, le positivisme choisira de superposer rigoureusement les deux ordres puisqu'à son estime le droit se réduit à la décision soit énoncée par le législateur de droit public, soit convenue par les contractants de droit privé, mais, ce faisant, il laisse dans l'ombre l'en-deçà de la volonté sur lequel s'appuie la loi – « publique » ou « privée » – pour énoncer le droit.

Or plusieurs dispositions positives permettent au juge de mettre en évidence cette objectivité de la relation qui précède les décisions prises à ce propos par les contractants. Au juriste qui prétendrait fonder l'obligation conventionnelle sur la seule décision des partenaires au contrat, il faudrait en effet opposer la lecture jurisprudentielle des dispositions que le Code consacre aux vices du consentement ou à la manifestation de volonté, à l'équité ou à la cause car ces diverses figures orientent l'attention, chacune à sa manière, sur un droit qui de soi ajusterait la relation en amont même des actes (juridiques) de la volonté.

Ainsi, lorsque les plaideurs invoquent devant le juge le dol, l'erreur ou la violence dans la conclusion d'un contrat, ils accompagnent le plus souvent la preuve des faits générateurs du vice qui a affecté leur consentement subjectif des données objectives qui montrent le déséquilibre des prestations échangées dans la convention : généralisant le raisonnement souvent tenu à propos de la lésion, ils soutiennent que, si leur consentement n'avait pas été vicié par telle manœuvre ou telle contrainte, ils n'auraient certainement pas contracté aux conditions énoncées. Que signifie cette argumentation par présomption sinon qu'en deçà de l'échange des consentements, en l'occurrence défectueux au moins d'un côté, un équilibre s'impose naturellement aux parties en présence ? Équilibre que le juge met en évidence en sanctionnant le vice corrupteur de la volonté du contractant qui n'a pas donné à son cocontractant une adhésion libre et éclairée. Cette première figure déjà – la preuve du vice du consentement – donne ainsi à penser que le contrat se comprend non pas tant comme la réciprocité de deux décisions plus ou moins arbitraires que, plutôt, comme la reconnaissance commune de la justesse d'un rapport.

Les procès qui tranchent la délicate différence entre l'intention réelle et la volonté déclarée des parties ne s'appuient-ils pas sur la même conception ? Alors que la loi dégage le juge des contraintes du formalisme en lui enjoignant de rechercher l'intention réelle des contractants en deçà des expressions parfois approximatives de leur volonté, voici que le magistrat, confronté la plupart du temps à une même incertitude quant au contenu réel de l'intention effective des parties qui n'avaient probablement pas envisagé l'hypothèse litigieuse, poursuit son enquête en reconstruisant de toutes pièces la volonté la plus raisonnable quant à l'objet du contrat pour établir « ce que les parties n'ont pas pu ne pas vouloir ». Ici encore tout se passe comme si la force du lien obligatoire résidait davantage dans l'équilibre objectivement juste des engagements pris que dans la formulation subjective – lacunaire en l'espèce – de ces engagements mêmes ; en d'autres termes, le contrat obligerait moins par la parole qui promet la prestation que par le caractère juste et raisonnable de la prestation promise. Cette priorité expliquerait qu'ici, en cas d'ambiguïté dans les formulations du contrat comme plus haut en cas de vice allégué du consentement, le juge chercherait à dégager par la raison le socle objectif de la justice pour fonder sur elle les obligations des parties.

Les figures juridiques de la bonne foi et de l'équité déploient sur le terrain de l'interprétation et de l'exécution des conventions le mouvement découvert jusqu'ici dans le domaine de leur formation. Tandis que, par la bonne foi, les parties entendent leur convention comme la formulation d'un accord qui, débordant les termes du droit strict, exige une bienveillance mutuelle, voire une collaboration de leur part dans l'exécution de leur contrat, l'équité corrige dans les situations particulières le déséquilibre excessif que les circonstances ont provoqué entre les prestations des partenaires au contrat. On situe dans la même ligne les efforts entrepris par une partie de la jurisprudence et de la doctrine pour justifier par la clause tacite *rebus sic stantibus* la théorie de l'imprévision contractuelle qui permet aux contractants de se dégager d'une obligation excessivement onéreuse à exécuter. Que trouve-t-on en de telles lectures législatives, jurisprudentielles ou doctrinales du contrat sinon, ici encore, la priorité de la justesse du rapport qui lie les parties sur la formulation de l'engagement qu'elles prennent en ce rapport même ? L'obligation qui pèse sur elles naît certes *par* le consentement qu'elles se sont échangé quant à l'objet du contrat, mais plus profondément cette obligation naît *de* l'équilibre raisonnable manifesté en cet échange. A preuve, ces correctifs que le juge impose au nom de la bonne foi ou de l'équité, voire de l'imprévision contractuelle, à une compréhension trop rigoureuse des mots formulés dans la convention. Correctifs qui ne s'ajoutent d'ailleurs pas à la force obligatoire initiale pour la déformer en tel sens plus favorable au malheureux débiteur, mais qui la révèlent plutôt – puisque le juge est tenu lui aussi par cette loi des parties – comme ce qu'elle a toujours été : l'exigence de la justice au sein de la relation nouée par le contrat.

Sans doute la même préoccupation inspire-t-elle encore le législateur lorsqu'il exige une *cause* du contrat, refusant de fonder l'obligation sur le seul consentement donné par une personne capable à propos d'un objet déterminé. La loi veut en effet introduire cette manifestation de volonté dans une objectivité plus grande : non pas seulement celle de l'objet sur lequel porte le contrat, mais encore celle de la raison qui gouverne la relation contractuelle elle-même en vue d'y exercer la justice.

On connaît les débats où s'affrontent les causalistes, qui veulent lester les manifestations de volonté du poids des engagements réciproques, et les anticausalistes pour qui l'obligation naît de la seule formulation des engagements, non moins que les glissements par lesquels le sens objectif de la cause, entendue comme la contre-prestation promise, devient le sens subjectif du simple mobile poursuivi par le promettant. Sans entrer ici dans l'indéfini de telles disputes, on se demande plutôt si leur enjeu ne se situe pas précisément en cette quête de l'*a priori* raisonnable sous-jacent à l'engagement des volontés. Qu'on la cherche par la voie psychologique du mobile subjectif des engagements pris par le contractant ou par la voie plus économique de la prestation objective promise par le cocontractant, on veut en tout cas faire apparaître une *cause* qui permettra de comprendre le contrat comme œuvre de la raison voulant fonder sur la justice les obligations nées du contrat. En d'autres termes, la cause insère le contrat dans la rationalité qui permet de lire le lien obligatoire en termes de justice, car ce lien ne relève pas d'une pure décision : la parole qui l'exprime a trouvé dans la cause son objectivité rationnelle.

Pour des raisons de sécurité juridique, les auteurs anticausalistes ont préféré retirer la cause de la liste des conditions essentielles de validité des contrats : selon leur thèse, l'engagement promis suffit à créer l'obligation, pourvu que le consentement soit valide, les contractants, capables et l'objet, déterminé. Le même souci inspire également la conception rigoureuse de l'abstraction cambiaire. Dans cette perspective qui néglige la cause, tout le poids de l'obligation repose sur la décision de la volonté considérée indépendamment des enjeux rationnels de son engagement. Sauf à récupérer par ailleurs cette rationalité dans les autres figures déjà évoquées de la sanction du vice du consentement et de la priorité de l'intention réelle sur la volonté déclarée, ou encore de l'équité et de la bonne foi, on se demande si cette mise à l'écart verbale de la cause n'arrache pas au contrat le cœur de sa force obligatoire.

2 / L'*a priori* de la confiance

Qu'est-ce en effet que le contrat sinon la soumission commune des contractants à une même objectivité, à savoir la justesse de leur échange même ? Les exposés de droit civil distinguent certes classiquement le contrat d'adhésion du contrat librement débattu. Dans le premier cas, le partenaire à la convention ne jouit pas de la liberté d'en discuter les termes : il doit prendre l'engagement tel quel ou le laisser ; dans le second cas, les contractants élaborent sur pied d'égalité la formulation des prestations qu'ils vont se promettre. Mais sous cette distinction fort importante dans la pratique se cache une réalité plus fondamentale dans la théorie du droit : tout contrat – même librement débattu en ses termes – suppose, pour tenir sa force obligatoire, l'adhésion à une objectivité qui dépasse chacune des subjectivités ainsi engagées.

Car si la force obligatoire du contrat dérivait seulement de l'engagement pris par l'une puis par l'autre des parties, on ne voit pas ce qui empêcherait la volonté de l'un ou l'autre contractant de se reprendre dans la suite puisque la volonté passée, seule responsable – en rigueur de termes – de l'engagement pris autrefois, doit nécessairement céder devant la volonté actuelle, seule responsable encore de l'engagement qu'elle veut prendre aujourd'hui. Pour se trouver liée par le contrat, la volonté doit rencontrer en dehors d'elle-même la « source du droit » qui l'obligera. Sinon, livrée à sa propre puissance, elle ne s'estimera jamais obligée. Dira-t-on que cette source d'obligation réside justement dans le partenaire à l'égard duquel le sujet s'est engagé ? Il faut alors préciser : s'il s'agit seulement de fonder l'obligatoriété du contrat sur la volonté d'autrui qui entend, par hypothèse, faire respecter la convention, on ne voit pas au nom de quoi cette volonté du second contractant obligerait en principe davantage que celle du premier. Mais s'il s'agit de fonder cette force obligatoire sur une objectivité plus large mais déjà signifiée par la présence d'autrui, alors la piste s'avère plus féconde. Car la confiance inhérente au contrat – le crédit – suppose dans le chef du premier contractant la conviction que son partenaire se soumettra lui aussi à l'objectivité qui, débordant également sa volonté, l'empêchera ainsi de céder à la variabilité de ses caprices.

En d'autres termes, la confiance s'exerce en quelque sorte de façon nécessairement transitive : s'adressant d'abord au partenaire du contrat, elle suppose que ce partenaire se déprendra lui aussi de sa seule subjectivité pour adhérer au principe qui l'oblige à tenir parole. En dernière analyse, l'objectivité qui fait la force du lien obligatoire n'est dès lors plus seulement l'exigence d'autrui qui imposerait sa volonté, d'ailleurs aussi subjective que celle de son cocontractant, mais le partage de la raison qui reconnaît, au cœur de la relation, la justice comme « raison » de tenir ses engagements.

Si deux sujets se font confiance dans la relation contractuelle, cette démarche ne les lie pas d'abord parce que leurs volontés subjectives auraient trouvé à un moment de l'espace et du temps un point d'accord qu'elles s'empêcheraient – mais au nom de quoi ? – de remettre en question, elle les oblige plutôt par cette reconnaissance commune d'une justesse déjà inscrite dans le réel avant qu'elles l'aient décidé et qui permet de dire alors : *pacta sunt servanda.* Si ce principe, en effet, se fondait dans le seul accord des volontés, où ces volontés trouveraient-elles encore l'objectivité qui leur donnerait assez de confiance pour s'engager dans le pacte ? L'*a priori* de la confiance exercée dans le consentement n'est autre que l'objectivité rationnelle du principe qui commande à l'un comme à l'autre des contractants de tenir leur parole, parce qu'elle s'appuie sur une justice qu'ils ont reconnue ensemble.

3 / La norme supérieure

La mise en évidence d'un tel *a priori* permet de mieux comprendre la place de la loi positive par rapport à l'autonomie des volontés. Au lieu de voir, comme Kelsen, dans la norme publique la source de toutes les obligations privées, on préfère renverser le propos en tenant que la loi doit rechercher sans cesse le meilleur ajustement des engagements que prennent les sujets lorsqu'ils contractent.

Pour l'auteur de la *Théorie pure du droit*, la convention oblige les parties dans l'unique mesure où la norme d'un degré supérieur (par ex. l'article 1134 du Code civil) autorise les sujets à créer, par contrat précisément, leur norme de degré inférieur. Ainsi le contrat, comme toute règle juridique chez Kelsen, puise-t-il sa validité en une norme supérieure, ici en celle qui autorise les contractants à faire jaillir le droit de la rencontre factuelle de leurs volontés. Dans le normativisme kelsénien, en effet, tout le droit se joue dans un régime d'ordres et de permissions : relève du droit l'ordre qui a reçu d'un ordre supérieur l'autorisation de se poser comme norme. Ainsi les cocontractants reçoivent-ils de la loi civile la permission de faire entrer dans l'ordre juridique par leur accord de volonté la contrainte par laquelle le créancier exigera de son débiteur la prestation promise. Où l'on voit que l'objectivité, évoquée dans les pages précédentes comme la donnée qui déprendra les volontés de leurs variations trop subjectives en leur garantissant du même coup la confiance mutuelle qu'elles se donnent, réside ici purement et simplement dans la loi qui a décidé de transformer le fait contractuel en source (dérivée) de droit. Que s'est-il passé ? Un déplacement de l'objectivité de la raison vers la subjectivité de l'ordre. Le principe *pacta sunt servanda* que les parties au contrat reconnaissaient en leur raison commune, certes implicitement mais fermement, comme l'objectivité garante de leur confiance mutuelle est devenu, dans le positivisme kelsénien, la décision prise par le législateur selon laquelle, désormais, les conventions légalement formées obligeront les parties. Dans la thèse positiviste, tout se passe donc comme si aucune obligation juridique ne liait les parties au contrat avant que la loi n'ait décidé de transformer en norme juridique un échange de volontés qui n'était, jusqu'alors, qu'un événement factuel.

On objectera que finalement la diversité des voies importe peu puisque tant l'analyse de la rationalité engagée dans le contrat que la lecture de l'ordre donné par le législateur aboutissent au même résultat, à savoir l'obligation des parties de fournir les prestations promises dans le contrat. Mais peut-on se permettre une telle impasse sur le fondement de l'obligation ? Le principe *pacta sunt servanda* vaut-il parce que le législateur, auteur de la norme d'un degré supérieur, a décidé que vaudraient juridiquement ces « pactes » d'un degré inférieur, *ou* ce principe tient-il par sa propre rationalité si bien partagée par tous les cocontractants possibles qu'un législateur qui énoncerait le contraire se mettrait lui-même, *ipso jure*, en dehors du droit ? Si l'on choisit cette seconde réponse, la relation contractuelle trouve dans l'objectivité de la justice le repos qui précisément permet la confiance inhérente à cette relation. Si par contre on choisit la première, la question rebondit du contrat sur la loi elle-même car si la volonté du créancier à l'égard du débiteur n'entre jamais dans l'ordre du droit que par l'effet de la volonté du législateur à l'égard des parties au contrat, d'où vient la juridicité de cette volonté législative ? Kelsen ne peut répondre qu'en remontant la série des autorisations supérieures qui s'imposent aux ordres inférieurs jusqu'à la dernière norme à laquelle il devra *a priori* soumettre toutes les autres. Mais cette priorité formelle qui oblige d'obéir à la dernière norme – quelle qu'elle soit – n'a rien à voir, on le comprend, avec la rationalité fondatrice reconnue en deçà des promesses que s'échangent les cocontractants, car, en cette dernière perspective, la volonté mutuelle des parties s'appuie d'emblée sur la justesse du rapport dans lequel elles s'engagent. La différence méritait d'être soulignée non seulement pour permettre les développements de philosophie du droit qu'il faudra d'ailleurs poursuivre lors de l'examen de la figure historique du contrat social (v. t. II : *Droit naturel, les réponses de l'Histoire,* à paraître), mais encore, comme on va le voir, pour rendre un meilleur compte des ajustements que connaît, au long de son histoire, le phénomène contractuel.

4 / L'égalité complexe

La distance prise par rapport au normativisme kelsénien nous ramène en effet aux figures de la raison évoquées au début de ce chapitre, car tout se tient. Si le droit des obligations se résumait au dernier flux de la cascade de normes par lesquelles les législateurs publics d'abord, les législateurs privés ensuite reçoivent la permission de décider n'importe quoi à l'intérieur des limites autorisées par le degré supérieur, alors il n'y aurait pas lieu d'analyser le contenu des prestations promises par les cocontractants puisque leurs volontés comme telles, dûment autorisées, suffiraient à fonder l'obligation au contrat. Si par contre la confiance inhérente au contrat se fonde sur une objectivité qui échappe nécessairement à la volonté des parties – puisqu'elle les lie déjà –, alors il importe d'analyser le contenu du contrat pour savoir dans quelle mesure il participe ici et maintenant – *hic et nunc* – à la justice qui a commandé le principe *pacta sunt servanda.* Car il n'est pas sûr que tous les pactes doivent être gardés du seul fait d'avoir été seulement voulus.

Encore une fois, si l'on entend le principe du respect des conventions uniquement comme l'ordre promulgué par l'autorité supérieure qui a cru préférable d'organiser de la sorte les rapports sociaux, on contestera aussi peu le bien-fondé de cette décision publique que la légitimité de la volonté privée exprimée par les cocontractants de s'échanger telle ou telle prestation : dans l'une et l'autre espèce, en effet, les décisions s'imposent comme telles. Mais si le principe de la nécessaire soumission aux pactes apparaît comme l'objectivité de la justice, partagée par l'un et l'autre des partenaires au contrat, et qui les déprend tous deux de l'arbitraire de leur volonté, alors il faut encore vérifier de quelle façon cette raison se livre en tel et tel pacte : les contractants ont-ils eu « raison » de vouloir ce qu'ils ont voulu ? Car seul le caractère juste des prestations promises oblige les parties au contrat. Puisque la force du lien qui lie les deux partenaires s'identifie comme la raison humaine à laquelle chacun d'eux a donné l'adhésion de sa volonté, l'analyse juridique ne peut se contenter de vérifier le seul fait de l'échange des volontés pour conclure à l'obligatoriété du contrat ; elle doit encore détailler le contenu de la convention cherchant à voir en telle espèce si l'accord emporte assez de raison pour obliger les sujets qu'il lie, déclarant alors sa validité, mais prononçant dans le cas contraire sa nullité ou sa rescision. Les figures de la raison mises en jeu par le droit positif (preuve du vice de consentement, reconstruction de l'intention réelle, invocation de la bonne foi ou de l'équité, exigence de la cause) rejoignent ainsi la recherche d'un droit des obligations qui, pour être lui-même, irait de soi.

Dans ce déploiement de la rationalité inhérente au contrat, l'égalité des prestations apparaît en effet comme le critère décisif (au moins pour les échanges à titre onéreux car nous n'abordons pas l'intention libérale des conventions conclues à titre gratuit, lesquelles emportent une forme de rationalité différente de l'égalité ici invoquée), car si un déséquilibre affecte les termes de l'échange synallagmatique, il faut craindre qu'une volonté dominante n'ait corrompu la justesse idéale du rapport contractuel pour imposer sa propre force au détriment de la raison. L'égalité seule donne « raison » à l'échange lui-même puisque les cocontractants ne concluraient pas leurs échanges s'ils ne trouvaient pas dans ce qu'ils reçoivent l'équivalent de ce qu'ils donnent.

On imagine sans peine les difficultés d'application pratique, judiciaire par exemple, d'une telle position théorique : comment mesurer cette équivalence des prestations promises ? Peut-on calculer une égalité objective qui ferait fi des préférences personnelles de chaque contractant ? Ne devons-nous pas plutôt renoncer à établir que telle prestation équivaudrait une fois pour toutes à telle autre prestation puisque les valeurs ne se déterminent jamais en soi, fluctuant plutôt au gré des lois du marché ? Lors donc que nous avons cru trouver dans l'égalité le critère décisif de la rationalité par lequel le contrat échapperait à l'arbitraire des volontés qui s'y engagent, n'avons-nous pas fait fausse route puisqu'en pratique l'égalité se mesure elle-même sur le marché par la rencontre des volontés ? Le point fixe de l'égalité choisi comme marque pour mesurer l'écart des volontés par rapport à l'équilibre rationnel variant lui-même au gré de ces volontés, autant dire qu'il n'existe plus de point de repère.

L'objection ne manque pas de pertinence dans la mesure où, encore et toujours, la convention – c'est-à-dire la rencontre des volontés – s'imposerait comme loi aux parties. En face de cette loi positive, l'exigence rationnelle de l'égalité se place toutefois à l'autre pôle, créant ainsi une tension éthique à l'intérieur du contrat parce qu'elle juge la loi du marché elle-même.

Or cette égalité, nous l'avons vu au chapitre précédent, comporte deux faces, arithmétique dans la justice commutative, proportionnelle dans la justice distributive. Suffit-il de dire que la première se cantonne au droit privé pour y régir à elle seule les échanges noués entre sujets formellement égaux, tandis que la seconde se limite au droit public, y organisant, par ses contributions et distributions, le lien social comme tel ?

En réalité, l'unité déjà reconnue des deux approches – subjective et objective – du droit impose, ici encore, une articulation plus serrée des deux formes de la justice. Alors que le contrat, « rapport établi de plein gré » selon le vocabulaire aristotélicien, se range à première vue dans le régime de la justice commutative sous le signe de l'égalité formelle des cocontractants dont l'accord de volonté crée le rapport obligatoire, l'analyse montre l'incidence de la justice distributive sur ce premier régime : l'accord de volonté ne crée pas comme tel le lien d'obligation, il reconnaît plutôt comme son propre *a priori* la justesse d'un rapport dont l'appréciation ne relève pas seulement des décisions abstraites puisqu'il porte aussi sur l'objectivité des situations concrètes. Alors que le régime purement commutatif se contenterait, à la limite, du seul équilibre des volontés, équilibre qui obligerait les partenaires par l'unique fait de leurs décisions libres (1 consentement = 1 consentement), la justice distributive commence son travail de vérification des égalités concrètes en recherchant, en deçà des équivalences seulement voulues, l'équité de l'échange contractuel.

Sous la forme, d'ailleurs indépassable, qui considère les sujets isolés au départ les uns des autres comme liés seulement par les paroles qu'ils se sont échangées, l'autre face de la justice, tenant les sujets pour déjà liés dans le corps social avant même qu'ils ne l'aient décidé, prend les contrats comme autant d'occasions de réaliser une distribution des biens plus ajustée à la situation concrète que connaissent les parties. Attirée par l'égalité effective des sujets, égalité toujours proportionnelle puisque les humains se présentent effectivement comme inégaux, le régime distributif introduit dans les décisions libres justement mises en évidence par le régime commutatif la tension qui doit aboutir à une meilleure justice.

Comment comprendre autrement les correctifs apportés par le droit aux inégalités consacrées par l'autonomie contractuelle, par exemple en matière de travail, d'épargne ou de consommation ? En limitant ainsi la portée des décisions prises par les contractants, la loi ne s'inspire-t-elle pas d'un *a priori* plus fondamental ?

5 / Les critères de l'égalité

Le droit social a connu dans l'histoire, on le sait, l'encadrement légal de plus en plus imposant du contrat de travail pour corriger le déséquilibre qui affectait nécessairement sur le marché du travail la rencontre du propriétaire des moyens de production, unique détenteur de la richesse matérielle, et des prolétaires, titulaires de leur seule force de travail. Or pour stigmatiser la fausse égalité que pose l'accord des volontés entre le travail forcené d'un côté, le salaire de misère de l'autre, ne fallait-il pas mettre en évidence une égalité qui, pour juger les lois du marché – en l'espèce du marché du travail –, se situe en deçà d'elles ? La dynamique propre au droit social n'a-t-elle pas trouvé ses ressorts les plus intimes dans cette vérification de l'égalité, restée jusqu'alors formelle ? L'égalité en effet ne peut s'arrêter à la pure forme que si – et seulement si – elle se limite à poser qu'une volonté égalant une autre volonté leur rencontre suffira à créer l'obligation juridique. Forme où l'égalité relève finalement, autant que n'importe quel contenu contractuel, de la décision elle-même mais sans qu'on ait vérifié si elle reposait sur une autre réalité que cette pure et simple décision.

Dans la même perspective que le droit social, plusieurs législations modernes ont enrichi le droit civil et le droit commercial de dispositions protectrices du cocontractant le plus faible : le locataire en face du bailleur, le consommateur en face du producteur, l'épargnant en face de l'entreprise, etc. Pour trouver le meilleur ajustement des prestations, la loi se permet de dépasser le niveau formel où, bon gré mal gré, les volontés se déclaraient égales ; elle peut alors exiger que le cocontractant le plus puissant n'abuse pas de sa position dominante. Mais au nom de quoi ? A partir du moment où l'égalité ne s'impose plus comme le décret décidé par la volonté du législateur d'abord, des cocontractants ensuite, il faut trouver dans la réalité elle-même le paramètre qui permettra de donner une raison objective aux égalités décidées, mais où se trouve-t-il ?

Pour cerner ce critère propre à la justice distributive, perçoit-on à quel point le mouvement législatif moderne de protection du cocontractant présumé plus faible rejoint non seulement les figures de la raison qui permettent au juge – on l'a vu – d'apprécier l'équilibre réel des prestations promises dans un contrat déterminé mais encore le passage déjà évoqué de la première à la deuxième génération des droits de l'homme ?

Les législations protectrices, en effet, empêchent les parties de donner à leurs volontés toutes les suites que la plus forte d'entre elles (l'employeur, le bailleur, le producteur...) voudrait imposer à la plus fragile (le travailleur, le locataire, le consommateur...) ; par là, elles prennent distance à l'égard des positions libérales qui tiennent le marché pour une pure rencontre des libertés égales et formelles, égales *parce que* formelles. Or la reconnaissance des droits économiques, sociaux et culturels prend une distance semblable par rapport à la clôture qui enfermait les droits de l'homme dans la seule affirmation des droits civils et politiques : s'il faut certes affirmer l'irréductibilité des libertés individuelles face aux menaces du pouvoir, il importe encore de s'assurer des conditions réelles de possibilité (ou de survie...) de ces libertés ainsi reconnues, de vérifier donc – rappelons-le – qu'elles jouissent toutes, y compris la plus démunie, du travail et des revenus nécessaires pour mener une existence conforme à la dignité humaine.

Les législations qui s'autorisent à entrer dans le champ contractuel pour vérifier l'équilibre des prestations promises en échange de la fourniture d'un travail, du paiement d'un loyer, de l'investissement d'une épargne ou du prix d'une marchandise, sans se contenter du seul accord des volontés noué à leur propos, n'obéissent-elles pas au même mouvement de réalisme ? Appliqué au vaste domaine des conventions, l'enrichissement de la première génération des droits de l'homme par la seconde se traduit par une analyse des conditions objectives du contrat pour y déceler les proportions raisonnables qui auront donné « raison » à la négociation des volontés formellement libres.

Avons-nous, par là, trouvé le point fixe qui permet de soustraire le critère de l'égalité aux aléas des décisions du marché ? Puisque la vérification opérée par la seconde génération des droits de l'homme dans les affirmations formelles de la première s'appuie – ainsi qu'on l'a vu au titre précédent – sur le droit de tout humain de disposer du travail qui lui permette de pourvoir à ses besoins, on se demande si la justesse de tout rapport contractuel ne s'évalue pas, elle aussi, à cette double mesure du travail et du besoin. Faudrait-il d'ailleurs s'étonner de la similitude ? Si l'*a priori* qu'implique le droit dans la répartition des *biens* contient ces deux modes, actif comme le travail et passif comme le besoin, du rapport corporel de l'homme à la nature, on ne voit pas la raison qui obligerait à en reconnaître d'autres dans l'*a priori* juridique des *échanges* que nouent les humains, précisément à propos de ces biens. La « loi du contrat » se formulerait donc ainsi : est *a priori* juste l'échange dans lequel les deux partenaires trouvent une rétribution raisonnable de leur travail et une satisfaction suffisante de leurs besoins.

On objectera une dernière fois qu'une telle formule n'entraîne, par ses généralités et son idéalisme, aucun progrès dans les formulations du droit. Avant qu'on la rejette, elle mériterait cependant une mise à l'épreuve : si, tout au long de l'histoire récente du droit, les juges ont examiné l'équilibre réel des prestations contractuelles en mobilisant les figures légales de la raison et, si le législateur a encadré l'échange des consentements dans des limites impérativement protectrices, ces efforts ne trouvent-ils pas leur sens dans la recherche d'un droit qui, en deçà des décisions prises, obligerait les contractants par la justesse du rapport envisagé ? Quelle justesse, sinon celle où chaque partenaire reconnaît la valeur nécessairement mise en jeu par l'autre : son travail, ses besoins.

Chapitre III

LA RELATION ENDOMMAGÉE

L'équilibre postulé par la raison comme cause de l'obligation contractuelle fonde-t-il également l'obligation délictuelle ? Si l'on veut appuyer la juridicité de toutes les obligations du droit sur une base antécédente aux décisions qui les formulent, la vérification s'impose : d'où vient qu'un sujet de droit réponde du dommage physique, matériel ou moral causé à un autre sujet de droit ? Du fait que la loi l'a ainsi décidé ? Certes, mais encore ? Quels enjeux le législateur a-t-il trouvés *a priori* en cette matière ?

Après avoir rappelé la dualité que cet *a priori* rencontre dans les deux formes de la justice (sect. 1), le chapitre examine comment cette dualité se met en œuvre dans les trois composantes traditionnelles de la responsabilité : le dommage (sect. 2), la faute (sect. 3) et la cause (sect. 4) ; il se termine en posant à nouveau la question de l'équilibre supérieur à tenir entre ces deux formes de la justice (sect. 5).

1 / La question de la justice

Henri De Page a beau écrire en 1934 :

« On se méprendrait à croire que le fondement de la responsabilité civile soulève un problème d'ordre philosophique ou moral susceptible d'une solution unique, nécessaire et absolue, comme il est d'usage en “droit naturel”. Lier la responsabilité à l'idée de culpabilité, quelque justifiée que puisse être cette tendance *à notre époque*, c'est en donner *une* solution ; ce n'est pas étudier le problème *ab initio* et dans son ensemble. Envisagé aussi objectivement que possible, à l'état brut pourrait-on dire, le problème de la responsabilité civile n'est qu'un problème de répartition des pertes » (H. De Page, *Traité élémentaire de droit civil belge*, Bruxelles, Bruylant, 1934, t. II, p. 777).

On se demande tout de même si « l'état brut » du problème de la responsabilité ne comporte pas toujours un aspect « philosophique ou moral » que le droit naturel veut précisément mettre en évidence, mais sans nécessairement le résoudre par une « solution unique ». Ici encore, en effet, l'obligation procède de rien moins que de la justice elle-même. Or la justice travaille le droit des obligations non par une seule voie mais par les deux manières que nous avons dites. Raison pour laquelle sans doute De Page et d'autres auteurs après lui ont pu confondre les plans : tandis que la justice commutative, hâtivement identifiée par eux au « droit naturel », met en avant « l'idée de culpabilité » puisqu'elle fonde la responsabilité sur la faute, la justice distributive affronte, elle, la « répartition des pertes » selon sa logique propre de traitement inégal des inégalités concrètes en vue d'aboutir à l'égalité. Mais cette seconde face de la justice ne relève pas moins que la première de l'ordre « philosophique et moral » même si son critère de discernement ne s'inscrit pas comme l'autre au registre de la culpabilité. Il importe en effet de savoir, tant en philosophie politique qu'en éthique sociale, si le lien de la responsabilité civile se noue seulement entre les sujets de droit considérés chacun en leur intégrité (littéralement : en leur état non touché) ne s'obligeant jamais, au chapitre des faits juridiques, qu'en tant que ces faits manifestent une faille (intention méchante ou négligence coupable) de leurs actes de liberté ou si le champ de la réparation des dommages ne déborde pas cette clôture trop étroite du rapport strictement commutatif pour aboutir à une plus grande égalité, dictée cette fois par la justice distributive.

Loin que cette dernière forme de justice, plus concrète puisqu'elle vise l'égalité de droit à travers l'inégalité effective des sujets, ait évacué le « droit naturel », assimilé par nombre d'auteurs au régime libéral de la responsabilité pour faute, elle l'a enrichi plutôt en rappelant jusqu'où s'étendent les exigences complètes de la justice. Pour elle, rappelons-le, il ne s'agit pas seulement de sanctionner les écarts que les sujets se permettent dans leurs échanges à propos des biens qu'ils possèdent en propre, il s'agit encore, dans un stade logiquement antérieur, d'œuvrer à la répartition de ces biens de telle sorte que leur appropriation par les membres de la société en proportion de leurs rapports respectifs corresponde au bien commun. En cette tâche, on le voit, la justice distributive ne s'avère pas moins « morale ou philosophique » puisque, comme la justice commutative, elle appartient aussi à la Justice.

Mais tandis que la première face analyse la réparation du dommage en cherchant à déceler dans le comportement du sujet qui l'a causé la faute qui engage l'obligation de réparer, l'autre face de la justice aborde la même question à partir du sujet qui a subi le dommage posant alors au reste de la société la question de savoir s'il convient que, dans les rapports noués concrètement en son sein, la victime supporte finalement le dommage que le sort lui a fait subir. « Philosophiques » et « morales » l'une et l'autre puisqu'elles s'attachent tant à la liberté du sujet qui doit se garder de la faute qu'à l'égalité des sujets inégalement touchés par le sort, les deux voies de la justice posent en outre le problème éminemment « philosophique ou moral » – de droit naturel si l'on veut – de leur propre articulation : en quel équilibre supérieur se rencontrent leurs différences ? Pour exposer, dans la matière des faits juridiques, la tension ici rappelée, d'ailleurs déjà vue à l'œuvre au chapitre précédent des actes juridiques, les sections suivantes passent en revue, comme on l'a dit, les trois éléments classiques de la responsabilité.

2 / Le dommage et la relation

Pour opérer le partage entre les deux formes de la justice, il importe de préciser le contexte social de la survenance du dommage. Car si la distributive se borne à enregistrer le fait du préjudice, pourvu seulement qu'il affecte un des membres de la société rassemblée sous le même droit, la commutative impose, elle, la présence d'un tiers jugé, à cause de sa méchanceté ou de sa négligence, responsable du dommage causé. En exigeant une telle relation entre l'auteur du fait et sa victime, la justice commutative écarte donc du champ de la responsabilité civile proprement dite les préjudices qu'un sujet ne peut rapporter à un quelconque lien avec autrui puisque seul le sort en est responsable. Évoquons brièvement à cet égard la mentalité animiste, le « droit de ne pas souffrir » et la catastrophe naturelle.

Alors que les mentalités imprégnées d'animisme ne se résolvent pas à admettre que les puissances maléfiques invoquées par des familles rivales de la famille de la victime seraient restées étrangères aux coups du destin – à la mort prématurée d'un jeune membre du village, par exemple – les sociétés sécularisées ne recherchent plus en leur sein – du moins en leur ordre juridique, car les boucs émissaires ont la vie dure dans les mentalités collectives – le responsable des troubles qui ne doivent leurs causes qu'aux accidents de la nature. La matière de la responsabilité connaît ainsi une première socialisation puisque le dommage ne se définit que sur fond d'une philosophie globale dans laquelle la société a pris position sur la référence aux causalités visibles et invisibles de l'univers. Doit être réparé le dommage que la société estime tel : si le destin lui-même entre dans le jeu social à titre de puissance spirituelle sur laquelle certains sujets exercent des pouvoirs (d'ailleurs plus ou moins occultes), alors même le fait le plus naturel remontera à son hypothétique coupable et le dommage trouvera sa rétribution ; si par contre la société admet que tous les maux (physiques ou patrimoniaux) dont souffrent les humains ne proviennent pas nécessairement de l'intervention d'un tiers, elle restreint d'autant le champ de la responsabilité proprement dite, puisqu'elle laisse en dehors de ses bornes tout le domaine de la fatalité, dite encore cas fortuit ou force majeure. Lorsque le sort précisément tombe par accident ou maladie sur une personne physique, on ne peut parler de droit au sens, du moins, que lui donne la justice commutative puisque aucune relation humaine n'y est impliquée.

Autre hypothèse : dans le régime public de sécurité sociale ou le régime privé d'assurance qui couvre le risque de maladie-invalidité, on parlera par exemple d'un droit aux prestations de soins ou d'une compensation financière de l'invalidité mais on voit combien de tels mécanismes juridiques qui trouvent leur occasion dans la maladie s'écartent d'un prétendu « droit de ne pas souffrir ». Or la littérature juridique évoque parfois cette nouvelle figure afin de justifier diverses pratiques médicales depuis le très licite soulagement de la douleur jusqu'à l'illicite euthanasie active (v. *supra*, titre II, p. 121). Si ce « droit de ne pas souffrir », présenté comme naturellement inhérent au sujet humain, rappelle que l'art du médecin consiste non seulement à guérir la maladie mais encore à pallier la souffrance, on veut bien admettre ce nouveau droit pour reconnaître une telle utilité mais on en regrettera la formulation absolue dans une matière – le droit précisément – où la relation pose la nécessaire relativité de chaque prérogative subjective par rapport aux tiers. On se demande en effet envers quel sujet s'exercerait ce « droit de ne pas souffrir » : une transcendance personnelle ? la fatalité du destin ? un jeteur de sort ? Même si tous les sujets jouissent du droit à la vie et à l'intégrité physique, cette protection juridique n'empêche ni la maladie ni la mort d'accomplir naturellement leur œuvre de souffrance en chacun d'eux ; de même, le droit de propriété ou les divers droits de créance reconnus à un sujet n'empêchent pas les accidents de ravager les biens qui appartiennent à ce sujet ou de se mettre en travers des prestations que lui doit autrui. Or à l'égard de ces coups du sort – au moins dans les sociétés sécularisées – on ne trouve aucun tiers qui devrait en porter la responsabilité. Invoqué hors de toute relation personnelle qui aurait permis de désigner le débiteur de l'obligation, le « droit de ne pas souffrir » relève finalement davantage de l'incantation que du droit.

Ainsi encore, la catastrophe naturelle qui s'abat sur des patrimoines n'engendre-t-elle pas de droits – toujours au sens de la justice commutative – dans le chef des titulaires ainsi préjudiciés puisque aucun débiteur n'assumera la responsabilité de ce dommage qui n'est né par hypothèse dans aucune relation. Même si, ici également, d'autres mécanismes que celui de la responsabilité trouvent à s'appliquer : par exemple l'assurance conventionnellement prise pour couvrir ces cas de force majeure, ou encore la solidarité nationale ou régionale. Dans cette dernière institution, les pouvoirs publics assument la réparation des préjudices non par obligation de rétablir l'équilibre qu'ils auraient compromis – *quod non* –, mais, nous allons le développer à l'instant, par souci d'assurer la justice distributive entre les sujets dans l'appropriation des biens en corrigeant *a posteriori* les inégalités dues aux coups du sort.

La délimitation de la justice commutative nécessairement insérée dans une relation personnelle ayant rejeté hors de son champ les situations malheureuses qu'elle ne pouvait imputer à faute, faudra-t-il restreindre à ce domaine-là l'étendue juridique du dommage ? Non car la théorie des risques a entrepris de l'élargir au bénéfice de la victime. Mais sur quelle base ?

Diverses figures plus ou moins récentes de responsabilité sans faute ont mis entre parenthèses l'engagement de la liberté, préférant fonder l'obligation impérieuse de la réparation sur les risques que multiplie notre société de plus en plus technicienne. Pourquoi faudrait-il, dit-on, rechercher une faute dans le chef de l'auteur du préjudice alors que l'objectif premier de la responsabilité reste la réparation du dommage et que la désignation d'un responsable, même non reconnu coupable d'une faute, permet la plupart du temps d'obliger les compagnies d'assurances à intervenir dans la réparation ? Plutôt que la justesse d'une relation de liberté à liberté, ne convient-il pas de reconnaître, sous-jacent au droit de la responsabilité, l'équilibre du rapport de patrimoine à patrimoine de telle sorte que celui des deux sujets qui profite économiquement du risque dont la survenance a causé du tort à l'autre lui doit la compensation du dommage ? De reconnaître, dans la même ligne, la priorité du droit certain d'un sujet à son intégrité personnelle ou patrimoniale sur la recherche aléatoire d'une faute éventuellement commise par l'auteur du dommage. Dans une civilisation qui multiplie de façon exponentielle les pouvoirs d'action de l'homme mais aussi, du même coup, ses possibilités d'altération, l'obligation de réparer la violation d'un droit ne l'emporte-t-elle pas, en effet, sur l'analyse des comportements plus ou moins fautifs ?

Ainsi justifie-t-on dès la fin du XIXe siècle la réparation forfaitaire des accidents du travail et, à la fin du XXe, celle de certains accidents de la circulation. Puisque d'une part la statistique, maîtrisant dans ses récurrences l'imprévisibilité du sort, établit une constante d'accidents soit dans l'entreprise soit sur la chaussée, puisque d'autre part la recherche des fautes conduit les victimes à des procès longs et coûteux, ne s'impose-t-il pas de globaliser le régime des réparations – l'institution de l'assurance s'y prête d'ailleurs très opportunément – en imputant les dommages aux personnes qui, même sans se rendre coupables d'aucune faute, les ont provoqués ? Si un sujet ne commet pas de faute en effet, pourvu qu'il respecte les règles en vigueur, à lancer une entreprise ou à conduire un véhicule, il crée tout de même à l'égard d'autrui un risque dont il semble correct de lui attribuer la charge.

Correct à condition de préciser encore une fois que la justice se montre ici sous son autre face, distributive. En ce régime, on le sait, la relation juridique, en l'espèce l'obligation de réparer, n'émane plus de l'acte de liberté du sujet qui se liait – soit par le contrat soit par sa faute – envers un autre sujet, elle apparaît comme la donnée qui précède d'emblée la volonté de tous les sujets, appelant ainsi entre eux un équilibre qui ne repose pas sur cette seule volonté. Ici la justice ne se veut plus d'abord corrective, au sens où elle exigerait la *restitutio in integrum* de la victime atteinte en ses droits par la faute d'un tiers, elle cherche seulement les moyens de répartir les risques inhérents à la société industrielle plus équitablement qu'à les laisser à charge de leurs victimes habituelles.

Sans doute l'idéologie libérale, privilégiant ici encore jusqu'à l'exclusive la dimension subjective du droit, éprouve-t-elle quelque peine à élargir les exigences de la justice, limitée pour elle aux stricts devoirs de la commutative, jusqu'à admettre la prise en charge d'un accident par un sujet exempt de tout reproche quant à la survenance du dommage, mais dans la mesure où le corps social se noue aussi dans l'involontaire, par exemple dans la survenance du risque, il faut reconnaître la légitimité de cette justice sociale qui corrige la distribution inégale des maux en recourant à des répartitions qui ne tiennent plus compte de la faute proprement dite.

3 / La faute et le droit

Pour expliquer que le dommage subi par un sujet n'engendre l'obligation de réparation exigée par la justice commutative que si ce dommage surgit à l'intérieur d'une relation où intervient la décision libre de l'auteur du préjudice, il a fallu montrer que, dans le cas contraire, le dommage survenu par simple réalisation d'un risque n'entraîne d'éventuelle obligation à réparation qu'au nom de l'autre sorte de justice qui, tenant le lien social pour noué en deçà des décisions libres, cherche l'égalité la plus objective des sujets. Du même coup, ces considérations précédentes sur le dommage dessinaient comme en négatif l'image de la faute, faille de l'attitude prise librement envers autrui. En d'autres termes, puisque la responsabilité exigée par la justice commutative ne joue qu'à l'intérieur de la relation, il convenait de définir le préjudice à réparer comme le dommage subi, précisément, dans la relation. Par cette précision on a rejoint l'idée de faute qui affecte elle aussi le lien que noue le « fait juridique » entre l'auteur du dommage et sa victime. Mais de quelle manière ?

Toute diminution de l'intégrité physique, morale ou patrimoniale d'un sujet n'engendre pas nécessairement une obligation de réparer ce dommage : on le sait déjà pour les événements casuels qui échappent à la volonté humaine, mais il faut y ajouter tous les comportements que leurs auteurs avaient la liberté d'adopter. Ainsi l'installation loyale d'un nouveau commerce cause-t-elle certes un préjudice à l'entreprise voisine qui subit cette nouvelle concurrence mais elle ne fait naître aucune responsabilité dans le chef du nouveau commerçant qui a seulement exercé sa légitime liberté d'entreprise. Le dommage porté aux intérêts d'un sujet déterminé par un acte quelconque n'obligera l'auteur à réparation que si cet acte constitue un écart fautif par rapport à la norme qui régit semblables comportements. Pour cerner le dommage qui entre dans le champ juridique ici analysé, il faut donc examiner la norme qui régit la relation dans laquelle ce dommage s'est produit. Inversement, lorsque les auteurs cherchent à préciser – ne serait-ce que pour l'élargir – le concept de faute génératrice de responsabilité, ils se tournent fréquemment vers le dommage pour déclarer (ou présumer) fautif tel comportement, par exemple la garde d'un bâtiment, d'un animal ou de toute chose qui porte atteinte à tel ou tel droit de la victime.

S'étonnera-t-on de cette correspondance entre la faute qui désigne, dans le chef de l'auteur, le comportement anormal qui a provoqué le préjudice d'une part, le dommage qui touche, dans le chef de la victime, le bien que l'on ne peut endommager sans commettre de faute d'autre part ? Correspondance qui n'a rien d'une tautologie puisque les deux concepts, envisageant la relation du point de vue de deux partenaires différents, présentent chacun un contenu propre, à ne pas confondre donc, mais correspondance si intime tout de même que ces deux concepts, la faute et le dommage, se rejoignent dans le champ juridique pour désigner la relation comme l'objet commun qui les détermine. Quelle est en effet, au regard de la commutative, l'essence juridique du dommage ? la relation endommagée. Et l'essence juridique de la faute ? la relation mal vécue. Dans l'obligation que crée la responsabilité, il importe donc moins de restaurer l'intégrité physique, morale ou patrimoniale d'un sujet compromise par l'acte dommageable d'un tiers – le sujet en effet ne jouit, nous l'avons dit, d'aucun droit absolu de ne pas subir d'injures par exemple lorsqu'elles proviennent du sort – que, plus précisément, de rétablir, par cette restauration même, la relation qu'avait déséquilibrée l'acte fautif du tiers. Tout se passe donc comme si les relations normales vécues par les sujets de droit déterminaient l'équilibre de leurs plateaux, jusqu'au moment où, la faute pesant dans l'un, le dommage s'élève dans l'autre selon un mouvement rigoureusement symétrique et qu'alors sanctionner la faute en obligeant à réparer le dommage revient à rétablir sous le fléau ajusté de la balance l'équilibre de la relation même.

Une telle affirmation théorique ne supprime évidemment pas le travail des juges qui analysent longuement les multiples cas d'espèce pour peser les responsabilités mises en jeu dans la survenance d'un dommage déterminé, elle fonde plutôt cette analyse sur la nécessité de discerner cas par cas la façon dont la relation a été endommagée par les malveillances et les incuries des acteurs en présence. En d'autres termes, puisque la relation constitue l'objet central du droit en général, de la responsabilité en particulier, et puisque, en régime de justice commutative, une relation humaine ne subit de dommage que par l'acte de liberté qui la méconnaît, la responsabilité se fonde sur l'écart que prend la liberté par rapport à la justesse de ses relations, sur la faute donc. Sans doute des considérations procédurales amènent-elles le législateur – voire la jurisprudence – à présumer fautif tel ou tel comportement adopté par l'auteur du dommage, sans doute encore des aménagements contractuels peuvent-ils élargir ou rétrécir les responsabilités engagées dans la relation, la faute n'en demeure pas moins la référence ultime de l'équilibre à rétablir. Sans quoi la responsabilité n'atteindrait pas son véritable objet, la relation humaine ; elle limiterait le droit des obligations à sa pure soumission aux décisions du législateur. Or si nous voulons mettre en évidence dans les prescriptions juridiques la formulation d'un droit inhérent à son objet, il importe d'asseoir l'obligation de réparation sur la justesse d'une relation de liberté à liberté, plus précisément sur l'écart dont un des sujets s'est rendu coupable par rapport à la relation équilibrée.

Pour montrer cependant jusqu'où s'étendent les exigences d'un tel équilibre, ajoutons encore que la justesse de la relation ici envisagée – et donc aussi l'écart commis par rapport à elle – ne se limite pas au respect des intégrités formellement consacrées par la reconnaissance des droits subjectifs ou des libertés. Car si, en première approximation, la justice commutative croit bien faire en tenant *abstraitement* chaque sujet de droit pour titulaire d'un certain nombre de droits subjectifs considérés comme autant d'enceintes à l'intérieur desquelles ce sujet, aussi isolé qu'égal à tout autre sujet de droit, déploie ses actes libres de la manière qu'il entend, la relation *concrètement* vécue y appelle tout de même quelques correctifs plus ou moins proches de la faute, par exemple le trouble de voisinage ou l'abus de droit.

On connaît l'embarras des juristes classiques amenés à freiner les débordements pourtant légitimes des propriétaires qui exerçaient leur droit de propriété sans commettre de faute particulière mais en incommodant excessivement leurs voisins : comment sanctionner un tel comportement apparemment régulier puisque exercé dans les limites d'un droit parfaitement reconnu, mais tout de même gênant pour l'entourage ? Question analogue – mais non semblable – à propos du sujet qui pose ses actions en restant très exactement en deçà des limites de ses droits, mais qui en use soit – hypothèse la plus grave – dans l'intention de nuire à autrui, soit – plus bénignement – sans respecter la proportion qui empêcherait qu'à un trop petit avantage (toujours légal, répétons-le) du titulaire corresponde un trop grave inconvénient dans le chef des tiers. On sait à quel travail conceptuel ont obligé les théories, respectivement, des troubles du voisinage et de l'abus de droit pour cerner davantage la réalité : le droit subjectif n'a rien d'une monade puisque sa définition même le situe au cœur d'une relation ; on ne peut dès lors arrêter le contenu du droit subjectif en limitant son analyse aux seules prérogatives du sujet, abstraction faite de son essentielle insertion dans une relation. Avant de se présenter comme rapport de personne à chose, le droit réel – nous l'avons vu – se définit d'abord comme relation de personne à personne (par exemple, de voisin à voisin) à propos d'une chose. L'analyse du droit subjectif propre à tel titulaire inclura donc toujours en son examen l'intérêt des tiers concernés par l'exercice de ce droit, car le droit lui-même comporte de façon essentielle la considération de cette relation aux tiers. Sommes-nous ici loin de la faute ? Non, puisque l'abus de droit se laisse définir comme une paradoxale faute dans l'exercice d'un droit, et que le trouble de voisinage, sans dénoncer explicitement une faute dans le chef du propriétaire incommodant, prolonge tout de même la logique ici engagée en situant l'exercice même légitime du droit de propriété d'un bien dans le réseau des voisins concernés par l'utilisation de ce bien.

De trouble de voisinage en abus de droit et d'abus de droit en faute, l'image se précise : du voisin au voisin, du titulaire abusif au tiers gêné, de l'auteur de la faute à la victime du dommage, la relation humaine émerge si exactement comme l'objet propre du droit – droit des biens et droit des obligations – que la proposition se renverse : tout se passe comme si la relation contenait en deçà même des formes légales prévues pour la régir son propre équilibre, son propre droit. Affabulation ? Peut-être, mais d'où proviennent alors ces théories qui, pour corriger les représentations trop abstraites du droit, mettent en évidence des troubles ou des abus dans leur exercice concret ? Par leurs analyses, ces théories n'indiquent-elles pas que sous les stratifications successives du droit subjectif, du dommage ou de la faute, le droit exige ici encore, comme au chapitre des obligations conventionnelles, une appréciation constante de l'équilibre inhérent à la relation qu'il régit ?

Par où la face distributive de la justice apparaîtrait encore, même dans l'échange contraint, c'est-à-dire dans l'obligation de réparer, qu'Aristote plaçait sous le régime de la justice correctrice. L'égalité visée par la justice ne se limite pas en effet à la juxtaposition des plateaux de la balance, des droits subjectifs, des libertés ou des propriétés ; elle descend en deçà de l'égalité formelle des biens jusqu'à la prise en compte de l'inégalité concrète des personnes pour assurer entre tous les sujets concernés par l'exercice d'un droit un équilibre plus effectif, par exemple grâce à la sanction de l'abus de droit ou du trouble de voisinage. La même intervention se montre avec plus de netteté encore, on l'a vu, dans la théorie des risques puisqu'elle y met entre parenthèses la notion même de faute.

4 / La cause et l'abstraction

Troisième des éléments du droit classique de la responsabilité, la causalité relie entre eux les deux premiers, le dommage à la faute.

Dans le droit inspiré par la justice commutative, la recherche de la cause poursuit, on le sait, la superposition la plus objective possible du dommage causé à la relation et de la faute qui a manqué à la justesse de cette relation même. Alors que l'identification du dommage conduit à s'interroger sur les intérêts que le droit entend protéger dans le chef de la victime et que la qualification de faute suppose l'examen des devoirs qui pesaient sur l'auteur du dommage, la causalité situe ces deux analyses dans une commune recherche touchant l'objectivité de la relation : qui a causé quoi ?

D'où proviennent, en droit positif, les « affres » de cette matière ? Sans doute de la densité des enchevêtrements où les hasards de la nature surprennent les intentions des personnes et où les faits de tiers donnent aux actes les plus simples des proportions que n'attendait pas le sujet qui les pose ; le tout vécu dans une continuité d'espace et de temps supportant difficilement le découpage artificiel que par exemple le savant se permet de pratiquer en ses expériences de laboratoire lorsqu'il étudie, précisément, les causalités. Aurait-il été possible, en effet, qu'un jour, pour reprendre l'image choisie par Blaise Pascal, la face du monde fît abstraction du nez de Cléopâtre ?

Les actes de liberté se croisent tant dans l'écheveau des relations qu'il paraît difficile voire impossible d'isoler une seule faute qui aurait causé un seul dommage. D'où la nécessité ressentie par les juristes d'élaborer des théories qui rendent compte de la complexité des phénomènes : faut-il considérer comme équivalentes toutes les conditions de survenance du fait dommageable, sans lesquelles donc le dommage ne se serait pas réalisé comme il l'a été, ou faut-il approfondir l'analyse en décelant dans la faute une causalité dite adéquate qui produirait par elle-même l'effet dommageable qu'elle a causé ? Comment saisir juridiquement les prédispositions de la victime qui ont aggravé son dommage ou le préjudice que des tiers subissent par ricochet ? Dans l'entrecroisement des intentions et des réalisations comment imputer la causalité du dommage à l'involontaire que chaque sujet de droit emporte nécessairement, ne serait-ce que par sa propre opacité corporelle, dans le déploiement volontaire de son existence ?

Étirant ces questions épineuses de la causalité sur les coordonnées de l'espace et du temps, on se trouve en présence de redoutables questions d'échelle : ainsi un pays dévasté par la sécheresse peut-il imputer les ravages matériels et personnels de ce fléau aux pays voisins qui, par exemple, soit ont retenu en amont l'eau de leurs fleuves dans des barrages d'irrigation, soit ont négligé le reboisement nécessaire à la régularité des pluies, soit encore ont perturbé artificiellement les nuages pour précipiter l'eau sur leur territoire plutôt qu'ailleurs ? Que penser – autre exemple – des pays du Tiers Monde qui souhaiteraient justifier leur refus du remboursement de leurs dettes aux pays riches par la compensation des pillages dont ces mêmes pays se sont rendus coupables à l'époque des colonisations ? Cette « faute » des puissances dominantes n'a-t-elle pas « causé » aux populations indigènes un « dommage » qui mérite aujourd'hui réparation ? Lorsque le dommage résulte ainsi de l'organisation du système économique – du capitalisme par exemple – lui-même assis sur une philosophie politique déterminée – privilégiant en l'espèce le contrat social et le marché – ou lorsqu'il provient dans un pays – réduisons l'échelle – des choix politiques posés par le gouvernement en matière d'éducation de la jeunesse ou de prévention de la délinquance ou de promotion sociale, choix qui, par hypothèse, créeraient un climat généralisé de négligence, comment apprécier les responsabilités ? De même si le comportement fautif d'un sujet adulte trouve sa source dans l'éducation familiale reçue en son enfance, où sont les causes ? A la limite, comme on le verra encore à propos de la responsabilité pénale, pour chaque dommage qu'elle subirait, toute victime devrait assigner l'humanité entière pour répondre au moins de cette faute qui consiste à s'être organisée de façon telle que ce dommage ait pu survenir.

La difficulté ici rencontrée renvoie une fois de plus à la nécessaire dualité des voies à suivre pour réaliser les exigences de la justice. Alors que la justice commutative s'emploie à isoler au sein du corps social la relation nouée entre deux sujets par la faute (objective ou subjective) que le premier a commise, causant par là (de façon médiate ou immédiate) un dommage (direct ou indirect) au second, la justice distributive rappelle à cette première forme de justice, si nécessaire qu'elle soit, le caractère encore et toujours abstrait de la perspective qu'elle adopte sur les sujets considérés d'abord dans l'isolement de leur intègre liberté, alors qu'elle-même, distributive, prend en compte les caractéristiques plus larges du rassemblement comme tel, c'est-à-dire les faits volontaires et involontaires qui tissent l'interdépendance humaine dans la continuité de l'histoire à l'échelle de l'univers.

Sans doute l'ampleur du champ dans lequel tout sujet humain entre, indirectement et infinitésimalement peut-être mais réellement tout de même, en relation avec tout autre sujet humain présent, passé et à venir, empêche-t-elle la justice sociale d'opérer sa tâche d'égalité au sein du corps – tant au plan national qu'au plan international – en distribuant les réparations et restitutions avec la netteté que connaît la justice commutative, il n'empêche que l'invocation d'une telle ampleur ne peut servir de prétexte à limiter les exigences globales de la justice au découpage abstrait que sa face commutative a réussi à opérer dans le tissu de l'interdépendance grâce à sa conception particulière de la causalité. Les causes en effet viennent de plus loin et vont plus loin que la faute et le dommage strictement posés sur les plateaux de la responsabilité civile prise en son sens classique.

A l'inverse cependant, la recherche des égalités concrètes qui mobilise la distributive au sein du corps social resterait elle-même une abstraction si elle écartait de son champ les exigences de la commutative. Car la superposition que permet la détermination de la cause entre la faute commise par un sujet et le dommage subi par un tiers, si isolée qu'elle paraisse dans l'ensemble du contexte social, correspond tout de même à la réalité des libertés singulières que rassemble le lien social. Ainsi, lorsque l'intensité de la causalité lui paraîtra suffisante, le juge condamnera l'auteur du dommage à compenser le tort subi par la victime. A l'aide des théories qui dissèquent la portée causale des actions et des omissions, il exercera son propre jugement en mettant en œuvre le bon sens que les juristes appellent de leurs vœux. Par impuissance ? Par conviction plutôt que la condamnation à réparer un dommage suppose une appréciation humaine du rapport de liberté à liberté noué dans la relation endommagée par la faute. Cette relation portait en elle, en effet, une justesse qui s'imposait au respect de tous. Il importe donc de rétablir l'équilibre ici endommagé même si la justice commutative ainsi satisfaite n'a pas fait le tour de toutes les causalités responsables de ce déséquilibre.

5 / L'équilibre supérieur

La triple condition mise à la responsabilité civile se dédouble, on l'a vu, entre les deux formes de la justice, puisque d'abord le dommage diffère selon qu'il survient à l'intérieur d'une relation dont un des partenaires n'a pas respecté, au détriment de l'autre, la justesse intrinsèque ou que, au contraire, il se réalise sans que sa victime puisse l'imputer à la faute d'un tiers, puisque ensuite la faute se définit comme écart non seulement par rapport au respect des intégrités que consacre formellement la reconnaissance des droits et libertés mais encore à l'équilibre plus concret des inconvénients provoqués par l'exercice de tels droits et libertés, puisque enfin la causalité, si nécessaire que paraisse son découpage dans l'espace et dans le temps comme la superposition la plus complète possible d'une faute et d'un dommage, ne se limite tout de même pas à la relation isolée entre deux sujets. Dédoublement car l'égalité visée par la justice emprunte dans le premier cas la voie de la faute pour restaurer l'équilibre formellement reconnu entre les sujets tenus d'emblée pour titulaires de leurs biens tandis que, dans le deuxième cas, elle cherche sans cesse à établir un équilibre qui prenne en meilleur compte, au sein de la société considérée, les inégalités concrètes qui affectent – toutes causes confondues – chacun de ses membres.

L'équilibre de ces deux voies elles-mêmes pose, nous l'avons dit, la question centrale du droit des obligations. La réponse que lui donne le droit naturel se résume dans le maintien de cette tension, c'est-à-dire à la fois de la nette distinction à garder entre ces deux faces de la justice et de la recherche à poursuivre quant à leur équilibre supérieur. La « balance » à tenir entre la faute et le risque le rappellerait une dernière fois pour clore le présent chapitre.

Puisque le mouvement qui rééquilibre les patrimoines du bénéficiaire profitant du risque d'un côté, de la victime qui le subit de l'autre, procède de la justice distributive attentive au pur fait des inégalités au sein du corps social, il paraît difficile – séparation oblige – d'emprunter pour corriger de telles inégalités la voie du rapport commutatif où la justice, cette fois, impose à l'auteur d'un dommage de réparer le préjudice commis par sa faute. La personne chargée de la réparation, en effet, se demandera toujours à quelle faute de sa part elle doit cette imputation. D'où l'importance de faire apparaître dans le mode de réparation lui-même le caractère largement socialisé de la justice ici mise en œuvre. Comme il ne s'agit plus de reprocher tel comportement fautif à tel sujet auteur du dommage mais, selon le mot de De Page, de « répartir les pertes » inéluctablement nées de la vie en commun, il faudra que le corps social lui-même apparaisse comme le maître d'œuvre de la réparation. L'institution privée de l'assurance et l'institution semi-publique de la Sécurité sociale répondent à cette préoccupation puisqu'elles recueillent les contributions de tous les sujets concernés par les risques pour les allouer, selon les mécanismes prévus par la loi ou la convention, aux sujets qui les subissent. La face distributive de la justice apparaît ainsi mieux détachée du rapport strictement commutatif où l'obligation de réparer, nous l'avons vu, suppose une faille fautive dans l'acte de liberté d'un sujet envers un autre sujet.

Mais on mesure le danger qui menace la généralisation d'une telle justice au détriment de son autre face. Car si la théorie des risques tient l'avantage de montrer dans quelle complexité les juges doivent mener leur travail de discernement en vue d'établir les fautes, son inconvénient consiste à détacher l'obligation de réparation du milieu naturel où elle prend naissance (c'est-à-dire de la relation humaine qui, parce qu'elle est humaine, lie aussi les sujets par leurs actes de liberté) pour la diluer dans l'anonymat d'un corps social où les sujets ne seraient plus tenus pour responsables de leurs actes.

Si le droit de la responsabilité devait se concevoir en effet comme généralisation de l'assurance où tout dommage recevrait, en principe, réparation en dehors de toute considération de faute, la société se réduirait, sur ce point-là au moins, à l'équilibre des patrimoines puisque alors le droit n'interrogerait plus la personne sur l'action ou l'omission qu'elle aurait commise à l'égard d'autrui. La justesse du rapport juridique n'y serait plus appréciée dans la relation où la liberté d'un sujet « répondrait » de son comportement à l'égard d'une autre liberté ; elle se dénaturerait plutôt en calculs qui ressortissent d'une logique purement matérielle. En réalité, la résurgence constante de la notion de faute à l'intérieur même des systèmes juridiques qui prévoyaient sa disparition à plus ou moins long terme montre que le lien social se noue aussi dans les actes de liberté que les humains posent (ou ne posent pas) les uns à l'égard des autres. Les institutions clés de la justice distributive que sont les assurances légales utilisent d'ailleurs souvent la faute comme critère régulateur de leurs mécanismes de répartition des contributions et des allocations (cf. par ex. le bonus-malus dans les polices véhicules).

Où se vérifie une fois de plus, à côté de l'indispensable distinction, la nécessité de l'équilibre supérieur à tenir entre les deux modes d'égalité que propose la justice : puisque le sort échappe par définition à la volonté humaine et que la justice cherche tout de même à réaliser la plus grande égalité qui soit entre les membres d'une même société, il faudra que le droit prévoie, en sa face distributive, la réparation, même sans faute imputable à un tiers, des dommages qui surviennent aux sujets qui subissent les inégalités du sort, mais puisque encore le lien social, noué dans le donné involontaire des corps, rassemble des sujets autonomes capables de décisions libres, il faudra qu'en sa face commutative le droit maintienne comme critère de responsabilité la faille de l'acte libre qui endommage la relation par sa faute.

Chapitre IV

L'OBLIGATION EN SA NATURE

La question de l'équilibre à garder entre les deux faces de la justice s'est-elle éclairée par l'examen précédent de la loi du contrat et de la relation endommagée ? En tout cas le présent chapitre entend tirer la conclusion jusnaturaliste de ce parcours du droit des obligations : pour contester la position libérale (sect. 1), il invoque d'abord la fraternité comme équilibre de liberté et d'égalité (sect. 2), puis la condition corporelle comme appui du droit naturel (sect. 3).

1 / La contestation du libéralisme

Le droit des obligations connaît tant en son volet contractuel qu'en son chapitre délictuel la tension que nous avons décrite entre les deux mises en œuvre de la même vertu aristotélicienne de justice. Or chaque période de l'histoire du droit résout cette tension à sa manière. Ainsi l'idéologie libérale privilégie-t-elle jusqu'à l'exclusive la face commutative de la justice, si conforme aux options qu'elle a déjà prises dans sa conception du droit public comme du droit privé. Considérés à partir de leur propre individualité, les sujets, en effet, n'y forment jamais le lien social que par le rapport volontaire qui sied à des personnes jugées d'emblée formellement égales les unes aux autres. En droit public, cette idéologie s'illustre, on le sait, dans la doctrine du contrat social ; en droit privé, elle privilégie tant la part d'autonomie inhérente à la relation contractuelle que la part de faute entendue comme faille de la volonté dans l'obligation de réparer les dommages. Si l'on se rappelle que la même philosophie inspire, à partir d'une appartenance originaire du sujet à lui-même, la justification de l'appropriation privée des biens par le travail perçu comme cause efficiente de la propriété, on mesure la cohérence du propos. La propriété, manifestant d'emblée l'appartenance à soi caractéristique de la liberté, devient tout ensemble l'objet de la vigilance des pouvoirs publics, institués précisément pour la protéger dans le chef de chacun de ses bénéficiaires, et le rempart personnel dressé contre les intrusions excessives de ces mêmes pouvoirs publics. Par ailleurs, ces pouvoirs garants de la liberté-propriété de chacun à l'égard de tous proviennent du pacte fondamental noué par tous au profit de chacun. De telle sorte que, faisant angle avec la *propriété*, fille et garante de la liberté, la ligne du *contrat* assure, non seulement par le droit public de l'« État-veilleur de nuit » mais aussi par le droit privé des échanges conventionnels, la bonne gestion d'une telle propriété et que, pour fermer le triangle de la liberté, la ligne de la responsabilité basée sur la *faute* maintient entre les propriétaires le devoir de prudence qui, une fois encore, s'adresse à la libre vigilance de chacun des sujets. En cette figure triangulaire de l'individualisme libéral (propriété, contrat, faute), seule apparaît la face commutative de la justice puisque le droit n'y naît que des apports échangés par les sujets en leur irréductible liberté.

Or, si fascinante qu'elle semble, l'idéologie libérale ne satisfait pas le juriste soucieux de donner au droit toutes les dimensions que requiert de lui la justice. Un simple raisonnement en montre l'insuffisance, mais deux voies se profilent pour justifier la façon d'y remédier.

L'insuffisance de la position individualiste s'est déjà manifestée dans la théorie du contrat (v. *supra*, chap. II, p. 352) : la liberté libérale définie comme absence d'obligation ne peut fonder l'obligation elle-même ; sinon elle se permettrait de défaire tout simplement le lien qu'avec la même simplicité elle a jugé bon de nouer. En effet si la liberté ne se découvre pas d'emblée obligée dans le champ du droit, ne serait-ce que par le devoir de respecter la parole qu'elle donne, aucune obligation ne tiendra devant la volonté émancipatrice que les libéraux reconnaissent à cette même liberté en son état de nature. Mais autrui ? a-t-on demandé, puisque aussi bien « la liberté d'un sujet s'arrête là où commence celle d'autrui ». Sans doute, mais il faut alors reconnaître que le lien d'obligation ne naît pas de la volonté du sujet qui s'y déciderait à partir de son propre mouvement ; il naît plutôt déjà de la simple présence d'autrui lui-même. L'obligation naît du lien social. Puisque la liberté n'a pas décidé de la présence d'autrui – pas plus que de son corps, avons-nous dit (v. *supra*, titre II, le sujet de droit, p. 107) – la voici obligée de descendre du piédestal de sa suffisante autonomie pour reconnaître que la relation à autrui la tient déjà, avant même toute décision qu'elle aurait prise à cet égard, comme la source de toutes les obligations qui se déploient dans le champ du droit.

Or pour souligner cet *a priori* qui précède – quoi qu'en veuille l'idéologie libérale – le droit positif des obligations, deux voies se présentent à la réflexion jusnaturaliste : l'injonction morale d'une part, le donné corporel d'autre part. Une double voie ?

2 / Le devoir de fraternité

Tandis que le libéralisme du XIXe siècle limite les ambitions du droit au maintien des équilibres décidés par des sujets formellement égaux, la suite de l'histoire du droit des obligations tant contractuelles que délictuelles montre, on l'a vu, une meilleure prise en compte des déséquilibres concrets sous-jacents aux pures formes de l'autonomie contractuelle ou de la responsabilité civile. Que s'est-il passé ? Georges Ripert répond que, par un travail d'influence, la morale chrétienne a réussi à faire valoir dans le droit positif – mais toujours à partir de l'extérieur – la norme supérieure de la fraternité humaine de telle sorte que le juge puis le législateur ont fini par corriger les formalismes du droit libéral des obligations en prenant davantage en compte la situation concrète soit des cocontractants frustrés d'équité soit des malheureuses victimes de risques (v. *infra*, État des questions, II : « La règle morale à la place du droit naturel », p. 391). Plus proche de nous, François Ewald, prenant acte, au contraire, de la sécularisation radicale de nos sociétés, voit dans l'évolution considérée l'avènement d'un État qui dissout entièrement les frontières naturelles du droit classique au profit du droit nouveau perpétuellement redécidé au cœur des tensions qui traversent le tout social (v. *infra*, État des questions, I : « La justice sociale contre le droit naturel », p. 381).

Alors que le régime libéral sépare la sphère contraignante du droit d'un côté, la générosité morale comme surcroît au-delà de l'exigible de l'autre, et qu'un auteur tel que G. Ripert explique précisément l'histoire du droit civil par l'influence de celle-ci sur celle-là, F. Ewald préfère mettre en évidence la rupture qu'instaure la justice sociale dans le droit des obligations et les bouleversements qu'elle provoque dans ses catégories habituelles : appuyée sur la toute jeune sociologie, la règle morale ne se distingue finalement plus de la règle juridique qui décide souverainement, au fil de son histoire, des normes de sa propre régulation. Puisque les sujets de droit autrefois isolés par l'idéologie libérale dans leurs « droits naturels » négociés dans les décisions conventionnelles et restaurés par la responsabilité pour faute se sont dissous en quelque sorte dans l'État-providence qui gère la répartition des biens et la distribution des maux selon sa norme proprement sociologique, on comprend qu'alors le droit des obligations ait subi les évolutions décrites ; il s'imposait en effet que le tout social s'attaquât aux représentations trop libérales tant du contrat que de la responsabilité afin d'en corriger l'abstraction excessivement individuelle.

Pour rendre compte des correctifs que l'histoire du droit a apportés à la compréhension libérale du lien d'obligation, faut-il choisir entre les deux figures proposées par nos deux auteurs ? La pensée jusnaturaliste ne se retrouve en tout cas ni dans l'une ni dans l'autre puisque chez G. Ripert le droit naturel se confond, depuis la sécularisation que lui a imposée l'École moderne du droit de la nature et des gens, avec la pure et simple raison législatrice que les humains mettent en œuvre dans la formulation du droit positif qui les régit de façon purement immanente, tandis que pour F. Ewald, ce droit naturel appartient aux époques révolues de l'Ancien Régime et des Lumières où les juristes cherchaient encore en dehors des rapports de force tendus au sein de la société, c'est-à-dire dans une nature précédente, la loi à garder dans la société civile.

D'où les réactions diamétralement opposées de nos deux auteurs quant aux rapports respectifs de la règle morale et du droit : pour G. Ripert, il convient de remettre en valeur, sur les ruines du droit naturel rabattu à sa pure immanence, les préceptes transcendants de la religion révélée afin que le droit des obligations, fatalement clos en sa positivité juridique, s'humanise davantage sous leur influence dans le sens d'un plus grand amour du prochain ; pour F. Ewald par contre, la mutation contemporaine opérée dans la façon de comprendre le droit lui-même empêche quelque restauration que ce soit d'une quelconque transcendance puisque, loin que la loi morale attire à elle la régulation des rapports sociaux formalisée dans les normes positives, ces rapports se présentent plutôt, selon la perspective sociologiste, comme la source de la loi morale elle-même.

Ces deux voies, si divergentes qu'elles se présentent en comparaison l'une de l'autre, comptent toutefois ce commun défaut de méconnaître le droit naturel inhérent à la formulation du droit positif. Car, pour rendre compte des transformations contemporaines du droit des obligations, il ne s'impose ni d'identifier le droit naturel au libéralisme afin de rejeter l'une et l'autre théorie au nom du tout social qui produirait constamment sa propre norme, ni d'invoquer les préceptes religieux qui corrigeraient les excès libéraux trop souvent confirmés par un droit naturel sécularisé, il suffit de reconnaître dans ces évolutions mêmes la tension propre au droit naturel qui cherche l'équilibre supérieur entre les deux faces de la justice.

Puisque le libéralisme moderne a privilégié l'échange commutatif entre sujets considérés comme formellement égaux, la percée de la justice distributive, cette voie plus attentive aux inégalités concrètes qui règnent tant dans le droit des contrats que dans la matière de la responsabilité civile, ne signifie en rien le remplacement du droit naturel soit par une loi morale révélée qui jugerait du dehors la positivité juridique soit par une norme sociologique qui assimilerait cette loi morale à la positivité juridique elle-même. Cette mise en valeur de la justice distributive dans le droit contemporain des obligations exprime plutôt la force du droit naturel lui-même qui tient précisément la balance entre les deux valeurs irréductibles de la liberté formellement promue dans la commutative d'une part, de l'égalité matériellement recherchée dans la distributive d'autre part, balance renvoyant elle-même à la valeur tierce de la fraternité où se joue l'équilibre des deux premières.

Cette fraternité se présente comme valeur morale si l'on veut, mais non pas de l'extérieur puisque la balance du droit exige sa présence pour opérer son propre équilibre, et que, tenant à la nature humaine elle-même, elle s'impose comme la source première du droit des obligations. Selon cette conception, perceptible chez un auteur tel que Léon Husson (v. *infra*, État des questions, III : « La recherche du droit naturel des obligations », p. 407), le droit naturel retrouve la possibilité de traverser l'histoire – sinon, tiendrait-il encore à la nature de l'homme ? – y déployant à chacune de ses étapes l'exigence toujours vieille et toujours nouvelle d'inventer les formes légales et conventionnelles qui permettront à la justice de satisfaire sa double requête commutative et distributive ou, si l'on veut, son unique requête d'une fraternité qui dépasse sa propre dualité en permettant aux sujets libres de rester égaux comme aux sujets égaux de rester libres.

3 / Le corps de l'obligation

Comme aux étapes précédentes du parcours des branches du droit, le présent titre des obligations ramène l'esprit à la méditation sur la condition corporelle et sociale des humains. Car le sujet libéral qui se pense obligé seulement par l'engagement de sa liberté – soit dans le consentement donné au contrat soit dans l'écart de la faute – indique, par contraste, l'*a priori* qui manque à sa réflexion, à savoir l'objectivité corporelle et sociale de sa propre liberté. L'obligation juridique ne lie les sujets que si ceux-ci acceptent d'y voir un lien qui les précède. Or au plan moral, cet *a priori* qui objective le lien obligatoire – au sens où il attire ce lien en dehors de la sphère seulement subjective et, par là, le rend proprement obligatoire à l'égard du sujet – s'appelle, avons-nous dit, fraternité. Obligeant chaque sujet à considérer autrui comme libre et égal à lui, la fraternité constitue l'*a priori* du droit des obligations, enjoignant à chacun tant le devoir de tenir la parole qu'il a donnée librement que celui de réparer le dommage qu'il a causé par sa faute. Dans cette perspective, même la justice commutative retenue par le libéral à l'exclusion de l'autre renvoie à ce principe supérieur qui considère les sujets, dès avant toute décision de leur part sur ce point, comme libres et égaux les uns à l'égard des autres et donc tenus – soit au registre du contrat, soit à celui de la responsabilité – de respecter cette liberté et cette égalité dont l'équilibre mutuel provient de cette source éminente qu'est la fraternité.

Or si l'idéologie libérale ignore le déjà-là du social inhérent au devoir de fraternité puisqu'elle construit la société sur la base d'un accord qui ne trouve qu'en lui-même le fondement de son caractère obligatoire, elle a mis aussi entre parenthèses l'objectivité corporelle des personnes, préférant voir dans les sujets de droit des participations abstraites – sans corps donc – à la raison universelle qui préside à tous les échanges. Tandis que le libéralisme a inscrit sa conception juridique de la liberté dans le triangle de la propriété, du contrat et de la faute, voici que la fraternité, constituant *a priori* le lien social à la manière que nous avons dite, élargit les perspectives en ramenant cette abstraite liberté à la considération concrète des inégalités singulières. Par là, la justice distributive, corrigeant l'abstraction de l'autre, commutative – puisque la fraternité recherche sans cesse l'équilibre supérieur de ces deux formes de justice –, cette justice distributive remet à l'avant-plan des considérations du droit la dépendance corporelle que le libéralisme avait négligée. Dans cette perspective plus concrète, encore une fois, l'obligation ne naît pas de la pure liberté du sujet qui s'y déciderait, mais du lien qui s'impose déjà à la réflexion d'un tel sujet. Quel lien ? Le lien social, sans doute, que noue la fraternité en enjoignant à chaque sujet le devoir de reconnaître autrui comme son égal doué de la même liberté que lui, mais déjà le lien corporel lui-même qui s'impose à ces mêmes sujets comme une donnée qu'ils n'ont pas décidée.

En d'autres termes, puisque nous cherchons ici la source du droit des obligations et que la décision de la liberté qui s'obligerait elle-même, par son consentement ou par sa faute, ne paraît pas suffire à une telle fondation, il convient que la liberté découvre en deçà de son exercice les conditions qui, constituant son *a priori*, l'obligent d'emblée. Or ces conditions s'appellent autrui, d'une part, le corps, d'autre part. Réfléchissant sur ce qui l'oblige à proprement parler dans le droit des obligations, la liberté considère d'abord son lien fraternel à autrui comme la source la plus profonde de son obligation à tenir parole ou à réparer sa faute mais cette égalité dans laquelle autrui et le sujet se considèrent en leur égale liberté comme dans l'équivalence arithmétique où un égale un demande encore un approfondissement pour parvenir à l'égalité concrète qu'appelle le lien fraternel lui-même. D'où le rappel du lien au corps qui exprime le concret de la liberté. Car si en réfléchissant sur elle-même la liberté saisit qu'elle ne s'exerce pas sans autrui ni sans son corps, elle comprend que l'obligation qui la tient d'emblée au sein du corps social concerne encore l'inégalité concrète que manifeste aussi la donnée corporelle. Si en effet un corps à côté d'un autre corps signifie l'irréductible objectivité d'un sujet à côté d'un autre sujet dans l'égalité formelle de 1 à côté de 1, le corps exprime la tout aussi irréductible différence d'un sujet à l'égard de tout autre sujet. D'où l'obligation qui tient d'emblée la liberté, corporelle elle aussi, de prendre en compte cette différence dans le vécu du lien social.

Certes, le droit affirme ici sa distinction d'avec la morale puisqu'il n'entre pas dans l'acte singulier de la reconnaissance d'autrui, mais il se tient tout de même au seuil de cet acte éthique en énonçant les formes socialement imposables d'une telle reconnaissance. Dans l'histoire, on l'a dit, ces formes proviennent de la justice sociale qui analyse les rapports des sujets entre eux pour attribuer aux personnes singulières, grâce à des catégories sans cesse affinées, les biens proportionnés à de tels rapports. Cette forme distributive de la justice qui descend en deçà de l'égalité arithmétique propre à la commutative s'exerce-t-elle d'une manière arbitraire ? En réalité, elle n'apparaît telle qu'aux auteurs – libéraux par exemple – qui méconnaissent l'enracinement corporel des libertés. Lorsque la justice distributive, en effet, s'introduit dans le champ de la commutative pour faire évoluer le droit libéral des contrats ou de la responsabilité dans le sens d'une meilleure prise en compte des inégalités concrètes qui affectent les sujets de droit engagés dans de tels échanges, elle se laisse guider elle-même en fin de compte par l'obligation qui affecte d'emblée la liberté d'habiter son propre corps. L'involontaire qui caractérise ici la condition corporelle – du fait qu'un sujet ne choisit pas le corps de sa liberté – rejoint d'ailleurs l'involontaire du lien social lui-même, où il est montré que la société ne provient pas d'un contrat. D'où la double forme de l'égalité visée par la justice : à côté de celle qui maintient le volontaire (contractuel ou délictuel) dans l'équilibre de l'équivalence, l'autre touche l'involontaire manifesté dans l'objectivité du fait corporel pour y établir par un jeu de proportions adéquates la plus grande égalité possible.

Sans doute faut-il que la fraternité fournisse aux humains la clé morale de cette lecture pour qu'ils parviennent à lire dans le fait corporel à la fois l'irréductible liberté et la nécessaire égalité qui caractérisent leur rassemblement même, empêchant ainsi la société de se considérer soit comme un tout qui n'aurait aucun compte à tenir de la singularité manifestée par les sujets en leur unicité corporelle, soit comme un marché d'entités isolées qui auraient oublié la dépendance que leur rappelle pourtant leur condition corporelle. Réciproquement dirait-on, les juristes peuvent s'appuyer sur ce fait naturel du corps perçu tant en son aspect d'autonomie qu'en son versant de passivité pour rendre plausible l'exigence entre la liberté et l'égalité d'un équilibre supérieur qui traverserait tout le droit des obligations. Pour que la justice assume le donné corporel du corps social lui-même, ne faut-il pas aller jusqu'à dire que le corps des humains inscrit leur fraternité dans leur propre nature ?

ÉTAT DES QUESTIONS : LE DROIT DES OBLIGATIONS

Le présent état des questions ne cherche pas à suivre dans le détail les transformations que la loi ou la jurisprudence ont imposées de nos jours aux figures classiques de l'obligation contractuelle ou délictuelle. Les traités de droit civil y suffisent largement. Le propos se veut ici plus restreint mais aussi plus large puisqu'il expose l'horizon normatif global sur lequel trois auteurs du XXe siècle aussi différents que François Ewald,

Georges Ripert et Léon Husson projettent ces transformations reconnues dans le droit classique des obligations.

Alors que le premier auteur, dans *L'État-providence*, n'attribue au droit que l'épaisseur positiviste du droit lui-même, analysé selon ses propres expériences juridiques et ses propres règles de jugement, le deuxième étudie *La règle morale dans les obligations civiles* comme l'intrusion tout extérieure de celle-là dans celles-ci, tandis que le troisième auteur, s'appuyant sur *Les transformations de la responsabilité*, entreprend une *Étude de la pensée juridique*, qui articule plus organiquement les diverses instances de moralité engagées dans l'énonciation du droit.

Sans doute les exposés théoriques tenus par ces trois auteurs sur les figures classiques de la responsabilité, du contrat ou du droit subjectif ne permettent-ils pas au praticien, par exemple, de trancher une question difficile posée par l'interprétation d'une convention ou de fixer le dessin précis de la causalité qui relie le dommage à la faute. De façon plus austère sans doute mais aussi plus fondamentale, ils prétendent par contre, en leur diversité même, rendre compte de la portée proprement obligatoire du droit des obligations.

I. – La justice sociale contre le droit naturel

La thèse défendue par François Ewald dans *L'État-providence* (Paris, Grasset, 1986) mérite un examen attentif, car au terme d'une longue analyse de l'évolution contemporaine du droit des obligations, l'ouvrage conclut à la disparition du droit naturel, tant classique que moderne, au profit de ce que l'auteur appelle la justice sociale. Avant de discuter cette conclusion qui met radicalement en cause l'objet même de notre matière tant à propos de la justice (sect. 3) que de l'histoire (sect. 4), il importe de rappeler les constatations sur lesquelles elle s'appuie à la fois dans le droit des contrats et dans celui de la responsabilité (sect. 1) pour vérifier si la lecture qu'en propose F. Ewald (sect. 2) s'impose comme la seule possible.

1 / L'évolution du droit des obligations

L'économie libérale cristallisée dans les dispositions du Code civil de 1804 – en particulier aux articles 1134 sur l'autonomie contractuelle, et 1382 sur la responsabilité pour faute – considère l'obligation comme le fruit de la volonté. En chacune des sources classiques du droit des obligations, en effet, le juriste libéral se plaît à souligner la part volontaire qui engage le sujet dans le lien juridique. La chose apparaît avec évidence dans le contrat.

> « Le Code civil marquerait l'avènement d'un monde de la liberté où les hommes, désormais affranchis de toute contrainte, ne sauraient plus être obligés que par eux-mêmes, où la force contraignante du droit n'aurait plus d'autre source et d'autre fondement que la libre volonté de chacun. Seule ma volonté peut m'obliger, et je ne suis obligé qu'autant que je l'ai voulu. Aussi bien le droit ne saurait-il être que contractuel, et toute obligation ne peut que dériver d'un contrat » (F. Ewald, *op. cit.*, p. 99).

Mais la même source coule aussi dans la matière « des engagements qui se forment sans convention » car la loi qui sanctionne de telles obligations provient, elle aussi, d'une convention, le contrat social :

> « La responsabilité délictuelle ne serait donc elle-même en son fond qu'une responsabilité contractuelle d'ordre public, la sanction de notre contrat d'adhésion à la société » (*ibid.,* p. 99).

Obligé par le contrat (et quasi-contrat) qu'il noue ou par le délit (et quasi-délit) qu'il commet, le sujet libéral sait à quoi s'en tenir : le droit ne l'obligera pas au-delà de sa volonté. Sans doute la relation de ce sujet à autrui déborde-t-elle le champ juridique clos par le code Napoléon lorsque, par exemple au cours du XIXe siècle, le patron s'attache la fidélité de ses ouvriers en organisant à leur profit des caisses de secours et autres institutions de patronage, mais il reste entendu que ces initiatives ne relèvent que de la sympathie morale, en dehors donc des obligations qu'impose le droit des contrats ou de la responsabilité. Or, tout au long du siècle, l'application des catégories civiles de l'égalité contractuelle et de la responsabilité pour faute s'est avérée de plus en plus inadéquate à régir les rapports noués au sein de la société industrielle.

Que s'est-il passé ? Non pas seulement une modification du paysage géographique où les sites champêtres ont vu s'élever de puissantes usines regroupant des milliers de travailleurs, mais aussi une transformation des esprits dans la mesure où les disciplines de la sociologie et de la statistique d'un côté, la technique de l'assurance de l'autre invitaient à envisager désormais le réel sous le mode de la totalité globalisée plutôt qu'à maintenir l'approche individuelle chère aux libéraux. En outre, la nécessité de faire concourir le capital et le travail dans la poursuite du progrès permis par l'industrialisation obligeait à régler les conflits nés de la relation de travail d'une manière plus efficace que par les interminables procès en responsabilité. Les temps étaient mûrs, semble-t-il, pour l'adoption d'un autre type de droit. La loi du 9 avril 1898 sur les responsabilités des accidents du travail, quittant l'orbite civile de la faute pour suivre celle du risque, ouvrait l'ère du droit social.

Sans doute le passage d'un type de droit à l'autre ne s'est-il pas opéré sans transitions. On voudra par exemple continuer à maintenir l'accident dans la catégorie de la faute commise par l'employeur : soit la faute à n'avoir pas si bien contrôlé toutes les causes possibles du dommage que l'accident apparaît comme le résultat d'une négligence coupable, soit – au cas où une telle incurie ne se laisse pas déceler – la faute à garder dans l'entreprise une « chose » qui a causé le dommage (cf. la référence à l'article 1384 al. 1er C. civ. dans l'arrêt de la Cour de cassation du 16 juin 1896, *Dalloz,* 1897, 1, 433, note Saleillles ; *Sirey,* 1897, 1, 12, note Esmein, cité par Ewald, *op. cit.*, p. 242), mais en lieu et place de cette faute qui s'accroche avec ténacité à l'esprit des juristes classiques, le profit apparaît pour imposer toujours davantage une autre conception de la responsabilité :

> « ... il est injuste que quelques-uns – en matière d'accident du travail toujours les mêmes – subissent les pertes liées aux activités dangereuses dont d'autres et la société tout entière profitent ; il revient au législateur de rétablir l'équilibre dans la répartition et, donc, sinon de sanctionner les profits – on ne parle plus de faute – du moins de leur imputer la charge des dommages qui leur sont liés » (F. Ewald, *op. cit.*, p. 244).

Selon cette nouvelle optique, il s'agit moins de sanctionner une faute – car, à la limite, l'industrialisation serait elle-même cette « faute » qui provoque des accidents, mais peut-on condamner le progrès qu'elle engendre ? – que de répartir autrement les charges (les dommages) de ce nouveau système et donc de voir à qui profite la nouvelle forme de production économique.

La mutation ici analysée porte ainsi sur ce que F. Ewald appelle la règle de jugement, définie comme suit :

> « A un premier niveau, la règle de jugement, c'est la norme – règle d'interprétation des énoncés juridiques positifs — ; à un deuxième niveau, la règle de jugement désigne une logique juridique indexée à une rationalité politique ; à un troisième niveau, enfin, la règle de jugement, dans une certaine conjoncture épistémologique et politique, est au principe du partage, et donc de la limite, entre ce qui peut ou ne peut pas être de droit, ce qui, donc, fait la juridicité d'un système normatif» (F. Ewald, *op. cit.*, p. 39-40).

Dans le droit de la responsabilité, l'institution du risque professionnel a opéré la mutation de la règle libérale de jugement en une règle désormais sociale : le droit a quitté l'ordre de l'environnement naturel où les rapports sociaux, dominés par les grands principes de la morale universelle et perpétuelle, ne pouvaient devenir juridiques qu'en passant par la liberté individuelle des sujets capables de contracter, capables aussi de surveiller leurs négligences ; à présent, l'environnement industriel invite à penser le groupe humain (par exemple l'entreprise) comme une totalité où la statistique dénombre – quoi qu'on fasse – une constante de dommages, dommages que l'assurance permet – quoi qu'on ait fait – de réparer.

A entendre F. Ewald, le droit abandonne ainsi la référence aux principes pour adopter une autre règle de jugement, la formulation du droit en termes d'objectifs sociaux sans cesse négociés au sein d'une société qui assure désormais seule sa propre régulation :

> « On avait rompu le lien avec la nature. La société industrielle, prenant conscience de sa puissance comme infinie et illimitée, se donnait la possibilité de faire naître des obligations à partir d'elle-même et sans autre référence qu'elle-même. On disposait, avec la notion de risque professionnel, du principe qui ouvrait tout l'avenir des obligations sociales qu'on regrouperait un demi-siècle plus tard sous le titre de "sécurité sociale" (F. Ewald, *op. cit.*, p. 312).

Outre la transformation du premier volet du droit des obligations qu'est la responsabilité, la mutation opère aussi un déplacement dans le second volet qu'est le contrat car les considérations d'équilibre présentes dans l'institution du risque professionnel se retrouvent dans les relations contractuelles pour y prendre la place occupée par l'autonomie de la volonté :

> « Le contrat ne serait pas juste lui-même, mais par une sorte de subordination à une règle sociale supérieure dont l'observance permettrait de retrouver un équilibre contractuel perdu. C'est dire que le contrat civil trouverait la condition de sa propre validité dans un contrat social plus fondamental qui permettrait de mesurer l'équivalence véritable des différentes prestations » (F. Ewald, *op. cit.*, p. 458).

A la clarté du principe immuable qui tient pour loi la rencontre de deux volontés conscientes de leurs engagements se substitue la « norme » qui impose à un tel accord la normalité d'une moyenne, norme d'ailleurs toujours provisoire parce que toujours débattue dans le rapport de force inhérent aux conflits sociaux.

La considération de l'équilibre caractéristique de la nouvelle règle de jugement se manifeste en de nombreux autres phénomènes juridiques analysés dans *L'État-providence.* Retenons, chez cet auteur, un dernier exemple : l'abus de droit.

On connaît la logique rigoureuse de la règle classique : *ou* il y a droit, *ou* il y a abus. La contradiction des deux figures empêche leur superposition : si la liberté détient le droit de se déployer dans telle ou telle direction, elle ne commet évidemment aucun abus à le faire. La règle de jugement propre au droit social introduit par contre la relativité dans l'enceinte de ces droits libéraux qui se croyaient enfermés en eux-mêmes :

> « Les deux formules s'opposent donc comme contrainte et liberté : dans l'ordre libéral, le droit a pour tâche de faire que l'individu, par ailleurs soumis à toutes les contraintes du milieu, dispose d'une aire d'autonomie ; dans l'ordre d'un droit social, le droit est, au contraire, l'instrument qui doit permettre de toujours rabattre l'égoïsme de l'individu sur les obligations de la solidarité » (F. Ewald, *op. cit.*, p. 478).

Or le droit (objectif), présenté en cette seconde perspective comme régulateur du droit (subjectif), recherche sans cesse l'équilibre – toujours précaire – par lequel la société tend à se rendre adéquate à elle-même. La sanction judiciaire de l'abus qui rompt un tel équilibre atteste ainsi la socialisation générale du droit.

Reste à savoir, demande F. Ewald (*op. cit.*, p. 482), comment la règle de droit social gardera entre le politique et le moral la limite inhérente au droit. Si le droit subjectif ne remplit jamais qu'une fonction sociale soumise aux impératifs de l'heure, où cette règle trouvera-t-elle encore le « droit du droit » qui donne consistance à la sphère juridique ? La question se pose avec d'autant plus de pertinence que les évolutions ici analysées, partant du droit de la responsabilité pour couvrir l'ensemble du champ des obligations, conduisent notre auteur à détacher l'ordre juridique contemporain de toute référence à la nature.

2 / La révocation de la nature

De même qu'au tournant de la Modernité, le droit naturel a récusé ses racines cosmologiques et théologiques anciennes, ainsi, pour F. Ewald, la règle de jugement instaurée par la justice sociale à la charnière des XIXe et XXe siècles révoque-t-elle toute référence au droit naturel moderne lui-même. Dès le début de l'ouvrage s'énonce la profession de foi positiviste :

> « Cela suppose d'en finir avec le préjugé essentialiste : *le* droit n'existe pas ; ce que l'on appelle "droit" est une catégorie de la pensée qui ne désigne *aucune essence*, mais sert à qualifier *certaines pratiques* : pratiques normatives, pratiques de la

contrainte et de la sanction sociale sans doute, pratique politique certainement, pratique de la rationalité aussi. Celles-ci peuvent être très différentes les unes des autres ; le droit est tout entier, sans reste, en chacune d'elles, *sans qu'il y ait à supposer nulle part la permanence d'une essence.* Nous revendiquons un *positivisme radical.* Plus radical encore que celui de Kelsen, parce que nominaliste. (...) Il faut aller jusqu'à dire que les éléments de reconnaissance et d'identification du droit sont eux-mêmes historiques » (F. Ewald, *op. cit.*, p. 30).

Sans approfondir ici la coïncidence significative qu'exprime le disciple de Michel Foucault entre la position historiciste et le positivisme juridique, on reprend plutôt la description philosophique du passage qui, d'un état du droit à l'autre, rend compte, selon notre auteur, des évolutions observées dans le champ contemporain du droit des obligations.

Ici encore, que s'est-il passé ? Pour F. Ewald, la légalité contemporaine ne se confond sans doute pas avec l'idée même de droit – à preuve le service critique que rend à nos sociétés la figure des droits de l'homme – mais le droit ne connaît, pour s'énoncer, pas d'autre références que la société. Or, il n'en allait pas ainsi autrefois : aux yeux des Anciens, en effet, la nature de l'homme se présentait au prince comme une donnée à respecter dans l'organisation de la Cité de telle sorte que la prescription positive qui prétendait contredire la loi naturelle des humains ne méritait pas d'être appelée droit ; les Modernes, de leur côté tenaient la nature, hypostasiée dans un état antérieur à la société, comme l'irréductible nécessité de se conserver soi-même et, s'il échet, de passer à l'état social par un contrat qui reconnaît la pure et simple égalité formelle des contractants. A présent, dans l'hypothèse solidariste qui fait naître le droit du social lui-même, la référence à une nature précédente se trouve privée de sens :

> « L'homme n'est rien par lui-même. Il est ce que des générations ont fait de lui et ce que les conditions permettront qu'il fasse de lui. Nouvelle objectivation pour l'homme : il ne peut plus se caractériser par une liberté, pas plus que par un quelconque de ces caractères qu'une pensée métaphysique s'acharnait à lui donner. En lui-même, réduit à lui-même, il n'est qu'un morceau de vie, un maillon de la chaîne du vivant. Une existence biologique qui ne s'humanisera qu'à se nourrir du lait de la société » (F. Ewald, *op. cit.*, p. 326).

On le voit : après que le droit eut dissous son concept même dans le flux d'une histoire qui l'emporte – conjonction, disions-nous, de l'historicisme et du positivisme –, la nature a subi le même sort dans les eaux toutes-puissantes de la société : le droit n'aura plus que la société pour maître.

> « La société n'a plus d'extérieur ; il lui revient de se donner à elle-même sa propre législation ; elle n'a pas à chercher son droit ailleurs qu'en elle-même, dans une référence à une quelconque nature » (F. Ewald, *op. cit.*, p. 352).

D'ailleurs la sociologie, miroir scientifique de la société qui se pense en sa totalité comme source de ce qui doit être (puisqu'elle-même est), a remplacé la philosophie qui cherchait cette origine dans l'objectivité de l'être lui-même. L'objectif, désormais, consistera en une défense de la société par elle-même (défense sociale), laquelle société fournira sa seule objectivité, d'ailleurs toujours mouvante, aux diverses prescriptions juridiques établies pour poursuivre une telle fin. Cette évolution signe ainsi le retrait de la morale hors du champ public au bénéfice d'une pure approche politique du droit. F. Ewald affirme dès lors en des termes que Durkheim n'aurait pas reniés :

> « avec l'État-providence, la problématique politique passe de la morale à la sociologie. Et cette dernière nous apprend *que le lien social n'est pas de nature morale, qu'il est indépendant des volontés*, mieux que les idées morales ne sont jamais qu'un effet social, en un mot que la consistance d'une société ne dépend ni de la présence ni de l'absence d'une morale. Aussi bien celle-ci tend-elle à ne devenir qu'une affaire purement privée » (F. Ewald, *op. cit.*, p. 374).

Mais si le droit, la nature, la morale et, d'une certaine façon, l'histoire elle-même n'indiquent aucune règle de justice qui orienterait le débat que la société tient avec elle-même – par sociologie interposée – pour énoncer le droit, il ne faut plus espérer que la justice offre un quelconque repos au corps social : la voici devenue plutôt l'enjeu perpétuellement corrigé de ses luttes internes.

Or la transformation du paysage théorique ici mise en évidence par F. Ewald – de la transcendance des références morales de la nature humaine à l'immanence des références sociales de la norme – ressort, selon notre auteur, de la lecture des évolutions déjà rappelées du droit des obligations : si le rapport libéral noué entre un sujet et un autre sujet dans les formes soit du contrat comme échange de consentements, soit de la responsabilité comme sanction de comportements non maîtrisés, soit encore du droit subjectif considéré comme absolu, si ce rapport libéral s'est fondu dans une masse où désormais le risque statistique, couvert par l'assurance, a remplacé la faute personnelle et où l'obligation contractuelle a imposé la justesse de l'équilibre social d'ailleurs rappelé par l'interdiction de l'abus de droit, c'est qu'alors, toujours selon F. Ewald, l'actualité juridique du XXe siècle a vérifié l'inanité d'une quelconque référence morale du droit à une quelconque nature.

Par où le positivisme s'achève là où il avait commencé :

> « L'identification juridique faute-responsabilité renvoie elle-même à une erreur sur la nature du droit qu'on pourrait appeler l'erreur du "droit naturel" : le droit devrait organiser positivement un rapport supposé inscrit dans la nature ; il devrait se modeler sur elle. Même si l'on adoptait l'hypothèse, au demeurant parfaitement contestable, d'une nature humaine, ce ne serait pas une raison suffisante pour que le droit ait à la redoubler dans son ordre propre. Le droit est une *technique*, un *art*. Et ce qui constitue sa validité, c'est d'être une *technique pure*, une technique dont la vertu est de ne pas être subordonnée à une hypothèse philosophique ou doctrinale particulière. Il n'y a pas d'essence ni de substance en droit. Le droit est bien plutôt ce qui détruirait toute essence. Il n'y a pas plus d'essence que de nature de la responsabilité juridique. Il y a un dispositif technique d'imputation qui fabrique, sécrète, produit de la responsabilité sans qu'il soit nécessaire qu'il lui corresponde une nature de la responsabilité. »

D'où la recommandation de l'auteur : « Il faut penser comme Nietzsche » (F. Ewald, *op. cit.*, p. 524).

Mais la lecture nietzschéenne des évolutions du droit contemporain ne s'impose pas plus que celle de M. Foucault ou de F. Ewald. On voudrait en tout cas en proposer une autre qui, pour mettre davantage en évidence le concept de justice distributive, s'appuie sur une conception différente des rapports de la nature, du droit et de l'histoire.

3 / L'incarnation de la justice

En réalité, si la « justice sociale » décrite dans l'État-providence s'écarte de la référence des Modernes à la nature, ce mouvement historique ne conduit pas nécessairement le droit à se transformer en une pure norme produite par le corps social, il le ramène plutôt à une conception plus concrète de la justice, à l'aspect fondamental de cette vertu que les Anciens déjà mettaient en évidence lorsqu'ils l'appelaient distributive.

De quoi s'agit-il en effet dans les évolutions enregistrées au long des deux derniers siècles en matière d'obligation juridique ? Il s'agit de porter davantage attention aux conditions concrètes que vivent les personnes engagées dans les rapports sociaux. Certes la justice commutative mérite-t-elle les honneurs du droit puisqu'elle cherche à établir l'égalité des prestations dans les échanges entre personnes – prestations décidées dans les relations contractuelles, prestations imposées dans les actions en responsabilité, mais une telle égalité reste abstraite car elle ne tient aucun compte de la qualité concrète des personnes engagées dans le rapport de justice : riche ou pauvre, bonne ou méchante, la personne fautive devra réparer le dommage qu'elle a causé, et la partie contractante devra s'acquitter de sa dette.

Or en sus de cette justice commutative chère aux libéraux fascinés par l'égalité formelle des sujets de droit, les Anciens connaissaient aussi la justice distributive qui n'envisage la répartition des biens qu'en fonction d'une qualité concrète, telle la richesse ou la vertu, des personnes intéressées à cette répartition. L'égalité alors se mesure non plus par la pure équivalence des prestations échangées ou restituées, mais par la justesse de la proportion qui attribue davantage de biens aux personnes faisant valoir un titre plus important que les autres à une telle distribution.

Tandis que la justice commutative s'intéresse à l'équilibre formel des prestations, abstraction faite de la qualité des personnes engagées dans le rapport de droit, la justice distributive descend dans le concret des rapports personnels pour déterminer à partir d'eux la répartition des biens. Or ce mouvement d'incarnation de la justice ne se laisse-t-il pas lire précisément dans l'évolution du droit des obligations décrite par F. Ewald lui-même ?

Alors que la règle libérale de jugement ne mettait en évidence que la volonté, formellement identique en chaque individu, pour obliger le sujet de droit à tenir sa parole ou à réparer ses fautes, la « justice sociale » de la fin XIXe siècle n'a-t-elle pas fixé davantage son attention sur les relations concrètes nouées par l'industrialisation entre les personnes afin d'ajuster de façon plus exacte la distribution des biens aux caractéristiques particulières de telles relations ?

Certes la volonté de l'employeur équivalait-elle formellement à la volonté de l'ouvrier ainsi que l'affirmait le libéral, mais dans l'ensemble concret que constitue l'entreprise, les positions des deux statuts apparaissaient singulièrement inégales : ne s'imposait-il donc pas de tenir compte de ces inégalités pour rendre le droit des obligations plus conforme à la justice, en l'occurrence distributive ? D'où, par exemple, la réparation légale des accidents du travail : puisque dans le processus de production, les travailleurs s'exposent davantage que les employeurs aux risques de l'accident, les obligations de ceux-ci vis-à-vis de ceux-là ne se limitent plus à l'équivalence – prestation contre salaire – strictement voulue dans le contrat de travail, elles doivent plutôt tenir compte, dans la répartition des produits de l'entreprise, des titres que les personnes ainsi exposées au risque professionnel font légitimement valoir au nom de la justice qui considère le concret des relations.

D'où encore la transformation du droit des contrats ou la mise en évidence de l'abus de droit. Si la « justice sociale » se permet de descendre en deçà des formes de l'autonomie contractuelle d'un côté, de la suffisance du droit subjectif de l'autre pour comparer la réalité des déséquilibres obtenus à l'idéalité des équilibres pensés, la justice distributive, ici encore, n'a-t-elle pas inspiré ces correctifs que le droit nouveau impose à l'abstraction de la justice commutative ? Car toute déclaration de volonté et tout droit subjectif ne se rapportent jamais à des âmes seules mais à des êtres de chair et de sang dont les statuts concrets contiennent en puissance des titres d'importance différente quant à la répartition des biens.

Assistant à cette évolution, F. Ewald croit y découvrir, on l'a vu, une mutation historique de la règle de jugement : si le risque remplace la faute, et l'équilibre, l'autonomie, c'est, à entendre notre auteur, que la société récuse la nature et que la norme prend la place de la loi. Mais peut-être s'agit-il plus simplement, encore une fois, d'une mise en évidence d'ailleurs originale, de la justice distributive, autrefois largement occultée par le libéralisme ambiant. Car la règle de jugement ne change pas nécessairement tous les trois siècles – sinon, serait-elle encore règle ? –, elle connaît seulement des applications renouvelées en fonction du progrès de l'histoire.

L'évolution des rapports juridiques décrite depuis le Code Napoléon de 1804 jusqu'aux institutions actuelles tant de la sécurité sociale que de l'encadrement législatif des contrats ou de l'invention judiciaire de l'abus de droit apparaît sans doute spectaculaire, mais rien n'oblige à y lire une sorte de reniement de l'histoire par elle-même. Elle peut se comprendre, avons-nous répété, comme la mise en évidence du concret distributif à l'intérieur de l'abstrait commutatif. La transformation n'est certes pas mince puisqu'elle oblige à considérer le groupe – l'entreprise, le pays – et les relations nouées concrètement en son sein entre les personnes avant d'examiner l'équilibre des prestations que ces personnes échangent mais le souci de la justice distributive ne date pas d'hier : le droit naturel classique le connaissait déjà.

4 / Les lectures de l'histoire

F. Ewald nie cependant que la « justice sociale » apparue comme nouvelle règle de jugement à la fin du XIXe siècle constitue un pur et simple retour à la justice des Anciens par-delà le formalisme libéral des Modernes. Il importe donc de suivre attentivement notre auteur dans sa lecture du parcours accompli et, pour ce faire, de situer plus précisément la justice sociale en sa rupture à l'égard du droit naturel moderne dont il convient d'abord de rappeler brièvement la substance.

Pour F. Ewald, le droit naturel impliqué dans la figure moderne du contrat social remplit une triple fonction, d'*épistémologie* d'abord en ce que, déduisant le droit d'un principe formel d'égalité *a priori* des sujets, il construit l'ordre social en contournant l'ignorance actuelle des humains quant à ce que pourrait être l'exactitude de cet ordre ; de *règle* ensuite puisqu'il ramasse toute la justesse du droit dans l'énoncé *pacta sunt servanda* avec la double conséquence, d'une part, qu'on n'imagine plus de rescision du contrat pour lésion car aucune autre mesure que l'accord des volontés n'évalue la valeur supposée objective des prestations échangées, d'autre part qu'aucune justice distributive ne trouve sa place dans le champ du droit désormais entièrement couvert par le principe d'égalité, chassant donc ladite justice dans le domaine de la bienveillance ; de *politique* enfin, dans la mesure où le bien commun, se réduisant au seul bénéfice d'avoir fait cesser l'état de guerre, n'impose juridiquement aucune fin morale au rassemblement des citoyens eux-mêmes (cf. F. Ewald, *op. cit.*, p. 576-577).

Or, poursuit l'auteur, l'idée de justice sociale, étudiée dans l'évolution contemporaine du droit des obligations, s'est constituée, ainsi que nous l'avons vu, contre cette manière de poser les rapports droit-justice car elle oppose à l'ordre formel du droit « le fait des inégalités et des discriminations que par sa constitution même le droit semble devoir rejeter hors de sa compétence » (p. 577). Mais comment comprendre ce « retour du refoulé » (p. 578) ? F. Ewald explique la tentation de régression qui guette le philosophe de l'histoire :

> « S'il est clair que les déterminations du concept de justice sociale ne peuvent être celles qui définissaient la justice dans le cadre de la figure précédente du droit naturel, le vocabulaire qu'elle utilise pourrait faire croire à un retour aux conceptions antique et médiévale de la justice, à un retour aux positions du droit naturel classique. Ainsi, avec la justice sociale, voit-on réapparaître les notions de "bien commun", ou de "juste prix" – en particulier en matière de salaire ; ainsi la justice sociale qualifie-t-elle ces institutions qui, comme la Sécurité sociale, organisent la "justice distributive" ; ainsi encore, en matière d'échange, voit-on revendiquer la possibilité d'une rescision des contrats pour lésion. Et il est vrai que, depuis Saint-Simon jusqu'aux catholiques sociaux de l'entre-deux-guerres, les partisans de la justice sociale ont volontiers cherché dans les institutions du Moyen Age comme dans les conceptions juridiques de saint Thomas le modèle de ce à quoi ils aspiraient » (F. Ewald, *op. cit.*, p. 578-579).

Mais, pour l'auteur, « tout cela ne doit pas tromper ». En effet,

> « les constructions du droit naturel classique s'articulent sur une conception de la nature comme totalité hiérarchisée et finalisée, connaissable selon les procédures et les méthodes d'une ontologie-physique ou théologie. L'épistémologie qui fonde la justice sociale n'est absolument pas de cet ordre. Elle passe, au contraire, par une critique radicale de toute référence à une quelconque *nature* » (F. Ewald, *op. cit.*, p. 579).

Et d'insister :

« Si la justice doit être sociale, c'est que l'ordre naturel, abandonné à lui-même, est impitoyable, désordre, injustice, intolérance, cruauté, livrant sans secours ni recours les faibles à la domination des forts. »

Passant aussitôt de l'enfer au paradis, F. Ewald poursuit la même récusation de la nature :

« Le rêve de la justice sociale n'est pas de type écologique : il ne s'agit pas de retrouver un paradis perdu, ni d'épouser le mode de vie du bon sauvage. Ce serait oublier la déchirure originelle selon laquelle la nature, pour s'humaniser, a dû s'opposer à elle-même sous la forme de la société. L'avenir de l'homme, la promesse de son bonheur est du côté de l'art et de l'industrie. L'utopie de la justice sociale serait de parvenir à définir des rapports de justice résolument affranchis de toute dépendance à l'égard de la nature. Des rapports de justice que la société se donnerait à elle-même sans avoir à se référer à autre chose que sa propre volonté. La référence de la justice sociale n'est pas la stabilité d'un ordre naturel, mais la mobilité de l'histoire, comme processus indéfini d'affranchissement de l'humanité à l'égard des contraintes de la nature, comme eschatologie d'une libération définitive » (F. Ewald, *op. cit.*, p. 579).

En réalité, on se demande si la préférence donnée à la rupture dans sa lecture de l'histoire ne conduit pas cet auteur au glissement de sens et, bientôt, à la confusion. Dans le souci de montrer la différence de la justice sociale du XXe siècle par rapport au jusnaturalisme formel des libéraux sans pour autant revenir aux thèses du droit naturel classique, F. Ewald n'a-t-il pas commis un écart chronologique soit en plantant dans le champ de ces thèses classiques les épouvantails de l'infernal *état de nature* dont les Modernes entendaient se garder par la conclusion du contrat social, soit en ramenant le droit naturel au mythe du paradis écologique ?

Dans l'écriture de *L'État-providence*, tout se passe en effet comme si la « justice sociale » se condamnait à fuir perpétuellement à l'avant de l'histoire, vu qu'il lui devient impossible de se retourner sur les périodes antérieures qui lui auraient indiqué sa propre nature. Pour lui interdire cet accès, F. Ewald a en effet souligné la « déchirure originelle » par laquelle la nature – infernale ou paradisiaque, peu importe finalement puisqu'elle ne fait plus sens – s'est « opposée à elle-même sous la forme de la société ». Condamnée ainsi à renier non seulement l'histoire qui la précède – puisque le contemporain récuse le moderne comme le moderne récusait le classique – mais encore, et du même coup, la nature qui lui aurait donné le repos, voici la justice devenue seulement « sociale », c'est-à-dire tournée vers le seul avenir des rapports de force en même temps qu'orpheline de toutes les aspirations qui l'ont précédée. Or le « droit nouveau » imposait-il une rupture si radicale d'avec les intelligences classique et moderne de la justice ? Ou bien une telle lecture de l'histoire ne tire-t-elle sa légitimité que de l'option nietzschéenne ou foucaldienne – respectable certes mais option tout de même –, qui la sous-tend ?

Il reste permis en tout cas, quoi qu'en dise l'auteur de *L'État-providence*, de rapporter l'avènement contemporain de la justice sociale au long cheminement de cette même justice dans les siècles antérieurs, en particulier, nous l'avons vu, à la justice distributive chère aux Anciens, mais occultée par le formalisme des égalités modernes. Non pas qu'il faille, en simple antithèse de la lecture ewaldienne privilégiant la rupture, poser la nécessité de la lecture restauratrice pour permettre au droit d'aujourd'hui de prendre ses revanches sur le droit d'hier en ramenant au jour celui d'avant-hier. Il importe seulement, par souci de montrer les continuités sans lesquelles l'histoire ne pourrait faire sens à l'égard des personnes reliées par la même nature humaine, de garder plausible le rattachement du « droit nouveau » au souci qu'exprimait la tradition « d'attribuer à chacun le sien » à l'intérieur du lien social que les hommes nouent par leur nature même. Sans nier pour autant, insistons-y, l'originalité des réponses qu'apporte la justice sociale à l'éternelle question de la justice tout court.

Ainsi, nous pouvons sans doute comprendre que F. Ewald souligne sans cesse les écarts qui séparent la nouvelle logique de la *norme* par rapport à la *loi* des Modernes ou à l'*ordre* des Anciens en relevant par exemple parmi les caractéristiques du nouveau droit :

> « ... la norme permet de donner vie à une certaine forme de *justice distributive* : pratique des transferts, redistributions et autres répartitions des risques si caractéristiques du droit social des obligations. Mais, à la différence de l'ancienne justice distributive, ces pratiques ne sont pas ordonnées sur l'idée que les inégalités sont naturelles et qu'il est juste de les respecter. Elles supposent, au contraire, que les hommes ont une valeur égale, qu'ils ont tous un droit égal à la vie, que les inégalités sont sociales, imputables à la société et sa mauvaise organisation. Loin donc de justifier ces inégalités, la norme sert au contraire à les repérer, à les énoncer, à les prévenir, à les compenser, c'est-à-dire, comme toujours dans le cadre de la norme, à les ramener dans les limites de la normalité » (F. Ewald, *op. cit.*, p. 586).

Mais nous nous demandons si cette volonté constante de creuser les écarts entre les diverses périodes de l'histoire fait assez droit tant aux souplesses qu'a connues le passé – ainsi la vertu qu'Aristote reconnaissait comme le meilleur critère de justice distributive, présidant au régime aristocratique, était-elle si naturelle que F. Ewald l'affirme ici à propos des inégalités ? – qu'aux continuités que connaît le présent : par exemple, la justice sociale contemporaine n'a-t-elle plus rien à voir avec les inégalités, corporelles par exemple, que la nature assigne aux citoyens ? Pour être lus dans leur densité, l'histoire comme le droit supposent une justice qui prendrait sa source dans la nature même.

II. – La règle morale a la place du droit naturel

Un demi-siècle avant François Ewald, Georges Ripert a parcouru lui aussi le droit des obligations dans un essai de synthèse, *La règle morale dans les obligations civiles* (Paris, LGDJ, 1re éd., 1929, 4e éd., 1949), mais si les deux auteurs renvoient l'un et l'autre au passé de l'histoire la doctrine du droit naturel, le second fonde l'obligation juridique d'une tout autre manière que le premier. Alors que Ewald, nous l'avons vu, confie à la sociologie le soin de mettre en évidence les déséquilibres qui appellent l'ajustement normatif requis par la justice sociale, G. Ripert complète la juridicité des obligations que le législateur a inscrites dans le Code par celle des devoirs que l'amour du prochain a gravés dans la conscience humaine. Ainsi l'auteur récuse-t-il par avance tous les positivismes sociologiques qui suivraient :

> « Privés d'un droit naturel qui depuis plusieurs siècles leur donnait une position commode, les juristes désemparés en ont été réduits à bâtir les règles juridiques sur les prétendues lois sociologiques. Alors sont apparus sinon des idées nouvelles tout au moins des mots nouveaux : solidarité, équilibre, interdépendance, sécurité statique ou dynamique, stabilité, force créatrice ; et l'on a gravement enseigné qu'il se crée un *droit social*, comme si le droit avait jamais pu ne pas être tel ! Tout cela déguise mal l'inquiétude de ces principes. La formule remplace l'idée et l'on croit aux formules parce qu'on devient facilement superstitieux quand on a cessé d'être religieux » (G. Ripert, *La règle morale dans les obligations civiles, op. cit.*, 4e éd., 1949, p. 21).

G. Ripert ne se tourne donc pas du côté des « lois sociologiques » dont les principes paraissent si fragiles, mais pas non plus du droit naturel dont le rationalisme idéaliste se confond toujours, dit-il, avec les conceptions particulières qu'un peuple ou une époque se fait de la société humaine. Sa pensée s'oriente bien davantage vers la morale qui, dans une société telle que la nôtre, plonge ses racines dans la doctrine chrétienne.

Certes, il ne s'agit en aucun cas de brimer la liberté de conscience de nos contemporains en leur imposant une croyance déterminée mais, l'ordre juridique occidental ayant connu le développement historique que l'on sait, il importe non seulement d'en rendre compte par la mise en évidence de telles racines mais encore de contribuer à son progrès par l'affirmation des convictions qui le soutiendront :

> « Un juriste ne doit pas seulement être le technicien habile qui rédige ou explique avec toutes les ressources de l'esprit des textes de loi ; il doit s'efforcer de faire passer dans le droit son idéal moral et, parce qu'il a une parcelle de la puissance intellectuelle, il doit utiliser cette puissance en luttant pour ses croyances » (G. Ripert, *op. cit.*, p. 29).

Pour décrire cet effort consenti par G. Ripert, nous cherchons à voir comment « la règle morale » intervient « dans les obligations civiles » de la responsabilité d'abord, du contrat ensuite puis dans la figure de l'abus de droit. Nous achevons le parcours par l'étude du caractère naturel des obligations juridiques. En chacune de ces figures, nous posons la question de savoir si la « règle morale » invoquée par G. Ripert ne se confond pas avec les exigences de la justice distributive, exigences que rappelait le chapitre précédent pour critiquer la thèse tenue dans *L'État-providence*. De la sorte, nous détiendrions là, mis au jour à partir de deux univers intellectuels diamétralement opposés, un concept clé du droit naturel des obligations.

1 / La morale responsable

Le droit de la responsabilité a connu, on l'a dit, un déplacement d'accent de la sanction de la faute commise par l'auteur à la réparation du dommage subi par la victime. Alors que le bon père de famille du Code Napoléon savait que son obligation juridique de responsabilité se limitait aux comportements qui engageaient sa volonté soit intentionnellement fautive, soit négligente, la théorie des risques a considérablement élargi de telles frontières en attribuant la charge de nombreux dommages à des sujets dans le chef desquels aucune faute, à première vue du moins, n'avait pu être reprochée. F. Ewald a induit de cette transformation la modification de la règle de jugement qui ne ressortirait plus de grands principes moraux mais de la géométrie variable des rapports sociaux (v. *supra*, p. 383). G. Ripert préfère, au contraire, attribuer l'élargissement constaté à une extension de la règle morale puisque les sujets prennent là une meilleure conscience de leurs devoirs.

L'auteur se méfie en effet des lectures qui conduiraient la doctrine à minimiser l'engagement moral de la liberté dans les évolutions récentes du droit. Certes, la théorie qui simplifierait à outrance l'article 1382 pour lui donner la formulation mécanique « tout fait quelconque de l'homme oblige celui qui a causé un dommage à autrui à le réparer » satisfait-elle non seulement les exigences de l'esprit scientifique puisque, à l'instar de la loi physique, la règle attribue les effets à leur cause, mais encore celles de la sensibilité du fait que la solidarité s'y exprime bien à l'égard de la victime souffrante, il n'empêche, selon G. Ripert, qu'on ferait fausse route à retirer à la responsabilité civile l'élément moral qui lui donne sa force. Pour modifier l'attribution naturelle qui laisse la charge du dommage à sa malheureuse victime, il faut une autre raison que la simple intervention matérielle d'un auteur dans la production de ce dommage :

> « En essayant de transporter dans le monde juridique une loi physique de causalité efficiente, la théorie du risque, cédant à un faux esprit scientifique, a en réalité introduit dans le droit un esprit matérialiste. Il importe peu que les partisans de cette idée nouvelle aient su lui donner une haute valeur sociale en s'en servant pour développer et affiner la règle de responsabilité. Ils ont ainsi corrigé ou dissimulé la matérialité de la règle, mais le principe reste que la morale ne connaît pas » (G. Ripert, *op. cit.*, p. 213-214).

Si la causalité physique ne remplace en aucune manière l'imputation juridique, il faut montrer comment une telle imputation se fonde sur l'acte de la liberté humaine. Or, chez G. Ripert, l'articulation de l'obligation juridique et du devoir moral se montre, dans le droit de la responsabilité comme en d'autres domaines du droit des obligations, sous l'étrange figure de l'*a posteriori* qui ramène au droit, après coup dirait-on, l'injonction morale qui, au départ, dépassait le droit. Expliquons-le.

G. Ripert perçoit aisément la nécessité, ressentie tout au long du XIXe siècle, d'élargir les références conceptuelles du droit napoléonien pour régler la réparation des dommages nés dans la société industrielle, mais alors que la doctrine de l'époque rencontre cette exigence en créant une sorte de « responsabilité objective » qui détache l'acte dommageable de l'engagement libre (méchant ou négligent) qui l'a posé, l'auteur souligne les éléments qui maintiennent tout de même sous l'emprise de la loi morale l'élargissement ainsi opéré, par exemple dans la couverture forfaitaire des accidents de travail.

> « Il ne faudrait pas croire que, dans l'élaboration de cette théorie nouvelle, les esprits n'aient pas été guidés par les plus hautes considérations morales. La répétition du même genre de dommages, causés par la même catégorie de personnes à la

même catégorie de victimes, atteste l'existence d'une inégalité résultant de la vie sociale et crée une nervosité plus grande qui ne permet plus de concevoir le dommage comme fatal. Ces idées devaient pousser les esprits à ne pas se contenter du vieux principe de la loi Aquilie » (G. Ripert, *op. cit.*, p. 207).

Tout se passe donc comme si, dans la pensée de G. Ripert, l'accroissement des inégalités sociales provoqué par l'industrialisation appelait une responsabilité accrue, mais sur le plan moral d'abord, avant de passer dans le droit :

> « A une époque où régnait la doctrine de l'individualisme libéral et dans une société qui reposait sur une idée un peu théorique d'égalité, une règle abstraite et générale de responsabilité paraissait suffisante. Puis, et principalement par la transformation économique de la société, des hommes ont pu développer leurs forces d'une façon formidable. L'inégalité est devenue plus grande ou plus apparente. Il a fallu imposer à ceux qui l'oubliaient trop facilement l'observation du devoir moral. C'est parce qu'il y a eu abus de puissance que la responsabilité civile s'est développée » (G. Ripert, *op. cit.*, p. 235-236).

Alors que l'avènement de l'industrie conduisait une certaine théorie du droit à détacher la réparation du dommage de l'appréciation morale des conduites, G. Ripert insiste, on le voit, sur le surcroît éthique qu'appelle la mise en activité des puissants moyens nouveaux. Et d'ajouter :

> « En même temps, l'esprit s'est affiné dans la recherche des responsabilités. On ne s'est plus incliné devant la fatalité du malheur. L'étude des effets et des causes a permis de voir plus loin. L'action nocive a paru intolérable dans une société plus tranquille. La loi civile s'est faite plus énergique, parce que la conscience du devoir moral devenait plus subtile » (G. Ripert, *op. cit.*, p. 236).

Les moyens d'action qu'offre le nouveau régime économique demeurent de la sorte sous le contrôle de la liberté, elle-même soumise au devoir premier de ne pas nuire à autrui :

> « On avait autrefois cette idée qu'était irréprochable celui qui agissait honnêtement, correctement, en bon père de famille. Nous sommes aujourd'hui plus difficiles. Il nous apparaît que, dans la vie sociale moderne, où règnent l'inégalité de puissance et la lutte des intérêts, il est du devoir de chacun de considérer tous les dommages qu'il peut causer et d'apprécier s'il n'en doit pas en justice réparation, parce qu'il a créé des risques pour les autres, en retirant pour lui-même profits ou plaisirs » (G. Ripert, *op. cit.*, p. 224).

Faut-il dès lors imputer à faute la création du risque qui a fini par nuire à autrui ? Non car, même si elle ne correspond pas à l'image courante du « bon père de famille », la mise en œuvre de la puissance industrielle ne s'avère en aucun cas fautive comme telle. Si donc la faille de la liberté n'apparaît pas dans la création du risque, où se cache la faute ? demandent avec insistance les défenseurs de la théorie du risque, eux qui préfèrent régler scientifiquement et sociologiquement la réparation de l'accident par l'équilibre quasi physique des flux de la causalité (risque créé) et de l'enrichissement (profit procuré) plutôt que dans les analyses morales de l'acte libre. Réponse de G. Ripert : la faute se montre précisément *a posteriori* dans la volonté de *ne pas* réparer le dommage causé par le risque créé, alors que la morale enjoint à la liberté de ne pas nuire à autrui.

On voit dès lors comment se présente la croisée des chemins : puisqu'il faut quitter la situation trop étroite où l'écart de l'individu abstrait par rapport à la diligence normale obligeait son auteur à la réparation du dommage causé par cette faute, pour aboutir à un règlement de la responsabilité qui satisfasse davantage la victime sans toutefois amener l'auteur à se considérer comme fautif du fait d'avoir créé l'inévitable risque qui a causé le dommage, une première voie – nous l'avons vu avec F. Ewald – conduit à détacher de toute faute l'obligation de réparer, mais celle que choisit G. Ripert consiste à considérer comme faute le fait même de ne pas réparer. Chemin difficile à suivre car il implique de poser au-delà du droit une justice qui reviendra tout de même sous l'empire du droit. Le schéma insuffisant du droit classique : « Faute et cause font l'obligation de réparation » devient, dans la pensée de notre auteur : « Cause sans faute fait tout de même l'injustice de ne pas réparer. »

Ainsi s'énonce *la règle morale dans les obligations civiles* : « Ce n'est pas parce qu'il a causé le risque que l'auteur est tenu à réparation, c'est parce qu'il l'a causé *injustement.* » G. Ripert précise : « Ce qui ne veut pas dire contrairement au droit, mais contrairement à la justice. » Or la conclusion arrive aussitôt pour combler l'écart ainsi ouvert entre le comportement juridiquement correct et l'injustice de la non-réparation : « La responsabilité civile n'est que la détermination et la sanction légale de la responsabilité morale » (G. Ripert, *op. cit.*, p. 224).

Mais la question revient : si, par hypothèse, le dommage n'a pu être évité par l'auteur qui a créé le risque, comment est née cette faute à ne pas réparer ? Certes G. Ripert a invoqué le principe général de ne pas nuire à autrui mais tout se passe comme si cette injonction négative ne suffisait pas à justifier l'obligation juridique de réparation. Poussant plus loin son analyse, il découvre que la règle morale impose un devoir positif qu'il voit à l'œuvre dans des domaines aussi divers que la réparation des dommages de guerre, l'obligation alimentaire, les allocations familiales ou la réparation des accidents du travail, à savoir le devoir d'assistance. Sans doute un tel devoir ne relève-t-il pas de la stricte justice, ressortissant plutôt de la charité, de soi rebelle à toute contrainte puisque ouverte à toute détresse. Mais la cloison qui sépare la justice de la charité permet tout de même le passage puisque :

> « il suffit (...) de sanctionner un devoir de charité pour que l'observation de l'obligation imposée envers le prochain devienne devoir de justice » (G. Ripert, *op. cit.*, p. 270).

Or ladite sanction légale devient envisageable lorsque le devoir universel de charité se concrétise suffisamment dans une société particulière – l'État, la famille, l'entreprise, etc. – pour désigner les créanciers de cette générosité qui déborde la stricte justice : ainsi, les vieillards, infirmes, enfants abandonnés et autres pauvres à l'égard de l'assistance publique, les sinistrés de la guerre envers l'État ou les créanciers alimentaires vis-à-vis de leurs proches. Ainsi encore les accidentés du travail à l'égard de leurs employeurs :

> « J'ai expliqué par la même conception les lois sur les *accidents du travail.* Elles reposaient sur l'idée du risque professionnel. Or la profession unit dans un même

intérêt l'employeur et les ouvriers. Si un accident se produit, le patron a l'obligation d'en réparer les conséquences non parce qu'il est responsable, mais parce qu'il doit légalement assister son ouvrier » (G. Ripert, *op. cit.*, p. 274).

Tandis que la théorie du risque, ainsi que le montre F. Ewald (v. *supra*, p. 382), s'imposait en doctrine pour justifier une réparation forfaitaire déterminée par la « justice sociale » entièrement détachée de tout devoir préexistant, G. Ripert, au contraire, rend compte du droit nouveau par une obligation morale aussi impérieuse que mal comprise :

> « Si dans l'explication des lois sur les accidents du travail on écartait l'idée d'assistance, c'est parce que les juristes répugnaient à rendre l'assistance obligatoire, c'est-à-dire à la faire entrer dans la science juridique. La charité ne crée pas de droits, c'est là une idée juridique vieillie qui reposait sur l'oubli de la véritable nature du devoir d'assistance. Il n'y a pas seulement un vague devoir de prêter à autrui un secours passager dans les limites que l'on fixera soi-même, mais une véritable obligation qui se précise vis-à-vis des hommes qui vous prêtent leur concours et travaillent pour vous » (G. Ripert, *op. cit.*, p. 275).

Pour que nul n'en ignore, l'auteur décline alors clairement les références de sa conviction :

> « Si le patronat avait gardé l'idée chrétienne du travail, il aurait vu que ses devoirs envers les ouvriers ne sont pas laissés à sa libre appréciation, mais doivent se traduire en une formule positive d'assistance » (*ibid.*, p. 275).

Mais que recouvre en réalité la charité, éventuellement laïcisée en devoir de solidarité, ce devoir si précis au sein d'une société particulière qu'il permet sa transformation par la loi en obligation de justice ? Sans doute rien d'autre, pensons-nous, que la justice distributive précédemment évoquée.

Lorsque G. Ripert imagine au-delà de la stricte obligation du droit et de la justice un domaine de la charité dont les devoirs se montrent parfois si concrets qu'ils supportent la contrainte propre au droit, n'a-t-il pas redécouvert en effet, sous les termes de la morale, cette autre sorte de justice qui déborde la stricte relation commutative ? Ainsi de la réparation de l'accident de travail : si l'on ne peut déceler une faute *a priori* qui entraînerait la stricte responsabilité de l'employeur – puisque, à proprement parler, il n'y a pas faute à créer une entreprise —, mais une faute *a posteriori* à ne pas assumer la réparation du dommage causé, c'est qu'un autre type de justice dominait les relations nouées dans l'entreprise : non plus seulement celle qui paie le salaire en échange de la prestation ou qui restitue l'intégrité entamée par la faute, mais encore celle qui, par-delà l'équivalence des biens, considère les inégalités concrètes des personnes pour opérer les distributions conformes à la situation de chacun.

Attirer l'attention des juristes sur le surcroît du droit par rapport à la stricte justice commutative entrait bien dans le propos général de G. Ripert, mais fallait-il pour autant invoquer la règle morale ? L'auteur prévient l'objection :

> « Si on songe que tout l'effort des techniciens consiste justement à nous faire oublier les hommes dans le rapport juridique pour ne plus voir que le rapport, et qu'il leur apparaît comme le dernier mot du progrès juridique d'énoncer l'obligation

comme la relation entre deux patrimoines, on jugera que cet appel à la loi morale apparaîtra à certains juristes comme une singulière régression dans l'histoire des idées juridiques » (G. Ripert, *op. cit.*, p. 5-6).

En réalité, il suffit de s'entendre. Si le droit ne désigne jamais selon l'opinion dominante des régimes libéraux que les exigences de la justice commutative de partie à partie, on comprend qu'alors il faille couvrir du nom de « la règle morale » cette autre sorte de justice qui intervient « dans les obligations civiles » pour rappeler – par exemple sous la forme du « devoir d'assistance » – les exigences de la solidarité du groupe à l'égard de chacune des parties, à proportion de leur situation concrète, mais si on veut s'épargner ce détour théorique qui ne sort du champ du droit (puisqu'il appartient à la charité) que pour y revenir après coup, on considérera d'emblée que le droit des obligations s'appuie nécessairement sur les exigences de la justice distributive avant de passer à la commutative. Vérifions-le dans l'autre volet du droit des obligations : le contrat.

2 / La morale contractuelle

Lorsqu'il aborde le domaine des contrats, G. Ripert tient, au moins autant qu'en matière délictuelle, à souligner le rapport moral de liberté à liberté sous-jacent à l'acte juridique qui se présente comme échange volontaire de biens. Ainsi la règle morale surveille-t-elle chacune des conditions de validité de la convention pour s'assurer de la licéité non seulement de son objet, mais aussi de sa cause entendue comme motivation subjective des partenaires au contrat, s'assurer encore de la qualité du consentement pour éviter que ses vices éventuels n'entraînent l'injuste inégalité des prestations, s'assurer enfin de l'équité dans le fonctionnement des incapacités pour obtenir une protection adéquate, ni excessive ni insuffisante, des personnes engagées dans la convention. Bref, il s'agit d'empêcher que le contrat ne recouvre du voile de l'autonomie contractuelle une exploitation de l'homme par l'homme.

Cette vigilance morale se montre de façon particulièrement nette dans l'examen de deux figures qui mettent en cause le déséquilibre du contrat : la lésion, au moment de sa formation, l'imprévision contractuelle, lors de son exécution.

Pour G. Ripert, le problème de la *lésion* se pose en termes simples :

> « Chaque contractant peut-il légitimement puiser dans le contrat tous les avantages qu'il peut conquérir sur un contractant qui défend mal ses intérêts par faiblesse, ignorance ou nécessité ? Ne faut-il pas au contraire qu'il y ait entre les deux prestations, quelle que soit leur nature, une certaine équivalence, et l'injustice du contrat ne résulte-t-elle pas de la seule disproportion des avantages acquis ? » (G. Ripert, *op. cit.*, p. 106).

On souhaite en effet que la solution découle aussi simplement de la question même :

> « Si la lésion est une cause de nullité du contrat ou de réduction des obligations, elle se révélera par la seule analyse du contrat, par la pesée symbolique des sacrifices, et, pour reprendre une vieille expression qui fut souvent employée, le dol sera prouvé *ex re ipsa* » (*ibid.*, p. 106)

Mais cette justesse morale qui recherche l'équilibre des prestations se heurte aux impératifs de la sécurité juridique que le droit positif lui oppose.

Le débat mené entre les deux tendances (équilibre *vs* sécurité) ne date pas d'hier. Pothier déjà énonçait, d'un côté, en termes lumineux la requête morale de la justice contractuelle :

> « L'équité doit régner dans les conventions, d'où il suit que dans les contrats intéressés dans lesquels l'un des contractants donne ou fait quelque chose pour recevoir quelque autre chose comme le prix de ce qu'il donne ou de ce qu'il fait, la lésion que souffre l'un des contractants, quand même l'autre n'aurait recours à aucun artifice pour le tromper, est seule suffisante par elle-même pour rendre des contrats vicieux. Car l'équité en fait de commerce consistant dans l'égalité, dès que cette égalité est blessée et que l'un des contractants donne plus qu'il ne reçoit, le contrat est vicieux parce qu'il pèche contre l'équité qui y doit régner » (R.-J. Pothier, *Traité des obligations selon les règles tant du for de la conscience que du for extérieur*, Paris, Debure, 1777, t. Ier, n° 33, cité par G. Ripert, *op. cit.*, p. 107).

Mais, de l'autre côté, le célèbre précurseur du Code civil précisait :

> « Quoique toute lésion, quelle qu'elle soit, rende les contrats iniques et par conséquent vicieux, et que le for intérieur oblige à suppléer le juste prix, néanmoins dans le for extérieur les majeurs ne sont point écoutés à se plaindre de leurs conventions pour cause de lésion, à moins qu'elle ne soit énorme, ce qui a été sagement établi pour la sûreté et la liberté du commerce qui exige qu'on ne puisse pas facilement revenir contre les conventions ; autrement nous n'oserions contracter, dans la crainte que celui avec qui nous aurions contracté s'imaginant avoir été lésé ne nous fît par la suite un procès » (R.-J. Pothier, *op. cit.*, n° 34).

Faut-il donc que nous assistions impuissants à la victoire de la forme sur l'équité du contrat ? On sait que la jurisprudence ne s'y résout pas toujours. Invoquant tour à tour l'absence de cause pour annuler le contrat qui n'impose qu'un sacrifice apparent à l'une des deux parties, ou la nécessité d'interpréter des termes obscurs pour modérer un prix ou une clause pénale, ou encore la gratuité de principe du mandat pour réduire la rémunération excessive du mandataire, elle cherche à rééquilibrer les prestations trop dénivelées. Le juge s'y emploie d'ailleurs en explorant toutes les références légales qui le feront échapper au reproche de s'instituer ministre d'équité au double mépris de l'autonomie contractuelle et de la sécurité juridique, mais la partie reste serrée : l'exigence de l'équivalence substantielle des prestations ne l'emporte pas toujours, loin de là, sur l'évidence de la déclaration formelle.

Que manifeste cet effort des juges ? G. Ripert répond : pas seulement une contrariété intellectuelle de l'esprit mis en présence d'un déséquilibre économique calculé plus ou moins rigidement (33 %, 7/12, etc.), mais, encore une fois, une protestation morale contre l'exploitation rendue possible par l'institution du contrat :

> « La lésion change alors de caractère. Elle apparaît comme l'injustice commise par l'abus du contrat. Le résultat montre la déloyauté de la lutte entre les contrac-

tants. L'inégalité des prestations n'est pas la cause de la nullité du contrat, mais la preuve qu'il existe une autre cause de nullité : l'exploitation de l'un des contractants par l'autre » (G. Ripert, *op. cit.*, p. 121).

Si l'on demande alors à cet auteur la raison qui interdit à un contractant de profiter de sa supériorité pour conclure une affaire avantageuse, il rejette comme explication insuffisante l'exigence d'harmonie sociale avancée par les sociologues puisque

> « les forces sociales se développent mieux dans l'inégalité que dans une gênante égalité et ce n'est pas dans le sens de l'harmonie que l'on trouvera le droit de condamner la lésion » (G. Ripert, *op. cit.*, p. 122).

En réalité, il faut, à son sens, avouer une loi plus haute :

> « Il est impossible de trouver réponse que celle-ci : il est contraire à la morale qui enseigne de traiter les hommes en frères, de se livrer à l'odieuse exploitation du prochain » (G. Ripert, *op. cit.*, p. 121).

Quoi qu'il en soit du fondement ici invoqué – qui rejoint, on le voit, celui du précédent « devoir d'assistance » –, on notera qu'en pratique G. Ripert souhaite que le droit sanctionne la lésion au moins en trois types de convention :

— celle où une partie accorde une confiance légitime à la parole d'autrui qui fixe lui-même les conditions du contrat (*v.g.* le mandat salarié, les soins médicaux) ;
— celle où une disproportion de force évidente sépare les parties soit par le statut social (*v.g.* le contrat de travail) soit par la connaissance (de l'architecte envers le propriétaire ou de l'éditeur à l'égard de l'auteur, etc.) ;
— celle enfin qui a pour objet de procurer à l'homme les choses indispensables à l'existence, lorsque le possesseur des biens fait la loi du marché.

Admettre la rescision ou la réduction du contrat en de telles figures remettrait en valeur « la vieille morale qui fait reposer le contrat sur la justice et non la justice sur le contrat » (G. Ripert, *op. cit.*, p. 127).

L'autre déséquilibre étudié par G. Ripert porte dans la tradition le nom d'*imprévision contractuelle*. Appellation contestée par notre auteur car l'hypothèse ici envisagée – la disparité profonde des prestations apparue au cours de l'exécution du contrat – ne se résout pas adéquatement par le recours à l'imprévision mais plutôt, comme la lésion d'ailleurs, par le refus de l'injustice. Se retrouve ici la même attitude intellectuelle que précédemment : montrer que le droit ne suffit pas à corriger le droit, qu'il s'impose donc de laisser intervenir « la règle morale dans les obligations civiles ».

Telle est l'insuffisance, par exemple, de la clause *rebus sic stantibus* que certains juristes auraient voulu sous-entendre en toute conclusion de contrat pour supprimer la force obligatoire de la convention lorsque la modification des circonstances extérieures aurait rendu particulièrement pénible l'exécution de ce contrat. Insuffisance car l'accord passé par les parties a précisément pour but de traverser les aléas du temps :

> « Ainsi, quand on veut appliquer la loi du contrat, on est fatalement amené à ne pas admettre la clause *rebus sic stantibus*. »

Affirmation qu'il précise aussitôt :

> « Cette règle était une règle destinée à la limitation morale du droit du créancier. Elle était dirigée contre le contrat. Coupée de son support moral, ramenée à une interprétation d'une volonté présumée, elle perd toute sa force » (G. Ripert, *op. cit.*, p. 147).

La force majeure et les autres moyens techniques invoqués par les plaideurs pour amener le juge à réviser le contrat devenu trop lourd n'entament pas non plus, poursuit Ripert, la rigidité de l'institution prévue par le droit : ni la bonne foi (art. 1134, al. 3 C. civ.), ni la prévisibilité des dommages-intérêts (art. 1150 C. civ.), ni la notion de cause n'ont permis à la jurisprudence de construire une théorie générale de l'imprévision, parce que, encore une fois, aucune de ces figures qui appartiennent au droit du contrat ne dispose d'assez de force pour s'opposer à l'essence du contrat lui-même, garantie prise précisément contre l'imprévisible. La doctrine de l'autonomie de la volonté a donc mal posé le problème en parlant d'imprévision, faisant comme si sa propre rigidité pouvait se corriger elle-même à l'intérieur de la sphère juridique. En réalité, la révision du contrat dont l'exécution s'avère excessivement lourde ne ressortit pas de la technique propre aux obligations puisqu'elle en contredit la logique. Il faut la situer à un autre niveau :

> « Elle repose en effet sur cette idée morale que le créancier commet une suprême injustice en usant de son droit avec la dernière rigueur. Elle élève contre la prétention du créancier la règle protectrice du débiteur injustement lésé par le sort » (G. Ripert, *op. cit.*, p. 153).

D'où son lien avec la lésion : qu'il s'agisse de la formation ou de l'exécution du contrat, le créancier ne peut exiger un enrichissement injuste aux dépens du débiteur :

> « Elle ne nie pas que la lésion ait été voulue, elle refuse d'accepter cette lésion immorale » (*ibid.*, p. 153).

Comme il l'a fait pour la lésion, G. Ripert précise pour « l'imprévision contractuelle » les termes juridiques de la règle morale qu'il vient de mettre en évidence : le juge ne procédera à la révision du contrat primitif qu'aux trois conditions suivantes :

— si les circonstances qui en ont bouleversé l'économie ne pouvaient être prévues au départ ;
— si le débiteur devait en souffrir un préjudice considérable et le créancier en retirer un profit injuste ;
— si le contrat ne comportait pas en son économie même la spéculation sur un aléa.

Que conclure de cette « morale contractuelle » dégagée par notre auteur de sa lecture des évolutions du droit sinon qu'ici encore le droit ne se limite pas aux exigences de la justice commutative, alors même que le contrat en apparaît comme la représentation la plus parfaite, mais qu'il suppose, par delà les formes abstraites de l'égalité des biens conventionnellement échangés, une attention constante à l'inégalité des personnes. Dans ces conditions, la « règle morale » invoquée par exemple dans les figures de la lésion ou de l' « imprévision contractuelle » pour empêcher le créancier d'exploiter son prochain ne se confond-elle pas avec la justice distributive qui impose une répartition des biens conforme à la situation des personnes ?

Si les personnes s'avèrent *in concreto* plus faibles, plus ignorantes ou plus dépendantes que d'autres au moment de la formation du contrat ou si l'exécution de ce contrat traverse des circonstances qui en bouleversent l'économie au (sérieux) détriment d'une des deux parties, fallait-il recourir à la règle morale pour corriger, après coup dirait-on, l'autonomie contractuelle qui d'elle-même aurait exigé envers et contre tout l'exécution de la prestation injustement onéreuse ? On pourra préférer reconnaître d'emblée dans le droit lui-même le rejet de l'injustice ici dénoncée en admettant que le droit, objet de la justice, ne vérifie pas seulement dans les échanges l'égalité qui s'abstrait des personnes mais encore celle qui proportionne la circulation des biens au concret des situations personnelles.

Il en va de même à propos de la troisième figure étudiée, l'abus de droit.

3 / La morale de la limite

La « justice sociale » mise en évidence par F. Ewald considérait l'invention jurisprudentielle de l'abus de droit comme une nouvelle preuve de la mutation opérée par la règle de jugement qui quitte la suffisance libérale des droits subjectifs absolus pour soumettre désormais chaque prétention individuelle à la mesure fluctuante du tout social. Pour sa part, G. Ripert entend, ici encore, rendre compte de l'évolution par un impératif différent : généralisant à l'égard de tout droit subjectif la limite énoncée à propos de l'abus du contrat que manifestaient par exemple la lésion ou l'imprévision contractuelle, ce second auteur rappelle l'injonction proprement morale de ne pas nuire à autrui.

Car on ne peut comprendre la nouvelle figure de l'abus de droit à partir des seules références que donnerait un droit censé régir toutes les obligations sociales, comme si le droit, une fois encore supposé absolu, se limitait lui-même dans l'incompréhensible sanction de son propre abus. Non, il faut d'abord, selon G. Ripert, mettre en jeu la notion de faute pour cerner la notion de droit puis, en ce dernier concept, dépister l'abus proprement dit par l'analyse de l'intention morale.

Premier temps : limiter la prétendue absoluité du droit par recours à la faute :

> « Les droits, en effet, ne doivent pas être considérés comme absolus. Quand on constate qu'il y a abus, c'est que le titulaire est sorti des limites légales fixées pour l'exercice de son droit. La règle légale qui défend à tout homme de causer par sa faute un dommage à autrui constitue une limitation des droits subjectifs. Celui qui commet une faute viole cette règle et, par conséquent, sort de son droit » (G. Ripert, *op. cit.*, p. 162).

Mais comment faire la différence ? Si, en exerçant son droit, un titulaire cause un dommage à autrui, dira-t-on que ce dommage restera impuni car son auteur trouvait dans son titre juridique la légitimation de l'action qu'il a posée ainsi que l'exprime l'adage *neminem laedit qui suo jure utitur*, ou préférera-t-on prétendre que l'obligation de s'abstenir de toute faute limitait d'emblée les prérogatives du titulaire, et, rappelant pour les besoins de la cause le célèbre aphorisme de Planiol, « le droit cesse où l'abus commence », imposer alors au fautif la réparation de son acte commis hors droit ? *Qui aliquem laedit suo jure non utitur...*

Pour G. Ripert, il appartient au législateur et au juge de tracer la frontière de la faute et, partant, du droit :

> « Aux époques où l'action se fait plus forte par suite de la puissance du titulaire du droit, la jurisprudence arrête plus rigoureusement cette activité nocive ; ainsi, par exemple, l'exploitation de grands établissements industriels a amené une jurisprudence très fournie sur la responsabilité du propriétaire exploitant » (G. Ripert, *op. cit.*, p. 163-164).

Mais, ainsi qu'on l'a déjà remarqué dans l'étude du droit de la responsabilité, une telle constatation des avancées de la solidarité faisant pièce aux excès du droit subjectif ne range pas pour autant Ripert dans les protagonistes de la justice sociale qu'Ewald mettra en lumière. Car la faute – entendue au sens large que lui donne le devoir d'assistance (v. *supra*, p. 395) – continue à dominer ce premier temps de l'analyse comme l'indique l'affirmation générale :

> « Abuser du droit, c'est alors en réalité couvrir de l'apparence du droit l'acte qu'on avait le devoir de ne pas accomplir »,

affirmation à laquelle l'auteur ajoute une notable précision :

> « ou tout au moins qu'il n'était possible d'accomplir qu'en indemnisant ceux qui étaient lésés par cet acte » (G. Ripert, *op. cit.*, p. 164).

Qu'elle se laisse déterminer soit *a priori* par la loi ou par le juge comme comportement à ne pas adopter, soit *a posteriori* comme non-réparation du dommage causé par le risque créé, la faute représente ainsi une première limite qui contient, de l'extérieur, le concept de droit subjectif.

Notons de manière incidente que Ripert explique de la même façon la jurisprudence qui sanctionne le trouble excessif de voisinage commis par le propriétaire exerçant son droit en dehors des conditions normales imposées par l'environnement spatiotemporel. Le devoir général de ne pas nuire à autrui permet ici encore au juge de déterminer la faute reconnue non pas *a priori* dans l'exécution de l'acte litigieux – puisque conforme, supposons-le, au droit de propriété – mais après coup dans la volonté de ne pas réparer le dommage :

> « Nous sommes dans des hypothèses où l'action nocive est tolérée et admise à cause de son utilité. Il y a dans ce cas, imposée par la loi ou la jurisprudence, une obligation de réparer le dommage causé. L'auteur du dommage qui n'offre pas spontanément la réparation viole donc l'obligation légale qui lui incombe » (G. Ripert, *op. cit.*, p. 220).

La responsabilité pour faute s'appuie, ici plus que jamais, sur l'obligation morale, afin de contenir les excès qu'un titulaire de droit subjectif aurait crus justifiés par la détention de son titre. Mais cette mise au point ne constitue encore que le premier temps de l'analyse où l'on tient que la faute ne permet pas de parler de droit.

Deuxième temps : l'autre limite – l'intention de nuire – se manifeste à l'intérieur même du droit ; là seulement se vérifie la justesse de l'expression paradoxale « abus de droit ». Il s'agit des hypothèses

> « où le titulaire du droit sachant exactement ce qu'il lui est permis de faire sans sortir de son droit voile de l'application correcte de la règle juridique la violation du devoir moral. Irréprochable en apparence, son acte est inspiré uniquement par la pensée de nuire à autrui. Voilà l'acte qu'il faut prévenir ou réprimer » (G. Ripert, *op. cit.*, p. 178).

L'auteur insiste sur la dimension morale du devoir ainsi sanctionné, car elle seule, dirait-on, permet de corriger le caractère antisocial de l'acte nuisible sans écraser du même coup le droit subjectif sous les contraintes sociales de l'étatisme ou du communisme.

> « On dit que cet acte est antisocial et je n'en disconviens pas ; mais il n'est antisocial que dans une société dominée par une morale où le devoir de ne pas nuire volontairement au prochain est inscrit dans le décalogue » (*ibid.*, p. 179).

Ainsi, loin de manifester un quelconque abandon des références principielles du droit au profit d'une norme peu ou prou sociologique, la nouvelle figure de l'abus de droit fait passer au contraire dans le droit trop étroitement conçu une exigence morale plus haute.

En son analyse de l'abus de droit, G. Ripert recourt doublement à la règle morale, nous l'avons vu, pour limiter la conception absolutiste du droit subjectif, d'abord de l'extérieur par la faute qui parfois ne sanctionne qu'*a posteriori* le devoir moral de ne pas nuire à autrui, ensuite de l'intérieur par la répression de l'intention proprement nocive couverte par l'exercice apparemment régulier du droit. Dans un cas comme dans l'autre, notre auteur oblige le titulaire à considérer sans cesse les relations dans lesquelles, en sa liberté informée par la loi morale, il exerce ses droits.

Peut-on, ici encore, reconnaître en cet effort consenti par G. Ripert la volonté de compléter les présupposés libéraux de la justice commutative par ceux de la justice distributive, présupposés plus fondamentaux que, par crainte peut-être de les appeler sociaux, notre auteur appelle moraux ? On retiendra en tout cas que le droit (objectif) n'épuise pas sa tâche à créer des droits (subjectifs) entre lesquels il suffirait de laisser circuler les échanges pour obtenir la justice. Car la vigilance du juge qui sanctionne tant la faute que l'intention de nuire traverse l'exercice de tels droits pour y rappeler une exigence proprement morale de justice. Que signifie en effet juridiquement l'obligation de ne pas nuire à autrui ? Peut-être ceci : qu'entre autrui et son bien doit s'établir une relation aussi égale (en proportion) qu'entre chaque sujet et son propre bien au sein de la même société, c'est-à-dire la relation égale que veut la justice distributive.

En d'autres termes, lorsque les sanctions de la faute puis de l'abus viennent limiter la conception omnipotente du droit subjectif, elles ouvrent la voie à une conception moins formelle de la justice : au lieu de s'arrêter aux formes abstraites qui règlent l'exercice des droits conçus comme autant de monades régies par les sujets, elles obligent chacun de ces sujets à tenir compte aussi, en cet exercice même, du rapport qu'autrui entretient avec ses propres biens.

4 / Le naturel en droit des obligations

Pour clore la présentation de *La règle morale dans les obligations civiles*, on confronte le propos général de l'auteur avec la référence que fait la tradition au droit naturel, mais en commençant par l'étude de deux points particuliers, l'enrichissement sans cause et les obligations naturelles, parce que G. Ripert y laisse percevoir ses objections à une telle référence. Par là se confirmera le choix posé par l'auteur dans ses analyses précédentes : le droit des obligations (responsabilité, contrat, exercice des droits) trouve sa limite non dans son ordre – proprement juridique – mais dans la transcendance d'une référence morale précise.

Nul ne s'étonnera de la position prise par G. Ripert pour rendre compte de la délicate figure de l'enrichissement sans cause. Tenté, dans un premier moment, d'établir un parallèle entre la réparation du risque créé comme base du nouveau droit de la responsabilité d'une part (v. *supra*, p. 395), la restitution du profit procuré comme principe de la nouvelle institution du droit des obligations d'autre part (v. G. Ripert et M. Teisseire, Essai d'une théorie de l'enrichissement sans cause de droit civil français, *Rev. trim. dr. civ.*, 1904, p. 727), G. Ripert abandonne cette double thèse trop liée, d'après lui, à la loi physique de causalité selon laquelle, en notre espèce, l'enrichissement reviendrait purement et simplement au sujet qui l'a créé. Ramené à son intuition centrale, l'auteur invoque une fois encore l'obligation morale, ici celle de ne pas s'enrichir injustement aux dépens d'autrui :

> « De même qu'en ce qui touche la responsabilité civile, la jurisprudence est restée fidèle à l'idée de faute parce que la faute marque la violation du devoir de ne pas nuire à autrui, de même dans l'enrichissement sans cause il faut rechercher dans quels cas il y a violation du devoir de ne pas s'enrichir aux dépens d'autrui, afin de savoir quand l'enrichissement peut être dit sans cause » (G. Ripert, *op. cit.*, p. 260).

Sans cet appel au caractère moral de la règle, les constructions juridiques expliquent vainement l'action *de in rem verso* :

> « Ce n'est pas en effet la possession obtenue à la suite d'une transmission de valeur qui peut à elle seule fonder l'action en restitution. Le possédant peut avoir autant de droit que le réclamant. La possession a pu être acquise par le seul fait du hasard et il n'est pas défendu de profiter d'un hasard heureux. L'obligation de restituer ne commence que quand il y a faute à conserver » (*ibid.*, p. 260).

Or, dans la recherche du fondement de l'action, l'invocation du droit naturel ne paraît pas davantage utile. Car dans le débat qu'il mène avec A. Rouast sur ce sujet (A. Rouast, L'enrichissement sans cause et la jurisprudence civile, *Rev. tr. dr. civ.*, 1922, p. 35-109), G. Ripert s'en prend à « un prétendu principe de droit naturel sur l'équilibre des prestations », mais principe entendu, notons-le, de façon très matérielle :

> « Qu'est ce prétendu principe de l'équilibre des prestations que la nature imposerait comme je ne sais quelle loi physique sur les vases communicants ? Si les prestations fournies étaient mathématiquement égales, leur échange n'offrirait aucun intérêt » (G. Ripert, *op. cit.*, p. 268).

Se croyant, par cette invocation de l'évident intérêt qui conduit nécessairement chacune des parties à donner subjectivement la préférence à l'objet du cocontractant plutôt qu'au sien propre, dispensé d'une réflexion plus fondamentale sur l'équilibre objectif de telles prestations, notre auteur conclut :

> « Ce qui est défendu par la morale, ce n'est pas de s'enrichir aux dépens d'autrui, c'est de s'enrichir *injustement* » (G. Ripert, *ibid.*, p. 268).

Soucieux de marquer l'engagement moral des libertés dans les relations juridiques contre toutes les tendances techniques qui limiteraient le droit des obligations à de purs rapports de patrimoines, G. Ripert n'a-t-il cependant pas voulu trop prouver ici en ramenant les exigences du droit naturel du côté de la nature statique des choses alors que la tradition les place plutôt dans le dynamisme moral de l'homme ? N'est-ce pas cette nature morale-là qui exige la justice réclamée par G. Ripert lui-même ? Réciproquement, comment notre auteur cernera-t-il l'injustice qu'il stigmatise dans l'enrichissement sinon, de près ou de loin, par l'appel à un équilibre qui irait de soi ?

L'étude de l'obligation naturelle confirme sans doute G. Ripert dans la nécessité de souligner, comme il l'a fait jusqu'ici, la source morale des obligations juridiques, mais aussi, pensons-nous, dans son malentendu à l'égard de la place du naturel dans le champ juridique.

Qu'est, pour lui, l'obligation naturelle ? Non pas l'obligation civile dégénérée dont parle la doctrine, comme si la sanction juridique admettait une telle demi-existence, mais une obligation proprement morale, par exemple de ne pas nuire à autrui, ou de ne pas s'enrichir à ses dépens, obligation dont la reconnaissance par son destinataire lui-même fut telle, au moyen de l'aveu ou du commencement d'exécution, que le droit accepte de donner la sanction civile de la non-répétition (art. 1235, al. 2 C. civ.) à ce devoir de conscience volontairement reconnu. Par là, l'obligation naturelle exprime d'une certaine manière le cœur de l'obligation juridique puisque celle-ci consiste, en fin de compte, dans la formalisation d'un certain nombre de devoirs moraux. Montant de l'obligation de conscience à l'obligation juridique (et non l'inverse), l'obligation naturelle s'est seulement arrêtée en chemin.

Or à la fin de son exposé théorique sur le sujet, se demandant si l'expression d'obligation naturelle mérite qu'on la conserve « pour désigner le devoir de conscience pris en considération par le juge en vue de ses effets civils », notre auteur n'y voit aucun inconvénient, mais il ajoute :

> « Il faut simplement se garder de croire au caractère naturel de cette obligation beaucoup moins imposée par la nature des choses que l'obligation civile » (G. Ripert, *op. cit.*, p. 378).

Une telle mise en garde exprime ici encore la difficulté que rencontre G. Ripert à faire coïncider la référence à la nature d'une part, l'exigence proprement morale d'autre part. Alors même que tout son effort vise à souligner le caractère moral de l'obligation naturelle cheminant vers sa formalisation juridique, voici la nature curieusement placée du côté de l'obligation civile « imposée par la nature des choses » alors qu'on s'attendrait précisément à la considérer comme le siège (moral) de cette obligation de conscience. La thèse générale que tient notre auteur sur le droit naturel confirme le malentendu.

G. Ripert montre certes l'appui décisif que donne la loi morale à la détermination et à la sanction des obligations civiles : cette loi, solide comme le mât d'un vaisseau, retient le juriste de suivre vers les récifs du collectivisme les sirènes techniciennes qui chantent l'interdépendance humaine ou l'équilibre social. Ce faisant, l'auteur perçoit le risque qu'il court de recevoir l'étiquette jusnaturaliste :

> « Des propositions contenues dans ce livre pourront être relevées comme des affirmations à l'existence d'un droit naturel. Je dis, en effet, que l'obligation civile ne peut être pleinement comprise et techniquement construite qu'en ayant constamment présente à l'esprit l'idée qu'elle traduit juridiquement les rapports que la morale établit entre les hommes. Ne dira-t-on pas que c'est faire reposer le droit des obligations sur l'idéal moral de justice, c'est-à-dire au fond sur la vieille idée du droit naturel ? » (G. Ripert, *op. cit.*, p. 405).

Mais – à l'instar de F. Ewald et dans un tout autre contexte que lui – l'auteur se défend vivement d'une telle lecture de son ouvrage :

> « Rien n'est plus éloigné de ma pensée. Je ne connais pas de recherche plus stérile que celle du contenu du droit naturel » (*ibid.*, p. 407).

Pourquoi ? Parce que, à elle seule, l'idée de justice, tirée à soi par chaque partisan de telle ou telle thèse, ne suffit pas à trancher les questions essentielles du droit des obligations :

> « Le droit naturel nous dira-t-il si le contrat a toute puissance ou si le juge a le pouvoir de le réviser, si l'injustice usuraire est une cause de nullité de la convention, si c'est la faute qui oblige à réparation ou le risque créé, si on a le droit de répéter l'enrichissement procuré à autrui, si la forme technique régulière l'emporte sur l'intention ou si la mauvaise foi détruit la régularité de l'acte, si le droit acquis confère l'impunité ou si l'abus du droit doit être réprimé ? Voilà des problèmes fondamentaux. Sur certains de ces problèmes la dispute dure depuis des siècles ; sur d'autres elle naît d'hier. Ceux qui défendent le droit existant ou réclament le droit de demain font pareillement entendre que leurs désirs sont dictés par la justice » (G. Ripert, *op. cit.*, p. 406).

Devant une telle incertitude quant aux réquisits concrets de cette vertu, G. Ripert préfère réserver le terme de *droit* aux seules règles positives alors même qu'il avoue :

> « Chacun de nous, en défendant par ses écrits et par ses actes une certaine conception morale du monde, lutte pour le droit » (*ibid.*, p. 407).

D'où ces accents positivistes, quelque peu paradoxaux dans un ouvrage consacré à *La règle morale dans les obligations civiles* :

> « Tant que le législateur ou le juge n'annulent pas un contrat pour lésion, on a *le droit* de s'enrichir par le contrat ; tant qu'ils ne retiennent pas la responsabilité, on a *le droit* de nuire à autrui ; tant qu'ils ne vous demandent pas compte de l'intention, on a *le droit* d'agir de mauvaise foi. Et ce droit ce n'est pas un droit positif auquel on

pourrait opposer je ne sais quel autre droit baptisé, pour le distinguer du premier, droit naturel ou droit idéal. En refusant le recours de la justice à celui qui réclame son appui, l'autorité publique démontre que pour elle le droit réclamé n'existe pas » (*ibid.*, p. 407-408).

Pour l'auteur, rien ne sert de comparer un droit jugé idéal à celui que l'autorité publique entend imposer comme droit positif puisque celui-ci tient sur celui-là l'avantage de la force. Une seule issue se présente pour sauver la supériorité du droit idéal : reconnaître à un tel droit une origine transcendante tout comme lui, G. Ripert, la reconnaît à la morale révélée qu'il voit à l'œuvre et qu'il cherche à mettre davantage en relief en notre droit des obligations. Mais la sécularisation opérée par les jusnaturalistes modernes a bouché cet accès qui aurait sauvé le droit naturel de sa faiblesse congénitale devant la force du droit positif.

> « Pour que le droit idéal, malgré cette infériorité, puisse se prétendre supérieur au droit positif, il faudrait qu'il n'eût pas la même origine. Mais comme on l'a fait sortir de la raison humaine, il porte avec lui la tare de son humanité et je ne vois pas ce qui peut le différencier de cette raison humaine qui légifère ou qui juge » (*ibid.*, p. 410).

Or au texte qui contient cette dernière affirmation d'ignorance, l'auteur ajoute une note infrapaginale qui indique un moyen terme probable entre l'impossible droit idéal, trop humain pour se départir de la judicature habituelle du législateur ou du juge, et l'inaccessible norme divine, trop haute pour régir des populations aux croyances si diverses. La note renvoie à l'étude critique de A. Piot (*Droit naturel et réalisme*, Paris, 1930) qui, se situant dans l'héritage thomiste du bien commun, appuie la recherche du droit idéal sur la raison spéculative de l'homme alors que la technique législative relève de sa raison pratique, « et la première juge la seconde comme le savant juge d'après les principes de la mécanique la machine des praticiens ». G. Ripert cependant conclut cette référence par une nouvelle interrogation : « Mais cela ne me dit pas où cette raison spéculative peut trouver les principes de la science juridique » (G. Ripert, *ibid.*, p. 408, n. 2).

Est-il interdit de penser que la raison humaine trouve de tels principes dans la nature même de l'homme ? De la sorte, au lieu que la règle morale transcende le droit positif des obligations pour contredire *a posteriori* ou de l'extérieur la logique que ce droit déploie de lui-même dans la matière des réparations, des contrats ou des droits subjectifs, on verrait les principes de cette règle morale participer à la formation du droit lui-même, droit naturel qui jugerait – cette fois de l'intérieur – par exemple sous les espèces de la justice distributive l'ensemble des dispositions positives du droit des obligations.

III. – La recherche du droit naturel des obligations

Avant F. Ewald mais après G. Ripert, Léon Husson a engagé une réflexion philosophique d'ensemble sur le droit des obligations dans son *Étude sur la pensée juridique* intitulée *Les transformations de la responsabilité* (Paris, PUF, 1947). Alors que le premier auteur rend compte des évolutions contemporaines du droit des obligations par la mutation de la règle de jugement qui trouve aujourd'hui dans la fluidité des rapports sociaux la norme qu'elle attendait autrefois de la nature, et que le deuxième s'applique à la même tâche en invoquant au contraire les prescriptions d'une morale transcendante qu'il s'agit de faire advenir sans cesse dans la positivité du droit, le troisième découvre dans le fonctionnement même des institutions du droit de la responsabilité l'émergence d'un principe caché qui se précise au fil de l'histoire : piste qui s'avérerait enfin féconde pour fournir une représentation adéquate du droit naturel ?

La démarche en tout cas mérite un examen attentif. Après avoir vu les manières dont L. Husson rend compte des transformations contemporaines de la responsabilité, on expose, pour expliquer celles-ci, la hiérarchie que cet auteur reconnaît entre les sources du droit des obligations puis la façon dont il envisage la justice. On termine par la contribution ici apportée à la théorie du droit naturel.

1 / Les forces élargissantes de la responsabilité

Pour expliquer l'élargissement contemporain de la responsabilité dans les figures déjà mentionnées (cf. *supra*, F. Ewald, G. Ripert), L. Husson laisse descendre sa réflexion philosophique sur la triple pente que lui indique le droit : du prolongement de la faute d'abord, de l'assistance aux plus faibles ensuite, de l'extension du moi enfin.

En étudiant l'évolution historique de la réparation du dommage, L. Husson découvre dans la notion de faute un premier fil intéressant pour rendre compte du dessin actuel de la responsabilité, car un double mouvement se montre en cette évolution : le premier part de l'émotion immédiate qui pousse la victime à se précipiter sur la causalité matérielle du dommage, lui imputant la souffrance qu'il en ressent (un peu à la manière de l'enfant qui frappe le meuble contre lequel il s'est heurté le genou) pour aboutir, par affinement intellectuel, à la recherche d'une causalité interne plus subtile sous-jacente au déroulement matériel des faits dommageables ; le second épure de son côté la révolte instinctive contre la malignité qui, vue comme telle par la victime, appelle nécessairement la punition du coupable, pour amener la conscience juridique à discerner à côté de l'injustice subjective – où l'auteur du dommage accepte volontairement la lésion par imprévision ou négligence – une injustice objective qui, commise sans intention, appelle seulement une compensation.

Ainsi s'esquissent, conclut L. Husson,

> « les grandes lignes de la théorie classique, qui lie la responsabilité à la faute et non au simple fait, tout en distinguant la réparation de la peine » (L. Husson, *op. cit.*, p. 334).

Que devient, dans cette évolution, la responsabilité pour risque ? Simple retour à l'animisme primitif qui incrimine la causalité matérielle du dommage au lieu de rechercher la faille du rapport intersubjectif ? L'auteur ne croit pas à une telle régression ; il découvre plutôt un progrès dans la théorie nouvelle descendue dans le droit par une sorte – notons le terme – de « pente naturelle ».

« Car on peut se demander si la distinction de l'injustice objective et de l'injustice subjective impliquée par la séparation de la réparation et de la peine ne conduirait pas par une pente naturelle à la reconnaissance d'une responsabilité sans faute, et si la théorie classique, en subordonnant la responsabilité civile à un acte répréhensible (au moins du point de vue de la régularité sociale) de la volonté humaine, tout en la rendant indépendante de la culpabilité (au sens moral et pénal de ce mot), ne se placerait pas dans une position instable et transitoire » (L. Husson, *op. cit.*, p. 334).

En suivant le double mouvement esquissé par la recherche de la causalité interne sous l'évidence de la causalité externe, et de l'injustice objective à côté de l'injustice subjective, n'aboutit-on pas en effet à mettre en évidence des relations qui, plus subtiles encore, permettent pourtant de déterminer une imputation que la théorie classique de la faute, même élargie en notion abstraite et générale, ne parvenait plus à opérer ?

L'évolution ici retracée part, on le voit, d'une origine très frustre (l'objet matériel du côté de la cause, la méchanceté intentionnelle dans le chef de l'auteur) pour aboutir, via le premier équilibre « transitoire » du Code Napoléon (la faute exigeant réparation), à la délicatesse d'une théorie qui ne cherche plus à frapper des personnes mais à rétablir l'équilibre des patrimoines en obligeant le créateur du risque à réparer le dommage causé par son initiative. L. Husson souscrit-il par là à l'abandon de la faute ? Non, à son affinement plutôt :

« Pour qui va au fond des choses, les promoteurs de la théorie du risque n'introduisaient dans notre Droit aucun principe nouveau » (L. Husson, *op. cit.*, p. 356).

L'auteur ramène en effet la réparation du risque sous les exigences classiques de la justice qu'il appelle commutative :

« Chacun doit supporter le poids des risques qu'il a créés, qu'est-ce là sinon le principe générateur de la théorie de la faute, qui se ramène lui-même à la notion de la justice commutative : A chacun les conséquences de ses actes ? »

Et d'ajouter pour tenter de vaincre le scepticisme :

« Comment se refuser à appliquer ce principe, parce que le risque est retombé sur autrui, sans rejeter la notion même de la responsabilité, qui a justement pour office de rectifier la répartition brutale des dommages ? » (L. Husson, *op. cit.*, p. 356).

La réduction du risque aux théories classiques, habilement présentée sans doute comme une évolution nécessaire – une « pente naturelle » – de la doctrine de la faute, introduit tout de même en cette notion de faute une rupture considérable. Objectera-t-on dès lors qu'une telle assimilation du risque et de la faute ne parvient plus à distinguer l'initiative fautive, seule source de responsabilité au sens rigoureux du terme, de l'initiative légitime dont la sanction aboutit à la condamnation d'un innocent ? L'auteur répond :

« Il s'agit de savoir s'il existe entre elles une ligne de démarcation, et en ce cas où elle se trouve » (L. Husson, *op. cit.*, p. 357).

Pour répondre à sa propre question, L. Husson souligne le caractère très approximatif de toute sanction sociale au regard des destinées humaines singulières qui ne dépendent pas seulement des mérites et des vertus mais qui comptent aussi leur part de risques. Donc la justice commutative « à qui il incombe de préserver la personne de chacun et de maintenir l'équilibre entre tous » intervient ici encore, selon notre auteur, en plus de la sanction de la faute proprement dite car elle « ne peut remplir son office sans avoir égard à la répartition des risques » (L. Husson, *op. cit.*, p. 358). D'où la conclusion :

> « Ainsi la théorie du risque n'est, à y bien regarder, qu'une extension de la théorie de la faute, ou, pour mieux dire, qu'un effort pour tirer des principes de la théorie de la faute une solution plus rigoureuse des problèmes dont elle ne donnait qu'une solution approchée » (L. Husson, *op. cit.*, p. 358).

En réalité, la perception qu'a cet auteur de la réparation du risque comme affinement historique de la doctrine de la faute ne construit-elle pas trop vite, sous le signe de la même justice commutative, la continuité entre le volontaire inhérent à la faute et l'involontaire caractéristique du risque ? Peut-être fallait-il plutôt souligner davantage le rôle que joue ici la justice distributive. C'est en tout cas le deuxième fil que suit L. Husson lui-même pour rendre compte de l'élargissement des responsabilités.

La perspective ici adoptée par l'auteur ne porte plus sur une évolution historique, mais sur un équilibre présent dont on se demande si, précisément, il ne commandait pas déjà la lecture adoptée dans le parcours du premier fil. Car l'absorption de la théorie du risque, favorable aux personnes qui pâtissent le dommage, dans la théorie de la faute, protégeant jusqu'ici les intérêts de celles qui agissent, répond à un besoin fondamental d'équilibre :

> « Créer le risque, utiliser la chose à son profit, assumer l'autorité, le contrôle ou la direction, ce sont toujours des manifestations d'activité, des œuvres, par lesquelles une personne humaine engage son existence ; et si cette personne prétend se désintéresser des conséquences de ses actes qui ont nui à autrui en alléguant que ces conséquences ont dépassé les limites de sa volonté, de son pouvoir ou de sa vigilance, la réponse naturelle sera dans tous les cas qu'il y a plus de raisons pour les lui imputer que pour en laisser la charge sur autrui, et donc de faire intervenir la notion de l'équilibre (...) » (L. Husson, *op. cit.*, p. 152).

Certes, le droit existant favorisait-il les forts

> « parce que les forts sont toujours mieux placés pour faire prévaloir leurs droits, et parce qu'ils avaient pour eux l'individualisme libéral qui avait présidé à la rédaction de notre code en même temps qu'au développement de l'économie moderne » (L. Husson, *op. cit.*, p. 361),

mais il fallait corriger ce déséquilibre en invoquant cette autre sorte de justice que L. Husson appelle « sociale » et qui impose, précisément, l'équilibre recherché en des hypothèses aussi diverses que les conflits de voisinage, les charges excessives imposées par la puissance publique, ou les accidents de travail.

En cette dernière espèce – en laquelle F. Ewald reconnaissait, nous l'avons vu, la mutation de la règle de jugement caractéristique du nouveau droit – L. Husson perçoit l'action de la justice sociale sur un double plan, d'abord de façon très générale :

« dans une organisation sociale qui crée des inégalités considérables, le sens de l'équité veut que l'on traite beaucoup plus sévèrement ceux qui jouissent de la sécurité matérielle, en sorte qu'il est naturel de faire retomber sur eux la charge des cas douteux » (L. Husson, *op. cit.*, p. 364),

ensuite de façon plus précise :

« L'industrie mécanisée, imprimant à la production un caractère collectif, fait passer les rapports entre ceux qui participent à une même entreprise du plan des simples *échanges* de services sur le plan de l'association, où doit s'établir une répartition proportionnelle des charges et des avantages » (*ibid.*, p. 365).

La justice commutative qui arrête l'exigence proprement juridique à l'équilibre – voulu dans le contrat, restauré dans la responsabilité – à maintenir entre deux personnes abstraitement considérées se trouve ici précédée par cet autre type de justice – dite sociale – qui, s'appuyant sur le fait que plusieurs personnes forment une association, s'emploie à rééquilibrer l'inégalité concrète de leurs conditions respectives.

Ainsi, l'entraide et l'assistance entrent-elles, au moins par une part d'elles-mêmes, dans le champ de la justice :

« pour autant qu'elles viennent s'incorporer à la justice sociale et que celle-ci pénètre la justice commutative, (elles) pourront venir colorer le droit privé d'obligations annexes, qui se traduisent, à l'occasion, par le versement d'une indemnité (...). C'est ce qui s'est produit notamment, à la fin du siècle dernier, en matière d'accidents du travail » (L. Husson, *op. cit.*, p. 345).

On voit mieux dès lors comment se nouent les deux fils suivis jusqu'ici : si la théorie du risque se présente dans l'histoire comme un affinement de la notion de faute, il convient toutefois de préciser que la faute en question contrevient moins, ici, à la justice commutative sur laquelle veillait scrupuleusement le Code Napoléon qu'à la justice sociale aujourd'hui mieux mise en évidence. Cette justice opère au sein d'un groupe considéré – l'entreprise par exemple – la distribution des charges qu'impose l'équilibre recherché : l'accident sera réparé, la charge sera allégée, le trouble sera indemnisé non parce que le débiteur de réparation aurait, dans la relation strictement interpersonnelle nouée avec le débiteur de réparation, porté atteinte à la justice commutative qui préside à leur échange, mais parce que la justice poursuivie par l'association ici considérée commande cette répartition équitable des charges, équitable c'est-à-dire proportionnée à la situation concrète de chacun de ses membres.

Pour mieux percevoir le nouveau dessin de la responsabilité formé par le croisement des deux premiers fils, il reste à y ajouter le troisième, l'élargissement du moi.

Alors que le droit classique limite l'obligation de réparer à la faute qui exprime une défaillance de la volonté dans le chef de l'auteur du dommage, L. Husson expose les deux manières dont le nouveau droit de la responsabilité oblige le moi à se percevoir engagé plus largement que par sa seule volonté, du côté de la constitution du patrimoine d'une part, de la propriété de l'autre.

Les patrimoines, en effet, ne se constituent pas seulement à coups de volonté :

> « leur richesse dépend des aptitudes de chacun et des circonstances, favorables ou défavorables, au milieu desquelles il se trouve placé, tout autant que de sa conduite ; ou, pour mieux dire, elle dépend du parti que chacun tire, à la faveur de ses aptitudes, des circonstances » (L. Husson, *op. cit.*, p. 370).

Dans ces conditions, on comprend mieux comment la « justice objective » impose une obligation de réparation à l'auteur même non fautif d'un déséquilibre social : la soustraction de valeur que représente la charge du risque subi par autrui entre en effet dans la somme des aléas que supporte nécessairement tout patrimoine puisque son évolution n'obéit pas aux seules injonctions de volonté de son titulaire. En d'autres termes, puisque, d'une manière tout à fait générale, les variations du patrimoine dépendent aussi du sort, il n'apparaît pas inconvenant qu'un patrimoine déterminé assume la charge d'un dommage que le sort a fait subir à un autre sujet que son titulaire, pourvu qu'une bonne raison – de justice distributive par exemple – exige, même en dehors du registre de la volonté, en l'occurrence de la faute, une telle imputation.

L'autre façon d'amener la volonté à se reconnaître engagée en quelque sorte au-delà d'elle-même touche l'essence de la propriété : un sujet ne se réduit pas au pur mouvement de sa décision volontaire puisqu'il est corporel et, par là, appropriateur de biens :

> « (les patrimoines) prolongent (la personne) non seulement dans notre corps, mais encore dans des biens matériels et dans des biens sociaux, dont certains nous sont indispensables, que nous annexons, et auxquels nous allons même parfois jusqu'à nous identifier » (L. Husson, *op. cit.*, p. 370).

Or si le moi ainsi constitué réclame au droit la protection de l'ensemble qu'il appelle sien contre les atteintes d'autrui, ne convient-il pas d'équilibrer ce crédit par un débit équivalent ?

> « Il faudra donc nous considérer comme engagés non seulement par notre volonté, mais par tout ce que nous déclarons nôtre ou qui nous est reconnu tel, dans la mesure où la critique rationnelle justifiera cette attribution : si nous en réclamons la possession, nous devons aussi en assumer la maîtrise, si nous en revendiquons les avantages, nous devons aussi en supporter les inconvénients » (L. Husson, *op. cit.*, p. 370).

Ce troisième fil – double – s'harmonise, on le voit, avec les deux précédents : affiner la notion de faute jusqu'à y englober la création du risque, insister sur la solidarité nécessaire à toute association qui regroupe des forts et des faibles, c'était déjà ouvrir la volonté à toute la part d'involontaire qu'elle n'a peut-être pas choisie en rigueur de termes mais dont une justice plus concrète l'invite à assumer tout de même la responsabilité. Car si la fortune d'un sujet – l'étymologie le dit assez – ne dépend pas de son seul vouloir, voici la voie ouverte à la recherche d'un équilibre qui ne dépendrait plus seulement des volontés humaines abstraites de leur corps, mais de l'objectivité même des situations concrètes.

2 / La source et l'occasion

En dessinant par les trois fils – de l'affinement de la faute, de la solidarité dans l'association et de l'extension du moi – le nouveau droit de la responsabilité, L. Husson n'obtient encore qu'un résultat partiel, insatisfaisant aux yeux du philosophe. L'auteur souhaite en effet saisir, en deçà de la figure ainsi dessinée, les énergies qui ont mis en branle les mouvements étudiés, saisir, en d'autres termes, les sources du droit mis en place de cette manière.

Pour ce faire, L. Husson rapporte la responsabilité qu'il analyse aux autres sortes d'obligations afin de découvrir en celles-ci comme en celle-là la source commune qui les expliquerait toutes. Mais comment s'ordonnent ces cinq sortes d'engagements que connaît le Code civil à savoir la convention (art. 1101), l'engagement qui naît de l'autorité seule de la loi (art. 1370, al. 3), et l'engagement qui naît d'un fait personnel soit par quasi-contrat, soit par délit, soit encore par quasi-délit (art. 1370, al. 4) ? En cherchant à structurer logiquement ces différents types d'engagement, l'auteur ne poursuit pas un but gratuit de combinatoire juridique, il veut au contraire éclairer « les transformations de la responsabilité » en mettant en évidence dans l'ensemble du droit des obligations « le processus par lequel les exigences qui sont à la base du Droit s'incarnent progressivement en règles positives » (L. Husson, *op. cit.*, p. 290). D'où l'utilité d'un découpage qui, plaçant les sources sur des plans différents, montre à la fois la profondeur de leur champ et, ainsi qu'on va le voir, la mobilité de leur hiérarchie.

Première distinction à retenir parmi les sources traditionnelles : « La puissance qui pose la règle et l'occasion qui met cette règle en jeu » (L. Husson, *op. cit.*, p. 291).

La puissance, pour L. Husson, désigne au départ, mais au départ seulement, la loi. Loi « qui n'impose pas par elle-même d'obligation à une personne *déterminée* » car elle ne crée « qu'une obligation *virtuelle*, dont le sujet comme le contenu *concrets* restent indéterminés » (*ibid.*, p. 291). Prolongeant la pensée de notre auteur, on dira que la loi exprime la puissance au double sens du terme : pouvoir d'obliger, certes, mais aussi potentialité aristotélicienne qui attend son actuation. Pour que l'obligation s'impose en acte, il faut, en effet, qu'une occasion déclenche la puissance contenue dans la loi. Une telle occasion recouvre soit un événement qui engage d'une façon ou d'une autre la volonté des intéressés, tel le délit ou le quasi-délit, dans ce cas, l'intervention du législateur dont la « puissance » donne force à l'obligation de réparer n'apparaît guère, dissimulée qu'elle est sous l'occasion invoquée, soit un événement ou une institution qui, ne dépendant pas de la volonté des intéressés – par exemple l'attribution de la tutelle des mineurs ou le voisinage des propriétés —, laisse apparaître davantage la puissance de la loi à la source des obligations appelées pour lors « légales ».

Mais si cette première distinction de la source et de l'occasion permet de comprendre l'articulation de l'obligation (quasi) *délictuelle* et de l'obligation *légale*, comment y rangera-t-on l'obligation *contractuelle* ? Notre auteur refuse de trancher puisqu'il considère le contrat à la fois comme puissance et comme occasion ; cette coïncidence lui permettra d'ailleurs de transposer à un niveau plus fondamental, comme nous allons le voir, la première distinction qu'il vient de tenir.

Le contrat entre assurément dans la catégorie de puissance d'obligation puisque le droit classique reconnaît l'autonomie de la volonté, c'est-à-dire – littéralement – la capacité de ladite volonté à se donner sa norme. D'où le jeu de miroir que la philosophie libérale du droit reconnaît entre la loi et le contrat : si le contrat fait la loi des parties, la loi elle-même provient du contrat social.

Par rapport à cette autonomie principielle cependant, le contrat joue aussi, comme événement concrètement singulier, le rôle d'occasion, ou encore de « fait générateur » de l'obligation :

> « Un acte de vente, de location ou de louage de services ne se borne pas à fixer la façon dont les contractants équilibreront leurs prestations et les conditions dans lesquelles ils s'en acquitteront ; il crée la situation qui rend nécessaire l'établissement d'une règle et qui en déclenche l'application » (L. Husson, *op. cit.*, p. 293).

Pour l'auteur, ces deux aspects du contrat restent distincts : tandis que la « puissance » réglementaire apparaît davantage dans les traités internationaux, les conventions collectives de travail et toutes les situations si particulières où les partenaires créent le droit par leur accord, la subordination du contrat à la loi en tant qu'occasion d'actualisation de la puissance légale se manifeste en d'autres conventions parmi lesquelles – exemple extrême – le mariage, dont les obligations personnelles ne relèvent nullement de la volonté des partenaires. Or cette reprise de la distinction classique des « actes-règles » et des « actes-conditions » sous les dénominations de la puissance réglementaire et de l'occasion génératrice conduit L. Husson à un remarquable enrichissement de la première distinction opérée.

En bref : si la convention se présente à la fois comme *source* d'obligation – puisqu'il arrive que des sujets, placés dans des situations nouvelles, inventent le droit par leur accord – et comme *application* de formes déjà prévues par la loi qui encadre de plus en plus, on le sait, les conventions des particuliers, ne convient-il pas de reporter sur l'instance considérée jusqu'ici comme l'autre source d'obligation la dualité conceptuelle discernée dans le contrat ? En d'autres termes, la *loi* elle-même, reconnue au départ comme indéniable *puissance* réglementaire, ne se laisserait-elle pas aussi percevoir comme *occasion* génératrice de l'obligation ?

Si c'était le cas, la distinction posée entre la puissance et l'occasion déterminerait alors une sorte de hiérarchie mobile où par exemple le (quasi-)délit ne serait qu'occasion par rapport à la puissance de la loi mais où, sur un autre plan, la loi elle-même deviendrait à son tour occasion d'une puissance plus fondamentale. Rien n'empêche d'ailleurs une telle transposition puisque, on vient de le voir, la même figure contractuelle relève tantôt de la source tantôt du fait générateur de l'obligation. Rien ne l'empêche sauf l'*a priori* philosophique du juriste qui tiendrait la loi en vigueur dans la société comme l'hypothèse au-delà de laquelle sa discipline lui interdirait de remonter à peine de mettre en péril la sécurité juridique.

Devant l'objection, L. Husson met les choses au point :

> « Si la sécurité de l'ordre juridique requiert que l'interprète prenne la loi comme une autorité qui s'impose à sa volonté, cette loi peut être considérée elle-même comme une œuvre de volonté » (L. Husson, *op. cit.*, p. 302).

Or l'analyse philosophique décèle au sein de cette volonté législatrice la présence d'exigences fondamentales dont le tyran lui-même reconnaît l'existence puisqu'il prétend – hommage de vice à la vertu – que ses lois expriment la justice. D'où la conviction de l'auteur :

> « Il faut donc finalement chercher la source des obligations juridiques dans des exigences qui s'imposent aux consciences humaines, dont la réflexion seule parvient à prendre une connaissance claire et d'ailleurs rectifiée au fur et à mesure de son propre développement, mais qui gouvernaient déjà antérieurement à elle et continuent parfois à gouverner malgré elle, nos façons de penser, de sentir et d'agir » (L. Husson, *op. cit.*, p. 304).

Certes, dans la rédaction de la loi positive, le législateur déploie-t-il une intense activité volontaire pour choisir sans cesse les moyens les plus adaptés à la fin, mais la fin elle-même consiste en des exigences qu'il ne crée pas, sur lesquelles donc il n'exerce pas de prise. Alors que la loi se présentait au départ comme puissance d'obligation actuée par le (quasi-)délit ou, dans une certaine mesure, par le contrat, voici qu'elle devient elle-même l' « occasion » qui met en œuvre des exigences supérieures. Finalement, la logique impose comme en retour une condition identique quant à l'autre source d'obligation : alors même qu'il invente le droit en tant que puissance d'obligation, le contrat doit se soumettre aux mêmes exigences que la loi : il devient lui aussi, au second degré en quelque sorte, l'occasion de cette source supérieure. De telle sorte que,

> « le juriste désireux de saisir l'obligation à sa source première pour suivre de degré en degré le cours de sa réalisation, devra remonter jusqu'à ces exigences, pour redescendre, par l'intermédiaire des modes d'expression et d'aménagement qui assurent leur traduction en règles et qui sont la loi et le contrat, jusqu'aux occasions qui individualisent ces règles » (L. Husson, *op. cit.*, p. 306).

Dans ces « occasions » qui constituent le degré le plus bas du parcours, on a rangé jusqu'ici le contrat pour les obligations conventionnelles, le délit et le quasi-délit pour la responsabilité, certains événements fortuits pour les obligations légales. Le même schéma explique la dernière occasion étudiée : le quasi-contrat.

Catégorie incertaine tant en son extension qu'en son fondement obligatoire (v. les art. 1371 à 1381 C. civ.), le quasi-contrat ne relève ni du contrat, même si la gestion d'affaires y ressemble, ni de l'engagement unilatéral même si l'*accipiens* d'un paiement indu « s'oblige », selon les termes du Code (art. 1376), à la restitution. D'où l'idée de retenir cette figure inclassable tantôt comme pure et simple obligation légale, tantôt comme application du principe général de l'enrichissement sans cause.

En réalité, si l'on veut reconnaître à l'obligation juridique la profondeur de champ hiérarchisée de la manière indiquée plus haut, on admettra sans peine qu'en la figure quasi contractuelle l'équité joue comme exigence fondamentale, la loi comme règle (ou « puissance ») et l'acte volontaire comme occasion, articulées l'une à l'autre selon une structure précise :

> « L'obligation n'a pas sa source première dans la volonté qui l'actualise ; pas même dans celle qui a posé la règle : elle répond à une exigence d'équité, dont l'une de ces volontés, celle qui a posé la règle, a seulement reconnu l'existence et aménagé

la réalisation, tandis que l'autre, celle dont l'initiative déclenche l'application de la règle, n'a eu d'autre rôle que de créer les conditions de cette obligation » (L. Husson, *op. cit.*, p. 313).

L'articulation ici proposée pour résoudre les difficultés théoriques que pose la justification de la dernière catégorie étudiée, les obligations quasi contractuelles, résume ainsi parfaitement la pensée de l'auteur quant à la source du droit dans le champ entier des obligations : les faits et gestes – volontaires ou involontaires – des humains ne font naître l'obligation juridique, par la puissance de la loi ou du contrat, que parce que cette règle elle-même – légale ou contractuelle – se soumet à une exigence supérieure.

Alors que la pyramide kelsénienne envisage l'ordre juridique comme une succession de devoirs imposés en cascade par le jeu des normes, toutes placées sur le même plan de la positivité sauf la dernière – la *Grundnorm* supposée par l'effectivité du système, L. Husson offre ici une structure d'intériorisation progressive où les occasions indéfinies des comportements humains appellent la règle que dit explicitement la loi ou le contrat, tandis que cette règle elle-même s'ouvre encore pour faire apparaître en son sein l'exigence intime du droit qui veut l'ordre le plus équitable. En rendant ainsi au « terrain » des obligations le « relief naturel d'un ordre de réalités qu'on a eu le tort de considérer seulement dans sa projection sur le plan de la pratique » (L. Husson, *op. cit.*, p. 319), cet auteur délivre la théorie libérale du droit de sa tentation spéculaire où la loi et le contrat, se justifiant mutuellement, risquaient d'ignorer la source plus profonde qui leur permettait d'obliger les humains.

Par là aussi, L. Husson rend compte des évolutions précédemment décrites dans le droit de la responsabilité. Car si le juriste du Code Napoléon s'arrête à la volonté des sujets comme source ultime du droit des obligations soit dans la figure de la loi – volonté du législateur – soit dans celle du contrat – volonté des partenaires –, il s'empêche de comprendre les obligations nouvelles que le juge découvre dans une responsabilité non voulue, plus précisément sans faute. Mais s'il veut bien admettre que derrière les faits volontaires ou involontaires des hommes se profile une exigence qui ne dépend pas d'eux, alors s'éclairent d'un jour nouveau *Les transformations de la responsabilité*.

> « Pour trancher la difficulté, qui nous conduit à passer du plan de la psychologie et de l'histoire sur le plan de la critique, ou plutôt à prolonger les deux premières par la troisième, qui les suit naturellement, il nous faut remonter jusqu'à la notion même de la justice, dont nous considérons maintenant la responsabilité comme l'un des modes, et qui nous est apparue de fait à travers toutes nos analyses comme le seul noyau ferme de toute notre matière » (L. Husson, *op. cit.*, p. 335).

3 / La justice à l'œuvre dans les concepts

La justice à laquelle L. Husson se réfère comme à la source fondamentale du droit des obligations mérite sans doute un examen pour elle-même, afin de la rencontrer dans son essence philosophique, mais il importe aussi de la suivre dans son application concrète, par exemple dans l'évolution déjà rappelée du droit de la responsabilité ou encore – pour reprendre une catégorie déjà étudiée par les auteurs précédents, F. Ewald et G. Ripert – l'abus de droit.

L. Husson discerne dans l'idée de justice deux faces aussi irréductibles qu'inséparables : l'équilibre donne *la forme* de la balance tandis que « le mien, le tien et le sien » fournissent *le contenu* des plateaux. La mention du contenu pourra surprendre : la justice et le droit, en effet, ne se définissent-ils pas essentiellement par l'équilibre formel ? L'auteur s'explique :

> « L'idée d'équilibre ne pourrait suffire à déterminer la justice que si tous les hommes étaient identiques à tous les points de vue, ou bien si les conflits qui les opposent n'avaient qu'un seul aspect »,

et d'ajouter :

> « Toute la difficulté du problème de la justice tient (...) à ce qu'elle vise à réaliser un équilibre entre des choses et des êtres très différents, en des matières qui revêtent des aspects multiples » (L. Husson, *op. cit.*, p. 335, n. 1).

Par là, L. Husson reprend en des termes renouvelés la distinction classique de la justice commutative, attentive seulement à l'équivalence des prestations échangées, et de la justice distributive – dont il fait, lui, une branche de la justice sociale – qui proportionne la différence des attributions à la diversité des personnes.

En réalité, pensons-nous, chaque face de la justice utilise à la fois la balance et les plateaux, mais lorsque l'attention se porte sur la stricte parité des échanges, la justice, dite alors commutative, se ramasse dans l'équilibre de la balance elle-même, abstraction faite de la qualité des personnes qui procèdent à de tels échanges, tandis qu'en sa face « sociale » ou distributive la justice veille à conformer le contenu des plateaux aux caractéristiques des personnes impliquées dans le rapport juridique.

Quoi qu'il en soit, la prise en compte de la seconde face – concrète – de la justice constitue, pour Husson, la seule forme d'équilibre

> « qui réponde à la condition d'êtres qui ont même nature, mais la réalisent diversement, à des degrés de perfection variables, dans un milieu physique et dans un réseau de dépendances mutuelles qui impliquent de multiples différenciations » (L. Husson, *op. cit.*, p. 336).

Alors que la justice commutative part du « quant à soi » des personnes considérées chacune comme des Robinson dans leurs échanges et contacts, l'autre sorte de justice porte son attention, dans la vie sociale, sur la part d'association et de coopération

> « que l'individualisme de notre XVIIIe siècle et de la Révolution française a cru pouvoir réduire jusqu'à la presque supprimer, et que la civilisation industrielle a au contraire renforcée par l'enchevêtrement des activités individuelles qu'elle entraîne » (L. Husson, *op. cit.*, p. 337).

Ainsi la justice commutative s'abstrait en quelque sorte du concret des rapports sociaux pour ne plus considérer que l'équivalence des biens échangés entre deux libertés désincarnées tandis que la distributive rappelle sans cesse au droit la dimension à la fois corporelle et sociale de la justice. Si on objecte à L. Husson que la distinction des deux faces de la justice, remontant à l'*Éthique à Nicomaque*, doit disparaître devant l'idée moderne de l'égalité puisqu' « elle a pour base chez Aristote la distinction des classes et non le mérite personnel », objection que reprendra, on l'a vu, la thèse de F. Ewald, notre auteur lève l'équivoque :

> « Il se peut qu'Aristote ait mesuré les exigences de la justice distributive en fonction de conceptions sociales aujourd'hui périmées ; cela ne saurait entacher le principe de la distinction qui trouve au contraire (...) sa vérification dans les analyses de la sociologie contemporaine » (L. Husson, *op. cit.*, p. 338, n. 1).

En soulignant les différences qui séparent les diverses classes sociales, la sociologie « vérifie » des inégalités dont la justice doit nécessairement tenir compte si elle veut atteindre son objectif final d'égalité. Or sa face commutative n'y suffit pas puisqu'elle s'abstrait de telles inégalités.

Reste alors à voir comment se noue l'articulation des faces. Pour l'auteur, on le sait, l'une ne va pas sans l'autre puisque, du côté de la justice commutative,

> « chaque individu apporte dans l'association sa personne et ses intérêts propres, et y cherche d'ailleurs la satisfaction de besoins et d'aspirations qui sont inscrits dans sa nature individuelle »

et que, du côté de la justice distributive,

> « l'individu humain ne peut se développer normalement, et notamment obtenir la garantie de ses droits individuels, qu'au sein d'une société organisée » (L. Husson, *op. cit.*, p. 338-339).

La thèse objectiviste et la thèse subjectiviste (v. *supra*, titre Ier, p. 65) annulent, nous l'avons vu, leurs excès respectifs puisque la justice distributive rappelle au sujet que tout le droit ne découle pas de lui comme de sa seule source tandis qu'au contraire la commutative souligne que l'ordre social ne peut faire l'impasse sur l'autonomie propre à chacun des sujets de droit.

Nous avons déjà vu comment ce « balancement » des deux faces de la justice a transformé, aux yeux de L. Husson, le droit moderne de la responsabilité puisque la justice dite sociale a introduit dans le droit libéral de la responsabilité basée sur la seule faille du rapport strictement commutatif le coin du risque, plus attentif que le régime précédent à l'inégalité concrète des victimes à l'égard des auteurs des dommages. La même évolution se retrouve, nous y arrivons, dans l'abus de droit.

A vrai dire, l'auteur aborde cette dernière figure non pas dans l'analyse de fond de l'idée de justice mais dans l'examen de la question plus neutre portant sur la valeur des catégories utilisées par le juriste. Or cette interrogation apparemment plus méthodologique nous ramène, on va le voir, à la dialectique précédemment exposée.

Au juriste qui s'interroge sur la contradiction logique qui affecte l'abus *de droit* puisque « le droit cesse où l'abus commence », le philosophe rappelle la réponse de Platon au Sophiste : dans les essences, la grandeur et la petitesse par exemple, les qualités contraires ne se superposent jamais ; elles se repoussent au contraire, mais dans les objets concrets, il arrive qu'elles se vérifient l'une et l'autre tel l'index de la main, grand par rapport au pouce mais petit par comparaison au médian. Ainsi, même si d'une manière générale, droit et abus se contredisent sans nul doute, encore faut-il s'assurer concrètement de l'hétérogénéité de ces deux catégories car tel exercice d'un droit qui se présente comme légitime d'un certain point de vue lorsqu'il vérifie toutes les conditions de sa définition s'avérera illicite d'un autre, s'il empiète sur un droit d'autrui.

On mesure ici l'insatisfaction du juriste : la catégorie de droit subjectif qu'il avait imaginée pour dire la règle des rapports sociaux se contredit car les discours tenus dans la suite pour dire le droit applicable à une situation déterminée lui opposent la catégorie de l'abus. Or si l'abus recouvre en réalité la faute – soit intentionnelle dans la volonté de nuire à autrui soit quasi délictuelle dans la disproportion qui se manifeste entre l'avantage du titulaire et le détriment d'un tiers – ne convient-il pas, demande L. Husson, de remodeler la catégorie de départ en avouant l'extension excessive du droit subjectif initial ? Car le juriste préfère organiser les rapports sociaux au moyen de catégories d'emblée adéquates plutôt que de redimensionner après coup ses mesures conceptuelles.

Sans doute, reconnaît cet auteur, la théorie de l'abus convient-elle *hic et nunc* pour corriger une représentation imparfaite du système utilisé mais le droit cherche naturellement à s'en passer :

> « Il est contraint d'y recourir d'autant plus que les règles législatives ou coutumières dont il use sont plus grossières ou plus démodées. » Cependant, « sa fonction exige qu'il travaille à la rendre inutile, car elle est de *concrétiser*, au sens étymologique de ce mot, les droits et les devoirs respectifs des individus en catégories distinctes, résistant à tout démarquage » (L. Husson, *op. cit.*, p. 250-251).

Or pour résoudre ce paradoxe d'un droit qui ne s'avère plus tel en son exercice concret, ne pouvons-nous proposer de corriger le droit par le droit lui-même et, pour cela, de revenir aux deux faces de la justice ? Car la face commutative, délimitant d'emblée l'île à partir de laquelle chaque Robinson juridique nouera ses échanges et contacts, fournit certes à la théorie juridique une première notion du droit, mais la face distributive rappelle à ladite théorie que cette notion de départ, si indispensable qu'elle soit à l'organisation des rapports sociaux, reste abstraite tant qu'elle n'a pas situé les sujets dans la comparaison concrète de leurs caractéristiques personnelles. De cette manière, les restrictions que la théorie de l'abus impose au droit (compris dans la perspective commutative de la sphère d'influence isolée) proviennent encore du droit, envisagé cette fois selon la proportion distributive du rapport des choses aux personnes. Ainsi que l'explique Husson,

> « prétendre qu'on abuse d'un droit, c'est simplement prétendre qu'un acte, en lui-même conforme au droit de l'individu qui l'accomplit, est, dans les circonstances où il est accompli, en désaccord avec la règle sociale prise dans son ensemble » (L. Husson, *op. cit.*, p. 244).

Mais l'auteur élargit aussitôt le propos en une formule plus générale qui s'abstrait de l'opposition reconnue jusqu'ici entre le droit subjectif et le droit social :

> « C'est tout simplement reconnaître que le même acte *concret* se trouve être conforme au Droit *sous un aspect* et contraire *sous un autre*, qu'il est conforme à *un* droit, *abstraitement défini*, mais contraire *à un autre droit, abstraitement défini* aussi, dont les exigences le condamnent » (L. Husson, *ibid.*, p. 244).

Par là, L. Husson rejoint sans doute sa préoccupation méthodologique initiale quant au bon usage des catégories juridiques abstraites mais il indique en même temps l'ampleur attendue du travail juridique concret : le droit en effet se rend coupable d'abus lorsqu'il s'appuie sur un seul aspect de la justice pour rejeter l'autre. Sa balance doit prendre en compte tous les enjeux du droit, c'est-à-dire l'égalité stricte de chaque sujet de droit à l'égard de tous les autres en même temps que leurs inégalités concrètes.

Sans doute, la théorie de l'abus de droit a-t-elle historiquement servi, à la charnière des XIXe et XXe siècles, à corriger l'individualisme libéral par le souci d'une meilleure répartition des risques au sein de la société, mais, de tout temps, la catégorie de l'abus accompagne celle du droit, non pas pour sanctionner les atteintes portées soit à la justice commutative, tels le non-respect des contrats ou la non-réparation des fautes, soit à la justice sociale comme le serait une distribution arbitraire de biens, mais pour s'introduire à l'intérieur du droit lui-même (« abus *de* droit ») afin d'y corriger le déséquilibre dont avait bénéficié une forme de justice au détriment de l'autre.

L. Husson posait que la justice commutative s'intéresse à l'équilibre formel de la balance tandis que la justice distributive porte son attention sur le contenu des plateaux (« le mien, le tien, le sien »). En réalité, disions-nous, les deux sortes de justice s'occupent *et* de l'équilibre *et* (donc) des plateaux. Achevons : la dualité de leurs « faces » appelle elle-même un équilibre plus fondamental, sanctionné par la dénonciation de l'abus. Car finalement la justice implique, par sa définition même, l'unicité de sa balance.

4 / Le naturel dans l'expérience juridique

Alors que F. Ewald considère le droit naturel de la période classique puis le droit naturel de la modernité libérale puis la justice sociale de *L'État-providence* comme autant de règles de jugement qui, par mutation, se récusent sans reste au cours de l'histoire et que G. Ripert, à l'autre extrême, invoque l'impressionnante variabilité des constructions jusnaturalistes modernes pour récuser à son tour cette tradition du droit naturel, lui préférant le recours à une éthique confessionnelle précise pour expliquer l'intervention de *La règle morale dans les obligations civiles*, L. Husson adopte, pour expliquer *Les transformations de la responsabilité*, une attitude plus ouverte au droit naturel entendu, cette fois, comme finalité inhérente à l'expérience juridique.

Pour situer plus précisément l'intérêt jusnaturaliste de ce troisième auteur par rapport aux positions contraires des deux premiers, on étudie d'abord pour elle-même la réflexion de L. Husson sur « l'autre chose » qui dépasse la positivité du pouvoir, on cherche ensuite à situer cet effort du philosophe dans sa distinction d'avec la foi propre à la religion chrétienne invoquée par G. Ripert, on montre enfin la différence qui sépare L. Husson et F. Ewald dans la compréhension de l'expérience juridique.

L. Husson enregistre une constante chez les auteurs qui ont marqué le début de son siècle. Malgré leurs différences respectives, F. Gény, L. Duguit, M. Hauriou ou G. Renard ont souligné l'insuffisance des sources formelles retenues par l'École de l'exégèse – la loi et le contrat –, pour rendre compte de l'état du droit. Cherchant à remonter au-delà de cette approche formelle trop superficielle, ils ont rencontré, dit L. Husson, deux voies possibles. La première, plus pratique, élargit les sources du droit en réhabilitant la coutume, la jurisprudence et la tradition que l'École antérieure, trop attachée aux documents écrits, avait négligées, la seconde, servant d'ailleurs d'appui théorique à la première,

> « consiste à nier que le Droit positif puisse résulter simplement de la volonté des individus et des groupes humains qui le formulent, pour affirmer au-delà une vérité ou une réalité qui domine cette volonté » (L. Husson, *op. cit.*, p. 57).

Dans la pensée des auteurs étudiés, cet « au-delà » dont les injonctions des pouvoirs sociaux « ne sont que l'enveloppe ou le symbole » intrigue le juriste car,

> « force lui est bien de se demander en quoi consiste cet *autre chose*, s'il veut découvrir et établir solidement les méthodes qui lui permettent de s'y reporter toutes les fois que l'interprétation l'exigera » (L. Husson, *ibid.*, p. 57).

Or les auteurs ne s'entendent pas – loin s'en faut – sur la nature de cette dimension ultime. Ils ne s'accordent en tout cas pas à la dénommer droit naturel, car ils rejettent pour une double raison le sens habituel de cette expression : d'abord parce que l'École de l'exégèse qu'ils critiquent pose elle-même l'existence d'un droit naturel dont elle fait dériver, comme d'une entité métaphysique, l'autorité du droit positif d'ailleurs réduit à ses sources étroitement formelles alors qu'il faut rencontrer les exigences nouvelles apparues sur le terrain des faits ; ensuite, et plus profondément, parce que la version jusnaturaliste accueillie par l'Exégèse, en provenance directe de l'École de droit naturel (Grotius, Pufendorf...) et des Lumières, portait deux vices rédhibitoires en insistant à la fois sur l'individualisme *des* droits naturels propres à chaque sujet et sur l'immutabilité des normes idéales mises au jour par la raison universelle. L. Husson conclut tout de même sur une ouverture :

> « Il est facile de comprendre, dans ces conditions, pourquoi le XIXe siècle s'est écarté de la doctrine du Droit naturel, mais aussi comment le nôtre allait pouvoir en partie au moins y revenir » (L. Husson, *op. cit.*, p. 64).

Pour l'auteur, en effet, l'ouverture au droit naturel redevient possible dans la double mesure où, renonçant à en faire un illusoire Code de lois immuables, le juriste accepte de lire dans le droit naturel les principes communs qui règlent les règles juridiques elles-mêmes en s'adaptant aux circonstances de temps et de lieu, et où, corrigeant l'individualisme des sujets juridiquement isolés, il cherche en ce droit naturel une meilleure conciliation du sens de la communauté avec celui de la dignité personnelle.

Dans ces conditions, la théorie du droit n'aurait plus à écarter le droit naturel, ainsi que le font F. Ewald et G. Ripert pour des raisons d'ailleurs opposées ; elle aurait seulement à le comprendre comme limite imposée à l'approche positiviste, approche adoptée, on le sait, par les deux premiers auteurs, l'un pour pousser jusqu'au bout le nominalisme qui a évacué toute référence à une nature du droit, l'autre pour transformer par une exigence morale extérieure ce champ ainsi clos. Car le troisième auteur, pourtant largement accueillant à l'étude des conditions d'apparition du droit, refuse tout de même d'enfermer son objet en cette positivité.

La question reste ouverte en effet de savoir

> « dans quelle mesure le Droit donné à l'observation relève d'une explication positive et dans quelle mesure il appelle, comme des penseurs autorisés continuent de le soutenir, une explication d'un autre ordre » (L. Husson, *op. cit.*, p. 66).

G. Ripert, on l'a vu, trouvait cette « explication » dans la morale chrétienne, transformatrice du droit en général, des obligations en particulier. L. Husson préfère, pour sa part, invoquer sans doute cette référence théologique pour rendre compte du débat mené autour du droit naturel, la tenir cependant à l'écart du champ proprement juridique alors même que, selon ce dernier auteur, la justice ne se comprend finalement pas hors d'une destinée spirituelle de l'homme.

Première attitude : l'utilisation de la référence théologique. Pour rendre compte du droit moderne qui construit par ses artifices conventionnels un « état social » plus sûr que l' « état de nature » livré à l'instinct belliqueux des individus, L. Husson estime nécessaire de mettre en évidence l'influence « subtile et profonde » de la pensée protestante. On sait que l'Église catholique, refusant de dissocier la nature d'une part, la moralité et donc le droit, de l'autre, au nom de l'unicité du Créateur qui les pose toutes les deux en un même acte, préfère distinguer deux degrés : le don de la Création (nature *et* moralité) d'abord, la gratuité de la grâce surnaturelle ensuite, pour montrer que si le péché a, de lui-même, fait perdre à l'homme cette dernière grâce, il n'a pas entièrement corrompu ce premier don. La réforme protestante, quant à elle, voit dans le premier péché la corruption généralisée de la nature elle-même, de telle sorte que, aucune norme ne pouvant se déduire de cette lamentable essence, il s'impose de recourir à la grâce seule et à la foi *(sola gratia, sola fides)* pour en obtenir le salut.

A partir de cet événement théologique, Husson fait comprendre à ses contemporains, qui demeurent, constate-t-il, largement étrangers à cet aspect de leur histoire, combien la moralité, dans une telle représentation, fera nécessairement violence à la nature puisqu'elle lui reste extérieure.

> « Il ne vous restera plus qu'à expliquer rationnellement cette dualité. Si vous le faites par la distinction de deux sortes de tendances ou d'impulsions spontanées, des instincts animaux et égoïstes et des instincts supérieurs et altruistes, vous aurez retrouvé les morales dites du sentiment. Si vous alléguez une opposition entre la nature sensible et la raison, conçue comme une autorité supérieure et en quelque manière impersonnelle, vous serez sur la voie de la morale kantienne » (L. Husson, *op. cit.*, p. 465).

Si, par exemple, l'opposition kantienne de la nature connue seulement par la science et de la moralité perçue uniquement comme devoir, largement déployée dans toutes les théories contemporaines contestatrices du droit naturel, plonge ses racines dans l'humus protestant, il s'impose donc, pour L. Husson, de compléter l'étude philosophique du droit par un volet théologique. Sans, pour autant, mélanger les genres.

D'où la seconde attitude prise par l'auteur : la mise entre parenthèses de la référence chrétienne. Car si la tradition catholique, fidèle à l'alliance originaire de l'être et du devoir-être, conçoit la moralité non plus comme l'opposé mais comme le *bien* de la nature elle-même, elle ouvre ainsi la porte à la réflexion autonome du philosophe sur la justice exigée par cette même nature. G. Ripert, on le sait, n'avait pas compris de cette manière l'articulation de deux ordres, lui qui invoquait la règle morale explicitement évangélique pour corriger de l'extérieur les abus commis dans le champ du positivisme juridique. Selon lui en effet, l'illusoire droit naturel, fruit de la raison seulement humaine, s'avérait radicalement incapable d'accomplir cette tâche salvatrice.

L. Husson, de son côté, préfère lire le droit lui-même dans la tension de l'existence humaine vers une donnée qui lui échappe. A la manière d'un autre philosophe, Maurice Blondel (*L'action*, 1893), qui découvre dans la succession des divers objets de la volonté voulue une volonté voulante en attente d'un unique nécessaire sur lequel elle n'exerce pourtant aucune prise, l'auteur laisse le donné révélé hors de son champ juridique ou philosophique mais, par une analyse strictement rationnelle, montre l'ouverture de ce champ à un tel surcroît :

> « Le droit, comme toutes les réalités à l'élaboration desquelles participe la volonté humaine, est exposé à de multiples contrefaçons, et il est toujours mêlé d'éléments impurs. Mais, ramené à son essence qui se définit par sa fonction et en qui se fonde son autorité, il n'est rien autre que l'aménagement plus ou moins judicieux de la vie sociale par l'activité des hommes selon les exigences de leur destinée » (L. Husson, *op. cit.*, p. 486).

Dans le champ ici étudié, l'ouverture du droit s'opère par l'idée qui lui donne sa forme : la justice. Cette notion complexe en effet ne se suffit pas à elle-même. Spécifiée de deux façons différentes, commutative dans les contacts et échanges, sociale dans la coopération, la justice ne pourrait considérer comme données ultimes la notion d'équilibre d'une part, de mien, de tien et de sien d'autre part, que dans une société moralement et politiquement homogène. En revanche,

> « Le critique qui s'applique à les éprouver – et cette épreuve est indispensable dans une société où, comme dans notre société moderne, l'opinion est profondément divisée sur les principes de la vie morale – ne peut manquer d'y percevoir des équivoques, qu'il lui faudra dissiper ; et le philosophe qui entend en découvrir les racines est amené à constater qu'elles puisent leur vitalité à des sources plus profondes » (L. Husson, *op. cit.*, p. 492).

Pour L. Husson, ces sources coulent à partir de cette reconnaissance ultime de l'altérité qu'est la charité. Par elle, les droits de l'homme s'empêchent de sombrer dans la logique du Surhomme. En effet, pour détourner les humains d'assurer par la force leur épanouissement au détriment d'autrui – ainsi que la réalité le montre trop souvent – il convient qu'une autre force, spirituelle celle-là, leur rappelle le statut fraternel qui les tient ensemble : ils ne sont pas faits pour vivre isolés les uns des autres ou dans la guerre mutuelle, mais pour s'associer finalement, ainsi que le pressentait déjà le stoïcisme, en une communion universelle.

A notre époque, la mise en évidence de la justice sociale s'est d'ailleurs engagée dans cette voie plus élevée puisqu'elle porte son attention sur l'association qui permet une meilleure équité dans la répartition des risques et la distribution des biens, corrigeant ainsi l'insularité excessive où la justice commutative campait le sujet de droit. Cette justice sociale elle-même aurait tort cependant de s'arrêter à la seule répartition équitable des biens matériels sans percevoir le terme qui la meut en cette tâche :

> « En d'autres termes, le droit implique, comme on l'a dit bien souvent, le respect de la personne humaine : dire qu'un homme a des droits, c'est dire qu'il ne peut être traité comme un simple instrument ou un simple moyen, mais qu'il est, au regard du moins de ses congénères, une fin en soi : mais cette fin ne peut s'imposer à eux qu'autant qu'ils s'y trouvent eux-mêmes intéressés, et ils ne peuvent l'être que dans la mesure où la réalisation de la fin propre qui leur est imposée par leur vocation en est inséparable, c'est-à-dire dans la mesure où il existe une communauté humaine, qui se manifeste déjà sur le plan intellectuel par l'identité de la raison, comme sur le plan matériel par la solidarité, mais qui ne prend son sens que si elle s'achève en une communion spirituelle » (L. Husson, *op. cit.*, p. 505).

Par cette dernière position, L. Husson a-t-il rejoint G. Ripert ? Oui et non. Oui puisque, comme lui, il invoque par-delà la liberté et l'égalité une fraternité humaine, elle-même fondée sur la charité chrétienne, pour rendre compte des transformations du droit des obligations. Mais non dans la mesure où la source invoquée passerait pour extérieure à un droit entièrement constitué par les volontés positives de la loi ou du contrat, alors que, dans la pensée de L. Husson, elle coule en la profondeur cachée de la nature humaine elle-même.

A partir d'une telle position, on comprendra mieux la différence qui sépare cette dernière position de la thèse tenue par F. Ewald. Revenant sur la question du droit naturel à la fin de son ouvrage, L. Husson conclut sur le caractère central de ce qu'il appelle l'expérience juridique, ce va-et-vient de l'esprit qui organise intellectuellement les données mouvantes de la vie sociale pour y élaborer un ordre aussi juste que possible. Derrière le terme apparemment neutre d'*expérience juridique* qui désignerait, si l'on n'y prenait garde, toute opération intellectuelle de n'importe quel juriste, l'auteur aperçoit un parcours très précis qui diffère entièrement de la démarche proposée, par exemple, par l'auteur de *L'État-providence.*

Il s'agit en effet d'une dialectique qui prend longuement connaissance du donné social à régir pour remonter (ou descendre si l'on préfère l'image de l'approfondissement), via les dispositions déjà prises par la loi ou le contrat, jusqu'aux principes généraux qui commandent une telle relation au nom soit de la justice commutative (l'équilibre formel) soit de la justice distributive (les portions pesées) ou, de manière plus décisive encore, de la fraternité qui tient la balance entre les deux faces de la justice.

Instruits de la sorte, nous mesurons sans peine la différence radicale de signification qui sépare la définition de l'expérience juridique par F. Ewald et celle que lui attribuent des auteurs tels que L. Husson. Alors que « pratiquement la notion d'expérience juridique leur sert à exprimer comme constitutif du sujet la dialectique de l'*ordre* et de son dépassement par l'aspiration à la *justice* », F. Ewald prend, dans *L'État-providence*, la position inverse :

> « La notion d'expérience juridique est pour nous une notion *critique* ; critique de toute essence du droit ou de la norme, d'aucune pensée du sujet en termes de structure » (F. Ewald, *L'État-providence, op. cit.*, p. 44, n. 13).

Différence instructive car si F. Ewald, fidèle à son nominalisme, se montre prêt à appeler *droit* toutes les « expériences juridiques » que chaque époque de l'histoire, sans lien avec les précédentes, aura enregistrées comme telles, L. Husson, pour sa part, découvre dans le donné social l'ancrage concret de la justice que, tout ensemble, la nature lui propose et que ses concepts recherchent. Car l'expérience juridique telle que la conçoit Husson permet de structurer le droit de la manière déjà dite à propos des obligations « en nous permettant de discerner en lui toute une série de strates, dont les plus superficielles portent la trace des contingences de l'histoire, tandis que les plus profondes expriment une réalité stable, qui échappe à l'action de ces contingences » (L. Husson, *op. cit.*, p. 423).

La lecture structuraliste et positiviste tant de l'histoire que du droit sourira sans doute de cette « réalité stable » puisque, pour elle,

> « parler d'expérience juridique, c'est donc s'interdire de faire du droit une essence, une idée, quelque chose d'autre que ce qui est réfléchi comme tel au sein d'une expérience juridique. C'est savoir qu'à parler de droit en général on ne parle de rien d'existant, c'est reconnaître qu'il n'y a pas de sens à prétendre dire la vérité sur *le* droit, tout discours sur le droit appartenant à une expérience juridique et devant se situer par rapport à elle. L'idée d'expérience juridique conduit la philosophie du droit à prendre conscience de la conjoncture dans laquelle elle s'inscrit et à penser que, dans un domaine comme le droit, il n'y a pas d'objectif de connaissance qui ne soit stratégique » (F. Ewald, *L'État-providence*, p. 32).

Sans nier que le droit, visant essentiellement la pratique, s'attache scrupuleusement à l'analyse du donné conjoncturel pour y introduire les constructions artificielles de ses dispositions légales ou conventionnelles, on se demandera tout de même, avec L. Husson et contre F. Ewald, si, à peine de déchoir dans le fait, le droit n'exige pas la stabilité de sa propre idée comme forme de la justice.

TITRE VI

Les délits et les peines : mimer la morale ?

Lorsque, par son comportement, un sujet a fait tort à autrui, l'ordre juridique lui impose, comme on vient de le voir, la réparation du dommage causé : la restitution de la somme volée, l'indemnisation du coup porté, la restauration de l'honneur diffamé, etc. Mais cette sanction civile ne semble pas suffire car le droit applique en outre au comportement délictueux une peine qui indique combien le geste illicite a touché non seulement les intérêts de la victime, personne privée, mais encore l'intégrité de la société tout entière. De quel ordre relève ce surcroît pénal par rapport à la réintégration civile ?

Peut-on déceler ici encore l'*a priori* des enjeux que les incriminations et les procédures engagent dans le « jeu » pénal ? Ou faut-il limiter l'étude du droit criminel à l'enregistrement des décisions qu'a prises d'abord le législateur lorsqu'il a lié telle peine à la commission de telle infraction, ensuite le juge quand il a vérifié l'applicabilité (ou non) de cette disposition légale aux faits de la cause soumise à son jugement ? Moins qu'un autre, le droit pénal ne se satisfait d'une telle lecture réductrice car, plus que tout autre, il somme les juristes de décliner les justifications que la société donne à ses pratiques, en l'occurrence répressives : le législateur a-t-il tout décidé par lui-même ou s'appuie-t-il, ici encore, sur les préalables que lui fournit la nature ? mais quelle nature ? Au long de son histoire, la doctrine a donné diverses réponses à cette question : la priorité donnée à tel ou tel aspect de ces théories pénales exprime assez bien l'état de la réflexion à laquelle est parvenue la société sur le lien qui tient ses membres unis les uns aux autres.

L'analyse entamée dans le présent titre cherche à savoir quelle tension suscite la morale en se démarquant d'une compréhension positiviste de ce lien, d'abord dans la mise en évidence de la source du droit de punir (chap. Ier) puis dans le double mouvement qui reconnaît le moral dans le pénal (chap. II) pour mieux maintenir la distance de l'un à l'autre (chap. III).

Chapitre Premier

LA « SOURCE » DU DROIT DE PUNIR

Le prononcé d'une peine constitue un acte de pouvoir : la personne condamnée paiera telle somme à titre d'amende, elle subira telle durée d'emprisonnement, etc. Mais d'où provient ce pouvoir ?

Le juge n'indique habituellement pas la source dernière de ses décisions, puisqu'il lui suffit d'invoquer quasi circulairement l'habilitation que lui donne la loi d'appliquer la loi, mais il n'empêche qu'un tel acte, parfois si grave, mérite une approche critique : quel lien se noue donc entre les citoyens d'une même société pour que le pouvoir – législatif quant à l'incrimination, exécutif quant à la poursuite et judiciaire quant à la sentence – applique au sujet qui s'est écarté de la norme la peine prévue par le texte ?

Alors que l'analyse descend habituellement de l'acte répressif jusqu'au sujet condamné, nous remontons donc cet acte de condamnation jusqu'à la société qui le prononce : à quelle « source du droit » a-t-elle puisé celui de punir ? La première réponse s'appuie sur le « contrat social » pour justifier le positivisme juridique (sect. 1 et 2) ; la deuxième, sur la « défense sociale » pour cautionner le positivisme scientifique (sect. 3 et 4). Face à cette double affirmation positiviste, faudra-t-il que le « droit naturel » cherche un secours dans la morale (sect. 5) ?

1 / Le positivisme juridique du « contrat social »

Les théories du contrat social – on le vérifiera plus d'une fois encore – ont adopté diverses figures dans l'histoire mais chacune d'elles reconnaît la « source du droit » dans la décision qu'auraient prise, à l'origine de l'état social, les partenaires du pacte de quitter leur état de nature. En sa version pénale, la convention se laisse imaginer de deux manières : du côté du futur coupable pourrait-on dire, et du côté de la future victime.

Dans le premier cas, les humains qui jusqu'ici se contentaient de vivre spontanément leur liberté en l'état de nature – sans référence donc à un quelconque lien social ni à quelque autorité que ce soit – conviennent d'abord que leur association créera l'état social, ensuite que l'autorité y détiendra le pouvoir de punir. Punir quoi ? tous les comportements que le corps social formé par le pacte incriminera désormais dans sa loi : *nullum crimen sine lege* (l'infraction n'existe pas sans un texte qui le prévoit) ; punir comment ? par les peines que la société aura également prévues : *nulla poena sine lege* (la peine ne peut être appliquée qu'en vertu de la loi) ; et de quel droit ? du droit que la société tire précisément de la convention par laquelle chaque associé s'est engagé d'avance à endurer la peine que l'autorité lui infligerait – pourvu qu'elle le fît selon les formes légales – s'il venait à commettre un des faits que la loi aura érigés en infraction. De la sorte, explique-t-on, l'associé délègue à l'autorité créée par la convention le droit qu'il détient originairement sur lui-même de subir le dommage d'une peine, et la transparence rationnelle du contrat social explique toute la suite des incriminations et des procédures.

Dans la seconde version pénale du « contrat social », les associés s'engagent non plus en tant que coupables potentiels, mais à titre de victimes possibles : les partenaires de la convention n'exerceront plus par eux-mêmes les vengeances, légitimées chez les peuples primitifs ou dans l'état de nature par le droit de se défendre soi-même, mais ils confient dès à présent au pouvoir instauré par le contrat social le droit d'exercer cette vengeance à leur place. Ici se transmet le droit d'infliger un châtiment et non plus de le souffrir, mais la même volonté de rationalité apparaît dans la même transparence du contrat : fort du droit que lui délègue chacune des vengeances privées, le pouvoir exerce seul la répression publique selon les formes convenues dans le pacte.

On ne s'étonnera pas des évidentes corrélations posées par l'histoire entre la figure du « contrat social » et le positivisme légaliste : si la liberté naturelle de chaque sujet ne connaît pas d'autres limites juridiques que les normes prises en vertu du pacte fondateur de l'état social, il importe en effet d'analyser ces normes avec la rigueur que commande l'interprétation stricte des exceptions – l'état social et son appareil coercitif apparaissant en quelque sorte comme une exception, vaste certes mais exception tout de même, à la spontanéité de l'état de nature.

Tout le droit, désormais, se trouvera contenu dans les décisions positives du législateur, lui-même légitimé par les consentements qui ont créé conventionnellement l'état social. Hors de ce jeu de décisions, contractuelles d'abord, législatives ensuite, point de droit ! D'où les scrupules textuels manifestés par les pénalistes dans leurs découpages exégétiques afin de protéger le principe de la liberté originaire. Ne tiennent lieu de lois à ceux qui les ont faites que les conventions légalement formées : la rigueur pénale n'échappe pas à cet axiome du libéralisme civil.

Mais si le lien reconnu entre le positivisme et le contrat social ne surprend pas, on s'étonne davantage de ce « droit » apporté par chaque associé à titre de contribution personnelle à la constitution de l'état social que ce soit, ainsi qu'on va le voir, sous la forme passive du châtiment à recevoir, ou le mode actif de la vengeance à exercer.

2 / La réduction de la relation publique à la liberté privée

Dans la première version du contrat social, comment imaginer en effet que chaque individu dispose si bien de soi qu'il puisse concéder à un tiers – l'autorité répressive en l'occurrence – ce droit de disposer de lui, par exemple de son patrimoine par l'amende, ou de sa liberté par la prison, voire de sa vie par la peine de mort ? Alors que la transparence contractuelle apparaît comme un modèle de raison puisque les associés ne subissent jamais que la peine explicitement prévue par l'autorité qu'ils ont eux-mêmes mise en place, on s'interroge sur la rationalité de cette prérogative par laquelle, dans l'état de nature, un individu – pour se punir ? – sacrifierait une partie de ses biens, ou se priverait lui-même de sa liberté ou mettrait fin à ses jours. Sous l'apparence la plus rationnelle du pouvoir sur soi-même qui efface le scandale de l'autorité répressive se cache peut-être une curieuse incohérence, car si l'on comprend que le groupe sanctionne le comportement de l'associé qui n'a pas respecté la loi convenue entre ses membres, on comprend moins à quel titre un individu détiendrait, *avant* même la conclusion du contrat qui donne sa légitimité à la sanction, cette étrange prérogative de se sanctionner lui-même par une mesure pénale.

Si la peine manifeste une relation de pouvoir de la part du groupe à l'égard du sujet déviant, il paraît vain de chercher en deçà de la relation elle-même un hypothétique pouvoir de s'infliger des peines que la conclusion du contrat aurait mystérieusement socialisé. Mise en évidence par cet argument *ab absurdo*, la difficulté reste donc entière : d'où vient la peine ?

Plus satisfaisante que la première espèce en ce qu'elle socialise par le contrat non plus un contradictoire droit solipsiste mais une prérogative que le sujet exerçait déjà à l'égard d'autrui – dans une relation donc –, la mise en commun des vengeances privées relance tout de même la question : d'où vient la peine ? Car d'une part la vengeance elle-même, si spontanée qu'elle apparaisse, demande une justification, d'autre part on ne voit pas comment une somme de vengeances privées créerait de soi une répression publique.

Sans doute les études historiques décrivent-elles les différentes étapes par lesquelles la vengeance familiale qui sévissait démesurément d'un clan à l'autre à l'aube de l'humanité a admis progressivement d'abord les bornes d'une raison proportionnée où le célèbre « œil pour œil, dent pour dent » fait d'ailleurs figure d'étape décisive, ensuite l'exercice par les seuls pouvoirs publics du monopole de la répression, mais on ne vérifie nulle part sinon dans les spéculations philosophiques des Temps modernes que ce passage des sujets privés aux autorités publiques se serait opéré par contrat.

Renversant la question pour mieux la résoudre, on se propose dès lors de partir de l'étape actuelle dans laquelle la figure de l'État représente la rationalité moderne du lien social et, interrogeant l'histoire, on demanderait : puisque la répression pénale dépend aujourd'hui du seul pouvoir étatique, n'est-ce pas le signe que d'emblée la peine touche un lien social, un ordre public qui, en tout temps, dépasse les intérêts particuliers des personnes privées ? Ainsi, à y regarder de plus près, l'équilibre que rétablissaient à l'origine, les vengeances familiales ne tenait-il pas davantage à l'ordre de la nature, à ce vaste équilibre cosmique et spirituel où les humains eux-mêmes devaient tenir leur place plutôt qu'au rétablissement des seuls équilibres privés ? Plus qu'une réparation d'intérêts personnels endommagés ou anéantis par l'infraction, la vengeance familiale ou clanique ne cherche-t-elle pas la restauration de cet ordre global qui, mobilisant aussi bien les forces invisibles des esprits supérieurs que les secousses visibles des phénomènes naturels, traverse de part en part la multiplicité des liens que les générations humaines nouent entre elles ?

S'il en est ainsi, on mesure mieux les limites de toute forme de « contrat social » comme source du droit de punir. Car cette figure de raison – au double sens d'expression de rationalité et d'être imaginaire – projette dans un hypothétique état antérieur à la société l'idéal de l'individualisme libéral – en l'espèce l'étrange prérogative du sujet de s'infliger à lui-même des châtiments (1re formule) ou la réparation vengeresse poursuivie par l'individu lui-même des atteintes portées à ses propres intérêts (2e formule) – afin de reconstituer par l'artifice de la convention l'exercice public de la répression. Or si d'emblée la peine vise la restauration d'un ordre qui déborde la seule atteinte aux intérêts d'un sujet déterminé, on comprend l'impuissance du contrat à expliquer la genèse de ce surcroît public par la seule addition soit des vengeances privées, soit des autopunitions personnelles. En sa double formulation d'association de délinquants potentiels titulaires du droit de se punir eux-mêmes, ou de futures victimes attributaires du droit de se venger elles-mêmes, le « contrat social » ne parvient pas à expliquer le tout public autrement que comme la somme des parties privées. Une telle difficulté rejoint l'impasse où se perd, dans l'analyse du sujet de droit (*supra*, titre Ier, p. 63), la position qui privilégie à l'excès le droit subjectif hors de toute relation.

Cette construction théorique reste donc insatisfaisante pour justifier l'originalité de la peine par rapport à la réparation civile. Mais on retiendra tout de même dans l'influence qu'elle a exercée sur l'application concrète du droit pénal son accentuation de la liberté car, avec des variantes selon les auteurs, la liberté s'y maintient à l'intérieur même du passage conventionnel de l'état de nature à l'état social. La rationalité mise en œuvre dans le contrat obéit, en effet, à cette logique paradoxale qui justifie les contraintes juridiques de la société en entamant aussi peu que possible la liberté originaire des associés. Le tour de force intellectuel de l'opération consiste d'ailleurs à avoir fondé ces contraintes sur les libertés elles-mêmes, puisque chacun des associés les a acceptées par la convention.

On en conclura qu'en matière pénale également, la liberté reste non seulement le bien précieux à défendre contre les invasions d'une répression arbitraire (d'où les garanties déjà citées : la légalité des peines et des incriminations, les formes de la procédure, etc.), mais encore qu'elle constitue le critère d'application du droit : œuvre des libertés associées, la peine ne touche que les actes libres du délinquant.

3 / Le positivisme scientifique de la « défense sociale »

L'autre contribution donnée par le positivisme, scientifique cette fois, à la justification de la répression pénale s'embarrasse peu des considérations telles qu'émises au siècle des Lumières, par exemple sur les appuis mutuels que se donnent la raison et la liberté. Plus sceptique sur la matière métaphysique, le courant de la « défense sociale » poursuit en effet un objectif pratique : quelle que soit la consistance intérieure de la liberté cachée en amont de l'acte déviant, ce courant entend préserver la société des maux (meurtres, coups, vols, agressions sexuelles, etc.) que lui inflige cette déviance. On en finit donc avec les élaborations rationnelles sur l'engagement personnel qu'aurait pris le sujet soit de façon générale dans la conclusion du contrat social soit de façon plus particulière dans la commission de telle infraction, puisqu'il s'agit avant tout de défendre pragmatiquement la société contre les menaces qui la perturbent.

La « défense sociale » prend ses racines dans le terrain positiviste où la doctrine des Lombroso, Ferri et autres Prins se refuse à émettre des conjectures sur le libre arbitre du délinquant, en amont de son acte, préférant neutraliser les conséquences dangereuses que le délit représente en aval de la décision prise.

Cette position lit le comportement humain comme la résultante de déterminismes sociologiques ou psychologiques, voire physiologiques à traiter non par une peine qui prétendrait toucher l'intime d'une improbable conscience à la source de l'acte délictueux mais par une mesure de sûreté qui en corrige la nocivité sociale. Elle aboutit, à la limite, à un « droit sans peines » où l'ensemble des délits passeraient par la disciplinarisation, fiscalisation ou médicalisation qui en contiendraient les effets les plus perturbateurs au plan social mais où le sujet délinquant lui-même ne serait plus interpellé en sa liberté quant à la gravité de son acte.

Car si la science sociale ne sait définitivement rien de l'intimité métaphysique, il lui reste tout de même possible de modeler le comportement extérieur du sujet en agissant sur les conditionnements qui le déterminent. Comment ? en mobilisant les ressources qu'offrent les nouvelles sciences humaines – psychologie et sociologie, médecine scientifique, anthropologie, etc. – pour ajuster les conduites de l'individu dans le champ social. Selon la même logique, au lieu des peines qui sanctionneraient les actes d'une hypothétique liberté, le positivisme scientifique préfère, on vient de le dire, les mesures qui l'emportent par leur efficacité.

Plutôt que de se représenter, en effet, la société comme une somme de sujets libres régis par la rationalité de la loi pénale, ne convient-il pas de reconnaître au tissu social une allure plus organique et donc plus obscure sans doute, mais aussi plus collective ? La survie du corps social n'importe-t-elle d'ailleurs pas plus que la pesée judiciaire des libertés individuelles ?

Alors qu'à la charnière des XVIIIe et XIXe siècles s'imposait la figure du « contrat social » qui pouvait se prévaloir des lumières de la Raison pour appuyer le droit pénal sur la défense des libertés individuelles, au tournant séculaire suivant se déploient des images qui, plongeant leurs racines dans la matérialité d'un terreau plus naturel, induisent la formulation d'un droit davantage axé sur la défense de l'ordre social : ainsi de la sélection des espèces biologiques durement opérée par les lois de l'évolution, ou de la mécanique des forces psychiques qui déterminent le comportement selon la diagonale du parallélogramme des plaisirs et des aversions, ou encore du traitement médical qui assure la santé au corps entier en attaquant ses dégénérescences. Ici, l'artifice de la convention rationnelle originaire fait place à des données jugées plus réalistes puisque mises en évidence par le progrès scientifique : au lieu que les lois émanent du législateur conventionnellement mis en place par les associés du contrat social, elles sourdent de la réalité elle-même, physique, psychique, sociale, pour autant que les responsables du maintien de l'ordre veuillent bien y porter le regard des sciences.

De même que le médecin se penche sur le corps souffrant pour diagnostiquer les causes de la dégénérescence de tel ou tel tissu et soit prescrire les remèdes qu'impose la restauration de la santé, soit décider l'ablation des éléments qui comportement la survie du corps, ainsi le législateur doit-il mobiliser l'arsenal criminologique des sciences diagnostiques et thérapeutiques pour préserver, tant par la resocialisation que par l'élimination des parties malades, la santé du corps social tout entier. En sa version douce de psychologie utilitaire, ce type de politique criminelle mobilise les effets d'attirance de telle mesure et les effets de répulsion de telle autre mesure pour orienter dans un certain sens le psychisme des sujets et ainsi configurer leurs comportements aux canons préétablis. En sa version plus dure de sélection biologique, cette politique travaillera sans doute à augmenter les potentialités des sujets sains mais aussi à restreindre le champ d'action des marginaux inaptes à la vie sociale de telle sorte qu'en cette société, la volonté législative n'aura fait que prendre le relais des lois de la nature pour garder la tension continuelle de l'espèce humaine vers son amélioration.

On le voit, ces nouvelles perspectives remplacent la peine par le traitement parce qu'il importe davantage à la société de préserver son avenir contre les menaces du présent que de rétribuer dans le présent les actes déviants du passé. C'est que la société se comprend moins, répétons-le, comme un réseau de libertés soumises à la norme qu'elles auraient elles-mêmes construite et dont il faudrait vérifier sans cesse la correspondance réciproque (le respect de la norme par les libertés, le respect des libertés par la norme) que, plutôt, comme une donnée organique instinctive, physiologique, biologique... dont le droit assure en tout cas la survie, si possible aussi la santé, en acceptant de mettre entre parenthèses, ainsi que le font d'ailleurs les sciences humaines imprégnées du modèle des sciences naturelles, cette part personnelle de l'homme que les métaphysiciens continuent d'appeler la liberté.

L'agnosticisme professé quant à l'intimité métaphysique des sujets conduit ainsi le législateur à appuyer les mesures qu'il prend sur les calculs que lui proposent les techniques psychologiques, sociologiques ou médicales pour mesurer la performance de leur efficacité quant au modelage des comportements attendus de chaque sujet. Empruntant ses schémas conceptuels (ou ses « modèles », puisqu'il s'agit de « modelage ») aux diverses disciplines qui lui expliquent les ressorts physiologiques, psychologiques, socio-économiques du comportement humain, le législateur cherche désormais à rendre le droit pénal efficace en visant la préservation de la société (la « défense sociale ») par la mise en conformité des comportements de chaque sujet aux exigences quasi organiques du corps tout entier.

Cette priorité donnée à la préservation de l'avenir sur la rétribution du passé renforce évidemment l'aspect préventif du droit pénal. D'où la multiplication, à côté des peines proprement dites, soumises au strict principe de légalité, des diverses mesures qui donnent à la réaction sociale l'allure d'un traitement préventif de la délinquance d'abord puis, en cas d'échec, de la récidive. Car l'ordre social ne peut souffrir en son sein la présence d'éléments dangereux qui compromettent sa perpétuité : il lui faut dès lors non seulement éduquer l'individu déviant, le rééduquer, le traiter, pour qu'il finisse par comprendre combien sa conduite met en danger l'équilibre du corps social, mais également attaquer les causes plus larges qui conduisent le peuple à la délinquance, et dès lors assainir les taudis, réprimer le vagabondage, proscrire l'alcool, redresser les mœurs, inculquer l'hygiène mentale, etc. La santé du corps social en dépend.

4 / La réduction du corps social au corps organique

Passant de la clarté théorique du contrat social dont la rationalité légaliste n'a tout de même pas guéri nos sociétés de leur impuissance devant l'augmentation inquiétante de la criminalité, à ce vaste courant de la défense sociale qui entend assurer pragmatiquement la préservation – ou la santé, ou l'évolution, ou l'hygiène, peu importe ici les mots empruntés aux différents modèles scientifiques – du corps social menacé par le danger des individus asociaux considérés comme « déchet » ou « rebut » de la société, l'évolution du « droit de punir » laisse le juriste perplexe.

Sans doute la figure du « contrat social » ne parvenait-elle pas à rendre un compte suffisant de la mise au pluriel des libertés individuelles dans le surcroît du pénal sur le civil. Mais les représentations que se donne la défense sociale en ses diverses variantes, pour pragmatiques qu'elles soient, offrent-elles une justification plus réelle des interventions répressives ?

Sans doute encore l'image de l'organisme qui a besoin d'un traitement pour retrouver la santé, ou celle des espèces qui connaissent une sélection pour évoluer vers le progrès, ou celle des instincts qui fuient la peine autant qu'ils recherchent le plaisir pour parvenir à leur satisfaction maximale paraissent-elles éclairer convenablement et d'emblée la régulation que la société se donne par ses lois, mais cette transposition trop immédiate n'opère-t-elle pas l'impasse sur les choix qui ont présidé à la constitution du corps social ?

De même, en effet, qu'en amont du contrat social réputé fondateur du droit de punir, il a fallu interroger, quant à la mise en commun de l'acte d'être puni, l'étrange droit individuel de subir la peine et, à propos de la socialisation de l'acte de punir, le prétendu droit personnel d'exercer une vengeance privée, il convient de remonter encore en deçà des images pour poser ici la question du choix engagé par les libertés. Car si en se fondant sur sa théorie contractuelle, le libéralisme a construit une société dont il a mis un siècle à s'apercevoir qu'elle produisait la misère matérielle et morale dans les couches les plus basses de la population, faut-il pour autant amender le modèle justificatif de la répression pénale en présentant comme une donnée naturelle l'état social auquel a abouti cette cruelle logique ? Avant d'appliquer au corps social constitué de telle et de telle façon l'image de l'organisme qui assure sa propre survie en utilisant tantôt l'impulsion instinctive, tantôt la sélection génétique, tantôt encore le traitement chirurgical, ne convient-il pas de vérifier l'opportunité de conserver une telle « constitution » du corps social ? Car en empruntant aux données psychologiques ou physiologiques de la nature les images essentiellement conservatrices du développement organique, la « défense sociale » n'opère pas le partage, pourtant nécessaire, entre les biens sociaux qui méritent toujours une telle protection et les dispositions contingentes qui structurent la société selon un certain ordre, en l'occurrence profondément inégalitaire.

S'il convient certes, par exemple, d'assainir les taudis et de prévenir la récidive, il importe au moins autant d'inclure dans le projet de redressement ainsi lancé par la « défense sociale » la « constitution » même de cette société qui, trop assimilée à celle de l'organisme vivant toujours appelé à survivre, finirait par échapper à toute critique alors qu'elle n'est précisément pas innocente des maux qu'elle prétend combattre. Nous y reviendrons aux deux chapitres suivants.

En corrigeant par diverses images organiques l'individualisme foncier sous-jacent au « contrat social », le courant de la « défense sociale » a rendu apparemment un meilleur compte des relations que les humains nouent entre eux au sein de la société, mais à quel prix ? Naturalisant d'emblée l'organisation économique et la stratification sociale résultant pourtant de décisions politiques, ce courant fait précisément l'impasse sur la liberté qui pose de tels choix. Escamotant cette donnée que le contrat social avait exaltée, le positivisme scientifique de la défense sociale conduit lui aussi dans une impasse la réflexion à mener sur le droit de punir.

5 / Le recours à l'exigence morale

Entre les deux positivismes qui viennent d'être évoqués peut-on demander au droit naturel la solution d'une troisième voie ?

Alors que d'un côté le positivisme légaliste appuie la répression pénale sur l'artifice de la construction contractualiste hors de laquelle les libertés ne tiendraient jamais les unes aux autres, isolées qu'elles seraient dans les prérogatives individuelles de leur état de nature, et que, de l'autre côté, le positivisme scientifique fournit à la défense sociale les moyens d'éviter la question de la liberté en posant immédiatement l'existence organique de la société, conservée par les instruments que fournissent au législateur les lois régulatrices des comportements, cette troisième voie cherche à percevoir plus intimement que ne le voulaient les deux premières l'unité de l'acte par lequel le sujet se découvre tout ensemble libre et social. Car si le contrat social ne parvient pas à justifier l'intervention répressive à cause de l'irréductible difficulté qu'il éprouve, nous l'avons vu, à penser le lien social (la relation à autrui) comme inhérent à l'essence même (à la nature) de la liberté humaine et si, à l'inverse, la défense sociale ne justifie une telle intervention qu'à la dangereuse condition de concevoir la société comme un organisme qui développerait ses régulations hors de toute référence à la liberté, ne faut-il pas corriger l'une et l'autre impasse en reconnaissant que la liberté est d'emblée plus prégnante du lien social et le lien social d'emblée plus transi de liberté que ne le prétendaient ces deux positivismes ?

Mais comment reconnaître qu'autrui affecte la liberté dès sa genèse, que donc la relation à autrui porte *a priori* en elle le poids des actes libres sinon en évoquant la morale ? Par la morale en effet, la liberté d'un sujet s'éprouve interpellée sur-le-champ quant à la relation qu'elle noue avec les autres sujets : le bien et le mal qu'elle énonce concernent directement à la fois l'acte libre de la personne qui se détermine envers autrui selon l'appel entendu en sa conscience et les liens que les sujets nouent entre eux, précisément par ces actes : le meilleur et le pire qualifieront donc ces décisions et ces relations.

Si la morale superpose de la sorte, en une synthèse en deçà de laquelle l'esprit ne peut remonter sinon en la posant une nouvelle fois encore, l'acte libre *et* le lien social, elle offre un appui sûr à la double critique des positivismes précédents : puisque la liberté n'a pas attendu la prescription juridique décidée par le corps politique pour se reconnaître, dès le départ de son déploiement, liée à autrui par les préceptes de la morale, on ne peut plus faire comme si le lien qui oblige les humains envers leurs semblables dépendait uniquement du libre consentement des partenaires du contrat social, et puisque ainsi le lien social se reconnaît dès sa constitution comme fruit d'actes moraux, il devient impossible d'assurer la préservation de la société comme si la liberté n'avait rien à voir avec ce projet de « défense sociale ».

L'exigence morale où, lue dans un sens, la liberté se reconnaît d'emblée liée à autrui et où, parcourue dans l'autre, la reconnaissance d'autrui interpelle immédiatement les libertés, cette exigence morale traverse de part en part la disposition juridique ; elle la fonde en la dépassant puisque née en deçà de la disposition juridique, elle la prolonge encore au-delà d'elle.

Veut-on par cette thèse supprimer la distinction laborieusement acquise depuis les siècles primitifs entre le droit et la morale, et donc revenir en deçà du progrès historique qui a réussi à disjoindre ces deux instances en caractérisant la première – le droit – par la contrainte sociale jointe à la légalité rigoureuse et la seconde – la morale – par le jugement de la conscience selon l'appel des valeurs ? Si pour pallier les déficiences théoriques tant du « contrat social » que de la « défense sociale », on cherche du côté de la morale une justification plus satisfaisante du droit de punir, ne tombe-t-on pas ainsi dans le troisième piège, plus redoutable encore, de la confusion des plans ?

Pour éviter ce reproche, il importe de préciser aussitôt le propos. L'invocation du précepte moral à la source du droit de punir n'entend pas méconnaître la nécessaire distinction – sur laquelle nous allons revenir – du droit et de la morale, car le pouvoir législatif qui incrimine les comportements, le pouvoir exécutif qui poursuit les délinquants et le pouvoir judiciaire qui applique la peine ne remplacent évidemment pas la conscience personnelle qui pèse, décide et évalue ses propres attitudes en fonction des valeurs par lesquelles elle s'estime liée ; ce rappel de l'exigence morale veut seulement rappeler qu'à force de séparer ces deux instances l'une de l'autre – par exemple au moyen du contrat social qui se refuse à voir le lien social dans l'acte libre, ou de la défense sociale qui ignore l'acte libre dans le lien social – le positivisme – juridique ou scientifique – risque de méconnaître la profondeur à laquelle se noue le lien social, se rendant dès lors incapable de fonder valablement le droit de punir. Car en son essence, le droit pénal socialise en s'aidant de la contrainte l'exigence proprement morale de la reconnaissance d'autrui.

Reportant aux chapitres suivants le détail de cette thèse quant à l'incrimination des infractions et à l'application des peines, on se contente ici de rappeler l'avantage d'une telle position sur les deux précédentes quant à la source du droit pénal.

En termes approximatifs, on dira que cette troisième thèse corrige les défauts de la première par les qualités de la deuxième, et réciproquement, puisque la reconnaissance d'un lien moral qui tient ensemble les humains avant même que leurs décisions législatives n'appliquent démocratiquement la « convention » originaire, purifie le « contrat social » de cet individualisme primitif qui empêchait finalement de donner une quelconque raison à quelque ordre juridique que ce soit ; en même temps, cette reconnaissance prévient le juriste d'enfermer la société dans les représentations organicistes que lui imposait la « défense sociale » puisque la liberté, toujours présente dans les liens sociaux comme l'atteste l'exigence morale, déborde sans cesse de telles images. Bref, l'exigence morale permet tant à la liberté de se découvrir d'emblée liée à autrui selon le vœu de la « défense sociale », qu'à la société de se reconnaître immédiatement fondée sur des actes de liberté comme le voulait le « contrat social ».

Née en deçà de la prescription pénale puisqu'elle précède rationnellement les injonctions du législateur positif, l'exigence morale poursuit son travail au-delà de celles-ci : empêchant les sujets de se croire liés seulement par leurs décisions contractuellement prises, elle met à l'épreuve ces décisions elles-mêmes – les actes de l'autorité – les sommant de s'orienter davantage dans le sens de la reconnaissance d'autrui. Loin donc de confondre le droit et la morale, l'invocation de l'exigence morale au fondement du droit pénal permet au contraire une articulation plus riche de ces deux instances.

Déjà liés par la loi morale, pourquoi les sujets ont-ils en outre besoin du droit pénal ? Déjà nouée par le lien de la loi pénale, pourquoi la société est-elle encore travaillée par l'exigence morale ? Les nécessaires distinctions du légal et du moral ne s'affinent qu'aux yeux des esprits qui ont déjà reconnu les rapports ajustés de l'un à l'autre. Sans la perception de tels liens reconnus entre le droit pénal et l'exigence morale, la doctrine du « contrat social » finit, en effet, par faire passer toute la morale au registre des libertés individuelles qui ont conclu la convention génératrice du « droit », tandis que la « défense sociale » aboutit à inclure tout le droit dans les exigences naturelles de la « morale » chargée de conserver l'organisme social.

Droit pénal et exigence morale ne se distinguent comme deux instances irréductibles l'une à l'autre qu'en percevant à quel point la seconde traverse la première depuis son obscur début jusqu'à son inassignable fin. Les chapitres suivants déploient les deux moments de cette dialectique ici évoquée : l'inscription d'abord, la distance ensuite.

Chapitre II

L'INSCRIPTION DU DROIT PÉNAL DANS L'EXIGENCE MORALE

La thèse qui pose une référence essentielle de la prescription pénale à la loi morale suscite une triple objection : en premier lieu, elle confond, nous l'avons dit, le champ privé de la conscience personnelle et le champ public de la régulation sociale, régressant ainsi en deçà des progrès qui ont permis la reconnaissance d'une vie privée au bénéfice de chaque sujet de droit ; elle suppose ensuite l'unicité de la loi morale alors que nos sociétés connaissent un incontestable pluralisme éthique ; elle insiste enfin sur le caractère personnel des actes commis par le délinquant, occultant de la sorte la responsabilité de l'environnement social qui a pourtant déterminé de telles infractions. Or la perspective positiviste qui arrête le droit aux clôtures de la loi positive n'offre-t-elle pas par son agnosticisme moral une meilleure garantie du respect des consciences en refusant de s'introduire en leur intimité ?

Il faudra, au chapitre suivant, faire droit à la justesse de cette triple objection en précisant encore à quel point l'instance pénale se distingue nécessairement de l'instance morale ; mais pour l'heure il importe d'insister sur la conclusion du chapitre précédent en montrant à la fois la nécessaire présence de l'exigence morale dans la formation du lien social et, du même coup, les limites des trois arguments qu'on oppose à cette nécessité morale.

1 / La formulation sociale de l'exigence morale

Pour montrer une nouvelle fois que les préceptes moraux ne relèvent pas seulement de la « vie privée » des sujets qui choisissent de les suivre (ou de les enfreindre) mais qu'ils touchent déjà, avant même que les humains l'aient décidé, le domaine public de leur vivre-ensemble, il faut encore rappeler combien l'exigence morale appelle la société politique. Car le drame du positivisme consiste à avoir rendu le projet social lui-même étrange – ou étranger – à la liberté des sujets humains en quête de leur humanité. Si en effet ces libertés humaines ne voient dans leur rassemblement au sein de la cité que la contrainte soit de la convention qu'elles se sont résolues à passer pour quitter leur état naturel, soit de l'organisme qu'elles forment à l'instar d'un grand vivant, elles ne peuvent se réfugier qu'en leur *privacy* pour réaliser les valeurs qui les conduiront à leur authenticité personnelle ; le corps social en effet ne participe pas intrinsèquement à ce qu'elles sont. Si au contraire la liberté, réfléchissant sur elle-même, découvre la convivance politique comme une indispensable étape de son accès à sa propre vérité, alors il devient possible d'articuler en une dialectique plus intérieure les deux types de normes que les positivismes avaient dissociés de façon trop extérieure.

Loin que la norme morale contienne le sujet dans les barrières de sa vie privée, laissant la vie publique s'ordonner au gré des décisions plus ou moins contractuelles ou des mécanismes peu ou prou biologiques, voici que cette exigence morale brise de telles clôtures, intimant au sujet l'ordre de reconnaître que l'authenticité de sa liberté passe par la convivance politique où ce sujet est déjà né. En cette perspective plus intérieure, la société politique se présente comme une médiation qui permet à la liberté d'exaucer – au moins provisoirement – l'exigence que lui prescrit la loi morale ; pourrait-il dès lors arriver que cette convivance politique ignorât, dans la norme du rassemblement qu'elle opère, l'injonction morale elle-même ?

Tout dépend, en réalité, de la manière dont la liberté se situe par rapport à l'exigence morale. Si prise au singulier de sa personnalité, la liberté se représente elle-même comme la pure capacité d'opérer les choix qui lui permettront de devenir ce qu'elle veut être, rien d'étonnant alors à ce que, mises au pluriel – soit par une convention qui les « dénature », soit au sein d'un organisme où elles ne se retrouvent pas –, ces mêmes libertés ne se sentent pas tenues davantage par une exigence qui s'imposerait à elles dans l'intimité même de leur rassemblement. Prôner la dichotomie entre la vie privée où le sujet déploierait au maximum sa recherche éthique, d'une part, et le domaine public régi par des lois qui resteraient étrangères au dynamisme moral des personnes ainsi rassemblées, d'autre part, revient en effet à penser la liberté comme la source même des lois de son devenir refusant d'emblée que de telles lois proviennent d'une instance qui ne serait pas identique à elle.

Car dans la philosophie positiviste qui a fondé le droit de punir d'abord sur l'artifice du « contrat social » puis sur l'empirisme de la « défense sociale », tout se tient : dans une espèce comme dans l'autre, le droit pénal n'a que faire d'une référence constitutive à la loi morale puisque aussi bien la liberté ne trouve jamais son bien propre dans le lien social. Et pourquoi ne le trouve-t-elle pas ? Parce qu'en sa nature – à la limite, donc – elle n'a besoin de rien d'autre que d'elle-même pour parvenir à son authenticité. Affirmant que la liberté décide toujours elle-même, à peine de se renier comme liberté, des conditions de son propre accomplissement par une série de choix qui constituent sa propre éthique, la philosophie positiviste se rend incapable d'admettre que la mise au pluriel des libertés dans la société politique s'inscrirait comme un passage obligé sur la voie de cet accomplissement. Parce que, précisément, ce passage se prétendrait nécessairement obligé. Mieux vaut donc, dit-on pour conclure, dissocier les plans où, du côté privé, la liberté choisit librement ses valeurs et où, du côté public, elle subit la contrainte sociale, en l'espèce la loi pénale, qui lui reste extérieure.

La perspective jusnaturaliste prend, on s'en doute, l'option inverse. Elle tient qu'un droit lie *a priori* les humains avant même qu'ils n'adoptent leurs lois, par exemple pénales, parce qu'elle reconnaît déjà un lien moral entre la liberté des sujets et la société qui les rassemble. Selon cette nouvelle optique, la liberté refuse désormais de se regarder dans le miroir libéral, renonçant ainsi à la flatterie qui la posait comme la source des lois de son propre accomplissement, parce qu'elle préfère reconnaître d'emblée que l'accès à son authenticité morale passe par la soumission aux conditions de sa propre nature, c'est-à-dire à son état corporel, ainsi qu'on l'a déjà dit, mais aussi à son état social. La liberté appelle ainsi tout naturellement le droit. Et donc, réciproquement en quelque sorte, ce droit « naturel » ne peut se formuler comme *a priori* du droit positif que si la liberté humaine trouve dans le champ politique où se déploie ce droit une connivence avec sa propre recherche d'humanité. Répétons-le : il y a déjà du droit dans le rassemblement politique parce que la liberté découvre en cette convivance une étape incontournable de son parcours moral : c'est par un même acte que la liberté se reconnaît moralement libre en sa singularité corporelle *et* moralement obligée d'exercer cette liberté dans la relation à autrui –, relation familiale d'abord, relation politique ensuite – pour parvenir à l'accomplissement de ce qu'elle est.

La source du droit pénal jaillit au cœur de ce lien par lequel les sujets d'une même cité tiennent les uns aux autres non pas malgré leur liberté, mais *par* cette liberté même. L'incrimination du comportement répréhensible et la commination de la peine n'obéissent dès lors finalement ni aux artifices contractualistes ni aux mécanismes organicistes car le lien social vient de plus loin que le « contrat » qui l'a posé et il va plus loin que la « défense » du corps qu'il forme ; elles obéissent plutôt à cette exigence proprement morale qui veut que les libertés nécessairement ordonnées à la relation – entre autres politique – se reconnaissent pour ce qu'elles sont.

On retrouve aisément dans la perspective morale ouverte par le jusnaturalisme sur le fondement du droit de punir l'option déjà prise plus haut à propos du sujet de droit. Rien d'étonnant à cela puisque les deux chapitres se situent dans la même ligne : si en et par son corps autrui s'impose aux tiers qui, du même coup, ne peuvent lui refuser la qualification de sujet, il faut en conclure que le droit régissait déjà cette relation pour enjoindre aux tiers de reconnaître un tel sujet. Le droit pénal se fonde sur cette injonction et cette reconnaissance.

Mais l'objection revient ici comme là-bas : dans l'exigence morale reconnue à la source du droit de punir, a-t-on assez tenu compte du pluralisme des éthiques ?

2 / Le minimum éthique du pluralisme politique

Si le droit pénal s'appuie ainsi qu'on l'a dit sur la liberté comme sur son plus sûr fondement, peut-il viser, demande-t-on, un autre objectif que la préservation de cette liberté même ? Mais alors, comment peut-on répéter d'une part, à temps et à contretemps, que le lien social se noue, en deçà tant du consentement contractuel que de la nécessité organique, dans l'acte par lequel la liberté poursuit son propre déploiement, imposer aussitôt d'autre part à cette même liberté, par le biais de la contrainte pénale, le respect d'un certain nombre de valeurs particulières ? Cette étrange dialectique jusnaturaliste ne donne-t-elle pas de la main gauche, par sa justification du droit de punir, la liberté qu'elle reprend de la main droite en abaissant lourdement le glaive pénal sur les sujets qui entendent précisément exercer librement leur liberté ?

On le voit, le malentendu se joue, encore une fois, dans la compréhension de la liberté. D'un côté, le pluralisme libéral réserve à l'acte libre le plus grand nombre de choix – c'est la thèse du maximum éthique – parce qu'il conçoit la liberté comme la source même des valeurs qu'elle poursuit en sa « vie privée » ; il restreint du même coup à la portion la plus congrue la contrainte pénale qui, imposant certaines valeurs de l'extérieur, entame d'autant, pense-t-il, la liberté personnelle des sujets ; de l'autre côté, le jusnaturalisme contient ce déploiement des choix subjectifs dans des limites plus étroites, pénalement sanctionnées, pour reconnaître qu'en société les libertés obéissent déjà – c'est la thèse du minimum éthique – à un certain nombre d'injonctions qui entravent apparemment la liberté personnelle mais permettent en réalité à cette liberté d'exercer plus librement sa nature sociale.

En cette seconde perspective, redisons-le encore, la liberté se refuse à tirer du seul fonds de sa subjectivité les objectifs de son agir humain préférant plutôt reconnaître « en dehors » d'elle – mais ce « dehors » est toujours aussi un « dedans » d'elle-même car cette reconnaissance fait précisément toute sa liberté – l'objectivité des lois fondamentales de son déploiement. En dehors d'elle, par exemple dans le fait politique lui-même.

Le droit pénal participe ainsi à cette objectivité puisque le législateur y énonce, par ses incriminations des comportements qu'il réprouve, les attentes objectives de la société politique à l'égard des libertés individuelles.

Veut-on dire par là que la loi pénale se confond avec la loi morale ? Nullement, encore une fois. On veut dire seulement que si le sujet libre déploie *aussi* sa liberté dans le corps social sans que cette liberté s'en trouve – au contraire – amoindrie, alors il faut que l'objectivité du corps social se présente déjà à la liberté comme transie de moralité, sinon la liberté ne se retrouve plus elle-même dans le lien qu'elle a pourtant noué.

Tout se tient : si la liberté ne se renie pas du fait d'entrer en relation parce que cette relation même – en l'occurrence politique – correspond à sa propre nature, si donc la société politique représente aux yeux du sujet une étape dans l'accès de la liberté à son authenticité – en quoi consiste l'œuvre proprement morale –, alors il faut que la moralité de ce lien politique s'exprime déjà dans l'objectivité d'une loi qui, pour formulée qu'elle soit à « l'extérieur » de la liberté par le législateur, n'en rejoint pas moins sa nature profonde – et c'est l'œuvre pénale. L'instance morale et l'instance pénale ne se distinguent adéquatement qu'en s'articulant l'une à l'autre : tandis que la liberté entre dans la relation politique en quête morale de son accomplissement, elle rencontre en réponse à son attente la prescription pénale par laquelle la société politique lui confirme – mais à sa manière – qu'elle y trouvera la médiation dont elle a besoin pour poursuivre sa recherche.

Ainsi, la nécessité pénale ne se différencie-t-elle au mieux du projet moral qu'en se mettant à son service : elle énonce en effet que les libertés qui s'étaient livrées les unes aux autres dans la société politique pour égaler leur propre nature pourront y poursuivre ce projet moral car cette société même a énoncé dans son droit (pénal) les conditions minimales de la subsistance de ces libertés.

L'affirmation du pluralisme éthique selon lequel, dans la société politique, chaque sujet doit jouir du maximum de liberté pour mener son existence selon ses propres choix de vie n'impose donc la thèse du maximum éthique qu'à la suite d'une illusion d'optique selon laquelle le fait politique lui-même – envisagé comme décision du contrat social ou organisme quasi biologique – ne se donnerait pas à la liberté comme une étape de son déploiement moral. En réalité, si une société veut tenir jusqu'au bout le projet social du maximum de liberté, elle doit s'imposer par la règle pénale le minimum éthique qui garantira formellement la reconnaissance mutuelle des libertés, car personne ne saute au-dessus de son ombre : si la liberté a voulu la société comme lieu politique de la reconnaissance morale d'autrui, elle ne peut plus vouloir, dans la suite, que la société, prenant en charge cette volonté, n'énonce pas, par ses règles pénales, les conditions indispensables de cette reconnaissance réciproque des libertés.

Parce qu'elle provient du projet moral, la société ne peut sans se renier comme telle – et donc sans manquer aux libertés qui s'appuyaient sur cette nécessaire médiation politique de leur accomplissement –, démissionner de la tâche pénale d'établir les formes du respect mutuel. Par la menace de la peine, elle doit stigmatiser comme elle pourra – et ce ne sera pas sans maladresse, ainsi qu'on le verra encore – les comportements négateurs du projet déjà éthique que les sujets nourrissaient en se reconnaissant politiquement liés par leur liberté même. Recueillant cette exigence morale à la source de sa propre constitution, la société politique incriminera ainsi les comportements qui portent atteinte à ce minimum de confiance que les sujets étaient en droit de s'accorder mutuellement lorsqu'ils se sont d'emblée reconnus société de personnes libres.

La société défendra dès lors au moins ce minimum qui permet à une société pluraliste de rester une société pluraliste, c'est-à-dire la vie, et l'intégrité physique et la dignité humaine et les libertés fondamentales de chacun des sujets qui la composent, imposant par là à tous les tiers l'obligation – pénalement sanctionnée – de laisser subsister dans leurs relations cette confiance fondamentale grâce à laquelle les libertés humaines acceptent de se reconnaître liées par le lien social. Elle assurera ainsi le minimum éthique qui permettra à chaque citoyen d'une part de participer au débat d'où émanera la loi positive, d'autre part de prolonger au-delà de cette loi l'attitude morale par laquelle il pense obtenir son accomplissement ultérieur.

3 / L'élément dit « moral » de l'infraction

En insistant comme nous l'avons fait d'abord sur l'engagement de la liberté – et donc de la moralité – dans la relation politique, ensuite – et corrélativement – sur la nécessité d'un minimum éthique à la base du droit gardien de cette relation, notre démarche jusnaturaliste a certes attiré le droit pénal sur le terrain de l'engagement moral, mais n'a-t-elle pas, du même coup, sacrifié les déterminismes sociaux, donnant ainsi bonne conscience à la société qui a prononcé la peine ?

Une ambiguïté risque en effet de corrompre la compréhension de la moralité engagée dans le comportement délictueux.

Dans les exposés qu'ils consacrent à sa définition, les pénalistes s'accordent généralement sur le triple élément constitutif de l'infraction : la légalité, la matérialité et la moralité. On ne revient pas ici sur la légalité de l'incrimination *(nullum crimen sine lege)* ni sur la rigueur que le positivisme juridique du « contrat social » a donnée à ce principe, raréfiant d'autant toute réflexion possible sur la répression d'infractions qu'aucun texte n'aurait prévues et qui s'appelleraient par exemple « crimes contre l'humanité ». On ne développe pas non plus la matérialité du comportement (action ou abstention) incriminé et dont les minutieuses descriptions remplissent les traités de droit pénal spécial. Du point de vue qui nous intéresse ici, qu'il suffise de renvoyer au minimum éthique évoqué à la section précédente. On retient plutôt l'élément moral où se montre de façon plus vive la liberté du sujet qui a commis l'infraction. Les traités classiques y distinguent le dol et la faute : dol – dans toutes ses gradations techniques : général, spécial, tout à fait spécial, éventuel, préterintentionnel, etc. – lorsque le sujet a posé volontairement l'acte (ou l'abstention) objet de l'incrimination, faute quand il s'est rendu coupable de l'infraction non par volonté déterminée de la commettre mais par défaut d'attention aux incidences de son comportement sur l'intégrité physique, morale ou patrimoniale d'autrui.

Le degré d'engagement de la liberté du délinquant dans l'acte qu'il a posé (ou négligé) se spécifie encore au gré des causes de justification et d'excuse qu'on y a trouvées soit pour innocenter complètement le comportement dûment justifié (cas de force majeure, ordre de l'autorité, etc.) soit pour atténuer la rigueur à exercer envers un comportement excusable (cas de la provocation, par ex.). Appelés à la rescousse, les psychiatres détaillent davantage encore l'examen en exerçant leur art pour relever les contraintes psychiques qui ont pesé sur le prévenu, entravant d'autant sa liberté, et diminuant par le fait même la responsabilité de ses faits et gestes.

Que fait le juge lorsqu'il s'efforce ainsi de déterminer « l'élément moral » de l'infraction dont il a par ailleurs établi la matérialité ainsi que l'incrimination légale ? Il cherche à savoir jusqu'où le sujet a engagé sa liberté dans l'infraction matériellement commise. Mais cette quête s'avère aussi impossible qu'indispensable, et peut-être dangereuse.

Effort indispensable dans la mesure où, le droit pénal sanctionnant la violation du lien par lequel les libertés tiennent les unes aux autres – les pages précédentes y ont suffisamment insisté –, on ne peut absolument pas concevoir la répression d'une infraction purement matérielle qui ne comporterait aucune appréciation quant à l'engagement de liberté du délinquant dans le comportement qu'on lui reproche. Quête tout de même impossible puisque le magistrat, irrémédiablement tiers à l'égard du prévenu, n'entrera jamais – quelque perspicacité qu'il exerce scientifiquement ou intuitivement – dans l'intimité de la conscience du délinquant. Laissant pour le chapitre suivant le développement de cette aporie, on voudrait, pour clore celui-ci, écarter l'objection qui voit un danger d'ambiguïté dans la recherche par le juge de la moralité que le délinquant a engagée en commettant l'infraction.

Car en focalisant son attention sur les débats intérieurs du prévenu qui, par exemple, aurait prémédité son forfait selon tel degré de conscience ou qui, au contraire, bénéficierait d'une exemption de répression selon tel degré d'inconscience, la justice répressive ne risque-t-elle pas de refouler dans l'ombre la responsabilité que le corps social lui-même encourt dans l'infraction commise ? Si l'acte délictueux mis en évidence par la poursuite judiciaire ne se dissocie évidemment pas des conditions économiques, sociales et politiques qui ont spécifié sa triste réalisation, le juge rencontrera tout de même moins de difficulté à se pencher sur l'élément moral constitutif, par exemple, de telle infraction de vol en fouillant la psychologie individuelle du voleur qu'à remettre en cause l'organisation économique qui, par exemple encore, a créé les frustrations du public en valorisant à l'extrême le plaisir de la consommation d'une part, mais en interdisant d'autre part l'accès de pans entiers de la population à un revenu décent. De même pour la violence et les autres comportements réprimés par la loi : puisqu'il s'avère relativement commode d'épingler la méchanceté de tel prévenu reconnu coupable de meurtre ou de coups, ne convient-il pas d'arrêter là le processus sanctionnateur sans interroger plus avant ni les modèles d'éducation familiale que la société a véhiculés sans prendre garde à leur effet corrupteur, ni les structures scolaires qu'elle a mises en place – quand elle l'a fait – pour donner une formation intéressante à l'ensemble des jeunes, ni les images et discours dissolvants qu'elle a répandus ou tolérés dans les divers moyens de communication sociale, ni les mesures qu'elle n'a pas prises pour faire droit aux aspirations des classes marginalisées, etc. ?

De la sorte, la recherche de « l'élément moral de l'infraction », elle-même fondée sur la philosophie qui valorise l'engagement moral de la liberté dans le champ social en général, dans le droit pénal en particulier, n'oblitère-t-elle pas indûment toutes ces composantes collectives qui, ne tombant sans doute pas immédiatement sous l'analyse de la personnalité du délinquant, ont tout de même déterminé l'acte coupable avec une plus ou moins grande intensité ?

On mesure ainsi le danger d'ambiguïté d'une répression qui se concentrerait à l'excès, au nom d'une perspective idéaliste, sur l'engagement moral du délinquant dans l'infraction, en escamotant les déterminismes sociaux pourtant bien réels.

A cette objection, la réponse est simple : la philosophie qui met en évidence l'engagement des libertés dans la formation du lien social permet précisément la mise en cause des responsabilités collectives, tandis que les autres représentations l'empêchent. Car l'engagement moral des libertés placé ici en exergue s'entend non seulement du prévenu dans le chef duquel le juge analyse « l'élément moral de l'infraction » mais encore de tous les concitoyens du délinquant qui, par l'ensemble de leurs choix collectifs posés en matière économique et sociale, ont édifié cette société dans laquelle le délit s'est commis. Comment dénoncer cette responsabilité du milieu social – qui entraîne qu'en toute condamnation pénale d'un de ses membres, la société tout entière mérite aussi, de près ou de loin, une part de la peine prononcée – sinon en posant que ce milieu social se forme précisément par le choix, ici encore, des libertés qui s'y engagent ? Où l'on trouve, une fois de plus, le lien intrinsèque à reconnaître entre liberté et société.

Dès lors, loin de se concentrer sur la psychologie individuelle du délinquant, « l'élément moral de l'infraction » s'élargit si l'on peut dire à tout le tissu social – fait de choix libres – où l'acte délictueux a trouvé son milieu d'éclosion.

Par contre, les théories qui fondent le droit de punir sur le « contrat social » ou la « défense sociale » ne permettent pas la mise en évidence des responsabilités collectives puisque la première ne reconnaît d'engagement social des libertés que dans la convention originaire, fondatrice en l'occurrence de l'incrimination pénale, et que la seconde, préservant l'organisme de la société, n'y pose même pas la question de la liberté qui maintiendrait ensemble les membres de ce corps. Dans ces conditions, il paraît bien inutile de mettre en cause la responsabilité collective ni des partenaires du « contrat social » qui vivent leur liberté comme ils l'entendent dans le champ socio-économique pourvu qu'ils ne contreviennent pas, chacun pour ce qui les concerne, aux strictes limites de la loi pénale conventionnellement posée, ni du « corps social » qui assure sa survie à la manière d'un organisme biologique, sans donc y ouvrir quelque espace que ce soit à une éventuelle liberté responsable.

Cette fermeture des deux théories ici évoquées en regard de la thèse qui élargit au contraire la visée de la liberté à tous les domaines de la société et souligne réciproquement la note morale présente en tout lien social mérite en retour la réflexion qu'aborde le chapitre suivant sur la nécessaire distinction du pénal et du moral. Car si la moralité transit nécessairement le lien social à cause des libertés qui s'y livrent les unes aux autres, elle juge cependant à distance d'elle-même ce système pénal encore et toujours approximatif de sa propre visée.

Chapitre III

LA DISTANCE DU DROIT PÉNAL A L'EXIGENCE MORALE

Pour rester fidèle à l'intuition qui situe la source du droit de punir, en deçà des réductions du positivisme, dans la quête morale des libertés réunies au sein de la société politique, il faut certes inscrire l'exigence morale elle-même dans la prescription pénale comme on vient de le faire, mais il importe autant de souligner la distance de l'une à l'autre en montrant, à la fois par l'empirisme utilitaire qui traverse toutes les fonctions de la peine (sect. 1) et par les hésitations de l'appareil répressif à poursuivre un objectif qui lui échappe (sect. 2), que l'*a priori* reconnu en deçà de l'entité politique se déploie encore au-delà d'elle (sect. 3).

1 / La peine : de la moralité à l'utilité

Les auteurs reconnaissent une diversité d'objectifs à la peine : prévention générale, prévention spéciale, sanction. Mais on retiendra ici, sous-jacente à cette polyvalence des fonctions, la dualité du moralisme et de l'empirisme présente en chacune d'elles, afin de montrer que si la référence à la moralité s'avère indispensable pour comprendre le droit pénal, ainsi qu'on vient de le développer, elle n'épuise toutefois pas le sujet à cause de l'irréductible distance que maintient la conscience humaine par rapport au lien social.

Un premier débat tourne autour de la prévention. Lorsqu'on envisage la peine comme moyen de prévention générale, on insiste sur le caractère dissolvant pour autrui du comportement puni dans le chef du coupable : pour éviter que d'autres sujets ne répètent le geste du délinquant, la société – législateur, ministère public et tribunaux – leur fait savoir qu'elle réagira à ce choix par l'imposition de la même peine que celle qui a frappé l'auteur de l'infraction.

Cette fonction de prévention générale accentue l'exemplarité de la peine, parfois jusqu'à l'intimidation, pour contredire la prétention éventuelle du geste délinquant, vu les bénéfices (illicites) qu'il rapporte, au titre de modèle. Elle suppose que tous les sujets subiront la même peine que l'auteur le jour où ils commettront la même infraction que lui ; là comme ailleurs, suppose-t-on, tous les sujets seront égaux devant la loi.

Reste à savoir si les bonnes intentions de la prévention générale ne risquent pas d'aboutir à un calcul utilitariste : le sujet ne passera sans doute pas à l'acte si les inconvénients de la peine l'emportent sur les avantages de l'infraction, mais *quid* dans le cas contraire ?

La prévention spéciale quitte le point de vue des autres sujets de droit pour adopter celui du délinquant lui-même car la peine cherche ici à empêcher la récidive du geste qu'il a commis : mais est-ce prosaïquement, en inspirant à l'auteur du méfait la crainte de subir à nouveau le châtiment lié à l'infraction (empirisme) ou, plus idéalement, en l'amenant de l'intérieur à s'amender de sa conduite passée (moralisme) ? En tout cas la prévention spéciale demande une connaissance approfondie de la personnalité du délinquant pour lui appliquer la peine qui remplira au mieux l'objectif poursuivi de mémoire ou d'amendement.

Alors que la première prévention considérait le délit comme le comportement susceptible de contagion à l'égard d'autres sujets de droit, nécessitant donc pour l'enrayer des mesures communes à tous les délinquants, celle-ci envisage l'infraction comme une manifestation particulière à l'intérieur d'un parcours existentiel nécessairement unique appelant, pour cette raison, un traitement individuel.

La tension inhérente à la double prévention voulue par le droit pénal traverse les nombreux choix, historiques et actuels, que posent le législateur, le juge et le spécialiste de doctrine lorsqu'ils façonnent l'ordre juridique répressif. D'ailleurs, puisqu'il s'agit de concilier des logiques contraires, on arrive souvent aux solutions de compromis où les excès dans l'imposition du traitement égal trouvent un correctif dans l'individualisation des peines, et réciproquement.

Mais cette tension, que les juristes connaissent bien, entre la défense des intérêts de l'individu et ceux de la société recoupe elle-même l'autre axe où l'on trouve le calcul empirique d'utilité au premier pôle, l'appréciation morale de légitimité au second.

Tant la prévention générale que la prévention spéciale se laissent décrire, en effet, dans les termes du calcul : dans un cas, les sujets de droit, dans l'autre, le délinquant lui-même dressent le bilan de l'avenir : à l'actif les avantages à retirer de l'infraction, au passif les inconvénients de la peine prévue par le Code (prévention générale) ou déjà subie par le délinquant (prévention spéciale), au solde la balance du meilleur profit. Mais cette description utilitariste du rôle préventif de la peine fait fi de l'appréciation morale des comportements incriminés. Or l'une et l'autre prévention supportent une lecture du droit pénal en termes de valeurs.

La prévention générale, en effet, ne joue pas seulement sur le registre de l'intimidation ; elle s'appuie aussi sur la conscience des sujets qui posent un lien de convenance entre la peine qu'ils voient appliquer par les juges et le comportement qu'ils réprouvent eux-mêmes comme illicite. Quant à la prévention spéciale, nous l'avons dit, elle s'efforce de contenir la récidive non seulement en inspirant la crainte d'une nouvelle peine mais encore en s'efforçant d'obtenir l'amendement du coupable et donc la prise de conscience par l'auteur de la valeur que son infraction a bafouée.

L'axe « calcul d'utilité » *versus* « appréciation morale » soulève, à propos du rôle préventif de la peine, la question que pose – nous l'avons vu – le droit naturel au droit pénal de savoir si le lien qui relie l'individu à la société relève ou non de la liberté et donc de l'éthique. Mais cette question redouble d'intensité lorsque le droit pénal, ne pouvant se limiter à la prévention (générale ou spéciale), s'aventure sur le terrain de la sanction.

Dans les positions prises sur la sanction, la théorie de la rétribution entend souligner par la peine la valeur moralement négative de l'acte délictueux tandis que l'école de la défense sociale – nous l'avons dit – se contente de réagir par une mesure de sûreté au danger que représente cet acte. Comme pour l'axe traversé par la double prévention, cette dualité d'approche de l'infraction – par l' « intérieur » de la faute à punir ou par l' « extérieur » de la menace à prévenir – ne se présente pas à l'état pur puisque l'histoire et la pratique les mêlent souvent, d'ailleurs à des degrés divers. Il importe cependant d'en saisir les enjeux.

Car si l'acte posé par le délinquant apparaît seulement comme une sorte de maladie – du corps personnel ou du corps social – à l'égard de laquelle ne s'impose qu'un traitement moralement neutre, le lien social devient lui-même, on le sait, le produit d'une efficacité instrumentale qui règle sans doute par des mesures appropriées les troubles fonctionnels de son système pour en assurer la sécurité mais qui perd du même coup sa dimension symbolique. Par contre, il faut souligner également – et c'est l'objet de ce chapitre – les limites des théories qui insistent sur la rétribution morale, car en rigueur de termes, cet objectif de la peine s'avère une tentative impossible.

La peine en effet émane par définition du corps social alors que la rétribution ne provient, en dernière analyse, que de la conscience elle-même. Là se situe le paradoxe : parce que d'un côté, il protège le lien social issu du jeu des libertés, le droit pénal doit viser à la fois l'expiation des infractions commises à l'encontre de ce lien (rétribution), la réaffirmation symbolique des valeurs méconnues (prévention générale) et l'amendement intérieur du coupable revenu à résipiscence (prévention spéciale), bref il doit toucher les libertés concernées par le méfait ; d'un autre côté, puisqu'il met en branle une peine imaginée par le corps social, le droit pénal s'empêche d'emblée de réaliser finalement son objectif puisque seule la liberté peut, de l'intérieur, y adhérer d'elle-même.

En d'autres termes, le droit pénal poursuit nécessairement, à cause des libertés, une visée qui tout aussi nécessairement lui échappe, à cause de la peine. Qu'on la prenne du côté du juge qui, incapable de pénétrer la conscience du prévenu, examine de l'extérieur les faits qui lui sont reprochés pour leur appliquer la sanction prévue par le droit criminel ou du côté de la répression qui s'abat sur le délinquant, de l'extérieur également, la procédure pénale ne s'identifie jamais – même si elle le mime parfois – au processus de la conscience qui évalue sa propre méchanceté au vu de ses actions passées et qui en ressent, à l'intérieur d'elle-même, de la peine. D'où les ruses possibles et les calculs utilitaires des sujets menacés de répression.

Émanant du groupe, la loi pénale vise – prévention oblige – la survie du groupe lui-même ; elle ne se confond donc pas avec la loi morale qui intime au sujet d'accéder davantage à son humanité. Même si la constitution du groupe s'inscrit, ainsi qu'on l'a vu, dans cette trajectoire morale de la liberté en recherche de son authenticité, elle s'en distingue pourtant comme une étape spécifique et toujours ouverte à un dépassement ultérieur. Lors donc que les juristes réfléchissent aux diverses fonctions du droit pénal, ils doivent garder à l'esprit ce paradoxe de la peine qui n'obtient jamais ce qu'elle veut car, en chacune des tâches préventives ou rétributives qu'on lui assigne, elle utilise empiriquement l'extériorité de la contrainte sociale pour réaffirmer l'adhésion morale des libertés aux valeurs qui fondent la confiance inhérente au lien social.

2 / L'application de la peine : novation et hésitation

La distinction reconnue au cœur du droit pénal entre l'objectif moral qui relève du domaine intime des libertés d'une part, la contrainte répressive qui fait peser sur le délinquant l'objectivité du corps social d'autre part, cette distinction oblige à parler de novation lorsqu'on passe de la sanction morale à la répression pénale, permettant du même coup de mieux comprendre les hésitations des autorités répressives devant l'application d'un instrument nécessairement inadéquat.

Puisque la répression pénale ne se confond nullement avec la sanction morale pure et simple, de celle-ci à celle-là il y a novation, c'est-à-dire changement de nature de l'obligation ainsi sanctionnée. Dans l'idéal, en effet, la valeur morale s'impose d'elle-même puisqu'elle s'adresse à la conscience du sujet qui s'y soumet librement, mais lorsqu'elle devient le bien commun d'une société qui y reconnaît un de ses fondements à ce point important que le sujet qui l'enfreindra devra subir une peine, une transformation s'opère qui fait passer cette valeur du champ éthique au champ juridique. En d'autres termes, si la valeur morale s'adresse à la liberté, elle ne peut rester telle lorsque le pouvoir la garantit par une sanction pénale : en passant de l'appel éthique à la contrainte publique, elle a changé de sens.

Certes l'ordre légal, nous l'avons dit, instaure davantage que des mesures stabilisatrices d'un fonctionnement social par la prévention (générale et spéciale) de tout ce qui menacerait sa perturbation puisque aussi bien il prévoit des peines qui sanctionnent le rapport de la liberté coupable à la valeur méconnue. Il n'empêche que la contrainte qu'il instaure lui barre l'accès à l'ordre moral où la valeur s'impose d'elle-même à la conscience des sujets.

En notre parcours la novation, déjà rencontrée en droit de la famille, ne fait pas figure d'inconnue. Là, il a fallu reconnaître également que si les dispositions juridiques alignent comme autant de contraintes, légales ou judiciaires, les devoirs des parents à l'égard de leurs enfants ou ceux des conjoints l'un envers l'autre, elles n'exprimaient que maladroitement les exigences d'un autre ordre (cf. *supra*, p. 175). L'affection, en effet, qui fait entendre à l'intime des libertés l'exigence morale de la fidélité et de l'assistance, de l'éducation et de l'entretien ne se retrouve plus dans le discours juridique qui impose aux membres de la famille, par l'extériorité de la loi civile, d'adopter les attitudes auxquelles, dans la spontanéité de leur liberté, ils ne voulaient, par hypothèse, plus se conformer.

Dans le passage du devoir spontanément accompli par la liberté consciente de ses obligations à la contrainte exercée par le corps social détenteur de la force publique, se joue une novation qui rend compte tant en droit pénal qu'en droit de la famille, de la spécificité de la contrainte juridique par rapport à l'exigence morale.

Dans le cercle familial, la nécessité impose de recourir au droit pour maintenir des relations viables entre les membres divisés par les comportements que le juge sanctionne tant bien que mal, tout insatisfait qu'il soit lui-même des décisions qu'il impose. Qu'en est-il en droit pénal ? la même nécessité oblige certes les magistrats à assurer la prévention et la rétribution de l'infraction par l'application de la peine prévue mais ils ne s'y résoudront pas, ici non plus, sans ressentir une certaine hésitation, due précisément à la novation opérée.

La littérature juridique a relevé dans le droit pénal les modes qui expriment cette réserve du législateur d'abord, du ministère public ensuite, du juge enfin, quant à la mise en œuvre de la répression. D'où viennent en effet l'appréciation de l'opportunité des poursuites, la suspension du prononcé de la condamnation, le sursis à l'exécution de la peine, la libération conditionnelle, la probation, ou les projets de simple déclaration de culpabilité dénuée de toute autre condamnation, sans compter la figure omniprésente des circonstances atténuantes sinon d'une prise de conscience par les pouvoirs publics de l'irrécupérable distance qui sépare l'objectif du maintien des valeurs bafouées par l'infraction au cœur des libertés engagées dans le lien social – y compris celle du délinquant dont la peine poursuit aussi l'amendement – d'une part, les moyens coercitifs qui ne touchent cet engagement moral que de l'extérieur par une certaine privation, soit de droits patrimoniaux (confiscation, amende...) soit du droit d'aller et de venir (prison) d'autre part ?

Ces hésitations manifestées par l'appareil répressif tiennent certes à plusieurs raisons. On se demande par exemple si la poursuite systématique de toutes les infractions commises sur un territoire déterminé n'exige pas un tel contrôle policier que le bénéfice de cette politique criminelle se perdra bien vite dans le déficit des libertés démocratiques, ou si la multiplication des envois du délinquant dans le milieu criminogène de la prison n'augmentera pas davantage la récidive plutôt que de l'enrayer, ou encore si l'application d'une loi répressive qui, toute inscrite qu'elle soit dans le code, ne rallie plus le consensus de la population, ne divisera pas l'opinion publique en des querelles politiquement dommageables, etc., mais derrière ces motifs empiriques, valables chacun pour leur part, une question plus fondamentale ne se profile-t-elle pas de savoir si les lois pénales sont réellement prises pour être appliquées ? A cause de leur lourdeur maladroite, peut-être ces lois n'atteignent-elles jamais si bien leur objectif – à l'instar des dispositions de droit familial – que lorsqu'elles ne s'appliquent pas ?

Puisqu'elle cherche à restaurer la toute légère spontanéité de la confiance qu'exercent les humains en se reconnaissant liés, la peine décisive du méfait ne provient en effet que de l'intérieur même du sujet coupable. Nécessaire, la tentative du droit pénal s'avère donc finalement impossible.

3/ De l'*a priori* à l'*au-delà* : la tension morale

Pour conclure le présent titre où l'on a cherché à mettre en évidence l'*a priori* des dispositions positives du droit pénal, on voudrait rappeler encore la distance du pénal au moral en évoquant une dernière fois l'au-delà de la répression.

Car si la liberté que les humains engagent dans la société politique en se reconnaissant liés les uns aux autres par la confiance donne aux formulations du droit l'*a priori* qui empêche la répression criminelle de verser soit dans le positivisme juridique du « contrat social » soit dans le positivisme scientifique de la « défense sociale », cette même liberté, polarisée par son propre accomplissement, poursuit plus loin que l'étape politique la recherche de son humanité. L'au-delà de l'exigence morale rejoint de la sorte l'*a priori* de la liberté, donnant sa consistance à tout l'espace social intermédiaire mais sans jamais se confondre, puisqu'il les déborde, avec les lois pénales qui assurent la cohésion de cet espace.

En d'autres termes, parce que la liberté trouve aussi son bien moral dans la reconnaissance politique, la source du droit de punir ne jaillit pas dans les déserts positivistes où la société, toute construite par l'artifice contractuel ou tout imposée par le réalisme organique, s'est dissociée de la spontanéité profonde des sujets libres, elle jaillit plutôt, nous l'avons dit, de la nécessité de maintenir aussi intacte que possible la confiance nécessaire à cette rencontre des libertés. Mais puisque à la source de la répression se trouve précisément la liberté en quête de son achèvement par-delà l'entité politique, cet *a priori* moral déborde la loi pénale que pourtant il fonde, l'empêchant ainsi de se clore en un ordre inquestionnable.

Lors donc qu'on insiste, contre toutes les formes du positivisme, sur l'engagement de la liberté la plus spontanée dans la formation du lien social et donc dans les énoncés du droit pénal, il importe de ne pas jouer le jeu de ces mêmes positivismes en faisant accroire que les sujets épuiseraient leur recherche morale en tel ou tel de ces énoncés. Car l'entité politique nouée par la rencontre des libertés ne constitue jamais qu'une manière particulière, et donc limitée, d'exaucer le vœu de la liberté en quête des reconnaissances authentiques.

Ce pôle politique inhérent à l'ordre répressif oblige le juriste à apprécier les valeurs défendues par le droit pénal non plus seulement pour la qualité qu'elles apportent à l'humanité de l'homme – à sa quête morale – mais pour l'opportunité qu'elles représentent au maintien de la société – à sa stabilité politique. D'où, répétons-le, l'inévitable ambiguïté. La répression pénale défend sans doute un lien social basé sur l'adhésion des libertés à des valeurs morales reconnues comme symboles, mais du fait même de cette répression, ces valeurs ont vu muter leur qualité morale pour devenir les références de la société qui a choisi d'en faire son bien. Ce droit pénal ne défend donc pas exactement la morale ; il protège un ordre social dans lequel les libertés ont reconnu certaines valeurs comme leur bien commun et donc certains devoirs comme pénalement sanctionnables.

Dès lors, s'il est dangereux d'instrumentaliser à ce point le droit pénal qu'on n'y cherche plus aucune trace de l'engagement moral des libertés dans la formation du lien social, dissociant ainsi complètement le légal du moral, il s'avère au moins aussi dangereux de (faire) croire que la répression pénale s'ajusterait si bien aux requêtes de la moralité à l'égard des libertés coupables qu'elle enfermerait dans les limites d'une société politique particulière et de ses prescriptions juridiques les exigences majeures de la conscience humaine. Au contraire, l'*a priori* (qui est aussi l'au-delà) de la répression travaille sans cesse le droit pénal par cette tension morale qui le fonde en le dépassant. Le moral se distingue ainsi du pénal en le traversant soit par la mise en évidence d'un meilleur respect des personnes à intégrer dès lors dans le « minimum éthique » sanctionné par la peine, soit par le perfectionnement des procédures (les droits de la défense, par exemple) ou l'amélioration des traitements (telle l'humanisation des prisons), obligeant ainsi le droit à se tenir sans relâche à la hauteur de sa fin, la formulation sociale des exigences de la reconnaissance d'autrui.

Cette inscription de l'instance morale dans l'instance pénale permet ainsi un labeur éthique où, comme nous l'avons dit à la fin du chapitre précédent, non seulement le sujet coupable saisit la condamnation pénale comme l'occasion de réfléchir à sa conduite passée et de s'amender désormais à l'avenir mais où l'ordre social lui-même remet en cause ses propres ordonnancements pour obéir à cette tension qui le parcourt.

Alors que les figures positivistes de la société purement conventionnelle ou du corps social purement organique permettent d'identifier les lois répressives aux dispositions prises par les plus forts de ses membres couvrant ainsi leurs intérêts propres du pallium juridique, la reconnaissance de la spontanéité des libertés en *a priori* du lien social permet une mise en question des formes trop étroites et trop biaisées dans lesquelles ce lien s'est noué. Parce qu'elle traverse le droit pénal, l'exigence morale récuse toute confiscation du droit au bénéfice des puissants qui, profitant de leurs privilèges de fait, s'écarteraient de la voie sans cesse rappelée de la nécessaire reconnaissance d'autrui. L'*a priori* des libertés déjà saisies par la moralité ne laissera aucun repos aux répressions positives tant qu'elles ne seront pas justes.

ÉTAT DES QUESTIONS : LE DROIT PÉNAL*

Le présent état des questions fournit quelques repères concernant trois grands débats de la philosophie pénale.

Tout d'abord, la problématique distinction entre le *crime naturel* et le *crime artificiel* (I). Peut-on encore défendre l'idée d'une différence de nature entre les comportements criminels jugés les plus graves, et les autres ? Ne doit-on pas plutôt convenir avec Durkheim de l'inanité de tout discours pénal dualiste et de l'arbitraire qu'il y a à séparer les formes d'atteinte au sentiment collectif? Plus radicalement la notion même de crime conserve-t-elle une pertinence après les critiques abolitionnistes dont elle a fait l'objet ?

Il s'agira ensuite de discuter différents types d'arguments avancés à travers l'histoire pour justifier la réaction répressive au crime. Le débat porte ici essentiellement sur le problème du *fondement* du droit de punir (II). Doit-on conclure à l'illégitimité pure et simple de toute sanction ? Faut-il subordonner la légitimité des peines à leur finalité – dissuasive, persuasive, symbolique, etc. ? Ou peut-on dégager un fondement autonome – de nature contractuelle ou morale – au droit de punir ?

* Par Willy Cassiers, Assistant à la Faculté de Droit de Namur.

Enfin, il sera question de la *fonction* des peines (III). En partant de deux positions classiques – l'utilitarisme et le fonctionnalisme sociologique – on se propose d'articuler leurs dimensions complémentaires puis d'envisager, pour nouer la réflexion développée en nos deux derniers chapitres, la possibilité d'agencer la fonction au fondement du pénal.

I. – La nature du crime

Le crime a-t-il une nature identifiable, c'est-à-dire un ensemble de traits caractéristiques, qui en résument l'essence ? Une première réponse à cette question consiste à *naturaliser* le crime ; le crime est alors soit un comportement qui a toujours et partout suscité mépris et indignation – Domat –, soit une attitude à l'égard de laquelle le sens, progressivement affiné, des valeurs morales attache un réprobation croissante – Tarde. Une seconde position prend l'exact contre-pied de la première, et tend à *dénaturaliser* le crime. A la suite d'É. Durkheim, de nombreux auteurs ont insisté sur le caractère socialement construit des incriminations : le registre infractionnel devient ainsi bien moins un donné que le résultat empirique et modifiable de l'interaction des acteurs du système répressif – interactionnistes – voire une forme contingente et transitoire d'interprétation des conflits humains – abolitionnistes. Enfin, partant des insuffisances du discours de la dénaturalisation, nous relaierons la *tension éthique* qui le traverse, sans trouver à s'y exprimer ouvertement, pour proposer l'ébauche d'une troisième voie. Cette troisième voie correspond à l'illustration d'un lien fort entre le processus d'incrimination et l'horizon des exigences d'ordre moral.

1 / La naturalisation

Y a-t-il des crimes naturels ? C'est-à-dire de vrais crimes à côté desquels on trouve la série des crimes artificiels, temporairement considérés comme tels, tributaires de valeurs passagères ? La question peut paraître anachronique tant on sait combien elle a rencontré les critiques croisées de l'école de Défense sociale, de la sociologie fonctionnaliste et des *Labelling theory*, sans oublier le récent courant abolitionniste. Pourtant elle correspond à une fracture de fond dans la philosophie pénale, ce dont témoignent de fréquentes résurgences expresses ou implicites dans le discours des pénalistes. On pense notamment à H. Beckaert lorsqu'il tente de

> « dégager la nature originelle des deux ordres de règles de vie sociale, les unes formant comme l'armature naturelle de la société, évoluant avec une rigueur toute biologique, et suggérant l'idée d'un ordre de choses supérieur à la volonté humaine et inaccessible à son influence. Les autres règles de vie, qui ressortissent à la "coopération instituée" entre les hommes, constituant le domaine résiduaire, où la liberté des individus et des agrégats s'exprime en une structure organisée, au moyen de techniques juridiques, qui s'apparentent très nettement à celle de la convention pure » (H. Beckaert, Ordre social et structure conventionnelle, in *Revue de droit pénal et de criminologie*, 1947-1948, p. 11 et 12).

La pertinence de cette question dépend évidemment du poids que l'on attribue à l'adjectif « naturel ». Ainsi certains auteurs, comme Prins, évacuent-ils radicalement le problème en attribuant à ce concept un sens tout à fait précis et univoque :

> « Il n'y a pas de *délit naturel*, c'est-à-dire des actions qui partout et toujours ont été considérées comme criminelles » (A. Prins, *Science pénale et droit positif*, Bruxelles, Bruylant, 1899, n° 137).

Mais il paraît nécessaire de travailler une fois de plus la polysémie du terme « naturel » si l'on veut obtenir quelques chances d'avancer sur le thème de l'hypothétique naturalité du crime. Durkheim lui-même reconnaît que l'optique choisie par Prins pour régler son compte à ce monstre récurrent de la philosophie pénale s'avère tout à fait insuffisante :

> « Le moyen de trouver cet élément permanent et général n'est évidemment pas de dénombrer les actes qui ont été, en tout temps et en tout lieu, qualifiés de crime pour observer les caractères qu'ils présentent. Car si, quoi qu'on en ait dit, il y a des actions qui ont été universellement regardées comme criminelles, elles font l'infime minorité, et, par conséquent, une telle méthode ne pourrait nous donner du phénomène qu'une notion singulièrement tronquée, puisqu'elle ne s'appliquerait qu'à des exceptions » (É. Durkheim, *De la division du travail social*, Paris, PUF, 11e éd., 1986, p. 36.).

Bien entendu, Prins tire de la doctrine antérieure quelques raisons d'envisager le problème de cette façon. Il est en effet des auteurs pour qui les vrais crimes trouvent leur essence dans l'immutabilité des principes de justice qu'ils violent. Ainsi Domat écrivait-il :

> « On doit distinguer deux sortes de règles : l'une, de celles qui sont du Droit naturel, et qui étant des suites nécessaires des principes de la justice et de l'équité sont immuables, et les mêmes toujours et partout ; et l'autre, de celles qu'établissent ceux qui ont le droit de faire les Lois ; et qu'on appelle des lois arbitraires, qui peuvent être établies, abolies, ou changées selon le besoin et la volonté du Législateur » (J. Domat, *Le droit public, suite des lois civiles dans leur ordre naturel*, Paris, Dehansy, 1767, préface).

Compris de cette façon, le crime naturel est bel et bien ce crime de toute éternité, que nul n'a pu ignorer ni excuser et que l'homme a toujours dû regarder, sous toutes les latitudes, comme intrinsèquement odieux dès lors qu'il vivait en société.

Néanmoins on ne peut résumer à la seule option de Domat la compréhension du concept de naturel, et l'on se débarrasse à trop bon compte d'une telle problématique en choisissant un contradicteur à la position aussi massive.

Dès la fin du XIXe siècle, certains auteurs, comme R. Garofalo, refusent de se laisser enfermer dans une définition si restrictive.

> « S'il faut donc renoncer à la possibilité de former un catalogue de *faits* universellement haïs et punis en n'importe quel temps ou quel lieu, est-il de même impossible d'obtenir la notion de délit naturel ? Nous ne le croyons pas ; mais pour y parvenir, il faut changer de méthode, abandonner l'analyse des actions et entreprendre celle des *sentiments* » (R. Garofalo, *La criminologie*, Paris, Félix Alcan, 4e éd., 1895, p. 5).

Entreprise risquée, d'envisager la question sous l'angle apparemment aussi réducteur que celui des sentiments. Le positiviste italien, persuadé pourtant de la pertinence de sa méthode, soutient que l'on peut ramener à deux sentiments originaires la source de tout « délit naturel » : la *pitié* et la *probité*. Présents dès le début des temps civilisés, même si de façon diverse en intensité, ces deux sentiments se sont développés avec l'histoire pour former la véritable ossature de tous les systèmes répressifs :

> « L'élément d'immoralité nécessaire pour qu'un acte nuisible soit considéré comme criminel par l'opinion publique, c'est la lésion de cette partie du sens moral qui consiste dans les sentiments altruistes fondamentaux, la pitié et la probité » (*ibid.*, 5e éd., p. 36).

Garofalo situe ainsi les deux grandes catégories de délit naturel dans la perspective de la violation des deux sentiments fondamentaux, sur fond d'une *ontogenèse criminelle.*

A la même époque, le sociologue français Gabriel Tarde propose trois types d'explications aux phénomènes de convergence non concertés que l'on observe entre les différentes législations pénales. Si tel ou tel comportement semble naturellement prescrit par toute une série de sociétés humaines,

> « on peut entendre de trois manières différentes (...) ces similitudes non imitatives auxquelles on applique inconsciemment la notion du *naturel* (...) Tantôt, on regarde ces ressemblances spontanées comme surtout attachées au début des évolutions sociales indépendantes entre lesquelles elles se produisent (...) Tantôt, on nous parle de ces choses dites naturelles comme de choses plutôt idéales ou rationnelles, comme des causes finales entendues à la façon d'Aristote ; c'est au terme de leur développement et non à l'origine que les diverses langues seraient destinées à accentuer leur conformité à une même grammaire naturelle (...) les diverses législations civiles ou pénales, leur conformité à un même droit naturel (...) Enfin, on peut affirmer la similitude de (la) succession de certains états déterminés » (G. Tarde, *La philosophie pénale*, Paris, A. Storck et G. Masun, 1891, p. 413-414).

On reconnaît R. Garofalo dans les deux premières conceptions : la probité et la pitié, tout en étant présentes dès l'origine, agissent aussi à la manière de causes finales, en dégageant toujours mieux leur virtualité et en les traduisant en termes normatifs. G. Tarde privilégiait, quant à lui, la seconde de ces conceptions. Sa perspective a ceci d'intéressant qu'elle renverse les données habituelles opposées aux jusnaturalistes. Si le naturel ne réside pas dans un nébuleux passé, toujours susceptible de réinterprétations idéologisantes, mais constitue une *polarité* vers où *tendent* les législateurs, les critiques de Prins et de ses épigones tombent : chassez le naturel, il revient au galop !

On ne cherchera donc pas les incriminations atemporelles et a-topiques mais on suivra le chemin plus long et plus difficile de l'évolution. En quelque sorte, le naturel est « devant nous » ou plutôt il s'expérimente sur le mode du pro-jet, c'est-à-dire d'une essence qui advient. La philosophie injustement méconnue de Tarde contient cette richesse conceptuelle par laquelle à la fois elle sauve la pensée pénale d'un réflexe passéiste, tout en attribuant un rôle central au *développement historique* des législations dans l'émergence de délits naturels.

Bien entendu, G. Tarde ne pouvant sauter par-dessus son ombre reste encore largement prisonnier de la *perspective progressiste* de son temps. Ainsi, s'il a perçu la dimension intrinsèquement historique du droit, il continue à croire cette dimension marquée du sceau du progrès. L'évolution a bien un sens, et ce sens est celui d'une conformité toujours croissante à un même droit naturel (G. Tarde, *ibid.*, p. 414.) La fin du XIXe siècle éprouve de la peine à penser ce qu'elle est pourtant en train d'engendrer : les *horizons totalitaires.* Il est alors inconcevable qu'une orientation majeure – celle des libertés démocratiques par exemple – puisse être abandonnée par une société entière, un pays, une nation.

Mais l'enseignement de G. Tarde vaut, malgré son caractère daté. Il permet de redonner sens au phénomène de *convergence pénale* que des études récentes ont mis en évidence (voyez *e.a.* Y. Cartuyvels et F. Tulkens, La naturalisation des crimes dans la pensée classique, in *Images et usages de la nature en droit*, Bruxelles, FUSL, 1993, p. 231 à 254 ; Ch.-A. Morand, *Figures de la légalité*, Paris, Publisud, 1992). A travers de nombreux codes pénaux, ces études révèlent des tendances lourdes en termes de classification : le droit quasi pénal dans la Grande Instruction de Catherine II de Russie de 1767 – où sont opposées les punitions et les corrections – renvoie à la distinction entre délits criminels et transgressions de police ou délits politiques dans la *Leopoldina* toscane de 1786 et dans le Code criminel de Joseph II. On peut ainsi concevoir ces résurgences historiques comme autant de tentatives pour dégager un ensemble non purement contingent d'actes répréhensibles, et la somme de ces tentatives comme dessinant les traits principaux de crimes définis comme naturels.

2 / La dénaturalisation

Deux phénomènes sont établis de manière incontestable par É. Durkheim dans *La division du travail social* : l'absence de naturalité factuelle et donc la dimension nécessairement sociale du crime.

D'une part, il faut admettre avec lui la vanité des tentatives opérées pour isoler un ensemble factuel *intrinsèquement criminel*, sans référence aucune au cadre collectif où il prendrait sens. Aucun complexe d'événements matériels ne mérite d'être qualifié de crime indépendamment de son contexte d'apparition (É. Durkheim, *La division du travail social*, PUF, 11e éd., 1986, p. 36). D'autre part, et la chose est intimement liée à ce qui précède, l'acte qualifié « crime » l'est nécessairement en rapport avec le lien qu'il éprouve : le *lien social.* Durkheim le rappelle à de nombreuses reprises :

> « Le seul caractère commun à tous les crimes, c'est qu'ils consistent en des actes universellement réprouvés par les membres de chaque société... Un acte est criminel quand il offense les états forts et définis de la conscience collective... Il ne faut pas dire qu'un acte froisse la conscience commune parce qu'il est criminel, mais qu'il est criminel parce qu'il froisse la conscience commune. Nous ne le réprouvons pas parce qu'il est un crime, mais il est un crime parce que nous le réprouvons » (É. Durkheim, *ibid.*, p. 39 et s.).

En soulignant l'importance de la réprobation sociale dans le processus d'incrimination, Durkheim rappelle que l'enjeu de chaque crime dépasse largement le seul dommage qui en résulte *hic et nunc*, ou la séquence causale qu'on y observe, de l'intention à l'objectivation par un agent d'exécution, car un amont et un aval débordent le fait délictueux.

L'amont est constitué par la *conscience collective* préexistante, avec ses priorités, ses états forts, bref l'agrégation définie de sentiments communs à une société. L'aval se décline au passé et au futur. Au passé, d'abord, parce que la réaction au crime est tout entière tournée vers ce dernier. Si la peine

> « consiste essentiellement dans une réaction passionnelle, d'intensité graduelle, que la société exerce par l'intermédiaire d'un corps constitué sur ceux de ses membres qui ont violé certaines règles de conduite » (É. Durkheim, *ibid.*, p. 64),

elle trouve sa raison d'être dans ce qui précède immédiatement le passage à l'acte : la conscience collective non violée, forte et définie. Au futur, ensuite, parce que la fonction de la peine est :

> « de maintenir intacte la cohésion sociale en maintenant toute sa vitalité à la conscience commune » (É. Durkheim, *ibid.*, p. 76).

Le crime doit trouver son épilogue dans une restauration du lien social, dans sa refondation sur le corps même du criminel, pourrait-on dire. Le transgresseur est in-corporé dans un objectif qui le transcende.

L'analyse durkheimienne est intéressante en ce qu'elle restitue au crime des *antécédents* et une *reprise* en termes sociaux : le phénomène criminel n'apparaît pas dans un néant pour disparaître dans une souffrance absurde mais *éprouve* un lien qui le précède et lui survit tout à la fois. Néanmoins, le fonctionnalisme présente les défauts de ses qualités : il est toujours tenté d'*absolutiser* ses résultats, c'est-à-dire de référer l'objet pénal ultimement à la conscience collective, sans remarquer ni les nuances qui peuvent s'y faire jour, ni la nécessité d'y adjoindre d'autres types de concepts partiellement incompatibles avec elle. Ainsi, en renversant unilatéralement la définition classique des infractions et en soulignant qu'

> « il ne faut pas dire qu'un acte froisse la conscience commune parce qu'il est criminel, mais qu'il est criminel parce qu'il froisse la conscience commune » (É. Durkheim, *ibid.*, p. 48),

Durkheim s'est-il interdit de voir dans l'ensemble des incriminations autre chose qu'une masse indifférenciée, sans ordre ni hiérarchie, sinon arbitraire et transitoire ? Durkheim ne dit-il d'ailleurs pas : « Est-ce que tous les délits ne sont pas naturels ? » (*ibid.*, p. 36-37.) ? Comme pour rappeler l'inanité des distinctions classiquement retenues, quitte à voir tout qualifié de « naturel ». Si réellement un acte est criminel quand il offense les états forts et définis de la conscience collective, tout crime se vaut. En effet, lorsqu'une personne blesse une des formes quelconques du sentiment commun, par son action ou même par une abstention d'agir, elle justifie tout à la fois son incrimination par les institutions, et sa sanction. Il n'y a aucun sens à séparer telle manifestation délictueuse de telle autre, dès lors qu'elles se résument et s'identifient toutes au même processus génératif de *répulsion sociale* (*ibid.*, p. 39).

Durkheim uniformise l'infraction et néglige l'écart parfois important qui existe entre un fait incriminé et son degré social de réprobation. A l'en croire, la peine est nécessairement *proportionnée* à l'atteinte portée aux états forts de la conscience collective. L'expiation du criminel vient compenser et comme réparer le plus exactement possible la fragilisation des sentiments communs. Il devrait donc être impossible qu'un acte soit réprimé sans provoquer simultanément un vif sentiment de répulsion. S'il en allait autrement, il faudrait bien reconnaître l'existence de *deux catégories* distinctes d'actes infractionnels : les actes à la fois poursuivis et réprouvés, d'une part, les actes poursuivis sans être réprouvés pour autant, d'autre part. Or Durkheim doit se rendre à l'évidence : les deux types d'incrimination coexistent bien, car

> « il arrive que l'acte puni ne froisse directement aucun sentiment collectif » (*ibid.*, p. 49).

Une bonne partie de la législation sur la circulation routière par exemple témoigne selon lui de ce phénomène de dissociation (*ibid.*, p. 49). On pourrait ajouter toute une série d'autres contraventions. Ainsi le monisme durkheimien semble-t-il lui aussi traversé par une dichotomie difficile à masquer totalement.

É. Durkheim figure depuis un siècle comme le chef de file des philosophies pénales de la *dénaturalisation*. Les théories *labellistes* et *interactionnistes* par exemple, tout en récusant le modèle social unanimiste de l'auteur de *La division du travail social* – lui substituant une vision pluraliste et conflictuelle de la société héritée de Marx –, partagent tout de même avec lui un *monisme* radical en matière criminelle (v. notamment H. S. Becker, *Outsiders : études de sociologie de la déviance*, Paris, Métailié, 1985 ; J. R. Gusfield, *Modern sociology : an introduction to the study of human interaction*, New York, Harcourt, 1963 ; Ph. Robert et C. Faugeron, *Les forces cachées de la justice : la crise de la justice pénale*, Paris, Centurion, 1980).

La délinquance est un produit de l'étiquetage social et se profile comme l'enjeu même des rapports sociopolitiques au sein de chaque collectivité. La distinction devenue classique entre processus de criminalisation primaire et secondaire marque les phases en interaction constante d'un système répressif parcouru par les impératifs ambivalents d'un dissensus latent et d'une efficacité symbolique des peines.

Dans le processus de criminalisation *primaire*, ou axe de création de la norme pénale, entrent en scène les acteurs participant à la définition des zones d'intérêts socialement protégés. On situe à ce stade la création du « crime » : de la confrontation des conceptions rivales du monde, s'expriment – au sens où elle sortent de – les contours de l'acte infractionnel. La portée de cette création n'est pas que matérielle – la traduction en disposition légale des actes incriminés –, elle est aussi *symbolique*. Indépendamment de l'application de la norme, son existence dans l'arsenal législatif marque l'importance accordée à l'intérêt protégé. H. L. A. Hart rappelle avec force le jugement de Lord Denning sur le poids de l'efficacité symbolique attachée à l'édiction d'une peine correspondant à un acte particulier :

> « La justification ultime de toute peine ne réside pas dans la dissuasion *(deterrent)* mais dans la *condamnation absolue (emphatic)* d'un crime par la communauté... » (H. L. A. Hart, *Law, liberty and morality*, New York, Oxford University Press, 1963, p. 65, traduit).

Dans le processus de criminalisation *secondaire*, on se situe après le stade strictement normatif; une fois la disposition pénale adoptée, il s'agit de l'*appliquer* concrètement. L'appareil répressif est ainsi appelé à investiguer, poursuivre, juger, condamner et faire exécuter les peines prononcées à l'encontre des agents entrant dans les critères de l'étiquetage social. Le schéma paraît simple. Pourtant, les deux processus de criminalisation ne se succèdent pas d'une façon purement chronologique. Ils interagissent véritablement, sans qu'on puisse établir un lien chrono-hiérarchisé entre les deux.

Ainsi toute disposition pénale n'est-elle pas appelée immanquablement à sanctionner les comportements tombant directement dans sa définition. On assiste à un « tamisage répressif », par lequel les acteurs institutionnels rendent ineffectives certaines incriminations légales. Au-delà des phénomènes de surencombrement des organes de justice, ce filtrage des poursuites s'expliquerait par l'existence de règles adoptées ou conservées malgré un *dissensus important*. Un équilibre fragile est ainsi trouvé entre l'exigence d'une condamnation de principe et une résistance forte opposée à sa traduction dans les faits (M. van de Kerchove analyse finement ce décalage structurel entre la validité formelle des dispositions pénales et leur effectivité dans Les lois pénales sont-elles faites pour être appliquées ?, in *Droit et pouvoir*, Story-Scientia, 1987, p. 327 à 346).

A côté des interactionnistes, les tenants de l'*abolitionnisme pénal* ont poussé sans doute le plus loin, sur le plan ontologique, les implications virtuelles de la position durkheimienne. Parmi ceux-ci, Louk Hulsman fait figure de radical. En effet, si Durkheim se contentait d'unifier le registre criminel en ne lui reconnaissant qu'une seule dimension, Hulsman récuse jusqu'à la « notion ontologique de crime » (L. Hulsman, *Peines perdues. Le système pénal en question*, Paris, Le Centurion, 1982, p. 69). Pour Durkheim par exemple, le meurtre, le vol, le kidnapping ont sans doute en commun de froisser la conscience commune, même s'il n'y a pas d'utilité à classer ces infractions puisqu'elles relèvent de la même nature sociale. Par contre, l'abolitionniste soutient que

> « ces situations n'ont entre elles qu'un lien parfaitement artificiel, qui est la compétence formelle du système de justice criminelle à leur égard » (*ibid.*, p. 68).

Il n'y a de crime que parce qu'on le souhaite. Rien ne permettrait d'établir une limite stricte entre une « situation-problème » encore appelée « délit » et ce que l'on a toujours considéré comme un litige *civil*. Le mouvement de dénonciation des limites arbitraires entamé par Durkheim est ici poussé jusqu'à son terme. Non seulement il est vain de vouloir fonder une *différence de nature* entre telle et telle infraction, mais encore tout le discours pénal basé sur l'identification de conduites répréhensibles doit être abandonné comme non fondé ontologiquement. On peut raisonnablement tabler sur une *civilisation* progressive du champ pénal. Celui-ci, dépourvu de toute autonomie constitutive, vit uniquement des victimes qu'on lui sacrifie ponctuellement, victimes stigmatisées et rendues conformes aux principes répressifs. Le système de la justice pénale ne trouve face à elle que les victimes qu'elle se donne en définissant arbitrairement le contenu du crime (L. Hulsman, *ibid.*, p. 67).

D'origine récente,

« la distinction entre affaires civiles et affaires pénales n'existe pas dans les sociétés naturelles » (L. Hulsman, *Punir, mon beau souci* (collectif), Bruxelles, *Revue de l'Université de Bruxelles,* 1984, p. 306) ;

elle semble pouvoir être abandonnée à présent comme une erreur historique et en même temps dénoncée en tant qu'aporie ontologique.

Marquée par la croissance cancéreuse de son système répressif, la modernité a vu se déformer sa perception des phénomènes sociaux. La trajectoire de l'Occident ressemble à cet égard au destin de cette ville inquiétante du *Monde inverti* de Christopher Priest. Se déplaçant sans cesse vers un Optimum répressif qui se dérobe, elle provoque une altération des perceptions en rendant nécessaires les poursuites, fût-ce au prix de souffrances infinies (C. Priest, *Inverted world,* Londres, Faber & Faber, 1974). Louk Hulsman propose, quant à lui, d'arrêter d'alimenter le monstre, en revenant sur la notion de crime pour la déconstruire une fois pour toutes. Quand on aura compris la vacuité des concepts véhiculant l'idéologie pénaliste, on pourra enfin faire face aux réalités conflictuelles dénaturées par plusieurs siècles d'approche répressive.

3 / Une tension éthique

La théorie abolitionniste rencontre trois types d'écueils, les deux premiers sont d'ordre historique, le dernier, de cohérence argumentative.

D'une part, la description du phénomène d'autonomisation du pénal repose sur un contresens majeur. Ce qui se joue autour des XIIIe-XIVe siècles avec l'avènement de l'État moderne, c'est la centralisation et la symbolisation du processus pénal dans le corps du souverain. La justice se rend alors *au nom* du roi, et s'exécute sous son autorité. Cette évolution doit être rendue à son cadre plus général de sécularisation et de rationalisation de la société. Prendre comme points de comparaison les « sociétés naturelles », où la distinction entre affaires pénales et civiles n'existerait pas encore, revient à y situer l'*archè* de l'optique abolitionniste dans un geste de fondation mythique. Car entre ces deux portions d'espace-temps, il faut retracer un lent travail de rationalisation juridique, largement antérieur au bouleversement politique de l'Occident de la fin du Moyen Age, et se poursuivant au-delà de la naissance des États modernes. C'est à ce long travail que l'on peut attribuer l'émergence des disciplines juridiques, ainsi que les discours propres qui leur correspondent. Ainsi peut-on mieux comprendre une évolution marquée notamment par des ruptures en termes de *causalités suffisantes*.

A côté de phénomènes vécus sur un mode mytho-religieux, avec ces séquences causales impliquant l'intervention de divinités ou de semi-divinités, se développent d'autres types d'expériences explicatives impliquant exclusivement l'agent humain et son milieu naturel (B. Malinowski, *Crime and custom in savage society*, Londres, Routledge & Kegan Paul, 1961, p. 81 et s.). Quand Louk Hulsman relève par exemple

« un beau jour le pouvoir politique cesse de chasser les sorcières et il n'y a plus de sorcières » (L. Hulsman, *Peines perdues*, *op. cit.*, p. 68), il décrit parfaitement, mais sans la repérer, une de ces transitions de phases, où la perte de pouvoir causal d'un type de représentation doit s'expérimenter sur le mode du transfert (R. Girard, *La route antique des hommes pervers*, Paris, Éd. du Seuil, 1985). Les sorcières n'ont disparu que comme *mode suffisant* de justification de phénomènes pathologiques, mais ont nécessairement été remplacées ou mieux, exclues, par un autre schème causal : causalités naturelles, humaines, etc. Pas de disparition, donc, mais plutôt un déplacement, qui peut très bien s'accompagner de différentes recriminalisations : de juifs ou d'empoisonneurs.

La distinction entre *le* civil et *le* pénal n'acquiert de sens qu'*en dehors* de la rationalité des « naturels » et ne peut dès lors être récusée comme contingence historiquement et ontologiquement fallacieuse qu'au prix d'une vision tronquée et fantasmatique des origines du droit, origines où celui-ci rejoindrait un « idéal civilisé » – au sens d'une gestion sociale harmonieuse, concertée et contractualiste des conflits.

D'autre part, l'abolitionnisme se présente comme le destin du discours pénal : son achèvement qui s'identifiera à sa disparition. Il recense les indices d'un remplacement total du système répressif par des formes nouvelles de réactions aux « situations-problèmes » : comité de quartier, justice civile, arbitrages, etc.

> « Des mécanismes parallèles de résolution des conflits montrent qu'une société sans système pénal fonctionne déjà sous nos yeux. La reconnaître et lui permettre de se développer rendraient le système pénal tout simplement caduc » (L. Hulsman, *Punir, mon beau souci*, *ibid.*, p. 298).

Parmi ces institutions, une place centrale est réservée aux *community boards*. On perçoit bien le propos : la justice pénale est un échec douloureux avant tout parce qu'elle *exproprie* les « acteurs impliqués » de leurs facultés de gérer utilement les conflits. La « victime » se trouve étiquetée dès le début et cantonnée dans un rôle prédéfini. Quant au « coupable », son rôle est presque figuratif : il subit le procès et sort stigmatisé par le prononcé. Il faut donc restituer le conflit aux parties en rapprochant les acteurs de sa résolution. Louk Hulsman insiste lourdement sur les vertus de la proximité : meilleure connaissance des faits, nombreuses solutions envisageables à un niveau local, etc.

Les solutions de proximité offrent apparemment le double avantage de réduire l'usage de la contrainte – mal absolu – et de mieux maîtriser le cours du règlement des litiges. Il est néanmoins permis de douter de l'effectivité de ces avancées. En effet, quand il s'agit de déterminer la manière dont on donne force exécutoire aux décisions concertées, le même réflexe répressif resurgit :

> « Les styles du règlement civil des conflits peuvent constituer *en fait* un élément de contrainte pénible pour celui qui se trouve visé ; et quand une personne s'estime victimisée, elle peut très bien *utiliser* ledit système civil *pour gêner*, voire en fait pour punir celui qu'elle rend responsable de sa situation. Il ne faut pas dire trop vite que seul le système pénal permet de canaliser les sentiments vindicatifs des gens. Un système de type compensatoire peut très bien jouer ce rôle » (L. Hulsman, *Peines perdues*, *op. cit.*, p. 155).

L'abolitionnisme reconduit ainsi par la bande la séquence qu'il s'évertue à dépasser en prolongeant un pseudo-mouvement historique : la trilogie juridiction-incrimination-contrainte (M. Delmas-Marty, Notes bibliographiques, in *Revue de sciences criminologiques*, 1984, p. 396 à 400). On est donc bien loin de l'atrophie répressive pronostiquée. Mais il y a plus.

En permettant à chaque « personne impliquée » d'en appeler de la sorte au pouvoir de contrainte détenu par les institutions judiciaires, on s'écarte des traditionnelles garanties offertes par la procédure pénale. Les vertus de la proximité ne contrebalancent pas ses vices inhérents.

Ainsi, pour rendre la maîtrise du conflit aux parties, on risque d'abandonner à leurs soins la charge de s'en abstraire suffisamment pour censurer leur propre esprit de vindicte. Dans la procédure imaginée par les abolitionnistes, chaque partie est invitée en effet à se comporter dans un litige *comme s'il* n'y était pas tout à fait impliqué, avec la charge d'intégrer un devoir de réserve et de distanciation. Louk Hulsman en convient, il s'agit d'un pari (L. Hulsman, *Peines perdues, ibid.*, p. 140). Mais d'un pari dont l'issue est à la discrétion du moins raisonnable, du plus vindicatif. La position neutre et impartiale du juge-tiers est abandonnée au nom de son inhumanité, mais c'est pour s'en remettre au plus humainement fragile des juges, le justiciable lui-même. En fait de *fin du pénal*, l'abolitionnisme se présente plutôt comme son double. Un double qui se refuse à reconnaître sa nature, et en devient par là l'inquiétante caricature.

Enfin, une fois acceptées les prémisses abolitionnistes de civilisation du champ pénal, on est renvoyé à une autre insuffisance argumentative.

Même si on l'admet l'opportunité et la possibilité de voir le régime civil s'appliquer indistinctement à toutes les « situations-problèmes », les *difficultés ontologiques* signalées au sein du discours répressif resurgissent immanquablement. L'argument central de Louk Hulsman dans son entreprise de déconstruction est l'*absence de contenu ontologique du crime*. Rien, ni dans l'acte, ni dans ses effets, ni dans le chef de son auteur, ne permet d'établir un noyau irréductible d'essence criminelle. Les comportements les plus largement réprouvés connaissent des régimes de dérogation, d'absolution, voire de justification. Par contre, des décisions aux conséquences les plus effroyables socialement ne justifient souvent aucune poursuite – comme les décisions économiques de licenciement, d'abandon d'activité, de faillite, etc. Il conviendrait, selon l'abolitionniste, d'abandonner tout un vocabulaire qui prolonge et entretient les croyances métaphysiques en une naturalité du crime. Au lieu des délits, des criminels, des délinquants ou des victimes d'actes infractionnels, on n'aurait plus que des « personnes impliquées » dans des « événements indésirables ». La notion de culpabilité, d'origine scolastique, peut ainsi être reléguée au musée des antiquités, inutile et encombrant vestige d'une ère révolue.

La suite est encore plus intéressante, en ce qu'elle révèle une dissociation paradoxale entre responsabilité et culpabilité :

> « Pourquoi n'assimilerait-on pas à une *catastrophe naturelle* – du point de vue des pertes matérielles subies – certains événements "catastrophiques" ou gravement dommageables actuellement attribués à des personnes déterminées ? La notion de

responsabilité personnelle n'en serait pas pour autant supprimée. Si, dans certaines situations, des responsables ne peuvent être désignés, pourquoi ne pas recourir aux règles *civiles* de l'indemnisation, qui s'appliquent déjà à beaucoup de domaines et qui ne font pas appel à ce concept ambigu, impondérable, métaphysique, de culpabilité ? » (L. Hulsman, *ibid.*, p. 79).

Pour autant qu'il y ait encore un sens à chercher un responsable à une « situation-problème », où tout semble issu d'une *causalité naturelle*, il reste à préciser le *critère* utilisé pour caractériser une telle situation. Il faut bien reconnaître que ce critère n'existe pas, ou qu'en tout état de cause, il n'est jamais thématisé comme tel.

Louk Hulsman propose de ne voir dans la « situation-problème » qu'un litige de type civil. Cependant il ne suffit pas de civiliser le crime pour rendre au phénomène auquel il correspond une épaisseur ontologique. On ne voit pas bien en tout cas la raison qui permettrait de renverser le jugement porté sur la vacuité de la notion de délit, une fois abandonné le vocabulaire stigmatisant pour une terminologie aseptisée et plus « politiquement correcte ». Si réellement il n'y a *aucun lien substantiel* entre le vol, la violence, le meurtre, comment peut-on prétendre leur trouver un fond identique par le simple artifice du langage neutre des « situations-problèmes » ?

La vraie difficulté que rencontre l'abolitionniste est la suivante : en vidant de tout contenu la notion de crime, il s'interdit de penser jusqu'aux conditions de possibilité d'un régime échappant réellement au réflexe répressif, sauf à renouer subrepticement avec un discours prénaturaliste qui *suppose* la notion de conflit sans la problématiser. Tout se passe comme si l'*impensé pénal* venait rejaillir au cœur même du civil, malgré – ou à cause de – tout l'espoir que l'on avait fondé sur ce dernier. Si l'on suit strictement les conséquences du discours abolitionniste, on est amené à ne plus discerner une « situation-problème » d'une situation ordinaire, à défaut de nature identifiable. Qu'y a-t-il de commun entre le dol civil, le vol ou la séquestration si déjà rien n'existe entre les deux derniers ?

Pourtant, Louk Hulsman semble ne pas s'inquiéter d'une telle implication. Notre hypothèse est qu'il se fonde en fait sur un présupposé : l'évidence, le caractère *naturellement sensible* de la « situation-problème » pour les acteurs. Dans son esprit, il y aurait une forme de *transparence* du conflit à lui-même, sur le fond d'une rationalité partagée.

L'abolitionnisme n'échappe aux conséquences de non-identification des « situations-problèmes » que par un présupposé d'*ordre moral*. Chacun aurait un sens du comportement indésirable, de l'acte regrettable. Mais ce présupposé, il s'interdit de le penser comme tel puisqu'il est inconciliable avec la position nominaliste adoptée par ailleurs. Derrière le discours déconstructeur perce une préoccupation refoulée dont on doit bien saisir la pertinence. Il s'agit d'*approfondir* l'exigence morale décelée, de la sonder afin de lui restituer le rôle irréductible qu'elle joue dans la délimitation toujours reprise et jamais achevée du phénomène criminel.

Les insuffisances de l'abolitionnisme doivent servir de signal. Un signal clair du nécessaire travail qui consiste à *penser l'éthique en rapport étroit avec le processus d'in-*

crimination, envers et contre toutes les tentations pirrhonistes de la rhétorique antimétaphysique. Il revient à une philosophie pénale d'assumer l'horizon du réquisit moral sur lequel émerge nécessairement la question de la nature du crime, et plus fondamentalement du crime naturel.

II. – Pourquoi ne pas punir ? Vers un fondement du droit de punir

Poser une question n'est jamais neutre. En philosophie pénale moins qu'ailleurs. Ainsi, choisir de s'interroger sur le fondement du droit de punir consiste déjà à privilégier l'approche moderne du phénomène répressif. En quoi, objectera-t-on ? N'a-t-on pas envisagé de tout temps le problème des raisons qui amènent un groupe à réprimer certains comportements ? Platon déjà ne développe-t-il pas une théorie préutilitaire du droit de punir ? (On songe notamment aux *Lois*, liv. IX, II, 854 *d-e* et 874 *a*, au *Gorgias*, 525 *b* ou au *Protagoras*, 324 *a, Œuvres complètes,* trad. É. Chambry, Paris, Garnier, 1939.)

En réalité il existe une différence fondamentale entre la pensée antique et la pensée moderne de la peine. Les Hellènes ne conçoivent pas le pénal sous l'angle du droit mais de la *nécessité* (S. Tzitzis, *La philosophie pénale*, Paris, PUF, coll. « Que sais-je ? », 1996). La peine se présente pour eux comme une *exigence objective* de l'harmonie du cosmos. L'homme n'est pas une unité indépendante sur laquelle une autorité agirait en fonction de ses mobiles sensibles – sanction-dissuasion, sanction-persuasion – mais un élément du monde qui n'accède à l'être qu'en s'inscrivant dans une *polis* et en se soumettant à ses lois. Pour Platon,

> « l'individu n'existe *que* par son intégration à l'ordre cosmique, à travers l'ordre de la Cité » (J. Chanteur, Rétribution et justice chez Platon, in *Rétribution et justice pénale*, Paris, PUF, 1983, p. 32).

L'équilibre du monde impose que tout perturbateur – homme ou dieu – soit puni :

> « On ne châtie pas seulement parce qu'une faute a été commise, pas seulement pour prévenir une récidive et dissuader les autres, mais encore parce que l'homme, comme étant de l'être, doit se concilier avec ce dernier » (S. Tzitzis, *ibid.*, p. 36).

Parler de la peine et du droit à l'infliger revient en fait à rompre avec la doctrine antique de la nécessité de punir. Le lien cosmologique entre le crime et son châtiment est abandonné. Ce qu'il s'agit de mettre en lumière, c'est la *forme de lien* à penser entre le crime et la peine. Ce lien est à réfléchir sur le mode de la *justification* : comment justifier la sanction, une fois établie l'éventualité d'un crime ? Ainsi, si l'on veut reconnaître l'existence d'un *droit* de punir, on évitera de chercher une argumentation ou un appui du côté des auteurs grecs, sous peine de tomber dans les travers de la Défense sociale, pour laquelle finalement Platon n'est qu'un utilitariste avant la lettre. Il est important de ne pas rater le moment proprement moderne de la *problématisation ontologique* du pénal. Il n'est plus évident, d'une évidence éternelle et idéelle, que le mal commis soit le pendant proportionné du mal à faire subir. De même les « lois du Cosmos » ont-elles perdu de leur transcendance !

Un premier écueil consistait à ne voir en Platon qu'un Bentham grec. On y échappe en dégageant l'horizon cosmologique de sa pensée. Mais il faut se garder, ce faisant, de rapprocher abusivement la perspective platonicienne du moralisme kantien. Le dialogue entre Platon et Kant doit être rendu à ses présupposés. Kant situe l'individu susceptible d'être réprouvé sur le fond d'une raison qui le constitue *comme sujet*. C'est, pourrait-on dire, au sujet structuré comme un tout par sa raison que s'adresse la répression pénale, bien plus que comme élément du monde qui l'englobe. La déontologie kantienne ne prend son sens que référée au sujet moral et à l'usage propre que celui-ci fait de sa raison pratique pour se conduire dans l'existence. Au contraire, Platon ne voit l'infracteur qu'au travers de son inscription dans l'ordre cosmique. Les lois du Monde, le *Nomos*, s'imposent autant aux dieux qu'aux hommes. L'harmonie rompue par le crime commande un mode de *résolution objectif* du trouble causé : le criminel est celui qui *répond* de la perturbation, mais sans référence à une notion de faute – il est responsable, mais pas vraiment coupable (J. Chanteur, *ibid.*, p. 33).

Quelles que soient leurs divergences – parfois radicales –, les différentes options modernes se situent toutes par rapport à une même question : *Quelle est la meilleure raison de punir ?* Une fois congédié le modèle grec, il convient en effet de rendre compte d'une institution répressive qui a perdu de son évidence, et dont la légitimité reste à trouver, voire à construire. Trois grands types de positions s'affrontent, dans ce cadre moderne où le lien entre le crime et son châtiment est devenu problématique parce qu'échappant à la nécessité.

Un premier courant *récuse radicalement toute justification* : la peine constitue une réaction illégitime, par essence, aux comportements humains, quels qu'ils soient. L'argument mis en avant est soit de nature conséquentialiste – punir ne sert à rien –, soit de nature plus déontologique – au nom de quoi inflige-t-on une souffrance à un être doué de liberté et de raison ?

Le second courant propose un justification *fonctionnelle* au droit de punir. La peine réduit le taux de récidive, prévient l'imitation des délinquants et neutralise les déviants – utilitarisme, Défense sociale –, ou encore elle restaure le sens commun froissé par le crime – fonctionnalisme.

Enfin, un troisième courant sépare la question du fondement de la question de la fonction des peines : le fondement est *autonome*, indépendant des effets attendus. Le fondement réside alors soit dans l'échange de consentements des sociétaires à subir eux-mêmes tout châtiment mérité – Contrat social – soit dans la violation des règles morales s'imposant naturellement à tous – Théorie de la justice absolue.

1 / Ne pas punir : l'absence de fondement

A la question « Comment penser un lien entre le crime et son châtiment », une première réponse consiste à dire : sur le mode de la *carence*. En d'autres mots, un tel lien ne peut être établi sur le plan de la justification : toute peine est fondamentalement illégitime.

Deux grandes options traversent les théories de l'*absence de fondement* : une option pragmatique et une option morale.

Selon l'option pragmatique – on a déjà eu l'occasion d'en présenter une forme radicale à travers l'abolitionnisme pénal –, on ne peut punir parce qu'il existe un *hiatus irréductible* entre la finalité supposée de la peine et le résultat qu'elle permet d'atteindre. Une variante de la position pragmatique est défendue par F. Gramatica. Le délinquant peut n'être qu'un malade. Aussi préférera-t-on toujours lui appliquer des mesures de type thérapeutique (F. Gramatica, *Principes de défense sociale*, Paris, Cujas, 1963).

Autrement dit, on doit juger la peine en fonction de son efficacité ou de son adéquation pratique au but poursuivi. Pour Émile De Girardin, par exemple, il faut se rendre à l'évidence : la répression est un échec. Elle ne parvient en aucune façon à réduire le phénomène criminel et constitue donc, par ce fait même, une réponse inadéquate, inadaptée. Il faut abandonner le régime pénal. Le mouvement abolitionniste va plus loin. Non seulement l'existence du système répressif est incapable d'avoir un effet positif sur les événements socialement réprouvés, mais, en outre, il « produit de la violence parmi les membres de la société à laquelle il s'applique » (L. Hulsman, *Peines perdues*, *op. cit.*, p. 125). Par un phénomène de contreproductivité, il accroît la fréquence et l'intensité des faits indésirables qu'il était chargé de juguler. En conséquence, le règlement pénal des conflits est plus qu'inadéquat, il est ruineux et criminogène. Il est temps de lui substituer les formes nouvelles déjà proposées comme la médiation, les comités de quartier, les arbitrages, etc.

On peut relever au moins deux insuffisances dans la position des négateurs du droit de punir – on se souviendra en outre des critiques déjà évoquées à l'égard de L. Hulsman (cf. *supra,* p. 471). L'une assez formelle, l'autre plus fondamentale.

Tout d'abord, le point de référence que proposent les pragmatistes pour évaluer l'efficacité des sanctions est contestable. Selon eux, le niveau d'efficience *a posteriori* des peines est déterminé par leur objectif *a priori.* Il s'agit là d'une perspective maximaliste tout à fait marginale. En réalité, il paraît plus vraisemblable de « juger de l'efficacité des peines par les effets de l'impunité » (G. Tarde, *La philosophie pénale*, *op. cit.*, p. 484). Plutôt que de vérifier si un système atteint toutes ses fins pour savoir s'il conserve une raison d'être, on s'interrogera sur les conséquences de sa disparition pure et simple.

A un niveau plus radical, les abolitionnistes identifient trop strictement l'inutilité relative d'une institution – pour autant qu'elle soit établie – et son manque de fondement. N'assiste-t-on pas à l'application, inversée mais tout aussi réductrice, des présupposés utilitaristes ? Dès lors qu'elle s'avère incapable d'éradiquer le phénomène criminel, la peine perd toute légitimité : l'effet utile d'une sanction devient son critère de (non-)justification. En fait, sous l'apparence d'un souci de douceur et de tempérance se profile un *déplacement subreptice* des formes de réaction au crime. Ce déplacement consiste en une instrumentalisation du juge civil (chez L. Hulsman, cf. *supra*, p. 467) ou dans la substitution à l'incarcération des mesures médicales ou thérapeutiques d'internement (chez F. Gramatica).

Contrairement aux abolitionnistes, nous tenons le fondement de la peine comme une question séparable en fait et en droit de son efficacité. Autrement dit, il demeure insuffisant d'avoir argué de l'inefficience des peines pour en récuser toute justification possible.

A côté de l'argumentation pragmatique se détache une autre forme de récusation de l'intervention répressive : la morale évangélique du pardon, dont la figure emblématique reste Léon Tolstoï.

Le pardon trouve sa raison d'être en dehors de tout calcul coût/bénéfice. Il n'est pas le meilleur palliatif à la prison, mais la seule attitude moralement acceptable en face du crime. La logique de la peine appartient en effet à une raison qui condamne et ne se sait pas coupable ; or chaque homme est appelé à faire l'expérience intime de sa culpabilité et à renoncer à l'orgueil de se croire assez juste pour juger et condamner son prochain. Le personnage de Nekhoulioudov, dans *Résurrection*, parvient à cette métamorphose intérieure.

> « Il se produisit en Nekhoulioudov le même phénomène qui se produit fréquemment chez les êtres entraînés à la vie spirituelle. Une pensée qui d'abord leur a paru étrange, paradoxale, voire comique, trouve dans la vie des confirmations de plus en plus nombreuses et devient pour eux la vérité la plus simple et la plus évidente. C'est ainsi qu'il conçut le seul moyen efficace de lutter contre les maux effroyables dont souffrent les hommes : il consistait pour eux à se reconnaître toujours coupables devant Dieu et, de ce fait, nullement qualifiés pour corriger leurs semblables. Il voyait désormais clairement que les maux effroyables dont il avait été le témoin dans les prisons et les maisons de force ainsi que la tranquille assurance de ceux qui en étaient responsables, provenaient seulement de ce que les hommes voulaient entreprendre l'impossible : quand on est mauvais, peut-on corriger le mal ? » (L. Tolstoï, *Résurrection*, 1re éd. traduite par É. Baux, Paris, Gallimard, 1946, p. 518 et 519).

Nul ne peut prendre la place du juge car nul n'est innocent, et il n'appartient pas à un coupable d'en poursuivre un autre.

A travers *Résurrection*, Tolstoï problématise, sur un plan moral, le lien entre le crime et son châtiment. Il ne suffit plus d'en décréter la nécessité – comme Platon – ni l'absurdité – comme De Girardin –, au contraire, il faudra cultiver le souci de vérifier encore et encore si les raisons nous faisant croire à la plausibilité d'un tel lien sont autre chose que l'orgueil du coupable qui s'ignore. Quitte à aboutir à ce que P. Ricœur appelle la « rationalité introuvable » de la peine, c'est-à-dire la rationalité qui butte sur l'irrationnel de l'expiation. Dans le châtiment s'exprimerait alors le geste de suppression du crime, crime compris avant tout comme violation du droit par un sujet soumis dans son corps au processus d'élimination du mal. Car

> « si l'on exclut toute intention de supprimer la violation du droit dans le sujet de la violation, c'est l'idée même de peine qui s'évanouit. Le crime et le criminel sont alors simplement nocifs et on peut peut-être juger déraisonnable de vouloir un mal pour cela qu'un mal existe déjà. Telle est l'aporie du droit pénal : rationaliser la peine selon l'entendement, en éliminant le mythe de l'expiation, c'est en même temps la priver de son principe. Ce qui dans la peine est le plus rationnel, à savoir qu'elle vaut le crime, est en même temps le plus irrationnel : à savoir qu'elle l'efface » (P. Ricœur, *Le conflit des interprétations*, Paris, Seuil, 1969, p. 353).

Au travers des raisons de punir, des considérations sur la proportion et l'individualisation des peines, il reviendrait alors à une philosophie pénale d'assumer la puissance mythologique – c'est-à-dire à la fois fondatrice et ordonnatrice – de l'expiation. La tâche consistera donc pour nous à naviguer entre deux écueils. D'une part, celui de ne voir dans le mythe de l'expiation qu'un mythe de plus, une forme de récit naïf rendu obsolète par la révolution utilitaire. En ce sens, l'interprétation expiatoire de la peine conserve une pertinence malgré et au-delà de Bentham. D'autre part, on évitera de *redoubler* strictement le mythe, de l'habiller d'une rationalisation seconde qui l'empêche d'apparaître sur son fond symbolique. P. Ricœur parle en ce second sens d'une entreprise de *démythologisation* (P. Ricœur, *ibid.*, p. 330). Démythologiser, c'est avant tout renouer avec le mythe, mais sur un mode nouveau, non assujetti, un mode libératoire du symbole, où la peine peut apparaître comme faisant signe vers les déterminations contingentes de la liberté. Dans la peine se rejouerait alors le drame de ce que le sujet aurait pu (ne pas) faire advenir au monde.

2 / Punir utile ou les théories du fondement instrumental

Pour lier le crime à son châtiment, l'utilitarisme classique, le positivisme italien et le fonctionnalisme sociologique recourent au même *type* de justification instrumentale. Ce qui justifie la peine, c'est l'utilité majeure ou la fonction qu'elle remplit à un niveau soit social, soit individuel. Rendre compte du phénomène répressif revient donc à inventorier ces fins et à les classer en un ordre qui témoigne à la fois des préoccupations sociales qui s'y jouent et de leur traduction matérielle – prisons, amendes, confiscations...

• L'UTILITARISME

On attribue souvent à Jeremy Bentham la paternité d'une conception du monde totalement assujettie à l'impératif utilitaire, ou *principe d'utilité*. Ce principe

> « consiste à partir du calcul ou de la comparaison des peines et des plaisirs dans toutes les opérations du jugement, et à n'y faire entrer aucune autre idée »,

sachant que

> « ce qui est conforme à l'utilité ou à l'intérêt d'une communauté, c'est ce qui tend à augmenter la somme totale du bien-être des individus qui la composent » (J. Bentham, *Traité de législation civile et pénale*, traduction par É. Dumont, Bruxelles, Louis Hauman, 1829, p. 10).

Ainsi armé d'un axiome qu'il compare à un « point fixe » auquel on peut accrocher les anneaux d'une chaîne, Bentham se propose d'y référer toute sa théorie des *législations civiles et pénales*. Au travers des lois particulières, le législateur compare les sommes différentielles de peine et de plaisir induites par telle ou telle disposition et trouve dans cette comparaison tout à la fois la raison et la mesure de son intervention. La raison, tout d'abord parce qu'il n'a pas à s'interroger davantage sur ce qui peut fonder sa décision : dès lors qu'une mesure recèle un solde hédonique positif, elle est fondée en droit. La mesure, ensuite, en ce que la loi *mime* la fonction d'utilité : elle y est absolument subordonnée.

Les lois répressives répondent toutes à la même logique anticontractualiste : quel sens y a-t-il à soutenir l'existence d'un échange consensuel à la base de la peine, quand tout indique en elle la variable d'un calcul finalisé par l'utilité sociale ? La légitimité pénale trouve ainsi à s'exprimer autrement que sur un mode contractualiste, elle se donne avant tout comme *téléologie*. Dans la peine se concentre un *double télos* : la prévention particulière et la prévention générale. Double par ses destinataires puisque la prévention particulière – ou spéciale – vise le délinquant individuel alors que la prévention générale s'applique à l'ensemble des membres de la communauté. Mais un *télos* unique en sa nature dissuasive et garante de l'utilité moyenne. (Nous reviendrons sur ce point au chapitre suivant.) Si la peine, menace/riposte, empêche l'individu criminel et réfrène ses imitateurs potentiels, le droit de l'appliquer n'est pas extérieur à ses fins sociales. L'agent criminel n'est pas inquiété véritablement *pour ce qu*'il a commis, mais *afin que* son acte ne soit reproduit ni par lui ni par un autre.

Par-delà la critique du contractualisme pénal – fictionnel et réducteur – Bentham aboutit à une position où la peine, toujours appliquée à un individu particulier, *hic et nunc*, trouve sa légitimité dans un calcul coût/bénéfice situé au niveau social. L'écart est donc énorme entre les niveaux d'application et d'effectivité de la peine : la *« ratio »* de la souffrance d'un seul réside dans son résultat positif pour tous. Le risque n'est-il pas dès lors d'une dissociation ?

C'est ce que John Rawls a bien résumé, à une époque (1955) où il affichait encore certaines affinités avec la pensée utilitaire :

> « La vraie question est de savoir si l'utilitarisme n'a pas fait appel, pour fonder la peine *(punishment)*, à des arguments qui l'engagent *(commit him)* à accepter l'application de châtiments même à des personnes innocentes, pourvu que la société en tire un profit (peu importe d'ailleurs le nom donné à la peine) » (J. Rawls, Two concepts of rules, in *Philosophical Review*, LXIV, 1955, p. 9, traduit).

Le « non-coupable » n'est-il pas aussi bon à punir qu'un autre, pourvu que la mesure ne soit pas vaine ? Le principe d'utilité semble entretenir une dangereuse collusion avec la « logique sacrificielle » du bouc émissaire. (R. Girard, *Le bouc émissaire*, Paris, Seuil, 1983). Bentham est-il si loin de reconnaître, avec Caïphe :

> « Vous n'y comprenez rien et vous ne percevez même pas que c'est votre avantage qu'un seul homme meure pour le peuple et que la nation ne périsse pas tout entière » (Jean XI, 49).

Pour éviter un tel écueil, J. Rawls pose une alternative : soit ajouter un principe non sacrificiel au principe d'utilité – ce qui revient à reconnaître l'insuffisance de la position utilitariste –, soit recourir à la technique de la *distinction*, ce procédé anglo-saxon par excellence. La distinction qu'il propose permettrait d'éviter que l'utilitarisme ne « justifie trop », c'est-à-dire ne justifie la répression d'innocents au nom de l'intérêt collectif.

> « Il existe une autre solution pour éviter que les principes utilitaristes ne justifient trop, ou du moins pour limiter ce risque : elle consiste, pour l'utilitarisme, à distinguer entre la *justification d'une institution* et la *justification d'une action particulière* au sein de l'institution » (J. Rawls, *ibid.*, p. 10, traduit).

Il s'agit de séparer nettement l'*institution of punishment* ou ce qu'il appelle aussi un *practice*, de la condamnation individuelle, la *decision* ; c'est-à-dire, d'une part, le système des règles structurant la réaction institutionnelle au crime, d'autre part, l'action ponctuelle sanctionnant un méfait dans ce cadre. En effet :

> « Si les arguments utilitaristes conviennent pour rendre compte des institutions, les arguments rétributifs, quant à eux, justifient l'application de règles particulières aux cas particuliers » (J. Rawls, *ibid.*, p. 5, traduit).

La justification utilitaire garde donc sa sphère de légitimité, mais elle ne peut l'étendre aux décisions particulières sous peine de retomber dans le travers sacrificiel.

Outre le caractère artificiel de la distinction – comment séparer aussi radicalement deux concepts qui relèvent plus de phases que d'essences différentes ? –, ce qui frappe, c'est la place que Rawls est presque obligé de réserver à la justification déontologique de la peine. L'exemple proposé par J. Rawls lui-même illustre ce propos. Lorsque l'on demande : « Pourquoi John a-t-il été emprisonné ? », la réponse ne peut être : « Pour réduire le taux de criminalité et tout risque de récidive. » Selon J. Rawls, cette explication correspond au moins partiellement à une *autre* question formulée comme suit : « Pourquoi emprisonne-t-on en général ceux qui ont commis une infraction ? » Par contre, à la question : « Pourquoi John a-t-il été mis en prison ? », on répond : « Parce qu'il a commis volontairement, sciemment un acte réprouvé et qu'il en a été reconnu responsable. » La peine concrète trouve son fondement dans l'acte répréhensible qui la précède, avant d'entrer dans la logique des moyens. Et il faut bien admettre qu'une réflexion sur le fondement du droit de punir ne peut s'abstraire tout à fait des conditions dans lesquelles la peine vient s'appliquer *concrètement* à un individu.

Dès lors, en resituant les deux niveaux de justification – utilitaire, déontologique – pour échapper à l'écueil sacrificiel, J. Rawls a bien mis en évidence l'incontournable socle déontologique inhérent au droit pénal, et du même coup l'insuffisance des discours qui en font l'économie. Le châtiment de l'innocent ne peut trouver d'invalidation radicale au sein d'une doctrine qui subordonne entièrement le sort individuel à l'utilité moyenne. Une telle invalidation nécessite au minimum qu'entre les niveaux d'effectivité et d'application des peines, on introduise une dimension rétributive où puisse se nouer un lien répressif non finalisé. La position adoptée par J. Rawls s'analyse donc fondamentalement comme une position de repli. L'auteur prend acte de la faiblesse d'un discours pénal inspiré exclusivement par les vues utilitaires, et confère un rôle crucial au principe rétributif : à la fois garde-fou et condition de concrétisation des peines. (Nous reviendrons sur ce point, v. *infra*, p. 493.)

- LE POSITIVISME

Un autre courant de pensée, très éloigné dans ses fondements méthodologiques de Bentham et de son école, partage pourtant avec l'auteur anglo-saxon un même *credo téléologique*. Il s'agit du positivisme italien, illustré par des auteurs comme R. Garofalo ou E. Ferri. Pour ceux-ci, la réaction sociale au crime, mise en œuvre notamment au travers des mécanismes répressifs, s'assimile en fait au processus de *sélection naturelle*, tel qu'exposé par Darwin dans *L'origine des espèces*.

Garofalo l'exprime on ne peut plus clairement : par l'exclusion,

> « le pouvoir social produira artificiellement une sélection analogue à celle qui se produit spontanément dans l'ordre biologique, par la mort des individus non assimilables aux conditions particulières du milieu où ils sont nés et au sein duquel ils ont été transportés. L'État n'aurait donc qu'à imiter la nature » (R. Garofalo, *op. cit.*, p. 240).

Qu'y a-t-il de plus évident et de plus légitime que l'imitation d'une nature sélective ? Par le crime, l'individu extériorise une déficience, il témoigne d'une inadaptation aux conditions de la vie sociale. Selon qu'il s'agit soit d'une inadaptation typique – irrécupérable –, soit d'une défectuosité – accidentelle –, le traitement à réserver au criminel consistera en une *peine* ou plutôt en une *mesure*.

En tout état de cause, l'assimilation devenue classique de Lacassagne, qui fait du malfaiteur un *microbe social,* justifie la réaction répressive. Il n'y a pas plus de raisons à s'interroger sur la légitimité de la *fonction pénale* que sur toute *fonction vitale* d'un être vivant. La société, comme un corps, se défend, et il n'y a là rien que de très normal. La haute valeur poursuivie par la fonction pénale s'identifie avec les conditions de possibilité de toute fonction sociale :

> « L'élimination tend à la conservation de l'organisme social, par l'extirpation des membres qui n'ont pas l'aptitude voulue *(ne peccetur)* » (R. Garofalo, *op. cit.*, p. 261).

Le crime, comme point d'inférence d'une anomalie morale, cristallise la nature antisociale de son auteur, et fonde son traitement-élimination. Tout châtiment est déjà comme anticipé par son sujet, sujet qui s'exclut virtuellement de la communauté dès que s'actualise sa capacité au crime, et même pourrait-on dire avant cette actualisation. Finalement, le geste qui punit n'est donc que l'identification expresse et solennelle d'une nature à son destin.

Tout semble indiquer que l'on renoue ici avec la voie cosmologique de la nécessité de punir. Pourtant le rapprochement n'est qu'apparent. Même si effectivement le positivisme italien insiste sur la naturalité de la réaction au crime, sur sa quasi-nécessité, il n'empêche qu'il resitue la fonction pénale sur un *horizon finaliste* référé à un ordre social donné. La peine est moins *partie* d'un tout harmonieux que *moyen* socialement institué. La métaphysique platonicienne est abandonnée, qui cherche à concilier l'homme avec l'être, dans un présent absolu. Si l'État imite la nature en écartant les inaptes, c'est dans une volonté de créer artificiellement les conditions d'une communauté de vie. L'ordre du monde est convoqué au titre de *médium* de la réussite sociale projetée comme fin en soi.

Selon le mot d'E. Ferri, il s'agit de rendre au ministère punitif ce caractère naturel et spontané de « pure fonction sociale ». Puisque le lien entre le crime et son châtiment n'est pas cosmologique, il doit se penser au sein d'institutions visant avant tout la survie de l'organisme qu'elle représente. La fonction paraît donc tout entière subordonnée à un calcul d'utilité. Quelle sanction pénale peut-on justifier ? Celle qui parvient au mieux à exclure la menace que représentent les individus les moins adaptés pour l'ensemble de la collectivité. L'utile devient le critère du juste, voire son synonyme.

La question « Pourquoi punit-on ? » devrait donc définitivement se lire en deux mots : « Pour quoi punit-on ? » Mais il y a davantage qu'une différence de formulation dans ce déplacement, à savoir l'identification du fondement et de la fonction, au bénéfice de cette dernière, dans un mouvement de recouvrement. Dès lors qu'il est possible de lui dégager une *fonction* sociale claire, la peine n'a plus à être *justifiée*. Ou, pour être plus exact, elle est justifiée par le fait de la fonction qu'elle remplit. Le problème du fondement n'est pas hétérogène ou irréductible ; il n'est qu'une des formes que prend la peine pour dire le rôle qu'elle occupe dans l'ordonnancement d'une société humaine.

• LE FONCTIONNALISME

Avec É. Durkheim, la fonction sociale du châtiment prend une forme radicale, au sens où elle rejoint le socle de la conscience collective. Chaque groupe humain connaît une forme de solidarité qui s'exprime au travers d'états forts et caractérisés de conscience. Cette conscience commune ou collective, constituée d'un ensemble de sentiments largement partagés, assure une sorte de « communion permanente des esprits ». Cependant chaque société connaît des violations graves de ces sentiments. En tout temps et en tout lieu, on rencontre des individus dont les agissements blessent la conscience collective. Le crime parcourt en effet le genre humain même s'il n'a de contenu qu'historiquement et géographiquement déterminé. La « blessure » ainsi occasionnée à la conscience collective ne peut rester sans soin. L'image organiciste fonctionne jusqu'au bout : il s'agit de rendre vitalité à une communion entamée dans sa vigueur. Toute l'opération se situe donc à un *niveau symbolique*. La peine sera

> « le signe qui atteste que les sentiments collectifs sont toujours collectifs, que la communion des esprits dans la même foi reste tout entière, et, par là, elle répare le mal que le crime a fait à la société » (É. Durkheim, *op. cit.*, p. 77).

Une telle réparation n'a de sens que si l'expiation de l'auteur produit un effet au-delà de son destinataire matériel. Durkheim se fait en effet peu d'illusion sur l'efficacité dissuasive ou préventive des peines. Sa véritable effectivité joue là où se partagent les sentiments blessés : entre « honnêtes gens ». Quelle chance a-t-on en effet de faire revivre ce qui n'a jamais existé ?

La conscience collective se retrouve entière par le moyen d'un châtiment individualisé, où le criminel n'est visé que comme le *meilleur symbole* du crime. Un des disciples de Durkheim, P. Fauconnet, résume le propos :

> « C'est au crime même que s'appliquerait la peine si elle pouvait le saisir pour l'annihiler » (P. Fauconnet, *La responsabilité, étude de sociologie*, Paris, Félix Alcan, 1920, p. 217).

Car c'est le crime qui froisse la conscience collective. Il convient donc de l'enserrer au travers de son agent d'exécution le plus proche :

> « La peine est une sorte de procédure d'annulation de l'acte commis qui doit restituer dans son intégralité la croyance ébranlée par le crime » (P. Poncela, *Rétribution et justice pénale*, *op. cit.*, p. 16).

Bien entendu, le crime est par excellence l'inatteignable, le point d'intervention impossible du système répressif : il révèle tout à la fois la radicale insuffisance et la limite définitive de toute sanction. Une chose au moins est certaine, dès que l'intervention pénale commence : rien ne pourra faire en sorte que ce qui a été ne fût point. Les sentiments collectifs sont blessés. Tout au plus pourra-t-on tenter de trouver des modes plus ou moins efficaces de restauration de l'ordre brisé. Mais quelle sera la formule la plus efficace ? Comment s'approcher de l'inaccessible infraction, sachant que le salut ne peut venir que de sa suppression ?

P. Fauconnet entrevoit une solution. Elle ne manque pas de séduire, même si elle met à nu quelques présupposés inquiétants du fonctionnalisme.

> « Pour se donner ainsi satisfaction, il suffit que la société soit capable de susciter un symbole ou un signe, c'est-à-dire un être dont elle puisse faire de bonne foi, le substitut du crime passé. La destruction d'un symbole remplacera la destruction du crime qui, en lui-même, ne peut pas être détruit. Ce sont les êtres jugés aptes à servir de substitut d'un crime et à supporter comme tels la peine de ces crimes qui deviennent responsables » (P. Fauconnet, *op. cit.*, p. 234).

Reprenons. Le symbole suscité par la société prend forme humaine et matérialise en quelque sorte l'atteinte portée à la conscience collective. Il en est le substitut. Le premier mouvement est donc un *déplacement*. Le second mouvement consiste à *identifier* la destruction du symbole à l'annihilation du crime, par le biais du concept de responsabilité. Qui est responsable du crime ? Son meilleur substitut, ou – ce qui revient au même – l'être dont l'élimination est susceptible d'emporter son annulation symbolique.

Solution séduisante, disions-nous, en ce qu'elle semble lever le paradoxe de l'impossible mais nécessaire suppression de l'infraction. Mais solution redoutable également. Le responsable n'y est en effet pas visé en lui-même mais toujours en vue de l'*effet de son châtiment*. Par là, la responsabilité devient un concept dérivé, au contenu incertain car abandonné au libre jeu des substitutions symboliques. Le fonctionnalisme ne rend pas compte des *limites* nécessaires au travail de déplacement et de substitution dans les faits. Car si vraiment le responsable se trouve désigné au terme de ce travail, il reste à expliquer pourquoi on le désigne lui, plutôt qu'un autre. Le résultat du procès (procès au sens de processus) pénal devient quasiment *indéterminable*. Poser la responsabilité en fin de parcours ne permet pas de conjurer le risque sacrificiel. En réalité, ce n'est pas lorsqu'on a trouvé le meilleur substitut au crime – quel qu'il soit – que l'on peut espérer voir son châtiment produire un effet social légitime. Non. L'effet ne peut précéder la responsabilité, mais uniquement la suivre. La responsabilité de l'agent doit rester le point d'ancrage de l'utilité des peines, et jamais son point d'aboutissement.

Au besoin, il faut *s'interdire* de trouver le « meilleur substitut au crime » si celui-ci n'entre pas dans les conditions élémentaires d'imputabilité psychique et matérielle du fait. Une double exigence morale doit être maintenue envers et contre toutes les tentations relevées par Durkheim et ses épigones, qui subordonnent la souffrance à sa fonction. Avant tout, on doit tenir qu'il n'est jamais légitime de traiter un homme comme *l'instrument d'une politique criminelle*, aussi louable soit-elle. Ensuite, il faut maintenir un *lien fort* entre l'auteur – médiat ou immédiat – d'un acte réprouvé et le châtiment qu'il mérite. Ce lien ne peut en aucun cas se trouver remis en cause par la simple carence d'auteurs identifiables.

Double exigence ou double souci à cultiver car le fonctionnalisme a bien mis en évidence l'efficience pratique, et le ressort puissant que constitue l'expiation symbolique pour l'agir collectif, même s'il a eu le tort de l'ériger en paradigme axiologique. Si la fonction a souvent servi à justifier la peine, si ses effets nous confortent dans l'idée de sa nécessité, il convient toutefois de ne pas voir dans ce modèle une fatalité, mais une option contingente assurément très attractive.

3 / Le fondement autonome du droit de punir

A l'opposé des théories instrumentalistes de la peine, deux courants tendent à *autonomiser* le fondement du droit de punir : le Contrat social, d'une part, la Justice absolue, de l'autre. Ils ont en commun l'idée d'une *dissociation* entre l'ordre des fins et l'ordre du droit, et ne s'opposent – pour ce qui nous concerne – qu'au sujet des *sources* du droit. Le débat tourne alors surtout autour du problème de la volonté comme origine ou comme relais du droit (E. Kant, *Métaphysique des mœurs. Doctrine du droit*, trad. A. Philonenko, Paris, J. Vrin, 1971, p. 218 et s.).

• LE CONTRAT SOCIAL

Les tenants du Contrat social, parmi lesquels on doit citer C. Beccaria, J. Locke, J.-J. Rousseau ou encore A. Fouillée, puisent dans l'acte de volonté qui fonde l'ordre social la légitimité de ses institutions ainsi que de ses organes d'exécution (Théorie largement anticipée par H. Grotius dans *Le droit de la guerre et de la paix*, trad. P. Pradier-Fodéré, Paris, Guillaumin, 1867). En sortant de l'état de nature par l'échange de consentements libres, chacun s'est soumis à un pouvoir souverain, chargé d'affermir les droits individuels – intégrité, propriété... –, de régler les différends qui peuvent surgir à l'occasion de leur exercice, et de

> « punir toutes les injures qui peuvent être faites à quelqu'un des membres de la société » (J. Locke, *Traité du gouvernement civil*, trad. D. Mazel, Paris, Garnier-Flammarion, 1992, § 89).

Chaque individu disposait isolément du droit de se défendre et de punir son agresseur en l'état de nature, et l'a *transféré* volontairement à l'autorité politique. (Locke précise que ce transfert peut être *implicite* notamment lorsque la société est *déjà* constituée. Le fait de jouir des droits civils et politiques est assimilé à un consentement tacite. Voyez le § 119 du *Traité du gouvernement civil*.) La société politique ne fait en ce domaine qu'agréger les droits de nature et les appliquer dans les mêmes circonstances et de façon identique à tous.

Qu'un crime soit commis, et son auteur ne pourra qu'avoir voulu son propre châtiment. Son consentement était même à l'origine des institutions qui le lui appliquent. Beccaria ne dit pas autre chose (C. Beccaria, *Des délits et des peines*, Paris, Flammarion, 1979, p. 50 et s.). La volonté est donc à la fois fondement et limite du droit de punir. Fondement, comme on vient de le voir, puisque source de la convention qui autorise à punir. Mais aussi limite, puisque

> « personne ne peut conférer à un autre plus de pouvoir qu'il n'en a lui-même : or, personne n'a un pouvoir absolu et arbitraire sur soi-même, ou sur un autre, pour s'ôter la vie » (J. Locke, *ibid.*, § 135).

Locke refuse ainsi la peine de mort, en s'appuyant sur le « contenu impossible du consentement ». Nul ne peut vouloir se tuer, même par procuration.

On a l'habitude de situer Thomas Hobbes dans la droite ligne des théories du Contrat social. Certains auteurs, et non des moindres, considèrent le *Léviathan* comme la forme absolue du transfert délibéré des droits individuels – y compris le droit de punir son agresseur – vers une entité politique personnalisée (J. Pradel, *Histoire des doctrines pénales*, Paris, PUF, coll. « Que sais-je ? », 2e éd., 1991). Dans cette optique, pour Hobbes,

> « l'État doit assurer la tranquillité sociale en exécution d'un contrat social souscrit par les citoyens. Cette philosophie appliquée au droit pénal conduit au résultat suivant : le droit de punir dérivant du contrat social et la sûreté publique étant la fin recherchée par les hommes, il en découle qu'il est indispensable d'assurer cette sûreté par la punition puisque les hommes ne peuvent être ramenés à la sagesse que par sa menace » (J. Pradel, *ibid.*, p. 21).

Mais peut-on vraiment dire, avec J. Pradel, que le droit de punir *dérive* du contrat social chez Hobbes ? Une première lecture semble confirmer cette position. Le chapitre XVII du *Léviathan* notamment, intitulé « Des causes de la génération et de la définition de la République », fait écho à l'idée d'un contrat passé entre les hommes pour se soustraire à la condition misérable de l'état de nature. Arrivé à ce point où l'expression débridée des sentiments violents, vindicatifs et envieux menace la survie du genre humain, chacun se dessaisit, sous condition de réciprocité, de

> « la liberté d'user de son pouvoir propre, pour la préservation de sa propre nature – et en conséquence de faire tout ce qu'il considérera, selon son jugement et sa raison propre, comme le moyen le mieux adapté à cette fin » (Th. Hobbes, *Léviathan, Traité de la matière, de la forme et du pouvoir de la république ecclésiastique et civile*, trad. F. Tricaud, Paris, 1971, p. 128).

Face au gouffre de la violence où nul n'est épargné, chaque coup vengeant le précédent et justifiant tout à la fois le coup suivant, un seul geste est salutaire : s'engager vis-à-vis d'un seul et lui confier l'exercice exclusif de ses droits naturels à l'autodéfense et à l'appropriation.

Le seul sujet de droit chez Hobbes, c'est-à-dire le seul qui jouisse d'une personnalité à part entière, devient alors le souverain absolu. Pour être plus exact, il faudrait dire que le souverain *subsume* la personnalité de tous ; il en devient le *titulaire collectif.*

> « C'est comme si chacun disait : j'autorise cet homme ou cette assemblée, et je lui abandonne mon droit de me gouverner moi-même, à cette condition que tu lui abandonnes ton droit... de la même manière » (Th. Hobbes, *ibid.*, p. 177).

Le contrat est social par essence : il est fondé sur une réciprocité universelle – j'abandonne mes droits comme toi, qui les abandonnes comme un autre – et rend possible une vie en commun, affranchie des violences individuelles. L'objet même du contrat est de se destituer comme agent de revendication.

Mais peut-on passer du contrat social au « contrat pénal » ? Autrement dit, le souverain hobbesien tire-t-il le droit de punir ses sujets de leurs résolutions communes et simultanées à se soumettre à son autorité ? Si l'on s'en tient aux formules du chapitre XVII, rien certes ne permet d'en douter. Le souverain n'est-il pas *conventionnellement autorisé* à châtier le criminel, dès lors qu'on lui a confié le soin de substituer sa volonté à celle de chacun ? Mais la chose est plus complexe qu'il n'y paraît. Si on reprend le chapitre XXVIII, consacré explicitement à la question des « Châtiments et des récompenses », elle prend un tout autre aspect. Hobbes y définit la peine comme

> « un mal infligé en vertu de l'autorité publique au transgresseur de la loi afin que les volontés des citoyens soient formées à l'obéissance par la frayeur de ce mal » (Th. Hobbes, *ibid.*, p. 331).

Le souverain impose sa loi à tous sans y être lui-même soumis. Elle s'applique indistinctement à tous en raison même de la nature universelle de la convention qui constitue le pouvoir absolu. Par contre, le droit de châtier le contrevenant n'est pas de la même nature contractuelle :

> « Il est donc évident que *le droit de châtier que possède la république n'est pas fondé sur quelque concession ou quelque don de la part des sujets...* Le fondement du droit de châtier, ce ne sont pas les sujets qui l'ont donné au souverain ; mais en se dessaisissant de leur droit à la préservation, ils ont fortifié celui-ci dans l'usage qu'il jugera opportun de faire du sien pour leur préservation à tous. Bref, on ne le lui a pas donné : on le lui a laissé, et on ne l'a laissé qu'à lui » (Th. Hobbes, *ibid.*, p. 331-332).

Les droits confiés au souverain ne contiennent pas celui de punir le criminel même si le châtiment *contient* les droits de chacun – dans le sens où il en prévient les excès naturels. Les contractants n'ont pas à conférer un pouvoir, déjà largement partagé en l'état de nature : il leur suffisait de n'en pas disputer l'usage au *Léviathan.* Et ce faisant, ils ont laissé se constituer une puissance capable d'inhiber ou de réprimer les comportements les plus manifestement attentatoires aux droits naturels de chacun.

Le souverain est *seul* à conserver tous les droits dont *chacun* disposait dans l'état de nature. Parmi ces droits figurait celui de châtier son agresseur : à l'origine, il revenait à chaque homme, pris individuellement, d'assurer sa préservation en écartant de soi les menaces et les violences, par tous moyens, y compris violents. Le sentiment dominant était alors la *crainte* ; la crainte de ne pas résister seul longtemps à la force menaçante des autres. Tel un héros de Dostoïevski, l'homme de l'état de nature arrive à ce constat accablant : « Moi, je suis tout seul, et eux, ils sont tous ! » Tenaillés par la peur et guidés par le désir de survivre, les individus abandonnent au monarque l'exercice exclusif du *droit naturel de punir* son semblable. *Abandon* davantage que convention, puisque ce droit préexiste à l'état social. Bien entendu, il n'est pas indifférent que tous décident de laisser l'initiative répressive au souverain : par ce geste « collectif », sa puissance se trouve accrue et portée à un niveau presque infini. Mais de façon tout aussi certaine, le *Léviathan* ne dispose de cette puissance que pour *actualiser les prérogatives dont il était déjà titulaire* précédemment. La convention des sujets du souverain porte sur un objet qui l'anticipe et la rend possible : il s'agit de conférer au monarque la jouissance exclusive des droits également répartis en l'état de nature.

Hobbes occupe, on le voit, dans l'histoire de la pensée pénale, une position tout à fait particulière, et la lecture qu'en offre J. Pradel gagne à être nuancée. Théoricien du contrat, Hobbes l'est certes, mais avec certains accents qui l'éloignent autant de Locke que de Rousseau ; il reste avant tout un penseur du conflit et de la violence, qui défend une conception désenchantée de la volonté. Une volonté marquée par les conditions précaires où elle s'exprime dans l'état de nature, et surtout par le sentiment dominant de la *peur*. Travaillé par la crainte de la mort, chacun renonce à son pouvoir propre, infime et vain, pour qu'un seul en jouisse vraiment, et au bénéfice de tous. La peine ne naît pas *du* contrat mais trouve *dans* le contrat l'occasion de se trouver appliquée indistinctement à tous par un seul.

Le contractualisme pénal a connu de nombreux contradicteurs. Mais nul mieux qu'Emmanuel Kant n'a résumé son paradoxe : tenir ensemble la participation au processus d'incrimination comme sujet voulant et la soumission à la peine effective comme sujet souffrant :

> « Le contrat social ne contient nullement la promesse de se laisser punir et de disposer ainsi de soi-même et de sa vie. En effet si le droit de punir devait avoir à son fondement la *promesse* du malfaiteur de *vouloir* se laisser punir, il faudrait aussi lui laisser le droit de se reconnaître passible d'une peine et le criminel serait son propre juge » (E. Kant, *op. cit.*, p. 218).

Comment penser une promesse qui s'actualise sans son auteur ? A l'inverse, comment conserver à la peine sa charge négative et extrinsèque si la volonté de son destinataire fonde son application *hic et nunc ?* La volonté se brise au seuil de la peine et y reconnaît son impossible objet.

De deux choses l'une. Soit le criminel veut son châtiment, alors il n'y a plus vraiment de châtiment mais un jugement partagé et consenti. Soit il le refuse et c'est à l'estime des autres qu'il sera châtié, pas à la sienne. Les tenants du contrat oscillent ainsi entre une philosophie de la conscience où le processus pénal reste interne au sujet de bout en bout et une philosophie de l'extériorité où les sociétaires ne se retrouvent qu'*autour* du criminel et sous le mode d'un dissensus radical.

L'idée du contrat reste néanmoins intéressante à deux titres.

D'abord, elle permet de référer tant le châtiment au *lien social* mis à l'épreuve par le crime que son auteur à l'ensemble de ses semblables. En effet, chacun se retrouve intéressé par l'infraction aux règles communes, et également soucieux de la restauration de la norme puisqu'il a contribué à son élaboration. Mais le contrat laisse dans l'ombre le lien qui *anticipe* la volonté consciente de constituer un corps social. Le lien social est bien fondamental en ce qu'il *précède* nécessairement sa formulation consensuelle. Il est donc utile de *remonter* de l'image dérivée et contrefactuelle du contrat vers ce qui le rend possible : un lien antécédent, non volontaire et naturel entre les hommes.

Ensuite, le contrat offre l'occasion de donner un sens à la peine, indépendamment de ses fonctions spécifiques – prévention, réinsertion, etc. –, la peine se trouve *fondée en droit* avant d'être fondée en fait : elle s'origine dans « la loi des parties », c'est-à-dire dans la loi édictée par les parties. Mais, ici aussi, la figure du contrat s'avère insuffisante et trop formelle. On se souvient de son argument. Le criminel est puni parce qu'il a voulu un jour que tous les criminels le soient, abstraitement. Par là, il ne subit en quelque sorte que ce qu'il a souhaité, et pas vraiment ce qu'il a mérité. Ou encore, il mérite ce qu'il a voulu : ainsi, la volonté se rejoint au-delà ou en dehors du crime, et n'y trouve qu'une occasion de plus d'exprimer son autosuffisance. Or le fait d'engager sa volonté libre dans une action punissable ne peut se réduire à une simple *condition d'application* de clauses contractuelles. On doit y voir la vraie *cause* de la sanction, sa raison d'être et, en un mot, sa justification. En résumé, le contrat social promet plus qu'il ne tient : en fait de réponse à l'utilitarisme, il propose une solution marquée par son artificialisme et son formalisme.

• LA THÉORIE DE LA JUSTICE ABSOLUE

La seconde grande version du fondement autonome du droit de punir est connue sous le nom de Théorie de la justice absolue. Elle regroupe des auteurs comme G. W. F. Hegel, E. Kant ou encore J. de Maistre. Mais elle est en fait elle-même constituée de deux modèles distincts : le modèle radical ou ontologique de Hegel, le modèle déontologique de Kant.

Pour Hegel, la question de l'utilité des peines est seconde, dérivée par rapport à la problématique de la peine juste :

> « Les différentes considérations qui se rapportent à la peine comme phénomène, à son influence sur la conscience particulière et à ses effets sur la représentation (intimidation, amendement, etc.), sont à leur place et même au premier plan, dès qu'il s'agit de la modalité de la peine, mais suppose résolue la question de savoir si la peine est juste en soi et pour soi » (G. W. F. Hegel, *Principes de la philosophie du droit*, trad. André Kaan, Paris, Gallimard, 1940, § 99 R).

Il faut donc partir du juste en soi et pour soi : c'est l'*étape du droit abstrait*, où l'on considère le criminel non comme la cause d'un dommage, mais comme le violateur du droit, de sa positivité. La nocivité du crime est secondaire par rapport à la négation du droit qu'il implique. Dès lors, la sanction est négation de la négation de la validité universelle des normes.

> « La réalité du droit n'est autre que sa nécessité se réconciliant avec elle-même par la suppression de la violation du droit » (G. W. F. Hegel, *ibid.*, § 97).

La peine juste consiste dans un processus de refondation de la règle violée ; le criminel est visé non comme agent nocif concret mais comme le support abstrait d'une reconstitution de l'intégrité du droit par la suppression de son négateur.

Dans une seconde étape, Hegel se place du côté subjectif : le délinquant est lui aussi protégé par le droit. Mieux, l'acte qui le châtie *contient* ses droits, dans les deux sens du verbe « contenir » : il les comprend, mais il les contraint également. En commettant un crime, tout homme s'atteint lui-même comme bénéficiaire de la norme violée. La peine vient le restaurer dans son bénéfice et l'honorer en tant que titulaire rationnel de droits. Contrairement aux utilitaristes, pour qui la peine s'adresse à un destinataire minimalement raisonnable, c'est-à-dire juste assez sensé pour associer une douleur postérieure à son acte antérieur et, ainsi instruit, tenter d'échapper à toute nouvelle souffrance, Hegel adopte une version maximaliste : le sujet trouve une consécration dans son châtiment.

La peine a une vertu doublement recognitive du sujet : à la fois détenteur à part entière des prérogatives juridiquement protégées, et capable d'appréhender rationnellement le lien rétributif comme égalité de valeur. En le punissant,

> « on honore le criminel comme un être rationnel. Cet honneur ne lui est pas accordé si le concept et la mesure de sa peine ne sont pas empruntés à la nature de son acte – de même lorsqu'il n'est considéré que comme un animal nuisible qu'il faut mettre hors d'état de nuire ou qu'on cherche à l'intimider ou à l'amender » (G. W. F. Hegel, *ibid.*, § 100).

Mais surtout, Hegel perçoit ou anticipe la résonance entre l'utilitarisme et l'abolitionnisme. En estimant soit que l'on fonde soit que l'on récuse la peine par l'évaluation de ses effets, les deux doctrines aboutissent sans doute à des résultats inverses mais partagent les mêmes prémisses. Pour l'utilitarisme, la modification du comportement des criminels est plausible et même certaine, tandis que pour l'abolitionnisme, la peine n'est qu'un mal ajouté à un autre sans résultat concret. Mais il existe une communauté profonde entre ces deux théories :

> « Si le crime et sa suppression, en tant que celle-ci est considérée du point de vue pénal, ne sont considérés que comme nocifs, on peut peut-être juger déraisonnable de vouloir un mal pour cela seulement qu'un mal existe déjà. Cet aspect superficiel de nocivité est attribué par hypothèse au crime dans les différentes théories sur la peine fondée sur la préservation, l'intimidation, la menace, l'amendement comme caractère primordial et ce qui doit en résulter est, d'une façon encore superficielle, défini comme un bien » (G. W. F. Hegel, *ibid.*, § 99 R).

Il n'y a pas de différence radicale entre justifier la peine par ses fins et l'invalider par sa nocivité. Dans les deux cas, on ignore cette

> « connexion interne virtuelle du crime et de l'acte qui l'abolit » (G. W. F. Hegel, *ibid.*, § 101).

Hegel considère les deux positions comme deux formes superficielles de *moralité subjective* où les considérations téléologiques – sur le bien ou le mal pour lesquels on agit – ont pris le pas sur la référence objective à la justice.

En réalité, ni l'amendement ni l'intimidation ne constituent le véritable objet de la répression. La répression est avant tout

> « réconciliation du droit avec soi-même dans la peine » (G. W. F. Hegel, *ibid.*, § 220).

L'annulation du crime rétablit la loi en la revalidant et confirme le rapport de chacun au droit. Ainsi Hegel n'échappe-t-il au finalisme utilitariste et au scepticisme abolitionniste qu'en érigeant le droit en sujet ultime et en réduisant l'agent criminel à être le *support* d'une entreprise qui le dépasse. En effet, le délinquant n'est concerné que comme moment, comme étape, ou comme médium à la fois dans la refondation du droit en sa positivité et dans l'avènement du droit à lui-même.

La deuxième version de la Théorie de la justice absolue est défendue par Emmanuel Kant, essentiellement dans la *Métaphysique des mœurs*. Pour Kant, la peine est exécutée en vertu d'un impératif catégorique lié à la commission du crime :

> « La *peine juridique* qui est distincte de la *peine naturelle*, par laquelle le vice se punit lui-même – doit uniquement être infligée (au criminel) *pour la seule raison qu'il a commis un crime* » (E. Kant, *op. cit.*, p. 214).

Il y a *rétribution* d'une transgression : le fondement du droit de punir réside dans la violation des maximes de la raison pratique, c'est-à-dire des principes d'action du sujet moral. Il n'est d'autre fondement que l'acte contraire au devoir lui-même. Cet acte peut être soit prémédité – *dolus* – soit simplement fautif – *culpa* (E. Kant, *op. cit.*, p. 98). En tout état de cause, il ne peut être question de prendre en compte la visée d'une fin extérieure à la violation du devoir pour justifier une peine ou pour en dispenser. Kant propose deux situations types pour illustrer sa thèse.

La première situation est classique : peut-on accueillir la demande formulée par un collège médical de promettre la vie sauve à un condamné à mort pourvu qu'il accepte de se soumettre à des expériences dangereuses mais dont les résultats bénéficieraient au plus grand nombre ? La réponse est claire :

> « C'est avec mépris qu'un tribunal repousserait une telle proposition ; car la justice cesse d'être une justice, dès qu'elle se donne pour un quelconque prix » (E. Kant, *op. cit.*, p. 214 et 215).

Agir autrement reviendrait à instrumentaliser l'homme, à le considérer comme un moyen au service d'autrui. Aucun bénéfice, fût-il universel, ne peut compenser le dommage moral ainsi causé à la dignité humaine.

La seconde hypothèse est encore plus intéressante par sa radicalité. Imaginons une île où la société civile s'apprête à se dissoudre volontairement – à quitter l'île et à se disperser – et qui aurait encore à décider du sort d'un meurtrier. Ne doit-on pas tenir pour certain qu'il n'y aurait aucun avantage ni aucune utilité à punir celui qui, par hypothèse, ne pourra plus nuire à ce peuple, et ne peut-on par exemple se contenter de l'abandonner sur l'île ?

Il faut, selon Kant, l'exécuter, indépendamment de ces considérations finalistes, car la raison de son châtiment se trouve *dans son crime*, et n'est pas affectée par les circonstances qui lui sont postérieures. En effet, la peine

> « ne peut jamais être considérée simplement comme un moyen de réaliser un autre bien, soit pour le criminel lui-même, soit pour la société civile » (E. Kant, *op. cit.*, p. 214).

En outre, s'abstenir d'exécuter sa peine reviendrait même à se rendre *complice* du meurtrier dans la violation de la justice, parce que cette abstention s'assimilerait à une transgression du devoir qu'il y a de rétribuer le mal. La justice rétributive exclut l'ineffectivité (voyez à ce sujet M. van de Kerchove, Les lois pénales sont-elles faites pour être appliquées ?, *op. cit.*, p. 330).

Kant déploie son énergie à trouver une solution de rechange à l'instrumentalisme pénal, et donc à dégager un fondement moral indépendant du bénéfice de la peine, mais un fondement qui échappe également au formalisme du contrat social. Il aboutit ainsi à adopter le *moralisme juridique*, c'est-à-dire à faire de la responsabilité morale de l'agent la *condition à la fois nécessaire et suffisante* de la légitimation de la peine. A Bentham, qui établit une équivalence entre l'*utilité* et le fondement, Kant répond par une autre équivalence, entre *responsabilité* et fondement (M. van de Kerchove, *Le droit sans peines, Aspects de la dépénalisation en Belgique et aux États-Unis*, Bruxelles, FUSL, 1987, p. 461 à 463). La faiblesse du moralisme juridique tient à son exclusive méthodologique : écartant toute considération conséquentialiste, il lui devient quasiment impossible d'attribuer une fonction à la peine sans paraître retomber dans le travers instrumental.

Arrivés au terme d'une présentation, certes sommaire, des grandes options marquant la problématique de la légitimation de l'intervention pénale, il nous semble possible de conserver l'acquis kantien, c'est-à-dire le rôle prépondérant de la notion de responsabilité morale ; mais ce faisant, on n'exclura pas les considérations sur les fonctions de la peine, et l'on cherchera à *articuler* la pertinence du conséquentialisme à la vérité du kantisme. Notre objet sera dès lors de penser une dimension morale *et* une dimension finaliste au sein de la peine, sans les juxtaposer simplement l'une à l'autre.

III. – La fonction des peines

Pour ce faire, il conviendra tout d'abord de resituer brièvement les lignes de force de deux courants majeurs dans la réflexion menée sur les buts du système répressif : l'utilitarisme et le fonctionnalisme. En effet, les critiques adressées précédemment à Bentham et à Durkheim (cf. *supra*, I et II) tendaient avant tout à *éviter le recouvrement de la question de la justification par la question du rôle* des peines, et non à contester la relative et complémentaire pertinence de leurs analyses. Le châtiment recèle incontestablement une visée préventive, en même temps qu'une visée symbolique.

Mais ensuite, la difficulté consistera à *référer les objectifs* préventifs et symboliques inhérents à la peine *à la responsabilité* du sujet qui la subit. A cette fin, nous partirons de l'idée d'une légitimation des sanctions en deux temps, bien distincts : un premier temps d'ordre *moral*, et un second d'ordre *téléologique*.

1 / Du mouvement de la prévention à la peine comme symbole

Selon le sens commun, la première fonction de la peine est *préventive* : elle tend à éviter la répétition de comportements prohibés et considérés comme nuisibles. Il faut remonter à Jeremy Bentham pour en trouver la formulation la plus nette.

> « La prévention s'opère par la dénonciation de la peine, et par son application, qui sert d'*exemple* : la peine soufferte par le délinquant offre à chacun un exemple de ce qu'il aurait à souffrir en se rendant coupable du même délit » (J. Bentham, *Théorie des peines et des récompenses*, *op. cit.*, p. 4).

Le droit pénal se comprend essentiellement comme une entreprise de dissuasion : il agit autant au niveau du délinquant – prévention particulière – qu'au niveau de ses imitateurs potentiels – prévention générale. Si l'on attribue généralement à Bentham la paternité de la distinction entre prévention générale et prévention spéciale, remarquons en passant que différents auteurs ont préparé et anticipé cette classification. Ainsi Hobbes, au chapitre XIX du *Léviathan,* dit-il déjà :

> « Le but du châtiment n'est pas de se venger et de décharger sa bile, mais de corriger le délinquant, ou, par son exemple, d'autres hommes. »

Grotius, quant à lui, distingue trois utilités à la peine : la correction du coupable, la réparation du dommage et l'exemple. Enfin, J. Domat énumère quatre fonctions : la satisfaction publique, l'exemple, la correction des criminels et leur neutralisation.

La prévention générale consiste en une *fonction de représentation* : on tend à détourner du crime les « honnêtes gens » par le spectacle des souffrances liées à sa commission. Il importe donc davantage que le mal subi *semble* accablant plutôt qu'il le soit réellement. Il serait en effet inutilement cruel de faire effectivement subir à un délinquant un traitement dont la simple apparence suffit à remplir d'horreur ses spectateurs ; l'essentiel tient tout entier dans l'effet produit :

> « L'apparence est l'objet essentiel. Tout le mal qui ne paraît pas est en pure perte. Il faut donc que le mal réel soit aussi petit, et le mal apparent aussi grand que possible. Si pendre un homme en *effigie* pouvait produire la même impression de terreur, ce serait folie ou cruauté de le pendre en *personne* » (J. Bentham, *op. cit.*, p. 6).

Par la prévention spéciale ou particulière, le châtiment vise un effet attendu sur le délinquant lui-même. Partant de l'idée que l'infraction est commise pour se procurer un bien ou un plaisir, il suffira d'attacher à sa réalisation la promesse d'une souffrance légèrement supérieure pour en détourner chacun (J. Bentham, *Traité de législation civile et pénale*, Bruxelles, Hauman, 1840). La peine sera donc proportionnée à l'attrait du crime, car pour

> « se faire craindre plus que le crime il est nécessaire que la peine corresponde à tous les degrés de la tentation » (J. Bentham, *Théorie des peines et des récompenses*, *op. cit.*, p. 7).

La peine doit être graduée et fixer le « prix » de chaque infraction. On touche du doigt ici la parenté du Bentham juriste dans la *Théorie des peines et des récompenses* avec l'Adam Smith économiste de la *Richesse des nations*. Des deux côtés, chaque individu est censé se gouverner en fonction de l'intérêt qu'il a à maximiser la somme totale de son plaisir. Sur le plan du droit, chacun évitera les comportements auxquels s'attache une sanction, et sur le plan des rapports marchands, chaque opérateur tentera d'augmenter son profit.

Certains auteurs, comme Gabriel Tarde, ont même voulu pousser plus loin l'analogie, en élaborant une véritable théorie de l'élasticité *peine-crime*. En économie, on dit de la demande d'un bien qu'elle est *élastique* à son prix lorsque l'augmentation du prix exerce une influence sensible sur sa consommation. A chaque type de bien correspond ainsi une élasticité propre : pour tel bien superflu, la demande baissera plus que proportionnellement à la hausse du prix – forte élasticité –, pour tel autre, plus vital, au contraire, le prix influencera très peu la demande – faible élasticité. Pour G. Tarde, la peine agit sur la criminalité comme le prix sur la demande : face à tel crime, augmenter le niveau de répression aura un effet plus que proportionnel, alors que pour tel autre, l'effet sera quasiment nul (voyez G. Tarde, *La philosophie pénale*, *op. cit.*, p. 486 et s.) L'*homo œconomicus* apparaît ainsi comme le jumeau de l'*homo delinquens* :

> « En somme, l'agent qui envisage de passer à l'acte se conduit empiriquement comme un économiste en pesant les avantages ou les inconvénients qu'il pourrait retirer de l'infraction. L'*homo deliquens* est un homme libre, doué de raison, se livrant à un calcul froid et objectif » (J. Pradel, *Histoire des doctrines pénales*, *op. cit.*, p. 45).

Œconomicus ou *delinquens* délibèrent objectivement sur le choix de l'attitude la plus rationnelle, eu égard aux circonstances. Ils ressemblent à de froids calculateurs. (Sur ce rapprochement, v. également P. Bouzat et J. Pinatel, *Traité de droit pénal et de criminologie*, Paris, Dalloz, 1970, p. 100 et s.)

Au travers de la prévention générale et spéciale, le droit répressif cherche à assurer les conditions de sa propre inapplication ou de sa propre inutilité. Idéalement, le sujet libre et rationnel que constitue l'*homo deliquens* devrait toujours préférer s'abstenir de passer à l'acte après avoir calculé le rapport plaisir-souffrance. Aussi la transgression ne peut-elle revêtir que deux significations. Soit le sujet s'est trompé dans son évaluation : il a cru pouvoir tirer un avantage de son choix, et il suffira de lui rappeler son erreur pour qu'il s'amende. Soit la peine est mal proportionnée à l'infraction : il faudra alors la renforcer pour qu'elle devienne vraiment dissuasive.

Éviter que certains comportements ne se reproduisent constitue une dimension essentielle des peines et non *l'alibi répressif* dénoncé par d'aucuns (v. *e.a.* Th. Lévy, pour qui le but de la peine est avant tout de manifester publiquement la volonté du plus fort et de « porter à la limite extrême le pouvoir de celui qui a encore assez de volonté et de force pour donner de nouveaux coups », Le visage de la peine juste, in *Punir, mon beau souci*, *op. cit.*, p. 441). Cependant, la finalité préventive ou dissuasive ne dit pas le dernier mot du pénal. La sanction ne s'épuise pas dans la tentative toujours réitérée mais jamais transformée d'aboutir à son obsolescence. Il existe un second axe, une seconde dimension fonctionnelle, d'ordre *symbolique*. La peine ne tend pas qu'à modifier les comportements, mais aussi à influer sur les *représentations* individuelles et collectives. Et c'est en cette dimension symbolique que l'analyse durkheimienne acquiert toute sa pertinence.

Le criminel entame la conscience collective et marque son indifférence pour les valeurs autour desquelles se retrouvent ses semblables. Le meurtrier par exemple bafoue la valeur attachée à la vie humaine, le faussaire, le crédit dont on revêt l'écrit, et le voleur, l'attachement à la propriété. La foi en ces valeurs sort fragilisée et comme rendue à sa contingence : elles perdent en même temps de leur évidence et de leur attrait. La réaction au crime aura alors pour tâche de *restaurer la confiance* dans les sentiments froissés, de leur rendre vigueur. Cette réaction prendra la forme d'une peine expiatoire.

Le délinquant expie parce que ce n'est qu'à ce prix que l'on refonde une solidarité mise à mal : son châtiment atteste qu'il existe encore une forte cohésion et que les valeurs restent très largement partagées. Sa souffrance reflète la puissance mobilisatrice de la règle violée. La peine joue donc essentiellement un *rôle symboliquement thérapeutique* ; elle restaure le sens moral commun violé en stigmatisant tout à la fois une conduite antisociale et, à travers elle, l'individu qui en est le vecteur.

> « Ainsi, la fonction essentielle de la peine... est... de rassurer les consciences que la violation de la règle a pu, a dû nécessairement troubler dans leur foi, alors même qu'elles ne s'en rendent pas compte, de leur montrer que cette foi a toujours la même raison d'être. Il est donc bien vrai qu'elle compense, qu'elle corrige le mal qui résulte de la faute » (É. Durkheim, *L'éducation morale*, Paris, Félix Alcan, 1925, p. 191).

La double dimension préventive et symbolique de la peine impose que l'on confronte l'application d'une sanction au résultat qu'elle atteint ; toute fonction s'évalue en termes d'*effectivité*. Aussi doit-on distinguer les deux types d'effectivité correspondant aux deux types de fonctions mises en évidence. L'*effectivité dissuasive* consiste dans la faculté de réduction du taux de récidive. Ainsi, on dira d'un régime répressif donné qu'il est une réussite – de ce point de vue – si l'on y enregistre une baisse sensible de la criminalité. Au contraire, si l'exécution des peines ne modifie pas l'activité criminelle, l'axe de la prévention sera considéré comme inefficient. L'*effectivité symbolique* est d'un tout autre ordre. Elle s'évalue selon le critère de la vigueur relative des sentiments moraux. La peine sera jugée efficace si elle parvient à provoquer un ensemble de représentations valorisantes ou, au contraire, dévalorisantes.

On n'exigera pas ici la version maximaliste ou consensualiste défendue par Durkheim, mais une *aptitude relative* à créer un accord autour de certaines valeurs. La conscience collective dans *La division du travail social* reste en effet trop marquée par son monolithisme ; elle fait l'impasse sur l'existence de sociétés pluralistes où le renforcement d'une partie des opinions s'accommode de zones assez larges d'inefficiences symboliques (M. van de Kerchove, Les lois pénales sont-elles faites pour être appliquées ?, *op. cit.*, p. 327 à 346).

Nous nous rallions à l'idée que la peine est à situer dans le double registre préventif *et* symbolique. Tout à la fois, elle vise la réduction de la récidive et à assurer un horizon moral commun. Mais il reste encore à *articuler* cette double finalité avec la question du fondement du droit de punir. Car s'il est clair à présent que les fins ne peuvent tenir lieu de *conditions suffisantes* au droit de punir, elles doivent au moins en constituer une *condition nécessaire*. Autrement dit, une peine juste sera nécessairement utile, même si l'inverse n'est pas forcément vrai.

2 / Quelle place pour la fonction des peines ?

Nous formulons l'hypothèse qu'il est possible de penser un rôle à la sanction pénale, qui *participe* à sa légitimation sans pour autant en être le tout. Pour mettre à l'épreuve cette intuition, nous partirons de la double insuffisance de l'instrumentalisme juridique et de la position déontologique, en comprenant ces deux positions, comme les extrêmes d'un même genre. (Pour une présentation plus détaillée de ces deux positions, voir M. van de Kerchove, *Le droit sans peines*, *op. cit.*, p. 442 et s.)

L'instrumentalisme se résume comme cette doctrine juridique refusant de voir dans une incrimination autre chose que le moyen d'aboutir à une fin socialement assignée, et dans l'exécution des peines, l'instrument d'une politique de prophylaxie :

> « L'utilité de la peine, en termes de prévention, est une condition *nécessaire* à son application », mais en outre, « cette utilité est une condition *suffisante* » (*ibid.*, p. 463).

Nul n'est besoin de s'attacher à autre chose qu'à l'ordre des fins.

On le comprend aisément, la tache aveugle de l'instrumentalisme se situe dans la dimension de la *responsabilité morale* du sujet et de la moralité de l'acte. L'imputabilité psychique du fait à l'agent représente une problématique qu'elle tend à ignorer dans ce contexte puisqu'elle n'en fait pas dépendre le fondement du droit de punir. En outre, l'intervention répressive trouve son sens en dehors des considérations sur l'immoralité des faits réprouvés.

En face de l'instrumentalisme, et faisant pendant à son option a-morale, la position déontologique se caractérise, elle, par son indifférence à l'égard de l'efficacité et de l'efficience des peines (voir *supra*, p. 488, la version kantienne de la position déontologique). Selon elle,

> « Le châtiment est justifié par le fait que toute mauvaise action *(wrongdoing)* mérite une sanction. Il convient moralement qu'une personne se comportant mal souffre en proportion du mal qu'elle a commis. L'on punit un criminel en raison de sa faute » (J. Rawls, Two concepts of rules, *op. cit.*, p. 4 et 5, traduit).

Pour légitimer la poursuite d'un individu, il *faut* et il *suffit* que sa faute soit mise en évidence. L'éventualité de produire concomitamment un ensemble plus ou moins souhaitable d'effets collatéraux ne peut entrer en ligne de compte. Agir de la sorte reviendrait en effet à subordonner l'impératif rétributif à des conditions d'ordre factuel.

Nous poursuivons ici deux objectifs. D'une part, il s'agit de ne pas sacrifier le réquisit moral à l'insidieuse « téléonomie pénale » (au sens de la *justification par les fins*). En effet, nous tenons le crime comme engageant *par nature* la capacité individuelle du sujet à répondre de ses actes face aux exigences éthiques de la conscience. (Voyez *supra,* La nature du crime, p. 461). D'autre part, il nous paraît tout aussi important de ne pas abstraire la peine des conditions pratiques de son effectivité. Elle n'est pas que la mesure d'une faute ; elle fait signe vers un au-delà de sa négativité, ou son sens rejoint une inscription dans l'ordre des causes.

Des différentes solutions proposées pour réconcilier l'instrumentalisme et le moralisme juridique, ou plutôt pour dépasser leurs insuffisances respectives, nous retiendrons la stimulante suggestion de M. van de Kerchove :

> « La finalité des peines nous paraît être de nature préventive et non rétributive et il nous semble que la peine ne soit légitime que *parce qu'*elle est utile et même nécessaire. Cependant... cette "ratio" de la peine ne constitue pas une condition suffisante de sa légitimité, qui exige, en outre, la responsabilité morale de l'individu auquel on l'applique... Pour être légitime, la peine doit être non seulement *efficace*, mais encore *juste* » (M. van de Kerchove, *Le droit sans peines, op. cit.*, p. 465).

Finalement, il suffirait de *combiner* les deux types de justification : morale et téléologique. De cette manière, les deux écueils seraient contournés. La finalité dissuasive et la finalité symbolique trouvent place au cœur de la réflexion sur les fondements du droit de punir – puisque la peine doit être efficace pour être légitime – et l'on continue d'énoncer les limites morales « en deçà desquelles la liberté individuelle est affranchie de l'intervention pénale » (M. van de Kerchove, *ibid.*, p. 465) – dans la mesure où la peine doit également être juste. L'hypothèse est séduisante par sa simplicité, mais ne se réduit-elle pas, en fait, à une forme de *syncrétisme* ?

En réalité, on ne peut accepter d'envisager la responsabilité morale du sujet et l'efficacité pratique d'une sanction comme deux dimensions autonomes ni comme deux contraintes équivalentes dans le registre justificatif. Elles ne sont et ne peuvent être considérées sur un pied d'égalité de ce point de vue. N'y aurait-il pas quelque simplisme à les présenter comme purement « additionnables » l'une à l'autre, dans un ordre quelconque ? En effet, une telle perspective ne permet pas de trancher les situations de *conflit de priorité* qui ne manquent pas de survenir entre deux types d'exigences aussi radicalement divergentes. Pour cette raison, il s'avère indispensable d'établir entre ces deux pôles un *ordre*, qui échappe au syncrétisme sans retomber dans les travers réducteurs du moralisme et de l'instrumentalisme. Nous proposons une mise en ordre inspirée analogiquement par le *principe lexical* ou lexicographique, un peu à la manière de J. Rawls (J. Rawls, *Théorie de la justice*, trad. C. Audard, Paris, Seuil, 1987, sect. 8). Il se révèle en effet insuffisant de se contenter d'un *simple équilibre* de type compensatoire entre le registre du devoir et celui des fins.

On se souvient que, pour J. Rawls, le principe de différence (second principe de justice) n'acquiert de pertinence à s'appliquer *qu'une fois les libertés égales pour tous assurées* (premier principe de justice). Aucune tyrannie ne pourrait se justifier au regard des principes rawlsiens, fût-ce en faisant valoir le bénéfice que les plus défavorisés tirent des inégalités sociales existantes. Par contre, entre deux sociétés démocratiques – c'est-à-dire dont la constitution incorpore les règles de la justice procédurale –, la plus légitime sera la société où les différences économiques et sociales aboutissent à améliorer la situation de tous. Dans ce second contexte, le principe de différence intervient pour légitimer une situation, préférentiellement à une autre, sous la condition minimale qu'il s'agisse de deux situations où le premier principe est *déjà* respecté.

Si l'on revient au débat qui nous occupe, les choses apparaissent sous un jour nouveau. Le concept d'ordre lexicographique permet en effet d'agencer les préoccupations morales aux considérations d'utilité. Ainsi, nous soutenons l'idée qu'il n'y a de sens à parler de fonction des peines *que* dans le cadre d'une responsabilité morale qui fait socle. La responsabilité n'est pas *une* des deux composantes de la légitimité pénale, mais bien *la* première condition de punissabilité de l'agent, condition à remplir nécessairement pour que se pose la question des modalités répressives efficientes. L'acquis de cette priorité lexicale est le suivant : aucun gain en utilité ne compensera jamais l'absence de légitimité morale d'une sanction.

L'occasion se trouve ainsi offerte de donner un sens nouveau à cette pensée de Kant : l'homme

> « doit préalablement être trouvé *punissable*, avant que l'on songe à retirer de cette punition quelque utilité pour lui-même ou ses concitoyens » (E. Kant, *Métaphysique des mœurs*, *op. cit.*, p. 214).

Car une fois la condition minimale rencontrée, l'effet de la peine *devient* un second critère de légitimation à part entière. L'utilité qu'il y a à réduire l'ampleur du phénomène criminel ou à agir sur l'ordre des représentations ou des valeurs, en soumettant le transgresseur à son châtiment, *acquiert* une vertu fondationnelle.

On ne dira donc plus, avec M. van de Kerchove :

> « Pour être légitime, la peine doit non seulement être *efficace*, mais encore *juste* »,

mais qu'une peine n'a de chance d'être légitime que si elle s'adresse à une *liberté faillible*, en vue de son amendement particulier et collectif. De deux sanctions méritées, la plus juste sera également la plus utile au délinquant et à ses semblables.

Pour conclure, on reviendra sur la distinction proposée par J. Rawls dans « Two concepts of rules » (cf. *supra*, p. 478). L'auteur oppose la justification d'un *practice* à la justification d'une *decision :* d'un côté, il s'agit de fonder l'institution pénale comme telle, de l'autre, une sentence particulière, *hic et nunc*. On se souvient des illustrations déjà évoquées. Si [*untel*, mettons] John a été puni, c'est parce qu'

> « il a été jugé régulièrement, et reconnu coupable » ;

par contre, si l'on punit *en général*, c'est au motif que,

> « à long terme, cela favorisera les intérêts de la société » (J. Rawls, *op. cit.*, p. 5 et 6, traduit)

La dimension rétributive semble donc, chez J. Rawls, confinée à la justification de chaque condamnation prise séparément, et le *practice* pénal, ne s'accommoder, quant à lui, que d'une visée préventive.

Pourtant, les choses sont moins simples qu'il n'y paraît. Du côté individuel, la question est bien de savoir si John est coupable ou non de ce dont on l'accuse, car il n'y a de sens à châtier qu'un coupable. Rawls n'en disconvient pas. Par contre, lorsqu'il tente de déterminer la *« ratio »* du régime répressif dans son entier, Rawls n'adopte l'argumentaire utilitariste *qu'après avoir présupposé la culpabilité de ses destinataires abstraits.* Il rend ainsi à l'axe rétributif sa priorité, au moment même où il prétend en limiter la valeur justificative à l'ordre du casuel :

> « Pourquoi certaines personnes en mettent-elles d'autres en prison ? Pour protéger les bons des mauvais *(to protect good people from bad people)* (...) pour empêcher quelques-uns de soumettre des actes qui rendraient la vie plus difficile *(uneasy)* à tous » (*ibid.*, p. 5, traduit, c'est nous qui soulignons).

L'objectif préventif poursuivi par l'institution des peines n'a donc de chance d'être atteint *que si* l'on postule d'avance l'exclusive punissabilité de ces *bad people.*

En réalité, Rawls illustre, presque malgré lui, l'ordre de présentation déontologique et téléologique. Dans l'hypothèse de John, la responsabilité n'est pas encore établie, aussi est-il naturel que l'on songe *d'abord* à justifier sa peine par un raisonnement de type rétributif. Par contre, dans le cadre du *practice*, la dimension morale étant supposée acquise – la contrainte vise par essence les *bad people* – il devient légitime d'*aller plus loin*, et d'envisager le régime répressif en rapport avec ses fins sociales.

TITRE VII

Pluralité d'ordres, unité de nature ?

A première vue, la diversité des systèmes juridiques en vigueur dans le monde d'aujourd'hui ou échelonnés aux différentes périodes de l'histoire s'oppose à la reconnaissance d'un droit qui, émanant par hypothèse d'une unique nature humaine, devrait donc prétendre, lui aussi, à l'unicité. Comment, en effet, tenir un énoncé valable sur *le* droit naturel alors que l'observation la plus élémentaire montre à la surface du globe et sur la ligne du temps une multiplicité *de* droits positifs ? On se propose ici de renverser la question en cherchant à savoir non plus comment l'unicité du droit parviendrait encore à se dire malgré la diversité de ses formulations positives, mais comment ces formulations présentes et passées réussiraient à négliger une commune référence au droit.

Après avoir rappelé l'objection qu'oppose le réalisme de la multiplicité à l'idéalisme de l'unicité (chap. Ier), on aborde les questions classiques du statut du droit international public (droit des gens) marqué par l'opposition entre monisme et dualisme (chap. II) puis les débats engagés dans les matières du droit international privé et du droit transitoire (chap. III), pour voir comment l'unique tension morale n'empêche pas – au contraire – le déploiement de la diversité des ordres juridiques (chap. IV). Cette thèse ouvre alors une piste à suivre aussi bien dans l'étude diachronique (histoire du droit) et synchronique (droit comparé) des systèmes juridiques (chap. V) que dans la formulation du droit international public en termes de droits de l'homme (chap. VI).

Chapitre Premier

LA PLURALITÉ RÉALISTE CONTRE L'UNICITÉ IDÉALISTE

La recherche d'une norme qui inscrirait *a priori* au cœur des formulations du droit positif l'inévitable tension de la liberté en quête de sa fin a traversé jusqu'ici divers domaines juridiques tels que la Constitution de l'État, le sujet et la famille, les biens et les obligations, la peine. Les conclusions qui mettent en évidence, dans ce parcours, un droit sous-jacent (ou « antérieur ») aux décisions prises tant par les pouvoirs publics que par les sujets particuliers ont-elles convaincu ?

Pas nécessairement puisque la liberté ne pose pas toujours – elle est libre, précisément – l'acte de reconnaissance de sa propre nature, corporelle et sociale. En tout cas, si la démarche entreprise a pour elle une apparence de rationalité, elle va pourtant, dit-on, échouer près du but car il lui reste à rencontrer l'obstacle, peut-être décisif, de la pluralité.

De deux choses l'une, en effet : *ou* l'*a priori* du droit dit « naturel » impose, précisément parce qu'il relève de la nature humaine, un unique ensemble de normes qui garantissent par exemple l'identité du sujet de droit en son corps, la relation matrimoniale de l'homme et de la femme, l'appropriation des biens selon le besoin et le travail, l'équilibre des échanges, et le lien de la peine à la moralité, mais alors la scandaleuse diversité des ordres juridiques dispersés dans l'espace et dans le temps ne recèle plus aucune signification humaine ; *ou* le juriste admet la solide consistance des divers ordres juridiques particuliers, dans ce cas il renonce à construire la chimère d'un droit qui vaudrait pour tous les espaces et tous les temps. Puisqu'il faut choisir, paraît-il, entre un droit idéal sec et uniforme d'une part, la riche diversité des droits positifs d'autre part, il n'y a pas à hésiter longtemps : la réalité positive longuement analysée par les comparatistes et les historiens du droit l'emporte de loin sur toutes les spéculations philosophiques mobilisées par la recherche d'un droit unique.

En réalité, l'objection qui récuse au nom de l'incontestable pluralité des ordres juridiques positifs l'intérêt des recherches menées en droit naturel repose sur un présupposé où l'on reconnaîtra la trace du positivisme. Car la pensée qui enferme le droit en chacun des ordres juridiques décidés par le pouvoir sur telle portion de l'espace et en tel moment du temps transportera dans sa conception de l'unité les limites qu'elle a manifestées dans sa perception de la pluralité : ici également, la pensée positiviste enfermera le droit dans la décision qui devrait être prise (mais qu'apparemment le jusnaturaliste attend toujours) de traiter les rapports sociaux sous l'empire d'une seule et même règle valable pour tous les espaces et pour tous les temps. Ce faisant, le juriste positiviste manifeste dans son objection sa difficulté à entendre la réponse. En effet, ce premier regard jeté à la hâte sur la dualité d'un droit positif dont le foisonnement défie toute réduction à l'unité d'une part, d'un droit naturel présenté comme la règle juridique valable pour tous les humains d'autre part, reste superficiel car il a traité les deux ordres comme s'ils appartenaient au même plan de la positivité, alors qu'ils jouent sur deux registres différents. Or la difficulté qu'éprouve le juriste positiviste réside précisément dans sa conviction selon laquelle le droit n'utiliserait jamais que le registre de la positivité, et puisque l'observation l'amène à constater l'irrémédiable pluralité des lois positives, il en conclut à l'impossibilité d'une formulation unique du droit et donc à l'inanité des recherches menées sur un *a priori* universel qui sous-tendrait la diversité des ordres juridiques.

Mais l'objection tomberait si nous parvenions à mettre en évidence un niveau de discours où le droit attirerait ses divers énoncés vers l'universelle unicité de ses exigences.

Le dialogue risque sans doute d'aboutir à une fin de non-recevoir tant s'avère presque utopique – littéralement sans lieu – la formulation d'un tel droit universel. Aussi importe-t-il de répéter que le « lieu » de surgissement de ce droit ne fait pas nombre avec les autres sources telles que la législation, la coutume ou la jurisprudence mais qu'il se situe à l'arrière-fond de ces formulations positives en cet endroit plus intérieur où les libertés livrées les unes aux autres découvrent les exigences de leur nature. Il importe également de conserver, ici plus que jamais, la méthode d'immanence qui évite précisément l'irréductibilité de l'opposition entre le réalisme positiviste et l'idéalisme utopique, cherchant plutôt à montrer au cœur même des débats de droit positif l'irrécusable présence d'une tension morale vers l'accomplissement universel de la nature humaine.

Bref, au lieu de répondre à la surdité positiviste qui invoque la pluralité visible des systèmes de droit pour refuser d'entendre leur invisible recherche d'harmonie, par la cécité idéaliste qui n'entendrait jamais qu'un unique discours intérieur sans rencontrer la diversité des ordres juridiques répandus dans le monde et dans l'histoire, on préfère ouvrir les yeux sur cette pluralité pour y percevoir une aspiration plus secrète vers l'unité.

Sans doute encore rencontrera-t-on plus d'une fois dans le parcours l'objection qui préfère l'évidence des différences par lesquelles tel système juridique va jusqu'à dire le contraire de tel autre système juridique plutôt que la recherche hasardeuse d'une tension de la liberté vers un hypothétique accomplissement universel de son encore plus hypothétique unique nature. Il faudra y répondre, comme on l'a dit, en montrant que la prise en compte de ces différences elles-mêmes appelle – bien plus qu'elle ne la récuse – la quête de cette unicité. Nous entamons le parcours par la discipline la plus décisive en ce domaine, le droit international public encore appelé droit des gens.

Chapitre II

LE STATUT DU DROIT DES GENS

1 / La source du droit international

L'ouverture de l'ordre juridique national à la dimension internationale semble une nécessité, mais de quel ordre ? A première vue, cette exigence échappe au droit dans la mesure où le droit, dit-on, n'émanerait que des autorités nationales, seules habilitées à l'énoncer et à lui donner sa sanction. Dans cette mesure en effet, on ne voit pas quelle norme lierait juridiquement les divers États jugés assez « souverains » pour établir le droit lui-même. Si un droit supérieur quelconque énonçait ses dispositions, quant à la répartition de la terre par exemple ou au statut des personnes qui l'habitent, précédant sur ces objets la décision des États, celle-ci, dit-on encore, ne serait plus souveraine. D'où les questions fréquemment posées sur la juridicité du droit des gens.

Pour défendre tout de même le caractère juridique du droit qui déborde la sphère étatique, les auteurs invoquent la validité tant de la coutume internationale que du traité, mais cette double réponse suffit-elle à entamer les affirmations positivistes de la souveraineté nationale ?

Il ne le semble pas car le traité suppose précisément l'adhésion explicite de l'État qui, en le signant et en le ratifiant, continuerait donc à produire le droit mais cette fois par convention avec les autres États souverains, tandis que la coutume ne vaudrait sur la scène internationale que par adhésion implicite puisque les États qui s'y rangent pourraient aussi choisir de s'en écarter au moment où cette coutume ne leur paraîtrait plus satisfaisante. Dans un cas comme dans l'autre, le droit n'émane pas d'une autre entité que l'État souverain pour la simple raison, ajoute-t-on, qu'aucune force supérieure – de rang international – ne contraint cet État à se plier au droit. Par où le positivisme de la force rejoint le monopole de la production du droit par l'État-nation.

Bref on retrouve ici, à l'échelle internationale, la réponse à la question déjà posée à l'intérieur de chaque ordre juridique national à propos des « sources du droit » : si, au moment de se « constituer », telle société politique ne connaît aucune autre règle que les décisions à prendre par le « constituant », si en d'autres termes les préalables de l'élaboration du droit constitutionnel ne contiennent que l'état anomique de nature, l'absence totale de normes, dont les humains ne s'échappent que par le « contrat social », alors cette unique « source du droit » qu'est la décision positive créatrice d'une entité politique particulière coulera encore pour donner, de sa propre volonté, le droit international.

Car la logique du « contrat social » empêche, à ce niveau également, la reconnaissance d'un droit international qui précéderait la libre décision des États souverains. Avant la conclusion du traité international ou leur adhésion à la coutume internationale, en effet, les États se trouvent dans le même « vide juridique », dans le même « état de nature » que les particuliers livrés à leur seule liberté au moment où ils n'avaient encore pris la décision conventionnelle de passer à « l'état social » : ils n'obéissent à personne. Le même mécanisme a donc joué aux deux étapes de l'élaboration du droit : l'absence totale de droit interne jusqu'au jour où les individus autonomes ont décidé d'entraver leur liberté pour « constituer » une société politique ; l'absence totale de droit international jusqu'au jour où les États indépendants ont admis de limiter leur souveraineté pour former la société internationale.

Mais se pose alors à propos de la formation du droit international une question semblable à celle que soulevait l'autorité du droit constitutionnel : si le droit, tant dans sa version constitutionnelle interne que dans son expression internationale, remplit la fonction d'imposer une limite normative aux pures décisions du pouvoir (à l'intérieur de l'État ou entre les États), on ne voit pas comment échapper à la contradiction par laquelle une telle formulation du droit ne se verrait fondée que sur les décisions du pouvoir s'arrachant d'elles-mêmes à l'état de nature, c'est-à-dire à l'absence de norme.

On ne le voit pas sinon en invoquant ici en droit international comme là-bas en droit constitutionnel l'antériorité d'un droit que le pouvoir aurait à reconnaître dans tous les cas. Mais avant d'explorer – au dernier chapitre du présent titre (v. *infra*, p. 523) – cette priorité d'un tel droit au cœur du droit international, il convient d'approfondir d'abord un aspect de l'aporie précédente connu en droit international public comme la querelle du monisme et du pluralisme, d'explorer ensuite la façon dont se résolvent les conflits de lois dans l'espace et dans le temps, car on y trouvera des éléments de solution du problème posé.

2/Monisme et pluralisme

A partir du moment où le droit se résume dans la décision prise par le pouvoir tant dans l'ordre constitutionnel interne que dans l'ordre international, une question se pose quant à l'articulation de ces deux ordres, et donc de ces deux pouvoirs : au cas où une règle de droit interne contredirait une norme de droit international, à quel ordre convient-il d'accorder la priorité ? Tandis que la thèse dualiste (ou pluraliste) laisse jouer chacune des normes en leur ordre respectif, la thèse moniste préfère trancher soit dans le sens de la priorité donnée à l'ordre *interne* comme source du droit international puisque la base juridique qui donne consistance à l'État souverain, formateur du droit international, n'est autre que la Constitution du pays considéré, soit dans le sens inverse – priorité au droit *international* comme source du droit interne – du fait que, par exemple, le traité a engagé l'État signataire à l'égard des autres partenaires au pacte ou que la coutume adoptée par la majorité des pays fait loi même pour les récalcitrants qui la refusent.

L'impasse se retrouve par quelque voie que l'on prenne le problème : que l'on insiste sur la transnationalité du droit s'imposant à l'égard des particularismes nationaux comme le seul avenir possible, ou que l'on souligne la nécessaire identité nationale sans laquelle le droit international lui-même perdrait sa consistance, chaque thèse tient par sa cohérence. Les juges, d'ailleurs, adoptent l'une ou l'autre solution selon la position qu'ils occupent sur la scène du droit : les juridictions internationales subordonnent au texte qui les fonde elles-mêmes toute disposition de droit interne y compris la loi fondamentale des pays concernés tandis que les juridictions internes acceptant sans doute largement la priorité du droit international sur leur propre droit (interne) refusent tout de même parfois de lui subordonner la Constitution de leur propre pays.

Devant l'impossibilité de départager les deux versions du monisme, la thèse dualiste retrouve toutes ses séductions puisqu'elle se contente d'enregistrer la relativité des décisions prises par rapport à l'ordre juridique où précisément elles ont été prises mais sans qu'on puisse ramener cette « structure réticulaire » de l'ordre juridique à la « pyramide » qui aurait hiérarchisé les normes une fois pour toutes.

Or même si elle rend fidèlement compte de nombreuses apories juridiques présentes sur la scène internationale, la thèse dualiste ne résout non seulement pas la question pratique de savoir quelle règle vaut en définitive – inconvénient mineur puisque, selon la pensée pluraliste, une règle ne vaut jamais que dans son ordre –, mais elle ne justifie pas non plus son propre choix de ne pas choisir. Sinon par le pur fait de la diversité dont on se demande précisément comment il aurait subitement perdu son caractère factuel pour devenir du droit. Bref, si l'on ne voit pas de quel droit par exemple le pouvoir politique national poserait (monisme avec priorité du droit interne) sa norme constitutionnelle comme la référence dernière du droit applicable dans cette nation même, ou de quel droit les instances internationales donneraient à leurs normes la même prétention souveraine (monisme avec priorité du droit international), on ne voit pas non plus de quel droit écarter l'un et l'autre monisme pour introduire tous les ordres juridiques à l'intérieur d'un pluralisme qui refuserait toute concession de priorité. Autrement dit, si les thèses monistes affirment l'une ou l'autre priorité au nom de leur propre perception de la source dernière – interne d'un côté, internationale de l'autre – du droit, il ne suffit pas de constater cette dualité factuelle des positions irréductibles pour la transformer aussitôt en dualisme de droit. Car le droit en sa nature ne se satisfait pas de ce dualisme. Il pose en tout cas la question de savoir en quel droit on a puisé le droit de déchirer l'unité qu'il porte en lui-même.

En réalité, la querelle survenue entre le dualisme et le monisme juridique ne trouvera probablement pas de réponse si elle s'enferme dans les limites rigides du positivisme, car la solution ne provient ici encore que d'un approfondissement des concepts. Tant qu'on enfermera la source du droit dans la « décision » des sujets qui ont convenu de « l'état social », il faudra se résoudre soit à peser le poids respectif de telles décisions qui ont constitué l'État national d'un côté, la société internationale de l'autre, en mesurant la force plus ou moins importante qui a ponctué, de chaque côté, l'engagement des souverainetés (individuelles ou nationales) en de tels actes, soit à décider la juridicité du « deux poids, deux mesures » qu'offre le spectacle de la scène internationale où les ordres juridiques se relativisent mutuellement. Mais si la source du droit précède les décisions qui le formulent, ainsi qu'on l'a déjà avancé dans l'analyse du droit constitutionnel d'abord, des autres branches du droit ensuite, alors il devient possible de comprendre la pluralité des ordres juridiques – par exemple la dualité de l'ordre interne et de l'ordre international – comme une approche plurielle, comme un processus, d'ailleurs infiniment complexe, qui vise à rejoindre la simplicité de cette unique source. Pour le dire brièvement, il n'existerait en dernière instance, qu'un seul droit – le juste – et les énoncés du droit national comme du droit international n'en seraient que les approximations, accordées entre elles dans la seule mesure où elles convergent vers le même but.

L'hypothèse ici avancée à propos du droit international public mérite d'être éprouvée dans la matière des conflits de lois. Tel est l'objet du chapitre suivant. On y étudie d'abord l'opposition entre l'unilatéralisme et la bilatérisation, question centrale du droit international privé. La solution dégagée en cette dernière discipline du conflit de lois dans l'espace sera alors comparée aux acquis du droit transitoire qui règle, on le sait, les conflits de lois dans le temps.

Chapitre III

LES CONFLITS DANS L'ESPACE ET DANS LE TEMPS

1 / Le droit qui traverse les espaces

Tandis que la présence du droit international public à côté (ou au-dessus ou en dessous) de l'ordre juridique interne pose au juriste la question de savoir en quel droit il puisera le droit d'articuler de telle ou de telle façon ces deux ordres l'un à l'autre, la branche du droit international privé s'épanouissant en chacun des ordres juridiques internes pour y régler les relations qui, par quelque endroit, touchent l'extranéité, soulève, mais en des termes évidemment différents, la même question des sources. Il s'agit de savoir en effet d'où provient le droit qui réglera la relation dont certains éléments – par exemple la nationalité d'une partie à la cause, la situation de l'immeuble concerné, ou la loi conventionnellement adoptée pour régir le contrat international – ne relèvent pas du seul ordre juridique interne.

Si le droit se réduit à la loi décidée ici et maintenant par les titulaires du pouvoir qui ont pris le soin d'y préciser l'extension territoriale et personnelle de cette norme qu'ils édictent, le problème se simplifie puisque alors, la source du droit se cache en ce pouvoir même. Mais cette simplicité suffit-elle ? Elle embarrasserait en tout cas le juge chargé de trancher les litiges où interviennent des éléments étrangers car en de tels procès, il se pose la question de savoir non plus seulement d'où jaillit le droit valable pour lui – question apparemment résolue par le recours à sa propre loi, entendue comme l'expression du pouvoir auquel il doit se soumettre – mais encore d'où jaillit le droit valable pour « l'autre », pour ce justiciable qui, sur un point au moins du litige, ne relève pas de cette loi du for. Si le droit se résume dans la loi décidée en chaque ordre juridique, que devient le rapport d'un ordre à l'autre ? Ce lien peut-il jamais se prétendre juridique ? En d'autres termes, si le juge de tel pays doit admettre que sa propre loi dit le droit, peut-il dire un jour que la loi d'un autre pays dit elle aussi le droit ?

Dans sa version la plus stricte, l'unilatéralisme répond négativement. Car si la loi du pays A a prévu sa propre compétence pour régir soit tels actes juridiques accomplis par les nationaux du pays A même à l'étranger, soit tels faits juridiques survenus sur le territoire du pays A même s'ils impliquent des étrangers, le juge unilatéraliste siégeant dans le pays A verra en cette décision législative le seul droit dont il ait à tenir compte. A la limite, un tel juge récuserait sa compétence si les parties lui demandaient d'appliquer une autre norme que celle du for, par exemple la loi du pays B qui, ayant adopté – supposons-le pour forcer l'exemple – une règle de droit international privé exactement semblable à celle du pays A, aurait prévu sa propre application soit à ses propres nationaux qui concluent tels actes juridiques même à l'étranger soit aux étrangers impliqués dans des faits juridiques survenus sur son territoire. Car ce juge unilatéraliste, impressionné par l'incontestable cloisonnement des ordres juridiques, se refuserait le droit d'admettre comme juridiques pour lui d'autres décisions que celles qu'a édictées sa propre loi.

L'unilatéralisme connaît certes des positions moins tranchées, par exemple lorsque le juge du pays A, constatant que sa propre loi n'entend s'appliquer à aucun aspect du litige qu'on lui soumet, décide d'appliquer la loi d'un pays tiers, B par exemple, pourvu que cette loi veuille, elle, régler cette question. Ici encore, il s'agit d'exécuter un commandement, non plus seulement – comme l'impose l'unilatéralisme strict – celui que donne la loi nationale du juge saisi mais, plus largement, l'ordre émanant de n'importe quelle législation étrangère qui entend s'occuper du litige.

On ne développera pas davantage ici les nuances possibles de cette doctrine qui privilégie l'application de la loi positive, car on la comprendra mieux en exposant d'emblée la position contraire.

Le juge bilatéraliste ne cherche pas d'abord à connaître la loi qui, après avoir qualifié elle-même les faits (qualification *lege causae*) et fixé ainsi le facteur de rattachement, se désignerait elle-même comme compétente pour régir l'affaire. Il préfère reconnaître aux faits de la cause la nature juridique que lui donne sa propre loi (qualification *lege fori*) et utilisant comme un principe intelligent de distribution des compétences sa propre règle (nationale) de conflit, il déclare comme juridiquement apte à trancher le litige soit la loi nationale soit aussi la loi étrangère qu'aura désignée la concrétisation du facteur chargé de rattacher telle situation à telle loi. Qu'est-ce à dire sinon qu'ici le juge ne s'est pas embarrassé de savoir si une loi quelconque entendait régler le litige que lui soumettaient les parties, évitant d'ailleurs ainsi le risque de n'en trouver aucune ou d'en découvrir plusieurs ; il a plutôt analysé à l'aide de son propre droit (interne et international privé) l'affaire elle-même en cherchant à lui donner son meilleur aboutissement.

On imagine aisément les nombreux balisages et les non moins nombreux débats menés à propos de ces repères qui guident le travail du juge ainsi livré à la recherche du droit. S'il revient aux rédacteurs des volumineux traités de droit international privé de les exposer en détail, il nous incombe par contre de reprendre ici, à leur sujet, la question de la source du droit.

Car les thèses opposées de l'unilatéralisme et du bilatéralisme relancent en droit international privé la question fondamentale que soulevaient déjà, dans la théorie du droit international public, la querelle du monisme et du dualisme et, en droit interne, la doctrine de la séparation des pouvoirs, à savoir : d'où vient le droit ? Qui, donc, détient le droit de dire d'où vient le droit ? Déjà dans l'ordre interne, le « jeu » rendu possible par la séparation des pouvoirs entre l'énoncé de la loi valable pour tous les sujets et l'énonciation du jugement qui se met à l'écoute de la loi dans un cas particulier renvoyait tant le législateur que le juge à un droit plus profond qui, loin de provenir de l'autorité de ce juge ou même de ce législateur, serait plutôt à la source de ce qu'ils disent. Mais dans l'ordre international, ce « jeu » reconnu dans l'ordre interne à l'interstice de la loi et du jugement peut-il s'étendre à la rencontre des ordres juridiques étrangers ?

La tendance unilatéraliste ne le pense pas puisque, selon elle, il importe que le juge appelé à trancher un litige de droit international privé se soumette avant tout à la loi, nationale en tout cas, peut-être aussi étrangère si cette loi veut s'appliquer à ce litige ; à son estime en effet, le droit ne découle que de telles décisions législatives. La position bilatéraliste, par contre, maintient le jeu ouvert : refusant de soumettre d'emblée l'affaire aux dispositions législatives qui entendent éventuellement la régir, elle invite le juge à analyser plutôt les faits de la cause elle-même en mobilisant pour leur trouver un traitement adéquat, les ressources qu'offrent, chacun de leur côté – bilatéralement donc –, les ordres juridiques concernés, national et étrangers. En ce travail de recherche, le magistrat n'hésitera ni à étendre ni à restreindre la portée tant de la loi du for que de la loi étrangère car, à ses yeux, le droit qui régit la cause soumise à son jugement ne se laisse enfermer en aucune loi qui aurait décidé à elle seule de son propre champ d'application.

En d'autres termes, le juge bilatéraliste, chargé de dire *le droit* en une cause où par hypothèse plusieurs ordres juridiques risquent soit de se heurter, soit de faire tous défaut, prendra davantage en compte l'originalité de l'affaire soumise à son jugement – originale du fait d'avoir traversé plusieurs espaces législatifs –, cherchant à en dégager, à l'aide d'ailleurs des différentes lois qui veulent la régir, la solution la plus conforme à sa nature, plutôt que la contrainte plus ou moins grande que de telles lois font peser sur de telles causes. C'est qu'en traversant les frontières nationales, le droit – énoncé pourtant par un juge national – relativise l'impérativité de la loi qui a fixé le cadre personnel et territorial de ses compétences : la loi est relative au droit et non l'inverse.

En multipliant les confrontations entre les ordres nationaux, le droit international privé offre à la théorie du droit l'occasion d'examiner sur le vaste terrain international les enjeux déjà engagés dans l'ordre juridique interne. Répétons-le : si la loi a énoncé tout le droit, alors le juge ne peut que s'y soumettre pour juger tant les causes qui relèvent strictement du droit interne que les affaires qui comportent un élément d'extranéité, mais si le droit précède la loi elle-même – au moins autant que la loi ne précède le juge –, alors ce même juge s'appuiera sur cette double priorité tant en droit interne qu'en droit international privé pour appliquer certes la loi qui entend régir la cause mais aussi pour subordonner cette application à l'adéquation de cette loi positive (nationale ou étrangère) au droit qui émane de la cause elle-même.

2/ Le droit qui traverse les temps

L'application des lois dans le temps réglée par le droit transitoire conduit à des conclusions semblables à celles que tirait le droit international privé quant à l'application des lois dans l'espace. Car si la loi exerce une certaine maîtrise sur la portion de l'espace et la durée du temps qu'elle régit, elle doit tout de même renoncer à exercer un empire absolu sur ces deux coordonnées de l'existence humaine puisqu'il lui arrive de changer non seulement d'un espace à l'autre mais aussi d'une période à l'autre. Explorons quelque peu l'analogie avant d'aborder plus spécifiquement la réflexion sur le droit transitoire.

L'ordre juridique d'un État déterminé doit composer avec l'ordre juridique des autres États concernés par l'affaire soumise au juge, et la loi nouvelle doit s'accommoder du régime instauré par la loi ancienne. Pas plus que d'un espace où elle régnerait seulement et absolument, la loi ne dispose d'un temps vis-à-vis duquel elle exercerait une entière disposition.

On objecte couramment aux recherches menées en droit naturel, ainsi que l'a rappelé le début du présent titre, cette diversité des ordres juridiques qui, se divisant dans l'espace et se succédant dans le temps, se présentent comme autant de différences irréductibles à l'élaboration d'un droit unique qui vaudrait pour tous les espaces et pour tous les temps. Mais cette représentation de la difficulté en cause ne satisfait pas l'esprit parce qu'elle isole chacun de ces ordres dans son propre espace et dans son propre temps sans porter assez d'attention aux liens que posent entre ces ordres, précisément, l'espace et le temps. Car en relativisant l'un par rapport à l'autre l'ordre juridique national et l'ordre juridique étranger, la continuité de l'espace permet au droit de se dire en surcroît de la loi positive ; de même l'écoulement du temps, en rapportant l'un à l'autre le régime de la loi ancienne et celui de la loi nouvelle.

Enfermée dans l'espace et dans le temps qu'elle se détermine, la loi se croit sans doute autorisée à prétendre dire exhaustivement le droit ici et maintenant. En réalité, l'espace traverse ces frontières législatives et le temps relie ces coupures chronologiques offrant ainsi au droit la possibilité de se dire dans la faille d'un nouvel espace – celui de la rencontre de l'étranger – et d'un nouveau temps – celui du changement législatif –, de se dire non plus seulement à partir des lois jugées trop à l'étroit dans leur espace et dans leur temps mais également à partir de la situation litigieuse elle-même qui a parcouru certains espaces et certains temps. Dans cette perspective, la diversité des ordres juridiques posés par la loi en telle et telle région de l'espace ou en tel et tel moment du temps n'apparaît plus comme une objection aux recherches menées pour mettre en évidence un droit qui naîtrait de la nature des choses ; cette diversité devient plutôt le stimulant à les poursuivre plus avant puisqu'elle montre l'impuissance de la loi à maîtriser tous les espaces et tous les temps à l'intérieur des dispositions normatives énoncées ici et maintenant.

Telle est en tout cas la position bilatéraliste en droit international privé : puisque l'espace a tout de même relié sur une affaire déterminée, par le déplacement de l'étranger ou du bien ou de l'acte, etc., plusieurs ordres juridiques différents, le juge considérera d'abord la situation litigieuse elle-même pour mieux rejoindre en elle la continuité de l'espace qui lui a permis de traverser ces divers ordres juridiques car en cette situation-là gît un droit que, morcelées dans l'espace, les lois n'ont pas pu énoncer unilatéralement.

Mais cette thèse qui admet en droit international privé la priorité, déjà suggérée en droit interne, du droit inhérent à la nature des choses sur la loi posée par le législateur ne s'impose pas d'évidence puisque, on le sait, la position unilatéraliste par exemple préfère déduire le droit des ordres donnés par la loi qui entend s'appliquer à la cause. Signe supplémentaire de ce que, ici également, la détermination de la source du droit dépend d'une option plus profonde de la liberté ?

La réflexion découvre en tout cas les mêmes enjeux fondamentaux dans les principes du droit transitoire. Sans entrer ici dans la technicité d'un tel droit qui pose tantôt l'application immédiate de la loi nouvelle, tantôt la survie de la loi ancienne et d'abord, le plus souvent, la non-rétroactivité de la loi, on s'interroge plutôt, comme on l'a fait pour l'unilatéralisme en droit international privé, sur la prétention des positions qui voudraient, ici encore, enfermer tout le droit dans la décision législative en l'occurrence la loi ancienne *ou* la loi nouvelle.

Le découpage rigoureux du temps selon l'empire des lois qui se succèdent chronologiquement donne à croire que la loi détiendrait un pouvoir absolu sur l'écoulement du temps : sur le passé, on n'appliquera que la loi passée, sur le présent et l'avenir, on ne retiendra que la loi nouvelle. Mais si cette façon de voir le droit rend un compte exact, d'ailleurs souvent légitime, de nombreuses solutions pratiques, on ne peut toutefois la forcer car elle risque d'entacher d'un trop grand volontarisme les rapports du droit et du temps en ignorant à quel point le temps précisément relie ses différents moments pour permettre aux relations humaines de se nouer dans la reconnaissance. Si le juge ne cherche que dans la loi, ancienne d'abord, nouvelle ensuite, l'ordre qui règle la situation litigieuse qu'on lui soumet, alors il risque de déchirer dans l'artifice d'une rupture chronologique une situation humaine qui, justement, se servait de la continuité du temps pour se déployer, y compris sur le terrain du droit. Par contre, s'il accepte d'analyser le type de problème posé par des espèces soumises à son jugement, alors le juge mobilise, pour le résoudre, tantôt la loi ancienne quitte à la faire survivre, tantôt la loi nouvelle au risque même de la rendre rétroactive, pour rejoindre, par-delà la césure qu'opère nécessairement le changement de loi, le déploiement du droit inhérent à la relation spécifiquement engagée.

En cette recherche de la solution juste guidée par les énoncés législatifs du passé et du présent (comme elle l'était, en droit international privé, par la loi du for et la loi étrangère), le juge doit certes traverser une question aussi cruciale que le rapport (évoqué *supra* au titre II, p. 119) des droits *subjectifs*, ici hâtivement nommés droits acquis, et du droit *objectif* appelé à dresser le cadre public de telles prérogatives privées, mais cette question s'avère si importante qu'il ne conviendrait guère de la confier à la seule décision des lois qui ont découpé le temps en leurs périodes successives de validité ; il vaut mieux la régler – en s'aidant d'ailleurs de lois prises – par la considération du droit que la relation litigieuse elle-même a pris le temps de faire naître.

Lorsqu'elle se prend pour l'unique source du droit, la loi découpe les relations juridiques par les césures chronologiques comme par les frontières territoriales puisqu'elle ne se reconnaît compétente que dans le temps et dans l'espace de sa validité. Mais le droit transitoire et le droit international privé, ces deux disciplines appelées à mettre en évidence les principes qui éclairent le juge confronté à une limite spatiale ou temporelle peuvent se rendre davantage attentives au temps lui-même et à l'espace dont la continuité a permis à la relation de se nouer, cherchant dès lors en deçà et au moyen du conflit où se disputent les compétences législatives la solution juridique qui émane de la relation même.

Chapitre IV

LE PROCESSUS UNIQUE DE LA RECONNAISSANCE

Les conclusions tirées au chapitre précédent ont pu surprendre : quel est donc ce droit « juste », « tiré de la nature », « émanant de la relation elle-même », et qui aurait pour vertu magique aussi bien de trancher la querelle du monisme et du pluralisme en droit international public que de résoudre toutes les questions épineuses du droit international privé ou du droit transitoire ? Poser un équilibre dans la relation elle-même, dire que cette relation déploie sa propre justesse selon son propre espace et son propre temps, subordonner tous les énoncés législatifs – internes ou internationaux, nationaux ou étrangers, passés ou présents – à cette harmonie naturelle considérée comme unique source du droit, n'est-ce pas faire fi, encore une fois, de l'extrême diversité qui a découpé l'espace et le temps des humains en une multiplicité législative grâce à laquelle chaque société et chaque époque conserve son originalité, différente des autres ?

En réalité, l'affirmation jusnaturaliste ne prétend pas méconnaître la pluralité des ordres juridiques qui se développent dans le monde et dans l'histoire ; elle cherche plutôt à rejoindre l'inspiration qui inscrit cette pluralité dans un unique processus de reconnaissance fondant ainsi la légitimité de cette pluralité même. Qu'est-ce à dire ?

Alors que la morale touche l'intimité de chaque conscience pour enjoindre à chaque sujet de reconnaître la personne d'autrui dans sa vie, son honneur, ses relations, ses biens, etc., le droit exprime la même exigence, nous l'avons dit, mais à partir d'un autre lieu, transformant ainsi la nature même de cette obligation. Ici, il ne s'agit plus de l'impératif adressé à la liberté la plus personnelle de reconnaître également les autres humains comme des personnes ; il s'agit de l'organisation d'une société déterminée à une époque déterminée, structurée précisément en vue de cette reconnaissance. La force par laquelle s'impose cette exigence – la reconnaissance – n'émane donc plus de l'intimité de la conscience personnelle mais de l'extériorité de la contrainte sociale.

Pourquoi ce rappel d'une distinction déjà expliquée, par exemple, à propos du droit familial (cf. *supra,* p. 175) et du droit pénal (cf. *supra,* p. 456) ? Parce que la dualité des voies – morale et juridique – de la reconnaissance humaine offre probablement la raison la plus sûre pour admettre à l'intérieur du droit l'incontestable fait de la pluralité des ordres juridiques répandus dans l'espace et dans le temps. Car si à la base du droit gît l'exigence impérieuse de la morale qui enjoint aux humains de se reconnaître mutuellement en leur humanité, nous découvrons là le fondement unique – d'ailleurs aussi le terme unique – de la pluralité juridique. Pluralité qui ne déchoit pas, notons-le, par rapport à cette unicité mais qui s'y trouve acceptée, voulue.

On pourrait mal comprendre en effet le rapport de l'unique loi morale à la pluralité des prescriptions du droit. La première apparaîtrait alors comme la perfection idéale au zénith du domaine des seconds qui, en bas, ne connaîtraient au fil du temps et de l'espace que la dispersion des légalités contradictoires. En réalité, si l'exigence morale fondamentale inhérente au processus juridique se nomme reconnaissance, elle ne peut indéfiniment surplomber le royaume de la diversité. Elle y règne au contraire précisément pour que cette diversité se vive dans la reconnaissance et pour qu'à son tour, la reconnaissance confirme la diversité. Diversité des sujets, certes, mais aussi, à la fois des entités politiques étrangères à l'intérieur desquelles se formulent les ordres juridiques positifs sur la surface du globe ainsi que des ordonnancements qui ont précédé les nôtres dans le courant du passé. Ainsi, l'idéal moral de la reconnaissance traverse-t-il de part en part toute la diversité déployée tant par l'histoire que par la géographie du droit. Car si le droit inscrit sa contrainte sociale dans l'exigence morale de la reconnaissance, il ne faut pas s'étonner de ce que les formes de cette contrainte varient au gré du temps et de l'espace puisque la reconnaissance suppose précisément la diversité. Reconnaître l'autre comme autre, c'est admettre la différence de l'autre par rapport à soi, et la laisser être ; c'est donc refuser l'assimilation de l'autre à soi ou de soi à l'autre, c'est nécessairement vouloir la diversité.

Cette pluralité s'exprime, on l'a dit, non pas seulement dans la singularité de chaque sujet individuel mais encore dans l'originalité de chaque rassemblement politique porté par la volonté commune d'un vivre-ensemble spécifique. D'un tel rassemblement nul ne peut sans doute fixer *a priori* les frontières : celles du peuple ? de la région ? de l'État ? du grand marché ? mais on sait d'emblée que doit se jouer entre ces entités clôturées par de telles frontières le difficile processus de la reconnaissance.

L'affirmation tenue sur la diversité spatiale vaut à plus forte raison encore de la succession temporelle, puisque ici la reconnaissance ne porte plus seulement sur les droits étrangers – sur l'autre en son présent –, mais sur l'histoire qui a engendré le sien propre – sur soi-même en son passé. Admettre dans le droit la dimension fondamentale de la reconnaissance conduit immanquablement à retenir l'histoire comme un lieu important de la lecture du droit puisque l'histoire opère le lien entre la logique tenue dans l'élaboration des ordres juridiques d'autrefois et les réflexions que les juristes entretiennent aujourd'hui dans l'élaboration du droit contemporain. Comme il s'est étendu à la surface de la terre pour rencontrer la diversité spatiale des ordres juridiques, le processus de reconnaissance déclenché dans le droit par l'instance morale remonte le fil de l'histoire pour apprécier à chacune de ses périodes l'intelligence humaine de la relation à autrui.

Loin donc que la multiplicité des ordres juridiques apparaisse comme la déchéance de la positivité condamnée par l'idéal sublime de la moralité, cette multiplicité devient plutôt l'objet privilégié de la démarche morale qui poursuit son œuvre de reconnaissance à l'intérieur du droit. Les chapitres qui suivent esquissent les conséquences d'une telle option d'abord dans les disciplines plus théoriques qui reprennent à leur manière les coordonnées de l'espace et du temps, savoir le droit comparé et l'histoire du droit, ensuite dans la matière abordée au début du présent titre, le droit des gens.

Chapitre V

L'HISTOIRE ET LA COMPARAISON DES SYSTÈMES JURIDIQUES

1 / L'étude des diversités

Si l'on tire argument des différences considérables qui séparent par exemple le droit français du droit anglo-saxon, le droit médiéval du droit révolutionnaire ou le droit coutumier de telle ethnie africaine du droit canon de l'Église catholique pour révoquer en doute la possibilité d'un énoncé valide sur un droit tiré de la nature même des relations engagées, il reste à savoir pourquoi de telles différences n'empêchent tout de même pas l'utilisation d'un même concept pour désigner, on le suppose, la même réalité du droit. Comme si sous l'évidente diversité des droits selon les temps et les lieux se jouait une même et unique recherche redevable, dès lors, d'une commune nature. Ainsi se formulait en tout cas, à l'échelle réduite des conflits de lois dans l'espace et dans le temps, la question jusnaturaliste posée par les spécialistes du droit international privé et du droit transitoire : comment rejoindre par une sentence exacte la justesse d'une relation qui a traversé plusieurs espaces ou plusieurs temps avant d'aboutir au prétoire ?

L'unicité de cette justesse n'attire-t-elle pas à elle l'énoncé des disciplines telles que le droit comparé ou l'histoire du droit ? Une fois de plus, la réponse affirmative ne s'impose certes pas par l'évidence puisqu'il demeure possible d'arrêter l'étude comparative ou historique à la diversité positive des systèmes juridiques sans s'interroger davantage sur leur commune raison d'être. Selon cette façon d'étudier le droit, l'analyse accumule alors les multiples caractéristiques qui déterminent par exemple le sort du conjoint survivant ou la séparation des pouvoirs dans tel système d'une telle époque, comparé à tels autres d'une autre époque mais sans qu'apparaisse suffisamment dans l'exposé la préoccupation qui les relie tous. L'étude du droit ne doit cependant pas s'aligner nécessairement sur un tel positivisme.

Car la diversité des systèmes juridiques se laisse approcher aussi comme la multiplicité des réponses données à une seule et même question portant sur la rectitude des rapports que les humains nouent entre eux, au fil du temps et au gré des espaces, en leurs sociétés respectives. Dans cette autre approche, l'étude scientifique ne prétend certes pas réduire la diversité des droits selon l'espace (en droit comparé) ni selon le temps (en histoire du droit) à un seul et unique modèle, que pour les besoins de la cause on appellerait hâtivement droit naturel, mais plutôt insérer chacun des détails du droit analysé dans un ensemble plus vaste – le système juridique, mais aussi la civilisation qui l'englobe – de telle sorte que l'ampleur du regard porté sur la comparaison ou sur l'évolution permette de saisir chaque fois l'enjeu de ces détails dans la reconnaissance mutuelle que les humains se doivent au sein des sociétés où ils vivent.

Le juriste ne peut en effet étudier telle disposition du Code de Hammourabi ou telle décision de la Cour suprême des États-Unis sans replacer ces documents, selon la méthode historique ou comparative, dans le contexte juridique, social, culturel et politique où il s'insère, donnant ainsi l'occasion de comprendre combien, par-delà les rapprochements anecdotiques ou les différences curieuses, chaque système juridique entend résoudre, à partir des données qui lui reviennent en propre, les mêmes questions que le nôtre.

En d'autres termes, les différences que connaissent les ordres juridiques échelonnés dans le temps et répandus dans l'espace n'apparaissent donc plus comme autant d'objections à la recherche d'un droit qui émanerait de la nature des relations engagées ; grâce à l'intelligence historienne et comparatiste, elles deviennent la réponse originale qu'en leur contexte chaque fois spécifique, les sociétés se donnent *hic et nunc* pour résoudre l'éternelle question de la reconnaissance.

Peut-on poser un pas supplémentaire en recherchant par l'histoire du droit ou par le droit comparé non plus seulement les mêmes interrogations traversant l'ensemble des systèmes juridiques présents ou passés mais encore les mêmes réponses qui finiraient par constituer – en histoire – le progrès et – en droit comparé – l'essence commune du droit ? Progrès et essence qui s'identifieraient dès lors sans trop de peine au droit naturel puisque, par hypothèse, ils correspondraient le mieux à la nature des relations saisies par le droit ?

On mesure les dangers mais aussi l'intérêt d'une telle position. Les dangers viennent du manque de perspective, conduisant un auteur à considérer les différentes dispositions du système juridique qu'il connaît le mieux (souvent le sien) comme autant d'expressions du progrès non moins que de l'essence du droit. Un préjugé couramment répandu conduit en effet le juriste à majorer l'importance du système juridique qui occupe son espace et son époque, l'induisant ainsi à considérer comme novatrice une règle déjà connue dans le passé ou comme essentielle une disposition qui, en réalité, demeure accessoire. Les mises en garde adressées à l'ethnocentrisme (européano-centrisme) et aux erreurs de perspective historique doivent donc rester ancrées dans toutes les mémoires. On ne saurait trop insister sur ce point. Mais comment corriger de telles erreurs de lecture ? Précisément par la pratique des disciplines qui étudient la diversité des systèmes. Le spécialiste rodé au droit comparé ou à l'histoire du droit évite en effet de privilégier sa propre époque ou son propre système juridique puisque son étude l'a amené à relativiser toutes les solutions proposées par le droit dans la diversité des périodes et des pays. En principe, les illusions d'optique ne le menacent donc plus.

2 / La tension vers l'unité

Mais alors la question rebondit car il s'agit de savoir à quoi les diverses solutions étudiées s'avèrent relatives. En d'autres termes, s'il est judicieux de se méfier des réflexes qui appelleraient de façon trop précipitée « progrès » ou « essence du droit » telle disposition juridique trop proche du système de l'auteur qui l'étudie, s'il faut donc prôner la rigueur de l'analyse tant synchronique que diachronique pour garder dans les disciplines juridiques le sens de la relativité, il n'en demeure pas moins nécessaire de désigner autant que faire se peut ce « progrès » et cette « essence » auxquels, précisément, les dispositions étudiées font référence puisqu'on les qualifie à juste titre de « relatives », c'est-à-dire reliées à une affirmation plus fondamentale. Affirmation qui porterait finalement sur cette justesse que la relation retient en elle et qui hante l'esprit de tous les juristes appelés ici et ailleurs, jadis et maintenant, à dire le droit.

Objectera-t-on encore une fois que la relativité des systèmes juridiques se répand si intensément dans l'espace et dans le temps que l'on ne peut précisément relier à aucune essence ni à aucun progrès du droit les parties ou l'ensemble du système analysé ? Mais alors cette « relativité généralisée » enferme l'historien ou le comparatiste dans ce qui s'appellerait plus adéquatement « l'absoluité généralisée » de chaque système juridique, empêchant ainsi l'un et l'autre spécialiste de poser entre les systèmes les relations qui constituent pourtant l'objet propre de leurs disciplines respectives.

A l'objectant qui énonce que tout est relatif, il faut répondre qu'au moins en son chef une telle affirmation portant sur le tout ne peut passer pour relative, révélant dès lors sa propre contradiction. Ainsi, plus que toute autre, les disciplines qui abordent la diversité et donc la relativité des systèmes juridiques s'appuient-elles nécessairement sur une essence – une nature – du droit en laquelle il leur devient possible d'inscrire les comparaisons établies et les évolutions constatées.

Cet objet commun de tous les systèmes juridiques n'offre-t-il d'ailleurs pas au langage l'appui indispensable à la poursuite du travail entamé dans la recherche du passé et la comparaison du présent ? Car les mots qui désignent telle institution de droit étranger ou telle autre institution de droit ancien ne trouvent jamais leur exact équivalent dans les institutions d'ici et d'aujourd'hui, pris qu'ils sont dans un système global dont chaque élément ne prend son sens complet que par sa référence aux autres pièces de l'ensemble. Or si l'historien du droit ou le comparatiste décident de ne pas se laisser enfermer dans ce réseau de significations propres à un système juridique déterminé mais poussent l'audace jusqu'à construire des concepts qui permettent de comparer les institutions d'hier à celles d'aujourd'hui et celles d'ailleurs à celles d'ici, n'ont-ils pas fondé leur prétention de relier entre eux les systèmes de droit que l'espace et le temps avaient séparés sur une continuité qui les travaillait déjà tous de l'intérieur au fil du temps et de l'espace ?

Non pas, encore une fois, que le savant juriste s'arrogerait le privilège de construire en son esprit un système juridique idéal atemporel et utopique par rapport auquel il mesurerait les écarts que prennent – en droit comparé – les systèmes actuels et – en histoire du droit – les systèmes du passé, car il s'agit plutôt d'entrer dans l'intelligence chaque fois précise pour telle époque et pour telle région de la façon toujours singulière dont les humains répondent à la même et unique question sur l'ajustement de leurs relations mutuelles au sein des sociétés diversifiées dans le temps et dans l'espace.

Une telle étude doit entrer en profondeur dans l'analyse des relations entre les dispositions juridiques et les éléments politiques, économiques, sociaux et culturels qui, selon les temps et selon les espaces, déterminent ces dispositions. Alors il devient possible de comprendre la raison de la diversité des droits et, par là, peut-être, l'unique préoccupation qui les sous-tend tous.

D'où la possibilité déjà entrevue dans l'histoire *soit* de mener un travail de droit comparé qui permettrait de dégager de la diversité des systèmes un *jus gentium* qui les traverserait tous, comme une sorte de droit naturel reconnu par induction à partir de ses différentes concrétisations positives, *soit* encore de pratiquer l'histoire du droit comme l'enregistrement précis des dispositions qui ont fait progresser l'humanité par opposition à toutes les régressions possibles.

On comprendrait en tout cas mieux, de cette façon, la solution parfois donnée sous le nom de *droit naturel à contenu variable* (v. *infra*, p. 559) à l'inévitable tension qui règne entre la nécessaire unicité du droit inhérent à la nature humaine d'une part, l'irrécusable pluralité des droits rencontrés dans le monde et dans l'histoire d'autre part. Mais ne faut-il pas craindre qu'une telle synthèse ne résolve le problème que dans les mots ? Car si le droit naturel se réduit à la pure exigence formelle de justice, laissant le champ libre à la tout aussi pure variabilité de ses préceptes dispersés dans les divers ordres juridiques connus dans le monde et dans l'histoire, ce « droit naturel » ne donne à la recherche historique ou comparatiste aucune référence qui baliserait son travail d'élucidation d'une essence ou d'un progrès du droit. En réalité, la variabilité du contenu étudié en « droit naturel » s'entend de toutes les applications, évidemment différentes selon les périodes et selon les lieux, des principes dégagés par la science (historique, comparative, etc.) du droit, mais de tels principes, émanant comme on le pense de la nature même des relations engagées, ne connaissent pas une telle variation. Parce qu'elle reconnaît immuable ce contenu ultime du droit naturel, la science du droit (histoire du droit, droit comparé...) s'assure elle-même un appui pour poursuivre sa recherche qui, traversant la diversité des systèmes anciens ou étrangers, mettra au jour l'identité du droit.

Si cette façon d'approcher la diversité des systèmes juridiques effraie à nouveau les défenseurs du relativisme généralisé, il est toujours permis de leur concéder que telle disposition juridique qui paraissait si générale au point de s'inscrire dans un droit transversal de tous les systèmes connus ne s'avère tout de même que localement située parmi d'autres ordres juridiques qui ne la connaissent pas, ou que telle institution mise en lumière par l'historien comme un progrès du droit a déjà produit dans le passé des conséquences néfastes, car ces concessions relancent certes plus loin le travail du comparatiste ou de l'historien mais elles ne mettent pas nécessairement en question leur objectif d'élucider comment les sociétés d'hier et d'ailleurs tentent d'élaborer à partir de leurs données propres un droit qui corresponde toujours mieux à la nature des relations en cause.

Le travail théorique ici décrit sur les axes de l'espace et du temps a développé quelque peu en droit comparé et en histoire du droit la perspective, déjà évoquée dans la tâche plus pratique du droit international privé et du droit transitoire, d'un droit qui s'ajusterait de lui-même, en chacune de ses contingences spatiales ou temporelles – et donc en les traversant toutes –, à la relation qu'il entend régler. Aiguisant le propos jusqu'à la considération d'un droit qui obligerait *hic et nunc* toute l'humanité, on revient au point de départ du présent titre, au droit des gens : existe-t-il un droit qui s'imposerait à l'ensemble des humains ?

Chapitre VI

L'INTERNATIONALISATION DES DROITS DE L'HOMME

1 / L'endroit de la source

Les débats menés tant sur la juridicité du droit international (faut-il un « contrat social » pour sortir les nations de leur « état de nature » ?) que sur l'articulation d'un tel droit aux divers droits internes (faut-il, et dans quel ordre, subordonner ceux-ci et celui-là ?) ont posé une nouvelle fois la question de la source du droit : d'où provient-il ? Résulte-t-il des pouvoirs nationaux qui ont d'une part réglé de telle ou telle façon le vivre-ensemble de leur peuple à l'intérieur des frontières de leur souveraineté (droits internes) admettant d'autre part de créer, à partir de cette même souveraineté, l'espace de leurs échanges interétatiques (droit international), ou émane-t-il d'emblée de la finalité poursuivie par la communauté internationale (droit international) autorisant les collectivités nationales à spécifier leurs normes particulières dans le respect de cette finalité commune (droits internes) ?

Si l'on enferme le droit dans sa condition politique de possibilité, il faut alors, on l'a vu, se résoudre à enclore également sa production – y compris celle du droit international – à l'intérieur de chacune des frontières bornant les souverainetés nationales. Mais si l'on accepte de reconnaître au droit une finalité morale, on admettra plus facilement la juridicité du droit international, encore que ses positions ne peuvent pas toujours s'appuyer sur une force capable de les sanctionner.

Lorsque des mesures iniques frappent des sujets présents sur un territoire déterminé, la question se pose de savoir si la rude effectivité et l'éventuelle légalité de telles mesures suffisent à les rendre conformes au droit. Si tel est le cas, on ne voit pas ce qui autoriserait une instance étrangère à dénoncer comme contraires au droit les pratiques du pays considéré. Mais si le droit ne se réduit pas à la positivité des mesures prises – même légalement – par le pouvoir national, alors s'ouvre la possibilité de faire échapper le droit à la clôture des frontières, où par hypothèse sa légitimité est méconnue, afin d'en affirmer les exigences par le biais du droit international.

Mais faut-il tenir, pour autant, que la source du droit coulerait seulement des objectifs que s'assigne par exemple l'Organisation des Nations Unies – tels le maintien de la paix, la croissance du développement ou la protection des droits de l'homme – et qu'à la limite, les frontières nationales perdraient toute signification humaine quant à la formulation du droit, puisque l'objectif commun de l'humanité s'avérerait suffisamment explicité dans son expression internationale? L'histoire contemporaine des droits de l'homme donne en tout cas à une telle affirmation quelque apparence de vérité.

D'abord proclamation de liberté des américains nouvellement libérés de la sujétion coloniale anglaise (1776), puis des Français liquidant leur Ancien Régime dans la Révolution (1789), l'idée des droits de l'homme s'est répandue dans les constitutions libérales de l'Occident au long du XIXe siècle pour y limiter les prérogatives du pouvoir : le droit ne pourrait plus être appelé tel si le pouvoir qui l'énonce – législatif ou exécutif – empiète sur les garanties que la charte fondamentale reconnaît aux citoyens. Mais cette construction imaginée pour dire le droit manque cruellement son but lorsque parvient à s'installer au pouvoir – même selon les formes prévues par la Constitution – l'idéologie ou le guide qui ne respecte pas les droits de l'homme. Les horreurs pratiquées par le régime nazi condamnées par le tribunal de Nuremberg ont convaincu la société internationale que la garantie des droits de l'homme ne pouvait rester confiée aux seuls pouvoirs nationaux.

Puisque la figure originale des droits de l'homme limitait déjà le pouvoir étatique par l'affirmation de prérogatives individuelles inamissibles, ne convenait-il d'ailleurs pas que la communauté internationale prît cette figure en relais dès lors que tel ou tel État ne voulait plus en tenir compte pour dire le droit? D'où la Déclaration universelle des droits de l'homme (v. *supra,* p. 95), adoptée et proclamée par l'Assemblée générale des Nations Unies le 10 décembre 1948 (résolution 217 A (III)), mais seulement à titre « d'idéal commun à atteindre par tous les peuples et toutes les nations » (Préambule) puisque aussi bien la violation effective de tels droits ne pouvait, à l'époque, entraîner de sanctions au sein de la communauté internationale.

Si l'on pouvait prolonger idéalement cette histoire, faudrait-il espérer l'avènement d'un État universel qui, abolissant les frontières intérieures causes de tant de guerres, et donc les souverainetés nationales causes de tant de violations des droits des humains, parviendrait à faire régner la paix par le respect mutuel des sujets de droits ? La méconnaissance des droits de l'homme, dit-on, ne cache-t-elle pas, en effet, ses racines dans le découpage de l'humanité en diverses entités politiques différentes les unes des autres ?

En réalité, rien n'assure que la concentration du pouvoir de dire le droit dans les mains d'une seule autorité – mondiale – constitue un progrès. Au contraire. Car un tel pouvoir, détenant le droit de dire tout le droit, risque de se juger sur l'ensemble du monde aussi souverain – mais cette fois sans contrôle extérieur – que n'importe quel tyran à l'intérieur des frontières de sa souveraineté nationale. Où l'on mesure une nouvelle fois l'utilité de définir le droit non pas tant par l'identité de l'autorité qui l'énonce – encore que le droit ne puisse absolument pas faire l'économie de cette autorité – que, plutôt, par la qualité intrinsèque de reconnaissance humaine qu'il porte en ses formulations. Or le jeu dialectique à l'œuvre dans les rapports du droit international et des droits internes permet précisément ce processus jamais achevé de la reconnaissance.

Loin que tel État, en effet, puisse se proclamer à ce point souverain que les pouvoirs internes de cet État y instaureraient en toute légitimité un ordre juridique contraire aux droits de l'homme, à cause de la protection internationale accordée à de tels droits, mais aussi, ajoutons-le, loin que la communauté internationale se dise à ce point suffisante qu'elle absorberait en un droit unique l'indispensable diversité par laquelle les ordres juridiques particuliers se reconnaissent mutuellement en leur capacité de dire le droit, il faut conclure que ni l'ordre interne, ni l'ordre international n'épuisent l'ordre du droit qui est reconnaissance, et donc ouverture à l'irréductible diversité. L'ordre interne, parce qu'il représente seulement une entité particulière dans l'humanité, doit s'inscrire dans l'ordre international ; celui-ci à son tour, parce qu'il formule l'exigence fondamentale de la reconnaissance entre les humains, doit rester ouvert à la pluralité des ordres internes.

La thèse du pluralisme juridique avait pertinemment vu la réalité d'un tel jeu dialectique mais son tort fut probablement de s'y résoudre sans prendre assez en compte la réconciliation toujours recherchée de l'ordre interne et de l'ordre international. Le monisme par contre avait correctement aperçu la nécessité de ce droit unique mais l'avait irrémédiablement enfermée dans les clôtures de l'un ou l'autre ordre, tranchant ainsi la question de la source du droit par un pur et simple renvoi aux pouvoirs chargés de l'énoncer, empêchant donc soit le droit international de traverser les frontières de la souveraineté interne soit le droit interne d'assurer son autonomie par rapport à un droit qui régirait à lui seul l'ensemble du monde.

A l'écart de ces thèses, n'est-ce pas dans l'espace tendu entre un droit international qui reconnaît à la fois la souveraineté nationale des États et le droit des peuples à disposer d'eux-mêmes d'une part, les droits internes qui reconnaissent bon gré mal gré la supériorité du droit international sur leurs propres ordres juridiques d'autre part, que la source du droit jaillira d'elle-même ? Car le droit ne se laisse approprier par aucun pouvoir, ni interne, ni international.

Il faut à présent tirer les conséquences pratiques de cette affirmation dans le champ international des droits de l'homme.

2 / L'universalité et l'indivisibilité des droits de l'homme

On a déjà évoqué (v. *supra,* titre IV à propos du rapport aux biens, p. 259) la succession des trois générations qui différencient les droits de l'homme en droits civils et politiques d'abord, droits économiques, sociaux et culturels ensuite, droits de la solidarité enfin. Mais est-il possible de tenir à la fois l'indivisibilité de ces trois sortes de droits humains en même temps que leur universalité sur toute la surface du globe ? Lorsqu'ils déclarent universels de tels droits « inhérents à la nature humaine », les pays occidentaux ne retiennent en tout cas qu'une idée un peu trop étroite de leur ampleur, ce qui ne va pas sans poser quelques problèmes aux autres occupants de la planète. Précisons la question avant de l'illustrer par trois impasses.

Après avoir énoncé l'ensemble des droits civils politiques (art. 1 à 21) et des droits économiques, sociaux et culturels (art. 22 à 27), la Déclaration universelle des droits de l'homme (v. *supra*, p. 95) ajoute à l'article 28 : « Toute personne a droit à ce que règne, sur le plan social et sur le plan international, un ordre tel que les droits et libertés énoncés dans la présente Déclaration puissent y trouver plein effet. »

En écho à cette disposition, le Conseil de l'Europe adopte le 4 novembre 1950 sa Convention de sauvegarde des droits de l'homme et des libertés fondamentales en préambule de laquelle les membres signataires se disent « résolus, en tant que gouvernements d'États européens animés d'un même esprit et possédant un patrimoine commun d'idéal et de traditions politiques, de respect de la liberté et de prééminence du droit, à prendre les premières mesures propres à assurer la garantie collective de certains des droits énoncés dans la Déclaration universelle ». Dans la foulée et comme par hasard, la Convention européenne n'offre de garantie internationale qu'aux seuls droits civils et politiques, reléguant les droits sociaux dans une Charte ultérieure (Turin, 1961). Faut-il ajouter qu'à l'époque on ne parlait aucunement des droits de l'homme de la troisième génération ?

Se pose alors la question de savoir si l'ordre international souhaité par la Déclaration universelle sera jamais coextensif à l'ensemble des peuples (universalité) et pour l'ensemble des droits (indivisibilité). Car on se demande si la position privilégiée que prend l'Europe en organisant en son sein une garantie collective – politique et même juridictionnelle – des droits de l'homme de la première génération pourra jamais connaître un élargissement universel. De même pour les États-Unis et les autres pays industriellement développés. Le Tiers Monde et des forces politiques telles que le communisme chinois ou la communauté musulmane redoutent en tout cas une telle universalité des droits libéraux présentés certes comme essentiels à la sauvegarde des humains mais servant probablement de couverture à l'impérialisme d'une économie qui a réussi à s'imposer – à quel prix ? – au reste du monde.

Trois exemples montrent la difficulté : l'accueil des réfugiés, l'aide conditionnée et le droit d'intervention dans les affaires intérieures d'un État.

La Convention de Genève relative au statut du réfugié (1951) consacre le principe du non-refoulement de la « personne qui, craignant avec raison d'être persécutée du fait de sa race, de sa religion, de sa nationalité, de son appartenance à un certain groupe social ou de ses opinions politiques, se trouve hors du pays dont elle a la nationalité et qui ne peut ou, du fait de cette crainte, ne veut se réclamer de la protection de ce pays » (art. 1er).

Lorsqu'ils signent cette Convention, les pays occidentaux (Europe, États-Unis, et quelques pays latino-américains) ont sous les yeux les « personnes déplacées » fuyant le régime communiste installé dans les pays de l'Est ; ils n'éprouvent dès lors pas trop de peine à mettre en œuvre, par cette Convention de 1951, l'article 14 de la Déclaration universelle selon lequel « Devant la persécution, toute personne a le droit de chercher asile et de bénéficier de l'asile en d'autres pays », puisqu'une telle hospitalité accordée aux opposants du communisme confirme le bien-fondé de leur propre régime libéral.

Par contre, lorsqu'il s'agit d'accueillir les masses de réfugiés en provenance de pays pauvres d'Europe de l'Est ou du Tiers Monde, les obstacles se multiplient, à l'échelle nationale puis européenne (Schengen, 1985 ; Dublin, 1990), pour limiter toujours davantage le nombre des entrées. Où l'on voit que l'ampleur universelle des droits de l'homme demeure idéale, tandis que la réalité montre la nécessaire particularité des garanties offertes par les forces politiques. La protection des droits civils et politiques ne s'avère pas à ce point universelle que tout réfugié qui souffrirait de leur violation trouverait bon accueil dans les pays qui s'en proclament pourtant les champions. Déjà Hannah Arendt avait noté, à propos des droits de l'homme, leur caractère nécessairement abstrait lorsqu'ils ne peuvent s'appuyer – cas du réfugié ou de l'apatride – sur une citoyenneté précise. Les droits de l'homme ont mérité une déclaration universelle, mais leur mise en œuvre ne se réalise qu'à l'intérieur d'un rapport déterminé de forces politiques particulières. Ce rapport de forces qui donne à ces droits de l'homme une effectivité concrète n'aura-t-il donc pas à se laisser travailler sans cesse par l'universalité qui leur est reconnue ? (v. là-dessus, Marie-Claire Caloz-Tschopp *et al.*, *Asile-violence-exclusion en Europe,* Groupe de Genève « Violence et droit d'asile en Europe », 1994).

A propos des conditions que mettent les pays occidentaux à leur aide au Tiers Monde, on s'interroge encore sur le caractère universel des droits pourtant appelés de l'homme. Alors en effet que dans des accords économiques tels que ceux de Lomé (Europe, Afrique, Caraïbes, Pacifique), les pays européens cherchent à insérer un volet « droits de l'homme » pour obliger les gouvernements africains par la pression des avantages économiques à respecter les droits de leur population, la réplique – mais seulement verbale – s'énonce facilement : le respect des libertés fondamentales à l'intérieur d'un État déterminé ne suppose-t-il pas une autodétermination politique (le droit des peuples à disposer d'eux-mêmes) et une croissance économique (le droit au développement) que, précisément, les anciens colonisateurs entravent depuis si longtemps ? Davantage encore : les pays occidentaux qui donnent de si belles leçons aux autres continents en matière de droits de l'homme sont-ils sûrs de respecter sur leur propre sol les droits de leurs sujets les plus faibles ?

Pris à titre de dernière illustration, le droit d'intervention dans les affaires intérieures d'un État qui viole les droits de l'homme par l'agression, la torture ou la « purification ethnique » pose la même question que les deux premiers exemples : comment éviter que, dans le champ international, l'invocation des droits de l'homme – entendons ceux de la première génération – ne s'opère à sens unique, au bénéfice du seul pouvoir qui dispose de la force pour se faire entendre ? A cet égard, il convient de rappeler à la fois, comme on vient de le faire, les inévitables insatisfactions déjà rencontrées par exemple dans les matières du droit de la famille et du droit pénal lorsqu'il a fallu recourir à la contrainte extérieure pour atteindre – mais par *novation* seulement – l'objectif intérieur de la reconnaissance d'autrui et cette nécessaire dissociation par laquelle le droit se distingue toujours du pouvoir qui chercherait à se l'approprier.

Intervenir en effet par la force dans les affaires intérieures d'un État pour y assurer le respect des droits de l'homme exprime sans doute la priorité éminemment souhaitable du droit sur toute violence irrespectueuse des droits humains, mais une telle intervention n'obtient et ne garde sa légitimité que si le pouvoir – national ou international – qui s'en rend responsable s'expose lui aussi à l'universalité des droits de l'homme, de *tous* les droits de l'homme, non seulement sur son propre territoire mais encore dans ses relations avec les pays dits moins avancés. Sans cette vulnérabilité des pouvoirs intervenants à l'exigence nue, désarmée, des droits humains – et qui peut prétendre les avoir respectés tous ? –, l'ingérence dans les affaires intérieures d'un État ressemble à une confiscation du droit par le pouvoir, à une voie de fait donc.

L'universalité et l'indivisibilité des droits de l'homme expriment ainsi à l'égard de tous les pouvoirs le caractère radicalement inappropriable du droit. Sans doute les législations internes doivent-elles fixer *hic et nunc* les formes du vivre-ensemble de chaque entité politique particulière, sans doute encore la communauté internationale doit-elle veiller par sa propre structuration à corriger les excès dont un pouvoir national se rendrait coupable en violant les droits reconnus aux humains, il reste – l'irréductible dualité du droit interne et du droit international le signifie d'ailleurs à sa manière – que le droit ne s'épuise en aucun de ces énoncés. Venus de plus loin que les pouvoirs, les droits de l'homme accumulent leurs prétentions en sens divers pour montrer à ces mêmes pouvoirs que le droit les a déjà dépassés : la nature humaine reste ouverte à son avenir.

ÉTAT DES QUESTIONS : L'UN ET LE MULTIPLE

S'il fallait dresser ici l'esquisse complète des questions fondamentales que pose la multiplicité spatio-temporelle des ordres juridiques à la prétention d'universalité et d'immutabilité du droit naturel, l'ouvrage entier n'y suffirait assurément pas. Trois exigences au moins se manifestent en effet dans la réflexion jusnaturaliste à mener sur ce sujet. En philosophie du droit, d'abord, il s'agirait de rapporter à la nature humaine elle-même et donc au droit inhérent à cette nature les deux axes de l'espace et du temps sur lesquels s'étale la diversité des ordres juridiques. En théorie générale du droit, ensuite, il conviendrait d'approfondir la doctrine des auteurs qui permettent une approche jusnaturaliste des diverses branches où le droit prend en compte soit la succession du temps (histoire du droit, droit transitoire), soit la diversité des espaces (droit comparé, droit international privé). Dans la réflexion sur l'actualité, enfin, il faudrait faire état de toutes les positions qui contestent l'universalité principielle des droits de l'homme, à partir du marxisme par exemple, ou de l'Islam, ou qui mettent en doute, au nom de l'irréductible particularité des cultures et donc du droit, la légitimité de l'ingérence humanitaire dans les affaires intérieures d'un État. De la spéculation la plus abstraite à la critique la plus concrète, il s'agirait donc de délimiter l'empire d'un droit qui se prétend curieusement valable dans tous les espaces et pour tous les temps.

Ne pouvant qu'évoquer brièvement un tel programme de recherche (I), le présent état des questions retient ensuite l'examen classique des rapports entre le droit interne et le droit international (II), puis l'exposé de la doctrine du droit naturel à contenu variable (III), le débat, enfin, sur l'universalité des droits de l'homme (IV).

I. – Introduction a un programme

1 / En philosophie du droit

En philosophie du droit, la tâche consisterait à rendre compte des efforts que mènent aujourd'hui les auteurs pour cerner l'articulation qui joue entre le singulier et le pluriel du droit. Faut-il, comme le fait François Rigaux par exemple, distinguer le discours du droit et la science de ce discours ?

> « Le discours juridique est à la fois un *et* multiple. Quant au discours *sur* le droit, quant à la science juridique, elle est elle-même condamnée au monisme ou à la schizophrénie : toute vision pluraliste du droit tend à recréer, de manière peut-être insidieuse, une forme de supermonisme » (F. Rigaux, Le droit au singulier et au pluriel, *Rev. interdisc. d'ét. jur.*, 1982, p. 3).

Faut-il plutôt reconnaître une puissance d'ordre à l'intérieur du droit lui-même, comme Mireille Delmas-Marty qui écrit pour « penser le multiple » et « réinventer le droit commun » ?

« A partir des droits de l'homme, il devient possible d'imaginer un "droit des droits" qui permettrait de rapprocher, et non d'unifier, les différents systèmes. Les rapprocher en une harmonie faite tout à la fois de leur subordination à un ordre supranational et de leur coordination selon des principes communs. Comme autant de nuages qui portés par un même souffle s'ordonneraient peu à peu tout en gardant leur propre rythme, leurs propres formes » (M. Delmas-Marty, *Pour un droit commun*, Paris, Seuil, 1994, p. 284).

On mesure l'enjeu de telles recherches : si diversifié qu'il se présente dans la succession des époques et la juxtaposition des pays, le droit ne peut tout de même pas laisser se disperser son propre concept dans l'éclatement des différents régimes qu'il connaît. Toute la question, ici, revient à savoir si, dans les flux de l'espace et du temps, chaque entité politique s'approprie purement et simplement l'essence du droit au point de déterminer exclusivement en son propre sein et sans aucune autre référence l'ordre propre aux relations humaines – le juriste scientifique se contentant alors d'apposer l'étiquette nominaliste du droit sur toute disposition qui lui serait présentée comme telle –, ou si, au contraire, la nature humaine porte en elle une telle exigence qu'elle s'impose tant aux régimes qui auraient à la respecter dans l'énonciation même de leurs dispositions qu'à la science qui étudie le droit de tels régimes.

Mais dans cette dernière hypothèse, faudra-t-il concevoir le droit comme l'ordre monolithique qui ne dispose plus en lui-même d'aucun « jeu » pour faire droit à la diversité politique, fragmentée selon les régions de l'univers et les époques de l'histoire ? Or, si l'être humain maintient son identité à travers la diversité des régimes qu'il connaît dans l'espace et dans le temps, il vit pourtant cette diversité comme partie intégrante de cette identité même. « Au pays des nuages ordonnés » (M. Delmas-Marty, *op. cit.*, p. 283), monisme et pluralisme ne s'opposent peut-être pas. Seule une mauvaise compréhension les rend incompatibles dans une exclusion mutuelle ; car ces deux dimensions du droit se rencontrent plutôt au cœur de la nature humaine qui vit l'unité du droit dans la diversité de ses expressions puisque aussi bien cette nature croise en elle-même, ainsi que nous le verrons encore (v. *infra*, p. 552), l'universalité de l'intelligence et la particularité de la volonté.

En théorie générale du droit, le croisement dont on vient de parler se retrouve en diverses branches telles que le droit international privé, le droit transitoire, le droit comparé ou l'histoire du droit. Ici encore, s'il fallait remplir le programme d'étude à mener sur l'un et le multiple, on se demanderait à quelle profondeur se laisse désigner la continuité de cet objet – le droit – grâce auquel ces diverses disciplines traversent la discontinuité des espaces et des temps pour tenir leur propre discours : pure unité nominale d'un concept vide livré au gré des pays et des époques, ou disposition déjà substantielle qui appelle dans le droit lui-même une exigence soustraite à la disparité des décisions ?

2 / En droit international privé

Le droit international privé déploie un champ particulièrement intéressant pour l'étude d'une telle question.

Il conviendrait par exemple de relire sur ce sujet les travaux de Henri Batiffol (*Aspects philosophiques du droit international privé*, Paris, Dalloz, 1956) ou de François Rigaux (Les situations juridiques individuelles dans un système de relativité générale, Cours général de droit international privé, *Recueil des cours de l'Académie de droit international* (213), La Haye, 1989, I) pour saisir à quel point la « relativité généralisée » des ordres nationaux (règles de conflit de la *lex fori*) ne doit pas nécessairement se durcir en régressant vers le positivisme qui privilégie la décision étatique. Une telle relativité se comprend mieux en effet si on la fait tourner autour de ce point central que constitue la « situation de vie » soumise au juge. Situation qui, traversant les espaces (et les temps), montre par le fait même la « relativité » des ordres juridiques qui entendent régir son sort.

F. Rigaux écrit par exemple, à propos de la permanence des personnes physiques :

> « Étant par leur organisation sociétaire à l'origine de tout ordonnancement juridique quelconque (ce qui inclut les sociétés politiques, les États), les êtres humains se placent au-delà de toute forme particulière d'ordre juridique. Leur existence ne saurait dépendre du droit puisqu'ils en sont l'origine primordiale. La dignité de la personne humaine que les instruments de droit positif s'efforcent de préserver n'est pas seulement une valeur juridique suprême, ce qui subordonnerait la légitimité des ordres juridiques positifs à une forme rajeunie de droit naturel, elle est inhérente à toute forme quelconque d'ordre sociétaire. Elle doit être tenue pour un postulat fondamental de la science du droit » (F. Rigaux, Les situations juridiques individuelles dans un système de relativité générale, *op. cit.*, 1989, p. 97).

Dans un tel discours, la dignité de la personne a-t-elle beaucoup gagné à doubler de la sorte son statut de « valeur juridique suprême » – statut toujours quelque peu suspecté de jusnaturalisme par les juristes contemporains –, par celui de « postulat fondamental de la science du droit » ? Sous les pudeurs – ou les modes – du vocabulaire, on découvre en tout cas un précieux enseignement à retenir pour notre propos, à savoir l'irréductible dignité de la personne sans laquelle la multiplicité même des ordres juridiques perdrait son sens.

Sur la théorie des droits acquis en cas de conflit mobile, sujet moins grave sans doute que la reconnaissance de la personnalité des sujets, mais tout aussi significatif des conceptions en présence dans le champ du droit international privé, le même auteur écrit :

> « A l'application automatique de la solution de conflit de lois de la *lex fori* il faut préférer l'élaboration d'une solution autonome déduite de la convergence des systèmes de droit international privé compétents au moment pertinent selon la norme primaire de droit international privé de la *lex fori.* (...) Les règles de rattachement n'ont pas pour objet la détermination du domaine spatial de la loi, elles désignent le droit applicable à une situation, ce qui est tout différent. »

D'où d'abord la conclusion pratique :

> « L'attente normale de personnes qui ont accompli un acte juridique valable selon les systèmes de droit international privé devant être pris en considération au moment où elles ont agi est que la validité de cet acte sera ultérieurement reconnue quel que soit l'État dans lequel il sera évalué. »

Puis le rappel de la motivation fondamentale qui inspire cette solution :

> « Telle est l'essence même du droit international privé : surmonter la multiplicité et la diversité des législations, et c'est pourquoi une fonction doit y être reconnue à la théorie des droits acquis » (F. Rigaux, *ibid.*, p. 159).

On le voit, la « situation de vie » à régler par le droit a réussi à imposer, dans une telle doctrine, sa propre unicité naturelle contre tous les unilatéralismes qui auraient voulu la maintenir – au risque de la déchirer – sous la coupe des positivités légales respectives.

H. Batiffol adoptait déjà un point de vue semblable – mais sans prendre à son compte la distinction que les auteurs positivistes opèrent entre le droit et la science du droit – lorsqu'il lisait la diversité des lois positives à la lumière d'une communauté de destin sous-jacente à tous les systèmes juridiques. En termes généraux, l'auteur résume sur ce sujet le mouvement d'un siècle d'histoire :

> « La découverte de l'ethnologie, l'élargissement subit des horizons des sciences de l'homme à la fin du siècle dernier avaient répandu assez naturellement l'idée que la diversité des peuples et des civilisations était irréductible. Les expériences cruelles de la seconde guerre mondiale ont provoqué devant les horreurs engendrées par la négation cynique d'une communauté de nature entre tous les hommes, un sentiment profond de cette communauté : de même que c'est la privation d'un organe qui enseigne le plus sûrement sa fonction, de même la mise en action effective d'une négation jette la lumière sur la valeur de l'affirmation » (H. Batiffol, *Aspects philosophiques du droit international privé, op. cit.*, p. 46).

Appuyé sur cette communauté de nature, le droit international privé recherche la solution du « conflit de lois » dans l'intelligence des convergences entre les ordres juridiques en présence davantage que dans la mise en opposition de leurs commandements respectifs. Pourquoi ? Parce que le droit lui-même porte à l'intérieur de la disposition positive voulue par chaque législateur une rationalité qui déborde nécessairement les limites spatio-temporelles de la société régie par ce droit : si le commandement s'arrête nécessairement aux frontières du pays, la rationalité de la solution prévue en cet ordre les traverse d'emblée, rejoignant ainsi le champ de l'universel.

On comprend dès lors que le juge s'applique, en droit international privé, aux mêmes opérations intellectuelles qu'en droit interne : déchiffrer le sens des normes, résoudre leurs contradictions, combler leurs lacunes en mettant en œuvre, ici entre les normes de pays différents comme là entre les normes d'un même pays, la rationalité qui cherche à saisir les rapports noués entre les choses elles-mêmes. Travail de raison donc, au moins autant que de soumission au pouvoir.

Sur les rapports que noue le droit avec la rationalité (universelle), d'une part, la volonté (particulière), de l'autre, on retiendra encore ces deux notations de l'auteur. A propos du travail du juge :

> « L'impératif de l'autorité parfait (...) la notion de droit et s'impose donc au juge, mais le droit peut cependant être recherché en l'absence d'une semblable volonté : l'intervention de l'autorité apparaît comme de la nature du droit, mais non de son essence » (H. Batiffol, *op. cit.*, p. 135).

A propos de l'ouverture réciproque, mais sans fusion, de l'ordre interne et de l'ordre international (v. en outre sur ce sujet, *infra*, II, p. 538), H. Batiffol reconnaît que la distinction à garder entre ces deux ordres « pourra paraître ambiguë », mais il ajoute :

> « Elle semble cependant exprimer la réalité dans sa complexité, elle évoque sans doute la condition, elle-même ambiguë, de l'homme que son intelligence introduit au monde de l'intelligible, des essences, alors que le corps qui conditionne l'exercice de cette intelligence est de l'ordre de l'existence. Cette ambiguïté a son contrecoup sur les structures sociales. Mieux vaut en reconnaître la complexité que s'arrêter à une solution claire en méconnaissant une partie des données du problème » (H. Batiffol, *op. cit.*, p. 135-136).

Dans une telle perspective, le droit international privé, se heurtant sans cesse aux limites spatio-temporelles de la loi entendue comme acte de volonté – limite que H. Batiffol rapporte très opportunément à l'*hic et nunc* de la condition corporelle de l'homme –, devient, par cette confrontation même, révélateur de l'essence du droit en général, droit reconnu davantage désormais comme œuvre de raison avant que de se manifester – « par nature mais non par essence » – comme acte de commandement. Dans la mesure en effet où le droit international privé traverse les frontières pour trouver au sein des ordres juridiques eux-mêmes la rationalité qui relie de tels ordres en son propre champ universel, cette branche du droit devient une alliée privilégiée du droit naturel.

Ainsi, à propos de la référence que prend Savigny à la nature des choses pour trancher les conflits de lois, H. Batiffol remarque qu'il s'agit là sans doute d'une attitude spontanée de tout juriste, quotidiennement confronté à la différence qui sépare une situation donnée d'une règle positive déterminée, mais à laquelle la matière traitée, relevant de plusieurs ordres juridiques, invite de manière plus immédiate qu'une autre :

> « Si en effet on pose le problème du conflit de lois comme celui du rattachement à une ou plusieurs lois déterminées d'une situation ayant par ses différents éléments des liens avec plusieurs systèmes juridiques, la solution consiste à *analyser cette situation*, soit pour trouver son élément essentiel dont les autres sont inséparables, soit pour la décomposer en éléments séparables soumis à des lois diverses. Il s'agit donc bien d'un travail d'analyse qui est une recherche de nature » (H. Batiffol, *op. cit.*, p. 166).

3 / En droit transitoire

Passant du conflit de lois dans l'espace au conflit de lois dans le temps, le programme à remplir par notre « approche jusnaturaliste de l'un et du multiple » devrait rencontrer en droit transitoire les questions posées en droit international privé. Par-delà l'interrogation quelque peu artificielle quant à l'identité des solutions à retenir dans ces deux champs du droit, où par exemple la loi du for dans l'espace « deviendrait » la loi actuelle dans le temps tandis que la loi étrangère « équivaudrait » à la loi ancienne (comp. H. Batiffol, Conflits de lois dans l'espace et conflits de lois dans le temps, *in* Mélanges Ripert, *Le droit privé français au milieu du XXe siècle*, Paris, LGDJ, 1950, t. I, et P. Roubier, *Le droit transitoire*, Paris, Dalloz et Sirey, 2e éd., 1950, n° 2 : « D'une prétendue analogie du droit transitoire et du droit international privé »), l'étude porterait, ici encore, sur les rapports noués entre la continuité que sauvegarde la raison et la discontinuité qu'y introduit la modification volontaire de la loi.

Entre le recours à la loi du for ou à la loi étrangère, d'une part, à la loi actuelle ou à la loi ancienne, d'autre part, le parallélisme des solutions ne s'impose peut-être pas – pour la simple raison que la diversité politique des ordres juridiques nationaux dispersés dans l'espace ne se confond en aucune manière avec la succession chronologique des différentes manifestations de volonté d'un même législateur interne –, mais la philosophie engagée dans ces deux branches du droit y affronte la même question de savoir comment l'unité de la même « situation de vie » traversera la rupture opérée par la frontière politique dans un cas, par la modification législative dans l'autre : le droit se ramasse-t-il tout entier dans la décision particulière de la volonté législatrice découpant d'autorité son propre temps comme son propre espace, ou accepte-t-il de faire place à la raison qui recueille dans le champ de son universalité la continuité qu'autorisent aussi bien le déploiement de l'espace au-delà de toutes les frontières que le déroulement du temps traversant tous les changements législatifs ?

Alors que l'approche positiviste admet la pure et simple dispersion du droit dans la multiplicité de ses clôtures spatiales et temporelles, l'approche jusnaturaliste concentre son attention sur l'analyse la plus fine possible des situations à régler afin de déceler dans la multiplicité (ici chronologique) des lois en présence la rationalité qui correspondra le mieux à la nature de telles situations.

4 / En droit comparé

Comme le droit international privé, le droit comparé étudie la pluralité des systèmes juridiques, mais alors que la première discipline cherche la solution des questions posées par la présence d'un élément d'extranéité dans la relation privée, l'objectif de la seconde reste indéterminé.

S'agit-il, demande N. Sugiyama (Essai d'une conception synthétique du droit comparé, *Recueil d'études Édouard Lambert, Introduction à l'étude de droit comparé,* Glashütten im Taunus Detlev Auvermann Kg, 1973, t. I, p. 50 et s.), d'établir « l'essence fondamentale du droit », « les lois ou rythmes de son évolution » (cf. Jurisprudence ethnologique, philosophie comparative du droit, etc.), de « rechercher le droit positif lui-même » (histoire comparative du droit, comparaisons interétatiques) ou de « réaliser les progrès du droit positif » (écoles de la science nationale ou de la science universelle du droit comparé) ? (N. Sugiyama, *op. cit.*, p. 52).

Derrière la diversité des objectifs assignés à cette branche du droit se profilent différentes conceptions quant aux rapports de l'un et du multiple : en droit comparé, faut-il seulement enregistrer la multiplicité ou vouloir également l'unicité ? Question récurrente, on le sait, et qu'on retrouve encore, par exemple, dans la querelle du monisme et du pluralisme (v. *infra*, II, p. 538). Pour N. Sugiyama, le droit comparé ne peut choisir une thèse extrême en se fondant soit sur le particularisme national absolu, soit sur l'universalisme juridique absolu :

> « La comparaison ne serait faite qu'imparfaitement si elle se basait exclusivement sur l'un de ces deux principes. Le droit, en effet, ayant son fondement dans la solidarité sociale et la solidarité humaine, a pour mission de servir aussi bien à la nation qu'à l'humanité tout entière. Toute théorie juste des sources du droit doit se fonder sur l'adage : *"Ubi societas, ibi jus"* » (N. Sugiyama, *op. cit.*, p. 57).

Cet équilibre soucieux de prendre en compte la double solidarité – particulière et universelle – exprimée dans le droit se retrouve encore dans la voie dialectique que trace l'auteur entre le positivisme de la pure constatation et l'idéalisme de la pure logique : la science du droit comparé se fonde, dit-il, sur un « nouveau droit naturel » qui, inspiré de Ihering et de Saleilles, donne toute sa place à la contradiction. Puisque « la réalité sociale est une antinomie mystique de règles qui se contraignent réciproquement », « les comparatistes doivent se préoccuper, dans l'élaboration de la formule théorique, non pas d'établir une théorie géométriquement construite, mais de réaliser une harmonie entre les théories contradictoires » (N. Sugiyama, *op. cit.*, p. 57).

De ce vaste programme (« réaliser la prospérité commune du droit national et du droit mondial, au moyen de la comparaison positive et du rapprochement systématique des droits et, au besoin, par la construction juridique », *ibid.*, p. 60), on retiendra au moins la fécondation réciproque du droit naturel et du droit comparé : dans le champ comparatiste, le droit naturel – curieusement appelé « nouveau » – ne s'entend pas comme une géométrie idéaliste qui énoncerait pour tous les peuples un ensemble normatif abstrait ; il affronte au contraire la diversité de leurs ordres juridiques respectifs pour entrer, précisément, dans la comparaison.

Réciproquement, cette comparaison même devient possible par la présence d'un pôle d'unité – le « droit naturel nouveau » – qui permet de chercher l'harmonie dans l'examen des différents régimes. Ainsi, en traversant le champ du droit comparé – comme aussi du droit transitoire ou du droit international privé –, le juriste comprend mieux que le droit naturel ne poursuit pas le but d'écraser par une norme uniforme l'ensemble des régimes particuliers, mais qu'il vise plutôt la reconnaissance mutuelle de tels régimes dans le champ commun du droit.

Pour clore la présente introduction programmatique, on évoque encore une fois ce propos en parcourant la question de la législation uniforme.

Dans les contributions qu'ils ont données au *Recueil d'études sur les sources du droit en l'honneur de François Gény* (Paris, Sirey, 1934, t. III : *Les sources des diverses branches du droit*), K. Wieland (Bâle) et E. Lambert (Lyon) exposent leurs vues respectives sur le sujet.

Pour le premier auteur (K. Wieland, Rechtsquellen und Weltrecht, traduit par J. Spach, Sources du droit et droit mondial, *Recueil Gény, op. cit.*, p. 471), l'uniformisation du droit n'apparaît souhaitable que pour régler des relations internationales précises ; pour le reste (les dispositions du droit civil par exemple), le remplacement des diverses législations par un code mondial, « magnifique idéal » aux yeux de nombreux auteurs, s'avère en réalité « une utopie au demeurant peu séduisante » (K. Wieland, *op. cit.*, p. 473). L'école historique déjà expliquait l'impasse : « Le droit est un produit de la conscience populaire. Sa force vitale, son progrès, sa richesse interne sont conditionnés par les différenciations nationales » (*ibid.*, p. 473).

D'ailleurs, même dans les domaines régis par des textes internationaux communs – l'auteur prend l'exemple du change –, l'existence d'une législation uniforme « n'empêchera pas que les forces spirituelles qui façonnent le droit, que les conceptions, les techniques et la méthode qui sont à sa base, ne fassent parler à chaque pays un langage que l'autre ne comprendra pas » (*ibid.*, p. 476). Derrière l'unité de façade, le comparatiste, chercheur d'unification, devra donc se pencher non seulement sur les sources purement formelles – la loi, la coutume et les règlements – par où, selon l'image, le droit – comme l'eau – vient au jour mais encore sur les veines souterraines qui font jaillir l'eau, en d'autres termes, sur « les forces spirituelles qui façonnent le contenu intellectuel des règles de droit » (*ibid.*, p. 471).

Le second auteur (E. Lambert, Sources du droit comparé ou supranational. Législation uniforme et jurisprudence comparative, *Recueil Gény*, t. III, *op. cit.*, p. 478) ne s'attarde pas plus que le premier sur l'hypothèse d'un droit privé mondial. Non point parce qu'il s'agirait là d'une utopie à tout jamais irréalisable, mais parce que, dans les temps présents, cette question académique « ne se pose pas encore utilement et concrètement » (E. Lambert, *op. cit.*, p. 479). En attendant ce jour (désirable ?), le comparatiste s'emploie à l'unification que réclame la multiplication des relations internationales.

A ce propos, E. Lambert rejoint K. Wieland dans l'exigence d'une uniformisation qui touche au moins autant l'intérieur que la façade :

> « Non seulement la législation internationale (ou la législation uniforme) n'est pas le seul instrument auquel on puisse recourir pour cimenter les droits nationaux par des liens d'unité et les pénétrer de directives communes » (E. Lambert citera plus loin la jurisprudence comparative, les droits corporatifs et l'application administrative du droit) « mais ce n'est qu'un instrument de la dernière heure – un outil destiné au finissage – qui risque de fonctionner à vide si son intervention n'a pas été préparée par le jeu patient d'autres instruments – d'instruments de dégrossissage » (*ibid.*, p. 489).

Un programme d'approche jusnaturaliste de l'un et du multiple devrait s'intéresser de près à ce travail préalable qui, pour aboutir à l'uniformisation des sources formelles – des « matrices », dit E. Lambert – du droit, opère le rapprochement de ses sources matérielles – de son « donné », disait F. Gény :

> « C'est l'ensemble des forces économiques, sociales ou morales, qui chaque jour resserrent un peu plus la solidarité ou l'interdépendance entre tous les éléments de la communauté internationale » (E. Lambert, *ibid.*, p. 491).

Dans l'examen de ces forces en présence, la prudence s'impose surtout lorsqu'un auteur tel que E. Lambert y reconnaît une priorité : « Les plus nombreuses, les plus tenacement agissantes sont d'ordre économique » (*ibid.*, p. 491). Prudence, car si l'édification d'un droit universel repose essentiellement sur les passions présentes dans le jeu du marché, il est à craindre que la logique économique ne finisse par mettre à mal l'ordre juridique lui-même comme institution de reconnaissance mutuelle des sujets.

Sans doute, « parallèlement à ces facteurs économiques, il y a aussi des forces éthiques ou des forces spirituelles – de grandes vagues de l'opinion publique ou de parties agissantes de l'opinion publique mondiale – qui contribuent puissamment à élaborer la matière première d'un droit supranational » (*ibid.*, p. 491), mais la prudence se change ici en stupéfaction lorsque, à côté du mouvement anti-esclavagiste et du mouvement féministe, E. Lambert cite en exemple de ces forces éthiques ou spirituelles d'élaboration d'un droit supranational le mouvement de « contrôle des naissances » :

> « Condamné à rester régional – au moins en tant que mouvement reconnu ou favorisé par les législations et les jurisprudences – dans la mesure où il était lié, et celle où il reste lié, aux conceptions malthusiennes ou néomalthusiennes, ce mouvement, dans la mesure où il s'est mué en une propagande pour l'*eugénisme*, entraîne depuis quelques années dans son orbite des législations de plus en plus nombreuses, et des législations greffées sur le *common law* aussi bien que sur le *droit civil* ou provenant de terres neutres. Et l'on assiste à la propagation de lois de stérilisation ou d'autres mesures d'eugénisme, non plus seulement dans des milieux, comme de nombreux États de l'Union nord-américaine ou des États scandinaves, qui n'ont pas de politique systématique de repopulation, mais aussi dans un pays comme l'Allemagne, qui, en même temps qu'une législation eugénique, particulièrement rigoureuse, édifie toute une législation nouvelle pour stimuler l'accroissement des naissances, et apporte la même énergie à veiller à son repeuplement en êtres normaux, aptes à fournir un service social, et à combattre tous ceux des développements naturels de la natalité qui n'assureraient que le repeuplement de ses hospices et de ses prisons » (E. Lambert, *Recueil Gény*, t. III, *op. cit.*, p. 492.).

Erreur de plume ? Peut-être. On aimerait en tout cas que l'unification du droit se poursuive, droit naturel aidant, sur d'autres bases que celles-là.

II. – Les rapports entre droit international et droit interne

Le droit naturel permet-il de franchir le pont aux ânes jeté entre la rive de l'ordre juridique interne et celle de l'ordre juridique international ? (Cf. Michel Virally, Sur un pont aux ânes : les rapports entre droit international et droits internes, *Mélanges H. Rolin*, Paris, Pedone, 1964, p. 488.) En tout cas, sans ce recours au *tertium quid* qu'offre la perspective jusnaturaliste, l'articulation des deux ordres paraît insoluble, comme le montrent les impasses dans lesquelles s'engagent les positivismes contrastés de H. Kelsen (sect. 1) et de Santi Romano (sect. 2). Les tentatives qu'opèrent chacun pour leur part G. Fitzmaurice et M. Virally (sect. 3) montrent que la question doit se résoudre par un changement de plan. On expose en finale la dialectique proposée par Gaston Fessard pour articuler les deux plans engagés dans la présente controverse, de la nation et de l'État (sect. 4).

1 / L'universalisation par la norme

Dans le cours qu'il donne en 1926 à l'Académie de droit international de La Haye intitulé « Les rapports de système entre le droit interne et le droit international public » (*Recueil,* 1926, IV, p. 231-327), H. Kelsen analyse d'abord, pour les rejeter, la construction dualiste puis la construction moniste avec primauté du droit interne, afin d'adopter la thèse du monisme avec primauté du droit international.

Pour H. Kelsen, la construction dualiste qui sépare, chacun en leur ordre, le droit interne et le droit international, se contredit immanquablement sur plusieurs points. Elle aboutit tout d'abord à nier la nature strictement juridique du droit international, sauf à faire de celui-ci « une sorte de morale ou de droit naturel » (*Rec. Cours,* 1926, *op. cit.*, p. 276). Puisque, en effet, l'option dualiste introduit une solution de continuité dans la pyramide normativiste entre le droit international, d'une part, le droit interne « en qui tout le monde reconnaît un droit » (*ibid.*, p. 277), d'autre part, on ne voit pas sur quel ordre ce droit international, devenu une sorte de corps flottant de normes en surplomb des divers droits positifs étatiques, appuierait sa propre juridicité. Plus grave peut-être : la construction dualiste nie le caractère juridique des ordres étrangers. Puisque, à entendre H. Kelsen, seul le contact du droit international avec chacun des ordres internes permet de reconnaître la juridicité respective de tels ordres, la séparation dualiste de ces deux systèmes ramène le juriste contemporain à la mentalité du primitif pour qui le droit s'arrête aux frontières de sa propre patrie.

De deux choses l'une, semble-t-il : *ou* le droit s'enferme dans sa positivité étatique mais alors il ne faut plus parler de l'obligatoriété du droit international qui, par exemple, délimiterait le champ de l'ordre juridique interne dans ses rapports avec l'étranger, *ou* le droit national admet la juridicité des ordres qui limitent son propre champ, et dans ce cas on ne peut plus séparer par un dualisme inconséquent le droit interne du droit international. Optant résolument pour la seconde branche de l'alternative, H. Kelsen dénonce dans le dualisme la doctrine qui honore sans doute le droit international comme ordre distinct des ordres internes mais du bout des lèvres seulement, pour mieux consacrer son inefficacité et, par là, renforcer la dangereuse position des souverainetés nationales.

Passant du dualisme au monisme, H. Kelsen quitte avec un soulagement manifeste le domaine de la confusion (dans lequel par exemple le droit naturel ou le droit international détachés de la positivité étatique font croire à leur propre juridicité) pour entrer dans le sanctuaire où la science « réussit à comprendre le droit tout entier en un système unitaire » (H. Kelsen, *op. cit.*, p. 289).

La première façon d'entendre cette unité du système normatif part, on le sait, de la primauté du droit interne au sens où l'État limiterait lui-même sa propre souveraineté, laissant ainsi la place au droit international. La profession de positivisme étatique a sans doute conduit notre auteur à adopter, au départ, cette première forme de monisme, mais une réflexion ultérieure l'a amené à renverser sa position en faveur du droit international (v. sur ce débat doctrinal G. Gurvitch, *Le temps présent et l'idée de droit social*, Paris, Vrin, 1932, en particulier p. 152 et s. : « La théorie de H. Kelsen ou l'effondrement de l'étatisme juridique dans ses propres cadres »). En réfléchissant davantage à la question, H. Kelsen n'a plus pu admettre, en effet, ce monisme avec primauté du droit interne, car s'il semble expliquer, à première vue, le droit international issu des traités – dans un traité, en effet, l'État limite lui-même sa souveraineté en s'obligeant à l'égard de l'autre partie, mais cette limitation ne tient, observe Kelsen, que jusqu'à nouvel ordre –, il ne rend en tout cas pas compte des obligations qu'impose aux États la coutume internationale.

Sans doute les « monistes du droit interne » expliquent-ils le caractère obligatoire du droit coutumier international par la reconnaissance, d'ailleurs plus ou moins explicite, qu'en fait chaque État dans son propre ordre interne, tant il est vrai, ajoutent-ils, que l'obligation juridique ne naît que de la volonté : si, dans la sphère nationale, le droit ne s'impose jamais qu'à des citoyens qui ont exprimé, par la figure originaire du contrat social, leur décision de lui obéir, de même, dans les rapports entre les États, le droit international – la coutume par exemple – n'oblige que les nations qui l'acceptent, mais ici se pose à nouveau, répond H. Kelsen, la question de la juridicité de cette reconnaissance elle-même, multipliée en autant d'exemplaires que de nations soumises au même droit international. Car si une telle reconnaissance ne relève que du fait dans l'ensemble des États concernés, on ne voit pas quelle obligation juridique imposerait à tel ou tel État de se plier à cet ordre international qui ne constitue en toute hypothèse pour lui qu'une sorte de « droit étatique externe ».

Même impasse – semblable d'ailleurs à celle que H. Kelsen a indiquée dans l'examen de la position dualiste – à propos des ordres juridiques étrangers. La reconnaissance de l'État étranger par l'État national envisagé, selon le monisme ici étudié, comme seule source de droit, aboutit à l'absurdité de la délégation : le droit étranger devient juridique aux yeux de tel État parce que cet État confère à ce droit étranger par la reconnaissance qu'il en fait la possibilité même de devenir du droit.

> « Autrement dit : si l'ordre juridique national est l'ordre suprême, qui ne se déduit d'aucun ordre supérieur, seule sa norme fondamentale pourra, en dernière analyse, conférer la force obligatoire à un ordre juridique quelconque » (H. Kelsen, *op. cit.*, p. 295).

Pour lever l'absurdité, il ne suffit pas d'ajouter que l'État étranger à son tour manifeste sa souveraineté en reconnaissant – donc finalement en créant par délégation – la juridicité de l'ordre du premier État, car cette réciprocité, purement factuelle, n'obéit à aucune norme juridique qui transcenderait, pour les coordonner, les États eux-mêmes.

D'où la nécessité, poursuit H. Kelsen, d'adopter l'autre forme du monisme : en consacrant la primauté du droit international, en effet, cette seconde option rend compte de la foncière égalité juridique de tous les États au sein de la communauté internationale. Seule la supériorité du droit international permet la coordination des divers ordres internes, non plus au titre du simple fait contingent, mais au nom du droit lui-même qui, de la sorte, « devient l'organisation de l'humanité et s'identifie ainsi à l'idée morale suprême » (H. Kelsen, *op. cit.*, p. 300).

Déjà Grotius avait ouvert la voie en reconnaissant, à côté du droit des gens « volontaire », un droit des gens « immuable » et « naturel » qui s'impose aux États eux-mêmes, ne serait-ce que pour fonder – « à titre de règle coutumière ou à titre d'hypothèse juridique », précise H. Kelsen (p. 300) – l'obligatoriété même des traités qu'ils passent entre eux : *pacta sunt servanda*. Affirmer dans la suite, comme le font les monistes du droit interne, que ce droit international « non volontaire » fonde sa validité objective sur la reconnaissance subjective qu'en fait l'État concerné mais en ajoutant aussitôt que cette reconnaissance s'impose à l'État qui, sans elle, s'autodétruirait, revient à couvrir cette rigoureuse nécessité du voile de la fiction.

La même fiction, rappelons-le, faisait déjà croire, en droit interne, que le droit objectif de l'État naissait – via le contrat social par exemple –des droits subjectifs des individus. Or, en levant le voile, on s'aperçoit que, dans un cas comme dans l'autre, un ordre supérieur domine les volontés, des individus ici, des États là-bas. Ordre finalement unique puisque la primauté du droit international non seulement s'impose à l'ordre interne mais crée la juridicité même de cet ordre interne par le mécanisme déjà évoqué de la délégation.

La pyramide kelsénienne édifiée dans l'ordre interne doit alors s'élever d'un degré supplémentaire puisque la norme fondamentale *supposée* au sommet de chaque droit interne (« obéis à la Constitution, première norme posée ! ») s'avère elle-même *posée* par le droit international qui délimite – et donc délègue – les souverainetés respectives. L'unité du système ainsi surélevé se fonde alors sur la *Grundnorm* sous-jacente au droit international : « Obéis au droit international, lequel fonde la juridicité des droits internes ! » La souveraineté nationale au sens fort du terme a ainsi vécu, remplacée à présent par la puissance juridique que confère le droit international à tel et tel État.

Au terme de son exposé, H. Kelsen soutient l'égale valeur théorique des deux formes – précisons : des deux hypothèses – de monisme. Cet auteur a certes choisi – non sans débat, nous l'avons dit – la primauté du droit international, mais d'où vient qu'on pourrait choisir l'autre ? Cette possibilité provient, répond H. Kelsen, du fait qu'en droit, aucun donné n'impose, comme dans les sciences de la nature, la lecture de son objet puisqu'ici il s'agit de règles. Si l'anarchiste veut tenir les rapports de droit interne à l'intérieur de son pays pour de purs actes de force, rien n'empêche, à l'étage supérieur, le « moniste première manière » de récuser semblablement la validité objective du droit international : la lecture du droit, en effet, suppose une certaine façon de se situer par rapport aux règles qui en constituent l'objet :

> « Il n'existe pas de donné *a priori* juridique ; un donné ne devient du droit que grâce à l'hypothèse juridique qui sert à l'interpréter » (H. Kelsen, *op. cit.*, p. 314).

L'indécidabilité ici avouée repose, ajoute Kelsen dans une page qui retiendra encore notre attention, sur une incertitude plus radicale quant aux théories de la connaissance elles-mêmes, subjectiviste d'un côté, objectiviste de l'autre (comp. *supra*, p. 63 et 64).

Le moniste consacrant la primauté du droit interne se range sous la bannière subjectiviste du « moi » qui, faisant du monde sa propre représentation et des valeurs sa propre volonté, se rend par là incapable de comprendre l'autre, le « lui ». La réduction du droit international au droit interne qui en « reconnaît » la juridicité puis la réduction du droit interne lui-même aux individus qui l'ont « voulu » s'expliquent l'une et l'autre par ce surgissement de la subjectivité, *« das eigene Ich »*. La conception objectiviste, en revanche, opère le mouvement inverse, du monde au moi :

> « Elle admet une raison universelle, un esprit universel, qui se manifeste, s'individualise et se réalise de façon momentanée, éphémère en des individus qui pensent et qui veulent, individus dont l'esprit n'est qu'un élément de l'esprit universel, dont la raison connaissante n'est que l'émanation de la suprême raison universelle, individus égaux et similaires, mais dont les "moi" ne sont pas, comme dans le subjectivisme, étrangers par nature et impénétrables les uns aux autres » (H. Kelsen, *op. cit.*, p. 322).

Voyant H. Kelsen adopter cette seconde conception, on ne s'étonnera pas de ce que le modèle appelé de ses vœux s'appelle l'État universel. Même si le droit international reste encore aujourd'hui très imparfait, subordonné qu'il est au bon vouloir des États comme le sont les droits primitifs à la bonne volonté des individus, rien n'empêche – espère notre auteur – la communauté internationale de se muer un jour en un véritable État unique, de type fédéral par exemple. Les doctrinaires qui s'accrochent à la souveraineté nationale invoquent sans doute l'impossibilité que connaîtrait le droit lui-même à entrer en une telle *civitas maxima,* mais, pour H. Kelsen, cette option politique, si respectable soit-elle, reste en peine de démontrer l'incompatibilité du droit avec une telle évolution, pour lui hautement souhaitable, vers l'organisation territoriale d'une communauté juridique universelle.

Parvenus à ce terme idéal de la conception objectiviste du droit, nous percevons à quel point la construction subjectiviste a culbuté : non seulement le droit interne, ordre seulement partiel, a perdu son caractère d'unité suprême au profit de la norme fondamentale du droit international, mais la personne physique elle-même, se révélant pure apparence en tant qu'individu, se trouve reconduite à sa vérité objective de personnification d'un ordre juridique partiel.

Pourquoi H. Kelsen privilégie-t-il avec autant d'intensité cette conception objectiviste ? Parce qu'elle seule, à ses yeux, empêche le droit de se dissoudre dans la pure et simple affirmation de la force subjective. Si le droit, en effet, n'émane que du sujet (individuel ou national), les rapports entre les humains, ainsi privés de la mesure que leur aurait donnée l'objectivité, tourneront nécessairement à la violence. Trouvant chez Hegel la corrélation entre l'impérialisme, d'une part, l'aboutissement du parcours de la raison dans l'État et, pour comble, un État élu, d'autre part, H. Kelsen préfère juguler cet impérialisme par l'option pacifiste du recours au droit international objectivement supérieur aux ordres internes :

> « De même que dans une morale objectiviste, raisonner sur l'homme, c'est raisonner sur l'humanité, de même, pour la théorie juridique objectiviste, la notion de droit est identique à celle de droit international, et elle est en même temps et pour cette raison même, une notion morale » (H. Kelsen, *op. cit.*, p. 325).

Identifiant de la sorte la morale pacifiste à la primauté du droit international, l'auteur appelle une dernière fois de ses vœux l'État universel qui mettra fin à la doctrine de l'État national

> « de même que la théorie subjectiviste du contrat social a été vaincue en même temps que la souveraineté de l'individu » (H. Kelsen, *op. cit.*, p. 326).

Alors que, dans la suite de sa réflexion, le maître autrichien déploie tout son effort intellectuel à construire une théorie du droit purifiée de ses deux contaminations possibles, la pression factuelle qu'exerce le rapport de force, d'une part, l'obligation de conscience qu'impose la règle morale, de l'autre, on retiendra comme un précieux aveu du penseur positiviste l'option morale qui tranche l'indécidabilité reconnue quant à la primauté du droit interne ou du droit international dans la conception moniste : pour éviter que la forme du droit, livrée au vide de sa norme fondamentale, ne penche dangereusement du côté du rapport de force tournant alors à la violence déchaînée entre subjectivités nationales enivrées par leur souveraineté, H. Kelsen veut faire basculer cette forme de l'autre côté, c'est-à-dire vers la morale pacifiste qui impose aux États comme aux individus le règne de la raison.

2 / L'universalisation par l'institution

Santi Romano partage avec H. Kelsen le souci de démontrer l'autonomie parfaite du concept de droit, capable – espèrent-ils l'un et l'autre – de se clore entièrement sur lui-même. Dans son ouvrage *Ordinamento giuridico* (2e éd., 1945, traduite par L. François et P. Gothot, *L'ordre juridique*, Paris, Dalloz, 1975, introduction de Ph. Francescakis), le jurisconsulte italien se sépare toutefois du penseur autrichien en rapportant le droit non plus d'abord à la norme mais au fait antérieur à cette norme, l'institution. Le positivisme institutionnaliste de S. Romano, contredistingué du positivisme normativiste de H. Kelsen, permet de franchir d'une manière toute différente le « pont aux ânes » qui relie le droit international aux divers droits internes.

Aucun juriste ne niera que le droit se compose de normes qui permettent, interdisent ou imposent tels comportements aux sujets régis par ces normes, mais S. Romano remonte en deçà de cet indéniable phénomène normatif pour inclure dans l'essence même du droit l'institution par laquelle le corps social se structure, précisément, grâce à de telles normes :

> « Cela veut dire que le droit, avant d'être norme, avant d'avoir trait à un ou plusieurs rapports sociaux, est organisation, structure, attitude de la société même dans laquelle il est en vigueur et qui par lui s'érige en unité, en un être existant par soi-même » (S. Romano, *op. cit.*, p. 19).

L'esprit du juriste ne saisit sans doute qu'avec quelque peine ce moment historique autant que mental qui, pour appartenir à la définition du droit, ne se laisse pourtant pas lire dans sa cristallisation postérieurement codifiée. La comparaison avec le normativisme éclairera sans doute cet insaisissable moment par le contraste qu'il forme avec lui.

Alors que, pour H. Kelsen, la cascade des normes posées s'écoule d'une norme fondamentale que la science du droit suppose toute formelle pour éviter la double contamination déjà évoquée du sociologisme et du moralisme, l'auteur de l'*Ordinamento giuridico* tente lui aussi d'expliquer le droit par un en-deçà de la norme, non plus, comme l'auteur de la *Théorie pure du droit*, sur le même registre de la norme, en l'occurrence supposée, mais sur le plan de l'événement par lequel une société institue son vouloir-vivre commun :

> « Le droit ne consacre pas seulement le principe de la coexistence des individus, il se propose avant tout de vaincre l'insuffisance et les limites de leurs forces, de

dépasser leur brève existence, de perpétuer certains desseins au-delà de leur vie naturelle, en créant des entités sociales plus puissantes et plus durables que les individus » (S. Romano, *op. cit.*, p. 31).

Identifier de la sorte le droit au phénomène socio-institutionel lui-même ouvre, on s'en doute, un champ très large aux juristes, puisque, à entendre S. Romano, toute force se change en droit dès lors qu'elle s'est organisée. Que cette structure ait intégré de nombreux contenus moraux comme chez les peuples primitifs ou qu'elle les ait reniés à peu près tous, telle l'association de brigandage, elle demeure juridique. Là gît, selon notre auteur, la vérité de la proposition qui tient le droit pour une pure forme, c'est-à-dire valable indépendamment de son contenu, si du moins, ajoute-t-il, une quelconque société s'est instituée par ce droit-là.

Deux images précisent le propos : le droit et l'institution se situent l'un par rapport à l'autre soit comme l'œuf et la poule car on tient légitimement dans les deux sens que l'un provient de l'autre, soit comme l'âme et le corps puisqu'un même sujet affirme de façon sensée tantôt « j'ai une âme », tantôt « j'ai un corps », « mais en vérité l'on est un être tout ensemble spirituel et corporel » (S. Romano, *op. cit.*, p. 34, n. 1).

Sans chercher à forcer la cohérence des images ici employées – en se demandant par exemple si l'âme est l' « œuf » ou la « poule » du corps –, on retiendra au moins la commutabilité du droit et de l'institution comme l'originalité de l'apport romanien à la question qui nous occupe ici, des relations entre le droit interne et le droit international.

Côté interne, on comprendra évidemment l'État comme institution, et donc comme droit :

> « L'État existe parce qu'il existe et il est une entité juridique parce qu'il existe : dès le moment où il accède à la vie. Il ne trouve pas son origine dans une procédure réglée par des normes juridiques, mais dans un fait, ainsi qu'on l'a mis en relief à maintes reprises. Or à peine ce fait est-il accompli, à peine un État est-il effectivement en vie, que le droit est ; la norme peut alors naître. Ce n'est donc pas celle-ci qui, en premier lieu, établit le droit ; elle n'en est qu'une manifestation plus tardive, subsidiaire » (S. Romano, *op. cit.*, p. 37).

La question lancinante de la force obligatoire du droit (ici interne) se résout donc dans l'équivalence rappelée : le droit *est* droit du fait même que la société (ici étatique) s'est instituée comme telle.

Côté international, la même équivalence commande la même conclusion car l'ordre juridique international s'identifie, ici encore, à une institution. Par là, S. Romano devient l'allié objectif de H. Kelsen réfutant, comme on l'a vu, le monisme de première manière qui opte pour le caractère seulement volontaire du droit international à partir de l'accord donné par les États concernés aux traités ou aux coutumes.

L'*Ordinamento giuridico* voit en effet en cette dernière doctrine une contradiction aussi surprenante qu'inaperçue : alors qu'elle veut, en soulignant l'importance des volontés étatiques, épurer le droit international des trop nombreuses influences du droit naturel

– ce dont le positiviste S. Romano ne peut que se réjouir – cette doctrine « moniste de droit interne » reprend à son compte la théorie jusnaturaliste qui explique l'obligatoriété du droit interne lui-même par la figure du contrat social ! Or si, en droit interne, il apparaît clairement que l'institution (c'est-à-dire l'ordre juridique) de l'État précède nécessairement la position juridique de l'individu, comment les juristes soutiennent-ils encore, à l'étage supérieur, que le droit international naît essentiellement de la volonté des États ? Sans doute admettra-t-on sans peine que telle ou telle norme de droit international résulte de la volonté des États intéressés, mais la « constitution » du droit international n'en procède évidemment pas puisqu'il *est*, comme droit, l'institution même, « l'ordre immanent de la communauté des États » (S. Romano, *op. cit.*, p. 46).

Si la commune récusation du monisme qui enracine la juridicité du droit international dans les diverses souverainetés étatiques rapproche S. Romano de H. Kelsen, les définitions du droit adoptées respectivement par nos deux auteurs conduisent, au contraire, à leur séparation quant à l'articulation du droit interne par rapport à l'autre sorte de droit, le droit international dont ils viennent pourtant de reconnaître, l'un et l'autre, la consistance propre.

Si, en effet, le droit kelsénien se réduit à la cascade des normes qui se transmettent leur juridicité par délégations successives, ce modèle pyramidal ne souffre aucune rupture puisque tout son sens réside en sa pointe ou, plus exactement, dans la supposition de sa pointe, mais si le droit se définit d'abord, comme le prétend S. Romano, par le fait même de la structuration du groupe en tant que groupe, alors il faut qu'explose la rigidité moniste de la pyramide normative, laissant place à l'autonomie de toutes les institutions qui se constituent dans le paysage social comme autant d'ordres juridiques distincts les uns des autres. Selon cette perspective romanienne, on comprendra, par exemple, que l'État, d'un côté, la communauté des États, de l'autre, formant l'un et l'autre une institution particulière, développent tous deux un droit qui se déploie librement, chacun à l'intérieur de sa sphère propre.

Il en va d'ailleurs de même de tous les droits non étatiques, qu'ils proviennent de l'Église, d'entreprises ou de corporations, voire d'associations illicites : chacun d'eux vaut dans son ordre. Nulle délégation externe ne s'impose ici puisque, répétons-le, le droit s'exprime dans la structuration même du groupe :

> « Et puisque nous nous interrogeons sur la juridicité intrinsèque de l'être social, juridicité à déterminer en soi et pour soi, indépendamment des rapports de cet être avec d'autres et avec l'État, le critère juridique en question ne peut être fourni que par l'ordre interne de l'être même » (S. Romano, *op. cit.*, p. 99).

Voici donc, après que la pyramide kelsénienne a éclaté sous l'effet de la théorie institutionnelle, ses morceaux éparpillés dans le champ juridique, posant alors une nouvelle fois au juriste la question de leur rapport ou – selon le mot choisi par les traducteurs de l'*Ordinamento giuridico* – de leur relevance.

Pour limiter cette question des relations entre ordres juridiques aux rapports que noue le droit international avec les droits internes, on évoquera seulement ici la double relevance de supériorité sans dépendance, d'une part, de présupposition, d'autre part, que la théorie institutionnelle met en évidence entre ces deux ordres. Premièrement, la supériorité sans dépendance :

> « Le droit international nous offre l'exemple d'un ordre supérieur à celui des différents États, lesquels toutefois ne dépendent de lui ni quant à leur existence, ni quant à la validité de chacune de leurs manifestations. »

D'où, en corollaire,

« la séparation des deux ordres juridiques, le droit international et le droit étatique interne » (S. Romano, *op. cit.*, p. 112).

Séparation fondée, en fin de compte, sur l'autonomie institutionnelle : le droit international « n'attribue à l'État aucun pouvoir d'autonomie interne » et il « n'atteint que les États considérés en tant qu'unités, non leurs organes ni leurs sujets » (*ibid.*, p. 112-113).

Secondement, la relevance de présupposition :

> « La relation dont nous parlons peut s'exprimer par cette formule : l'ordre inférieur est un présupposé de l'ordre supérieur » (*ibid.*, p. 115).

Pour expliquer cette sorte de renversement, davantage complément qu'ennemi du premier principe, l'auteur recourt à l'image des parenthèses utilisées dans certaines opérations mathématiques. Tandis que le droit interne se laisse comparer au nombre complexe contenu dans ces parenthèses, le droit international, de son côté, régit certes l'ensemble de « l'opération » mais il n'entre pas dans les parenthèses puisque, on l'a vu, les deux ordres demeurent séparés. S. Romano souligne par là l'autre relevance que celle de l'indépendance du droit interne à l'égard de l'ordre international : cet ordre international *dépend* en quelque sorte de ce droit interne puisque celui-là, l'international, présuppose l'existence de celui-ci, l'interne :

> « Lorsque le droit international attribue droits et devoirs aux États, ceux-ci apparaissent comme unités, mais des unités auxquelles on aboutit par le droit international lui-même, en utilisant des parenthèses renfermant certaines parties, relevantes pour lui du droit interne des États » (*ibid.*, p. 118).

Alors que, dans l'image de l'opération mathématique, le normativisme kelsénien supprime toutes les parenthèses internes pour permettre au droit international de régir l'ensemble des équations en vue d'aboutir à la résolution finale de l'État universel, l'institutionnalisme romanien veut faire droit à la consistance des personnalités étatiques qui, en se structurant elles-mêmes, s'imposent comme le présupposé non seulement factuel mais encore juridique – puisque le droit se définit par cette structuration même – de l'ordre international. D'où l'équilibre de la conclusion :

> « En dernière analyse, c'est toujours l'État qui détermine le contenu de son propre ordre, mais cela n'empêche pas que cette détermination subisse, dans le sens indiqué, l'influence du droit international » (S. Romano, *op. cit.*, p. 121).

3 / Le changement de plan

Après l'exposé des thèses contrastées de l'Autrichien H. Kelsen et de l'Italien S. Romano, on aborde ici les positions de l'Anglais G. Fitzmaurice puis du Français M. Virally afin d'enrichir, par de nouvelles hypothèses, la question difficile des rapports du droit international et des droits internes : entre le monisme normatif de la *Reine Rechtslehre* et le pluralisme institutionnel de l'*Ordinamento giuridico*, une tierce voie ne permet-elle pas d'échapper au positivisme de leurs défenseurs ? Mais comment comprendre ce changement de plan ?

Dans le cours qu'il donna en 1957 à l'Académie de droit international de La Haye (G. Fitzmaurice, The general principles of international law considered from the standpoint of the rule of law, *Recueil,* t. 92, II, 1957), le chapitre que Sir G. Fitzmaurice consacre à la controverse sur le choix à poser entre le monisme et le dualisme (p. 68 à 85 : *The philosophical element*) simplifie radicalement la question au sens où, selon l'auteur, des rapports de juridicité entre le droit interne et le droit international n'existent tout simplement pas : chaque droit l'emporte dans son propre champ, celui des relations nouées à l'intérieur de l'État, d'un côté, celui des relations que nouent les États entre eux, de l'autre. Entre ces deux domaines qui relèvent du pur fait *(as a matter of objective fact)* aucun champ n'apparaît commun.

Veut-on voir une expression du dualisme en une telle thèse ? G. Fitzmaurice en tout cas s'en défend plusieurs fois mais il définit cette doctrine dualiste, notons-le, non seulement par l'indépendance des deux ordres concernés, mais encore par la question de savoir lequel des deux ordres l'emporte sur l'autre (*« whether international law and internal law are two separate legal orders, existing independently of one another – and, if so, on what basis it can be said that either is superior to or supreme over the other »,* G. Fitzmaurice, *op. cit.*, p. 70). Or, comme on l'a dit, monisme et dualisme s'affrontent sur un terrain qui ne s'avère commun, selon l'auteur, que dans l'imaginaire des juristes engagés dans cette querelle stérile ; en reconnaissant par contre la réalité des faits, c'est-à-dire l'hétérogénéité pure et simple des deux ordres juridiques – au-delà donc du dualisme tel qu'il l'a défini, puisque aucun champ de combat ne relie le droit interne et le droit international – G. Fitzmaurice s'épargne une peine théorique inutile, aussi inutile par exemple que s'il cherchait à savoir – évidemment en vain – lequel du droit français ou du droit anglais l'emporte sur l'autre.

Pour établir sa thèse, G. Fitzmaurice s'en prend surtout à la position moniste car, dans la controverse étudiée, l'effort consenti pour créer le nécessaire – mais illusoire – champ commun entre les deux ordres semble venir surtout de ce monisme. C'est que, ajoute l'auteur, donnant cette fois du dualisme une description qui permet – quoi qu'il en dise – de l'y inclure lui-même, « les dualistes peuvent parfaitement se contenter de l'existence des deux ordres, pourvu qu'ils se déploient dans des champs séparés » (G. Fitzmaurice, *op. cit.*, p. 73-74, traduit). Pour réunir les deux ordres dans un même champ, la position moniste doit nécessairement, dit G. Fitzmaurice, en sacrifier un des deux. Mais le fait même – déjà reconnu d'ailleurs par le moniste H. Kelsen – qu'aucune nécessité logique n'impose de privilégier soit le droit interne, soit le droit international au détriment de l'autre démontre déjà à lui seul l'inconsistance de la position prise. Pour trancher le dilemme, en effet, le moniste doit recourir alors à un postulat, mais les conséquences de son choix n'apparaissent pas plus satisfaisantes que le choix lui-même.

Ainsi du moniste Kelsen dont on connaît l'option finalement prise en faveur de la primauté du droit international. Avec toute la déférence dont est capable le juge anglais à l'égard de l'éminent professeur autrichien (*« Professor Kelsen's immense services to international legal thought place him so much above the level of ordinary controversy, that it is only with the greatest diffidence that, in these paragraphs, the present writer has ventured to question a view which seems to him to represent a wrong turning »,* G. Fitzmaurice, *op. cit.*, p. 79, n. 1), G. Fitzmaurice indique les contradictions de la position kelsénienne qui, pour mieux subordonner l'ordre étatique à l'ordre international, dissout, d'une part, la personnalité internationale de l'État dans un ensemble de droits et devoirs attribués à des sujets individuels – mais qui n'agiraient qu'à titre individuel ? –, reconnaît, d'autre part, que le droit international demande aux divers ordres étatiques de désigner les sujets qui engageront valablement l'État.

D'où le spectre de la régression à l'infini : quels individus représenteront l'État qui lui-même désignera les individus qui représenteront l'État ? *« Quis indicat ipsos indicatores ? »* (*op. cit.*, p. 79). Pour couper court à la contradiction, G. Fitzmaurice rappelle la suprématie de chaque ordre chacun en son propre champ. Sans que l'auteur cite ici S. Romano, on trouve en son texte les mêmes accents systémiques que chez le jurisconsulte italien : le juge étatique applique la loi interne. Si la loi interne viole le droit international, une telle infraction ne modifie pas l'ordre interne lui-même ; elle engage seulement la responsabilité de l'État dans l'ordre international. Les deux systèmes, on le voit, ne reçoivent en rien leur juridicité l'un de l'autre. Conclusion : la délégation kelsénienne par laquelle le droit international assurait la validité des droits internes semble au moins aussi artificielle et contraire au bon sens que sa réciproque, l'ordre international conçu comme pure et simple extension de l'ordre interne.

A cet endroit de sa réflexion, G. Fitzmaurice ajoute une considération qui intéresse particulièrement notre propos : le moniste, dit-il, qui tiendrait à tout prix à l'existence d'un champ commun aux deux ordres si évidemment séparés – du droit interne et du droit international – devrait soit découvrir un texte de droit positif qui articulerait les deux droits un peu à la manière dont le texte constitutionnel d'un État fédéral réalise l'équilibre entre les normes édictées par l'État lui-même, d'une part, celles que prennent les entités fédérées, d'autre part, soit quitter le terrain du droit positif. Or, comme aucun « tiers-texte » ne détermine la supériorité respective du droit interne ou du droit international, la thèse moniste, rappelle G. Fitzmaurice en conclusion, ne tient que par un postulat, le droit naturel ou toute autre supposition semblable (*« In a common field, monism requires natural law, or the equivalent, as a postulate », op. cit.*, p. 82).

On retiendra comme une précieuse indication l'alternative ici ouverte : *ou* le dualisme radical des plans qui valent chacun en leur ordre, *ou* le droit naturel et d'autres « suppositions postulées ».

On ne la retiendra pas d'abord pour son paradoxe piquant qui conduit à ranger H. Kelsen parmi les auteurs jusnaturalistes ou assimilés ni pour les développements que consacrerait G. Fitzmaurice à ce droit naturel auquel sa position résolument dualiste l'empêche de croire. Sur le contenu d'une telle hypothèse, en effet, l'auteur ne donne aucune précision : ce droit naturel va-t-il, par-delà et par-dessus *(behind and above)* le droit interne et le droit international, commander la primauté de celui-ci sur celui-là (cf. G. Fitzmaurice, *op. cit.*, p. 73, n. 3), ainsi qu'on le voit chez Kelsen ? Va-t-il au contraire assurer leur simple coordination (« le moniste jusnaturaliste n'éprouve aucune difficulté à admettre l'existence d'un ordre tiers, supérieur aux deux autres, et nécessaire à leur coordination », *ibid.*, p. 81, traduit) ? La question, pour G. Fitzmaurice, ne peut que rester ouverte puisqu'elle a quitté le domaine de la nécessité logique pour celui de l'idée seulement postulée.

Mais l'alternative mérite l'attention car, jusqu'en son agnosticisme, elle indique une piste intéressante : si elle ne veut pas s'enfermer dans l'indubitable dualisme qui sépare les institutions du droit interne d'un côté, du droit international de l'autre, la science du droit requiert le passage à un autre plan. Or c'est un tel passage que recherche l'autre auteur annoncé, M. Virally. Reprenant à nouveau la question des rapports de systèmes dans sa contribution déjà citée aux *Mélanges Rolin* (« Sur un pont aux ânes : les rapports entre droit international et droits internes », Paris, Pedone, 1964, p. 488), M. Virally partage les réticences de G. Fitzmaurice à l'égard du monisme kelsénien au plan de la logique d'abord, puisque l'esprit reste insatisfait devant l'indécidabilité de la primauté qu'accorde le régime moniste soit au droit interne, soit au droit international, de la pratique ensuite, dans la mesure où ces deux sortes de droits se développent manifestement chacun selon une dynamique propre.

Mais M. Virally estime aussi peu convaincant l'argument finalement dualiste de G. Fitzmaurice lui-même quant à l'inexistence d'un domaine commun à l'application des deux droits, car

> « c'est un fait que certaines normes juridiques internationales réclament leur application en droit interne et ne peuvent la trouver ailleurs. Un autre fait que le droit international est contraint, dans beaucoup de cas, de prendre en considération l'existence et la validité de normes étatiques. L'évolution actuelle des rapports internationaux et de la technique des traités démontre de la façon la plus claire qu'il n'y a plus de domaine dans lequel le droit international ne puisse pénétrer : ce qui demeure aujourd'hui encore réservé au droit interne ne l'est que provisoirement » (M. Virally, *op. cit.*, p. 491).

Pour sortir de l'impasse où mènent tant l'unité des ordres (monisme) que leur séparation (dualisme), M. Virally entend reformuler le problème d'une autre manière en se dégageant de l'erreur, estimée commune aux deux doctrines, qui consiste à enclore les ordres juridiques sur eux-mêmes en les empêchant de s'ouvrir autrement que par le sommet. A cette rigidité artificielle, notre auteur préfère la souplesse de la reconnaissance, elle-même appuyée sur une idée intéressante qu'il appelle « l'unité conceptuelle du droit ».

En droit international privé, par exemple, la théorie des conflits de lois met en présence divers ordres juridiques étrangers « qui se reconnaissent mutuellement, sans se préoccuper de savoir s'ils dérivent ou non leur validité d'un même ordre supérieur commun »

(M. Virally, *op. cit.*, p. 495) ; or si deux ordres juridiques indépendants l'un de l'autre acceptent de collaborer grâce à la reconnaissance mutuelle de leur validité respective, ne peut-on imaginer les mêmes rapports entre l'ordre international et l'ordre interne ? M. Virally prévient lui-même l'objection : l'analogie ne vaut pas, lui oppose-t-on, entre la collaboration égalitaire ainsi mise en œuvre dans le droit international privé, d'une part, la nécessaire supériorité que, à peine de dualisme, il faut reconnaître au droit international sur le droit interne, d'autre part, mais, pour notre auteur, la différence ne semble pas si profonde puisqu'elle tient seulement à la nature propre du droit international dont la supériorité se déduit de la définition même.

Dans la mesure en effet où « tout ordre juridique confère aux destinataires de ses normes des droits et pouvoirs juridiques qu'ils ne sauraient s'attribuer sans lui » et où « il leur impose des obligations qui les lient », alors « le droit international est inconcevable autrement que supérieur aux États, ses sujets » (M. Virally, *op. cit.*, p. 497).

Voici donc l'ordre juridique interne soumis à l'ordre juridique international mais sans que soit contestée pour autant la réelle autonomie de ses sources : la supériorité du droit international en effet s'établit parfaitement sans recourir à la fiction de la délégation qui, dans la pensée des monistes, assurait à la fois la juridicité et l'infériorité du droit interne. Admettant que la juridicité d'un ordre puisse provenir, comme on l'a dit, d'une autre source que d'en haut, M. Virally plaide pour la conjonction de la supériorité du droit international et de l'autonomie du droit interne. Conjonction impossible dans le monisme où la supériorité écrase l'autonomie comme dans le dualisme où l'autonomie écarte la supériorité.

Objecte-t-on encore que cette conjonction, tierce solution aux impasses précédentes, paraît à la rigueur praticable dans le chef du juge international qui respecte les sources propres du droit interne tout en assurant la suprématie du droit international, mais intenable dans l'ordre interne lui-même dont l'autonomie, précisément, empêcherait de reconnaître la supériorité du droit international, notre auteur invoque alors la nécessité de fait, en l'occurrence l'impuissance du droit étatique à régir les rapports internationaux – contredisant ainsi les prétentions excessives du monisme à prépondérance du droit interne – pour faire admettre par l'ordre étatique la supériorité factuelle du droit international.

> « Pratiquement, il y est contraint. Il ne peut, sans incohérence, le reconnaître autrement que comme un droit supérieur » (M. Virally, *op. cit.*, p. 499).

M. Virally, on le voit, a changé de plan : pour justifier la suprématie du droit international malgré l'autonomie des sources du droit interne, il lui suffit de comprendre cette primauté comme relevant du fait – et non du droit –, primauté à détailler dans la suite, non pas par des définitions théoriques qui feraient appel au droit, mais par l'analyse des situations existantes *de facto*. On découvrira alors en ce réel des solutions « multiples et évolutives ». L'auteur s'en explique :

> « Il en va toujours ainsi lorsqu'on se penche sur un problème d'application du droit, qui est d'abord un problème d'efficacité et soulève, par conséquent, des difficultés pratiques à prendre en considération au moment même d'engager un effort de construction intellectuelle » (M. Virally, *op. cit.*, p. 500).

Dans la pensée de M. Virally, on assiste dès lors au chassé-croisé d'obstacles factuels : si, pour des raisons tout à fait pratiques, l'État s'avère incapable de régir juridiquement à lui seul l'ensemble de ses relations internationales, le droit international, à son tour, ne peut se déployer que dans son ordre, soumis qu'il est à la bonne volonté des États qui disposent, eux, d'assez de moyens pour se soustraire, quand il y va de leur intérêt, à leurs obligations internationales. Comment conclure ? D'une double manière, selon M. Virally : en affirmant d'abord l'autonomie – et donc le pluralisme – des ordres internes, ensuite la suprématie logique du droit international, souhaitant d'ailleurs que cette suprématie devienne davantage effective dans les divers ordres internes.

Si cet exposé par M. Virally des positions respectives du droit interne et du droit international décrit convenablement le rapport *factuel* des deux systèmes en présence, notre auteur reste cependant au seuil de l'explication *juridique* d'un tel rapport. Certes il évoque « l'unité conceptuelle du droit » pour expliquer qu'en droit international privé, par exemple, tel ordre juridique reconnaît la juridicité originelle de tel ou tel ordre étranger qui se range, on le suppose, sous le même concept de droit que le premier ordre. De même invoque-t-il la notion même d'ordre international à la fois pour justifier la suprématie logique de cet ordre sur les ordres internes, et appeler, comme on vient de le dire en finale, à une plus grande effectivité d'une telle suprématie. Mais la question reste posée de la juridicité de ces concepts eux-mêmes.

De quel droit, par exemple, a-t-on posé l'unité conceptuelle du droit d'un côté, tout en rejetant, de l'autre côté, les théories monistes ? Et encore : d'où viendrait qu'une nécessité seulement logique – la supériorité du droit international – s'imposât sur le plan juridique ? Or les réponses que donne l'auteur à ces questions ne quittent guère le plan du fait : le droit interne garde pratiquement son autonomie parce qu'il dispose des moyens suffisants pour se dérober à ses obligations internationales ; le droit international l'emporte pratiquement sur l'ordre interne car celui-ci ne peut, à lui seul, régir les relations internationales. Mais entre ces contraintes factuelles qui relient les deux ordres, d'ailleurs en les séparant, et la réflexion conceptuelle qui redouble ces contraintes en des propositions logiques non autrement expliquées, on se demande où est passé le droit.

Finalement la question demeure, en effet, de savoir de quel droit le juriste tiendrait le droit soit pour singulier, soit pour pluriel. Comment son « unité conceptuelle » s'articule-t-elle à son pluralisme ?

4 / Les deux voies de la socialisation

Si H. Kelsen avoue l'indécidabilité du choix que pose le juriste quant aux deux formes de monisme, ayant lui-même professé la première puis la seconde : primauté du droit étatique d'abord, primauté du droit international ensuite, si G. Fitzmaurice et M. Virally tirent, l'un et l'autre, argument de cette aporie pour adopter un pluralisme, d'étanchéité des plans pour le juge anglais, de souple reconnaissance factuelle pour le professeur français, si par de tels choix nous nous rapprochons de la théorie institutionnaliste de S. Romano qui articule les deux sortes de droit par la double relevance de la supériorité de l'un et de la présupposition de l'autre dans l'autonomie de leurs champs respectifs, il reste alors à comprendre comment l'indispensable unité conceptuelle du droit se maintient malgré l'irréductible diversité de ses sources d'énonciation.

Le recours à l'autonomie factuelle des ordres internes et la suprématie logique de l'ordre international manquent sans doute, dans la contribution de M. Virally, d'une explication proprement juridique, mais le souci manifesté par cet auteur de dépasser la querelle du monisme et du pluralisme par un changement de plan reste à retenir. Un tel déplacement constituait d'ailleurs, pour G. Fitzmaurice, la seule issue possible aux partisans du monisme. Or si, d'une plume d'ailleurs sceptique, ce dernier auteur indiquait la référence au droit naturel comme la solution attendue, ne peut-on explorer davantage cette suggestion ? Avec l'espoir d'y justifier à la fois les deux propositions qu'un positivisme trop étroit dissocie : l'unité du droit chère à Kelsen, la pluralité de ses sources que défend S. Romano.

Pour rendre compte à la fois du monisme et du pluralisme dans la question des relations du droit interne et du droit international, il convient d'abord de revenir aux concepts de base qui expriment la socialisation de la personne humaine d'emblée sur un double plan, de la Nation d'une part, de l'État d'autre part, puis d'explorer le droit naturel en rapportant cette dualité (comme on le proposait déjà dans le programme esquissé *supra,* p. 531) à la « constitution » de la personne même, faite d'intelligence et de volonté.

H. Kelsen plaçait d'ailleurs le chercheur sur la bonne piste lorsqu'il reliait le monisme avec primauté du droit interne à la théorie qui réduit toute objectivité, tant physique que morale, à la représentation et à la volonté du sujet qui se la donne. A cette théorie subjectiviste, notre auteur préférait (finalement) le monisme avec primauté du droit international à cause du lien étroit qu'entretient cette seconde forme de monisme avec la théorie objectiviste qui met en évidence, dans les facultés supérieures du sujet, le travail d'une raison universelle.

Cette piste mérite qu'on la suive d'abord parce qu'elle prétend sauver par son *monisme* l'unité conceptuelle ou, en d'autres termes, la « nature » du droit, ensuite parce qu'elle donne l'explication radicale de l'indécidabilité du problème – et donc de ce qu'il convient d'appeler le *dualisme* de ses données – dans la mesure où elle évoque tour à tour la subjectivité puis l'objectivité dans la relation de la personne humaine à l'égard du réel.

Or cette mise en évidence de la dualité au cœur même du monisme empêche le chercheur de suivre H. Kelsen jusqu'au bout, car si la personne humaine compte dans sa « constitution » même les facultés supérieures de l'intelligence *et* de la volonté, on ne voit pas au nom de quoi il s'imposerait soit de réduire toute subjectivité (nationale) à l'état d'éphémère énonciation de la raison (universelle) ainsi que le décide Kelsen, soit, comme le font les nationalistes redoutés par notre auteur, d'annexer entièrement le discours de la raison dans le champ clos de la particularité nationale.

Pour comprendre cette double impossibilité, et cerner du même coup l'apport du droit naturel en notre matière, on se sert ici des analyses conduites par G. Fessard sur les concepts d'*État* et de *Nation*. Une note subpaginale de l'« Esquisse d'une théorie de la Personne dans la diversité de ses situations internationales » (annexe I à G. Fessard, *« Pax Nostra », examen de conscience international*, Paris, Grasset, 1936), ordonne le champ de la matière :

> « L'ensemble de ces réflexions peut servir, croyons-nous, à surmonter les oppositions classiques, en philosophie du droit, entre intellectualisme et volontarisme, objectivisme et subjectivisme. On aperçoit, en effet, que celles-ci correspondent, terme à terme, aux couples politique-national, juridique social, dès que l'on se rappelle que dans l'être social, l'État est l'élément représentatif (intellect) dont la fin est l'objet, la Nation l'élément affectif (volonté) dont le principe est le sujet. »

La même note ajoute, traçant ainsi en pointillé notre programme :

> « Toute la différence vient de ce que nous avons envisagé du point de vue de l'être ce que la philosophie du droit considère du point de vue de la connaissance » (G. Fessard, *Pax Nostra*, *op. cit.*, p. 431, n. 1).

Ramenant de la sorte la querelle du monisme et du pluralisme à sa source, c'est-à-dire au débat sur la nature humaine, G. Fessard montre comment la double voie par laquelle se socialise la personne rencontre notre difficulté.

Quittant la société familiale, dit l'auteur, le sujet sort de ce cercle, dense mais encore étroit, du père, de la mère et de l'enfant, en empruntant le double chemin que lui commande sa propre nature.

D'une part, la *Nation* correspond à l'élément affectif de sa personnalité puisque ce rassemblement précis, original trouve sa source (ou ses racines si l'on préfère une autre image) dans une naissance (*nasci, natus*, « nation ») qui remonte à la nuit des origines ; là s'est formée – était-ce à partir du sang *(jus sanguinis)* ou de la terre *(jus soli)* ? – une subjectivité collective dont la conscience n'a surgi à elle-même qu'à partir d'une mémoire qui la précède toujours.

L'*État*, d'autre part, a emprunté le chemin qu'indique la nature humaine en son versant d'intelligence. Ici, nous n'avons plus affaire à l'élément volontaire du rassemblement social où se trouve toujours visé et aimé l'unique, mais à son élément représentatif qui ouvre la communauté, par l'intelligence précisément, à l'ordre rationnel. La communauté ou plutôt *les* communautés, puisqu'on sait qu'un État ne correspond pas toujours à une nation mais qu'au gré de l'histoire une même nation a connu la division en plusieurs États tandis qu'un même État rassemble parfois plusieurs nations.

Quoi qu'il en soit de ces non-coïncidences, on tiendra que si la *Nation* rassemble la communauté comme un unique sujet affecté par son propre vouloir-vivre ensemble né du passé, l'*État* ouvre la perspective de l'avenir en donnant au rassemblement un objet social, une finalité qui, de soi, déborde ses propres frontières. Ainsi se dessine, au-delà du cercle familial, la double polarisation du social où la Nation, portée par une affection particulière, s'avère toujours irréductible à l'ordre qu'introduit l'intelligence en ce rassemblement même, tandis que l'État, par sa dimension de rationalité, ne se laisse non plus jamais absorber dans les spécificités nationales qu'exige la volonté.

L'auteur conclut cette première étape de la description :

> « De ces analyses nous pouvons tirer une définition de la Nation et de l'État : la Nation est le peuple qui, conscient d'une certaine communauté d'origine, de culture et surtout d'intérêt, tend à objectiver son unité, celle d'une individualité personnelle aux yeux de ses membres, à la représenter à soi-même et aux autres, afin de pouvoir en pleine indépendance s'orienter vers ses destinées. L'État est, au contraire, cette objectivation même. Personnalité pour soi et pour les autres, de la personne. Être de représentation, l'ordre politique qu'il crée est principalement de nature juridique. Mais il n'est jamais qu'un moyen par lequel un vouloir-vivre se réalise, jugeant le passé, agissant dans le présent et légiférant pour l'avenir » (G. Fessard, *Pax Nostra*, *op. cit.*, p. 422).

Or les deux voies de socialisation ainsi décrites connaissent l'une et l'autre un principe d'universalisation qui traduit l'engagement de toute personne humaine dans son lien avec tous. Du côté national (nation), cette tension s'exerce vers ce que G. Fessard appelle le *social*, du côté politique (État), elle vise le *juridique*. Puisque le social et le juridique forment les catégories de l'universel attirant à elles, respectivement, le national et le politique, il reste à montrer par quelle dialectique s'exerce ce double attrait sans tomber dans la neutralisation de sa propre bipolarité.

Pour l'auteur, la réponse est claire : aucun des deux pôles de socialisation – eux-mêmes enracinés comme on le sait dans les facultés supérieures de la personne humaine – n'accède à son universalité sans passer par la médiation de l'autre pôle. Par où s'éclaire, ajouterons-nous, la querelle du monisme, hanté par la cohérence conceptuelle de l'ordre juridique, et du pluralisme, soucieux de rendre compte des particularités nationales.

G. Fessard nous aide en effet à expliquer, à partir des catégories qu'il vient de mettre en évidence, les deux tentations que nous avons rencontrées, du monisme avec primauté du droit international qui méconnaît l'irréductible affectivité inhérente à la nation, ou du pluralisme qui passe à côté de l'universalité propre au Droit. L'explication ici proposée utilise les expressions, polarisées elles aussi, de « droit naturel » et de « droit social » dont il conviendra de cerner plus précisément le contenu à l'aide des emplois qu'en fait l'auteur.

La première manière erronée d'envisager l'universalisation du droit, et donc le progrès international, consiste à prendre la société politique (l'État) comme la forme « qui doit s'appliquer aussi bien à l'humanité entière qu'à des individualités isolées » (G. Fessard, *Pax Nostra*, *op. cit.*, p. 423). On aura reconnu ici la tentation kelsénienne de la *Civitas maxima*, l'État universel que G. Fessard explique par une mauvaise compréhension du droit naturel :

> « L'existence d'un *droit naturel* semblant de plus garantir la possibilité d'un ordre juridique universel, on en viendra à concevoir que l'État particulier doit se résorber peu à peu au profit d'une Société des États, seule société politique au plein

sens du mot, finalement seul État. Parallèlement à ce processus d'unification verticale, les nationalités seront réduites au niveau des superficielles différences de caractère, de tradition, de culture, comme il s'en rencontre entre familles ou individus au sein d'une même Cité. Au terme, l'Humanité serait unifiée en un seul État, forme d'une matière où les nationalités n'auraient guère plus d'importance que toute autre diversité entre hommes. Le rapport nation-État, individualité et personnalité de l'être social, est détruit » (G. Fessard, *op. cit.*, p. 423-424).

On imagine sans peine l'abstraction à laquelle conduit cette première tentation :

> « Suppose-t-on, (...), que, toutes différences nationales exclues, le politique soit réduit au juridique et que le Droit et la Justice soient le pur idéal du super-État chargé du bien commun des Nations, on ne peut plus déterminer cet ordre politique que comme un concept abstrait incapable d'unifier aucune société concrète. »

L'auteur s'en explique par une affirmation particulièrement importante pour notre propos :

> « Le droit naturel peut et doit être la limite où tendent, en effet, les ordres juridiques particuliers, mais il ne peut fournir de contenu à un ordre juridique unique et universel » (G. Fessard, *Pax Nostra, op. cit.*, p. 428).

L'autre manière erronée de comprendre l'extension universelle de la socialisation humaine privilégie le pôle inverse de la précédente :

> « Alors que précédemment l'État, identique à l'ordre juridique, devenait la forme transcendante et unifiante de tout le social, c'est ici, au contraire, le social qui devient principe immanent d'organisation par l'intermédiaire d'un *"droit social"* qui tend à éliminer l'État. La théorie précédente visait une unification purement verticale, c'est au contraire dans le sens horizontal que celle-ci la recherche. Reprenant les vues de Proudhon sur l'opposition entre Société et État, on en viendra à concevoir l'idéal de l'humanité comme atteint par une société où les nations, ayant perdu toute opposition réelle et réduites à des variétés culturelles, les différents groupements humains s'harmoniseront avec leurs droits propres sans l'intermédiaire de législations étatiques particulières, comme déjà s'organisent les grandes Internationales économiques en sécrétant elles-mêmes leur propre législation » (G. Fessard, *Pax Nostra, op. cit.*, p. 424).

D'où la conclusion qui rejoint une thèse précédemment exposée :

> « Au terme, l'ordre juridique serait alors un ordre non plus unique ni universel, mais pluraliste et infiniment varié, nullement étatique et purement social : "droit de communion et de collaboration dans une totalité antihiérarchique" » (G. Fessard, *Pax Nostra, op. cit.*, p. 425).

Pour illustrer cette seconde position, qui revendique le pluralisme, notre auteur cite l'œuvre de Georges Gurvitch. On sait en effet qu'en son ouvrage *Le temps présent et l'idée de droit social* (Paris, Vrin, 1931), G. Gurvitch invoque à la fois l'apparition d'un droit spécifique au monde ouvrier, la montée en importance du droit international et les travaux doctrinaux de la libre recherche scientifique (F. Gény) pour contester l'étroitesse du rationalisme législatif qui a suivi la promulgation du Code Napoléon, lui préférant plutôt le pluralisme du « droit social ».

Même réflexe, nous l'avons vu précédemment, chez un auteur tel que S. Romano pour qui le droit se définit comme l'organisation même des rapports sociaux, dans l'État certes, mais aussi dans tous les autres rassemblements où les sujets structurent un tant soit peu leurs relations.

Ce « droit social » qui ne reconnaîtrait plus une médiation nécessaire dans l'ordre politique de l'État parviendra-t-il à exaucer le vœu humain d'universalité de l'ordre juridique ? G. Fessard en doute au moins autant que du succès de la tentative inverse (kelsénienne) qui voulait universaliser l'État en négligeant la spécificité des nations.

> « Suppose-t-on, au contraire, que la valeur affective du national le dilate en une recherche de la communion sociale la plus étendue, exclusive de toutes les hiérarchies politiques, cette tendance perd sa force ou du moins la gaspille en une pluralité de créations sans forme réellement unifiante » (G. Fessard, *Pax Nostra, op. cit.*, p. 427).

Pour l'auteur, en effet,

> « Seul le politique, personnalité de l'être social particulier et, comme tel, représentant de son élément d'universalité transcendante, peut indiquer au national le sens dans lequel peut s'effectuer son élargissement social pour concourir au Tout. Or, ce rôle, l'État ne peut le remplir que grâce à sa souveraineté, non absolue, mais relative. Souveraineté qui a son fondement dans la nécessité, immanente à ses membres, de se représenter et leur unité particulière et le sens d'une unification internationale pour la rechercher consciemment » (G. Fessard, *Pax Nostra, op. cit.*, p. 428-429).

On voit dès lors comment se trouvent transformés les termes de la question qui nous occupe : monisme et pluralisme, national et international ne s'opposent en une lutte doctrinale décidément indécidable que par le défaut d'articulation de leurs différents moments dialectiques. Les auteurs précédemment étudiés s'en étaient d'ailleurs déjà aperçu mais, pour changer de plan, fallait-il, comme G. Fitzmaurice, invoquer un hypothétique droit naturel supérieur aux ordres juridiques dualistement cloisonnés *ou*, comme M. Virally, rendre compte de l'irréductible diversité des ordres du droit, malgré l'unité du concept qui les relie, par l'impossibilité factuelle de leur superposition ? En réalité, le changement de plan s'impose dans les deux directions, tant vers le haut par référence à la transcendance du droit que vers le bas, eu égard au fait de la Nation.

La dialectique de l'État et de la Nation permet d'accentuer sans contradiction les positions tenues sur la norme, d'un côté, sur l'organisation, de l'autre, par exemple par des auteurs aussi antinomiques que H. Kelsen et S. Romano, puisqu'elle permet de les délivrer de leur positivisme respectif. Ainsi, H. Kelsen a raison lorsqu'il montre qu'en sa pureté, le droit dépasse finalement les frontières nationales du fait que sa rationalité propre, objectivant d'abord dans la représentation étatique l'unité voulue à l'intérieur de la nation, déborde ensuite nécessairement cette clôture par l'universalité de sa prétention normative. Pourtant S. Romano ne commet pas non plus d'erreur en définissant le droit par l'institution d'un ordre quelconque, si particulière et si excentrique que soit la structure d'un tel ordre par rapport à la norme générale. L'un et l'autre auteur ne se trompent en effet qu'en négligeant, chacun en leur champ respectif, la dimension également juridique soulignée par l'autre théorie, de la subjectivité dans le premier cas, de l'objectivité dans l'autre.

Le « droit naturel » invoqué par G. Fessard ressemble – si étrange que paraisse le rapprochement – au droit international dont Kelsen entend établir la suprématie ; il faut voir cependant que la pyramide normative édifiée sur la base de ce seul fondement a écrasé de son poids d'objectivité – objectivité toute fragile certes par sa suspension à l'hypothétique *Grundnorm,* mais présentée tout de même comme scientifique –, a écrasé toute dimension de subjectivité. Subjectivité inhérente non seulement à chaque personne (on sait que le droit subjectif se réduit chez H. Kelsen à une catégorie reflet de la norme objective), mais encore inhérente à chaque nation. Dans la vision objectiviste, en effet, la rationalité de l'intelligence a imposé le monisme du droit naturel au rassemblement de tous les êtres humains, mais la volonté subjective par laquelle les membres d'une nation entendent vivre ensemble y devient la sèche délégation de validité que le droit international accorde aux droits internes.

L'autre forme de droit que G. Fessard appelle « social » pour l'opposer au « naturel » risque, par contre, de prendre le tour subjectiviste que lui donne la thèse pluraliste si elle entend proposer la pure et simple volonté de vivre ensemble d'une société comme modèle unique de la juridicité désormais dispensée de toute référence à l'universalité du concept. Dans la mesure en effet où tout groupement – fût-ce la bande de voleurs – voit reconnaître d'emblée le caractère juridique de sa structuration en un ordre, il faut en conclure que l'objectivité du droit s'est dissoute en autant de particularités subjectives que d'ordres juridiques, *prétendument* juridiques plutôt puisque le subjectivisme a précisément perdu le critère objectif qui aurait permis de reconnaître de tels sujets comme étant de droit.

D'un côté, donc, la théorie pluraliste se range sous la bannière nationaliste qui entend universaliser le lien social par la consécration de toute volonté subjective sans plus passer par la médiation du droit que l'intelligence découvre dans la nature même de l'homme. De l'autre côté, la théorie moniste avec primauté du droit international s'engage, comme le reconnaissait explicitement H. Kelsen, dans la voie du pacifisme qui réduit à l'objectivité du droit toutes les subjectivités nationales dont on craint précisément les volontés belliqueuses. Faudra-t-il dès lors écarter l'une et l'autre tentations – nationaliste et pacifiste – en adoptant, dans la question qui nous occupe, la dernière théorie en présence, monisme avec primauté du droit interne ? Oui et non.

Oui, d'abord, dans la mesure où cette théorie contient les deux éléments de la tension qui traverse notre domaine : l'unité du droit d'un côté (monisme), l'unicité de l'entité nationale de l'autre (primauté du droit interne), mais finalement *non,* puisque ces deux éléments n'apparaissent articulés qu'à l'intérieur d'un même système alors qu'en réalité – la dialectique de la Nation et de l'État l'a suffisamment montré – l'intégration de ces deux voies de socialisation ne traverse, d'ailleurs comme une irréductible tension, les systèmes juridiques qu'à partir de sa véritable source, la personne humaine elle-même.

Liée à autrui tant par l'affection qui veut le lien que par l'intelligence qui se donne une représentation d'un tel lien, la personne s'avère indispensable à l'articulation recherchée entre les systèmes car – là se situe le changement de plan – elle-même ne se laisse réduire à aucun système.

Pour détailler toutes les implications d'une telle position, il conviendrait de reprendre les travaux de G. Fessard, à la fois sur la dialectique du nationalisme et du pacifisme (cf. G. Fessard, *Pax Nostra*, Examen de conscience international, Paris, Grasset, 1936, p. 9 à 70, et *Le mystère de la société*, « Culture et Vérité », 1997) puis, remontant de l'éthique à l'ontologie, sur les rapports noués à l'intérieur de la société familiale qui concentre à l'extrême les dimensions subjective et objective de la socialisation (cf. G. Fessard, Les relations familiales dans la « Philosophie du Droit » de Hegel, in *Hegel, le christianisme et l'histoire*, présenté par M. Sales, Paris, PUF, 1990, p. 191 à 220), dimensions que la société politique maintient nécessairement écartées l'une de l'autre par leur médiation réciproque ainsi qu'on l'a vu dans la dialectique de la Nation et de l'État, tandis que la société religieuse, chrétienne en l'occurrence, réconcilie en les dépassant dans l'acte pascal la particularité juive, d'une part, la généralité grecque, de l'autre (v. G. Fessard, *De l'actualité historique*, t. Ier : *A la recherche d'une méthode,* Desclée de Brouwer, 1960, spéc. p. 176 à 211 ; cf. aussi G. Fessard, *Autorité et bien commun*, Paris, Aubier-Montaigne, 1re éd., 1945 ; 2e éd. augmentée d'une postface, 1969), mais qu'il suffise pour l'heure de conclure en ramenant le propos à la considération nettement plus modeste du vocabulaire qui sert à désigner le droit naturel.

Pour G. Fessard, on le sait, le droit naturel relève de la perfection abstraite que l'intelligence attribue à son propre lien social, d'où le choix par l'auteur d'une comparaison tirée de la géométrie :

> « L'idée de la droite est aussi la limite vers laquelle tendent toutes les rectitudes plus ou moins sinueuses des droites réelles, mais cette idée est, dans sa pureté, irreprésentable, encore que sa pureté, en vertu même de sa transcendance, juge toutes ses représentations. De même, et sans jeu de mots, le "Droit" est le plus court chemin par lequel la personne va de son principe à sa fin : devenir tous. Mais pas plus qu'une droite parfaite ne peut être tracée entre deux points physiques, le Droit naturel ne suffit pour conduire à sa fin concrète aucune personne réelle, encore que sa rectitude transcendante juge, en effet, tous les essais par lesquels l'individu s'en approche » (G. Fessard, Esquisse, in *Pax Nostra, op. cit.*, p. 428).

Une telle définition s'avérait nécessaire pour souligner d'emblée l'insuffisance de toute doctrine qui prétendrait universaliser le lien social par la forme juridique sans tenir assez compte de la volonté spécifique par laquelle une nation entend exercer son vivre ensemble à la manière d'un véritable sujet. L'abstraction dans laquelle une telle définition cantonne le droit naturel apparaissait d'ailleurs déjà aux titres précédents du présent ouvrage (v. en particulier le titre III sur la famille, *supra,* p. 175, et le titre VI sur le droit pénal, *supra,* p. 456) lorsqu'on insistait sur la distance qui sépare l'acte concret (éthique) de la reconnaissance, vécue par exemple dans l'affection familiale ou dans le regret de la faute, d'une part, et la forme (juridique) de cette reconnaissance, d'autre part. Alors que l'acte concret entre dans la relation qui met en jeu des personnes singulières, la norme du droit reste au seuil de cette reconnaissance puisqu'elle porte toujours en elle la généralité de la règle. Généralité qui l'empêche certes d'accéder au concret mais qui lui permet par ailleurs de prétendre à l'universalité propre à la nature du droit ou, si l'on veut, au droit naturel. On admettra donc sans peine la limite de l'abstraction soulignée par G. Fessard dans le droit naturel.

Mais puisque la personne humaine compte encore en sa propre nature l'autre voie de socialisation, enracinée en sa volonté subjective, socialement exprimée dans la nation, et universalisée par le droit que G. Fessard appelle « social », est-il interdit d'inclure dans la définition même du droit naturel cette autre dimension de la réalité sociale ? Évidemment pas pour aplatir dans une norme moniste la richesse de la dialectique mise ici en évidence, mais pour exprimer cette richesse même dans la définition de ses moments. Dans la mesure en effet où l'universalisation de la personne humaine par le « droit naturel » compris comme « ligne idéale » ne peut méconnaître la médiation de la particularité nationale – et de même, à l'inverse, le droit social médiatisé par la rationalité juridique –, on admettra qu'une définition plus complète du droit naturel inclue dans sa « ligne idéale » la nécessaire référence aux particularités nationales.

En d'autres termes, si G. Fessard a distingué comme il l'a fait le « droit naturel » du « droit social » afin de mettre en évidence l'irréductibilité des deux voies – d'intelligence et de volonté – qui orientent la personne humaine vers toutes les autres personnes humaines, il est permis, ne serait-ce que pour servir l'unité initiale et finale d'une telle socialisation, d'inclure dans la définition d'un élément la médiation donnée par l'autre, de tenir donc, par exemple, que l'idéal du droit naturel (la forme de la reconnaissance) renvoie nécessairement à la pluralité des nations. Par une telle définition en tout cas, le droit manifesterait mieux sa nature propre qui inclut – notre titre deuxième l'affirmait déjà à partir d'une réflexion sur le corps – à la fois l'objectivité de la relation et la subjectivité des personnes qui s'y livrent.

III. – Le droit naturel a contenu variable

L'aporie provoquée par la prétention d'immutabilité du droit naturel, confrontée à l'incontestable diversité des cultures que compte l'espace et le temps, a suscité sans cesse la réflexion des philosophes qui ont voulu tenir ensemble ces deux caractéristiques – d'unicité et de pluralité – du droit que connaissent les humains. Sans anticiper sur les développements à tenir dans la deuxième partie (« Droit naturel ; les réponses de l'histoire »), on expose ici la doctrine de Rudolf Stammler, à cause de la solution que sa célèbre formule du « droit naturel à contenu variable » semble donner à l'aporie évoquée. Solution parfois mal comprise, comme si Stammler justifiait au nom du droit naturel toutes les variations positives que connaît l'histoire du droit.

On lit par exemple chez A. Sériaux (Pluralisme juridique et droit naturel, *Revue de droit prospectif*, 1993, II, p. 586) une assimilation de la doctrine de Stammler à la voie choisie par Montesquieu de justifier les lois par la culture propre à chaque société alors que Stammler récuse explicitement « l'empirisme juridique » dont fait preuve *L'Esprit des lois* :

> « De telles entreprises n'offrent aucune perspective sur la validité inconditionnelle du droit. En comparant les particularités de plusieurs droits, on peut sans doute mieux comprendre leur singularité mais on n'obtient pas encore par ce biais l'accès à la légitimité sous laquelle se tient tout droit pensable » (R. Stammler, *Rechts- und Staatstheorien der Neuzeit*, Leipzig, von Veit, 1917, p. 75, traduit).

En réalité, Stammler pense avoir trouvé dans l'*a priori* kantien la forme qui permet de penser l'unique nature du droit dans la diversité de ses contenus matériels.

Dans la contribution « Wesen des Rechtes und des Rechtswissenschaft » (p. 1 à 65) qu'il donne au volume (II, VIII) *Systematische Rechtswissenschaft* de la collection « Die Kultur der Gegenwart » éditée par Paul Hinneberg (Leipzig-Berlin, B. G. Teubner, 2e éd., 1913), R. Stammler résume sa pensée sur le droit en abordant successivement les théories juridiques antérieures à la sienne, ensuite sa propre théorie critique, appuyée essentiellement sur la distinction entre le concept *(Begriff)* et l'idée *(Idee)* du droit, enfin la mise en œuvre du droit dans la technique, la pratique et l'histoire.

Pour donner un exposé critique de la doctrine de R. Stammler, la première section explique le cheminement qui aboutit au *concept* de droit, la seconde déploie *l'idée* de droit, tandis que la troisième interroge l'*a priori* d'une telle présentation.

1 / La mise en évidence du concept de droit

Parmi les conceptions antérieures à la sienne, R. Stammler examine l'École historique (le *Volksgeist* romantique de Savigny) puis le Matérialisme historique (Marx et Engels), mais il commence son examen par le Droit naturel, « le droit qui est né avec nous », droit classiquement compris, précise Stammler, d'une double manière selon qu'on le rapporte à la nature de l'homme ou à la nature du droit.

Du côté de la nature de l'homme, la recherche du droit apparaît comme une impasse. Stammler note en effet :

> « Quand on retranche de toutes les propriétés et tendances des humains l'ensemble des particularités historiques par lesquelles ces humains se distinguent indubitablement les uns des autres dans le champ de l'expérience, pratiquement plus rien ne reste si ce n'est des dispositions physiologiques, qui attendent encore formation et éducation. A cette constatation, l'invocation de « l'amour de soi » *(Eigenliebe)*, présenté comme une tendance naturelle à tout être humain, ne change rien puisqu'en soi, ce ressort demeure obscur et vague : des questions demeurent ouvertes quant à l'intensité avec laquelle et la direction dans laquelle l'amour de soi pousse et transporte l'individu.
>
> La simple observation fournit déjà assez de matériau pour établir les énormes différences que connaît la poursuite des buts : vraiment, tout se dit sur leur objet et la manière d'y parvenir. La façon correcte de fixer les buts de l'existence ne s'enracine précisément pas dans la nature humaine. L'homme ne l'amène pas avec lui en venant au monde, et elle ne se développe pas non plus en lui comme une donnée naturelle de la vie

qui croîtrait nécessairement et identiquement chez tous les humains. L'individu doit bien plutôt être éduqué, conduit et entretenu dans cette manière de vouloir. En conséquence, il n'existe pas, pour l'exercice correct de la volonté, une façon naturelle de poser les actes humains qui servirait de mesure inconditionnelle et valable pour tous. Une telle mesure ne peut être critiquement reconnue et démontrée que comme légitimité propre des buts poursuivis et ne doit pas être attendue de l'extérieur, c'est-à-dire d'une « nature » humaine que l'on ne peut d'ailleurs pas directement saisir » (R. Stammler, Wesen des Rechts und der Rechtswissenschaft, *op. cit.*, p. 4 et 5, traduit).

Constatant ainsi l'impasse des efforts consentis par des auteurs tels que Grotius, ou Pufendorf, voire des doctrinaires de la littérature socialiste pour tirer le droit d'une substance propre à la nature humaine, R. Stammler explore l'autre piste, plus formelle, du droit tiré de la nature (essence) du droit lui-même. Là, il rencontre le *Contrat social* de Jean-Jacques Rousseau par rapport auquel notre auteur précisera sa propre théorie.

Stammler ne critique pas la façon qu'a choisie Rousseau de poser le problème :

« A la place de la violence arbitraire que l'histoire a connue jusqu'ici sans désemparer, comment parvenir à établir un état du droit fondé de l'intérieur *(ein innerlich begründeter Zustand des Rechtes)* ? » (Stammler, *op. cit.*, p. 5, traduit).

Stammler ajoute d'ailleurs à l'intention de tous les auteurs étroitement positivistes :

« Quel homme sensé voudrait en effet renoncer à réfléchir tant sur la méthode générale qui permettrait d'approcher correctement toutes les considérations propres au droit, que sur un appui solide à mettre en face des détails qui se dispersent en tout sens, en choisissant de se cantonner aux paragraphes (articles) purement techniques de la loi ? » (*op. cit.*, p. 6, traduit).

A ses yeux,

« l'erreur commise par la recherche du siècle des Lumières réside plutôt dans sa mise en œuvre, au sens où elle projetait d'aboutir à un code complet dont le contenu resterait inchangé. Ce qui ne convient pas » (*ibid.*, p. 6, traduit).

Pour expliquer son insatisfaction, Stammler poursuit son analyse sous forme syllogistique :

« En son contenu, le droit s'occupe de régler la coopération humaine, elle-même orientée vers la satisfaction des besoins.

« Or tout ce qui concerne les besoins humains et la manière de les satisfaire est soumis à un continuel changement.

« (Donc) il n'existe aucune protection juridique qui fixerait son contenu positif d'une manière inconditionnelle. »

Puisque la fondation intérieure du droit ne réside pas en son contenu, Stammler indique la direction qu'il va suivre, de la forme :

« Il ne reste plus pour tâche que de fixer une méthode formelle universellement valable par laquelle on pourrait orienter et déterminer la matière nécessairement changeante du droit historiquement conditionné, de telle sorte qu'elle garde la propriété d'être objectivement juste » (*ibid.*, p. 6, traduit).

Présentant, après les doctrines juridiques précédentes, sa propre théorie critique, R. Stammler précise cette distinction qui lui permet de cerner enfin l'essence du droit : la distinction de la matière et de la forme ne vise en aucune façon à opposer au droit positif énoncé dans l'histoire un quelconque droit idéalement construit ; elle sert plutôt à distinguer deux dimensions de la volonté elle-même :

> « D'après sa matière, tout vouloir connaît un conditionnement historique. Il croît à partir de situations déterminées et la réflexion sur sa genèse s'appuie sur des causes nécessaires. Mais chaque vouloir, particulier dans son contenu, se rattache à d'autres vouloirs, distincts concrètement de lui mais au sein d'une égalité intérieure. Eux, les individus, se rencontrent en une sorte de communauté formelle. De cette manière, les normes matériellement diversifiées se soumettent comme un tout au concept de droit, puis se séparent de nouveau sur le plan formel en droit juste et droit injuste. Car effectivement, cette dernière sorte de droit se réalise toujours également. Quiconque, juriste ou profane, examine un vouloir juridique déterminé ne renonce pas facilement à soumettre ce droit particulier à un jugement critique portant sur sa justification matérielle. De sorte que notre problème s'énonce ainsi : Qu'est-ce qui permet finalement de tenir une loi, une clause contractuelle ou tout autre vouloir juridique comme objectivement fondé ou non fondé ? » (R. Stammler, *op. cit.*, p. 15 et 16, traduit).

Pour traiter la question essentielle qu'il vient de poser, Stammler passe en revue le concept *(Begriff)* de droit, puis le droit positif puis (v. *infra,* p. 565) l'idée *(Idee)* du droit.

En son concept, le droit se situe d'emblée dans l'ordre de la volonté (« il ne peut subsister aucun doute que l'ordre juridique est un moyen pour atteindre des fins », p. 16), volonté qui noue, d'emblée également, le lien social (« La présentation contrastée de l'état social et de l'état de nature ne doit pas être prise ici comme un fait historique mais essentiellement comme une abstraction », p. 18). Cette volonté socialement nouée dans l'obligation *(eine Art des verbindenden Wollens)* se caractérise à la fois par l'autonomie, à l'égard des mœurs par exemple, ce qui lui permet d'imposer d'elle-même son commandement *(Selbstherrlichkeit)*, et par l'inviolabilité *(Unverletzbarkeit)*. Ce dernier trait relevé par notre auteur dans le concept de droit mérite qu'on s'y attarde car il met en lumière, à l'intérieur du droit tel que l'entend Stammler, le caractère formel qui lui permet de faire face aux aléas de l'histoire.

Alors que les prophètes de l'Ancien Testament dénonçaient les lois et jugements injustes pour annoncer dans l'avenir le royaume du droit et de la justice, les juristes contemporains devront-ils reprendre cette présentation duelle en distinguant d'un côté le droit qui s'appuie sur l'ordre juridique antérieur, de l'autre le droit qui a opéré une rupture (une révolution par exemple) pour instaurer son ordre à partir de lui-même ? L'entreprise paraît hasardeuse : comment savoir, en effet, que les normes adoptées autrefois correspondent à ce qui est juste ? Pour mieux cerner la difficulté, Stammler situe ici son effort par rapport à la démarche de Ihering qui entend séparer l'un de l'autre, par un critère substantiel, le droit *(Recht)* et l'arbitraire *(Willkür)*, ce dernier défini comme

> « la disposition légale par laquelle le législateur se met en contradiction avec les principes généraux du droit » (Stammler, *op. cit.*, p. 23, traduit).

> « Face à ce projet demeure tout de même, poursuit Stammler, la nécessité de déterminer dans leur propriété formelle le concept de droit d'un côté, d'arbitraire de l'autre. »

Car

> « la délimitation souhaitée risque de ne pas se réaliser si l'on utilise seulement le critère de la conformité matérielle avec les principes généraux du droit. Il se peut, en effet, que dans des cas particuliers, le contenu du droit en vigueur contredise ces principes alors qu'à l'inverse l'acte qui rompt par rapport à ce droit leur est conforme. Et on n'expliquerait pas encore pour autant comment comprendre qu'une violation arbitraire du droit conduise tout de même à un ordre juridique, y compris dans les cas où cet ordre nouveau ne s'harmonise peut-être en aucune façon avec les principes généraux du droit » (Stammler, *op. cit.*, p. 23-24, traduit).

Impressionné par les leçons de l'histoire où l'on a vu se convertir en droit tout ordre nouveau qui, conforme ou non aux principes juridiques, a réussi à s'imposer dans la société, notre auteur examine donc le critère formel qu'il préfère retenir dans la distinction étudiée : l'arbitraire lie seulement subjectivement, le droit objectivement.

> « L'ordre arbitraire gîrait dans les impératifs de l'autorité qui ne revêtent formellement qu'une signification subjective, impératifs qu'il faut prendre seulement comme l'irruption du pur caprice personnel dans les règles en vigueur. Un tel ordre est donné dans le commandement que l'autorité elle-même ne considère pas comme une réglementation des relations humaines qui serait objectivement contraignante (au sens formel du terme), lui prêtant plutôt la signification formelle d'une libération d'envies et de tendances subjectives que le titulaire du pouvoir exerce dans la pure obligation imposée à autrui, et sur laquelle il reviendra *si voluerit*, s'il le souhaite. Il y a règle de droit, par contre, lorsque l'autorité qui donne l'ordre entend aussi être liée elle-même par la règle qu'elle édicte. Les obligés doivent être deux à se trouver liés par cette volonté : tant qu'elle s'exerce sur celui qui est placé en dessous, elle doit valoir aussi pour celui qui l'a posée, ne serait-ce, pour ce dernier, qu'en traitant fidèlement la norme posée et qu'en s'obligeant d'abord, lorsqu'il ne veut plus être lié, à supprimer la disposition juridique » (Stammler, *op. cit.*, p. 24, traduit).

Ayant ainsi précisé ce critère formel de distinction où l'objectivité qui sépare le droit de l'arbitraire se manifeste par la soumission du législateur lui-même à la règle qu'il a édictée, renouvelant par là notre compréhension du classique *Patere legem quam ipse fecisti*, Stammler en vient à la caractéristique d'inviolabilité qui touche l'essence du droit en son concept. Inviolabilité très problématique lorsqu'on assiste, dans l'histoire, aux révolutions qui abattent l'ordre juridique ancien pour instaurer – mais à partir de quoi ? – un ordre nouveau.

D'où le retour à la question essentielle : d'une manière générale, à quoi reconnaît-on que quelque chose est « du droit » ? Stammler répond par le critère formel qu'il vient de développer :

> « Un nouveau droit peut exister d'une manière originelle, à travers peut-être une infraction immédiate au droit, parce que et pour autant que la réglementation nouvelle porte en elle ce critère formel. Toutes les normes prises en dehors du droit qui

valait à ce moment-là représentent un nouveau droit dès qu'elles éliminent, au nom de leur propre inviolabilité, le droit jusqu'alors en vigueur, même si elles évacuent par le moyen de la force brute les sources du droit valables jusqu'alors » (Stammler, *op. cit.*, p. 25, traduit).

Stammler tire aussitôt la conséquence de son propos quant aux frontières conceptuelles qui limitent l'inviolabilité du droit,

> « présente seulement durant la validité de la règle juridique en question ».

Cette règle en effet

> « peut-être changée en tout temps, soit selon la procédure prévue par la constitution, soit aussi par décret original » (*op. cit.*, p. 25, traduit).

On le voit,

> « l'inviolabilité ne s'oppose qu'à la violation arbitraire commise dans des cas particuliers en ce sens que le droit se maintient tout de même comme tel alors qu'il lui arrive pendant sa validité de n'être pas appliqué, étant plutôt contourné ou violé. Mais contre l'abrogation du droit en vigueur et son remplacement – quel que soit le processus adopté – par un nouveau droit, la qualité "juridique" de la règle ancienne ne garantit aucune sécurité. Une sainteté inconditionnelle et une immutabilité absolue n'appartiennent non plus d'aucune manière à la "Constitution" d'une communauté ».

Prenant en exemple la Constitution de son propre pays, Stammler conclut :

> « Même lorsqu'elle se présente comme "éternelle", on ne peut jamais exclure la possibilité de sa modification et de son remplacement par un nouveau droit, déterminé de manière générale selon le concept formel du droit » (*op. cit.*, p. 25, traduit).

L'inviolabilité ne signifie donc pas que telle loi, fut-elle fondamentale, subsistera toujours ; elle se comprend plutôt comme la pérennité du critère formel qui permet de reconnaître le droit dans tous les ordres juridiques qu'a connus l'histoire.

Ayant ainsi défini le droit en général comme volonté autonome et inviolable du lien *(Recht ist das unverletzbar selbstherrlich verbindende Wollen),* Stammler passe à l'analyse du droit positif caractérisé par les contenus (conditionnés) de cette volonté juridique qu'il vient de décrire. A cette occasion, notre auteur note une erreur à ne pas commettre :

> « Si on ne veut appeler "droit" qu'un vouloir particulier déterminé selon le raisonnement qui conditionne le concept de droit, alors l'évidence analytique énonce qu'il ne peut exister d'autre droit que positif » (*op. cit.*, p. 26, traduit).

Gardant donc à l'esprit la forme générale qui caractérise tout droit, Stammler étudie dans le droit positif la partie (mais attention à ne pas prendre la partie pour le tout !) qui concerne le droit en vigueur. Cet examen lui permet de rappeler d'abord la différence à maintenir entre la validité d'un droit et son caractère juste (p. 28) puis la distinction qui rapporte le droit à l'économie comme la forme à la matière (p. 30), de poser encore la question de l'existence du droit tant à son origine que dans son évolution historique, de s'interroger enfin sur le caractère scientifique de la discipline juridique (p. 34).

Le développement que Stammler consacre à l'origine du droit mérite une mention particulière car notre auteur y montre clairement, une fois de plus, son désintérêt à l'égard des diverses hypothèses concrètes : le droit naît-il dans la famille du rapport de l'homme et de la femme ? ou de l'instinct qui a déterminé les hommes primitifs comme des animaux sociaux ? ou du guerrier victorieux qui a préféré soumettre ses ennemis à l'esclavage plutôt qu'à la mort ? voire d'une disposition divine ? Questions finalement vaines, répond Stammler, car on ne voit pas comment remonter en deçà de l'état social qui a toujours connu le droit.

D'ailleurs cette approche génétique ne fait pas avancer la recherche quant à l'essence du droit car pour savoir de quelle genèse il s'agit, il importe évidemment d'avoir cerné le concept de droit lui-même. Stammler, ici encore, avoue sa préférence pour l'approche formelle :

> « Ainsi, il faut déterminer le sens et la signification d'un concept fondamental – ici du droit – en le rendant matériellement indépendant de toutes les données changeantes dans lesquelles il a trouvé application particulière, même si on venait à démontrer que l'application en question s'avère être chronologiquement la première » (Stammler, *op. cit.*, p. 31, traduit).

2 / L'idée de droit comme justice

La forme conceptuelle du droit ayant, de la sorte, traversé indemne le champ de la positivité, comme un vouloir général surplombe tous les vouloirs particuliers, Stammler se trouve maintenant en mesure de confronter ce concept *(Begriff)* à l'idée *(Idee)* du droit. Si le concept de droit définit, comme on l'a vu, une certaine sorte de vouloir humain, son idée évoque l'harmonie absolue de tous les contenus du droit. Insistons sur la différence : découpant une zone dans la volonté humaine, le *concept* ne peut comme tel ordonner dans une totalité unifiée l'ensemble des objets voulus.

Réciproquement,

> « cette totalité n'appartenant pas à l'expérience réelle, un contenu juridique particulier ne peut jamais être conforme à l'idée de droit. Celle-ci existe comme une tâche dont l'exécution ne s'accomplit sans doute entièrement en aucun cas particulier mais on ne peut tout de même jamais en faire l'économie puisque la tendance que nous connaissons vers l'unité parfaite de nos pensées nous y conduit immanquablement » (Stammler, *op. cit.*, p. 37, traduit).

L'harmonie qui commande le vouloir juridique ressortit à la légitimité *(Gesetz-mässigkeit)* de la volonté humaine que R. Stammler précise en des termes qui font penser à la *Critique de la raison pratique* d'E. Kant :

> « Un but est fondé en sa légitimité pas seulement s'il se laisse comprendre comme l'objectif d'un comportement individuel limité mais s'il demeure valable, abstraction faite de la particularité de ce sujet, à l'égard de tout homme sensé qui se trouve dans la même situation » (Stammler, *op. cit.*, p. 38, traduit).

Sans doute aucun contenu concret de volonté – toujours conditionné – ne correspond-il à cette idée inconditionnée mais une chose est de s'enfermer en cette conditionnalité, une autre est d'y faire échapper son vouloir en s'alignant sur la légitimité qui l'en délivre. Pour se faire mieux comprendre, Stammler utilise ici l'image connue : l'étoile que l'homme ne peut atteindre guide tout de même son heureuse navigation.

D'où le rejet des deux positions extrêmes, du contenu juridique absolument valable d'un côté, historiquement conditionné de l'autre, au bénéfice d'une troisième qui applique la méthode formelle de l'universellement valable au donné juridique historiquement conditionné pour obtenir l'objectivement juste. A cet endroit de sa réflexion, Stammler détaille cette justice d'abord sur le plan de la volonté *morale* qui touche la vie intérieure de l'individu, ensuite sur le plan de la volonté *sociale* qui constitue, on l'a vu, le droit.

Comment un droit donné *(Recht)* peut-il être appelé juste *(gerecht)* ? Quelle théorie critique permet de l'établir pour quelque droit que ce soit ? Détournant encore une fois le regard des approches génétiques (de Ihering par exemple qui définit le droit comme politique de la force), Stammler préfère retenir comme fondement absolu de tout droit, la pensée de la communauté humaine.

> « Le droit signifie cette forme selon laquelle les humains doivent mener ensemble leur combat pour l'existence. Aucune institution juridique ne peut se passer de cette pensée. Par ailleurs elle est la seule pensée fondamentale qui puisse conduire absolument tout vouloir juridique pensable car toute autre pensée en ce domaine est conditionnée et changeante » (Stammler, *op. cit.*, p. 43, traduit).

Cette idée ordonnatrice prend la forme d'une « communauté d'humains qui veulent librement » *(Gemeinschaft frei wollender Menschen)*. Sans doute, prévient Stammler,

> « celui qui voudrait se contenter d'expliquer et de construire le contenu particulier d'un droit selon sa formulation technique donnée, ou qui souhaiterait rassembler et présenter les résultats d'un processus législatif ou examiner quelques hypothèses limitées à propos de certaines modifications juridiques, celui-là n'a que faire de la formule "communauté des humains qui veulent librement". Elle est seulement utile à qui cherche à savoir ce que comprend finalement la manière légitime d'aménager la vie sociale et donc ce qu'on peut appeler du nom de justice. Notre formule entend donner sa précision logique à ce concept de justice (intérieurement fondée) d'un droit » (Stammler, *op. cit.*, p. 44, traduit).

Dans la même ligne, Stammler parle de l'idéal social : confronté à la « pensée de la communauté », tel vouloir juridique particulier sera jugé justifié ou non selon qu'il en procède ou qu'il s'en écarte, mais on voit que cet idéal ne désigne nullement une utopie ou un état à atteindre : il n'est rien d'autre qu'une légitimité formelle donnée par l'idée de droit, communauté de volontés libres.

Après avoir réfuté une nouvelle fois les empirismes sociologisants qui, confondant sans cesse la forme et la matière, croient que celle-ci (les courants dominants) finira par donner celle-là (le droit), Stammler achève son chapitre sur l'idée du droit en exposant successivement les principes du droit juste et la justification de la contrainte juridique. Vu leur importance pour notre propos, nous ne retenons ici que les principes du droit juste

(v. aussi la présentation qu'en fait F. Gény, *Science et technique en droit privé positif*, seconde partie : « Élaboration scientifique du droit positif (l'irréductible « droit naturel »), Paris, Sirey, 1927, p. 156 s.).

Ici encore, Stammler entend fournir non pas une matière substantielle mais une forme qui permette de suivre une méthode rigoureuse dans la détermination aussi importante que difficile du juste et de l'injuste. On voit qu'il ne s'agit pas d'invoquer – comme l'ont fait à tort des jusnaturalistes tels que Pufendorf – les principes moraux – l'amour du prochain par exemple – qui règlent la volonté individuelle car le droit, nous l'avons dit, désigne la volonté plurielle d'un but commun. Il s'agit de déterminer méthodiquement à partir de la « pensée de la communauté » un juste vouloir pour autrui.

Pour rappeler la difficulté de l'entreprise, Stammler évoque le célèbre procès du meunier Arnold. Frédéric le Grand eut à décider si le voisin situé en amont du meunier pouvait aménager des étangs à poissons dans son domaine en captant tant d'eau dans le ruisseau que le moulin situé en aval ne pouvait plus tourner à son rythme ordinaire. Le voisin l'affirmait sans ambages : puisqu'il ne faisait qu'utiliser son droit, peu lui importait que l'eau fût retirée à son voisin, sans quoi le « bon sens » invoqué deviendrait, disait-il, « la plus grande injustice » en lui ravissant l'exercice de sa propriété. On sait, ajoute Stammler, avec quelle rudesse le roi s'opposa à cette prétention par son acte de justice : il percevait bien que cette énorme désinvolture contredisait la « pensée de la communauté », mais il était incapable de se clarifier systématiquement cette position à lui-même et donc de fonder méthodiquement son point de vue (cf. Stammler, *op. cit.*, p. 49).

Pour avancer quelque peu dans la voie du jugement méthodique souhaité, l'auteur précise deux traits importants de la « pensée de la communauté humaine », d'une part l'indication de la communauté des buts *(Gemeinsamkeit der Zwecke)*, d'autre part le renvoi à l'homme comme être raisonnable, « but en soi » *(Selbstzwecke)* :

> « On trouve deux rayonnements d'une seule et même idée lorsqu'on relie les deux proverbes ainsi formulés : “que l'un porte le fardeau de l'autre” et cependant “que chacun porte son propre fardeau”. J'appelle principes du droit juste la forme méthodique donnée à ces orientations de pensée » (Stammler, *op. cit.*, p. 50, traduit).

Ces principes mettent en évidence la considération *(Achten)* d'une part, la participation *(Teilnehmen)* d'autre part. Les deux principes de la considération s'énoncent ainsi :

> « *a)* Le contenu d'une volonté ne peut être abandonné à l'arbitraire d'un tiers ;
> « *b)* Toute prétention juridique ne peut subsister que si la personne obligée peut encore être à elle-même un prochain » (*op. cit.*, p. 50, traduit).

Par ces principes, Stammler entend préserver la consistance personnelle de chacun des associés : aucun d'eux ne peut être obligé de sacrifier toute sa volonté au bénéfice de la volonté purement subjective d'un tiers. Un tel souci se montre par exemple en droit des contrats lorsque, pour protéger le débiteur, on invoque la limite des bonnes mœurs ou l'exécution de bonne foi (cf. aussi sur ces premiers principes de Stammler, F. Gény, *Science et technique*, liv. II, *op. cit.*, p. 158).

Dans la construction méthodique de Stammler, la participation compte aussi deux principes :

> « *a)* Un associé régulier ne peut être exclu par une décision arbitraire de la communauté ;
>
> « *b)* Tout pouvoir de disposition régulièrement concédé ne peut procéder à une exclusion que si la personne exclue peut encore être à elle-même un prochain » (Stammler, p. 50, traduit).

Ici encore, l'auteur entend préserver la consistance propre du sujet contre une mauvaise compréhension de l'ordre juridique, cette fois au sein de l'association. En rassemblant les individus dans un combat commun pour persévérer dans l'existence, cet ordre doit rester fidèle à son idée. Or il contredirait cette idée si en soumettant l'individu à l'association, il ne lui reconnaissait que des devoirs sans aucun droit (cf. F. Gény, *Science et technique*, liv. II, *op. cit.*, p. 159).

Pour éviter toute méprise, Stammler insiste sur le statut des principes qu'il vient de dégager : il ne s'agit en rien d'articles de droit que l'on devrait appliquer matériellement car, en bonne méthode, ils balisent seulement le chemin qui conduit, sur le terrain, à la bonne décision, pour qu'au terme soit attesté le caractère formellement « juste » d'une disposition juridique particulière. Ils orientent la matière historique que fournit, en sa riche diversité, la convivance sociale, mais ils ne se confondent jamais avec elle. Il ne faut donc pas confondre de tels principes avec des « dispositions fondamentales de l'ordre social » comme la propriété privée et la liberté successorale, ou la Déclaration des droits de l'homme et du citoyen de 1789, ou encore les droits particuliers de l'État en droit des gens. En tant que guides méthodologiques, les principes du droit juste transcendent l'étroitesse de tous ces contenus matériels pour permettre seulement, tout au long de l'histoire, le choix du droit juste.

C'est d'ailleurs par la considération de l'histoire que Stammler achève sa présentation de « l'essence du droit et de la science du droit ». Fait significatif : cette attention que notre auteur accorde à l'histoire du droit se concentre essentiellement sur le conflit – dramatique parfois comme dans le cas d'Antigone – qui oppose le droit en vigueur et le droit juste. Ce conflit, dit Stammler, ne peut être résolu matériellement. Car le droit en vigueur reste valable jusqu'à son abrogation et il se contredirait – tournant alors à l'arbitraire – s'il tolérait, selon les cas, des exceptions à sa validité. Tant qu'il reste en vigueur, le droit doit, à peine de contradiction, maintenir sa prétention d'inviolabilité comme une condition générale de la convivance sociale.

> « Le droit doit rester le droit » (Stammler, *op. cit.*, p. 63, traduit).

Par ailleurs, note aussitôt Stammler, cette inviolabilité ne supprime ni l'immaturité ni l'imperfection d'un droit matériel particulier. La poursuite du *summum ius* risque dès lors de se muer en *summa injuria* : considérer une disposition juridique déterminée comme la plus haute norme absolue du vouloir humain constitue en effet la plus grande injustice. En d'autres termes, une volonté bien ordonnée ne peut fonder son vouloir sur un droit historique tout contingent, elle doit se fonder sur un droit réellement justifié :

> « Vouloir le droit juste, voilà la solution qui unifie la volonté qui souhaite ordonner ses buts conformément à son devoir » (Stammler, *op. cit.*, p. 64, traduit).

Mais qu'arrive-t-il si, dans l'état limité et conditionné de notre existence humaine, le conflit qui se noue entre le droit seulement posé et le droit fondamentalement justifié ne trouve pas de solution absolue ? Alors, répond Stammler, s'ouvre pour nous la possibilité d'un progrès, l'attente d'un état où la tension ici décrite s'apaisera devant les avancées de plus en plus assurées du droit juste. Sans doute, précise notre auteur, aucune sécurité absolue ne nous garantit la marche de l'humanité vers ce progrès historique, mais tout nous pousse à croire que l'élan vers le juste sera toujours plus fort. On ne voit d'ailleurs nulle part qu'un individu ou un État ne ferait preuve que de prétention subjective ou de force brutale pour aller de l'avant. Hommage du vice à la vertu : même l'être cynique dominé par l'égoïsme cherche encore à sauver l'apparence en présentant son appétit démesuré comme fondé sur le droit et la justice. Veut-on meilleure preuve pour assurer la foi dans la victoire du juste ?

Sur cette note optimiste s'achève l'exposé de *l'essence du droit et de la science du droit* dont F. Gény (*Science et technique*, *op. cit.*, p. 134) écrit que Stammler « a mis là lui-même à la disposition des gens du monde un aperçu, extrêmement succinct, précis, ferme et exact, de toute sa philosophie juridique ».

*3 / La limite de l'*a priori

Inspiré de la philosophie kantienne, l'exposé de R. Stammler a privilégié l'*a priori* de la forme sur l'*a posteriori* du donné. Cherchant le droit du côté de la nature du droit, dans sa propre intériorité en quelque sorte – et non du côté de la nature de l'homme qui lui aurait conféré une objectivité substantielle –, notre auteur voit essentiellement en ce concept, nous l'avons vu, une volonté caractérisée par sa forme sociale, volonté relativement autonome et provisoirement inviolable, distincte en tout cas de la matière du commerce relationnel qu'elle régit. Alors que d'autres écoles descendent dans le concret de l'histoire pour rendre compte des contenus de la volonté juridique ici décrite, Stammler se détourne sans cesse d'une telle direction pour maintenir le cap de sa pensée sur les conditions logiques de possibilité du droit.

On comprend comment, dans ces conditions, Stammler ait pu inventer la formule qui le fit passer à la postérité, du droit naturel à contenu variable *(Naturrecht mit wechselndem Inhalte)*.

Variable dans son contenu puisque l'histoire ne montre que la diversité des solutions contingentes qu'invente l'économie pour satisfaire à ses besoins, le droit connaît tout de même en sa nature l'*a priori* qui le rend perpétuellement fidèle à son propre concept et à sa propre idée (cf. là-dessus F. Gény, *Science et technique*, liv. II, *op. cit.*, p. 151), c'est-à-dire à cette volonté sociale qui recherche sans cesse sa propre justice. A chaque détour de son exposé, Stammler met en avant ces conditions transcendantales du droit. Conditions qui tournent toutes autour de la forme sociale de la volonté puisque, rappelons-le, l'opposé de l'arbitraire consiste à se soumettre soi-même, comme tout autre, à la loi énoncée ; la légitimité du but s'atteste en débordant la particularité du sujet jusqu'à toucher toute autre personne sensée placée dans la même situation ; la pensée de la communauté humaine fonde tout droit selon l'idée de justice ; les principes du droit juste s'appuient sur la participation autant que sur l'attention à autrui considéré comme prochain, etc.

Or même en se réfugiant ainsi dans l'*a priori* formel du droit, Stammler ne peut éviter de déchirer cette forme en deux moments – spéculatif d'un côté (le concept), éthique de l'autre (l'idée) –, dont l'articulation reste, de bout en bout, problématique. Comment, en effet, se donner la chance de réconcilier l'idée et le concept sinon en scrutant l'histoire humaine que les considérations transcendantales survolaient de trop haut ?

Dans l'exposé de Stammler, l'histoire apparaît sans doute comme la matrice du droit – puisqu'elle pose ce droit aux diverses époques de son parcours soit selon les procédures constitutionnellement prévues soit au moyen de la révolution –, incapable pourtant d'enfanter le concept de cette énonciation, encore moins son idée puisque l'*a posteriori* du donné historique s'avère trop bousculé pour mettre au jour la pureté que seul conçoit l'*a priori* de l'esprit. On s'en souvient : aucune donnée de la nature humaine, pas même l'invocation de l'amour de soi, ne fait signe vers la manière juridique d'ordonner les volontés humaines ; livré à la pénurie des besoins et aux aléas de l'économie chargée d'y pourvoir, l'esprit ne trouve le droit qu'en lui-même, « droit naturel à contenu variable », droit sans contenu substantiel donc, mais dont la seule forme contient à la fois, prétend Stammler, le concept et l'idée.

Comment l'auteur réussit-il à faire refluer de la sorte l'essence du droit sous le seul *a priori* du sujet ? Pas autrement qu'en définissant le droit d'abord comme volonté. Ce faisant, R. Stammler élimine en effet la part intellectuelle de l'esprit qui aurait accepté d'accueillir en lui le donné *a posteriori* de l'être humain admettant d'y lire l'objectivité même de l'être. En prolongeant plutôt comme il le fait la scission kantienne qui sépare le monde des objets d'un côté – en l'occurrence la multiplicité historique des droits positifs –, le dynamisme de l'esprit de l'autre, Stammler se donne le moyen de cantonner l'objectivité du droit dans la seule cohérence de la volonté à l'égard d'elle-même rendant par là insignifiante la recherche, dans l'histoire, de toute autre référence à une quelconque extériorité hors du soi. Seule la forme du vouloir fonde l'objectivité du droit, nous l'avons vu, tant dans la distinction du droit d'avec l'arbitraire ou dans son appréciation des changements révolutionnaires que dans la détermination de son origine ou l'appréciation de sa justice.

Ainsi contenue dans l'*a priori* de l'esprit, l'objectivité conceptuelle du droit n'a plus qu'à déployer dans sa propre *idée* la dynamique qu'elle porte en elle, *a priori* encore. L'esprit en effet, note Stammler à la suite de Kant, ne cesse de postuler l'unité des contenus de ses propres facultés. D'où la nécessaire *idée* du droit exigée comme l'harmonie de tous les contenus positifs que la volonté enfante, a enfantés et enfantera jamais dans le cours particulier de l'histoire. Cette idée juge l'histoire – y introduisant la tension de « la communauté humaine » requise par les principes de justice, comme le montre encore Stammler à la fin de son exposé – mais c'est de haut, c'est-à-dire à partir de l'esprit qui scrute seulement l'*a priori* de son dynamisme pour juger de la rectitude de son vouloir. Mais ne s'impose-t-il pas de penser plus étroitement le rapport de l'histoire à l'esprit ?

Après l'exposé synthétique de la doctrine stammlérienne proposée au public français, F. Gény (*Science et technique*, liv. II, *op. cit.*, p. 185) notait déjà dans sa critique le lien que ne parvient pas à nouer le maître de Halle entre la justice *a priori* et le donné de l'histoire :

> « Stammler n'a pas nettement pris parti sur les rapports du *richtiges Recht* avec le droit positif d'un pays et d'un temps donnés (...). Admet-il que le "droit juste" domine effectivement la vie sociale, au point de s'imposer au jurisconsulte comme au législateur, et d'offrir à la pratique du droit, envisagée dans toute son ampleur, la base naturelle et scientifique, nécessaire à sa pleine efficacité ? Nulle part, il ne l'a dit nettement. Et, faute de le savoir, nous ne voyons pas bien ce qu'il prétend quand il tente d'adapter son idéal à la vie pratique. De là, dans toute son œuvre, un vague extrêmement pénible pour l'esprit, qui aspire à saisir le droit dans sa fonction dynamique » (F. Gény, *ibid.*, p. 135-136).

Les principes du droit juste guident certes le travail du juriste comme une étoile, pour reprendre la comparaison de Stammler. Mais sa lumière brille si haut au ciel de l'esprit qu'elle n'éclaire en rien le navigateur sur les détours que doit prendre son itinéraire intellectuel pour éviter tant les *Charybde* que les *Scylla* qui guettent son raisonnement juridique. Enfermés d'emblée comme ils le furent dans l'*a priori* du vouloir libre, ces principes sont-ils d'ailleurs jamais nés de l'histoire humaine elle-même ? Mais pouvait-on, en prétextant son « contenu variable », s'abstraire à ce point de cette histoire qu'on chercherait désormais à saisir entièrement en dehors d'elle la nature du droit, le « droit naturel » ?

Par sa célèbre formule, R. Stammler résout sans doute la question qui nous occupe de l'articulation entre l'unité requise du droit naturel et la diversité constatée des droits positifs mais c'est de manière seulement formelle en recourant à l'*a priori* kantien de la Raison pure pour construire le *concept* de droit, d'une part, au postulat de la raison pratique pour en formuler l'*idée*, d'autre part, sans lien donc avec une histoire qui échappe irrémédiablement à un tel « droit naturel ».

R. Stammler et tous les autres auteurs néo-kantiens avec lui, H. Kelsen y compris, défendront leur repli sur l'*a priori* de l'esprit en arguant de l'impossibilité factuelle dans laquelle se trouve notre discipline de trouver ailleurs que dans l'analyse formelle du vouloir de l'homme la formulation d'un droit qui saisirait l'ensemble des humains pour les guider, telle une étoile, vers la paix perpétuelle. Si le donné *a posteriori* de l'histoire se disperse, disent-ils, en de multiples dispositions juridiques contradictoires, comment déterminer l'essence du droit autrement qu'en quittant les contenus de la volonté pour opérer le retour au sujet qui veut ces contenus, plus précisément le retour à la manière nécessaire dont le sujet les veut, plus précisément encore à l'unité qu'il postule dans ce vouloir nécessaire ?

Cette argumentation favorable à l'approche purement formelle du droit (naturel) méconnaît cependant trois réalités majeures.

La première vient d'être suggérée dans la critique de F. Gény : si l'idée du droit juste n'émane que de l'*a priori* de la volonté censée définir le droit, comment rejoindra-t-elle – ne serait-ce que pour la juger – l'histoire avec laquelle elle n'a jamais voulu avoir affaire ? Comment, en d'autres termes, recomposer l'unité du sujet, d'emblée dissocié entre la forme générale *a priori* de son vouloir d'un côté, la matière historique particulière de ce même vouloir, de l'autre ? Sans doute les kantiens répondront-ils, tant pour le droit tendu entre sa justice et sa positivité que pour le sujet partagé entre l'unité postulée et la dispersion factuelle de son vouloir, que la réconciliation relève seulement de l'espérance et non de l'actualité, il reste tout de même à savoir comment cette réconciliation garde une quelconque possibilité de s'offrir comme l'objet d'une espérance au terme de l'histoire, si cette réconciliation n'est jamais donnée au cœur de l'actualité historique.

La deuxième difficulté tient à l'enracinement historique des doctrines formelles elles-mêmes. Sans doute l'affirmation de l'existence et de la validité du droit naturel récuse-t-elle de soi l'hypothèse historiciste selon laquelle l'homme se définirait par les seules affirmations qu'il tient sur lui-même dans la succession discontinue des périodes de l'histoire, mais en se présentant comme l'antithèse pure et simple d'une telle position, le criticisme néo-kantien ne tombe-t-il pas dans le même travers – mais inversé – absorbant dans le pur *a priori* de l'esprit cette nature humaine que l'historicisme dissolvait dans le pur *a posteriori* de l'histoire ? Or d'où viennent l'une et l'autre théorie sinon de l'histoire elle-même en laquelle l'être humain déploie l'*a priori* de sa nature ?

La troisième et dernière objection à formuler à l'encontre du programme de R. Stammler tient à la difficulté théorique que pose la présence d'autrui dans l'*a priori* étudié. L'exposé sur *« l'essence du droit et de la science du droit »* fait la part belle, nous l'avons vu, à la forme sociale de la volonté puisque le concept de droit inclut d'emblée l'obligation dans un état qui n'a jamais été de nature mais toujours-déjà-social, et que l'idée de droit ordonne cette volonté juridique en se référant à la pensée de la communauté humaine, à la forme commune du vouloir, etc. Mais d'où vient qu'autrui entre ainsi dans l'*a priori* du vouloir humain sinon par une (bienheureuse) inconséquence ? L'état de nature, métaphysiquement indifférent à la pluralité des humains, ne convenait-il pas mieux, finalement, à l'étude transcendantale de la volonté ?

On répondra certes que le droit suppose précisément cette pluralité, que donc son concept autant que son idée doivent l'inclure. Sans doute, mais si autrui entre de cette manière dans l'*a priori* du droit, alors le droit en sa nature – né d'un état d'emblée civil – ne peut plus se confondre avec l'*a priori* du seul sujet voulant. A moins de méconnaître l'inéluctable *a posteriori* que signifie la présence d'un tiers dans le champ intellectuel de ce sujet. Autrui ne se déduit pas, en effet, du concept ni même de l'idée du vouloir car, en sa facticité historique – que manifeste d'ailleurs sa contingence corporelle –, il s'avère irréductible à tout *a priori* qui voudrait inclure son altérité. Par sa présence-là, autrui oblige la théorie du droit à entrer dans l'histoire. Il invite ainsi le « droit naturel » à porter plus substantiellement que dans sa forme son propre « contenu variable ».

Laissons le dernier mot de la critique à F. Gény. Après avoir exposé les efforts consentis par des auteurs tels que Savigny, Staffel, Kantorowicz, Fraenkel ou Brütt pour corriger la perspective idéaliste du criticisme de Stammler, Gény conclut :

> « Au surplus, quel que puisse être le succès de ces tentatives d'amélioration d'une doctrine, trop personnellement puissante pour affronter les retouches, ce qu'il faut maintenir, au terme de notre examen critique de l'œuvre de Stammler, c'est que, si

elle fournit une direction précieuse pour situer, en vue de son objectif propre, l'élaboration scientifique du droit, elle reste insuffisante à lui suggérer les éléments nécessaires pour l'alimenter, et qu'elle laisse entièrement ouvert le problème de son adaptation aux exigences de la vie » (F. Gény, *Science et technique*, liv. II, *op. cit.*, p. 190).

IV. – L'universalité des droits de l'homme, une justification difficile

Un même droit peut-il régir les relations de tous les humains, de tous les temps et de tous les lieux ? demandaient déjà les Sophistes à Aristote au IVᵉ siècle av. J.-C. En écho, l'époque contemporaine voit se lever de la part des pays musulmans, marxistes ou techniquement sous-développés l'objection de la spécificité occidentale des droits de l'homme : ce produit culturel ne prolonge-t-il pas l'impérialisme du libéralisme qui l'inspire lorsqu'il se prétend universel ?

Tandis que le droit naturel classique se présente comme instance d'évaluation du droit positif – celui-ci ne pouvant prétendre à la qualité de droit s'il ne se conforme pas aux principes de celui-là –, la Modernité a introduit une autre tension dans la sphère juridique. D'une part, elle a rendu le droit positif autonome par rapport à l'horizon moral qui entreprendrait de juger de haut le produit du consensus démocratique, d'autre part, cette même Modernité a développé toujours davantage au cours de son histoire la référence aux droits de l'homme comme lieu de résistance et de critique à l'égard du *tout politique* auquel semblait aboutir le premier mouvement.

Dans un article à l'intitulé significatif, Pierre Eyt (P. Eyt, On n'en a pas fini avec le droit naturel, *Nouvelle revue théologique*, 1983, p. 23) brosse le tableau paradoxal de cette double évolution :

> « L'une des principales et des plus stimulantes questions qui puissent aujourd'hui intéresser le *moraliste* ou le *juriste* est, à coup sûr, posée par la reviviscence de l'intérêt suscité par les *droits de l'homme*. Cette résurgence n'intervient-elle pas au moment où de nombreux observateurs étaient précisément conduits à constater que l'évolution de la morale et du droit allait dans le sens d'une séparation absolue en facilitant même l'installation d'un inquiétant *vide moral* ? La *morale* ne tend-elle pas en effet à se situer exclusivement du côté de la conscience comprise comme subjectivité privée et le droit n'est-il pas sollicité, à son tour, de ne trouver de justification que du côté de son utilité et de ses fonctions sociales ? Ce double cheminement semblait par ailleurs permettre au politique de prendre une toute première place puisque à son seul niveau et à celui de sa représentation par l'État pouvait se penser et se vivre la globalité de l'homme et de sa destinée. L'extension récente à tous les problèmes humains d'une approche qui se voulait exclusivement politique relègue du même coup les instances de l'interrogation morale et de la responsabilité juridique dans le monde des apparences, des superstructures ou des illusions » (P. Eyt, *op. cit.*, p. 23).

Or, ajoute l'auteur,

> « c'est latéralement ou même à contre-courant de ce parcours maintes fois décrit, expliqué et légitimé, que s'inscrit l'appel aux droits de l'homme. Celui-ci s'adresse en effet à un absolu qui s'avère d'une part comme préalable au politique et d'autre part comme tirant sa force d'un rapprochement délibéré de la morale et du droit » (*ibid.*, p. 23-24).

C'est que,

> « en situant avec la pensée libérale les droits de l'homme hors de l'emprise de l'État, on présente ces droits comme imprescriptibles et inaliénables. L'homme, y consentirait-il, ne peut y renoncer. Ainsi il y a par essence toute une part de l'homme qui échappe au politique et à l'État. Une part de l'homme dont l'effectuation ne peut être à la charge positive des pouvoirs publics. Une part de l'homme qui atteste que la politique n'est pas tout et que l'État n'est pas la seule instance éthique. Ainsi se définira comme totalitarisme tout oubli ou tout refus de droits inhérents à l'homme – quel qu'il soit – antérieurement à toute reconnaissance par l'État – quel qu'il soit » (*ibid.*, p. 30).

Pour P. Eyt, cette évolution de la pensée contemporaine oblige à poser à nouveau la question de fond :

> « Une telle délimitation de la fonction politique repose alors le problème du rapport entre droit et morale. Puisqu'il y a des droits qui existent antérieurement à l'État et indépendamment de lui, c'est du côté de l'homme comme personne qu'il faut leur chercher un fondement. Dès lors s'éclaire à nouveau ce que la tradition philosophique et juridique nous a légué sous l'idée de droit naturel » (P. Eyt, *ibid.*, p. 30).

Mais l'éclairage ici évoqué – des récents « droits de l'homme » par le « vieux » droit naturel – donne dans la pensée contemporaine des ombres aux allures étranges. Le présent chapitre entend montrer en tout cas la difficulté de la comparaison puisque d'abord la référence universelle aux droits de l'homme semble tenir davantage à l'empirie du consensus politique qu'à la réflexion philosophique sur la nature humaine (sect. 1), qu'ensuite le sort commun assigné par des idéologies extrémistes telles que la Nouvelle droite tant au droit naturel qu'aux droits de l'homme confirme sans doute l'unité d'inspiration de ces deux traditions mais c'est, dit l'objection, pour les rejeter l'une et l'autre (sect. 2), qu'enfin l'humanisme désenchanté adhère certes aux droits de l'homme, mais sans prendre aucun appui sur un quelconque droit naturel (sect. 3).

1 / L'universalité politique des droits humains

La Conférence mondiale sur les droits de l'homme tenue à Vienne en juin 1993 a offert l'occasion de rappeler au monde la priorité fondamentale qui, pour s'exprimer de diverses manières selon les différentes cultures, n'en touche pas moins l'essence universelle de l'être humain, à savoir la dignité intrinsèque de la personne humaine comme dernier juge du comportement politique des États.

Le discours d'ouverture du secrétaire général des Nations Unies, M. B. Boutros-Ghali (Document DH/VIE/4, 14 juin 1993) donnait le ton des travaux en indiquant une manière très concrète de comprendre l'universalité du droit.

> « Les droits de l'homme que nous énonçons, et que nous cherchons à garantir, ne peuvent être que le résultat d'un dépassement, le produit d'un effort conscient pour retrouver notre essence commune par-delà nos clivages apparents, nos différences du moment, nos barrières idéologiques et culturelles.
> « Bref, je veux dire par là, de la façon la plus solennelle, que les droits de l'homme dont nous allons débattre ici à Vienne ne sont pas le plus petit dénominateur commun de toutes les nations, mais, au contraire, ce que je voudrais appeler "l'irréductible humain", c'est-à-dire la quintessence des valeurs par lesquelles nous affirmons, ensemble, que nous sommes une seule communauté humaine ! »

En détaillant « l'impératif d'universalité » qui s'impose au même titre que les exigences de « garantie » et de « démocratisation » à tous les participants de la Conférence de Vienne, le secrétaire général des Nations Unies prévient l'objection tirée de la particularité des peuples :

> « Certes, les droits de l'homme sont un produit de l'Histoire. A ce titre, ils doivent être en adéquation avec elle, évoluer en même temps qu'elle, et renvoyer aux divers peuples et nations une image dans laquelle ils se reconnaissent. Mais, cette adéquation des droits à l'évolution de l'Histoire ne doit pas altérer ce qui fait leur essence même, c'est-à-dire leur universalité ! »

Mais comment parvenir, demande l'orateur, à la reconnaissance de cette universalité des droits de l'homme ? En tout cas pas par le décret qu'un groupe d'États imposerait au reste du monde car la notion d'universalité ici mise en jeu doit être « clairement comprise et acceptée par tous ». Il semble donc, si l'on suit la logique du secrétaire général, que le répondant de l'universalité des droits en cause soit un organe politique, à savoir les Nations Unies elles-mêmes :

> « C'est l'Assemblée générale des Nations Unies qui, par sa nature et sa composition, a vocation à exprimer le mieux cette idée d'universalité. »

Où l'on voit que, pour éviter la redoutable imposition d'une conception particulière de l'homme à des sociétés qui ne la partagent pas, il importe d'appeler tous les États à s'entendre sur cet « irréductiblement humain » auquel alors ces États reconnaîtront toujours et partout les mêmes droits.

Les résultats obtenus par ce travail de consensus méritent, semble-t-il, l'éloge à cause de la précision accrue des instruments de garantie :

> « Ainsi, les *domaines* de protection sont-ils devenus de plus en plus précis : répression du génocide, abolition de l'esclavage, lutte contre la torture, élimination de toutes les formes de discrimination, fondées sur la race ou sur le sexe, sur la religion ou sur la conviction.
> « Par ailleurs, les *destinataires* des droits ont été mieux définis : droit des peuples, protection des réfugiés, des apatrides, des femmes, des enfants, des handicapés, des personnes atteintes de maladies mentales, protection des personnes emprisonnées,

des personnes victimes de disparition forcée, protection des droits des travailleurs migrants et de leurs familles, protection des droits des populations indigènes » (B. Boutros-Ghali, *ibid.*).

Le secrétaire général peut conclure cette liste en référant l'universalité des droits ainsi reconnus à la qualité de l'organe qui a voulu les garantir :

> « Cette action normative de l'Assemblée générale des Nations Unies est aujourd'hui *notre bien commun.* Elle a de quoi satisfaire tous les États, tous les peuples et toutes les cultures. Car l'universalité qui s'y affirme est bien celle de la Communauté internationale dans son ensemble. »

L'enceinte des Nations Unies a d'ailleurs permis un autre progrès notable que le secrétaire général appelle « l'approfondissement permanent » de « l'idée même d'universalité » à travers la succession des trois générations des droits de l'homme :

> « En effet, si une conception générale et abstraite des droits de l'homme, issus des valeurs libérales, a d'abord prévalu, comme en témoigne le texte de la Déclaration universelle de 1948, l'apport des États socialistes et des États du tiers monde a permis d'élargir cette vision initiale. Les pactes de 1966 témoignent de cet élargissement. Ils nous permettent d'affirmer – et il faut le redire ici fortement – que les droits civils et politiques, d'une part, et les droits économiques, sociaux et culturels, d'autre part, sont sur le même plan d'importance et de dignité !
>
> « Mais, chacun le sait, l'Assemblée générale a poussé plus avant sa réflexion sur l'universalité en élaborant à la suite des droits collectifs, ce que j'aime appeler des droits de solidarité, des droits qui nous renvoient à une universalité projetée supposant l'action conjuguée de tous les acteurs sociaux, tant sur le plan interne que sur le plan international. Depuis que la Charte a consacré, dès son article premier, le droit des peuples à disposer d'eux-mêmes, l'Assemblée générale a énoncé le « droit à l'environnement », le « droit à la paix », le « droit à la sécurité alimentaire », le « droit de propriété sur le patrimoine commun de l'humanité », et surtout le « droit au développement » !
>
> « Ce dernier droit, me semble-t-il, est une invitation particulière à comprendre la modernité de la notion d'universalité. »

A partir de ce discours, on mesure les changements opérés dans la manière d'entrevoir l'universalité du droit. Alors que les philosophes classiques posent l'extension universelle d'un droit (naturel) aussi large que la nature humaine elle-même, et que les philosophes modernes dégagent par la raison les droits qui tiennent à la nature même du droit (cf. la position de R. Stammler, *supra,* p. 559), l'universalité juridique se voit maintenant rapportée au fait même du rassemblement opéré par l'organisation internationale qui couvre l'ensemble des pays du monde : d'une part, les droits de l'homme étendent leur validité partout sur la terre du fait de leur adoption – laissons de côté la question plus délicate de la ratification des instruments qui consacrent de tels droits – par l'Assemblée générale des Nations Unies ; d'autre part, cette référence à l'ensemble des États permet une compréhension dynamique de l'universalité juridique puisque les pays introduits plus récemment dans ladite Assemblée soulignent de nouveaux aspects – voire une nouvelle génération – dans le texte jusqu'alors incomplet des droits de l'homme.

En d'autres termes, tout se passe comme si l'universalité du droit se comprenait aujourd'hui, du moins dans l'esprit des Nations Unies, comme un concept coextensif à l'univers lui-même. Alors que le droit naturel pensait son universalité comme une donnée soit de la nature humaine, soit de la nature du droit, les droits de l'homme appuient aujourd'hui leur caractère universel sur l'empirie d'un rassemblement aussi universel que leur propre prétention. Présentés dans le préambule de la Déclaration universelle de 1948 (v. *supra,* p. 95) comme

> « l'idéal commun à atteindre par tous les peuples et toutes les nations afin que tous les individus et tous les organes de la société, ayant cette Déclaration constamment à l'esprit, s'efforcent, par l'enseignement et l'éducation, de développer le respect de ces droits et libertés et d'en assurer, par des mesures progressives d'ordre national et international, la reconnaissance et l'application universelles et effectives »,

les droits de l'homme sont entrés dans la dynamique que l'Assemblée a imprimée à cet idéal du fait de son propre élargissement. Alors qu'au moment de la Déclaration, l'Ouest et l'Est se partageaient le champ de l'universalité en accentuant soit les droits civils et politiques, soit les droits économiques et sociaux, depuis lors, le Sud a élargi cet espace en prônant les droits de la solidarité comme une pièce nouvellement reconnue certes mais indispensable tout de même à l'universalité revendiquée.

Alors que l'universalité du droit naturel – classique ou moderne – se laissait penser en théologie ou en philosophie comme une caractéristique découverte par réflexion sur l'homme ou sur le droit, l'universalité des droits de l'homme prend l'allure politique d'une addition d'insistances successives sur la condition de l'homme en société, insistances du libéralisme, du socialisme ou du Tiers Monde qui s'universalisent non plus par la réflexion « jusnaturaliste » que l'on aurait menée à leur sujet mais par leur adoption à titre de « bien commun » au sein d'une organisation qui regroupe l'ensemble des États. Tout se passe dès lors comme si une telle universalité ne se vérifiait plus que par l'indivisibilité politique des droits qu'elle concerne : la génération libérale ne pouvant se prétendre universelle que si elle reconnaît, à côté de l'espace de liberté qu'elle ménage au bénéfice de l'individu, la génération socialiste qui insiste sur les moyens collectivement distribués d'occuper un tel espace, l'une et l'autre génération ne pouvant d'ailleurs pas davantage se dire universelles si elles négligent les droits de solidarité que le Tiers Monde avance comme les conditions de réalisation de ces deux premières générations.

Faut-il, devant ce passage de la norme théorique à l'accord politique, regretter que l'universalité pensée dans les réflexions jusnaturalistes soit tombée dans les compromis diplomatiques où chaque camp défendrait sa propre compréhension des droits de l'homme en n'admettant que du bout des lèvres la validité des autres conceptions ? Faut-il au contraire se réjouir de l'évolution qu'ont connue les spéculations abstraites menées sur le caractère immuable et universel du droit naturel pour prendre le tour très concret des considérations développées sur l'indivisibilité des droits de l'homme ?

Une telle opposition ne paraît pas féconde. Peut-être vaut-il mieux, en effet, reconnaître que le rassemblement des pays dans l'Assemblée générale des Nations Unies offre au jusnaturaliste un lieu irremplaçable de réflexion sur l'universalité – toujours quelque peu cahotique – du droit. Mais en échange la tradition philosophique et théologique qui soutient le droit naturel aidera-t-elle la réflexion à approfondir le caractère universel des droits de l'homme ?

Pour contribuer à cette réflexion sur l'universalité ici recherchée, il vaut la peine, en tout cas, de rapporter les trois précisions données à la même Conférence mondiale de Vienne (1993) sur les Droits de l'homme, par Catherine Lalumière, secrétaire général du Conseil de l'Europe (Documents du Conseil de l'Europe, D17 (93), 16 juin 1993).

A l'objection qui lui oppose le caractère essentiellement occidental des droits de l'homme, inadéquats donc dans des pays de religion et de tradition culturelle différentes, C. Lalumière répond :

« Une telle thèse – qui confond l'origine historique d'un courant de pensée et son contenu intrinsèque – aboutirait à faire éclater les droits de l'homme suivant une multitude de particularismes. Avec un tel relativisme, peut-on encore parler de droits de l'homme ? Nous ne devons tout de même pas oublier que leur fondement même est le principe de l'égale dignité de tous les êtres humains, sans aucune distinction. Leur force a été, dès l'origine, d'être situés en dehors des contingences historiques, politiques ou religieuses. »

A cet endroit de son discours, C. Lalumière ajoute une remarque, précieuse pour nous :

« C'est ce que l'on veut dire, peut-être maladroitement, en les qualifiant de naturels et d'imprescriptibles. »

A cet indispensable rappel de l'universalité propre aux droits de l'homme s'ajoute, en un second temps, la nécessité d'un enracinement de ces droits dans la diversité des cultures :

« Il importe toutefois d'éviter un malentendu. L'universalité n'est pas l'uniformité et elle peut tout à fait tolérer que, selon les sociétés ou les cultures, des accents particuliers soient mis sur certains droits plutôt que d'autres. Je dirais même que – s'ils veulent être véritablement universels – les droits de l'homme doivent s'enraciner dans les différentes cultures. C'est à cette seule condition que les hommes – où qu'ils vivent – pourront les connaître et les comprendre – puisqu'ils ne peuvent le faire qu'à partir de leur propre culture. »

D'où le balancement de la pensée :

« L'universalité des droits de l'homme laisse donc une place à la diversité mais cette dernière ne doit pas saper le fonds commun de principes et de valeurs qui s'est progressivement constitué. »

La troisième précision, donnée par le secrétaire général du Conseil de l'Europe recommande l'attitude pratique d'une « forte et sincère capacité d'écoute ». Pour C. Lalumière, en effet,

« Plutôt que d'ignorer ou de rejeter les valeurs des autres cultures ou religions, nous devrions rechercher les moyens permettant un enrichissement mutuel. Chacun doit apprendre à apprendre des autres. »

Une telle attitude se déduit parfaitement, on le voit, des deux premiers points évoqués. Si l'égale dignité concerne tous les êtres humains, si par ailleurs chaque culture offre un terreau propre à l'enracinement des droits de l'homme, alors l'universalité ici recherchée ne peut passer outre l'écoute d'autrui car cette disposition apparaît comme la seule manière d'entendre « l'irréductible humain » dans la diversité des cultures qui l'expriment.

A partir du moment où une organisation internationale telle que les Nations Unies entreprend de préciser, tant dans sa « Charte des droits de l'homme » (la Déclaration universelle de 1948 et les deux pactes internationaux de 1966) que dans une multitude d'autres instruments de protection, la teneur des droits qui touchent l'être humain comme tel, on comprend que l'écoute ait fondé et fonde encore cette entreprise. Dans l'enceinte de l'Assemblée générale, il apparaît en effet quasi physiquement qu'aucune culture, fut-elle dominante, ne peut prétendre absorber en ses frontières la définition de l'humain. Énoncer les droits qui tiennent à l'humain comme tel suppose donc que chaque culture accepte d'entendre, au-delà de ses propres références, des traits qui n'appartiennent pas à son univers habituel.

L'exercice tourne-t-il au dialogue de sourds ? Pas nécessairement puisque sa tentative même atteste que les cultures, loin de s'enfermer sur elles-mêmes, s'appuient sur une commune humanité pour entamer le dialogue à propos, précisément, des exigences juridiques de cette humanité commune. Si dans ce dialogue mondial, les cultures davantage communautaires remettent en question le modèle prétendument unique de l'individualisme occidental, si en retour les champions du libéralisme politique au nord dénoncent les méfaits arbitraires des dictatures qui sévissent au sud, si en retour encore, les pays techniquement sous-développés stigmatisent les régimes capitalistes comme fauteurs de ces déséquilibres politiques qui portent atteinte à leur développement, l'universalité n'y aura peut-être apparemment gagné, par compromis interposés, que quelques textes supplémentaires de garantie des droits de l'homme de la première, deuxième ou troisième génération, textes hélas aussitôt violés qu'adoptés. En réalité, l'écoute nécessaire à la rédaction de tels instruments n'exerçait-elle pas déjà à sa manière l'universalité souhaitée ?

Mais si encourageants que paraissent les résultats obtenus par l'Assemblée générale des Nations Unies dans la protection mondiale des droits de l'homme et si utile l'appel à l'écoute mutuelle comme moyen d'accès à l'universalité de cette garantie, il reste qu'une telle attitude et de tels textes exigent des fondements autres que la seule empirie politique pour correspondre à l'universalité juridique auxquels ils prétendent. Or la pensée contemporaine dispose-t-elle encore des ressources nécessaires à un tel établissement ? La perte des références universelles, soulignée tant par la Nouvelle droite (v. *infra,* p. 580) que par l'humanisme désenchanté (v. *infra,* p. 584), donne à penser que non, expliquant peut-être par cette carence le repli de l'universalité « en soi » du droit naturel sur l'universalité du consensus politique en faveur des droits de l'homme.

2 / L'objection de la Nouvelle droite

La vieille universalité du droit (naturel) de « l'irréductible humain » rencontre encore la contestation, dressée aujourd'hui contre la figure des droits de l'homme. Pour en comprendre mieux les enjeux, on rapporte ici l'objection que la Nouvelle droite oppose à l'universalisme considéré comme un piège (Droits de l'homme : le piège, *Éléments*, janvier-mars 1981, n° 37, dossier p. 3 à 36). Mais à cette doctrine qui stigmatise dans les droits de l'homme le « dernier avatar du discours égalitaire » en leur préférant le « droit des hommes à vivre leur destin selon leur génie propre » (*Éléments*, dossier cité, p. 3), quelle réponse, à notre tour, pourrons-nous offrir ?

Pour A. de Benoist et G. Faye (La religion des droits de l'homme, *Éléments*, janvier-mars 1981, p. 5 à 21), l'idéologie des droits de l'homme repose sur quatre articles de foi : le premier porte sur l'unité du genre humain et la signification morale de cette unité, monohumanisme que les auteurs relient au monothéisme biblique :

> « C'est l'obsession du Même, le règne du *monos* institué en idée fixe : tous les hommes sont les mêmes devant Yahvé » (de Benoist et Faye, *op. cit.*, p. 6).

Croyance que la Nouvelle droite ne peut partager puisque, suivant d'ailleurs en ce constat la tradition nominaliste, elle n'a jamais rencontré « l'homme » mais des hommes, tous différents les uns des autres.

Tiendra-t-on que l'espèce humaine forme tout de même une unité zoologique ? La réponse vient aussitôt pour dégager l'homme du poids de ses caractéristiques biologiques : il est essentiellement culturel. Or comme « les cultures se cristallisent toujours au pluriel », la recherche de leur commun paradigme d'humanité ne fait que ramener la culture à la nature. Dans ces conditions, peut-on inférer un impératif moral – un quelconque « droit de l'homme » – d'un fait qui ne relève que de la zoologie ?

Le deuxième article de la confession des droits de l'homme porte sur l'existence d'une personne humaine, « indépendante des caractéristiques concrètes de chaque individu » puisque « douée de raison », ainsi que l'affirme l'article 1er de la Déclaration universelle de 1948, et donc capable d'ouvrir son intelligence aux principes du vrai et du bien. En des termes aussi feutrés qu'inquiétants, la Nouvelle droite prend le contre-pied de cette affirmation :

> « la *personne* ne doit pas être confondue avec l'*individu*. Tous les individus ne sont pas susceptibles d'être également "personnalisés" » ou encore « rien (...) n'autorise à dire que la raison est également répartie chez tous les hommes ».

Les principes du vrai et du bien n'existent d'ailleurs que subjectivement, et nullement en soi. Il ne conviendrait donc pas, ajoute Julius Evola, cité par les auteurs, de reconnaître « la dignité de la personne humaine (...) au premier venu » (*ibid.*, p. 7).

Troisième article de foi : la croyance en un « droit naturel » dérivant de la personne humaine abstraite. Cette idéologie naturaliste se retrouve aussi bien dans la théologie médiévale que dans le rationalisme moderne. Mais, objectent A. de Benoist et G. Faye, les représentations de la nature se contredisent si bien (état de guerre ou de paix ? demandait déjà Pufendorf à Hobbes) qu'on ne peut élever aucune considération solide sur cette notion équivoque. En réalité, encore une fois,

> « l'homme n'a pas d'autre nature que la *culture* par laquelle il se construit lui-même. Seul, dans l'abstrait, hors de toute occasion de se mettre en forme, l'homme n'est ni bon ni mauvais. Il n'est rien » (*ibid.*, p. 7).

Pour confirmer le propos, la Nouvelle droite n'hésite pas à citer le marxiste Gramsci :

> « La nature humaine est la totalité des relations sociales historiquement déterminées » (*The Modern Prince and Other Writings,* New York, 1957).

Quatrième et dernier postulat erroné : « La croyance au primat de l'individu sur les collectivités organiques et historiques que sont les cultures, les peuples et les nations. » Ce dernier point du credo des droits de l'homme renforce les autres car le monohumanisme qui attribue le caractère humain à toute « personne » même détachée de ses appartenances collectives fait de chaque individu un absolu tandis que l'objectivisme du droit naturel rejoint – jonction des extrêmes – le subjectivisme le plus effréné. Cette présentation, répliquent de A. de Benoist et G. Faye, néglige les sociétés intermédiaires – peuple et nation – où les droits trouvent leur forme historique incomparable dans une synthèse qui rassemble, d'ailleurs sans contradiction, les droits individuels et les droits collectifs.

Concédant un certain intérêt à la variété « populiste » de l'idéologie des droits de l'homme, « centrée, de façon plus positive, sur la solidarité sociale », les auteurs s'en prennent à la variété libérale qui jette « l'individu contre l'autorité, la cellule organique contre le corps social » (*ibid.*, p. 8). Puisque les humains reçoivent leur identité singulière de la nation et du peuple auquel ils appartiennent, ils n'ont que faire d'une « Déclaration universelle » où les droits ne sont reconnus qu'à l'homme privé d'appartenance et d'héritage.

Écartant aussi bien l'universalité zoologique, abstraction biologique qui ne saurait définir l'homme, que l'universalité métaphysique (ou théologique) qui ne rencontre pas non plus l'homme concret, la Nouvelle droite, on le voit, choisit d'identifier l'homme à la particularité de sa culture.

La critique entamée d'abord à propos des quatre articles de la croyance dans les droits de l'homme se prolonge ensuite dans quelques précisions données sur le même thème de la généralité vide du concept opposée à la consistance de l'entité particulière. Ainsi les auteurs soulignent-ils le « danger » que représente l'affirmation de « principes universels » :

> « C'est qu'ils enferment sous des dénominations juridiques et des concepts spécifiquement occidentaux des *notions* que chaque culture perçoit différemment. Rejoignant dans la même illusion toute la philosophie chrétienne, puis rationaliste, de Thomas d'Aquin à Descartes, ils prétendent dégager un langage juridique et philosophique commun à toute la planète. Ils prétendent trouver un *signifiant* unique à tous les *signifiés* » (*ibid.*, p. 12).

Dénonçant l'effet déstructurant d'une telle idéologie dans les sociétés qui, au sud par exemple, ne connaissent pas l'individualisme occidental, de Benoist et Faye découvrent dans l'humanisme universel des droits de l'homme le support d'un économisme dont l'ambition s'étend, elle aussi, jusqu'aux limites du monde. Ici, le bonheur de consommer remplace par une illusoire identité l'ancienne appartenance forte de l'individu à ses communautés. Communautés désormais disloquées par le capitalisme marchand. Or, encore une fois, la vigueur politique avec laquelle les hommes construisent leur identité singulière doit rejeter cet affadissement universel imposé par une économie tentaculaire. Imposé aussi par un juridisme stérile :

> « En restreignant, au nom d'une instance morale "universelle", le pouvoir des États nationaux, l'idéologie des droits de l'homme vise à enlever au politique ses prérogatives et à le soumettre à une instance juridique décisionnaire suprême. Cette soumission du politique et de son essence aux pratiques déstructurantes d'un juridisme métaphysique et abstrait aboutit à la dictature des juristes sur les gouvernants. Elle implique la négociation de la raison d'État ; elle atteste le *déclin du politique* » (*ibid.*, p. 21).

Or, pour la Nouvelle droite, le politique ne peut subir aucune loi – qu'elle vienne de Dieu ou du Constituant – qui entraverait la toute-puissance par laquelle les humains adviennent à eux-mêmes dans le champ de leurs luttes. Le droit, selon cette perspective, ne doit rien à une nature qui précéderait les hommes. Au contraire : produit artificiel de leur convention, il se modifie à l'infini en fonction de leurs choix.

> « Par suite, il n'y a de validité du droit que dans les limites d'une communauté donnée. »

Les penseurs de la Nouvelle droite ne tiennent pas pour autant à tomber dans le positivisme juridique, cette idéologie qui consacre le commandement de l'autorité légiférante : le droit, en effet, comporte aussi un aspect de *valeurs*, mais les auteurs précisent aussitôt :

> « Une loi, pour être juste, doit être conforme aux *valeurs spécifiques de la culture ou du peuple dans lequel et pour lequel elle a été créée* » (*ibid.*, p. 18, nous soulignons).

Loin que le droit puisse obtenir la paix universelle en soumettant à son empire moralo-juridique la vigueur de la force politique, il dépend au contraire de cette force, montrant par cette subordination l'inanité de son discours universaliste, « maximaliste et égalitaire » :

> « Un droit accordé à un homme "parce qu'il est un homme" ne vaut rien ; il suffit que ce droit ne soit *pas reconnu* pour que nul n'en bénéficie. Seuls peuvent être efficacement respectés et appliqués les droits garantis par une autorité politique, ou qu'une autorité politique choisit volontairement de faire garantir » (*ibid.*, p. 19).

En contraste avec l'efficacité garantie par la force politique, nécessairement particulière, l'invocation universaliste des droits de l'homme apparaît bel et bien comme le refuge de l'impuissance,

> « le lieu de retrouvailles de tous les désillusionnés de l'égalitarisme, le lieu où ils peuvent à la fois avouer leurs errements, reconnaître leurs échecs, conserver leurs aspirations fondamentales et garder leur *bonne conscience*.

« C'est, concluent A. de Benoist et G. Faye, l'espace idéologique où sont destinés à venir se fondre tous les universalismes contemporains, tous les systèmes issus de la mentalité monothéiste. C'est la religion du XXe siècle finissant » (*ibid.*, p. 22).

Achevant leur article là où ils l'avaient commencé, les auteurs renvoient donc au monothéisme judéo-chrétien ce monohumanisme qui se croit autorisé à conférer d'emblée la qualité de personne à tout individu participant à l'espèce humaine. Or la Nouvelle droite, on le sait, opte pour le paganisme qui compte l'incomparable avantage de conférer une valeur sacrée aux forces de la terre et du sang qui façonnent les identités collectives. En écartant de la sorte l'option spirituelle qui voit en Dieu le Père de tous les hommes, liés dès lors par une commune fraternité, la Nouvelle droite ne trouve plus devant elle que deux voies d'universalisation des droits humains : l'espèce biologique d'un côté puisque tous les humains en font partie, la raison de l'autre puisque tous les humains en sont doués. Mais la Nouvelle droite écarte l'une *et* l'autre voie en tant que données universelles de l'humanité et, pour ce faire, les écarte l'une *de* l'autre : la chair, en effet, paraît trop matérielle, « zoologique », pour rendre compte du spécifiquement humain rationnel, tandis que la raison abstraite manque du concret particulier de la matière pour s'avérer un tant soit peu signifiante ou normative.

A l'intersection de ces deux champs de l'universel encore trop abstrait, la raison païenne voit s'élaborer le sens en même temps que le droit dans la particularité des luttes en lesquelles les individus et les collectivités s'affrontent pour suivre leur génie propre, construisant par là leur identité. Ainsi se constituent les appartenances et les héritages qui n'ont rien à gagner d'une quelconque référence à l'universel, ni juridique, encore moins économique.

Au capitalisme marchand qui a répandu l'idéal consommateur à travers le monde en nivelant les spécificités culturelles des diverses civilisations, il faut en effet opposer le primat des valeurs singulières partagées au sein de chaque nation. De même, pour ne pas tomber dans le piège égalitaire des droits de l'homme, il s'impose d'affirmer l'entière liberté d'action du politique qui confère aux individus l'identité collective qui les fait devenir personnes humaines.

Aux prises de position ici développées par la Nouvelle droite, il conviendrait de répondre en rappelant la dialectique exposée à la fin du deuxième chapitre. Pour faire justice, en effet, aux théories qui privilégiaient soit le monisme soit le pluralisme dans les relations à nouer entre le droit interne et le droit international, nous avons évoqué les deux voies de socialisation – par la Nation et par l'État – que connaît la personne humaine (v. *supra*, p. 551). En récusant la dimension *juridique* que l'intelligence met au jour dans l'institution de l'État pour privilégier jusqu'à l'exclusive la dimension *sociale* que la volonté exerce dans les enracinements de la nation, la Nouvelle droite a fait sombrer l'universel dans un éparpillement de particularités qui s'empêchent d'accorder à tous les humains cette « dignité de la personne » que « l'abstraction universalisante » reconnaît, dit-elle, au « premier venu ». Seule, en effet, l'exacerbation des différences finira par produire l'homme et – qui sait ? – le Surhomme peut-être.

Or si, en sa thèse du nécessaire enracinement des sujets dans la volonté particulière d'une Nation qui trace son destin à travers l'histoire, la Nouvelle droite ne se trompe sans doute pas, comment parviendra-t-on à corriger le déséquilibre mortifère qui conduit cette doctrine à nier l'universalité du droit ? Le défi semble d'autant plus difficile à relever que nos contemporains s'estiment déterminés à penser les droits de l'homme dans un monde désenchanté.

3 / L'humanisme désenchanté

Peut-on encore croire en l'universalité des droits de l'homme après que le désenchantement du monde ait renvoyé au passé d'une histoire révolue les références fondatrices, religieuses mais aussi métaphysiques, de ladite universalité ? On connaît la réponse de la Nouvelle droite. Partant des mêmes prémisses qu'elle, à savoir l'inanité tant du discours judéo-chrétien que de la rationalité abstraite dans l'entreprise de fondation des droits de tout homme, Guy Haarscher (*Philosophie des droits de l'homme*, Éd. de l'Université de Bruxelles, 4e éd., 1993) prend une direction radicalement différente, cherchant à mettre en évidence dans le jeu politique lui-même la nécessité d'une garantie des droits du sujet en tant que tel. La question posée au départ par l'auteur s'énonce en termes particulièrement réalistes mais disons d'emblée que l'inventaire des moyens susceptibles d'y apporter réponse ne semble pas suffisant pour couvrir l'ampleur universelle de la prétention interrogée.

Soit au départ, derrière l'abondance suspecte des discours humanistes, la question de l'*exigence* des droits de l'homme. G. Haarscher note à ce sujet le paradoxe qui conduit le bénéficiaire des droits de l'homme, « paladin » de nos sociétés occidentales, à ne plus savoir quels sacrifices leur morale universelle pourrait exiger de lui. Tant que le sujet, en effet, jouit « ici » de ses droits « en tant qu'homme », ce confort lui convient, mais qu'une dictature vienne à s'installer « là-bas », gageons que ce même citoyen ne prendra pas le risque de combattre cette dictature en réclamant pour les sujets qu'elle opprime les droits qui appartiennent à tous les humains.

Où l'on voit apparaître la tension entre l'hédonisme jouissant du quant à soi des droits qu'il faut reconnaître à tout homme d'une part, l'ascétisme qui exigerait que le soi se compromette, quittant ainsi le confort de ses propres droits, lorsque, d'autre part, de tels droits subissent ailleurs dans le monde les écrasements du pouvoir. Tension qui devient incohérence lorsque les sujets imaginent un « dedans » du système où eux-mêmes connaissent la protection de leurs droits tandis qu'au « dehors », d'autres humains ne la connaissent malheureusement pas.

> « La distinction entre “dedans” et “dehors” apparaît par conséquent comme nécessairement *instable* : il est contradictoire avec cette philosophie même de réserver les droits de l'homme à un groupe particulier et de se désintéresser du sort des “autres”. Si bien que notre sécurité de bénéficiaires du système (habitant son intérieur) se trouve *a priori* ébranlée par l'exigence naturelle d'*expansion* de l'espace des droits de l'homme. Avec les droits de l'homme, *on n'en a jamais fini*, pour la simple raison que c'est du sort de *n'importe qui* (non pas des proches, des amis) qu'ils parlent » (G. Haarscher, *Philosophie des droits de l'homme*, *op. cit.*, p. 123).

Mais entreprendra-t-on jamais la tâche indéfinie de voler perpétuellement au secours des droits d'autrui, quitte à mettre en péril – perpétuellement aussi – ses propres droits ?

En outre, la question désabusée du *si* se redouble dans le *comment* :

« Et puis, à supposer même que je manifeste le courage ascétique nécessaire à cette tâche sans fin, à cette entreprise aux relents d'absurdité, *comment* agir, vers où m'orienter, quels opprimés considérer comme incarnant une exigence plus urgente que d'autres ? Comment choisir ? La gesticulation impuissante ne se substituera-t-elle pas inévitablement à l'action cohérente, seule garante d'une progrès effectif, si minime soit-il ? Comment sélectionner "ses" victimes sans s'y mettre à plusieurs et ressusciter les vieilles vertus de l'action collective ? *Amnesty International*, Médecins sans frontières, Médecins du Monde... Quelques frêles acquis, quelques oppressions devenues moins incontournables. Mais sait-on bien que ces individus travaillent aux marges, et que pour la plupart d'entre nous les droits de l'homme constituent... un discours, une représentation (l'expression d'une souffrance *acclimatée)* ? » (G. Haarscher, *op. cit.*, p. 124).

D'où le défi de l'universalité, et la nécessité de dresser l'inventaire des ressources disponibles pour le relever :

« Alors voici : qu'est-ce qui peut bien nous motiver à au moins ressentir comme un scandale l'humiliation d'un homme que nous ne connaissons pas en chair et en os ? Quelle est la ressource cachée de cette formidable morale de l'abstraction à laquelle nous adhérons encore et toujours, fût-ce sur le mode de la mauvaise conscience impuissante, où des proclamations évocatrices et grandiloquentes, tout aussi impuissantes ? » (G. Haarscher, *op. cit.*, p. 126).

Pour répondre à sa propre question, G. Haarscher cite d'abord, rejoignant ainsi la « confession de foi » dénoncée par la Nouvelle droite (v. *supra*, p. 580), l'héritage culturel du monothéisme,

« qui nous fait placer la personne humaine, créée à l'image de Dieu, au-dessus des autres créatures, et considérer *ipso facto* que toute atteinte à ses prérogatives fondamentales constitue un scandale contre la Création, contre l'ordre des choses, contre l'univers même » (*ibid.*, p. 126).

L'auteur évoque ensuite, quand l'universalisme des religions « s'est trouvé transféré du ciel sur la terre, épuré de ses limitations dogmatiques », l'époque des Déclarations fondées sur Dieu et/ou la Raison :

« C'est Dieu parce que, bien entendu, le processus de désenchantement du monde et de crise de la foi ne s'est pas opéré d'un coup, et qu'à l'époque encore (c'est à maints égards toujours le cas aux États-Unis), la croyance en un dieu unique paraissait constituer la seule garantie d'une adhésion inconditionnelle aux valeurs humanistes et universalistes. Et c'est la Raison également, dans la mesure où les progrès des Lumières ont laissé espérer que les conflits humains, l'oppression et la misère ne résultaient que de l'ignorance et de la superstition. D'où l'idée suivant laquelle la science vaincra les ténèbres, la raison réconciliera les hommes, les fera communier dans la célébration de leurs droits fondamentaux » (*ibid.*, p. 127).

Or, si l'on en croit G. Haarscher, ces deux belles pièces de l'arsenal universaliste – foi monothéiste et idéal rationaliste – s'avèrent aujourd'hui aussi fragiles l'une que l'autre.

Pourquoi ? Parce que les fins poursuivies par l'homme ne ressortissent plus aujourd'hui du domaine de la raison, mais des passions ou des traditions. Qu'on se rappelle à cet égard la célèbre phrase de Hume (fin XVIIIe siècle) pour qui

> « il n'est pas irrationnel que quelqu'un se soucie à tel point de son pur intérêt personnel qu'il accepte sans sourciller l'annihilation d'une communauté entière, alors même que le fait de s'y opposer ne lui coûterait qu'une "égratignure" » (*ibid.*, p. 127-128).

Cette priorité – proprement révoltante – n'apparaît plus comme irrationnelle tout simplement à cause de l'absence de fins dans l'univers lui-même. Sans doute la philosophie grecque et la théologie médiévale ont-elles sans cesse œuvré à mettre au jour un ordre (cosmos) qui, par sa finalité, donnait sens à l'action éthique. La raison ou la foi orientaient alors l'agir humain dans le sens voulu par l'ordre universel, par exemple – dirions-nous aujourd'hui – dans le sens de l'engagement en faveur des droits de tout homme. Mais dès que, après Galilée, l'univers apparaît comme un mixte « de hasard et de nécessité » (J. Monod), aussi indifférents à nos plaintes qu'à nos désirs, alors se dérobe tout fondement possible de l'éthique, en particulier des droits de l'homme.

Devant ce constat de carence, le citoyen pragmatique ne s'affole sans doute pas : dans la mesure, dit-il, où nos sociétés vivent tout de même les droits de l'homme comme « une évidence », pourquoi vouloir à tout prix les fonder en raison ? Puisque d'ailleurs le « peuple » approfondit aussi peu que possible les fondements philosophiques de son action,

> « les philosophes ne confondent-ils pas leur propre crise d'identité avec les malheurs du monde, laissant entendre que le non-respect des droits de l'homme à l'époque contemporaine découle d'un manque de fondation rationnelle ? » (G. Haarscher, *op. cit.*, p. 129).

A ce personnage qui se console à trop bon compte des lacunes de la philosophie politique, l'auteur rappelle la différence d'ampleur : le fondement philosophique n'intéresse sans doute qu'une minorité d'intellectuels mais le fondement religieux touche une base populaire très large. D'où l'importance de la menace :

> « Que la philosophie entre en crise ne concerne que peu de gens ; la crise religieuse, en revanche, affecte des croyances communes » (G. Haarscher, *op. cit.*, p. 129).

Suffira-t-il, dès lors, pour combler le manque de fondation, de pratiquer la tautologie en appuyant l'excellence des droits de l'homme sur l'éducation à l'excellence des droits de l'homme ? On mesure la précarité d'une telle position.

Pour justifier tout de même cette voie fragile, G. Haarscher tire la conclusion désenchantée de son inventaire :

> « Voici le résultat provisoire de nos investigations : notre hédonisme de protégés ne garantit nullement notre engagement pour le droit de tous (nous sommes à maints égards des *humanistes imaginaires*) ; le machiavélisme des gouvernants ne "lâchera" des droits qu'au profit de ceux qui sont capables de les imposer. Dans les deux cas, le sort des véritables destinataires de cette morale – les humiliés et offensés incapables de peser par eux-mêmes sur les *Realpolitiker*, ou d'intéresser *réellement* les hédonistes assoupis de l'Occident tardif – est sans espoir. Et s'il fallait se porter au-delà du machiavélisme et de l'hédonisme pour fonder une morale de l'extrême urgence et

garantir les droits de ceux qui se trouvent en deçà de tout combat possible, du moins dans l'immédiat, nous nous trouverions confrontés à la crise de la religion et à celle, tout aussi inéluctable, de la métaphysique rationaliste. Alors, que reste-t-il ? Cette éducation, justement, cette *volonté – sans appui, sans filet protecteur, sans Grand Cosmos accueillant pour la justifier – de transmettre l'héritage, de continuer.* L'existentialisme a sur ce point raison : rien – sauf la mauvaise foi, la *wishful thinking*, les bricolages philosophiques contemporains et le réenchantement religieux du monde – ne nous déchargera de notre responsabilité, de nos choix, de notre *décision* » (G. Haarscher, *op. cit.*, p. 130).

Désenchantement qui confine au désespoir – si l'on veut bien appeler les choses par leur nom – puisque aucune raison ne fonde plus la conviction ici manifestée. Le « grand » individualisme « éthico-universaliste » de la conscience kantienne qui se donnait à elle-même la transcendance de l'impératif catégorique a, en effet, cédé durant le « petit » individualisme « possessif » de Hobbes ou de Hume (cf. sur cette distinction, G. Haarscher, *La raison du plus fort, philosophie du politique,* Bruxelles, Mardaga, 1988, p. 50 et s.). Toute la vie politique a ainsi passé sous le régime hypothétique du calcul conduit, soit de manière mesquine à la manière des égoïstes qui stipulent entre eux l'autorité qui maintiendra l'ordre, soit de manière plus noble comme le Prince machiavélien qui concède des droits aux gouvernés pour mieux assurer son pouvoir.

Où l'on voit que la raison humaine – philosophique ou théologique – rendue incapable de saisir les fins qui vaudraient pour tout être humain, ne peut que se rabattre sur sa propre fonction instrumentale, c'est-à-dire sur l'adéquation des moyens aux fins que – désenchantement oblige – chacun se donne désormais. L'individu à qui viendrait l'idée de donner aux droits de l'homme une portée d'éthique universelle qui prétendrait dépasser l'aire de l'intérêt politique ne connaît, dès lors, pas d'autre choix que d'entrer dans *la croyance.* Croyance qu'il faudra susciter, avons-nous vu, dans l'éducation :

> « Les droits de l'homme dans leur version machiavélienne ont leurs limites : on peut penser, dans leur perspective, la fragilisation progressive des pouvoirs arbitraires et l'expansion progressive des libertés ; mais pour que ces dernières ne culminent pas – si l'on peut dire – en un hédonisme radical (...), il est nécessaire qu'un cran d'arrêt soit installé, sans quoi la pente de désenchantement menant au nihilisme du "tout est permis", "tout est possible", sera dévalée avant que l'intellectuel "humaniste" ait simplement eu le temps de se retourner. Un tel cran d'arrêt, c'est cette éducation sur laquelle il faudra maintenant concentrer les recherches » (G. Haarscher, *Philosophie des droits de l'homme, op. cit.*, p. 138-139).

Or si le philosophe, aussi courageux que désespéré, n'offre aujourd'hui à la cause exigeante de l'universalité des droits de l'homme que la circularité de l'éducation qui inculque la croyance, puis de la croyance qui pousse à son tour à l'éducation, comment son entêtement résistera-t-il aux autres convictions, tout aussi têtues peut-être, qui disent, elles, le contraire des droits de l'homme ? Subjectivité pour subjectivité, rien désormais ne départage les croyances : l'humaniste d'un côté, éduqué à cette conviction, persiste à croire que tous les « humiliés et offensés » doivent jouir de leurs droits de l'homme alors même qu'ils n'ont pas eu la chance de naître en Occident ou qu'ils n'ont plus la force de se faire respecter de leurs chefs ; la Nouvelle droite, de l'autre côté, particularise d'emblée le droit dans les nations capables de faire accéder les individus – quelques-uns du moins – à l'état d'humanité. Entre, d'une part, les exigences morales du philosophe qui a appris les droits de l'homme en sa jeunesse mais sans qu'il sache trop pourquoi ces droits voudraient pour tous les humains

> « parce qu'une sourde décision a été prise par lui, ou, comme on voudra, parce qu'une tradition – un sens catégorique du Bien et du Mal – lui a été transmise, a été imprimée en lui comme, disait Freud, un "surmoi" » (G. Haarscher, *op. cit.*, p. 132),

et, d'autre part, les chants guerriers de l'extrémiste qui s'enivre dans la conquête de l'humanité de l'homme par l'exacerbation politique des différences entre individus inégaux et nations inégales, aucune instance ne tranchera puisque l'histoire contemporaine a vu s'effacer la juridiction à compétence universelle.

Tant pour l'humaniste désenchanté que pour la Nouvelle droite, en effet, le monothéisme judéo-chrétien a perdu sa raison d'être publique, remplacé par la laïcité d'un côté, le paganisme de l'autre ; de même la raison des Lumières décidément trop abstraite au regard soit de la singularité individuelle soit de la particularité nationale, a perdu tout le crédit dont elle avait besoin pour régir le cours des choses politiques. Or si l'universalité inhérente à la nature humaine ne relève plus d'aucune instance tierce qui en jugerait, si donc ladite universalité ne réside plus que dans les convictions purement subjectives des humains qui l'estiment telle ou telle, pourra-t-elle jamais s'exprimer ailleurs que dans le rapport de force, lequel, privé de raison précisément, tournerait bientôt à la violence ?

En d'autres termes, si le philosophe humaniste n'oppose que la circularité mutuellement fondatrice de la croyance dans les droits de l'homme d'une part, de l'éducation à ces mêmes droits d'autre part, à la position de l'extrême-droite païenne qui exalte, elle, les différences entre les hommes et les cultures comme condition d'accès à une humanité qui s'arrache de haute lutte, on ne peut – hélas – que déplorer le déséquilibre intellectuel des deux thèses en présence. Car la conviction humaniste ici exposée n'entre finalement dans le champ social qu'en se présentant, elle aussi, comme une force. Force dont on voit d'autant moins pourquoi elle devrait s'imposer que le message humaniste lui-même proteste, au nom des droits de l'homme précisément, lorsqu'elle prétend régler à elle seule les rapports que nouent les humains. La conviction extrémiste qui tire la conséquence du déclin de l'universel (religieux ou philosophique) en exaltant jusqu'à l'exclusive la particularité des individus et des nations appelés à construire leur humanité ne s'avère-t-elle pas – pour le pire – logiquement plus cohérente ? Or si l'on veut – pour le meilleur – reconnaître la validité des droits de tout homme, ne s'impose-t-il pas de casser par une réflexion plus approfondie la logique qui oblige l'humaniste désenchanté à se contredire ?

Au lieu de vouloir éduquer autrui à l'excellence des droits universels par un acte qui ressemble étrangement à un coup de force particulier, ne faut-il pas *méditer* à nouveau sur la condition humaine qui tient déjà ensemble, comme en un même droit, quoi qu'en disent les conclusions opposées de la Nouvelle droite et de l'humanisme désenchanté, tous et chacun des humains ? C'est d'ailleurs par cet exercice, appliqué à l'article 1er de la Déclaration universelle des droits de l'homme (1948) que nous entamons la conclusion du présent volume.

CONCLUSION DU PREMIER VOLUME

Les questions du droit

« Tous les êtres humains naissent libres et égaux en dignité et en droits. Ils sont doués de raison et de conscience et doivent agir les uns envers les autres dans un esprit de fraternité. »

Article 1er de la *Déclaration universelle des droits de l'homme* (1948).

Notre synthèse commence par une méditation sur le premier article de la Déclaration universelle des droits de l'homme (chap. Ier) afin d'y mettre en évidence le fil de la matière exposée dans les pages qui précèdent (chap. II). En suivant ce fil, on passe, via la nature, du droit à l'histoire (chap. III).

Chapitre Premier

LA NATURE DES DROITS DE L'HOMME

En posant comme première pierre de l'édifice des droits de l'homme au lendemain de la seconde guerre mondiale la liberté, l'égalité et la fraternité des êtres humains, l'Assemblée générale des Nations Unies prenait un engagement solennel sur les fondements duquel les juristes n'ont pas fini de se recueillir. Pour entrer dans cette réflexion, on évoque ici une partie des travaux préparatoires à la formulation du texte (sect. 1) puis deux mots qui en confirment discrètement une lecture jusnaturaliste : la conjonction (sect. 2) et la naissance (sect. 3).

1 / La genèse du texte

Au cours des travaux qui ont mené à la rédaction finale de l'article Ier de la Déclaration universelle, plus précisément lors de la 2e session de la Commission des droits de l'homme (décembre 1947), le groupe de travail chargé d'étudier la Déclaration eut à se pencher sur la version suivante de l'article 1er : « Tous les hommes sont frères. Ils sont doués par la nature de raison et de conscience. Ils naissent libres et égaux en dignité et en droits » (cf. A. Verdoodt, *Naissance et signification de la Déclaration universelle des droits de l'homme*, préface de René Cassin, Louvain, Société d'études morales, sociales et juridiques, Paris, Nauwelaerts, 1964, p. 79). Trois différences sont à noter entre cette formulation provisoire proposée à la Commission et le texte définitif – cité en exergue de la présente conclusion – adopté un an plus tard par l'Assemblée : l'inversion des phrases, la suppression de la référence à la nature et l'apparition de l'expression « êtres humains ».

Quant à cette dernière différence, on comprendra sans peine que la demande de transformation du mot « hommes » en « êtres humains » et, corrélativement, du mot « frères » en « fraternité » ait émané de la Commission de la condition de la femme (cf. A. Verdoodt, *op. cit.*, p. 80). Le langage utilisé par la Déclaration ne pouvait en effet induire une discrimination, trop fréquente dans l'histoire, entre les deux sexes.

La suppression de la référence à la nature – cette nature qui élève les humains par la raison et la conscience au-dessus de l'animalité –, résulte d'un compromis. Alors que d'autres voix auraient préféré définir les êtres humains comme « créés à l'image et à la ressemblance de Dieu » et donc, à cause de cette qualité, « doués de raison et de conscience », les rédacteurs ont préféré se taire sur ce point. Ainsi se sont-ils rangés à un prudent empirisme qui leur évitait d'entrer dans le débat métaphysique qui attribue soit à Dieu – au risque alors de déplaire aux esprits athées ou agnostiques – soit à la nature – au risque cette fois d'effaroucher les consciences croyantes – l'origine de la spécificité humaine (cf. A. Verdoodt, *op. cit.*, chap. VI, p. 275 : parties rejetées de la Déclaration).

L'inversion des phrases – première différence notée entre le texte proposé et le texte adopté – eut pour but de placer à la fin de l'article, comme un *devoir*, la fraternité que le projet de texte plaçait à son début comme un *état*. L'écart qui sépare l'affirmation principielle « tous les hommes sont frères » de la situation réelle caractérisée par la mésentente dans le monde obligeait en effet à corriger « sont » en « doivent se comporter comme » (des frères), texte finalement devenu, pour préciser comme on l'a dit qu'il s'agit des hommes et des femmes, « doivent agir les uns envers les autres dans un esprit de fraternité » (cf. A. Verdoodt, *op. cit.*, p. 81-82).

Les transformations évoquées à propos de ce texte hautement symbolique cernent assez bien la situation plutôt inconfortable qu'occupe le droit naturel aujourd'hui. Certes la fraternité plane à la verticale de l'histoire humaine comme un « esprit », mais on ne voit guère en quelle réalité prend corps cette sorte de devoir aussi abstrait qu'impératif. La réalité concrète montre en effet tant de comportements si peu fraternels de la part des humains qu'on se demande de quel *Sein* (être) émanerait un tel *Sollen* (devoir-être). Perplexité d'autant plus grande que la constitution spécifique de l'humanité – la raison et la conscience – n'apparaît publiquement que comme un don anonyme. Qui en a « doué » l'homme ? *Deus sive Natura ?* La Déclaration n'a indiqué ni Dieu ni la nature afin de ne pas heurter l'universalité dont l'Assemblée générale avait besoin pour exorciser les démons terriblement proches qui ont conduit au génocide. Mais malgré le silence du texte à ce sujet, la méditation jusnaturaliste retiendra au moins deux de ses mots qui parlent même s'ils restent couverts.

2 / La discrète conjonction

Le mot *et* revient quatre fois (c'est le plus utilisé) dans l'article premier puisqu'on y dit des êtres humains qu'ils naissent libres *et* égaux – en précisant que cette égalité vaut en dignité *et* en droits –, et aussi, qu'ils sont doués de raison *et* de conscience. Enfin cette dernière constatation se voit reliée à l'action par la même conjonction : Ils sont doués... *et* doivent agir. Or si ce petit mot unit en son quatrième emploi la spécificité humaine de l'être et l'obligation morale inspirée par la fraternité, il remplit curieusement le rôle qu'au début de cet ouvrage nous reconnaissions à la *nature* entendue dans l'unité de sa polysémie. La tentation était grande alors, rappelons-nous, de découper le concept en ses deux volets, de constitution, d'universalité, de cause efficiente d'un côté, de valeur, de spontanéité, de cause finale de l'autre. Nous avons préféré tenir comme une donnée de la nature elle-même ce *et* qui relie les deux versants qu'elle contient, du *Sein* (« ils sont doués ») et du *Sollen* (« ils doivent agir »). Ainsi la nature, effacée pourtant du projet d'article 1er de la Déclaration universelle, fait-elle un signe discret de reconnaissance en alliant la constitution spécifique de l'être humain *et* son obligation morale fondamentale.

Signe discret encore, notons-le, dans les trois autres emplois puisque la conjonction relie, dans la spécificité humaine, la puissance d'objectivité qu'est la raison *et* la perception des singularités qu'est la conscience : « doués de raison *et* de conscience » (sur la conscience comme « sentiment qu'il existe d'autres hommes », cf. A. Verdoodt, *op. cit.*, p. 78). Remontons encore : le *et* de la nature conjoint la communauté des humains dans la même dignité objective d'une part, l'attribution à chacun d'eux de mêmes droits subjectifs d'autre part : « Égaux en dignité *et* en droits. » Nous aboutissons ainsi à la première mention qui allie l'irréductible singularité de la liberté et l'exigence objective de l'égalité : « Tous les humains naissent libres *et* égaux. »

Discrète, la conjonction *et* n'hésite pas à mettre ensemble la vivacité de la *liberté* épanouie dans ses *droits* subjectifs, prenant *conscience* de l'obligation d'un agir fraternel d'un côté, avec l'ordre de l'*égalité* exprimé dans une commune *dignité* objective et porté par la *raison* qui scrute la constitution du réel de l'autre côté. Comme elle, la nature assure l'unité de ses deux dimensions, appelant l'esprit à rejoindre cette « conjonction » par réflexion sur sa propre naissance. Car voici l'autre mot qui suscite la méditation jusnaturaliste : « Tous les êtres humains *naissent*... » Alors que le « et » rappelle quatre fois dans l'article le travail caché de la synthèse qu'opère la nature, le verbe *naissent* indique un peu plus explicitement en quel acte se fonde un tel travail.

3 / La naissance de la fraternité

La Déclaration universelle, si abstraite qu'elle paraisse, rapporte en effet la liberté et l'égalité des êtres humains à l'événement concret de leur naissance. Au cours des travaux préparatoires de l'article 1er, il fut proposé d'écrire :

> « Tous les êtres humains *sont* libres et égaux »,

car disait-on,

> « il ne faut pas laisser entendre que les hommes, bien que nés égaux, peuvent perdre cette égalité pour des raisons de quelque ordre que ce soit »,

mais la rédaction actuelle du texte fut maintenue,

> « proclamant le droit des êtres humains à la liberté et à l'égalité, droit qu'ils possèdent de naissance quels que puissent être les événements postérieurs » (A. Verdoodt, *Naissance et signification de la Déclaration universelle des droits de l'homme*, *op. cit.*, p. 82).

L'enracinement de la liberté et de l'égalité des humains en leur naissance apparaît ainsi comme une garantie contre les aléas postérieurs de la vie politique. Est-ce déformer le texte que de lire en cet ancrage une nouvelle présence de la nature puisqu'elle aussi *(natura, natus sum)* renvoie à la naissance ?

Les êtres humains naissent de l'homme et de la femme. D'où l'importance symbolique de la première modification apportée au texte provisoire de la Déclaration (« Tous les hommes ») où le langage inclusif (« Tous les êtres humains ») corrige le risque de discrimination qui menace les femmes. Car s'il importe de poser d'emblée, dans le texte qui déclare les droits de l'homme à la face universelle du monde, le surgissement conjoint de la liberté et de l'égalité des êtres humains du fait même de leur naissance, il fallait dissiper toute équivoque quant à la relation fondatrice de cette naissance : elle unit l'homme *et* la femme. Du même coup, l'article 1er de la Déclaration retrouve un peu de cette chair qui donne son poids de gloire à la nature humaine. Devenus par leur union le lieu – paternel et maternel – de naissance de « tous les êtres humains », l'homme et la femme permettent à la nature par le jeu des quatre *et* de l'article premier, d'aboutir au devoir de la fraternité non plus seulement selon un « esprit » qui obligerait les êtres humains du haut de son impératif catégorique en désespérant de se voir jamais exaucé d'eux, mais dans la chair elle-même puisque les frères (et les sœurs) se définissent par leur naissance du même père et de la même mère. Gommée de la face explicite du texte de la Déclaration, la nature en traverse cependant tout l'article 1er, depuis le début de la naissance jusqu'à la fin de la fraternité. Fruit immédiat (« naturel ») de la naissance, la fraternité oblige les « êtres humains » qu'elle saisit à être ce qu'ils sont, « libres et égaux ».

Chapitre II

LA GENÈSE DU DROIT

Pour relire dans cette perspective l'acquis des sept titres précédents, notre conclusion reprend selon un ordre davantage génétique les questions que le présent ouvrage a exposées en suivant le fil traditionnel des branches du droit. Selon un ordre génétique, car la méditation entamée sur la nature qui se cache en dessous de la lettre de l'article 1er de la Déclaration universelle invite le jusnaturaliste à placer au départ du parcours (sect. 1) la relation homme-femme, lieu de naissance et donc de fraternité des êtres humains (cf. *supra*, titre III sur la famille, p. 165).

Vient ensuite (sect. 2), au-delà du cercle familial, la relation proprement politique, de l'homme à l'homme, vécue dans une tension où la singularité de la liberté humaine appelle une reconnaissance de soi universelle en passant par la médiation d'une entité politique particulière. Ici s'articulent pôle subjectif et pôle objectif du droit (cf. *supra*, le titre Ier sur le droit constitutionnel et le titre II sur le sujet de droit), moralité commune et choix national (cf. *supra*, le titre VI sur le droit pénal, p. 429, et le titre VII sur la pluralité, p. 499).

Reste alors (sect. 3) la relation économique, précédée comme on l'a dit par la relation politique, elle-même devancée par la relation familiale. En cette relation de l'homme à la nature, il est question des biens qui reviennent à chaque sujet : *suum cuique tribuěre* ; il est donc question de justice (cf. *supra*, le titre IV sur les biens, p. 231, et le titre V sur les obligations, p. 335).

La genèse du droit, s'étant ainsi successivement reconnue dans la naissance, la Nation et la Nature, fait retour sur elle-même dans le corps (sect. 4).

1 / L'ajustement familial

De même que la société économique de la production (travail) et de la consommation (besoin) ne peut prendre le pas sur la communauté politique car la reconnaissance mutuelle des libertés précède le rapport de l'homme à la nature, ainsi la communauté politique doit-elle donner la priorité à la famille car là se noue le premier lien social, dont elle profitera d'ailleurs elle-même puisque là aussi elle trouvera la racine affective qui permet aux humains de concilier l'inconciliable : l'égalité et la liberté des citoyens. Peut-on en effet supporter la parité dans la différence et la différence dans la parité sans un minimum d'affection ?

On retrouve ici le paradoxe déjà évoqué : le droit suppose plus que le droit. Nos considérations sur le droit de la famille (v. *supra*, titre III, p. 175) montraient que la contrainte propre au droit ne rejoignait finalement jamais entièrement son objet. On voit pourquoi : la reconnaissance qu'exerce un sujet considérant la liberté d'autrui comme égale à la sienne suppose un acte spontané – échappant donc à la contrainte juridique – qui s'appuie en fin de compte sur la fraternité sous-jacente à la double exigence juridique de l'égalité et de la liberté. Or cette fraternité trouve son lieu naturel dans la famille.

Sans doute le contrat social donne-t-il à la société le fondement d'une convention passée entre adultes mais, si intéressante qu'elle soit en droit public pour souligner l'importance des libertés dans la production même de la société et de la loi, cette figure ne correspond tout de même pas à ce qu'enseigne la nature, à savoir que les libertés ne naissent pas adultes, capables donc de contracter d'emblée, mais qu'elles ont d'abord besoin d'un lien social – celui de la famille précisément – pour déployer ce qu'elles sont.

Or par rapport aux propos tenus sur les exigences jusnaturalistes de l'égalité et de la liberté, le lien familial paraît, nous l'avons dit (v. *supra*, titre III, p. 181) se poser doublement en retrait : au chapitre de l'égalité d'abord, dans la mesure où l'incapacité frappe matériellement et juridiquement l'enfant, soumis dès lors à ses auteurs. Les classiques affirmaient d'ailleurs que la justice politique n'entre pas à la maison puisque les rapports ne sont pas égalitaires entre tous les membres de la même famille ; au chapitre de la liberté ensuite du fait que l'autonomie humaine paraît ici singulièrement dépendante de forces qui la précèdent : l'instinct que l'homme partage avec les autres animaux commande, disait déjà Ulpien, le droit naturel du lien conjugal et de la procréation des enfants.

En réalité, cette double donnée qui semble faire du lien familial une relation à la fois inégalitaire et instinctive, à l'opposé donc de la conviction fondamentale du droit naturel quant à l'égalité des libertés, ne se comprend qu'en rapportant le lien familial en l'en deçà du droit rappelé à l'instant. Dans cette perspective, l'inégalité domestique ne devrait pas se comprendre comme l'opposé de l'égalité politique réclamée par le droit, ni l'instinct de l'engendrement comme le contraire de la liberté humaine également impliquée dans le droit. En cette inégalité et cet instinct, il s'agirait plutôt de saisir que la fraternité inhérente à la vie familiale résulte d'un don. Don de qui ? de la nature puisque la faiblesse des enfants et l'instinct des parents constituent des données naturelles. Or, par ce don serait symbolisé le nécessaire en deçà des exigences du droit. La famille en effet ne résulte pas uniquement d'une décision de sujets égaux et libres car elle repose aussi sur l'inégalité et sur l'instinct qui s'imposent à elle, mais ce vécu familial, redisons-le, ne contredit pas pour autant les exigences du droit : il les fonde plutôt sur ce don symboliquement manifesté par ces apparentes anomalies. Tandis que la liberté et l'égalité résolvent leurs exigences apparemment contraires dans la fraternité qui leur est sous-jacente, voici que cette fraternité elle-même, naturellement portée par l'inégalité et l'instinct inhérents au lien familial, se vit comme un don que les humains n'ont certes pas inventé mais qu'ils reçoivent au plus intime de leur liberté comme la promesse de leur égalité.

On sait que les rédacteurs de la Déclaration universelle des droits de l'homme n'ont pas maintenu l'affirmation d'abord prévue à l'article 1er du texte : « Tous les hommes sont frères ». Hypocrisie, disait-on, de maintenir une telle disposition alors que le monde connaît effectivement si peu de fraternité ! D'où le rejet en fin d'article de cette fraternité, qui n'agit plus, à titre « d'esprit », que comme un devoir (cf. *supra*, chap. Ier, p. 592). Or l'attention que nous avons voulu porter à la naissance des êtres humains découvre l'enracinement naturel de cette cause finale (« ils doivent agir... ») dans la cause efficiente (« ils sont... ») et de cet *esprit* (de fraternité) – dans le *corps*, né de l'union de l'homme et de la femme.

Certes, la liberté ne retrouve pas en cette racine qui plonge jusque dans le monde instinctif de l'animal, l'autonomie dont elle rêvait lorsqu'elle imaginait son propre état de nature dégagé de toute entrave ; l'égalité n'y reconnaît pas non plus les images qu'elle se faisait d'elle-même au moment où elle passait le contrat social puisqu'elle doit s'incliner ici devant l'infériorité de départ des descendants à l'égard des ascendants. Il n'empêche, encore une fois, que le plus sûr moyen de fonder l'égalité et la liberté au sein de la cité consiste à remonter leur double cours jusqu'à leur source commune. La fraternité y coule de soi puisqu'elle s'engendre naturellement dans le don mutuel de l'homme et de la femme.

On comprend alors que notre développement sur la famille (cf. *supra*, titre III, p. 174) ait insisté sur l'indisponibilité qu'exige le droit pour mettre en place les conditions de son indispensable dépassement. Adhérer à autrui par la chair et le sang et par la parole de l'institution matrimoniale, permettre en ce don le surgissement d'une personne tierce, c'est serrer au plus près – quoi qu'en rêvent les désirs détachés du corps et du lien – les conditions mêmes de la liberté et de l'égalité à vivre dans la cité.

2 / L'ajustement politique

La société politique entend universaliser à sa manière par le moyen du droit le processus de reconnaissance entamé dans la sphère familiale. Sans doute l'État perd-il ici en intensité ce qu'il gagne en extension puisqu'au grand nombre de sujets qu'il rassemble il n'impose que les formes juridiques et jamais l'acte proprement éthique de la reconnaissance. Il n'empêche que le rassemblement opéré par lui garde quelque chose d'irréductiblement concret. Sous l'État, en effet, figure de la rationalité qui étend les « droits de l'homme » aussi loin que possible, se vit la Nation, rassemblement volontairement particulier qui se donne une Constitution propre où figurent plus spécifiquement les « droits du citoyen ». Déchéance du rationnel dans l'irrationnel ou du monisme dans le pluralisme ? Pas nécessairement : acceptation plutôt du fait que des êtres de chair et de sang n'élargissent le champ de la reconnaissance mutuelle vécue dans la famille qu'à partir de cet autre lieu de naissance qu'est la *Nation*.

L'affection de soi qu'emporte le corps où le sujet se trouve donné à lui-même comme fruit d'un don réciproque, se redouble en effet dans le rassemblement propre à chaque pays. Non pas que telle société aurait à se comprendre elle-même à la manière d'un corps organique qui se verrait imposer son propre fonctionnement comme une loi naturelle : nous avons d'ailleurs dit plus haut le danger de la « défense sociale » qui irait dans ce sens (cf. *supra*, titre VI, p. 436). Mais le rassemblement politique n'obéit pas non plus au froid calcul du « contrat social » mené par des individus seulement raisonnables. Gardant les traces de son origine familiale, la liberté aime à retrouver dans son pays, qu'elle appelle d'ailleurs patrie, son propre engendrement à une communauté large, où se vit non pas encore la reconnaissance universelle mais, en relais de celle-ci, l'affection particulière des citoyens entre eux – particulière comme, *mutatis mutandis*, celle de soi pour soi.

D'où le défi : d'une part le droit donnera forme à cette entité spécifique qui s'est constituée bien souvent par la lutte tant en son propre sein qu'envers l'extérieur d'elle-même, d'autre part, il rappellera sans cesse aux diverses entités nationales la raison même de leur « constitution » : la reconnaissance d'autrui – de n'importe quel autrui – comme libre et égal à soi. Cette tension inhérente au droit justifie à la fois les considérations tenues sur les sources du droit en droit constitutionnel (v. *supra*, titre Ier, p. 53) et sur la pluralité des ordres juridiques (v. *supra*, titre VII, p. 502) : sans doute le pouvoir (constituant par exemple) énonce-t-il le droit, mais il n'a pas le droit (d'où le tirerait-il, en effet ?) de dire qu'il en est lui-même la source ; par ailleurs, le droit ne se réduit pas au monisme abstrait de l'État universel, puisque la reconnaissance qu'il poursuit – depuis son départ de la sphère familiale – suppose précisément l'altérité.

Paradoxe du droit ! Il s'énonce nécessairement à partir du pouvoir au sein d'une entité politique déterminée, mais la particularité même de cette entité renvoie la formulation de ce droit à une source plus profonde, qui touche l'universel. Distance du pouvoir donc par rapport au droit, – distance que symbolise déjà la séparation constitutionnelle des pouvoirs –, mais tout de même besoin du pouvoir pour dire le droit puisque le rassemblement que régit ce droit est né du sol et du sang d'une Nation, *des* nations diverses qui couvrent la surface de la terre.

La même tension a commandé les propos qui concernent le droit pénal (v. *supra*, titre VI, p. 458) : la peine ne s'explique pas en dehors de l'exigence proprement morale de reconnaissance d'autrui, elle ne s'y identifie toutefois pas puisque sa fonction politique de maintien de la Nation dans la cohésion sociale la tient toujours à distance de ce fondement éthique. Contre les positivismes contrastés du contrat social et de la défense sociale, on a donc souligné le minimum éthique de la convivance démocratique mais sans oublier que l'exigence universelle de la morale ne peut jamais se laisser assimiler à la défense de la Nation particulière, si nécessaires que soient l'une et l'autre.

Pour clore le parcours de la société politique, il reste à revenir à la condition corporelle du sujet de droit (v. *supra*, titre II, p. 107) car cette condition, reçue de l'homme et de la femme, symbolise la double dimension du droit vécu dans la cité. Le pouvoir n'y est pas à la source du droit, disions-nous, tout simplement parce que le droit régit la relation entre des sujets et que ces sujets s'objectivent dans l'espace public non point par la décision du pouvoir qui les aurait qualifiés tels mais par le corps qui les révèle d'emblée comme les sujets qu'ils sont déjà. Par ailleurs, le droit ne se laisse pas non plus absorber dans sa dimension subjective d'autonomie car le corps renvoie le sujet lui-même à l'objectivité de la relation, familiale d'abord, politique ensuite. Signe de dépendance au moins autant que d'autonomie, le corps appelle l'ordre objectif qui donnera forme concrète au rassemblement opéré dans la Nation. Quelle forme concrète ? Celle que permettent les circonstances de temps et de lieu, celle surtout que la volonté particulière de chaque pays entend donner à son vivre-ensemble. Mais pour que le droit reste fidèle là-bas à la source fraternelle qui le précède, la forme positive qu'il instaure devra viser sans cesse la *liberté* des citoyens rassemblés en tant que sujets de droit, non moins que leur *égalité* puisque, précisément, ils sont tous sujets.

Achevons : en se présentant comme la clé secrète qui permet de tenir ensemble le double défi de la liberté et de l'égalité, la fraternité déborde encore le champ du pays où se relève chaque fois ce défi. Car si la naissance donne aux enfants de venir « au monde », la Nation le donne aussi aux citoyens qu'elle rassemble : c'est pour une fraternité universelle (« Ils doivent agir les uns envers les autres dans un esprit de fraternité » art. 1er Décl. univ. dr. h.) que se partage l'affection politique particulière.

3 / L'ajustement économique

Après avoir rappelé la relation conjugale comme lieu de *naissance* de la fraternité qui détermine à la fois l'être et le devoir-être des relations ultérieures, ainsi que la *Nation* comme rassemblement concret où les sujets vivent l'affection politique qui leur permet de viser à la fois, par le moyen du droit, leur liberté et leur égalité, il reste à évoquer le rapport des humains à ce troisième lieu de naissance qu'est la *Nature*.

Naissance puisque l'humain provient d'elle. Par les millions d'années que l'évolution de l'univers a prises pour tisser le corps des êtres qui seraient « doués de raison et de conscience » se marquent à la fois le lien et la limite entre l'homme et la nature. Provenance et coupure caractéristiques de toute naissance. En sa conscience, l'être humain se perçoit lui-même comme plongeant ses racines corporelles dans l'immense matière qui s'est structurée en vie végétale puis animale puis humaine : d'où l'indéniable lien. En son corps pourtant, l'être humain se perçoit également capable de distance à l'égard de cette évolution qu'il doit désormais conduire selon les impératifs de sa conscience : d'où la tout aussi indéniable rupture.

La nature entendue comme nous l'avons dit, alliance de l'être et du devoir-être, traverse cette double condition de la naissance – lien et rupture – pour donner la justesse du rapport de l'homme aux biens. Rappelons-le, en commençant par la rupture.

Autant il importait de ramener à son centre familial de fraternité le rayonnement de la liberté et de l'égalité que les citoyens exercent dans le champ de chaque pays, autant il importe à présent de ramener à ce champ politique le rapport de l'homme à la Nature. D'abord parce que la nature comme telle ne jouit pas de droits, ni les arbres, en effet, ni même les animaux ne se posent comme des sujets dans l'ordre du droit (v. *supra*, titre II, p. 106). Ensuite parce que l'appropriation des biens et leur répartition ne s'opèrent pas juridiquement en dehors de la relation par laquelle les humains se reconnaissent libres et égaux. Libres, donc propriétaires des biens sur lesquels ils auront appliqué leur travail (v. *supra*, titre IV sur la propriété, p. 264), donc également liés par la justice commutative qui exige tant le respect de la promesse donnée dans le contrat que la réparation du dommage causé par la faute (v. *supra*, titre V sur les obligations, p. 338). Égaux aussi et donc tenus à la considération du besoin d'autrui dans la répartition des biens de la terre non moins qu'à la justice distributive qui traverse le droit des obligations pour assurer un sort plus équitable aux sujets qui subissent davantage l'inégalité.

Ici encore, la condition corporelle nous paraissait instructive en sa double dimension : l'autonomie que manifestent les humains en leur corps par leur travail et par leurs engagements détermine un rapport à la nature que le droit doit nécessairement prendre en compte, en le liant toutefois – fraternité oblige – à cet autre aspect du sujet que révèle le corps, savoir la faiblesse, le besoin, l'altération, qui permet à autrui, lui aussi corporel, de trouver dans la nature la place qui lui revient de droit.

4 / Le corps de la justice

Le parcours de la relation familiale puis politique puis économique à partir du triple lieu de naissance du rapport homme-femme, de la nation et de la nature a-t-il permis de dégager un devoir-être, une justesse à partir de l'être même qui se donne, qui « naît » ainsi ? Cherchant à vérifier la pertinence d'une compréhension de la nature comme alliance de spontanéité et d'ordre, de genèse et de fin pour fonder sur cette nature un droit qui, allant de soi, se déprendrait ainsi de son propre arbitraire – un droit naturel donc –, nous avons rencontré la condition corporelle des humains à chaque détour de la réflexion. Objectivité de la subjectivité, alliant ainsi en lui les deux faces du droit comme de la nature, le corps livre le sujet à la relation à partir du don qui, l'ayant fait naître de l'homme et de la femme, l'engage d'emblée dans le rapport fraternel.

Gardant comme un vivant symbole la trace de cette fraternité originelle, le corps rappelle tout au long de l'existence l'affection de soi qui, débordant la famille, se vit ensuite dans la cohésion de la cité. Là se cherche dans les tâtonnements qui privilégient tantôt la liberté, tantôt l'égalité l'universalisation du lien qui caractérisait au départ l'enceinte familiale. Là s'exerce le difficile équilibre qui a besoin tant de la justice commutative que de la justice distributive pour ajuster le rapport des humains à la nature. Témoin persistant du don qui l'a fait naître, le corps demeure, tout au long de sa vie et jusque dans sa fragilité extrême, le signe qu'il conviendrait de lire *(Sollen* du *Sein)* comme l'exigence d'une fraternité dans le jeu de la reconnaissance politique et de l'échange économique.

Les Anciens définissaient le droit en tant qu'*objet* de la justice. Au vu du parcours qui s'achève ici, il est permis de préciser : le droit, *corps* de la justice.

Chapitre III

DU DROIT A L'HISTOIRE

Des cinq objections opposées au projet du présent ouvrage (v. *supra*, Introduction, p. 19), les deux premières évoquaient d'abord le caractère « philosophique » puis l'impuissance du droit naturel, singulièrement démuni en comparaison des dispositions positives sanctionnées par le pouvoir, les deux suivantes dénonçaient l'entreprise à la fois rétrograde et impérialiste qui tente d'échapper aux progrès de la démocratie en ramenant l'histoire aux idéologies anciennes, la dernière invoquait l'irréductible polysémie de la nature pour conclure à l'impossibilité de l'œuvre. Au terme de ce premier volume, on les reprend ici, d'ailleurs en déplaçant la cinquième au milieu des quatre premières afin d'aller du droit à l'histoire, en passant par la nature.

1 / Le fort et le juste

On a voulu répondre aux deux premières objections évoquées en présentant comme autant de « questions du droit » les ouvertures que les diverses branches de la discipline juridique maintiennent dans le tissu serré de leur positivité. Faut-il les rappeler une dernière fois ?

Pour que le pouvoir constituant énonce légitimement la norme fondamentale d'un État de droit, il doit accueillir d'abord comme une donnée du droit qui s'impose à lui l'objectivité des sujets déjà là, égaux et libres en leur nature. Nature signifiée d'emblée dans cette « constitution » naturelle du sujet qu'est son propre corps. D'où les droits de l'homme. Droits conçus non pas comme la décision suprême d'un pouvoir octroyant diverses prérogatives à ses sujets, ni à l'inverse comme la revendication partiale de ces mêmes sujets à l'encontre des exigences de l'ordre social, mais – à égale distance de cette double exaspération finalement ruineuse du droit – comme l'objectivité impliquée dans la démarche juridique elle-même (cf. *supra,* p. 93).

Pour que l'égalité et la liberté échappent à l'arbitraire qui déchire leur unité, on a vu s'enraciner ces deux données premières dans la fraternité. Tandis que l'institution du mariage rend le don mutuel des époux en principe aussi indisponible que l'enfant qu'ils engendrent, la filiation consacre le don paternel et maternel comme irréductible origine d'une fraternité qui finira par déborder la famille et dont le corps, encore une fois, garde la trace.

Pas plus que le droit constitutionnel ou le droit des personnes, le droit patrimonial ne se réduit au pur enregistrement des décisions prises soit par le pouvoir soit par les sujets. Car une première « propriété » et une première « obligation » précèdent et finalisent la répartition des biens et le jeu des échanges : fraternité originelle, exigence à la fois de liberté dans le travail et d'égalité dans la satisfaction du besoin, double versant de la justice, cette donnée première donne aux rapports des humains à la nature leur axe de légitimité.

Enfermer le droit pénal dans la positivité d'une décision politique ne s'avère pas davantage possible que pour les autres droits puisque les citoyens d'un même pays se trouvent d'emblée liés entre eux par un lien de nature qui précède et qui déborde – et qui traverse donc comme une exigence minimale fondamentale – le rassemblement politique particulier. De telle sorte que, par delà les fonctions d'utilité qu'on lui assigne, la peine ne trouve qu'en ce lien-là son vrai fondement.

A la fin du parcours, l'impossibilité de clôturer la diversité des ordres juridiques dans le champ de leur temps ou de leur espace, de leur mini-validité pluraliste ou de leur maxi-validité moniste, atteste une nouvelle fois la nécessaire ouverture du droit à la force éthique de reconnaissance qui pousse les êtres humains à « agir les uns envers les autres dans un esprit de fraternité » (art. 1er Décl. univ. dr. h.).

Mais parvenus au terme de ce tour d'horizon, avons-nous apaisé l'appréhension que suscitait le projet de formuler un droit jugé « philosophique » et « impuissant » ? Peut-être au contraire n'avons-nous fait qu'activer davantage cette inquiétude en montrant l'extrême fragilité d'un droit qui ne dispose que de la parole – et non de la force – pour se dire. La douloureuse ironie de Blaise Pascal sur les rapports inversés de la force et de la justice (« Et ainsi ne pouvant faire que ce qui est juste fût fort, on a fait que ce qui est fort fût juste », *Pensées*, éd. Brunschvicg, n° 298) traîne assez dans les mémoires pour qu'il soit encore utile d'insister sur ce décalage : « La justice sans la force est impuissante ; la force sans la justice est tyrannique » (Blaise Pascal, *ibid.*) Or le droit positif, précisément parce qu'il est posé par l'autorité compétente, bénéficie de la force, tandis que le droit naturel ne dispose de rien d'autre que de la parole qui dit sa foi en l'égale liberté des hommes.

Est-ce à dire pour autant que les deux espèces de droit s'opposent ? Pas nécessairement. Car l'exigence de reconnaissance inhérente au droit naturel traverse, nous l'avons vu, toute la construction positive elle-même tant pour attirer *la force* vers un dépassement de son propre exercice, vers le droit précisément, évitant ainsi son redoublement dans la violence (« la force *pour* la force ») que pour ouvrir *la forme* du droit vers sa nature qui est reconnaissance de l'égalité des libertés. Droit naturel et droit positif ne s'opposent donc pas en une quelconque hiérarchie des normes dans laquelle le premier système juridique exercerait sur le second le contrôle de l'abstraction philosophique sur le réalisme politique. Le droit naturel, en effet, n'ayant rien d'un système, se situe à l'intérieur du droit positif comme une tension de type éthique qui empêche justement la positivité du droit de s'épuiser dans un « coup de force » ou de se constituer en un système volontairement fermé.

Sans doute le positivisme juridique, à la suite d'ailleurs de tous les autres positivismes scientifiques, souhaite-t-il fermer le système *soit* brutalement par le réalisme de la force qui s'arrête à elle-même, *soit* formellement à l'aide d'une hypothétique *Grundnorm.* Positivismes qui ne chercheront plus dès lors à établir que des rapports de force implacables ou des cohérences purement formelles, mais face à ces puissantes tentations, le droit naturel attire les systèmes positifs construits tout au long de l'histoire vers la valeur qui donne une finalité à la force, vers cette cohérence plus fondamentale entre les formes juridiques et la reconnaissance des libertés inscrite dans la nature humaine.

Par là, le droit naturel donne au droit positif la source et la finalité, il confère en un mot toute sa consistance à l'entreprise juridique. Puisque le droit dit ce qui doit être, il ne se renie pas – au contraire – à se « dédoubler » en droit positif et droit naturel. Car si le droit positif exprime l'ordre des autorités – législatives, exécutives, judiciaires, doctrinales... – il ne suffit pas, à lui seul, à déprendre le droit d'une logique de violence. Pour que la densité du droit habite les ordres positifs du pouvoir, il faut qu'un radical et dernier devoir-être, en l'occurrence la reconnaissance fraternelle de l'égalité des libertés, se loge à l'intérieur même du premier devoir-être énoncé par le pouvoir. Le droit ne peut s'affirmer tel, c'est-à-dire prétendre échapper à la voie de fait, que s'il reconnaît à l'intime de l'ordre positif qu'il donne un droit qui émane de la nature humaine elle-même.

2 / La nature et le droit

Alors que la nature éclate dans la polysémie que lui reconnaissent les dictionnaires, nous avons pris l'option méthodologique de faire crédit à l'unité sans doute plus secrète qui attribue à ce même mot une si grande diversité de significations. Car le mot ne livre peut-être son sens plénier qu'au moment où la réalité qu'il désigne rassemble dans l'esprit humain *comme* en elle-même sa propre pluralité sémantique. Sans doute l'objectant qui opposait au projet de formation d'un droit tiré de la nature le dilemme soit de la spontanéité originelle qui n'admet pas de règles soit de l'ordre extérieur qui écrase la liberté, sourira-t-il encore du choix ici posé : expression d'une mentalité animiste, dira-t-il, ce parti pris méthodologique croit découvrir une âme jusque dans les concepts qui parleraient d'eux-mêmes alors que, pour l'esprit analytique moderne, les mots revêtent les sens clairs et distincts que le sujet leur attribue.

On le voit, l'option méthodologique prise au départ rejoint le fond même de la question. Puisque la nature renvoie aux naissances à la manière que nous avons dite (v. *supra*, « La genèse du droit », p. 596), le chercheur choisira soit la distance qui donne à l'esprit la possibilité de classifier en dehors de lui ses propres lieux de naissance, soit la confiance qui permet à ce même esprit de naître lui-même au réel qu'il nomme.

La première démarche entend conférer la maîtrise au sujet qui emploie le langage pour désigner, par exemple, la nature : l'ordre cosmique d'un côté, la spontanéité instinctive de l'autre, la loi des causes efficientes ici, la valeur des causes finales là-bas, etc. L'autre démarche accepte d'adopter dans la reconnaissance du sens la non-maîtrise inhérente à la naissance elle-même, espérant saisir par là, dans le mouvement de sa genèse, l'unité qui rassemble la diversité sémantique du mot.

Confusion ? Régression vers les origines mythiques du langage préanalytique ? Sans doute le choix d'une lecture qui privilégie l'intériorité des sens les uns par rapport aux autres n'écarte-t-il pas, loin de là, le risque de leur confusion, mais la décision prise *a priori* de ranger en des loges séparées la pluralité des significations du mot *nature* court le danger autrement plus grave de manquer la réalité fondamentale que ce mot fait naître dans le langage. Car l'esprit toujours mis à distance de ce réel – puisqu'il n'est pas « né » en lui – finira par se rendre incapable de comprendre le principe même de son jeu classificatoire.

Qui a raison ? Au niveau radical où se prennent de tels choix, on ne voit guère quelle instance opérera le partage puisque toute superposition du fait et de la valeur pratiquée par la lecture synthétique passera pour un triste manque de rigueur au regard de la lecture analytique tandis qu'à l'inverse l'éclatement de la nature en ses différents sens continuera à susciter l'insatisfaction du chercheur qui s'interroge sur l'unité sous-jacente à cette diversité.

Le droit, habitué à trancher les litiges, pourra-t-il arbitrer ce conflit, de fond autant que de méthode ? Comme il constitue lui-même l'enjeu principal de la dispute, le droit risque de tomber – juge et partie –, dans la partialité, donnant raison à la « lecture intérieure » du jusnaturaliste si l'être des naissances indique la voie du devoir-être ultérieur, privilégiant par contre la « lecture extérieure » du positiviste si le devoir-être du sujet se détache toujours de son être. Ainsi partagé jusqu'en sa propre racine, le droit trouvera-t-il jamais en lui-même le principe dont il a besoin pour trancher tous les autres litiges ? Non, répond le positiviste, puisque l'équilibre de sa balance dépend toujours du poids des décisions prises dans chacun de ses plateaux ; oui, répond le jusnaturaliste, car cet équilibre intérieur définit depuis toujours le droit comme objet – objectivité – d'une justice qui doit sa légitimité aux naissances qui la portent plutôt qu'aux pouvoirs qui l'énoncent.

Au niveau radical où le droit rencontre la division jusqu'en sa définition même, il faut dire aller jusqu'à dire qu'en dehors de la perspective jusnaturaliste, il n'y a pas véritablement de droit.

Pas de droit sans nature qui, lui indiquant l'objectivité fraternelle des sujets égaux et libres, le déprend de l'arbitraire qui le nie ; réciproquement, pas de nature sans droit, qui, alliant le devoir-être de la reconnaissance à l'être de sujets « doués de raison et de conscience », unifie le versant subjectif et le versant objectif de cette nature. Le droit est dans la nature comme la nature est dans le droit. Cercle vicieux ? Non, tension plutôt de l'être et du devoir-être dont la réconciliation a laissé sa trace ineffaçable dans la condition corporelle. Objectivité du sujet, signe par naissance de fraternité, le corps en effet se montre dans la nature comme l'être du devoir-être et dans le droit comme le devoir-être de l'être.

3 / La vigilance dans l'histoire

Les réponses données aux objections précédentes ne renforcent-elles pas la solidité des suivantes ? Si le droit, en effet, ne peut comprendre sa positivité qu'entée sur une nature qui en inclut déjà toute la légitimité, à quoi sert l'histoire ? D'ailleurs, en détachant le droit des arrière-mondes qui le précédaient pour en confier désormais la formulation au jeu des procédures démocratiquement établies, nos sociétés n'ont-elles pas accompli un pas décisif à l'égard duquel toute invocation jusnaturaliste passe pour rétrograde et – finalement – déloyale ? En réalité, comme nous l'avons indiqué (v. *supra*, Introduction, p. 26), la référence au droit naturel oblige le juriste à enrichir sa perception non seulement de la nature ou du droit mais encore de l'histoire elle-même. Si être et devoir-être s'allient dans la nature comme dans le droit, la tension de cette alliance laisse aussitôt place à l'histoire *née* en elle.

L'attention portée aux naissances ouvre en effet toute large la voie à l'histoire des générations humaines d'abord, de la reconnaissance politique des nations ensuite, de l'appropriation de la nature enfin. Reconnaître que la justice s'enracine dans la condition corporelle des humains, c'est lui permettre de se chercher et de se trouver dans un constant approfondissement de ses propres naissances au fil de l'histoire. Par là, on évite de livrer cette même justice à la merci des idéologies historicistes qui ne se croient nées de rien ni de personne. Au lieu que la nature et l'histoire se repoussent comme on le craignait, on voit que la première offre à la seconde le *droit* – corps de la justice disions-nous –, dont cette histoire a besoin pour comprendre son propre parcours. Ainsi l'histoire porte-t-elle à l'intérieur d'elle le critère qui la juge elle-même dans sa quête de justice : progrès et régression ne se déterminent plus dès lors comme l'après et l'avant d'une date arbitrairement choisie – 1789 par exemple ou 1917 –, mais comme l'avancée ou le recul des êtres humains par rapport au droit qu'énonce leur naissance même : « Tous les êtres humains *naissent* libres et égaux. »

Dans ces conditions, on comprend pourquoi le régime démocratique doit se montrer vigilant dans l'application de ce critère de discernement si du moins il veut encore rencontrer les espérances que nos sociétés modernes ont mises dans les formes procédurales qu'il déploie. Vigilance pour que la justice, cachée dans les naissances, parvienne à se dire dans les rapports de force eux-mêmes. Ici se présentent, pour nous faire passer du droit à l'histoire, les trois figures qui gardent vive, au long des siècles, l'exigence de la justice.

La figure de l'*exclu* d'abord, car les premiers experts en matière de justice ne sont-ils pas ceux-là même qui subissent ici et maintenant l'injustice de la formulation et de l'application des lois positives ? Le pauvre marginalisé, le prisonnier maltraité, le réfugié refoulé, le justiciable méprisé, le travailleur exploité savent dans leurs biens, dans leur culture et parfois jusque dans leur chair la différence entre le droit positif et les exigences du « juste selon la nature ». Ils peuvent donc s'appuyer sur cette souffrance pour réintroduire la tension éthique du droit naturel dans la construction positive qui n'a pas assez fait droit au droit.

Celle du *sage* ensuite. Non seulement du philosophe, que l'ascèse conduit à ne penser qu'en rigueur la correspondance de l'esprit et de l'être en vue de délivrer la Cité des tentations de l'arbitraire, mais encore du vieillard que l'expérience de la relativité des choses a conduit à la considération de l'essentiel, ou de l'enfant dont le regard pur questionne les pratiques d'un monde toujours plus vieux que lui. Contre la logique de puissance qui instaure sa propre norme en instance de jugement du réel, il importe en effet que la sagesse déploie sa logique de vérité en ramenant le devoir-être du droit à l'être-même des personnes qu'il régit.

La troisième et dernière figure porte les traits de la *femme*. Elle qui sait à quel point les libertés sont d'abord intérieures les unes aux autres puisqu'elle connaît le secret des naissances, n'est-elle pas toujours en train d'annoncer ce monde où la justice aura mis tous les humains à l'abri de la violence ?

La scène finale de « La Ville » (P. Claudel, *La Ville*, 2e version, Paris, Mercure de France, 1967) montre le prince Ivors au moment où il va prendre le pouvoir :

« Pour nous, nous établissant dans le milieu de la ville, nous constituerons les lois. »

Dans une dernière réplique à sa mère, le prince affirme :

« Femme, ta place n'est point avec nous. »

Et Lâla de répondre :

« Il est vrai que mes cheveux sont gris et que bientôt la nuit et l'or seront remplacés par la mystérieuse couleur de la neige.

« Mais ma beauté reste la même.

« Et la vieillesse qui m'atteint dissipe entre qui me suit et moi le malentendu.

« Crois-tu que je n'aie point de place parmi vous ?

« Je suis la promesse qui ne peut être tenue et ma grâce consiste en cela même... » (*op. cit.*, p. 385).

INDEX NOMINUM

INDEX RERUM

THÉMIS

Collection fondée et dirigée par Maurice Duverger

DROIT PRIVÉ

Direction : Catherine Labrusse-Riou

BEAUCHARD Jean *Droit de la distribution et de la consommation.* 1996, 1re éd.
CARBONNIER Jean *Droit civil*
Introduction. 1997, 25e éd. refondue
T. 1 : *Les Personnes. Personnalité, incapacités, personnes morales.* 1996, 20e éd. refondue
T. 2 : *La Famille.* 1998, 19e éd. corrigée
T. 3 : *Les Biens.* 1997, 17e éd.
T. 4 : *Les Obligations.* 1996, 20e éd. mise à jour
CHARTIER Yves *Droit des affaires*
T. 1 : *L'Entreprise commerciale.* 1993, 4e éd. refondue
T. 2 : *Sociétés commerciales.* 1992, 3e éd. mise à jour
T. 3 : *Entreprises en difficulté.* 1990, 1re éd.
CORNU Gérard *Les Régimes matrimoniaux.* 1997, 9e éd. mise à jour
CORNU Gérard et FOYER Jean *Procédure civile.* 1996, 3e éd. refondue
DELMAS-MARTY Mireille *Droit pénal des affaires*
T. 1 : *Responsabilité, procédure, sanctions.* 1990, 1re éd.
T. 2 : *Infractions.* 1990, 1re éd.
DELMAS-MARTY Mireille *Les Grands Systèmes de politique criminelle.* 1992, 1re éd.
DELMAS-MARTY Mireille (sous la direction de) *Procédures pénales d'Europe.* 1995, 1re éd.
DIDIER Paul *Droit commercial*
T. 1 : *Introduction. L'entreprise, l'entreprise individuelle.* 1997, 2e éd. refondue
T. 2 : *L'Entreprise en société.* 1997, 2e éd. refondue
T. 3 : *Le Marché financier. Les groupes de sociétés.* 1993, 1re éd.
T. 5 : *Les Entreprises en difficulté.* 1995, 1re éd.
DIJON Xavier *Droit naturel*
T. 1 : *Les questions du droit,* 1998, 1re éd.
FOYER Jean, VIVANT Michel *Le Droit des brevets.* 1991, 1re éd.
GROSS Bernard et BIHR Philippe *Contrats civils et commerciaux*
T. 1 : *Vente civile et commerciale. Baux d'habitation, baux commerciaux.* 1993, 1re éd.
HUET André, KOERING-JOULIN Renée *Droit pénal international.* 1994, 1re éd.
LUCAS André *Droit de l'informatique.* 1987, 1re éd.
PONCELA Pierrette *Droit de la peine.* 1995, 1re éd.
PUTMAN Emmanuel *Droit des affaires*
T. 4 : *Moyens de paiement et de crédit.* 1995, 1re éd.
Contentieux économique. 1998, 1re éd.
RIVERO Jean et SAVATIER Jean *Droit du travail.* 1993, 13e éd. mise à jour

ROBERT Jacques-Henri *Droit pénal général.* 1998, 3e éd. mise à jour
SCHAPIRA Jean, LE TALLEC Georges, BLAISE Jean-Bernard *Droit européen des affaires.* 1994, 4e éd. mise à jour

Ouvrages en préparation

ATIAS Christian *Philosophie du droit*
BERGEL Jean-Louis *Méthodologie juridique*
CADIET Loïc *Introduction au droit processuel*
DIDIER Paul *Droit commercial,* t. 4
DIJON Xavier *Le Droit naturel* ; t. 2 : *Les réponses de l'histoire*
EDELMAN Bernard *La Propriété littéraire et artistique,* 2 tomes
GAUDU François *Droit du travail*
GROSS Bernard, BIHR Philippe et BALESTRIERO Véronique *Contrats civils et commerciaux,* t. 2
IDOT Laurence *Introduction au droit communautaire*
LUCAS DE LEYSSAC Claude *Le Droit du marché*
MARTIN Gilles G. *Droit des assurances*
MUIR-WATT Horatia et BUREAU Dominique *Droit international privé*
PUTMAN Emmanuel *Contentieux économique*
RODIÈRE Pierre et MOREAU Marie-Ange *Migrations internationales : étrangers et nationaux*
SUPIOT Alain et DESDEVISES Yvon *Contentieux du travail*
VAN LANG Agathe *Droit de l'environnement*
VAREILLE Bernard et MARGUENAUD Jean-Pierre *Actes et activités à titre gratuit*
Les Successions